INSPIRIEREN / PLANEN / ENTDECKEN / ERLEBEN

GROSS-BRITANNIEN

Burnsall in den Yorkshire Dales

GROSS-BRITANNIEN

INHALT

Telefonzelle an einem Regentag

GROSSBRITANNIEN ENTDECKEN 6

Willkommen in Großbritannien **8**
Liebenswertes Großbritannien **10**
Großbritannien auf der Karte **14**
Erkundungstouren **16**

Britische Themen **20**
Das Jahr in Großbritannien **44**
Kurze Geschichte **46**

GROSSBRITANNIEN ERLEBEN 52

London 54

West End, Westminster und South Bank **64**

Kensington und Chelsea **88**

Regent's Park und Bloomsbury **100**

City, Southwark und East End **112**

Abstecher **134**

England 144

Downs und Kanalküste **160**

East Anglia **192**

Themse-Tal und Cotswolds **220**

Bristol, Bath und Wessex **250**

Devon und Cornwall **276**

Zentralengland **304**

East Midlands **328**

Manchester, Liverpool und Lake District **342**

Yorkshire und Humber-Region **370**

Nordosten **406**

Wales 424

Nordwales **434**

Süd- und Mittelwales **452**

Schottland 478

Edinburgh und Südost-Schottland **488**

Glasgow und Südwest-Schottland **510**

Zentral- und Ostschottland **526**

Highlands und Inseln **542**

REISE-INFOS 570

Reiseplanung **572**
In Großbritannien unterwegs **574**
Praktische Hinweise **578**

Register **580**
Danksagung, Bildnachweis und Impressum **590**

Umschlag: *Guildhall und Westgate Towers in der Altstadt von Canterbury* (siehe S. 172f)

GROSSBRITANNIEN
ENTDECKEN

Schöner Blick über Oxfords Dächer

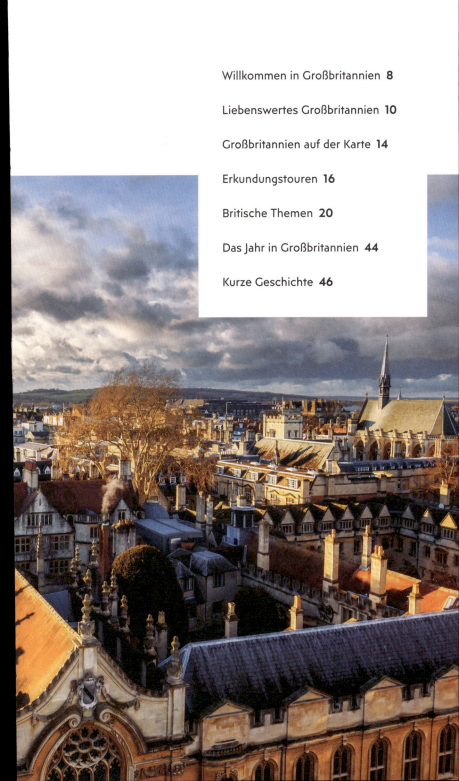

Willkommen in Großbritannien **8**

Liebenswertes Großbritannien **10**

Großbritannien auf der Karte **14**

Erkundungstouren **16**

Britische Themen **20**

Das Jahr in Großbritannien **44**

Kurze Geschichte **46**

WILLKOMMEN IN
GROSSBRITANNIEN

Prächtige Herrschaftshäuser und wunderbare Parkanlagen, fantastische Berge und kosmopolitische Städte, anregende Museen und weltberühmte Festivals – Großbritannien ist unfassbar vielseitig, was die Landschaft betrifft, noch viel mehr aber in kultureller Hinsicht. Das einzigartige kulturelle Erbe dreier unterschiedlicher Nationen – England, Schottland und Wales – prägt das Land, das Traditionen in das moderne Leben integriert hat. In Großbritannien gibt es derart viel zu entdecken, dass ein Besuch kaum ausreicht. Was auch immer Sie dort unternehmen wollen – unser Vis-à-Vis Großbritannien ist Ihr perfekter Begleiter, um eine Reise ganz nach Ihrem Geschmack zu planen und das Land zu erkunden.

1 Im Liegestuhl am Strand von Brighton

2 Mittelalterliche Häuser im vorderen Hof des Worcester College in Oxford

3 Piccadilly Circus und Regent Street in London

4 Snowdon Mountain Railway in North Wales

Großbritannien ist geprägt durch seine Insellage. Sein Mosaik an Landschaften – von zerklüfteten Gipfeln der schottischen Highlands über steile Klippen in Pembrokeshire bis zu einsamen Mooren im Peak District und weiten Stränden in Norfolk und Northumberland – macht das Land zu einem Paradies für Wanderer und Radfahrer. Auf Schritt und Tritt trifft man auf kulturell bedeutende Stätten und Dokumente einer bewegten Historie wie etwa Ruinen von Klöstern oder herrschaftliche Schlösser, rätselhafte Menhire oder stattliche Anwesen.

Neben dem historischen Aspekt sind es auch die Städte, die den Reiz des Landes ausmachen. Nicht nur Pomp und Tradition sind typisch für London. Die Metropole strotzt vor Energie, ihre Museen und Galerien, Musik- und Theaterbühnen sowie ihre kulinarische Szene sind weltweit vorn dabei. Edinburgh und Cardiff sind Musterbeispiele für die schottische und walisische Kultur. Städte wie Liverpool, Newcastle, Bristol oder Glasgow punkten mit großartiger Architektur sowie spannenden städtebaulichen Projekten.

Wegen seiner großen Vielfalt haben wir das Land in Regionen aufgeteilt, die auf den folgenden Seiten detailliert beschrieben werden. Jede Region hat ihre eigene Farbe, sodass Sie sich leicht zurechtfinden und so viel wie möglich entdecken können.

LIEBENSWERTES GROSSBRITANNIEN

Abwechslungsreiche Landschaften, Museen von Weltruhm, Dörfer wie aus dem Märchen, faszinierende Literatur, Kunst und Architektur, legendäre Pubs und eine der fantastischsten und spannendsten Hauptstädte der Welt – es gibt unzählige Gründe, Großbritannien zu lieben. Im Folgenden stellen wir Ihnen einige unserer Favoriten vor.

1 Prachtvolle Herrschaftshäuser

Viele der Häuser wohlhabender Familien dien(t)en als Schauplatz von Filmen, etwa Hatfield House *(siehe S. 242)*, Longleat *(siehe S. 271)* und Hardwick Hall *(siehe S. 340)*.

2 Ein Gläschen im Pub

Ob für ein schnelles Bier oder ein gemütliches Sonntagsfrühstück – das Pub, egal ob traditionell oder modern, ist Zentrum des gesellschaftlichen Lebens.

3 Fantastische Städte

In Großbritanniens Städten, seien es Perlen des Mittelalters oder viktorianische Metropolen, ist immer viel geboten. Und welches Land hat schon drei dynamische Hauptstädte?

Spannende Musikszene 4

Von Arctic Monkeys über Oasis bis Led Zeppelin – viele weltbekannte Bands stammen aus Großbritannien. Fans aller Musikstile kommen hier auf ihre Kosten.

Wandern im Lake District 5

Wanderungen zwischen schroffen Felsen, idyllischen Seen und saftig grünen Tälern im Gebiet des Lake District *(siehe S. 356 – 363)* begeistern jeden Outdoor-Urlauber.

Ungewöhnliche Festivals 6

Sie sehen Menschen, die einem den Berg hinabrollenden Käselaib hinterherjagen? Dann sind Sie Zeuge eines der vielen schrägen Feste, die die Briten liebevoll pflegen.

ENTDECKEN Liebenswertes Großbritannien

Malerische Dörfer 7

Für viele spielt sich das wirkliche britische Leben in den Dörfern ab. Sie sind frei von jeglicher Hektik und bestehen oft aus nicht mehr als einer Kirche, einem Pub und ein paar malerischen Häuschen mit gepflegten Vorgärten.

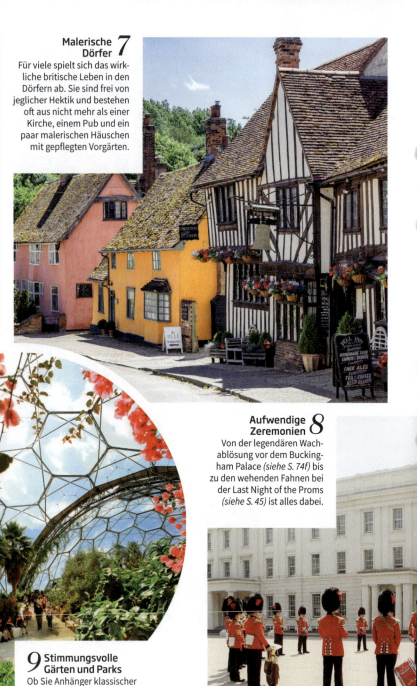

Aufwendige Zeremonien 8

Von der legendären Wachablösung vor dem Buckingham Palace *(siehe S. 74f)* bis zu den wehenden Fahnen bei der Last Night of the Proms *(siehe S. 45)* ist alles dabei.

9 Stimmungsvolle Gärten und Parks

Ob Sie Anhänger klassischer Landschaftsgärtnerei sind oder exotische Gewächshäuser lieben – in Großbritannien finden Sie alles und dazu noch wunderbare Blumenausstellungen.

10 Abenteuer an der Küste

Am Meer erwarten Sie herrliche Dinge: Fish and Chips am Strandkiosk, eine Wanderung an der stürmischen Küste oder ein erfrischendes Bad in der Nordsee.

11 Londons erstklassige Museen

Verbringen Sie einen Tag bei den Alten Meistern in der National Gallery *(siehe S. 68f)*, oder besuchen Sie einen Saurier im Natural History Museum *(siehe S. 94)* – und das alles kostenlos.

12 Typisch britische Speisen

Nichts geht über britische Klassiker wie Steak and Kidney Pie, Bangers and Mash, Cornish Pasties oder Haggis, Neeps and Tatties. All diese Gerichte werden nach alten Rezepten zubereitet.

GROSS-BRITANNIEN
AUF DER KARTE

Für diesen Reiseführer wurde Großbritannien in vier große Regionen gegliedert: London *(siehe S. 54-143)*, England *(siehe S. 144-423)*, Wales *(siehe S. 424-477)* und Schottland *(siehe S. 478-569)*. Diese vier Regionen wurden unterteilt in 17 attraktive Städte, Landschaften und Regionen mit jeweils eigener Farbe, wie auf der Karte ersichtlich.

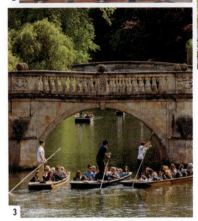

1 Die weltberühmte Londoner Tower Bridge bei Sonnenuntergang

2 Ausstellungssaal im Birmingham Museum and Art Gallery

3 Typisch Cambridge: mit dem Boot auf dem Cam

4 Blick ins Danby Dale im North York Moors National Park

In Großbritannien gibt es so viel zu sehen und zu unternehmen – da ist die Planung oft nicht einfach. Hier haben wir Ihnen einen Tourenvorschlag erarbeitet, der Sie durch spannende Städte und großartige Landschaften führt und bei dem Sie so viel wie möglich von diesem schönen Land erleben und genießen können.

2 WOCHEN
Große Tour durch Großbritannien

Tag 1
In London tauchen Sie beim Besuch des Tower *(siehe S. 118f)* ein in royale Geschichte. Nach Streetfood am Borough Market *(siehe S. 128)* in South Bank gehen Sie vorbei an Shakespeare's Globe zur Tate Modern *(siehe S. 120f)*. Laufen Sie am Fluss entlang zum London Eye *(siehe S. 85)*. Nachdem Sie bei der Fahrt die großartigen Ausblicke genossen haben, gehen Sie über die Hungerford Bridge zum Covent Garden und essen bei Livemusik im Sarastro (126 Drury Lane).

Tag 2
Erleben Sie in der National Gallery *(siehe S. 68f)* eine der größten Kunstsammlungen der Welt, stärken Sie sich im dortigen Café und laufen dann die Whitehall vorbei an 10 Downing Street bis zu Big Ben und den Houses of Parliament *(siehe S. 70f)*. Besichtigen Sie Westminster Abbey *(siehe S. 72f)* gegenüber, und nehmen Sie dann die U-Bahn zum Leicester Square. Essen Sie in Chinatown im Shu Xiangge *(siehe S. 79)*.

Tag 3
Mit dem Zug geht es von London Euston nach Birmingham *(siehe S. 324f)*, der zweitgrößten Stadt Großbritanniens. Viktorianische Gebäude und die Sammlung präraffaelitischer Gemälde im Birmingham Museum and Art Gallery sind Highlights. Nach dem Essen in den Edwardian Tea Rooms des Museums nehmen Sie den Zug nach Stratford-upon-Avon *(siehe S. 310–313)*, wo Sie Shakespeares Geburtshaus besuchen. Zum Abendessen lockt Lambs Restaurant (12 Sheep St), übernachten Sie im Hotel Indigo (4 Chapel St).

Tag 4
Fahren Sie in die weltbekannte Universitätsstadt Cambridge *(siehe S. 196–199)*. Dort besichtigen Sie die Kapelle am King's College *(siehe S. 198)* und sehen sich dann weitere Colleges an. Vor der Bootsfahrt am Fluss stärken Sie sich im The Chop House an der King's Parade. Wenn noch Zeit bleibt, besuchen Sie das Fitzwilliam Museum *(siehe S. 196)*. Essen Sie im The Eagle *(siehe S. 198)*, und übernachten Sie im stylishen Hotel University Arms (Regent St).

Tag 5
Auf der Fahrt ins hübsche Stamford *(siehe S. 338)* besichtigen Sie die großartige Kathedrale in Ely *(siehe S. 202f)*. Essen Sie in Stamford im The George (71 St Martin's) zu Mittag, ehe Sie nach York *(siehe S. 374–381)* weiterfahren. Besichtigen Sie York Minster, und schlendern Sie durch die Shambles, eine enge Straße mit elisabethanischen Gebäuden. Nach dem Essen im Skosh *(siehe S. 375)* übernachten Sie im eleganten Hotel The Grand (Station Rise).

Tag 6
Besuchen Sie die mittelalterlichen Ruinen der Rievaulx Abbey *(siehe S. 394)* in einem schönen Tal. In Hutton-le-Hole *(siehe S. 395)* essen Sie im The Crown und fahren durch die wilde Landschaft des North York Moors National Park *(siehe S. 392–395)* nach Durham *(siehe S. 410f)*. Besichtigen Sie die normannische Kathedrale und fahren dann nach Alnwick mit seinem Schloss *(siehe S. 419)*. Essen Sie im Alnwick Garden im Treehouse (Denwick Lane), und übernachten Sie im Tate House (11 Bondgate Without).

→

Tag 7
Nach dem Besuch des Bamburgh Castle *(siehe S. 418)* fahren Sie bei Niedrigwasser nach Holy Island *(siehe S. 416)* und besuchen Lindisfarne Castle. Essen Sie im The Ship Inn. Dann geht es nach Schottland zur Rosslyn Chapel *(siehe S. 507)* mit den schönen Steinmetzarbeiten. Eine halbe Stunde später erreichen Sie Edinburgh *(siehe S. 492–503)*. Dort genießen Sie im Ondine *(siehe S. 495)* köstliches Seafood und übernachten im Gästehaus 94DR (94 Dalkeith Rd).

Tag 8
Schlendern Sie die Royal Mile mit ihren vielen Attraktionen entlang, besuchen Sie den Palace of Holyroodhouse, die Scottish National Gallery oder das National Museum of Scotland, aber vor allem Edinburgh Castle *(siehe S. 496f)*. Nachmittags gehen Sie in die großartige Scottish National Gallery of Modern Art im eleganten West End. Erkunden Sie Leith *(siehe S. 501)*, einen hippen Bezirk mit kreativ sanierten Docks, und essen Sie am Wasser im Shore Restaurant zu Abend (3 The Shore).

Tag 9
Fahren Sie von Edinburgh Richtung Süden durch die ruhige grüne Landschaft der Borders nach Melrose. Diese hübsche Stadt prägen die Ruinen ihres Klosters *(siehe S. 505)*. Nicht weit entfernt ist Abbotsford *(siehe S. 506f)*, wo einst Sir Walter Scott lebte. Fahren Sie bis Windermere *(siehe S. 360f)* mitten im herrlichen Lake District. Nach einer Bootsfahrt essen und übernachten Sie im Drunken Duck *(siehe S. 361)*.

Tag 10
Besichtigen Sie in Grasmere *(siehe S. 358f)* Dove Cottage, die frühere Heimat des bekannten Dichters William Wordsworth. Essen Sie in der netten Marktstadt Keswick *(siehe S. 356)* im Fellpack *(siehe S. 361)* und wandern dann in 40 Minuten zum Steinkreis Castlerigg. Von Keswick fahren Sie anschließend in drei Stunden durch wundervolle Landschaften über Cockermouth, Wasdale Head und über den Hardknott Pass bis Ambleside *(siehe S. 360)*. Beschließen Sie den Abend mit einem feinen Essen bei Lucy's On A Plate (Church St).

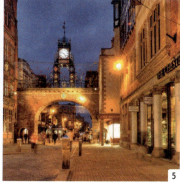

1 *Bamburgh Castle an der Küste von Northumberland*
2 *Wanderung in den Eildon Hills*
3 *Windermere, Englands größter See, im Lake District National Park*
4 *Ausstellung in der Scottish National Gallery, Edinburgh*
5 *Abendstimmung im Zentrum von Chester*
6 *Harbourmaster Hotel im walisischen Hafenort Aberaeron*

Tag 11

Fahren Sie nach Manchester *(siehe S. 346 – 349)* zeitig los. Nach dem Besuch des faszinierenden People's History Museum laufen Sie durch King und Bridge Street und essen in Mr Thomas's Chop House *(siehe S. 349)*. Am Nachmittag erkunden Sie den Albert Square mit dem prächtigen Rathaus und die städtische Hauptachse Deansgate. Erleben Sie die Sammlung in der Whitworth Art Gallery, essen Sie dann im Dachrestaurant 20 Stories *(siehe S. 349)*. Übernachten Sie im Midland Hotel (16 Peter St).

Tag 12

Besuchen Sie die alte römische Stadt Chester *(siehe S. 354f)*, schlendern Sie durch die alten Arkaden von The Rows und entlang der Stadtmauer. Nach einer Stärkung im Chez Jules fahren Sie 76 Kilometer in den walisischen Badeort Llandudno *(siehe S. 448f)* und weiter nach Caernarfon *(siehe S. 448)* mit seinem Märchenschloss. Erkunden Sie den Ort in aller Ruhe. Zum Essen und Übernachten eignet sich das vornehme Plas Dinas Country House *(siehe S. 449)*.

Tag 13

Besichtigen Sie das mittelalterliche Harlech Castle *(siehe S. 444)* und fahren dann die Küste entlang bis nach Aberaeron *(siehe S. 471)*. Im Naturally Scrumptious (18 Market St) können Sie gut essen. Checken Sie dann im Harbourmaster Hotel (1 Quay Parade) ein, bevor Sie in den Pembrokeshire Coast National Park *(siehe S. 456 – 459)* fahren. Der atemberaubende Coast Path schlängelt sich hoch über den Steilküsten über knapp 300 Kilometer. Laufen Sie ein kurzes Stück und kehren dann zurück nach Aberaeron.

Tag 14

Fahren Sie von Aberaeron nach Swansea *(siehe S. 472)* und besuchen das National Waterfront Museum und die Glynn Vivian Art Gallery, wo erlesene Keramikarbeiten ausgestellt sind. Nach dem Essen geht es zur Landzunge Mumbles auf der Gower Peninsula *(siehe S. 472)*, wo Sie die frische Seeluft genießen. Zurück in Swansea beschließen Sie Ihre Rundfahrt mit einem köstlichen Essen im Gallinis am Fishmarket Quay bei den alten Docks.

Buchläden zum Stöbern

Was gibt es Schöneres, als sich in einem Buchladen zu verlieren? Sehr viele Städte haben eine Filiale von Waterstones, neben den großen Ketten findet man aber auch in kleinen Läden große Schätze. Und Blackwell's, 1879 an der Broad Street in Oxford gegründet, ist der Himmel für Bücherfreunde. In Bath bekommen Sie in Mr B's Emporium (www.mrbsemporium.com) maßgeschneiderte Tipps, bei Barter Books in Alnwick *(siehe S. 419)* fährt eine Modelleisenbahn die Regale entlang. In London müssen Sie zu Daunt Books mit seiner Reiseabteilung gehen (www.dauntbooks.co.uk). Sehr hilfreich ist in der Hauptstadt bei über 100 Läden die App »London Bookshop Map«.

→
Edwardianisches Interieur bei Daunt Books in Marylebone, London

GROSSBRITANNIEN FÜR
LESERATTEN

Die Heimat so vieler heiß geliebter Romanfiguren und gefeierter Schriftsteller lockt Bücherfreunde aus aller Welt mit wunderbaren Buchläden und Büchereien, in denen man Tage verbringen könnte. Folgen Sie den Spuren der Autoren, oder besuchen Sie eines der renommierten literarischen Festivals.

Lieblingsbücher der Kids

Welches Kind möchte nicht einmal zur Platform 9¾ in Londons Bahnhof King's Cross oder mit dem Besen nach Alnwick Castle fliegen *(siehe S. 419)*? Im ganzen Land haben die Lieblinge der Kinder Hochkonjunktur. Besuchen Sie Peter Rabbit und seine Freunde in Beatrix Potters Heim im Lake District *(siehe S. 360f)*, folgen Sie Roald Dahl *(siehe S. 240)* oder den Spuren von Philip Pullmans Serie *His Dark Materials* in Oxford *(siehe S. 232–237)*.

←
Augen zu und durch: Abreise von Platform 9¾ in Londons King's Cross

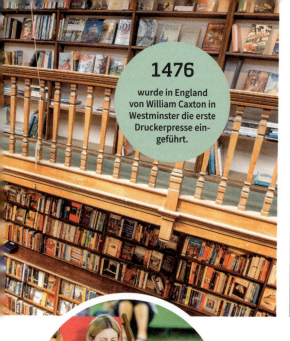

1476
wurde in England von William Caxton in Westminster die erste Druckerpresse eingeführt.

TOP 3 Schöne Büchereien

Bodleian Library
Herrliche Bibliothek der Universität von Oxford *(siehe S. 235)*.

John Rylands Library
Manchesters neogotisches Meisterwerk mit vielen seltenen Büchern (www.library.manchester.ac.uk).

Liverpool Central Library
Wunderbare Wendeltreppe und spektakuläre Glaskuppel (www.liverpool.gov.uk/libraries).

Festivals rund um Gedrucktes

Schauen Sie Autoren beim Schreiben zu, entdecken Sie Ihren neuen Lieblingsautor, und schmökern Sie nach Herzenslust bei den Literaturfestivals, die alljährlich etwa in Cheltenham, Edinburgh, Oxford und Bath stattfinden. Das Feinste vom Feinsten ist allerdings das Hay Festival in Hay-on-Wye *(siehe S. 462)* mit Autoren aus aller Welt.

← *Ganz versunken: beim Hay Festival in Hay-on-Wye, der »Bücherstadt« in Brecon Beacons*

Den Größen der Literatur ganz nah

Besuchen Sie deren Heimat und sehen Shakespeares Geburtsort Stratford-upon-Avon *(siehe S. 310–313)*; laufen Sie den Brontë Way, auf dem die drei Schwestern unterwegs waren; fahren Sie nach Chawton *(siehe S. 184)*, wo Jane Austen ihre berühmten Werke schrieb; oder fühlen Sie den Einfluss der Natur auf die Romantiker im Lake District *(siehe S. 356–363)*.

↑ *Unterwegs im Haworth Moor auf dem Brontë Way in West Yorkshire*

Moderne Giganten
Seit Ende des Zweiten Weltkriegs waren Großbritanniens Städte ein gutes Pflaster für Architekten – angefangen von den Betongebäuden des Brutalismus ab den 1960er Jahren bis zu den Glas-Stahl-Konstruktionen des 21. Jahrhunderts. Hervorzuheben sind etwa der Selfridges Store im Einkaufszentrum Bullring in Birmingham, die Kuppel des Sage Gateshead oder The Shard *(siehe S. 129)* in London, eines der höchsten Bauwerke in Westeuropa.

Glaskuppel des Konzerthauses Sage Gateshead in Nordost-England

GROSSBRITANNIENS ARCHITEKTUR

Ob prächtige Herrenhäuser, imposante Schlösser oder grazile gotische Kathedralen – im Lauf der Jahrhunderte schufen britische Baumeister eine Unmenge architektonischer Schätze. Im Zuge der dynamischen Weiterentwicklung britischer Städte entstehen ständig neue großartige Bauten.

Imposante Prachtbauten
Beginnend mit den Tudors erreichte der Bau großer Herrenhäuser im 18. und 19. Jahrhundert seinen Höhepunkt. Bekannt sind das extravagante elisabethanische Burghley House *(siehe S. 338f)*, die palladianische Perfektion von Chatsworth House *(siehe S. 333)* oder Vanbrughs barocker Blenheim Palace *(siehe S. 238f)* und Castle Howard *(siehe S. 382f)*.

National Trust
Der National Trust, eine gemeinnützige Organisation, wurde 1895 zu Schutz und Erhaltung historischer Landschaften und Gebäude gegründet. Er betreut viele britische Schlösser und Herrenhäuser, Parks und Gärten, aber auch Naturschutzgebiete und Küsten. Seine Besitzungen sind in diesem Buch mit »NT« gekennzeichnet.

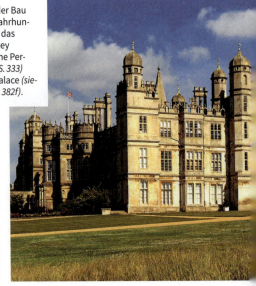

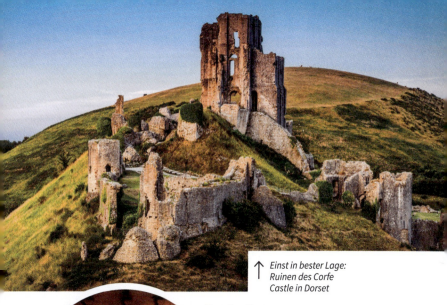

↑ *Einst in bester Lage: Ruinen des Corfe Castle in Dorset*

Trutzige Festungen

Fast 1000 Jahre lang hielten Burgen und Schlösser inmitten der Wirren der Geschichte Wache – noch heute erinnern sie an die oft blutige Vergangenheit. Eine Besichtigung der Anlagen – von den mächtigen Festungen an der schottischen Grenze bis zu den prächtigen Bauten aus der Zeit Edwards I – macht immer Spaß, besonders bei Veranstaltungen an Sommerwochenenden.

← *Great Hall, größter und beeindruckendster Raum im Warwick Castle*

In Stein gemeißelt

Angefangen bei den groben, von Mauern umgebenen Bauten der frühen Normannen bis zu den modernen Meisterwerken in Liverpool *(siehe S. 353)* und Coventry *(siehe S. 325)* – Kathedralen in Großbritannien sind Meisterwerke. Höhepunkte: Winchester mit dem längsten mittelalterlichen Kirchenschiff Europas *(siehe S. 170f)*, Salisbury mit dem höchsten Turm in Großbritannien *(siehe S. 266f)*, und Wrens herrliche St Paul's stellt ohnehin fast alle in den Schatten *(siehe S. 116f)*.

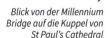

↑ *Burghley House bei Stamford aus dem 16. Jahrhundert*

→ *Blick von der Millennium Bridge auf die Kuppel von St Paul's Cathedral*

Paradiesische Gärten

Briten lieben Gartendesign – die Vorreiter in Sachen Gartenkultur locken alljährlich Tausende von Besuchern an. Besichtigen Sie das großartige Eden Project *(siehe S. 280f)*, wo in großen Hallen unter Glas außerordentliche Pflanzen aus allen Teilen der Welt gezeigt werden. Ähnlich großzügig angelegt ist der National Botanic Garden of Wales *(siehe S. 472)*, dessen von Norman Foster entworfenes Gewächshaus das größte der Welt ist. Die Krönung sind jedoch die Royal Botanic Gardens, Kew *(siehe S. 143)*, wo Sie auf dem Treetop Walkway den Baumkronen nahe kommen.

→

In diesem Gewächshaus in Kew Gardens gedeihen mehr als 1500 Arten

GROSSBRITANNIENS
GRÜNE GÄRTEN

Wandern Sie durch die großen Parks, die viele der Herrschaftshäuser umgeben, erkunden Sie unzählige Kunstgärten, in denen moderne Skulpturen im Grünen zu sehen sind, oder schlendern Sie durch eine Grünanlage mitten in der Stadt – wer das Grüne liebt, hat in Großbritannien viel zu entdecken.

Capability Brown

Lancelot »Capability« Brown (1716–1783) war der führende Landschaftsgärtner im georgianischen England und ein Vorreiter bei der Landschaftsplanung. Er propagierte die Abkehr von formalen Gärten und reinen Schlossparks und schuf stattdessen Parks im englischen Stil mit riesigen Rasenflächen, Seen und Baumgruppen. In vielen Anlagen herrschaftlicher Häuser hat er seine Spuren hinterlassen, etwa in Chatsworth *(siehe S. 333)*, Stowe *(siehe S. 243)* und Blenheim Palace *(siehe S. 238f)*. Hier werden Gartenträume wahr.

Viktorianische Gärten

Dank der umfangreichen Handelsbeziehungen wurden im viktorianischen Zeitalter auch Pflanzen, Bäume und Gewächse aus aller Welt importiert und Bestandteil waldiger Arboreten wie etwa im Plantation Garden in Norwich *(siehe S. 201)* und Cragside in Northumberland *(siehe S. 421)*. Leuchtende Blumenbeete sehen Sie im Bodnant Garden bei Conwy *(siehe S. 438f)*.

Skulpturengärten

In ganz Großbritannien finden sich herrliche Naturlandschaften, in denen spannende Kunstwerke zu sehen sind, angefangen vom Yorkshire Sculpture Park *(siehe S. 405)* über den Lunst und Skulpturenpark Jupiter Artland (www.jupiterartland.org) in Edinburgh bis zu den Hügeln des Grizedale Forest *(siehe S. 361)* in Cumbria, dessen Wanderwege eine reizvolle Mischung aus modernen Skulpturen bieten. Im ehemaligen Garten von Barbara Hepworth in St Ives stehen einige ihrer Werke *(siehe S. 283)*. Ein Vergnügen ist es, im Tout Quarry auf der Isle of Portland *(siehe S. 273)* versteckte Skulpturen zu suchen.

← *Zodiac Heads von Ai Weiwei im Yorkshire Sculpture Park*

TOP 3 Blumenschauen

Chelsea Flower Show
🌐 rhs.org.uk
Berühmteste Blumen- und Landschaftsausstellung in Großbritannien. Findet an fünf Tagen im Mai am Royal Hospital Chelsea in London statt.

Hampton Court Flower Show
🌐 rhs.org.uk
Am Hampton Court Palace bei London *(siehe S. 138f)* wird Anfang April die größte Blumenschau der Welt veranstaltet.

Chatsworth Flower Show
🌐 chatsworth.org
Chatsworth House *(siehe S. 333)* in Derbyshire bietet eine atemberaubende Kulisse für diese Blumenschau im Juni.

↑ *Formale Tudor-Hecken im Knotengarten im Hampton Court Palace*

Tudor-Gärten

Zu Zeiten der Tudors im 16. Jahrhundert war der Einfluss der italienischen Renaissance in allen Gärten zu sehen: Streng formale und gleichmäßige Pflanzungen herrschten vor. Beliebt war der »Knotengarten« mit seinen geometrischen Blumenbeeten und kurz geschnittenen Hecken – schön zu sehen im Hampton Court Palace *(siehe S. 138f)* bei London. In Aberglasney, einem der schönsten Gärten in Wales, spielen Wasser und Brunnen und im preisgekrönten Hever Castle *(siehe S. 177)* Loggien und Pavillons eine wichtige Rolle.

↑ *Der viktorianische Bodnant Garden bei Conwy, Wales*

Festlich

Bei Food-Festivals treffen Sie Spitzenköche in Aktion, aber auch junge, talentierte Köche. Gehen Sie zum Taste of London, das jeden Juni im Regent's Park stattfindet, oder schlemmen Sie nach Herzenslust beim Abergavenny Food Festival. Daneben locken Events mit lokalen Spezialitäten: Austern in Whitstable, Käse in Cardiff oder Würste in Lincoln.

→

Beim Abergavenny Food Festival in Wales im September

GROSSBRITANNIEN FÜR
FOODIES

Lange galt Großbritannien bei Genießern als völlig uninteressant, das hat sich mittlerweile aber komplett geändert. Kreative Köche heimsen Michelin-Sterne ein. Auf Bauernmärkten oder bei Streetfood-Festivals werden neue Ideen und Trends bekannt gemacht, dass es eine wahre Freude ist.

International

Seit Händler im Mittelalter exotische Gewürze nach England brachten, sind die Briten aufgeschlossen für kulinarische Einflüsse. Heute scheuen sie weder vor mexikanischen Burritos noch vor vietnamesischem Banh Mi zurück, und Chicken Tikka Masala hat vor einigen Jahren Fish and Chips als Lieblingsgericht abgelöst. Probieren Sie es in Bradford, in Londons Brick Lane oder in Birmingham.

In Londons China-town locken tolle Dim-Sum-Restaurants ↑

Fangfrisch

Frisch gefangener, duftender Kabeljau, knusprig herausgebacken; dicke, saftige Muscheln, mit einem Hauch von Knoblauch in Butter geschwenkt; köstliche Austern, frisch aus der Schale. Klar, dass auf einer Insel Seafood eine große Rolle spielt, vor allem direkt in den Küstenorten. Fish and Chips ist natürlich nach wie vor sehr beliebt – das bekommen Sie überall –, und der schottische Räucherlachs ist legendär. Probieren Sie aber auch lokale Spezialitäten wie Bücklinge in Craster in Northumberland oder Krabben in Cromer, Norfolk.

Frisch gebratene Fish and Chips – ein Genuss

TOP 5 Britische Käsesorten

Caerphilly
Der Käse aus Wales ist frisch, mild und bröselig – einfach probieren.

Cheddar
Oft kopiert, nie erreicht und unschlagbar auf Toast. Der beste kommt aus Somerset.

Cornish Yarg
Cremig, mittelhart und mit frischem Milchgeschmack und einer Edelschimmelrinde.

Stilton
Kräftig, cremige Textur, von blauen Adern durchzogen. Der König der Käse wird gern an Weihnachten gegessen.

Wensleydale
Aus Hawes in North Yorkshire, krümelig und mild, schmeckt aber recht würzig.

Typisch britisch

Herzhafte Spezialitäten wie Steak and Kidney Pie oder Treacle Sponge sind sehr beliebt. In jeder Ecke des Landes werden Sie eigene Gerichte finden. In Schottland ist es definitiv der würzige, nussige Haggis, im Nordosten Englands der wärmende Lancashire Hotpot. Noch mehr Abwechslung gibt es bei Süßspeisen von Welsh Cakes bis zu Aberdeen Butteries – einfach köstlich.

↑ Haggis, mit Neeps (Rüben) und Tatties (Kartoffeln) – typisch schottisch

Felsen
Schroffe Gipfel, zerklüftete Küsten und stillgelegte Steinbrüche: Britische Felskletterer haben eine große Auswahl. Versuchen Sie sich an den legendären Roaches im Peak District oder Yorkshires Schlucht mit dem passenden Namen Gordale Scar. Klettern Sie an den Klippen in Pembrokeshire, oder staunen Sie in Snowdonia über die endlos weite Sicht.

Herrlicher Fernblick von den Roaches auf Tittesworth Valley, Peak District

GROSSBRITANNIENS
NATUR

Von den ursprünglichen Mooren in Devon bis zu den hohen Fells im Lake District bietet Großbritannien wunderbare Landschaften und ein breites Spektrum an Möglichkeiten, die Natur zu genießen. Ziehen Sie sich entsprechend an, und gehen Sie einfach los – egal wie das Wetter gerade ist.

 Plätze zum Schwimmen

River Waveney, Outney Common, Suffolk
Heimatfluss des Erfinders des »wilden Schwimmens«, des Autors und Umweltschützers Roger Deakin.

Fairy Pools of Skye, Glenbrittle
Kristallklare Tümpel am Fuß der Cuillin Hills in wunderschöner Umgebung.

Blue Lagoon, Abereiddi, Pembrokeshire
Das Wasser in dem ehemaligen Schieferbruch strahlt in einem herrlichen Blau.

Berge
Großbritannien ist mit Fernwanderwegen wie dem West Highland Way (www.westhighlandway.org) oder dem Pembrokeshire Coast Path ein Paradies für Wanderer. Herrliche Ausblicke bieten auch Wanderungen in den Cairngorms, den Brecon Beacons oder dem Lake District.

Wasser

Wenn man rundum von Wasser umgeben ist, bieten sich natürlich überall gute Gelegenheiten. Rudern Sie auf den Seen im Inland (unschlagbar sind Loch Lomond oder der Lake District), surfen Sie an Cornwalls Fistral Beach oder Porthleven, tauchen Sie vor den Orkney-Inseln nach Wracks, oder schwimmen Sie einfach irgendwo drauflos.

→

Kampf mit den Wellen vor Porthleven in Cornwall, einem idealen Surfgebiet

Sternenhimmel

Der Himmel über Großbritannien ist häufig bemerkenswert dunkel. Daher kann man in vielen Gegenden sehr gut Sternbilder sehen. Ideal für Sterngucker sind etwa Brecon Beacons, Dartmoor National Park, Bodmin Moor und Kielder Water & Forest Park.

←

Die Milchstraße in voller Pracht am Great Staple Tor, Dartmoor National Park

Großbritanniens Nationalparks

Der National Parks and Access to the Countryside Act of Parliament von 1949 führte dazu, dass weite Landstriche Großbritanniens zu Nationalparks erklärt wurden. Die 15 Nationalparks (viele davon wurden auf diesen Seiten schon genannt) liegen in einigen der atemberaubendsten Landschaften Großbritanniens und sind nicht in Staatsbesitz. Die National Parks Partnerships haben sich der Erhaltung von Naturschönheiten und der Tierwelt verschrieben. Infos finden Sie unter www.nationalparks.co.uk.

↑ *Wildes Rannoch Moor am West Highland Way in Schottland*

Gin neu entdeckt
Traditionell findet man in Großbritannien zwei Typen Gin: den wacholderlastigen London Dry mit einer Zitrusnote, den viele Brennereien herstellen, sowie den erdigeren Plymouth Gin. Erfahren Sie mehr darüber bei einer Tour bei Plymouth Gin in Devon, bei London Sipsmith oder in einer der Mikrobrennereien in Liverpool, Manchester oder Norwich.

Plymouth Gin aus der ältesten britischen Brennerei

GROSSBRITANNIEN
CHEERS!

Feiern, trauern oder einfach nur gemütlich zusammensitzen? Zu jedem Anlass gehört in Großbritannien ein guter Schluck. Ein Bier, ein frischer Gin Tonic, ein wärmender schottischer Whisky oder eine große Kanne Tee mit Milch, Zucker und Zitrone – was darf's für Sie sein?

Biervielfalt
Das Lieblingsgetränk der Briten wird aus malziger Gerste, Hopfen, Hefe und Wasser gebraut, oft mit verschiedenen Zutaten und Aromen versetzt und reift normalerweise in einem Holzfass. Die Farbe variiert von strohgelben und goldenen Ales bis zu dunklen Stouts und Porters. Gehen Sie ins Pub, und probieren Sie sich durch, ehe Sie sich für eines entscheiden.

Zum Feiern bestens geeignet: Die Briten lieben ihr Bier

Spritziges

Die Weinproduktion in Großbritannien wächst stetig – nicht zuletzt dank der immer wärmeren Sommer. Viele edle Tropfen haben schon international Beifall geerntet, wobei Schaumweine von den sonnigen Südlagen der südenglischen Kalkfelsen dominieren. Verkosten Sie sie bei einer Tour durch die Weinberge in Kent oder Sussex, oder buchen Sie ein Wochenende im Three Choirs Vineyard (www.three-choirs-vineyards.co.uk).

Nach der Lese in East Sussex: Wein aus England ist schwer im Kommen

Nation von Teetrinkern

Kaum ein Problem in Großbritannien, das sich nicht mit einer guten Tasse Tee lösen ließe. Kein Wunder also, dass die Briten rund 60 Milliarden Tassen pro Jahr trinken! Begonnen hat die Tradition bereits in den 1660er Jahren. Unverzichtbar ist auf jeden Fall ein Schuss Milch – was in anderen Ländern nicht jeder schätzt.

Whiskyvielfalt

Jenseits der schottischen Grenze gibt es kaum einen Anlass, bei dem nicht ein Schluck Uisce Beatha – Lebenswasser – getrunken wird. Mehr als die Hälfte der schottischen Malt Whiskys kommt aus Speyside. Dort sind Klima, Boden und Wasser angeblich am besten. Besuchen Sie auf dem Speyside's Malt Whisky Trail (www.maltwhiskytrail.com) ein paar der Brennereien – aber ohne Auto, da Sie überall probieren »müssen«. Oder mögen Sie lieber die torfigen, kräftigen Malts von Islay – das Angebot ist riesengroß (www.islay.com/about-islay/islay-distilleries). *Sláinte!*

↑ *Rollen eines Whiskyfasses im Edinburgh Castle; ein Gläschen Scotch* (Detail)

Wanderparadies

2012 war Wales das erste Land der Welt, das einen Wanderweg entlang seiner gesamten Küste ausweisen konnte (www.walescoastpath.gov.uk). In England arbeitet man daran, ein Netzwerk aus bestehenden Trails wie dem berühmten South West Coast Path *(siehe S. 287)* und neuen Wegen zu erstellen: Der England Coast Path soll einmal der längste durchgehende Küstenwanderweg der Welt werden. Die neuesten Informationen zum Stand der Dinge bekommen Sie unter www.nationaltrail.co.uk.

→

Wanderweg zum Durdle Door an der Jurassic Coast in Dorset

GROSSBRITANNIENS KÜSTEN

An keinem Punkt in Großbritannien ist man weiter als 128 Kilometer vom Meer entfernt. Mehr als 18 000 Kilometer Küstenlinie (ohne Inseln) lassen keine Wünsche für Aktivitäten offen – ob Sie nun einen endlosen Strandspaziergang machen oder ein ruhiges Wochenende in einem Seebad verbringen wollen.

Auf hoher See

Seit frühester Zeit sind die Briten auf dem Meer zu Hause. In Schifffahrtsmuseen und auf Werften, die sich der Geschichte der britischen Seefahrt widmen, können Sie einige der berühmtesten Schiffe sehen und erfahren viel über die großen britischen Entdecker. Folgen Sie den Spuren von Francis Drake in Plymouth *(siehe S. 300)*; besteigen Sie in Portsmouth Nelsons HMS *Victory (siehe S. 182)*, in Bristol Brunels Meisterwerk, die SS *Great Britain (siehe S. 254)*, oder lassen Sie in Dundee Scotts Polarreise auf der RRS *Discovery (siehe S. 537)* wiederaufleben. Im National Maritime Museum Cornwall in Falmouth *(siehe S. 291)* werden die Leistungen moderner Segellegenden wie Robin Knox-Johnston und Ellen MacArthur präsentiert.

←

Mit der Discovery *(heute Museumsschiff in Dundee) unternahm Robert Falcon Scott 1901–04 seine erste Antarktis-Expedition*

TOP 4 Versteckte Strände

Par Beach, St Martin's, Isles of Scilly
Kristallklares Wasser und feiner weißer Sand.

Bamburgh, Northumberland
Sandstrand vor dem Schloss *(siehe S. 418)*.

Man O'War, Dorset
Nur zu Fuß erreichbar, bei der Durdle Door *(siehe S. 273)*.

Scarista, Harris
Spektakuläre Dünen auf den Äußeren Hebriden *(siehe S. 553)*.

Küstentierwelt

Steile Küsten und Bäche an den britischen Küsten sind ein Paradies für Tiere aller Art. Fahren Sie mit dem Boot zu den Papageitauchern auf Skomer *(siehe S. 457)*, oder beobachten Sie Watvögel in den Lagunen von East Anglia, Riesenhaie vor Cornwall oder Delfine im Moray Firth *(siehe S. 560)* und der Cardigan Bay *(siehe S. 469)*.

←

Papageitaucher auf Skomer Island vor der Küste von Pembrokeshire

An der Küste

Die frische salzige Meeresbrise, der Duft von Fish and Chips, das Schreien der Möwen – die britischen Seebäder sprechen alle Sinne an. Im Süden ist Brighton *(siehe S. 164–167)* am bekanntesten, im Norden hat man den meisten Spaß im lässigen Blackpool *(siehe S. 369)*. Wer Ruhe und Erholung sucht, fährt gern nach Margate *(siehe S. 174)* oder Newquay *(siehe S. 294f)*.

→

Sonnenanbeter am Kiesstrand beim Pier von Brighton

Musikalische Weltreise

Liverpool, die Heimat von Cavern Club, den Beatles und British Music Experience (www.britishmusicexperience.com), muss die erste Station einer musikalischen Magical Mystery Tour sein *(siehe S. 350–353)*. In Manchester sehen Sie im Salford Lads' Club das Kult-Cover der Smiths, und Londons Straßen stecken voller Erinnerungen an den Rock 'n' Roll: Gedenken Sie in Camden Market *(siehe S. 142)* Amy Winehouse und auf dem Weg durch David Bowies Brixton in Süd-London des Thin White Duke.

→
Bronzestatuen der Beatles an Liverpools Waterfront

GROSSBRITANNIEN FÜR
MUSIKFANS

Die britische Musikszene ist äußerst vielfältig und reicht von Bhangra bis Britpop, von Progressive bis Punk und von Metal bis Grime, nicht zu vergessen natürlich klassische Musik, Jazz und andere Genres. Stylen Sie sich auf, oder packen Sie Ihr Zelt ein, und los geht's zu einem der Sommerfestivals.

Festivals ohne Ende

Der Sommer in Großbritannien lockt mit jeder Menge Festivals. Glastonbury *(siehe S. 269)* mit seiner spannenden Mischung, die viele Weltstars anlockt, bleibt das größte. Doch es finden auch Hunderte kleinerer, überschaubarerer Veranstaltungen statt. Auf dem Gebiet der Klassik am bekanntesten sind das Opernfestival in Glyndebourne *(siehe S. 181)* und die achtwöchige Prom-Season in der Royal Albert Hall *(siehe S. 95; www.bbc.co.uk/proms)*.

Hier spielt die Livemusik

In britischen Städten, den Talentschmieden für junge Musiker, gibt es unzählige Livebühnen. Großartig ist die Stimmung etwa in London im winzigen 100 Club (www.the100club.co.uk) oder in der himmlischen Union Chapel (www.unionchapel.org.uk). Jazzfans strömen ins Ronnie Scott's (www.ronniescotts.co.uk), während die Wigmore Hall (www.wigmore-hall.org.uk) »die« Adresse für klassische Musik ist. Die walisische Musikszene trifft sich in Cardiffs Clwb Ifor Bach (www.clwb.net), hoch her geht auch es in Glasgows King Tut's (www.kingtuts.co.uk).

← Ronnie Scott's Jazz Club in der Frith Street, Soho, London

TOP 4 Plattenläden

Rough Trade East, London
Ⓦ roughtrade.com
Legendäre Live-Auftritte im Laden und ein eigenes Label im Mekka der Indie-Musik.

Monorail, Glasgow
Ⓦ monorailmusic.com
Wichtiger Treffpunkt für Glasgows Musiker; viele Stammkunden.

Vinyl Exchange, Manchester
Ⓦ vinylexchange.co.uk
Legendärer Laden im Northern Quarter – und faire Preise.

Spillers, Cardiff
Ⓦ spillersrecords.com
Der älteste Plattenladen der Welt besteht schon seit 1894.

↑ Die Malvern Hills inspirierten viele bedeutende britische Komponisten

↑ Feiern bis zum Abwinken beim Glastonbury in Somerset

Inspirationsquellen

So wie Großbritanniens Städte die Popszene stark beeinflusst haben, ließen sich die Komponisten klassischer Musik von der Schönheit der Landschaft außerhalb der Städte inspirieren. Fahren Sie in die Malvern Hills *(siehe S. 321)*, die etwa Edward Elgars Kreativität förderten und wo die Freunde Gustav Holst und Ralph Vaughan Williams lange gemeinsame Spaziergänge machten. Benjamin Britten, alljährlich beim Aldeburgh Festival *(siehe S. 208)* gefeiert, ließ sich von der Schönheit der Küste von Suffolk zu seiner Oper *Peter Grimes* anregen.

Startschuss für die Moderne

Die erste Dampfmaschine des schottischen Erfinders James Watt wurde 1776 patentiert. Damit begann die industrielle Revolution. Die dunklen Fabrikanlagen des 19. Jahrhunderts sind längst verschwunden, doch noch heute wird an diese Zeit erinnert: Fahren Sie in Blaenavons Big Pit *(siehe S. 473)* hinunter in die Mine, ziehen Sie im Enginuity *(siehe S. 309)* in Ironbridge eine Lokomotive, oder gehen Sie im Science and Industry Museum *(siehe S. 347)* durch eine Baumwollspinnerei.

TOP 4 Römische Anlagen

Hadrianswall
Beobachten Sie die Grabungen am Wall aus dem 2. Jahrhundert *(siehe S. 414f)*.

Römische Bäder, Bath
Komfortables römisches Spa *(siehe S. 258f)*.

Caerleon
Gut erhaltenes Amphitheater, wo Gladiatoren kämpften *(siehe S. 474f)*.

Fishbourne Roman Palace
Bewundern Sie schön erhaltene Mosaiken und die ersten Gärten Britanniens *(siehe S. 183)*.

Ein früher Computer im Science and Industry Museum

GROSSBRITANNIEN FÜR
HISTORY-FANS

Drei Nationen, lange Kriegsperioden, oft recht fragile Bündnisse mit den Nachbarn und ein umstrittenes globales Erbe – die britische Geschichte ist überaus komplex. Lehrreich, aber auch sehr unterhaltsam ist es, ihr in den vielen Museen und historischen Stätten nachzuspüren.

Lebendige Geschichte

Sie wollten immer schon in Wams und bauschiger Kurzhose Wikinger spielen? Kein Problem. In ganz Großbritannien finden Festivals statt, die die Geschichte lebendig werden lassen. Briten lieben es, Geschichte in Originalkleidung darzustellen. Vom ungestümen Fest bis zur getreuen Nachstellung berühmter Ereignisse ist alles dabei, etwa alljährlich bei der Schlacht von Hastings (Okt; *siehe S. 179*), beim Mittelalterfest in Tewkesbury (Juli; *siehe S. 245*) oder auch jeden Januar beim Wikingerfest Up Helly Aa in Shetland *(siehe S. 546f)*, einem wilden 24-stündigen Fest mit Fackeln, Flügelhelmen und Schaffellen.

Nachgespielt: die Schlacht von Hastings am Originalschauplatz Battle Abbey

Auf dem Tudor Trail

Genial oder verrückt? Kluger Führer oder Tyrann? Kaum eine Figur ist so umstritten wie Henry VIII. Wandern Sie durch die eindrucksvollen Ruinen von Fountains Abbey *(siehe S. 390f)* und Tintern Abbey *(siehe S. 474)*, oder verfolgen Sie die Geschichte von Anne Boleyn im Hever Castle *(siehe S. 177)* und dem Tower of London *(siehe S. 118f)* – alle litten sie unter der Grausamkeit dieses Monarchen. Ganz anders ist dagegen Hampton Court *(siehe S. 138f)*, einer der exquisitesten Paläste, die Henry VIII bauen ließ. Sie werden begeistert sein.

→

Imposante Ruinen der Tintern Abbey in Monmouthshire, Wales

World War II

Es gibt kaum noch Augenzeugen des Zweiten Weltkriegs, das macht Kriegsdenkmäler umso wertvoller: im Bletchley Park *(siehe S. 243)* der Arbeitsplatz der Enigma-Codeknacker, die Churchill War Rooms *(siehe S. 82)*, die Schaltzentrale der Kriegsregierung, IWM Duxford *(siehe S. 215)* oder die Holocaust Exhibition im Imperial War Museum London *(siehe S. 84)*.

←

Statue des Mathematikers und Codeknackers Alan Turing von Stephen Kettle im Bletchley Park

Kunst im öffentlichen Raum

In Großbritannien gibt es viel Kunst im öffentlichen Raum, z. B. die modernen gusseisernen Figuren von Antony Gormley in *Another Place* am Crosby Beach bei Liverpool oder Andy Scotts *The Kelpies*, zwei imposante Stahlskulpturen bei Falkirk *(siehe S. 524)*. Die schöne *Scallop* von Maggi Hambling am Aldeburgh Beach ist Benjamin Britten gewidmet, der modernistische *Quantum Leap* der Architekten Pearce & Lal in Shrewsbury erinnert an Charles Darwin. Heiß diskutiert wird über den Fourth Plinth am Trafalgar Square, wo wechselnde Werke zu sehen sind.

→ *Die Figur von Antony Gormley hält am Crosby Beach Ausschau*

GROSSBRITANNIEN FÜR
KUNSTFREUNDE

Jede Stadt in Großbritannien verfügt über eine größere Galerie, in der Werke interessanter Künstler versammelt sind. Diese öffentlichen Galerien werden ergänzt durch private Sammlungen in vielen Herrenhäusern sowie durch moderne Einrichtungen, in denen topaktuelle Kunst zu sehen ist.

Großartige Galerien

Nicht nur in den Galerien in London sind britische Künstler gut vertreten. Die weltbeste Sammlung präraffaelitischer Kunst findet man im Birmingham Museum and Art Gallery *(siehe S. 324)*, Künstler des 20. Jahrhunderts in der Leeds Art Gallery *(siehe S. 400)* und der Walker Art Gallery in Liverpool *(siehe S. 353)*. Die Kelvingrove Art Gallery and Museum in Glasgow *(siehe S. 518f)* zeigt Künstler der Glasgow School und des Scottish Colourists Movement, auch im The Lowry *(siehe S. 348f)* in Manchester können Sie sich Gemälde einheimischer Künstler ansehen.

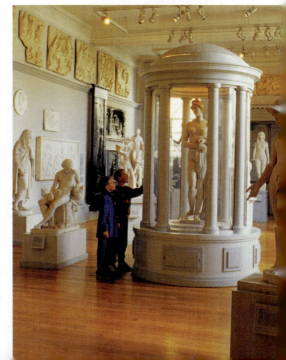

→ *Marmorstatuen und Büsten in der Walker Art Gallery in Liverpool*

Kunst in Landhäusern

Herrschaftliche Häuser, in denen Kunstsammlungen der Aristokraten zu sehen sind, findet man in Großbritannien zuhauf. In Audley End in Essex *(siehe S. 214)* und Temple Newsam House in Leeds *(siehe S. 400)* hängen Werke aus dem 18. Jahrhundert, in Petworth House in West Sussex *(siehe S. 183)* Bilder von J. M. W. Turner und van Dyck sowie Wandmalereien von Louis Laguerre. Kenwood House in Nord-London *(siehe S. 140f)* ist eine Schatztruhe voller Werke von Rembrandt, Vermeer, Reynolds und Gainsborough.

Events und Erfahrungen

Nehmen Sie Ihren Zeichenblock, und gehen Sie in eine Galerie. Zeichnen Sie einfach drauflos, oder nehmen Sie teil an einer von Künstlern geleiteten Malstunde, wie sie oft freitagmittags in London in der National Portrait Gallery *(siehe S. 80)* und in der National Gallery *(siehe S. 68f)* angeboten werden. Viele Galerien und Museen bieten auch ein spezielles Kinderprogramm sowie Workshops, Gespräche und Führungen – Details finden Sie auf den Websites.

← *Gemälde an der Grand Staircase, Petworth House*

↑ *Hell und freundlich: das Barbara Hepworth Museum in St Ives*

Häuser der Künstler

Wo früher die Künstler selbst wohnten, sind heute oft faszinierende und sehr beliebte Museen untergebracht. Im Kelmscott Manor *(siehe S. 228)*, tief in den Cotswolds, sehen Sie herrliche Möbel, Teppiche und Tapeten von William Morris. In Sudbury, wo Thomas Gainsborough geboren wurde, hängt eine Sammlung des bekanntesten Porträtmalers Englands *(siehe S. 215)*. Die nahe Flatford Mill *(siehe S. 219)* gehörte dem Vater von John Constable, dort schuf dieser viele seiner Werke. In Cornwall können Sie im Barbara Hepworth Museum and Sculpture Garden *(siehe S. 283)* das Atelier besichtigen, in dem die Bildhauerin fast 30 Jahre lang arbeitete.

Nachts im Museum

Spannender geht es kaum: Im Science Museum *(siehe S. 94f)* in London können Kinder bei den Astronights übernachten – Shows und Frühstück inklusive. Im Londoner Natural History Museum *(siehe S. 94)* gibt es die »Dino Snores« – ebenfalls mit Übernachtung –, und das sogar nicht nur für die Kleinen.

↑ *Blauwalskelett im Natural History Museum*

GROSSBRITANNIEN FÜR
FAMILIEN

Egal, ob es stürmt oder schneit oder die Sonne scheint – in Großbritannien gibt es spannende Ausflugsziele für Groß und Klein. Von Themenparks über herrliche Sandstrände bis zu Fahrten in alten Dampfzügen sind dem Familienspaß kaum Grenzen gesetzt.

↑ *Kopfüber rundherum: Fahrt mit der Nemesis-Bahn, Alton Towers*

Rein ins Vergnügen

In Großbritannien laden viele Abenteuerparks mit Spaß für jeden zum Besuch. Im Bewilderwood (www.bewilderwood.co.uk) in Norfolk fahren kleine Kinder mit einem Boot oder turnen an einem Klettergerüst, im Diggerland (www.diggerland.com) in Kent, Devon, Yorkshire oder Durham können Sie Gokart oder in einem Mini-Land-Rover fahren. Der tollste Themenpark ist Alton Towers (www.altontowers.com) in Staffordshire mit seinen zahlreichen rasanten Fahrgeschäften, vor allem Nemesis und Galactica. Da klopft das Herz garantiert bis zum Hals!

Mit Volldampf voraus

Großbritannien ist ideal für eine Fahrt mit einem alten Dampfzug. Es gibt Dutzende von Heritage Railways, darunter die Great Central Railway in Leicestershire (www.gcrailway.co.uk) und die Churnet Valley Railway in Staffordshire (www.churnetvalleyrailway.co.uk). Harry-Potter-Fans sollten in die North Yorkshire Moors Railway (www.nymr.co.uk) steigen, deren Züge in Goathland halten, in den Filmen Hogsmeade Station.

↑ *Dampflok an der Leicester North Heritage Railway Station*

Für Leseratten

Angehende Autoren lieben das Roald Dahl Museum *(siehe S. 240)* in Great Missenden. Dort können sie ihre eigenen Geschichten mit denen des großen Schriftstellers vergleichen. Ein literarisches Abenteuer ist auch ein Ausflug auf den überall in Großbritannien angebotenen Gruffalo Trails (www.forestryengland.uk/gruffalo) von Julia Donaldsons *Der Grüffelo*.

←

Knifflig: Experimente im Roald Dahl Museum

Salzwasser im Tinside Lido in Plymouth ↓

Ab ins Wasser

Die endlosen Strände in Großbritannien garantieren einen perfekten Ferientag. Stürzen Sie sich in St Ives *(siehe S. 282f)* in Cornwall in die Wellen, oder bauen Sie in Southwold *(siehe S. 208)* in Suffolk eine Sandburg. Wer das nicht mag, geht ins Freibad. Der geothermisch beheizte Jubilee Pool in Penzance (www.jubileepool.co.uk) hat ganzjährig geöffnet, der Tinside Lido in Plymouth *(siehe S. 300)* einen schönen Blick aufs Meer.

Übernachtung einmal anders

Unvergesslich wird ein Urlaub in Großbritannien für die Kinder sicherlich mit einer ganz besonderen Art der Übernachtung: Schlafen Sie in einem Baumhaus, z. B. im Clowance Treehouse (www.luxurylodges.com/clowance) im Herzen von Cornwall oder im Tinkers Treehouse (www.canopyandstars.co.uk) in Sussex. Wenn es etwa historischer sein soll, bietet sich eine nachgebaute mittelalterliche Holzhütte im Knight's Village im Warwick Castle an *(siehe S. 314f)*.

Exzentrische Events

Lokalkolorit pur spüren Sie etwa beim Käserennen am Cooper's Hill in Gloucestershire (Mai) oder bei den Sumpfschwimm-Meisterschaften in Llanwrtyd Wells in Wales (Aug). Und in Ottery St Mary in Devon werden Anfang November brennende Holzfässer durch die Straßen getragen – warum, weiß keiner mehr genau.

Ihm nach! Käseroll-Wettbewerb am Cooper's Hill

GROSSBRITANNIENS EIGENHEITEN

Dass die Briten exzentrisch sind, sagt man nicht von ungefähr. Man findet dort die eigenartigsten Museen – etwa für Bleistifte oder Rasenmäher –, aber auch ganz schräge Festivals und Events. Vielleicht ist es ja auch die Insellage, die ausmacht, dass das Bizarre schon fast normal wirkt?

Grimassen

Das Grimassenschneiden ist eine englische Tradition, die sich bis ins 13. Jahrhundert zurückverfolgen lässt. Es geht in erster Linie darum, ein möglichst Furcht einflößendes Gesicht zu machen, vorzugsweise, indem man die Unterlippe über den Oberkiefer stülpt. Falls Sie diese Attitüde unbedingt einmal selbst sehen oder gar ausprobieren wollen, fahren Sie zu den alljährlich veranstalteten World Gurning Championships (www.egremontcrabfair.com), die während der Egremont Crab Fair Ende September in Lancashire stattfinden. Sehenswert!

Verrückte Unterkünfte

Normal kann ja jeder – übernachten Sie doch mal ganz anders! Ausgestattet wie eine Gefängniszelle ist die Penny Rope Bed Chamber (www.quirkykent.co.uk) im Keller eines georgianischen Hauses in Margate. Oder Sie schlafen in einem umgebauten Lynx-Helikopter (www.glampsites.com) in Lancashire.

Schrille Dörfer

Fahren Sie nach Portmeirion *(siehe S. 440f)* in Wales, und Sie werden glauben, Sie seien im falschen Film: Der Architekt Clough Williams-Ellis baute sich dieses Dorf im italienischen Stil und quietschbunt. Auch der reiche Stuart Ogilvie fühlte sich dazu berufen, ein eigenes Dorf zu bauen: In Thorpeness in Suffolk gibt es einen Peter-Pan-Teich, in dem man rudern kann, und das House in the Clouds auf der Spitze eines ehemaligen Wasserturms.

→

Bunt und schrill: das Dorf Portmeirion in Wales

Unkonventionelle Häuser

Nicht jeder hat einen gewöhnlichen Wohnsitz: In Nottinghamshire dienten in Mr Straw's House (www.nationaltrust.org.uk/mr-straws-house) alte Zeitungen als Bettlager. In Cragside *(siehe S. 421)* in Northumberland, dem Landsitz von Lord Armstrong, stehen viele technische Geräte und im Sir John Soane's Museum *(siehe S. 123)* in London sogar ein ägyptischer Sarkophag.

←

Zerbrechlich: Keramikgefäße im Sir John Soane's Museum in London

Schräge Museen

Auch hier treten britische Marotten zutage: Entdecken Sie Bleistifte im Derwent Pencil Museum *(siehe S. 356)* im Lake District oder die Welt der Rasenmäher im British Lawnmower Museum (www.lawnmowerworld.co.uk) in Southport. Fast schon normal wirkt dagegen das Laurel and Hardy Museum *(siehe S. 366)* in Ulverston, wo man alles über das Leben und das Wirken der beiden Komiker erfährt.

↑ *Wie eine Gefängniszelle: Penny Rope Bed Chamber in Margate*

→

Im Laurel and Hardy Museum erfährt man viel über das Komikerduo

DAS JAHR IN GROSSBRITANNIEN

Januar

Burns Night *(25. Jan)*. Schotten begehen den Geburtstag von Robert Burns mit Lesungen.
Up Helly Aa *(Ende Jan)*. Beim Wikinger-Festival wird ein Langboot durch Lerwick, Shetland, getragen.
△ **Chinese New Year** *(Ende Jan/Anfang Feb)*. Fest in Londons Chinatown mit Umzügen.

Februar

△ **Six Nations Rugby** *(Anfang Feb – Ende März)*. Großes Rugbyturnier mit den vier britischen Nationen sowie Frankreich und Italien in Twickenham, Cardiff und Edinburgh.
Shrovetide Football *(Faschingsdienstag und Aschermittwoch)*. Wildes, achtstündiges Fußballspiel in Ashbourne, Derbyshire.

Mai

May Day *(Anfang Mai)*. Bunte Volksfeste, oft heidnischen Ursprungs: Jack in the Green in Hastings oder in Cornwall Padstows 'Obby 'Oss.
Glyndebourne Festival Opera Season *(Mai – Sep)*. Weltklasse-Produktionen im Park eines Landhauses in Sussex.
△ **Chelsea Flower Show** *(Ende Mai)*. Fünftägige Blumenschau in Londons Royal Hospital.

Juni

Trooping the Colour *(Anfang Juni)*. Militärparade in London zum Geburtstag des Monarchen.
Royal Academy Summer Exhibitions *(Mitte Juni – Mitte Aug)*. Künstler zeigen in London ihre neuesten Arbeiten.
△ **Glastonbury Festival** *(Ende Juni)*. Fünftägige Kultveranstaltung mit Musik in Somerset.

September

Braemar Gathering *(1. Sa)*. Fest kiltbekleideter Schotten mit Pfahlwerfen, Kugelstoßen, Tanz und Dudelsackmusik.
△ **Great North Run** *(Sep oder Okt)*. Weltgrößter Halbmarathon in Tyne and Wear.
St Ives Festival *(Mitte – Ende Sep)*. Zweiwöchiges Fest im malerischen Cornwall mit Kunst, Musik, Lesungen und Theater.

Oktober

Canterbury Festival *(Mitte Okt – Anfang Nov)*. Musik, Theater und Kunst bei einem der größten Festivals im Südosten.
Battle of Hastings Re-enactment *(Mitte Okt)*. Zum Nachspiel der Schlacht von 1066 strömen Teilnehmer aus aller Welt nach East Sussex.
△ **London Film Festival** *(zweite Hälfte Okt)*. Gut 300 britische und internationale Filme in großen und kleinen Kinos der ganzen Stadt.

März

△ **St David's Day** *(1. März)*. Nationalfeiertag in Wales mit Umzügen und Konzerten.
Cheltenham Gold Cup *(Mitte März)*. Eines der zwei bedeutendsten Jagdrenn-Events – neben dem Grand National in Aintree, Liverpool (Apr).
The Boat Race *(Ende März/Anfang Apr)*. Ruderrennen von Oxford und Cambridge zwischen Putney Bridge und Chiswick Bridge in London.

April

△ **St George's Day** *(23. Apr)*. Tag des Schutzheiligen und zahlreiche Veranstaltungen am Geburtstag von William Shakespeare in Stratford-upon-Avon.
London Marathon *(Ende Apr)*. Tausende Teilnehmer, von ambitionierten Sportlern bis zu lustig Verkleideten.
Beltane Fire Festival *(30. Apr u. 1. Mai)*. Frühlingsfest mit Freudenfeuern in Edinburgh.

Juli

Wimbledon Tennis Championships *(Anfang – Mitte Juli)*. Eines der bedeutendsten Tennisturniere der Welt, das nicht nur London zwei Wochen lang in Atem hält.
△ **Pride in London** *(Anfang Juli)*. Großes Fest der LGBTQ+ Gemeinde mit Tausenden Teilnehmenden und Umzügen.
The Proms *(Mitte Juli – Mitte-Sep)*. Acht Wochen lang klassische Musik und Orchestermusik, die mit der überschäumend gefeierten Last Night of the Proms enden.

August

Edinburgh International Festival and Edinburgh Festival Fringe *(Anfang – Ende Aug)*. Größtes Fest in Großbritannien, drei Wochen lang dreht sich alles um Kunst und Kultur.
National Eisteddfod *(Anfang Aug)*. Walisischer Kunstwettbewerb, Veranstaltungsort variiert.
Cowes Week *(Mitte Aug)*. Wichtigste Segelregatta des Landes auf der Isle of Wight.
△ **Notting Hill Carnival** *(letzter Mo)*. Karibisches Straßenfest mit Umzügen, Musik und Ständen in West-London.

November

Guy Fawkes Night *(5. Nov)*. Feuerwerk und Freudenfeuer im ganzen Land, am größten in Lewes, East Sussex.
△ **Lord Mayor's Show** *(2. Sa)*. Prunk und Paraden begleiten den Lord Mayor in seiner goldenen Karosse durch London.
Remembrance Day *(2. So)*. Gottesdienste und Paraden am Cenotaph in Whitehall, London.

Dezember

Weihnachtsmärkte *(ab Ende Nov)*. Glühwein fließt in Strömen bei den Weihnachtsmärkten, die im ganzen Land veranstaltet werden. Die größten sind in Birmingham, Leeds, Manchester und London.
△ **New Year's Eve** *(31. Dez)*. Besonders ausgelassen wird Silvester an Hogmanay in Edinburgh sowie in ganz Schottland mit Feuerwerken und Straßenfesten gefeiert.

KURZE GESCHICHTE

Die Geschichte Großbritanniens ist lang und turbulent. Drei Nationen – Wales, Schottland und England – wurden teils durch militärische Eroberungen, teils durch dynastische Zufälle zu einem Staat vereinigt. Die Bevölkerung aller drei Landesteile spricht zwar (überwiegend) dieselbe Sprache, die jeweils eigene Identität wird jedoch stark betont.

Das frühe Britannien

Großbritannien ist seit rund 500 000 Jahren besiedelt. Erste archäologische Funde umfassen Knochen und Flintwerkzeuge. In der um 2500 v. Chr. einsetzenden Bronzezeit entwickelten sich Ackerbau und Viehzucht, Kreise aus Stein und Holz wurden errichtet. Am bekanntesten ist Stonehenge *(siehe S. 264f)*. Mit Beginn der Eisenzeit um 800 v. Chr. errichtete man zahlreiche Ringwälle – etwa in den South Downs *(siehe S. 190f)*. Zu den archäologischen Funden aus dieser Zeit gehören wunderbare Schmuckstücke.

1 *Großbritannien und Irland im 17. Jahrhundert*

2 *Der Stich aus dem 19. Jahrhundert zeigt Druiden in Stonehenge*

3 *Altes römisches Mosaik in Berkshire*

4 *König Alfreds Schlacht gegen die Wikinger*

Chronik

ca. 500 000 v. Chr.
Erste Spuren menschlicher Besiedlung in Großbritannien

ca. 2500 v. Chr.
Beginn der Bronzezeit

ca. 800 v. Chr.
Beginn der Eisenzeit; Bau vieler Ringwälle

43 n. Chr.
Kaiser Claudius erobert Britannien

Römerzeit

Julius Caesar (100 – 44 v. Chr.) und seine römischen Legionäre landeten 55 v. Chr. in Kent. Doch erst ab 43 n. Chr. eroberten die Römer Großbritannien, unterwarfen Südost-England und stießen in der Folgezeit nach Norden vor. Sie bauten Straßen und errichteten Militärposten. Um das Jahr 80 waren England und Teile von Wales fest in römischer Hand. Kaiser Hadrian (76 –138) ließ an der Nordgrenze den Hadrianswall bauen. Während der 400 Jahre dauernden Herrschaft der Römer blühte der Handel, und es herrschte Frieden, doch allmählich schwand ihre Macht.

Angelsachsen und Wikinger

Im 4. Jahrhundert überfielen immer wieder Angelsachsen aus dem Norden Deutschlands das römische Britannien. Im Jahr 700 war England aufgeteilt in verschiedene angelsächsische Königreiche, das größte war Wessex im Süden unter Alfred the Great (848 – 899). Die Macht von Wessex geriet jedoch durch Angriffe der Wikinger in Gefahr, die das Land besiedeln wollten. Die Kriege dauerten bis ins 11. Jahrhundert an.

↑ *Büste von Kaiser Hadrian, der 122 mit dem Bau des Walls begann*

793
Wikinger zerstören das Kloster von Lindisfarne

843
Kenneth MacAlpin eint Schottland

871
König Alfred wird König von Wessex

973
König Edgar von Wessex wird erster König von England

Mittelalter

1066 segelte William the Conqueror (1028–1087) von Frankreich aus über den Ärmelkanal, besiegte die Angelsachsen in der Schlacht von Hastings und wurde zum König gekrönt. Er und seine Nachfolger herrschten über ein feudales Königreich und setzten lokale Fürsten ein. Die Spannungen zwischen royaler und regionaler Macht führten letztlich 1215 zur Beschneidung der Macht durch die Unterzeichnung der Magna Carta und viel später zu einer langen Zeit voller Bürgerkriege – den Rosenkriegen. Erst als 1485 Richard III (1452–1485) geschlagen wurde und der erste Tudor-König Henry VII (1457–1509) den Thron bestieg, war der Frieden wiederhergestellt.

Tudor-Renaissance

Unter den Tudors (1485–1603) wurde England zu einer führenden Macht in Europa. Henry VIII (1491–1547) brach mit dem Papst in Rom und gründete die unabhängige Church of England. Seine Tochter, Elizabeth I (1533–1603), verteidigte England durch den Sieg über die spanische Armada. Sie vermittelte diplomatisch zwischen ihren katholischen und

1 *Die Schlacht von Hastings 1066; Bild von François-Hyppolite Debon*

2 *Altes Gemälde zum Sieg über die spanische Armada 1588*

3 *Porträt Charles' II von Peter Lely*

Schon gewusst?

Die ersten Afrikaner in Britannien waren Soldaten der römischen Armee.

Chronik

1066
Schlacht von Hastings; William der Eroberer wird König von England

1215
Unterzeichnung der Magna Carta in Runnymede

1220er
Edward I (1239–1307) von England erobert Wales

1349
Ausbruch des Schwarzen Todes (Pest) in Großbritannien

1485
Richard III stirbt in der Schlacht von Bosworth Field; Nachfolger wird Henry VII

protestantischen Untertanen und hatte dank des anglo-walisischen Landadels Wales fest im Griff. Das unabhängige Schottland war mit Englands Erzfeind Frankreich verbündet und daher schwerer zu beherrschen. Die königstreuen Schotten verloren die Kontrolle über ihr Königreich. Mary Stuart (1542 – 1587) musste ins Exil nach England fliehen. Ihre Intrigen gegen Elizabeth führten letztlich zu ihrer Hinrichtung.

Die Stuarts

Nach dem Tod Elizabeths I fiel der Thron an James I (1566 – 1625), König von Schottland, womit die beiden Königreiche vereint waren. James hatte wie auch sein Sohn, Charles I (1600 – 1649), heftige Auseinandersetzungen mit dem protestantischen Parlament, die in einem Bürgerkrieg eskalierten (1639 – 51). Dabei besiegten in England Oliver Cromwells (1599 – 1658) Parlamentarier die Royalisten. Charles I wurde hingerichtet, Cromwell wurde Lord Protector eines republikanischen Commonwealth, das jedoch keinen Bestand hatte. Die Stuarts kehrten mit Charles II (1630 – 1685) bis zum Tod von Queen Anne (1665 – 1714) auf den Thron zurück.

Sieg über Spaniens Armada

Spanien war Englands Hauptrivale im Kampf um die Vorherrschaft auf See. 1588 schickte Philipp II. 100 schwer bewaffnete Galeeren nach England, das er erobern wollte. Die englische Flotte – unter Lord Howard, Francis Drake, John Hawkins und Martin Frobisher – segelte ihnen von Plymouth entgegen und zerstörte die spanische Marine.

1538
Henry VIII wird vom Papst exkommuniziert

1603
James VI von Schottland wird James I von England; Vereinigung der Königreiche

1639
Ausbruch des Bürgerkriegs, bekannt auch als Krieg der drei Königreiche

1714
Tod von Queen Anne, der letzten Stuart

Georgianische Zeit

Die Regierungszeiten von George I (1660–1727) und George II (1683–1760) waren glanzlos, die Macht hatte eher eine Reihe von Premierministern. Zwei Aufstände der Jakobiten *(siehe S. 487)* unter Führung der abgesetzten Stuarts wurden niedergeschlagen. Großbritannien begann, sein Empire zu vergrößern, auch wenn es unter George III (1738–1820) die Kolonien in Nordamerika verlor. Vorboten der industriellen Revolution Ende des 18. Jahrhunderts waren Kanäle, Kohleminen und der Bau der ersten Eisenbrücke 1781. Die Bedrohung durch eine französische Invasion zog sich durch die gesamte Epoche, schließlich wurde die europäische Vorherrschaft der Briten durch den Sieg über Napoléon in Waterloo 1815 gesichert.

Viktorianische Ära

In der langen Regierungszeit von Queen Victoria (1819–1901) wurde Großbritannien das mächtigste Land der Welt. Die Wirtschaft blühte dank der verarbeitenden Industrie und der Ausbeutung der Kolonien. Große Figuren des viktorianischen Großbritannien wie Charles Darwin und Charles Dickens er-

↑ *Der führende viktorianische Autor und Sozialkritiker Charles Dickens um 1860*

Chronik

1805
Nelson siegt in der Schlacht von Trafalgar; britische Seeherrschaft ist gesichert

1859
Charles Darwin veröffentlicht *Die Entstehung der Arten*

1914–1918
Erster Weltkrieg; Großbritannien erklärt Deutschland und dessen Verbündeten den Krieg

1939–1945
Zweiter Weltkrieg; wieder erklärt Großbritannien Deutschland und dessen Verbündeten den Krieg

langten internationalen Ruhm – während 1833 das von den Methodisten betriebene Verbot des Sklavenhandels im ganzen Empire in Kraft trat. Höhepunkt der viktorianischen Ära war die Weltausstellung von 1851, eine unglaubliche Demonstration von industrieller Vormacht und Ingenieurstechnik, auch wenn die Bedingungen in den Fabriken alles andere als rosig waren und in den Städten große Armut herrschte.

Moderne

Im 20. Jahrhundert schwand die britische Überlegenheit. Das Land taumelte durch die Wirtschaftskrise der 1930er Jahre, ein wirtschaftlicher und militärischer Kraftakt während des Zweiten Weltkriegs folgte. In den 1960er Jahren erlebte das Land einen wirtschaftlichen und kulturellen Boom, vor allem durch Freizeit und Tourismus geprägt. Im 21. Jahrhundert gab es zwei Referenden: Das zur schottischen Unabhängigkeit 2014 scheiterte, 2016 gab es eine knappe Mehrheit für den Austritt aus der EU. Bei den Unterhauswahlen im Dezember 2019 errangen die Konservativen die absolute Mehrheit. Am 31. Januar 2020 erfolgte der EU-Austritt Großbritanniens.

1 *Porträt Georges III von Allan Ramsay*
2 *Weltausstellung 1851 im Crystal Palace*
3 *Kaffeeausschank während der Weltwirtschaftskrise 1933*
4 *Pro-EU-Marsch*

Schon gewusst?
Über 40 Prozent der Londoner Bevölkerung gehören einer Minderheit an.

1948
Ankunft karibischer Einwanderer, die den Arbeitskräftemangel der Nachkriegszeit beheben sollen

1967
Legalisierung von Abtreibung (Apr) und Homosexualität (Juli)

2012
London ist Gastgeber der Olympischen Sommerspiele

2016/2020
Referendum zum EU-Austritt, der am 31. Januar 2020 vollzogen wurde

2022
Elizabeth II stirbt, Nachfolger wird Charles III

GROSSBRITANNIEN
ERLEBEN

Küste bei Brighton

London **54**

England **144**

Wales **424**

Schottland **478**

LONDON
ERLEBEN

West End, Westminster
und South Bank **64**

Kensington und Chelsea **88**

Regent's Park
und Bloomsbury **100**

City, Southwark
und East End **112**

Abstecher **134**

Londons Skyline mit der Tower Bridge (siehe S. 126) *im Vordergrund*

LONDON
AUF DER KARTE

Für diesen Reiseführer wurde London in vier Stadtteile gegliedert. In einem weiteren Kapitel (Abstecher; *siehe S. 134–143*) werden Attraktionen außerhalb des Zentrums vorgestellt.

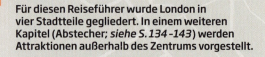

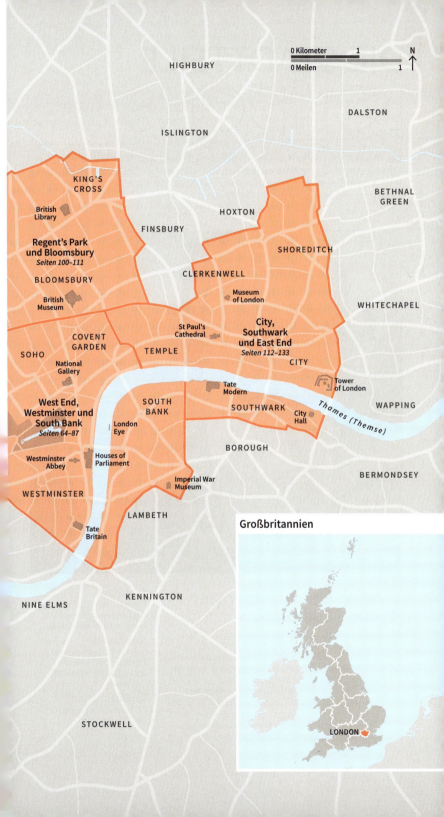

DIE STADTTEILE LONDONS

Die Hauptstadt Großbritanniens ist eine prickelnde Weltstadt mit sensationellen Museen, riesigen Wolkenkratzern, königlichen Palästen und gemütlichen Pubs sowie Street-Art, Streetfood und eleganten Straßen. In unzähligen Parks kann man sich wunderbar vom Sightseeing erholen.

West End, Westminster und South Bank

Dank der zahllosen Theater, Restaurants, Pubs und Clubs ist in Londons West End rund um die Uhr viel geboten, was nicht nur Besucher schätzen. Das Viertel ist der ideale Ausgangspunkt, um den Spirit der Stadt zu entdecken. Westminster, weiter südlich, ist Sitz der Regierung und Inbegriff für einige der bekanntesten Gebäude Londons. Im lebhaften South Bank am anderen Ufer der Themse liegen angenehm weite Plätze, von denen man schnell zu vielen erstklassigen kulturellen Einrichtungen des Viertels gelangt.

Entdecken
Londoner Wahrzeichen, draußen essen, die ansteckend-lebhafte Atmosphäre

Sehenswert
National Gallery, Houses of Parliament, Westminster Abbey, Buckingham Palace, Tate Britain

Genießen
Ein Spaziergang entlang des Thames Path

Kensington und Chelsea

Der Royal Borough of Kensington and Chelsea ist mit seinen langen Reihen herrschaftlicher Häuser und grüner Plätze eine der wohlhabendsten Gegenden Londons. Entsprechend exklusiv sind auch die dortigen Boutiquen und Restaurants. Besucher werden vor allem von den großartigen Museen entlang der Exhibition Road in South Kensington angezogen. Von hier ist es nicht weit zum Hyde Park, wo Erholung (z. B. mit Boot fahren auf The Serpentine) angesagt ist.

Entdecken
Großartige Museen mit freiem Eintritt, gehobene Boutiquen und liebenswerte Ecken

Sehenswert
Victoria and Albert Museum

Genießen
Die bizarren und wunderbaren Sammlungen im Natural History Museum

Regent's Park und Bloomsbury

Der von georgianischen Terrassen umgebene Regent's Park direkt am Kanal ist der lebhafteste der königlichen Parks. Südlich davon liegt jenseits der viel befahrenen Marylebone Road Marylebone, ein überaus angenehmes Viertel mit einer der Haupteinkaufsstraßen. Im unkonventionellen, lässigen Studentenviertel Bloomsbury befinden sich das Universitätsgelände, unabhängige Buchläden und große Grünflächen. King's Cross, nördlich davon, ist nach seiner Umgestaltung kulinarischer und kultureller Hotspot.

Entdecken
Spaziergänge am Kanal, georgianische Architektur und das literarische Erbe

Sehenswert
British Museum

Genießen
Die prächtigen Regale von Daunt Books in Marylebone

Seiten 112–133

City, Southwark und East End

Unter der Woche tobt hier das Leben, aber am Wochenende herrscht himmlische Ruhe in der City, dem Finanzzentrum und historischen Herzen der Stadt. Wolkenkratzer stehen neben Relikten aus Londons Vergangenheit. Das einst unterprivilegierte East End ist heute Treffpunkt der Hipster und steckt voller Energie. Südlich der Themse in Southwark drängen sich die Besucher in Bankside an den großen Attraktionen. Man findet dort aber auch hübsche Pubs am Wasser und köstliche Streetfood-Märkte.

Entdecken
Ausblicke vom Wolkenkratzer, Streetfood und Londons überwältigende Geschichte

Sehenswert
St Paul's Cathedral, Tower of London, Tate Modern

Genießen
Moderne und brandaktuelle Kunst in der Tate Modern

Seiten 134–143

Abstecher

Auch außerhalb des Stadtzentrums locken Attraktionen wie etwa Camden und Portobello, die exquisiten Kew Gardens, die maritimen Schätze von Greenwich oder – in Hampton Court – Londons eindrucksvollster Palast. Das schönste Erlebnis ist jedoch, dass man dort den Menschenmengen entkommt und lebhafte, angenehme Viertel der multikulturellen, stets aufs Neue überraschenden Hauptstadt entdecken kann.

Entdecken
Königliche Paläste, Grünanlagen und das alltägliche Leben

Sehenswert
Greenwich, Hampton Court

Genießen
Ein Sprung in die kalten Hampstead Heath Ponds

7 TAGE
in London

Tag 1
Fahren Sie mit dem Aufzug auf den Wolkenkratzer The Shard *(siehe S. 129)* – der Blick über ganz London ist genial. Bummeln Sie dann durch Southwark, und essen Sie in Londons letztem Pub mit einer Galerie, dem George aus dem 17. Jahrhundert *(siehe S. 129)*. Nachmittags laufen Sie an der Themse entlang und schauen, was es in der Tate Modern *(siehe S. 120f)* an neuer zeitgenössischer Kunst gibt. Nach einer Fahrt mit dem London Eye *(siehe S. 85)* essen Sie peruanische Tapas im Ceviche (17 Frith St). Von dort ist es nicht mehr weit zum berühmten Jazzclub Ronnie Scott's *(siehe S. 78)*.

Tag 2
Bestaunen Sie am Vormittag das Sir John Soane's Museum *(siehe S. 123)* und schlendern Sie anschließend durch die Gärten und Gänge der Inns of Court *(siehe S. 122)*, wo Sie ein Picknick einnehmen können. Gehen Sie danach zur St Paul's Cathedral *(siehe S. 116f)*, dem barocken Meisterwerk von Christopher Wren, und machen Sie anschließend einen Spaziergang zum Museum of London *(siehe S. 124)*, das einen Überblick über die Geschichte der Hauptstadt bietet. Für den Abend fahren Sie nach Osten ins coole Shoreditch, wo es viele trendige Lokale gibt, nicht zuletzt in der Brick Lane *(siehe S. 130)*, dem Curry-Hotspot von London.

Tag 3
Fahren Sie nach Greenwich *(siehe S. 136f)*, um im Old Royal Naval College und im National Maritime Museum die jahrhundertelange Geschichte der Seefahrt zu entdecken. Essen Sie auf dem Greenwich Market zu Mittag und besuchen Sie anschließend das Royal Observatory. Verbringen Sie den Abend im Greenwich Park und genießen Sie die Aussicht auf den Sonnenuntergang, bevor Sie im Dorf ein Restaurant suchen.

Tag 4
Vormittags befassen Sie sich mit den Funden im Natural History Museum *(siehe S. 94)*, das in einem herrlichen viktorianischen Gebäude untergebracht ist. Nach einem

1 *Auf der Millennium Bridge unterwegs zu St Paul's Cathedral*
2 *Skelette im National History Museum*
3 *Essen auf dem Southbank Centre Food Market*
4 *Victorian Leadenhall Market in der City*
5 *Palmenhaus in den Kew Gardens*

Picknick im nahen Hyde Park *(siehe S. 96f)* verbringen Sie ein paar Stunden im Victoria and Albert Museum *(siehe S. 92f)*. Exzellente polnische Küche erwartet Sie im Daquise *(siehe S. 95)*. Wenn Sie reserviert haben, besuchen Sie anschließend eine Veranstaltung in der Royal Albert Hall *(siehe S. 95)*.

Tag 5
In Camden Town genießen Sie die alternative Stimmung am Camden Market *(siehe S. 142)*, stöbern und essen etwas. Mit der Northern Line fahren Sie nach Hampstead *(siehe S. 140f)*. Machen Sie einen schönen Spaziergang durch Hampstead Heath und den hübschen viktorianischen Highgate Cemetery nach Highgate. Abends essen Sie in einem der großartigen Pubs in Highgate, vielleicht im Southampton Arms *(siehe S. 140)*.

Tag 6
Nach einem Spaziergang im Regent's Park *(siehe S. 108f)*, einem der schönsten royalen Parks in London, besuchen Sie an der Baker Street das Sherlock Holmes Museum *(siehe S. 109)*, das wieder aufgebaute Haus des berühmten Detektivs. Weiter geht's ins British Museum *(siehe S. 104–107)*. Nach einer Stärkung im dortigen Café bewundern Sie die fantastischen Exponate. Schlendern Sie dann durch das nahe Bloomsbury, einst Adresse der Reichen und Schönen, zum Granary Square *(siehe S. 110)* hinter der Station King's Cross, wo Sie zu Abend essen.

Tag 7
Entfliehen Sie dem Gedränge in London und fahren mit dem Zug in 30 Minuten von Waterloo bis Kew Bridge bei den Royal Botanic Gardens in Kew *(siehe S. 143)*, dem bekanntesten botanischen Garten Europas. Bummeln Sie in aller Ruhe durch die Anlage und essen dort. Nachmittags laufen Sie zum Kew Pier und fahren mit dem Boot (90 Min.) zum Hampton Court *(siehe S. 138f)*, einem der eindrucksvollsten Tudor-Schlösser Englands. Mit dem Zug geht es zurück nach Waterloo, wo Sie zum Abschluss in einem der Restaurants an der South Bank essen.

Royal Festival Hall und London Eye (siehe S. 85) in South Bank

West End, Westminster und South Bank

Seit über einem Jahrtausend ist Westminster überragendes Zentrum der geistlichen und weltlichen Macht Englands. Der erste Herrscher, der in dem damaligen Sumpfgebiet an der Themse einen Palast errichten ließ, war König Canute, der Anfang des 11. Jahrhunderts regierte. Sein Palast entstand in der Nähe jener Kirche, die Edward the Confessor ungefähr 50 Jahre später zu Englands größter Abtei erweitern ließ. Im Lauf der folgenden Jahrhunderte siedelten sich immer mehr Ministerien und Behörden in der Nähe an, viele davon in Whitehall. Diese Straße hat ihren Namen vom Palace of Whitehall, den Henry VIII Anfang des 16. Jahrhunderts erbauen ließ.

Das Marschland oberhalb der Themse bei Westminster wurde erst im 18. Jahrhundert trockengelegt, entwickelt und South Bank genannt. Nach dem Zweiten Weltkrieg war die Gegend recht heruntergekommen, bis die Stadtverwaltung beschloss, sie für das Festival of Britain 1951 zu entwickeln. Royal Festival Hall und Southbank Centre entstanden.

Das South-Bank-Viertel war eines der Zentren der Millenniumsfeierlichkeiten in der britischen Metropole. Zu den populärsten Attraktionen, die blieben, zählt das Riesenrad London Eye.

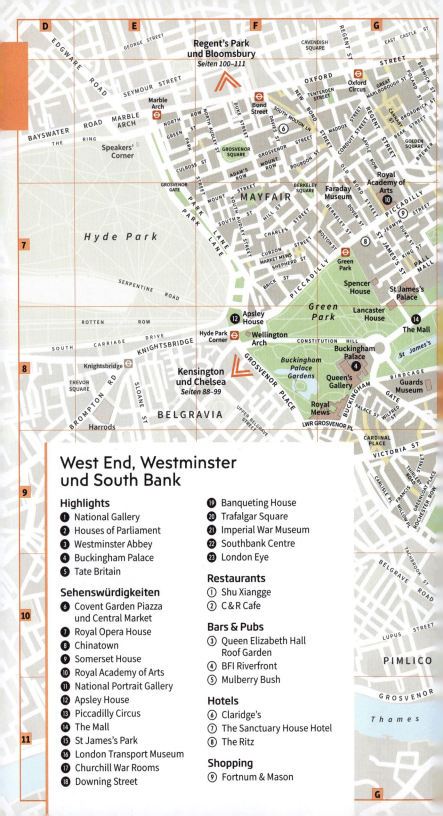

West End, Westminster und South Bank

Highlights
1. National Gallery
2. Houses of Parliament
3. Westminster Abbey
4. Buckingham Palace
5. Tate Britain

Sehenswürdigkeiten
6. Covent Garden Piazza und Central Market
7. Royal Opera House
8. Chinatown
9. Somerset House
10. Royal Academy of Arts
11. National Portrait Gallery
12. Apsley House
13. Piccadilly Circus
14. The Mall
15. St James's Park
16. London Transport Museum
17. Churchill War Rooms
18. Downing Street
19. Banqueting House
20. Trafalgar Square
21. Imperial War Museum
22. Southbank Centre
23. London Eye

Restaurants
1. Shu Xiangge
2. C & R Cafe

Bars & Pubs
3. Queen Elizabeth Hall Roof Garden
4. BFI Riverfront
5. Mulberry Bush

Hotels
6. Claridge's
7. The Sanctuary House Hotel
8. The Ritz

Shopping
9. Fortnum & Mason

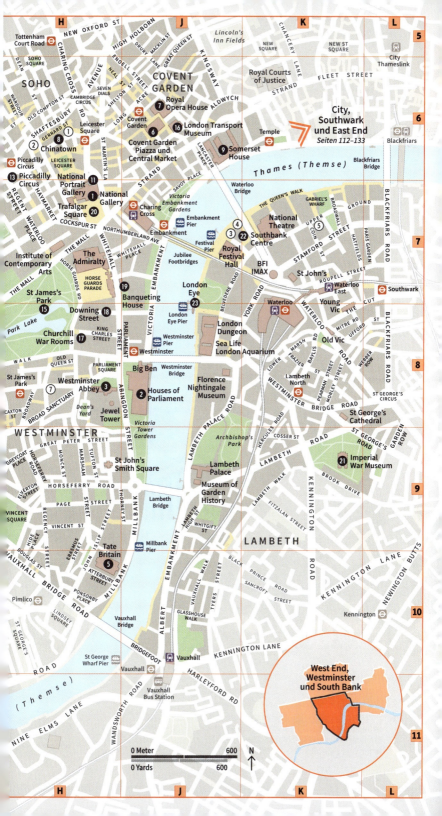

National Gallery

📍 H7 🏠 Trafalgar Square WC2 ☎ +44 20 7747 2885 🚇 Charing Cross, Leicester Sq, Piccadilly Circus 🚉 Charing Cross 🕐 tägl. 10–18 (Fr bis 21)
🚫 1. Jan, 24.– 26. Dez 🌐 nationalgallery.org.uk

Die international höchst renommierte National Gallery im Herzen des West End zeigt einige der berühmtesten Gemälde der Welt, darunter Meisterwerke von Rubens, Velázquez, Monet und van Gogh.

Seit ihrer Gründung zu Beginn des 19. Jahrhunderts wächst die National Gallery. Den Grundstock der Sammlung bildeten 38 Gemälde – darunter Werke von Raffael und Rubens –, die das House of Commons 1824 kaufte. Heute umfasst die Nationalsammlung mehr als 2600 Gemälde westeuropäischer Künstler. Das Hauptgebäude im Greek-Revival-Stil (1833–1838) entwarf William Wilkins. Es wurde in der Folgezeit immer wieder erweitert, 1876 kam die Kuppel dazu. Zur Linken liegt der Sainsbury Wing, der von der gleichnamigen Kaufmannsfamilie finanziert und 1991 vollendet wurde.

Sammlung

Die meisten Gemälde der National Gallery sind permanent zu sehen. Die Sammlung umfasst Werke in der westeuropäischen Tradition vom Spätmittelalter bis zum Anfang des 20. Jahrhunderts von Künstlern wie Botticelli, Leonardo, Tizian, Rembrandt, Velázquez, Monet und van Gogh.

Zu den Highlights gehören Jan van Eycks *Arnolfini-Hochzeit*, Diego Velázquez' *Venus vor dem Spiegel*, Raffaels *Madonna mit den Nelken* und Vincent van Goghs *Sonnenblumen*.

Die National Gallery thront über dem Trafalgar Square

Besuchergruppen bewundern die Meisterwerke in den Ausstellungssälen

---

Kurzführer

Das Hauptgeschoss ist in vier Flügel unterteilt. Die Gemälde sind chronologisch geordnet, die ältesten Werke (1250–1500) befinden sich im Sainsbury Wing. Die drei anderen Flügel decken die Epochen zwischen 1500 und 1930 ab. Weniger bedeutende Gemälde aller Epochen sind im Untergeschoss zu sehen.

Highlight

Schon gewusst?

Eine Untersuchung ergab, dass *Madonna of the Veil* nicht von Botticelli ist, sondern eine Fälschung.

↑ *Dank Sitzgelegenheiten kann man einzelne Gemälde auch intensiver studieren*

Houses of Parliament

📍 J8 🏠 London SW1 🚇 Westminster 🚌 Victoria ⛴ Westminster Pier
🕐 siehe Website ❌ Mitte Feb, Ostern, Pfingsten, Ende Juli – Anfang Sep, Mitte Sep – Mitte Okt, Mitte Nov, Weihnachten 🌐 parliament.uk/visit

Der Palace of Westminster ist das Herz der politischen Macht in England. Der neogotische Bau liegt nahe der Westminster Bridge an der Themse und gibt ein beeindruckendes Bild ab, vor allem mit dem unverkennbaren Elizabeth Tower.

Seit über 500 Jahren ist der Palace of Westminster Sitz des britischen Ober- und Unterhauses. Im Unterhaus (House of Commons) sitzen die gewählten Parlamentsmitglieder (Members of Parliament = MPs). Die Partei bzw. Koalition mit den meisten MPs bildet die Regierung und stellt den Premierminister. Die MPs der anderen Parteien bilden die Opposition. Häufig kommt es im Unterhaus zu hitzigen Debatten, dann muss der unparteiische Vorsitzende (Speaker) wieder für Ruhe sorgen. Die Regierung entwirft Gesetze, die vor Inkrafttreten beide Häuser passieren müssen.

↑ *Die Houses of Parliament wurden von Sir Charles Barry entworfen*

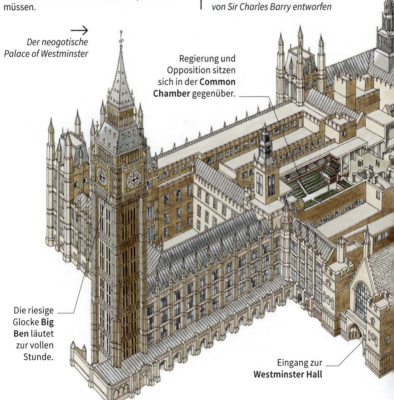

→ *Der neogotische Palace of Westminster*

Regierung und Opposition sitzen sich in der **Common Chamber** gegenüber.

Die riesige Glocke **Big Ben** läutet zur vollen Stunde.

Eingang zur **Westminster Hall**

Chronik

1042
△ Baubeginn am ersten Palast für Edward the Confessor

1605
▽ Attentatsversuch auf König und Parlament durch Guy Fawkes

1834
△ Ein Brand zerstört den Palast, nur Westminster Hall und der Jewel Tower bleiben erhalten

1941
▽ Zerstörung des Unterhauses bei einem Bombenangriff

Highlight

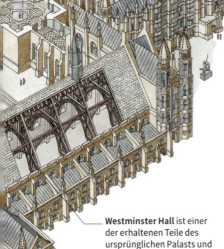

Wer in der **Central Lobby** einen Abgeordneten trifft, steht unter einer herrlichen Mosaikdecke.

Die **Lords Chamber** ist in Rot gehalten.

Eingang Sovereign's

Westminster Hall ist einer der erhaltenen Teile des ursprünglichen Palasts und stammt von 1097.

↑ *Auf den grün gepolsterten Bänken der Common Chamber sitzen Regierung und Opposition*

Westminster Abbey

③ 🔨 Ⓜ 🖥 🏛

📍 H8 🏛 Broad Sanctuary SW1 📞 +44 20 7222 5152
🚇 St James's Park, Westminster 🚆 Victoria, Waterloo
🕐 siehe Website 🌐 westminster-abbey.org

Die prächtige gotische Westminster Abbey ist eines der besten Beispiele für mittelalterliche Architektur in London mit einer der beeindruckendsten Sammlungen von Gräbern und Denkmälern.

Die erste Abteikirche wurde im 10. Jahrhundert vom hl. Dunstan und einer Gruppe von Benediktinermönchen errichtet. Das heutige Bauwerk stammt größtenteils aus dem 13. Jahrhundert; der neue, französisch geprägte Entwurf wurde 1245 auf Geheiß von Heinrich III. begonnen. Halb Nationalkirche, halb Nationalmuseum, ist Westminster Abbey Teil des britischen Nationalbewusstseins. Sie ist Schauplatz von Krönungen, königlichen Hochzeiten und Gottesdiensten sowie letzte Ruhestätte von 17 Monarchen.

Das Innere präsentiert einen Reichtum unterschiedlicher Stilrichtungen, sowohl was Architektur als auch was Plastik angeht. Das Spektrum reicht von französischer Gotik (Mittelschiff) bis zur Komplexität des Tudor-Stils (Henry VII Chapel) und dem Erfindungsreichtum des 18. Jahrhunderts. Jüngster Anbau ist der Weston Tower von 2018, der Zugang zum Triforium und zu den Queen's Diamond Jubilee Galleries erlaubt.

Die **Westtürme** wurden von Nicholas Hawksmoor entworfen.

← *Der Chor der Westminster Abbey singt aus seinem Gestühl im Chorraum*

Chronik

1050
△ Baubeginn der Abtei unter Edward the Confessor

1245
Beginn der Arbeiten an der neuen Kirche

1269
△ Verlegung der Überreste Edward the Confessors

1540
△ Auflösung des Klosters auf Befehl von Henry VIII

Highlight

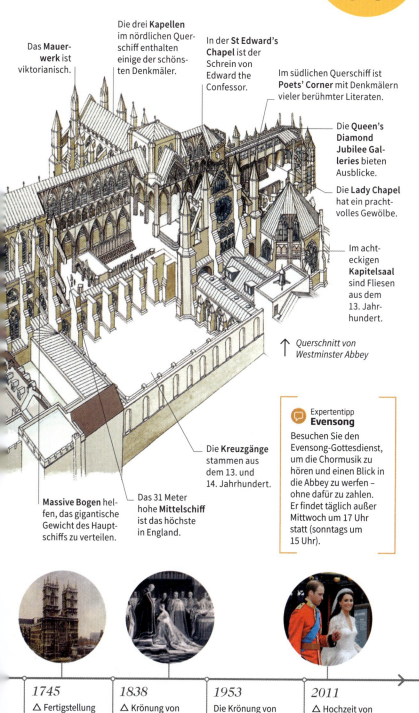

Das **Mauerwerk** ist viktorianisch.

Die drei **Kapellen** im nördlichen Querschiff enthalten einige der schönsten Denkmäler.

In der **St Edward's Chapel** ist der Schrein von Edward the Confessor.

Im südlichen Querschiff ist **Poets' Corner** mit Denkmälern vieler berühmter Literaten.

Die **Queen's Diamond Jubilee Galleries** bieten Ausblicke.

Die **Lady Chapel** hat ein prachtvolles Gewölbe.

Im achteckigen **Kapitelsaal** sind Fliesen aus dem 13. Jahrhundert.

↑ *Querschnitt von Westminster Abbey*

Die **Kreuzgänge** stammen aus dem 13. und 14. Jahrhundert.

Das 31 Meter hohe **Mittelschiff** ist das höchste in England.

Massive Bogen helfen, das gigantische Gewicht des Hauptschiffs zu verteilen.

> Expertentipp
> **Evensong**
>
> Besuchen Sie den Evensong-Gottesdienst, um die Chormusik zu hören und einen Blick in die Abbey zu werfen – ohne dafür zu zahlen. Er findet täglich außer Mittwoch um 17 Uhr statt (sonntags um 15 Uhr).

1745
△ Fertigstellung der Westtürme

1838
△ Krönung von Queen Victoria

1953
Die Krönung von Elizabeth II wird im Fernsehen gezeigt

2011
△ Hochzeit von Prince William und Catherine Middleton

Im **Music Room** erfolgt die Vorstellung hoher Gäste, er ist aber auch Schauplatz königlicher Taufen.

Der **Victorian Ballroom** wird bei Staatsbanketten und feierlichen Anlässen genutzt.

② (160 m) ①

→ Buckingham Palace, offizielle Residenz britischer Monarchen

④

Buckingham Palace

📍 G8 🏠 SW1 🚇 St James's Park, Victoria 🚆 Victoria 🕐 State Rooms und Garten: Mitte Juli – Sep: 9:30 –19 (nur Führungen); sonstige Zeiten siehe Website 🌐 rct.uk

Die offizielle Residenz von Charles III in London ist eine der bekanntesten Sehenswürdigkeiten der britischen Hauptstadt. Bei einem Besuch kann man hinter die Kulissen blicken und erfährt, wie die königliche Familie lebt.

Buckingham Palace dient als Amts- und zugleich als Wohnsitz der Königsfamilie. Er wird darüber hinaus zu offiziellen Anlässen, etwa bei Staatsbanketten, und bei den wöchentlichen Treffen von Charles III und dem Premierminister genutzt. John Nash gestaltete Buckingham House für George IV (reg. 1820 – 30) in einen Palast um. Doch der König wie auch sein Bruder William IV (reg. 1830 – 37) starben, bevor die Arbeiten abgeschlossen waren. Folglich war Queen Victoria die erste Monarchin, die hier lebte. Sie fügte einen vierten Flügel für mehr Schlaf- und Gästezimmer hinzu.

Changing of the Guard

Feuerrote Jacken und hohe Pelzmützen *(bearskin)* – so stehen die Wachen vor dem Eingang zum Buckingham Palace auf Posten. Vor den Toren sehen viele der Wachablösung zu: Von den Wellington Barracks geht es zum Palast. Bei der 45-minütigen Parade übergibt die alte Wache die Palastschlüssel an die neue (www.changing-guard.com).

Highlight

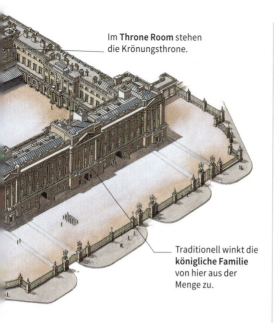

Im **Throne Room** stehen die Krönungsthrone.

Traditionell winkt die **königliche Familie** von hier aus der Menge zu.

→ Soldaten bei der Zeremonie Trooping the Colour

↑ Die Ostfassade, die 1913 hinzugefügt wurde, in der Dämmerung

① The Queen's Gallery

G8 St James's Park, Victoria Do – Mo 10 –17:30 (Mitte Juli – Sep: 9:30 –17:30; letzter Einlass 16:15) zwischen Ausstellungen; siehe Website

Die königliche Familie ist im Besitz einer der wertvollsten Gemäldesammlungen der Welt – mit zahlreichen Werken Alter Meister wie Vermeer und Leonardo da Vinci. Die Queen's Gallery präsentiert in wechselnden Ausstellungen ausgewählte Meisterwerke aus verschiedenen Genres aus Kunst und Kunstgewerbe, darunter Schmuck, Porzellan, Möbel, Bücher und Manuskripte.

② Royal Mews

G8 St James's Park, Victoria Apr – Okt: tägl. 10 –17; Nov, Feb, März: Mo – Sa 10 –16 kurzfristig Änderungen möglich; siehe Website; Jan, Dez

Jeder, der Pferde liebt oder etwas für königliche Pracht übrig hat, sollte das Marstallmuseum besuchen. In den von Nash 1825 errichteten Gebäuden sind die Pferde und Kutschen untergebracht, die die königliche Familie bei feierlichen Zeremonien benutzt. Zur umfangreichen Sammlung gehört auch die Irish State Coach, die Queen Victoria aus Anlass des State Opening of Parliament kaufte. Der offene Landauer von 1902 und die Glaskutsche erlaubten der Menge den besten Blick auf jungvermählte königliche Paare. Auch die Kutsche, die im Jahr 2012 beim 60-jährigen Thronjubiläum der Queen im Einsatz war, ist zu sehen. Prunkstück ist die goldene Staatskarosse (mit Malereien von Giovanni Cipriani), die 1761 für George III angefertigt wurde.

Imposante Fassade der weltberühmten Tate Britain ↑

Highlight

Tate Britain

📍 H10 🏛 Millbank SW1 📞 +44 20 7887 8888 🚇 Pimlico 🚆 Victoria, Vauxhall ⛴ Millbank Pier, alle 40 Min. 🕐 tägl. 10–18 (jeden letzten Fr im Monat außer Dez bis 22) 📅 24.–26. Dez 🌐 tate.org.uk

Die weltweit größte Sammlung britischer Kunst vom 16. bis 21. Jahrhundert wird in einem fantastischen neoklassizistischen Gebäude am Flussufer gezeigt. Zu den Werken gehören auch Skulpturen und moderne Installationen. Ein eigener Flügel ist den Gemälden von J. M. W. Turner gewidmet.

Das Museum zeigt eine große Bandbreite britischer Kunst von Porträts aus der Tudor-Zeit und Landschaftsbildern aus dem 18. Jahrhundert bis zu riesigen Skulpturen und moderner Kunst. Die Ausstellungen wechseln oft, die Definition von britischer Kunst ist weit gefasst und erstreckt sich auch auf Künstler, die viel Zeit in Großbritannien verbracht haben, wie Canaletto und James Whistler.

Das Museum wurde 1897 eröffnet, Grundstock der Ausstellung waren die Privatsammlung des Zuckerhändlers Henry Tate und Werke aus der älteren National Gallery. In sieben Räumen werden Gemälde von J. M. W. Turner gezeigt, die der britische Künstler dem Land 1851 vermachte. Seine in der Clore Gallery präsentierten Werke umfassen 300 Ölgemälde, 300 Skizzenbücher sowie 20 000 Aquarelle und Zeichnungen. Große Wechselausstellungen sind immer sehr gut besucht.

↑ Peace – Burial at Sea *(1842) malte Turner zum Andenken an David Wilkie*

↑ *Im Museum trifft man überall auf Kunst*

Turner Prize

Zur Förderung der britischen Kunst verleiht die Tate Britain den renommierten Turner Prize für bildende Kunst an jeweils einen einheimischen Künstler unter 50 Jahren. Der Preis gilt als herausragende Auszeichnung für moderne Kunst in Großbritannien. Bevor die Jury den Preisträger bestimmt, werden Werke der nominierten Künstler gezeigt. Zu den Gewinnern der vergangenen Jahre gehörten Damien Hirsts *Mother and Child, Divided* (1995) und die Keramiken von Grayson Perry *(rechts)*.

Shoppen und essen unter dem Glas-Stahl-Dach des Apple Market

SEHENSWÜRDIGKEITEN

❻ Covent Garden Piazza und Central Market
📍 J6 🏠 Covent Garden WC2
🚇 Covent Garden, Leicester Sq 🚆 Charing Cross
🌐 coventgarden.london

Covent Garden ist einer von Londons belebtesten Plätzen und umfasst eine fast immer volle Piazza mit Straßenkünstlern sowie einen Markt mit Läden, Cafés und hin und wieder einem Sänger, der Opernarien schmettert.

Im zentralen, überdachten Apple Market, der im Jahr 1833 für Früchte- und Gemüsehändler gebaut worden war, finden sich heute viele Stände und kleine Läden, die Designermode, Bücher, Kunst und Kunsthandwerk sowie Antiquitäten verkaufen. Der Architekt Inigo Jones plante diesen Bereich im 17. Jahrhundert zwar als elegantes Wohnviertel rund um einen Platz nach dem Vorbild der Piazza von Livorno in Norditalien, heute werden die meisten viktorianischen Gebäude an und um die Piazza, darunter auch das Royal Opera House, kommerziell genutzt. Die Marktstände ziehen sich südlich bis zur benachbarten Jubilee Hall aus dem Jahr 1903. Die mit Säulen bestandenen Bedford Chambers an der Nordseite der Piazza geben einen Eindruck davon, was Inigo Jones ursprünglich im Sinn hatte, obwohl auch diese Gebäude nicht original erhalten sind, sie wurden 1879 teilweise wiederaufgebaut, teilweise umgebaut. Was sich trotz der ganzen Renovierungen an Covent Garden nicht geändert hat: Die Piazza dient auch heute immer noch vielen Straßenkünstlern als Bühne für ihre Vorstellungen – wie bereits im 17. Jahrhundert.

❼ Royal Opera House
📍 J6 🏠 Bow St WC2
🚇 Covent Garden
🌐 roh.org.uk

Das erste Haus aus dem Jahr 1732 brachte mehr Theaterstücke als Opern auf die Bühne. Wie sein Nachbar, das Theatre Royal Drury Lane, brannte das Gebäude mehrmals – 1808 und erneut 1856 – nieder.

Die heutige Oper ist ein Entwurf von E. M. Barry und entstand 1858. Der Portikusfries von John Flaxman – Tragödie und Komödie – ist nahezu 50 Jahre älter.

Das Opernhaus hat eine bewegte Historie: 1892 brachte Gustav Mahler hier Wagners *Ring* zur englischen Uraufführung. Im Ersten Weltkrieg diente das Gebäude als Lagerhaus. Heute ist es Sitz der Royal Opera Company und der Royal Ballet Company. Die besten Karten kosten im Allgemeinen über 200 Pfund. Das Royal Opera House bietet auch Backstage-Führungen an.

❽ Chinatown
📍 H6 🏠 Gerrard St und rund um W1 🚇 Leicester Sq, Piccadilly Circus
🌐 chinatown.co.uk

Obwohl die Chinatown in London um einiges kleiner

Das Herz von Soho
Sohos Old Compton Street, eine Straße mit Restaurants, Bars, Clubs und Läden, war jahrhundertelang die Heimat von Dichtern, Schriftstellern, Künstlern und Musikern und ist heute ein Hotspot der LGBTQ+ Szene. Das Admiral Duncan Pub zählt zu den beliebtesten Treffpunkten der Community. Geradezu legendär ist der Jazzclub Ronnie Scott's.

ist als die in New York City oder San Francisco, hat sie es doch in sich. Hier gibt es viele Restaurants, und es ist immer etwas los, was viele Einheimische und Besucher anzieht.

Chinatown erstreckt sich über mehrere Fußgängerstraßen nördlich des Leicester Square und rund um das Zentrum des Viertels, die Gerrard Street. Die meisten frühen Einwanderer, von denen heute mehr als 120 000 in London leben, kamen aus Hongkong und lebten anfangs in Limehouse im East End. Die heutige Chinatown in Soho entstand in den 1960er Jahren, obwohl sich die chinesische Bevölkerung eigentlich über die ganze Stadt zieht.

Chinatown ist ein kleiner Bezirk mit ornamentierten Torbogen und vielen roten Papierlaternen. Es gibt eine große Zahl authentischer Restaurants, chinesische Supermärkte mit Bäckereien und Teeläden, Shops für traditionelle chinesische Medizin, Kräuter und Akupunktur sowie Massageläden.

Somerset House
- J6 Strand WC2
- Temple, Charing Cross
- Charing Cross Embankment Pier tägl. 8–23
- somersethouse.org.uk

In dem großartigen georgianischen Bauwerk mit vier neoklassizistischen Flügeln rund um einen riesigen Hof liegt ein innovatives Kunst- und Kulturzentrum, das interessante Ausstellungen bietet.

Somerset House ist am besten bekannt als Standort der **Courtauld Gallery** mit ihrer erstklassigen Sammlung impressionistischer Gemälde.

In dem in den 1770er Jahren erbauten Gebäude residierte anfangs die Royal Academy of Arts. Zu den späteren »Mietern« gehörte Ende der 1780er Jahre das Navy Board. Somerset House weist auch heute noch bemerkenswerte architektonische Besonderheiten auf wie die prachtvolle Seamen's Waiting Hall und die spektakuläre, über fünf Geschosse führende Rundtreppe Nelson's Stair, beide im Südflügel. Von dort kommt man auch auf die Flussterrasse mit einem Café und einem Restaurant. Darunter liegen die Embankment Galleries.

Courtauld Gallery
- tägl. 10–18 (letzter Einlass 17:15)
- courtauld.ac.uk

Restaurants

Shu Xiangge
Spezialist für traditionelle Sichuan-Gerichte mit insgesamt 80 verschiedenen Zutaten.

 H6 10 Gerrard St

€€€

C & R Cafe
Das einfache Restaurant-Café, das in einer Gasse versteckt liegt, serviert ausgezeichnete malaysische Küche, darunter auch köstliches Laksa.

 H6 4 Rupert Court cnrcafe restaurant.com

€€€

↑ Der Hof von Somerset House mit Springbrunnen und Cafétischen

> **Schon gewusst?**
>
> Die Royal Academy war Großbritanniens erste unabhängige Kunstschule.

❿ 🏛️ 🖼️ 🍴 ☕ 🛍️ ♿

Royal Academy of Arts

📍 G7 🏠 Burlington House und 6 Burlington Gardens, Piccadilly W1 ☎ +44 20 7300 8000 🚇 Piccadilly Circus, Green Park 🕐 Di – So 10 – 18 (Fr bis 22) 🌐 royalacademy.org.uk

Die Royal Academy wurde 1768 gegründet und ist eine der ältesten Kunstinstitutionen Großbritanniens. Obwohl sie eine der größten Sammlungen des Landes beherbergt, ist sie am besten für ihre jährliche Sommerausstellung bekannt, die eine Mischung aus rund 1200 neuen Werken bekannter und unbekannter Künstler umfasst. 2018 feierte die Royal Academy den 250. Geburtstag dieses Events.

Ansonsten werden in der Royal Academy Wechselausstellungen aus der ganzen Welt gezeigt, oft ist der Hof vor Burlington House, einem der wenigen noch erhaltenen Herrschaftshäuser aus dem 18. Jahrhundert, mit Wartenden gefüllt. In einer Dauerausstellung wird je ein Werk aller Akademiemitglieder präsentiert, Highlights in den Madejski Rooms.

⓫ 🍴 ☕ 🛍️ ♿

National Portrait Gallery

📍 H7 🏠 2 St Martin's Place WC2 ☎ +44 20 7306 0055 🚇 Charing Cross, Leicester Sq 🕐 Sa – Do 10 – 18, Fr 10 – 21 🌐 npg.org.uk

Mit über 210 000 Objekten aus sechs Jahrhunderten besitzt die National Portrait Gallery (NPG) die weltweit größte Porträtsammlung. Das Museum erzählt anhand von Porträts, Fotografien und Skulpturen der wichtigsten Persönlichkeiten des Landes die Geschichte Großbritanniens vom 16. Jahrhundert bis in die Gegenwart. Zu den Porträtierten gehören Mitglieder der königlichen Familie, Künstler, Musiker, Denker, Politiker und Schriftsteller. Darüber hinaus werden Wechselausstellungen präsentiert.

Vom Restaurant im obersten Stockwerk der National Portrait Gallery hat man einen fantastischen Blick über den Trafalgar Square.

> **Mit über 210 000 Objekten aus sechs Jahrhunderten besitzt die National Portrait Gallery (NPG) die weltweit größte Porträtsammlung.**

↑ Porträts bedeutender Briten zieren die Wände der National Portrait Gallery

⑫ Apsley House

- F8
- Hyde Park Corner W1
- Hyde Park Corner
- Jan–März: Sa, So 10–16; Apr–Okt: Mi–So 11–17
- english-heritage.org.uk

Apsley House an der südöstlichen Ecke des Hyde Park wurde 1771–78 von Robert Adam für Baron Apsley errichtet. Ein halbes Jahrhundert später erfolgten Umbauten, um dem Duke of Wellington, dem Helden der Schlacht von Waterloo (1815) und späteren Premierminister (1828–30 und 1834), ein elegantes Zuhause zu schaffen. Die Kunstsammlung des Herzogs hängt in Räumen mit Seidentapeten und Goldverzierungen. Sie umfasst Meisterwerke von Künstlern wie Goya, Velázquez, Tizian und Rubens sowie Porzellan-, Silber- und Möbelausstellungen. Zu den ebenfalls ausgestellten Memorabilien gehören Schwerter und Medaillen sowie – ironischerweise – eine von Canova gefertigte Statue von Napoléon, Wellingtons Erzfeind.

⑬ Piccadilly Circus

- H6
- W1
- Piccadilly Circus

Grelle Neonreklame dominiert den verkehrsreichen Platz, um den sich viele Läden und Restaurants gruppieren. Anfang des 19. Jahrhunderts war die Kreuzung noch ein ruhiger Ort mit eleganten Stuckfassaden – bis im Jahr 1910 die ersten elektrischen Werbeschilder installiert wurden. Schon seit vielen Jahren trifft man sich zu Füßen der Statue des Shaftesbury Memorial Fountain (1892), die oft fälschlicherweise für Eros gehalten wird.

Flaggenschmuck entlang The Mall vor dem Buckingham Palace

⑭ The Mall

- G8–H7
- SW1
- Charing Cross, Green Park, St James's Park

Die imposante Prachtstraße und Auffahrt zum Buckingham Palace legte der Architekt Aston Webb (1849–1930) an, als er 1911 die Palastfassade und das Victoria Monument neu gestaltete.

Die breite, von Bäumen gesäumte Avenue verläuft am St James's Park entlang – wie schon der zur Regierungszeit Charles' II angelegte Weg, der rasch zu Londons Flaniermeile avancierte. Bei besonderen Anlässen zieht die königliche Prozession die Mall entlang. Bei Staatsbesuchen werden an den die Mall flankierenden Fahnenstangen die Flaggen der entsprechenden Staaten gehisst.

Shopping

Fortnum & Mason
Feinste Lebensmittel und üppig dekorierte Verkaufsflächen sind die Kennzeichen von Fortnum & Mason. Das 1707 eröffnete Kaufhaus gehört zu den bekanntesten und elegantesten der Stadt.

- G7
- 181 Piccadilly
- fortnumand mason.com

⓯ St James's Park
📍 H7–8 🚇 SW1 🚌 St James's Park 🕐 tägl. 5–24
🌐 royalparks.org.uk

Zwischen den zahlreichen gepflegten, bunten Blumenbeeten aalen sich im Sommer mittags Büroangestellte in der Sonne, im Winter hingegen erörtern Verwaltungsbeamte bei Spaziergängen um den See Staatsgeschäfte. Henry VIII ließ das ursprüngliche Sumpfland trockenlegen und in ein ausgedehntes Jagdrevier umwandeln. Später machte Charles II nach seiner Rückkehr aus dem französischen Exil den Park der Öffentlichkeit zugänglich und richtete an seinem Südende eine Voliere ein. Birdcage Walk, die Straße, die entlang des Parks verläuft, erinnert an den früheren Standort der Voliere.

Nach wie vor ist St James's Park ein ausgesprochen beliebter Treffpunkt. Man genießt von hier einen schönen Blick über die Dächer von Whitehall. Im Sommer finden am Musikpavillon beachtenswerte Konzerte statt. Die ebenfalls beliebte Vogelfütterung (u. a. Enten, Gänse und Pelikane) erfolgt jeden Tag um 14:30 Uhr.

⓰ London Transport Museum

📍 J6 🚇 Covent Garden Piazza WC2 ☎ +44 20 7379 6344 🚌 Covent Garden 🕐 tägl. 10–18
🌐 ltmuseum.co.uk

Die Sammlung von Bussen, Straßen- und U-Bahn-Wagen umfasst Verkehrsmittel sämtlicher Epochen. Das Museum ist im malerischen viktorianischen Flower Market von 1872 zu finden. Seine Exponate begeistern auch Kinder. Man kann auf den Fahrersitz eines Busses oder U-Bahn-Triebwagens klettern, Signale stellen oder einem Schauspieler zusehen, der den Besuchern vorführt, wie im 19. Jahrhundert die Schächte für die Underground gegraben wurden.

Die Londoner Zug- und Busgesellschaften fördern die Kunst, das Museum zeigt eine Sammlung von Werbegrafiken (19./20. Jh.). Kopien der besten Poster von Künstlern wie Graham Sutherland und Paul Nash verkauft der Museumsladen. Das Museumsdepot in Acton präsentiert Originale.

⓱ Churchill War Rooms
📍 H8 🚇 Clive Steps, King Charles St SW1 ☎ +44 20 7930 6961 🚌 Westminster 🕐 Juli, Aug: tägl. 9:30–19 (letzter Einlass 17:45); Sep–Juni: tägl. 9:30–18 (letzter Einlass 17) 🚫 24.–26. Dez 🌐 iwm.org.uk

In den labyrinthartigen Kellern nördlich des Parliament Square befand sich im Zweiten Weltkrieg das britische Hauptquartier – zunächst unter Leitung von Neville Chamberlain, ab 1940 von Winston Churchill. Als deutsche Flugzeuge London bombardierten, fielen hier strategisch wichtige Entscheidungen.

Die Räume, inklusive der Quartiere für Minister und hohe Militärs sowie der Cabinet Room, sind so belassen, wie sie bei Kriegsende waren. Zu sehen sind Churchills Schreibtisch, Kommunikationsmittel und Karten. Das neue Churchill Museum widmet sich Leben und Karriere des Politikers.

> **Schon gewusst?**
> In den Churchill War Rooms war der Raum mit Hotline zu Roosevelt als Toilette getarnt.

⓲ Downing Street
📍 H8 🚇 SW1 🚌 Westminster 🚫 für Besucher

Number 10 Downing Street ist seit dem Jahr 1732 die offizielle Adresse des britischen Premierministers. Zum Haus gehören ein Cabinet Room, in dem politische Entscheidungen fallen, ein eindrucksvoller State Dining Room für offizielle Empfänge, die Privatwohnung des Premierministers sowie ein geschützter Garten.

← *Einblick in Kriegsplanungen der britischen Regierung bieten die Churchill War Rooms*

Das Nachbarhaus (Nr. 11) ist Amtssitz des britischen Finanzministers. Seit 1989 versperren aus Sicherheitsgründen eiserne Tore den Zugang von Whitehall zur Downing Street.

⑲ Banqueting House
📍 J7 🏠 Whitehall SW1
📞 +44 20 3166 6154
🚇 Charing Cross, Westminster 🕐 tägl. 10–17
🚫 Feiertage und bei Empfängen (siehe Website)
🌐 hrp.org.uk

Das im Jahr 1622 von Inigo Jones fertiggestellte Haus war der erste palladianische Bau Londons. 1629 beauftragte Charles I Rubens, die Decke mit Szenen aus der Regentschaft seines Vaters James I zu gestalten. Sie symbolisieren das Gottesgnadentum des Herrschers, das die Parlamentarier anzweifelten. 1649 ließen diese Charles I vor dem Gebäude hinrichten *(siehe S. 49)*.

⑳ Trafalgar Square
📍 H7 🚻 WC2
🚇 Charing Cross

Londons Hauptschauplatz für Kundgebungen und andere politische Veranstaltungen basiert auf Plänen des Architekten John Nash und entstand großteils in den 1830er Jahren.

Die 52 Meter hohe Säule aus dem Jahr 1842 erinnert an Admiral Lord Nelson, der in der Schlacht von Trafalgar 1805 starb.

Bevor die Statue aufgestellt wurde, veranstalteten 14 Steinmetze auf der oberen Säulenplattform ein Dinner. Vier Bronzelöwen von Edwin Landseer am Sockel bewachen die Statue. Auf dem Platz stehen weitere Statuen, auf einem anderen Sockel (»the fourth plinth«) werden Werke zeitgenössischer Künstler gezeigt.

Die Nordseite des Trafalgar Square nimmt die berühmte National Gallery *(siehe S. 68f)* ein, das Canada House befindet sich auf der Westseite, das South Africa House steht auf der Ostseite des Platzes.

Hotels

Claridge's
Viel Prominenz steigt in diesem komplett luxuriös ausgestatteten Art-déco-Klassiker ab.
📍 F6 🏠 49 Brook St
🌐 claridges.co.uk
£££

The Sanctuary House Hotel
Das historische Gebäude birgt 34 komfortable Zimmer.
📍 H8 🏠 33 Tothill St
🌐 sanctuaryhousehotel.co.uk
££££

The Ritz
Der opulente Charme des *fin de siècle* ist hier zu spüren. Beliebt im Ritz ist auch der Nachmittagstee.
📍 G7 🏠 150 Piccadilly
🌐 theritzlondon.com
£££

↑ *Trafalgar Square mit schönem Brunnen und dem South Africa House* (rechts)

Bars & Pubs

Queen Elizabeth Hall Roof Garden
Von dieser Rooftop-Bar genießt man eine fantastische Aussicht auf die Themse.
📍 J7 🏠 Southbank Centre 🕐 Apr–Okt 🌐 southbankcentre.co.uk

BFI Riverfront
Eine lebhafte Bar mit Blick auf die Themse auf Höhe der Waterloo Bridge. Samstags heizen DJs ein.
📍 J7 🏠 BFI Southbank 🌐 benugo.com

Mulberry Bush
Dieses gemütliche Pub serviert gutes Essen und Craftbeer.
📍 K7 🏠 89 Upper Ground 🌐 mulberrybushpub.co.uk

㉑
Imperial War Museum
📍 K9 🏠 Lambeth Rd SE1 🚇 Waterloo, Lambeth North, Elephant, Castle 🚉 Waterloo, Elephant, Castle 🕐 tägl. 10–18 ⛔ 24.–26. Dez 🌐 iwm.org.uk

Die mit großer Kreativität und Sensitivität gestalteten Ausstellungen im hervorragenden Imperial War Museum bieten einen faszinierenden Einblick in die Geschichte von Kriegen und Konflikten.

Natürlich spielen die beiden Weltkriege im Imperial War Museum eine zentrale Rolle, sie werden aber auf überaus innovative Art und Weise behandelt.

In den Ausstellungen zum Ersten Weltkrieg wurde etwa ein Schützengraben nachgebaut. Einige der faszinierendsten Ausstellungsstücke zum Zweiten Weltkrieg beziehen sich mehr auf die Auswirkungen des Kriegs auf das Leben und den Alltag der Menschen daheim als auf die Kriegsführung an sich. Eine Ausstellung handelt beispielsweise von den alltäglichen Erlebnissen einer Londoner Familie – etwa von der Lebensmittelrationierung und den Luftangriffen.

Die »Holocaust Exhibition« ist besonders ergreifend, während andere Dauerausstellungen wie etwa »Curiosities of War« vollkommen unerwartete Dinge zeigen, darunter auch ein Trainingspferd aus Holz aus dem Ersten Weltkrieg. Im Atrium des Museums werden Panzer, Geschütze und Flugzeuge präsentiert.

Ausstellungsraum im Atrium sowie säulengeschmückte Fassade (Detail) des Imperial War Museum ↓

> **Schöne Aussicht**
> **Waterloo Bridge**
>
> Zu den Lieblingsansichten der Londoner zählt der Blick von der Waterloo Bridge, einer stark frequentierten Brücke, über die Themse. Ob Sie nun flussauf- oder -abwärts blicken – Sie werden auf jeden Fall begeistert sein.

㉒ Southbank Centre

 K7 Belvedere Rd, South Bank SE1 Waterloo, Embankment Waterloo, Waterloo East, Charing Cross Festival Pier, London Eye Pier, Mo – Fr
southbankcentre.co.uk

Das Southbank Centre am südlichen Ufer der Themse ist mit einer großartigen Kunstgalerie und drei Weltklasse-Auditorien für Musik und Tanz einer von Londons wichtigsten Veranstaltungsorten für Kulturevents und Performances.

Londons hochkarätiges, überaus geschätztes und immer gut besuchtes mehrdimensionales Kunstzentrum besteht aus vier Hauptveranstaltungsorten, der Royal Festival Hall, der Hayward Gallery, der Queen Elizabeth Hall und dem Purcell Room.

Das Southbank Centre ist immer voller Menschen, die hier Vorstellungen unterschiedlichster Genres aufsuchen. Das Spektrum umfasst klassische Musik, Opernaufführungen und Konzerte von Folk- und Weltmusik sowie diverse zeitgenössische Richtungen. Auch Comedy, Vorträge und Tanzaufführungen findet man hier.

Außerdem werden regelmäßig Festivals ausgerichtet, u. a. das London Jazz Festival, das Women of the World (WOW) Festival, das London Literature Festival und das Musikfestival Meltdown.

↑ London Eye – ein modernes Wahrzeichen am Ufer der Themse

㉓ London Eye

J8 Jubilee Gardens, South Bank SE1 Waterloo, Embankment tägl. ab 10, Schließzeiten zwischen 18 und 20:30 (siehe Website) zwei Wochen im Jan für Wartungsarbeiten londoneye.com

Von den Glasgondeln des London Eye direkt am Ufer der Themse hat man einen fantastischen Blick auf die historische Skyline Londons und darüber hinaus.

Das schon von Weitem sichtbare London Eye ist ein 135 Meter hohes Riesenrad. Es wurde im Jahr 2000 im Zuge der Millenniumsfeierlichkeiten Londons errichtet und entwickelte sich schnell zu einem Wahrzeichen der Stadt. Die runde Form bildet einen spannungsreichen Kontrast zu den Büroblocks in der direkten Umgebung des Riesenrads.

Das Rad mit 32 Gondeln, die für bis zu 25 Personen ausgelegt sind, braucht für eine komplette Umdrehung 30 Minuten. An klaren Tagen kann man von den Gondeln bis zu 40 Kilometer weit sehen und so einen Rundumblick über die gesamte Stadt und ihre Umgebung genießen.

> **Das Spektrum im Southbank Centre umfasst klassische Musik, Opernaufführungen und Konzerte von Folk- und Weltmusik sowie diverse zeitgenössische Richtungen.**

Spaziergang in Covent Garden

Länge 1,5 km **Dauer** 20 Min.
U-Bahn Leicester Square

Als Covent Garden noch aus verfallenen Häuserzeilen und Markthallen bestand, waren die Straßen nur frühmorgens von Obst- und Gemüsehändlern bevölkert. Heute herrscht an der in den 1970er Jahren umgestalteten Piazza fast immer reges Treiben. Besucher, Anwohner und Straßenkünstler bieten ein Bild, wie es vor Jahrhunderten auch ausgesehen haben mag.

In **Neal Street** und **Neal's Yard** liegen viele Läden und Cafés.

Auf der Kreuzung **Seven Dials** steht eine Kopie des Denkmals aus dem 17. Jahrhundert.

Der luftige Komplex **Thomas Neal's** bietet Designer-Shops und das Donmar-Warehouse-Theater.

Ching Court ist ein postmoderner Entwurf des Architekten Terry Farrell.

Im **St Martin's Theatre** läuft *Die Mausefalle*, das weltweit am längsten gespielte Theaterstück.

Stanfords wurde 1853 gegründet und ist der weltgrößte Laden für Landkarten und Reiseführer.

Teile des Pubs **Lamb & Flag**, eines der ältesten Londons, stammen von 1623.

Der **Garrick Club** ist Londons Literatenclub.

Entlang der **New Row** liegen kleine Läden und Cafés.

Goodwin's Court wird von georgianischen Häusern gesäumt.

Schon gewusst?

Das erste Kasperletheater wurde 1662 in Covent Garden aufgeführt.

Zur Orientierung
Siehe Stadtteilkarte S. 66f

↑ *Pflanzen in einem Holzkarren in Covent Garden*

Covent Garden

Viele bedeutende Sänger und Tänzer sind auf der Bühne des **Royal Opera House** *(siehe S. 78)* aufgetreten.

Die **Bow Street Police Station** war Sitz der ersten Londoner Polizei, der »Bow Street Runners«. Die Wache aus dem 18. Jahrhundert wurde 1992 geschlossen.

Bereits 1663 stand hier ein Theater. Das heutige **Theatre Royal Drury Lane** gehört dem Komponisten Andrew Lloyd Webber, der populäre Musicals auf die Bühne bringt.

In **8 Russell Street**, heute ein Café, lernte Dr. Johnson seinen Biografen James Boswell kennen.

Im **London Transport Museum** wird die Historie der Londoner Verkehrsmittel lebendig.

Auf der **Covent Garden Piazza** und im **Central Market** *(siehe S. 78)* unterhalten Straßenkünstler, etwa Jongleure, Clowns, Akrobaten und Musiker, das Publikum.

Jubilee Market bietet Kleidung und Krimskrams.

St Paul's Church wendet der Piazza den Rücken zu. Der Eingangsportikus der Kirche dient vielen Straßenkünstlern als Bühne.

Im Restaurant **Rules** versorgt sich Londons Schickeria mit typisch englischem Essen.

Skelett eines Blauwals im Natural History Museum (siehe S. 94)

Kensington und Chelsea

Das exklusive Viertel Kensington umfasst ausgedehnte Parks sowie viele Museen, Restaurants und Hotels. Noch bis Mitte des 19. Jahrhunderts war dies ein vornehmer, halb ländlicher Wohnbezirk mit herrschaftlichen Anwesen. Die Weltausstellung von 1851, damals die größte Kunst- und Wissenschaftsausstellung in einem eigens hierfür gebauten Kristallpalast, verwandelte die Gegend südlich des Kensington Palace in eine Hochburg viktorianischen Selbstwertgefühls. Vom Gewinn kaufte man 35 Hektar Land in Kensington und errichtete eine Konzerthalle sowie Museen und Colleges. Viele der Bauten stehen noch heute, allen voran die Royal Albert Hall.

Chelsea war zuletzt en vogue in den 1960er Jahren, als schicke, junge Leute, darunter auch die Mitglieder der Rolling Stones, in der King's Road einkauften. Doch angesagt war das frühere Dorf am Fluss bereits zur Tudor-Zeit. Henry VIII gefiel es hier so, dass er ein Palais errichten ließ. Im 18. Jahrhundert lockten Lustgärten, die Canaletto malte. Spätere Künstler, darunter Turner, Whistler und Rossetti, zog das Panorama vom Cheyne Walk über den Fluss an. Von der Mitte des 19. Jahrhunderts an sieht man auf den Bildern auch den pittoresken Battersea Park.

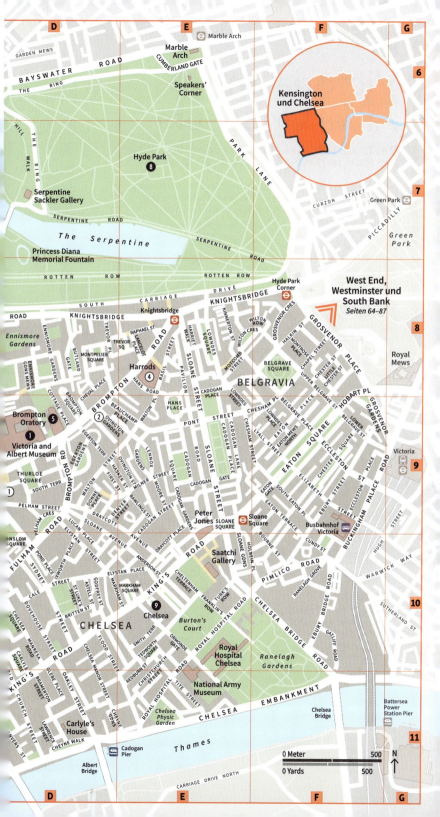

Victoria and Albert Museum

📍 D9 🏠 Cromwell Road SW7 🚇 South Kensington 📞 +44 20 7942 2000 🕐 tägl. 10–17:45 (Fr bis 22) 📅 24.–26. Dez 🌐 vam.ac.uk

Das Victoria and Albert Museum ist weltweit das führende Museum, wenn es um Kunst und Design geht. Die Sammlungsgegenstände umspannen rund 5000 Jahre Möbel, Glas- und Keramikwaren, Textilien, Mode und Schmuck.

Das Victoria and Albert Museum (kurz V&A) besitzt eine der weltweit größten Sammlungen dekorativer Kunst. Die Exponate reichen von frühchristlichen Devotionalien bis hin zu modernstem Möbeldesign. Das Museum wurde 1852 als »Museum of Manufactures« gegründet, um Design-Studenten zu inspirieren. 1899 taufte es Queen Victoria im Gedenken an Prince Albert um. Anfang des Jahrtausends wurde das Museum umgestaltet, nun gibt es ein neues Quartier an der Exhibition Road, zu dem der Sackler Courtyard und die unterirdische Sainsbury Gallery gehören. 2018 eröffnete das vergrößerte Photography Centre.

↑ *Der Museumseingang an der Cromwell Road*

← *Über dem Infoschalter hängt ein Lüster von Dale Chihuly*

Kurzführer

Das V&A hat sechs Ebenen. Auf Ebene 0 befinden sich die China, Japan, South Asia und Fashion Galleries sowie die Cast Courts. Die British Galleries sind auf den Ebenen 1 und 3 untergebracht. Ebene 2 umfasst Sammlungen des 20. Jahrhunderts: Silber-, Schmiedeeisen-, Foto- und Designkunst sowie Gemälde. Ebene 3 zeigt Glasarbeiten, Ebene 4 Keramik und Möbel. Europäische Kunst von 300 bis 1600 ist auf den Ebenen –1, 0 und 1 zu sehen.

↑ *Der Lesesaal der National Art Library im Victoria and Albert Museum*

Highlight

Schon gewusst?
Das V & A war das erste Museum mit eigenem Restaurant. Es ist immer noch original erhalten.

↑ *In der Medieval & Renaissance Gallery sind große Werke zu sehen, die einst zu Gebäuden gehörten*

Ausstellungshalle im Science Museum für Forschung und Technik

SEHENSWÜRDIGKEITEN

❷ Natural History Museum

📍 C9 🏛 Cromwell Rd SW7
📞 +44 20 7942 5000
🚇 South Kensington
🕐 tägl. 10–17:50 (letzter Fr im Monat bis 22:30) 🗓 24.–26. Dez 🌐 nhm.ac.uk

Hinter der verzierten Steinfassade des kathedralenartigen Baus verbirgt sich ein Eisen-Stahl-Gerüst. Diese Technik war 1881, als das Museum öffnete, revolutionär. Die Objekte beschäftigen sich mit Themen wie Ökologie, Entstehung der Erde und dem Ursprung des Menschen, die durch neueste Technologie, interaktive Exponate und traditionelle Präsentationen vermittelt werden.

In der zentralen Hintze Hall werden die Sammlungen des Museums vorgestellt und die Beziehung der Menschheit zum Planeten untersucht. Highlight ist das riesige Skelett eines Blauwals.

Das Museum gliedert sich in vier farblich markierte Abteilungen: blaue, grüne, rote und orangefarbene Zone. Die blaue Zone widmet sich der Ökologie. Sie beginnt mit einem Regenwald mit herumschwirrenden Insekten. Die Dinosaurier-Abteilungen gehören zu den beliebtesten. Hier gibt es animierte Dinosaurier-Modelle. Die Schatzkammer in der grünen Zone enthält eine Sammlung der wertvollsten Edelsteine, Kristalle, Metalle und Meteoriten der Welt. Das Darwin-Zentrum ist der größte gekrümmte Baukörper in Europa. Der achtstöckige Kokon beherbergt die Sammlung von Insekten und Pflanzen.

❸ Science Museum

📍 C9 🏛 Exhibition Rd SW7
📞 +44 20 7942 4000
🚇 South Kensington 🕐 tägl. 10–18 (letzter Einlass 17:15) 🗓 24.–26. Dez
🌐 sciencemuseum.org.uk

Die jahrhundertelange Entwicklung von Forschung und Technik, aber auch das Neueste aus der virtuellen Welt sind Themen des spannenden Wissenschaftsmuseums.

Das breite Spektrum an Exponaten reicht von medizinischen Instrumenten aus der römischen Antike über die ersten mechanischen Computer und die Raumfahrt bis zur Kernfusion und den Erfindungen der Unterhaltungsindustrie. Informa-

TOP 5 Im History Museum

Triceratops-Schädel
Der gigantische Schädel eines Dinosauriers mit zwei Hörnern über den Augen und einem Nasenhorn.

Latrobe Gold Nugget
Goldklumpen aus Australien (717 g).

Schmetterlinge
Schmetterlingshaus (März–Sep).

Archaeopteryx
Dieses bemerkenswerte Fossil stellte die Verbindung zwischen Vögeln und Reptilien her.

Erdbebensimulator
Erleben Sie in dieser wahrlich bewegenden Simulation die Wirkungen eines Erdbebens.

> **Schon gewusst?**
>
> Science Museum und Victoria and Albert Museum waren von 1857 bis 1885 ein einziges Museum.

tion und Spaß werden hier auf ideale Weise miteinander kombiniert. Zahlreiche Ausstellungsstücke animieren zum Anfassen und Nachvollziehen der Entwicklungsphasen, und viele sind speziell auf Kinder ausgerichtet. Das Museum erstreckt sich über sieben Etagen, im Westflügel liegt der moderne Wellcome Wing.

Im Untergeschoss findet man die Abteilungen, in denen Kinder Exponate anfassen können. Das Erdgeschoss widmet sich sämtlichen Formen der Energie, vor allem der Dampfkraft. Hier ist eine Harle-Syke-Mill-Maschine aus dem Jahr 1903 in Betrieb. Auch die Kapsel von Apollo 10, die im Mai 1969 Astronauten zum Mond beförderte, ist zu besichtigen. Im ersten Stock werden unsere Vorstellungen von Materialien auf den Kopf gestellt: Man sieht u. a. eine Brücke aus Glas und ein Hochzeitskleid aus Stahl. Die renovierten Medicine Galleries dokumentieren außergewöhnliche Leistungen in der Welt der Medizin während der letzten vier Jahrhunderte. Die Flight Gallery im dritten Stock präsentiert alles von ersten Fluggeräten über Kampfflugzeuge bis zu modernsten Jets.

Im Wellcome Wing wird Hightech interaktiv präsentiert. Hier gibt es die faszinierende Wissenschaftsausstellung »Who Am I?«. Ganz besonders beeindruckend sind die IMAX-3-D-Kinos und die SimEx-Simulatorfahrt.

Royal Albert Hall
- C8 Kensington Gore SW7 +44 20 7589 8212
- South Kensington
- Vorverkauf tägl. 9 – 21
- royalalberthall.com

Die 1871 vollendete Konzerthalle ist einem Amphitheater nachempfunden und wurde nach Prince Albert benannt. In dem Rundbau mit etwa 8000 Plätzen finden oft Konzerte statt – bekannt sind vor allem die »Proms« *(siehe S. 45)* –, aber auch andere Veranstaltungen.

Etwas nördlich steht in Kensington Gardens das **Albert Memorial**. Das Denkmal von George Gilbert Scott wurde 1876 vollendet und besteht aus einem von vier Säulen getragenen Baldachin, unter dem die Statue Alberts von John Foley sitzt. Das Marmorrelief des Sockels zeigt 169 lebensgroße Figuren bekannter Künstler. Acht allegorische Skulpturen an den Ecken und dem Sockel des Denkmals stehen für Industrie und das Empire.

Albert Memorial
- South Carriage Dr, Kensington Gardens W2
- tägl. 6 bis Sonnenuntergang royalparks.org.uk

←

Statue von Prince Albert (1858) vor der Royal Albert Hall

Restaurants

Daquise
Eine Besonderheit der Restaurant-Szene von South Kensington. Genießen Sie zeitgenössische polnische Küche.
- D9 20 Thurloe St
- daquise.co.uk
- £££

Hawksmoor
Filiale eines der renommiertesten Steakhäuser in London.
- D9 3 Yeomans Row thehawksmoor.com
- £££

Medlar
Das renommierte Medlar serviert grandiose europäische Gerichte mit französischem Einschlag in zurückhaltender Eleganz.
- C11 438 King's Rd
- medlarrestaurant.co.uk
- £££

⑤  Brompton Oratory

📍 D9 🏠 Brompton Rd SW7 🚇 South Kensington 🕐 Mo–Sa 6:30–18:30 (Do bis 19:30, Sa bis 19), So 7:30–19:30 🌐 bromptonoratory.co.uk

Die prachtvoll ausgestattete Kirche ist ein grandioses Denkmal für die englische Gemeinde, die im 19. Jahrhundert zum Katholizismus konvertierte. Ihr Begründer John Henry Newman (später Kardinal) führte 1848 die Oratorianer-Bewegung in England ein. Brompton Oratory wurde 1884 geweiht; Fassade und Kuppel kamen etwas später hinzu.

Die Kirche birgt kostbare Kunstschätze. Die Marmorfiguren der Apostel stammen aus der Kathedrale von Siena, der barocke Marienaltar (1693) aus der Dominikanerkirche in Brescia und der Altar (18. Jh.) der St Wilfred's Chapel aus dem belgischen Rochefort.

⑥ 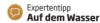 Kensington Palace

📍 B7 🏠 Kensington Gardens W8 📞 +44 20 3166 6000 🚇 High St Kensington, Queensway 🕐 März–Okt: tägl. 10–18; Nov–Feb: tägl. 10–16 🚫 1. Jan, 24.–26. Dez 🌐 hrp.org.uk

Kensington Palace war von 1702 bis 1760 Hauptwohnsitz der englischen Könige und Schauplatz vieler Ereignisse: Im Juni 1837 erfuhr Princess Victoria of Kent um fünf Uhr morgens, dass ihr Onkel, William IV, gestorben und sie Königin sei – der Anfang ihrer fast 64-jährigen Regentschaft. Nach dem Tod von Prinzessin Diana 1997 versammelten sich am Palasttor Tausende von Trauernden.

Die königliche Familie bewohnt noch etwa die Hälfte des Palasts. Die anderen Teile sind öffentlich zugänglich. Zu den Highlights gehören die prachtvollen Staatsgemächer (18. Jh.) mit Decken- und Wandgemälden von William Kent und der King's Staircase. In einem anderen Raum wird das Leben von Queen Victoria dokumentiert.

> **Expertentipp**
> **Auf dem Wasser**
>
> Mieten Sie am Bootshaus ein Tret- oder Ruderboot (Apr–Okt), und genießen Sie eine Fahrt auf dem Serpentine-Teich. Unerschrockene können hier an Mai-Wochenenden und im Sommer (Juni–Sep) auch ein Bad nehmen.

⑦ Kensington Gardens

📍 C7 🏠 W2 🚇 Queensway, Lancaster Gate 🕐 tägl. Sonnenauf- bis -untergang 🌐 royalparks.org.uk

Die Kensington Gardens wurden 1841 der Öffentlichkeit zugänglich gemacht. Im Diana, Princess of Wales Memorial Playground lieben Kinder vor allem die Bronzestatue des Peter Pan (George Frampton, 1912) und den Round Pond, auf dem Modellboote kreuzen. Einen Besuch verdient auch die Orangerie (1704), in der heute ein Café ist.

⑧ Hyde Park

📍 DE7 🏠 W2 🚇 Hyde Park Corner, Knightsbridge, Lancaster Gate, Marble Arch 🕐 tägl. Sonnenaufgang bis 24 🌐 royalparks.org.uk

Das alte Landgut Hyde gehörte zur Abtei von Westminster. Henry VIII vereinnahmte es anlässlich der

← *Aufwendig gestalteter Innenraum des Brompton Oratory (19. Jh.)*

Auflösung der Klöster 1536 (siehe S. 391). James I öffnete den Hyde Park Anfang des 17. Jahrhunderts für das Volk. Er wurde rasch zu einer der beliebtesten Grünflächen Londons, aber auch zum Treffpunkt von Duellanten und Wegelagerern. William III ließ deshalb entlang der Rotten Row 300 Laternen anbringen und schuf so die erste beleuchtete Straße in England. Auf der Rotten Row tummeln sich heute viele Reiter. Der Serpentinenteich entstand 1730, als Queen Caroline den Westbourne River stauen ließ. 1814 wurde auf ihm die Schlacht von Trafalgar nachgestellt. Heute lädt der Stausee zum Bootfahren und Schwimmen ein.

Außerdem ist der Park Schauplatz für Kundgebungen, denn am Speakers' Corner hat seit 1872 jedermann das Recht, seine Meinung kundzutun. Besonders lebhaft geht es sonntags zu.

Gemütliche Ruderpartie auf dem Teich The Serpentine im Hyde Park; Statue am Ufer (Detail)

Shopping

Harrods
Das Kaufhaus, in dem man alles bekommt von Stecknadeln bis zu einem Elefanten – das stimmt zwar heute nicht mehr ganz, nichtsdestotrotz ist Harrods immer noch so großartig wie eh und je.
📍 E8 🏠 87–135 Brompton Rd, Knightsbridge 🌐 harrods.com

❾ Chelsea
📍 D10 – F11 🏠 SW3
🚇 Sloane Square

Seit Thomas More, Lordkanzler unter Henry VIII, Chelsea als Domizil wählte, gilt das Viertel als chic. Das Flusspanorama zog Maler an. Mit der Ankunft des Historikers Thomas Carlyle und des Essayisten Leigh Hunt fasste ab 1830 auch die literarische Elite Fuß. Viele Häuser am Cheyne Walk tragen blaue Plaketten, die an Bewohner wie J. M. W. Turner *(siehe S. 77)*, George Eliot, Henry James und T. S. Eliot erinnern. Galerien und Antiquitätengeschäfte zwischen Modeboutiquen an der King's Road halten die künstlerische Tradition wach.

Die vom britischen Kunsthändler Charles Saatchi gegründete **Saatchi Gallery** zeigt Ausstellungen zeitgenössischer Kunst. Im Royal Hospital, 1692 von Wren für alte Soldaten an der Royal Hospital Road erbaut, leben noch heute 400 Pensionäre.

Saatchi Gallery
☺ 🏠 Duke of York's HQ, King's Rd SW3 🚇 Sloane Square 🕐 tägl. 10 –18
🌐 saatchigallery.com

Spaziergang in South Kensington

Länge 2,5 km **Dauer** 35 Min.
U-Bahn South Kensington

Mehrere weltberühmte Museen in grandiosen Gebäuden sind Zeichen des viktorianischen Selbstbewusstseins und verleihen der Gegend ihren gediegenen Charakter. Spazieren Sie vom Albert Memorial im Hyde Park an der Royal Albert Hall vorbei zum Victoria and Albert Museum, und bewundern Sie die Monumente des königlichen Paars, das London zu einem Zentrum von Industrie und Wissenschaft gemacht hat.

David Hockney und Peter Blake sind zwei von vielen berühmten Absolventen des **Royal College of Art**.

Das **Royal College of Organists** wurde 1876 von F. W. Moody ausgeschmückt.

Die 1870 eröffnete **Royal Albert Hall** ist ein wunderbar geschwungener Bau *(siehe S. 95)*.

Im **Royal College of Music** sind historische Musikinstrumente ausgestellt.

Schon gewusst?

Die Royal Albert Hall wurde auch mit dem Verkauf von Plätzen für 999 Jahre finanziert.

Im **Natural History Museum** *(siehe S. 94)* sieht man alles von Dinosauriern bis zu Schmetterlingen.

Besucher des **Science Museum** *(siehe S. 94f)* können selbst experimentieren.

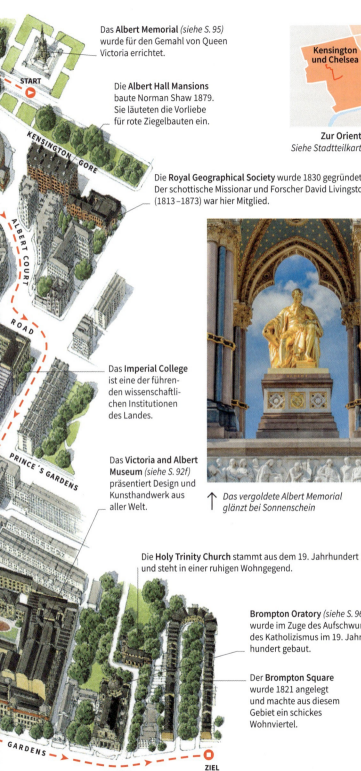

Das **Albert Memorial** *(siehe S. 95)* wurde für den Gemahl von Queen Victoria errichtet.

Die **Albert Hall Mansions** baute Norman Shaw 1879. Sie läuteten die Vorliebe für rote Ziegelbauten ein.

Zur Orientierung
Siehe Stadtteilkarte S. 90f

Die **Royal Geographical Society** wurde 1830 gegründet. Der schottische Missionar und Forscher David Livingstone (1813–1873) war hier Mitglied.

Das **Imperial College** ist eine der führenden wissenschaftlichen Institutionen des Landes.

Das **Victoria and Albert Museum** *(siehe S. 92f)* präsentiert Design und Kunsthandwerk aus aller Welt.

↑ *Das vergoldete Albert Memorial glänzt bei Sonnenschein*

Die **Holy Trinity Church** stammt aus dem 19. Jahrhundert und steht in einer ruhigen Wohngegend.

Brompton Oratory *(siehe S. 96)* wurde im Zuge des Aufschwungs des Katholizismus im 19. Jahrhundert gebaut.

Der **Brompton Square** wurde 1821 angelegt und machte aus diesem Gebiet ein schickes Wohnviertel.

Great Court im British Museum (siehe S. 104–107)

Regent's Park und Bloomsbury

Der Regent's Park wurde 1812 von John Nash auf einem Grundstück angelegt, das Henry VIII als Jagdgebiet genutzt hatte. Nash war als Architekt für die Gestaltung eines Großteils des als Regency London bekannten London des frühen 19. Jahrhunderts verantwortlich. Entlang der nördlichen Begrenzung des Parks verläuft der Regent's Canal, der ebenfalls von Nash entworfen wurde. Der bis King's Cross verlaufende Kanal trug zusammen mit der Eisenbahn zur Industrialisierung der Gegend bei. Jahrzehnte des Niedergangs nach dem Zweiten Weltkrieg endeten mit der Umgestaltung des Hauptbahnhofs St Pancras International, an dem Züge vom europäischen Festland ankommen. Das Viertel entwickelte sich zu einem der modernsten Einkaufs- und Geschäftsviertel der Metropole.

    Bloomsbury gilt nicht nur wegen seiner Bildungseinrichtungen – vor allem des 1753 gegründeten British Museum und der 1826 eröffneten University of London – als Domäne der Künstler und Intellektuellen. Hier entstand 1904 die Bloomsbury Group, ein Zirkel avantgardistischer Schriftsteller.

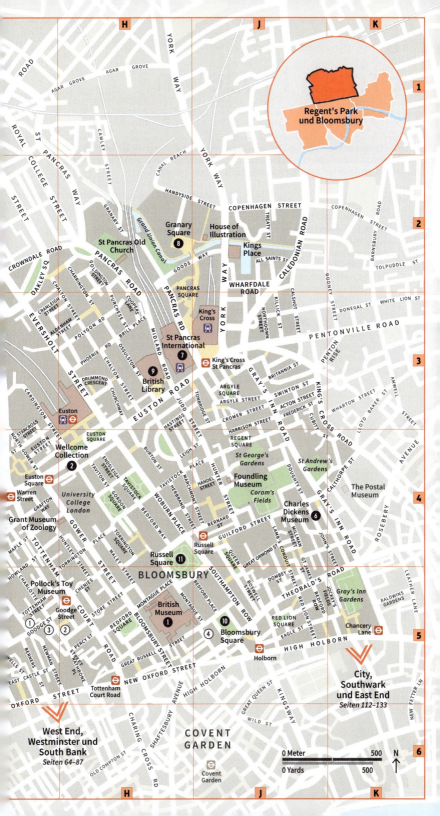

British Museum

📍 H5 🏠 Great Russell St WC1 📞 +44 20 7323 8000 🚇 Tottenham Court Road, Holborn, Russell Square 🚆 Euston 🕐 tägl. 10–17 (Fr bis 20:30) 🌐 britishmuseum.org

Das British Museum verfügt über eine der größten Sammlungen an historischen und kulturhistorischen Artefakten. Der immense Schatz besteht aus mehr als acht Millionen Objekten aus prähistorischen Zeiten bis in die Gegenwart.

> **Expertentipp**
> **Koloniales Erbe**
> Das Museum bietet auf der Website und in Form von Broschüren Führungen (Object Trails) zu verschiedenen Themen an. Der Collecting and Empire Trail zeigt 15 Objekte, die während der Kolonialzeit erworben wurden, und veranschaulicht die komplexen Geschichten hinter diesen Gegenständen.

Das British Museum wurde 1753 gegründet und ist somit das älteste Museum der Welt. Den Grundstock für die Sammlungen legte der Arzt Sir Hans Sloane (1660–1753) mit seinen Büchern, Antiquitäten, Pflanzen- und Tierexemplaren. Die Sammlung wuchs schnell, und im 19. Jahrhundert kaufte das Museum viele antike Objekte aus dem klassischen Griechenland und dem Mittleren Osten, darunter so wertvolle Gegenstände wie den Stein von Rosetta und die Parthenon-Skulpturen, die immer noch zu den Highlights des Museums gehören. Heute kann man Objekte aus allen möglichen Kulturen und Zivilisationen bestaunen – von der europäischen Steinzeit und dem alten Ägypten bis zum modernen Japan und dem zeitgenössischen Nordamerika. Zu sehen sind Skulpturen und Statuen, Mumien und Wandgemälde, Münzen und Medaillen, Keramikwaren, Gold und Silber, Drucke, Zeichnungen und viele weitere Objekte aus jeder Ecke der Welt und aus jeder Zeitperiode der Geschichte.

Highlight

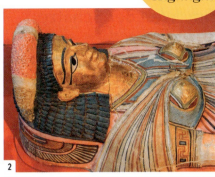

1 Mit dem Stein von Rosetta wurden die ägyptischen Hieroglyphen entziffert.

2 Das Museum hat die größte Sammlung von ägyptischen Mumien außerhalb Ägyptens.

3 Wunderschöne Statuen vom Parthenon im alten Griechenland

Der Haupteingang des British Museum im Greek-Revival-Stil in der Russell Street ↓

Eine Welt der Schätze

Der Rundgang durch alle 94 Sammlungen auf drei Stockwerken und acht Ebenen des Museums ist vier Kilometer lang. Alte ägyptische Artefakte sind in den Sälen 61 bis 66 und in Raum 4 neben dem Great Court ausgestellt. Die Sammlungen aus Griechenland, Rom und dem Mittleren Osten erstrecken sich auf den zwei Hauptstockwerken. Größere Objekte wie die Parthenon-Skulpturen sind in den großen Sälen westlich des Great Court zu finden. Die afrikanische Sammlung ist im Untergeschoss, die asiatische im Erdgeschoss und den höheren Stockwerken auf der Nordseite, die amerikanische in der nordöstlichen Ecke des Erdgeschosses. In der Sainsbury Gallery finden große Wechselausstellungen statt.

Der weltberühmte Reading Room von Sir Norman Foster im Zentrum des Great Court

Schon gewusst?

Die römische Portlandvase wurde wieder zusammengesetzt, nachdem sie 1845 ein Besucher zertrümmerte.

Die Enlightenment Gallery war früher die Bibliothek von König George III ↑

Great Court und Reading Room

Das architektonische Highlight des Gebäudes ist der Great Court, die atemberaubende Umwandlung des inneren Hofs aus dem 19. Jahrhundert. Der im Jahr 2000 eröffnete Hof ist nun von einem mosaikartigen Glasdach bedeckt und damit Europas größter überdachter öffentlicher Platz. In seinem Zentrum steht der Reading Room der früheren British Library, in der Berühmtheiten wie Mahatma Gandhi und Marx Bücher studierten.

Sammlungen

Highlight

Prähistorisches und römisches Britannien

▷ Zu den eindrucksvollsten Funden aus dieser Zeit gehören ein bronzezeitlicher Umhang (»Mold Cape«), eine etwa 9000 Jahre alte, mit Geweihen bestückte Kopfbedeckung sowie der im 1. Jahrhundert n. Chr. getötete »Lindow Man«.

Europa

Der Sutton-Hoo-Schatz, die Grabbeigabe eines angelsächsischen Königs (7. Jh.), ist in Raum 41 ausgestellt.
Die Uhrensammlung umfasst u. a. eine 400 Jahre alte Uhr aus Deutschland in Form einer Galeone, die Musik spielte und Kanonenschüsse abfeuerte. Nebenan befinden sich die *Lewis-Schachfiguren* (12. Jh.). Die Sammlung von Baron Ferdinand Rothschild ist in Raum 2a zu sehen.

Mittlerer Osten

Die Exponate umspannen einen Zeitraum von mehr als 7000 Jahren. Zu den Prunkstücken zählen die Reliefs von König Assurbanipals Palast bei Ninive (7. Jh. v. Chr.), zwei Stiere mit Menschenköpfen (7. Jh. v. Chr.) und ein Obelisk des Königs Salmanassar III. Im Obergeschoss sind sumerische Artefakte, u. a. Teile des Oxus-Schatzes und Tontafeln, sowie Artefakte aus der islamischen Welt zu sehen.

Ägypten

Zu den ägyptischen Skulpturen in Raum 4 gehören der Königskopf aus rotem Granit sowie die Statue von Ramses II. Der Stein von Rosetta, mit dessen Hilfe die Hieroglyphen entziffert werden konnten, ist ebenfalls hier. Ein Stockwerk höher sind Mumien und koptische Kunst.

Antike

◁ Unter den griechischen und römischen Exponaten findet man die Parthenon-Skulpturen (5. Jh. v. Chr.). Ein großer Teil wurde zerstört, die Fragmente brachte Lord Elgin nach London. Sehenswert sind auch das Nereiden-Denkmal und der Fries des Mausoleums in Halikarnassos.

Asien

Chinesische Keramiken und Bronzen aus der Shang-Dynastie (um 1500–1050 v. Chr.) sind die Highlights. Das chinesische Porzellan der Sir Percival David Collection datiert aus dem 10.–20. Jahrhundert. Nebenan ist die Sammlung indischer Skulpturen, ein traditionelles japanisches Teehaus in Raum 92.

Afrika

Afrikanische Skulpturen, Stoffe und Grafiken sind in Raum 25 ausgestellt. Berühmte Bronzeobjekte aus dem Königreich Benin werden hier direkt neben modernen afrikanischen Drucken, Gemälden, Zeichnungen und Stoffen präsentiert.

SEHENSWÜRDIGKEITEN

Restaurants

Salt Yard
Exzellente Tapas sowie italienische Gerichte.
📍 G5 🏠 54 Goodge St
🌐 saltyardgroup.co.uk
££££

Señor Ceviche
Köstliches peruanisches Streetfood.
📍 H5 🏠 18 Charlotte St
🌐 senor-ceviche.com
££££

ROKA
Japanisches Restaurant für Liebhaber von Grillgerichten nach der Methode *robatayaki*.
📍 G5 🏠 37 Charlotte St
🌐 rokarestaurant.com
££££

② Wellcome Collection
📍 H4 🏠 183 Euston Rd NW1
🚇 Euston, King's Cross, Warren St 🕐 Di–So 10–17 (Do bis 19)
🌐 wellcomecollection.org

Der Pharmazeut und Unternehmer Sir Henry Wellcome (1853–1936) interessierte sich leidenschaftlich für Medizin und Medizingeschichte, Ethnologie und Archäologie. Zu diesen Themen trug er über eine Million Objekte aus allen Erdteilen zusammen.

In den Dauerausstellungen des Museums – »Medicine Man« und »Medicine Now« – sind mehr als 900 Exponate zu sehen – von Napoléons Zahnbürste bis zu den Mokassins von Florence Nightingale. Wechselausstellungen widmen sich Themen wie der Erforschung der Medizin, der Kunst und der menschlichen Verfassung.

Die Wellcome Library im Obergeschoss umfasst die weltgrößte Büchersammlung zur Geschichte der Medizin.

③ Regent's Park
📍 D3–F4 🏠 NW1
🚇 Regent's Park, Baker St, Great Portland St 🕐 tägl. 5 bis Sonnenuntergang
🌐 royalparks.org.uk

Der Park wurde 1812 nach Entwürfen von John Nash angelegt, dem eine Gartenstadt mit 56 Villen und einem Lustschloss für den Prinzregenten (George IV) vorschwebte. Nur acht Villen wurden gebaut (drei sind am Inner Circle erhalten).

Der See bietet vielen Wasservögeln Lebensraum. Das Open Air Theatre zeigt im Sommer Theaterstücke.

> **Schon gewusst?**
>
> A. A. Milnes *Winnie-the-Pooh* wurde von einem Bären inspiriert, der 1914–34 im Londoner Zoo lebte.

↑ Im Frühling zeigt sich die Vegetation im Regent's Park in voller Blüte

Eingang und Shop des Sherlock Holmes Museum an der Baker Street

Im Park liegt der **ZSL London Zoo**. Auf dem Gelände des 1828 gegründeten Tierparks leben mehr als 600 Tierarten – Sumatra-Tiger, Faultiere, Gorillas und Pinguine sind nur einige davon.

ZSL London Zoo
tägl. 10–18 (März, Sep, Okt: bis 17; Nov–Feb: bis 16; letzter Einlass 1 Std. vor Schließung) zsl.org

④ Sherlock Holmes Museum

- E4
- 221b Baker St NW1
- Baker St
- tägl. 9:30–18
- sherlock-holmes.co.uk

Die bekannte Romanfigur von Arthur Conan Doyle (1859–1930) soll in der Baker Street 221b gelebt haben – eine fiktive Adresse. Das Museum befindet sich zwischen Nr. 237 und 239, hat aber die Adresse 221b. Das einzige viktorianische Wohnhaus in dieser Straße enthält eine Nachbildung von Holmes' Wohnraum mit Memorabilien. Krimibegeisterte können hier Sherlock-Holmes-Mützen und Meerschaumpfeifen kaufen.

⑤ Madame Tussauds

- E4
- Marylebone Rd NW1
- Baker St
- siehe Website
- madametussauds.com

Madame Tussaud eröffnete 1835 in der Baker Street nicht weit vom heutigen Standort eine Ausstellung ihrer frühen Arbeiten. Politiker, Filmstars und Sportler werden auch heute noch nach althergebrachten Verfahren in Wachs nachgebildet. Die Ausstellung ist in Bereiche unterteilt, dort findet man u. a. Berühmtheiten, Filmstars, Royals, Popgrößen und Figuren aus dem »Star Wars«-Universum.

Der Kurzfilm »Marvel Super Heroes 4D Experience« mit Wasser-, Wind- und Vibrationseffekten lässt einen eintauchen in die Welt der Superhelden. In der Abteilung »Spirit of London« reisen Besucher in Taxis durch die Geschichte der Stadt und erleben wichtige Ereignisse wie das große Feuer 1666 bis zum Swinging London der 1960er Jahre.

⑥ Charles Dickens Museum

- J4
- 48 Doughty St WC1
- +44 20 7405 2127
- Chancery Lane, Russell Sq
- Di–So 10–17 (letzter Einlass 16) Sa, So bei Veranstaltungen; 1. Jan, 25., 26. Dez
- dickensmuseum.com

Drei seiner produktivsten Jahre (1837–39) verbrachte der Schriftsteller Charles Dickens in diesem *Terrace*-Haus (19. Jh.). Hier entstanden *Oliver Twist* und *Nicholas Nickleby*, die *Pickwick Papers* wurden vollendet. Dickens bewohnte im Lauf seines Lebens verschiedene Londoner Häuser, doch dies ist das einzig noch erhaltene.

1923 kaufte es die Dickens Fellowship, heute beherbergt es ein sehenswertes Museum. Einige Räume wurden so rekonstruiert, wie sie zu Dickens' Zeit aussahen. Gezeigt werden mehr als 100 000 Exponate: Manuskripte, Bildnisse, Möbel aus anderen Wohnungen des Schriftstellers sowie Erstausgaben von einigen seiner bekanntesten Werke.

Neben der Dauerausstellung gibt es Wechselschauen und monatlich die »Housemaid's Tour«. Das Gartencafé ist sehr hübsch.

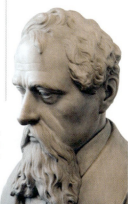

Büste des berühmten Schriftstellers Charles Dickens

Regent's Park und Bloomsbury

❼ St Pancras International
📍 H3 🏠 Euston Rd NW1
🚇 King's Cross St Pancras
🌐 stpancras.com

St Pancras, Londons Endstation für den Eurostar nach Kontinentaleuropa, ist dank der extravaganten Fassade des ehemaligen Midland Grand Hotel aus rotem Backstein kaum zu übersehen. Das 1874 eröffnete Hotel war eines der prunkvollsten seiner Zeit. Obwohl es in den 1960er Jahren vom Abriss bedroht war, konnte es dank einer Kampagne des Dichters John Betjeman gerettet werden. Das Hotel wurde seitdem restauriert.

❽ Granary Square
📍 H2 🚇 King's Cross St Pancras 🌐 kingscross.co.uk

Die Gegend nördlich von King's Cross Station ist nach kompletter Umgestaltung ein attraktives Viertel und verändert sich ständig weiter. Der Granary Square im Zentrum des Areals führt hinunter zum Regent's Canal. Er wird von Brunnen mit ausgeklügelten Wasser- und Lichtspielen geprägt. Der Platz ist vor allem an heißen Sommertagen sehr gut besucht. Dazu tragen auch einige gute Restaurants, Bars und ein beliebter Lebensmittelmarkt bei.

❾ British Library
📍 H3 🏠 96 Euston Rd NW1
📞 +44 1937 546 060
🚇 King's Cross St Pancras
🕐 Mo – Do 9:30 – 20, Fr 9:30 – 18, Sa 9:30 – 17, So 11–17
🌐 bl.uk

Der unter Sir Colin St John Wilson errichtete Backsteinbau wurde 1997 nach fast 20-jähriger Bauzeit eröffnet. Die British Library besitzt von fast jedem Buch, das in Großbritannien gedruckt wurde, ein Exemplar. Mit einem Leserausweis kann man Einsicht in die über 25 Millionen Bände umfassende Bibliothek nehmen. Die Ausstellung in der Eingangshalle und in den PACCAR Galleries ist für alle zugänglich: Zu den kostbarsten Exponaten zählen u. a. die *Lindisfarne Gospels*, eine Gutenberg-Bibel und Shakespeares »First Folio«.

Zudem finden hier Führungen, Lesungen, Diskussionen und Workshops statt.

❿ Bloomsbury Square
📍 J5 🏠 WC1 🚇 Holborn

Der Platz gilt als der älteste Londons und wurde 1661 vom 4. Earl of Southampton angelegt, dem das Land gehörte. Keines der ursprünglichen Gebäude ist erhalten geblieben, und der schattige Garten des Platzes ist von einem stark befahrenen Ein-

> **Bloomsbury Group**
> Die Bloomsbury Group war ein Zirkel von Schriftstellern, Künstlern und Intellektuellen, die Anfang des 20. Jahrhunderts in und um Bloomsbury lebten. Die Gruppe propagierte eine moderne Sicht auf Feminismus, Sexualität und Politik, traf sich erstmals am Gordon Square Nr. 46, dem Heim der Stephen-Schwestern Virginia (später Woolf) und Vanessa (später Bell). Weitere Mitglieder waren der Autor E. M. Forster, der Ökonom John Maynard Keynes, der Biograf Lytton Strachey sowie die Künstler Duncan Grant und Dora Carrington.

bahnstraßensystem umgeben. Unterhalb des Platzes befindet sich ein Parkplatz, der – ungewöhnlich für das Zentrum Londons – fast immer einen oder zwei freie Plätze aufweist.

Von hier aus wurde das gesamte Bloomsbury-Viertel erschlossen. Der Platz, der für die Genialität vieler seiner Bewohner bekannt ist, wurde vor allem durch die Bloomsbury Group berühmt. Halten Sie Ausschau nach Gedenktafeln an den Häusern und Straßen.

⓫ Russell Square
- H4 – J5 WC1
- Russell Sq

Der Russell Square mit Springbrunnen und Cafés ist einer der größten Plätze Londons. Auf der Ostseite stehen die vielleicht besten viktorianischen Grandhotels, die überlebt haben. Das von Charles Doll entworfene und 1898 eröffnete Russell Hotel, heute das Kimpton Fitzroy London, ist ein wundervoller Bau aus rotem Terrakotta mit Säulenbalkonen und Putten unter den Hauptsäulen.

An der westlichen Ecke des Platzes arbeitete der Dichter T. S. Eliot von 1925 bis 1965 in den ehemaligen Büros des Verlags Faber & Faber.

⓬ Wallace Collection
- F5 Hertford House, Manchester Sq W1
- Bond St, Baker St
- tägl. 10 – 17 1. Jan, Karfreitag, 24. – 26. Dez
- wallacecollection.org

Eine der schönsten privaten Kunstsammlungen der Welt ist der Sammelleidenschaft von vier Generationen der Familie Seymour-Conway, Marquesses of Hertford, zu verdanken. Die Sammlung wurde 1897 dem Staat übereignet mit der Auflage, sie ständig öffentlich zu zeigen und nicht zu verändern. In Hertford House ist das Flair des 19. Jahrhunderts bewahrt.

Der dritte Marquess of Hertford (1777 – 1842) vergrößerte mit dem Vermögen seiner italienischen Gemahlin die Sammlung von Familienbildnissen durch Werke von Tizian, Canaletto und niederländischen Meistern wie van Dyck. Ihre Berühmtheit verdankt die Sammlung den französischen Gemälden und Skulpturen aus dem 18. Jahrhundert, die der vierte Marquess (1800 – 1870) und sein Sohn, Sir Richard Wallace, in Frankreich erstanden. So kamen Watteaus *Les Champs-Élysées* (um 1720/1721) sowie Bouchers *Sonnenaufgang und Sonnenuntergang* (1753) zur Sammlung. Highlights sind Rembrandts *Titus* (um 1657), Tizians *Perseus und Andromeda* (1554 – 56) und Frans Hals' *Lachender Kavalier* (1624).

Entspannen auf den Terrassen des Granary Square am Regent's Canal

---

Shopping

London Review Bookshop
Ein Buchladen für Leute, denen Bücher wichtig sind. Der mit Bedacht ausgewählte Bestand ist Zeichen der hoch geschätzten literarischen Qualifikation der Besitzer, der Zeitschrift *London Review of Books*. Gut informiertes Personal hilft gern weiter, und ein kleines Café gibt es auch noch.

- J5 14 – 16 Bury Pl WC1A 2JL
- londonreviewbookshop.co.uk

Wolkenkratzer The Shard in Southwark (siehe S. 129)

City, Southwark und East End

Das Finanzzentrum der Metropole – die »City of London« – steht an der Stelle der einstigen römischen Siedlung und war über viele Jahrhunderte auch die Stadt an sich. Als die royale Regierung im 11. Jahrhundert in die City of Westminster verlegt wurde, verlor die City zwar ihre Stellung als Regierungsbezirk, aber ihre Bedeutung als Handelszentrum wuchs dadurch sogar noch. Der Große Brand von 1666 zerstörte weite Teile der alten Stadt, doch das labyrinthartige Gassengewirr aus dem Mittelalter blieb erhalten. Beim Wiederaufbau der Innenstadt durch Christopher Wren wurden auch viele Kirchen errichtet, Glanzstück unter ihnen ist St Paul's Cathedral.

In Spitalfields an der Grenze zu The City drehte sich lange alles um den Markt, der bereits Ende des 17. Jahrhunderts entstand. Als er immer größer wurde, siedelten sich auch Menschen in der Umgebung an, anfangs vor allem aus Frankreich geflohene Hugenotten. Sie zogen auch ins nahe Shoreditch, und ihre geschickten Weber dominierten bald die Textilindustrie der Gegend. Wellen irischer, dann jüdischer und zuletzt Einwanderer aus Bangladesch folgten.

Southwark am Südufer der Themse war im Mittelalter Treffpunkt der Prostituierten, Glücksspieler und Kriminellen. Es gab verschiedene Bärenhatz-Arenen, die auch als Bühne dienten, bis die ersten Theater entstanden. 1598 eröffnete das Globe Theatre, in dem viele Stücke von Shakespeare uraufgeführt wurden.

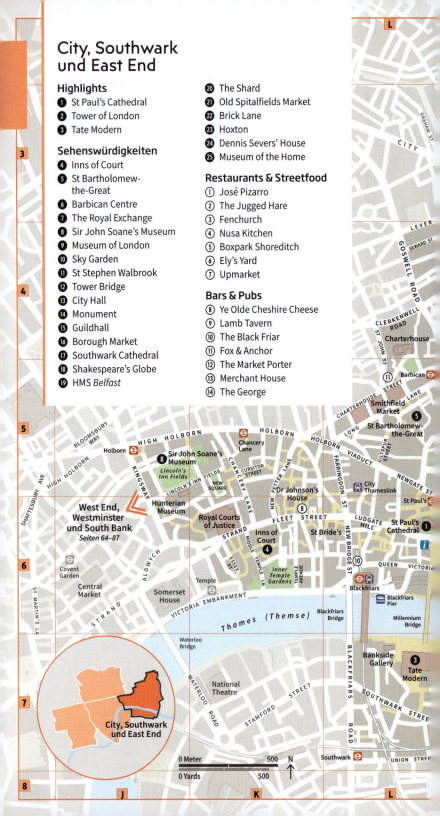

City, Southwark und East End

Highlights
1. St Paul's Cathedral
2. Tower of London
3. Tate Modern

Sehenswürdigkeiten
4. Inns of Court
5. St Bartholomew-the-Great
6. Barbican Centre
7. The Royal Exchange
8. Sir John Soane's Museum
9. Museum of London
10. Sky Garden
11. St Stephen Walbrook
12. Tower Bridge
13. City Hall
14. Monument
15. Guildhall
16. Borough Market
17. Southwark Cathedral
18. Shakespeare's Globe
19. HMS *Belfast*
20. The Shard
21. Old Spitalfields Market
22. Brick Lane
23. Hoxton
24. Dennis Severs' House
25. Museum of the Home

Restaurants & Streetfood
1. José Pizarro
2. The Jugged Hare
3. Fenchurch
4. Nusa Kitchen
5. Boxpark Shoreditch
6. Ely's Yard
7. Upmarket

Bars & Pubs
8. Ye Olde Cheshire Cheese
9. Lamb Tavern
10. The Black Friar
11. Fox & Anchor
12. The Market Porter
13. Merchant House
14. The George

St Paul's Cathedral

Schon gewusst?
In der Whispering Gallery hört man das Flüstern einer Person auf der gegenüberliegenden Seite.

📍 L6 🏛 Ludgate Hill EC4 🚇 St Paul's, Mansion House 🚆 City Thameslink, Blackfriars 🕐 Kathedrale: Mo – Sa 8:30 – 16:30 (letzter Einlass 16); Galerien: Mo – Sa 9:30 – 16:15 🌐 stpauls.co.uk

Die Kuppel von St Paul's Cathedral ragt gegenüber den anderen Kirchen der Gegend heraus. Das 1711 fertiggestellte barocke Meisterstück von Sir Christopher Wren war Englands erste speziell für Protestanten gebaute Kathedrale und hat viele Gemeinsamkeiten mit dem Petersdom in Rom – vor allem die Kuppel.

Nach dem Großen Brand von 1666 waren von der mittelalterlichen Kathedrale nur Ruinen übrig. Daher wandten sich die Stadträte an Christopher Wren, dessen Pläne beim konservativen Dekan jedoch auf Widerstand stießen. Wrens Entwurf aus dem Jahr 1672 fand wenig Zustimmung. 1675 einigte man sich auf eine günstigere Alternative, die auch Wrens Handschrift trug. Das grandiose Erscheinungsbild der Kathedrale – die als das Meisterwerk Wrens gilt – zeugt von dessen Durchsetzungskraft. Die Kuppel – eine der größten der Welt – ist 111 Meter hoch und wiegt 65 000 Tonnen.

Die **Balustrade** wurde gegen den Wunsch Wrens hinzugefügt.

Das **Tympanon des Giebels** zeigt die Bekehrung des Saulus.

Illustration von St Paul's Cathedral ↑

↑ *Blick auf St Paul's von der Millennium Bridge*

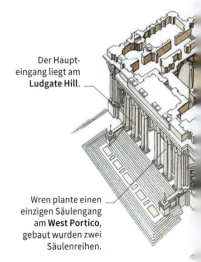

Der Haupteingang liegt am **Ludgate Hill**.

Wren plante einen einzigen Säulengang am **West Portico**, gebaut wurden zwei Säulenreihen.

Christopher Wren
Sir Christopher Wren (1632 – 1723) war der bedeutendste jener Architekten, die London nach dem Großen Brand 1666 wiederaufbauten. Von seinen 52 Kirchen existieren heute noch 31. Nicht weit von Wrens Meisterwerk St Paul's entfernt steht die prächtige kuppelüberwölbte Kirche St Stephen Walbrook (1672 – 77). Sehenswert sind außerdem St Bride's und St Mary-le-Bow in Cheapside.

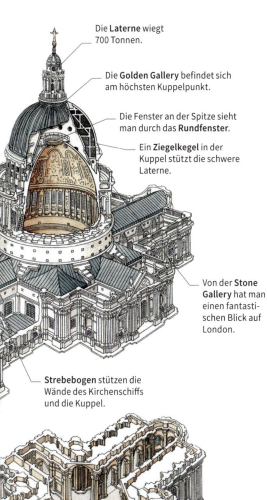

Die **Laterne** wiegt 700 Tonnen.

Die **Golden Gallery** befindet sich am höchsten Kuppelpunkt.

Die Fenster an der Spitze sieht man durch das **Rundfenster**.

Ein **Ziegelkegel** in der Kuppel stützt die schwere Laterne.

Von der **Stone Gallery** hat man einen fantastischen Blick auf London.

Strebebogen stützen die Wände des Kirchenschiffs und die Kuppel.

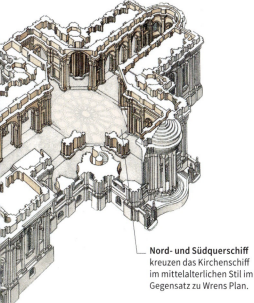

Nord- und Südquerschiff kreuzen das Kirchenschiff im mittelalterlichen Stil im Gegensatz zu Wrens Plan.

↑ *Querschnitt durch den Innenraum der Kathedrale*

Highlight

Chronik

604
▽ Bischof Mellitus lässt die erste St-Paul's-Kirche errichten. Sie brennt 1087 ab

1087
▽ Bischof Maurice beginnt eine romanisch-gotische Kathedrale

1708
▽ Wrens Sohn setzt den Schlussstein für die Laterne des Kirchenbaus

2011
▽ Abschluss der umfangreichen Restaurierungsarbeiten

Tower of London

📍 P7 🏛 Tower Hill EC3 🚇 Tower Hill, DLR Tower Gateway
🚆 Fenchurch Street 🕐 siehe Website 🌐 hrp.org.uk

Der Tower of London wurde im Jahr 1066 von William the Conqueror gegründet und diente als Festung, Palast und Gefängnis. Jedes Jahr strömen fast drei Millionen Besucher hierher, um die Kronjuwelen zu bestaunen und der dunklen und faszinierenden Geschichten über ihn zu lauschen.

Seit der Regierungszeit von König Charles II (1660–85) ist der Tower ein Besuchermagnet. Damals wurden erstmals die Kronjuwelen und die Rüstungen der Öffentlichkeit gezeigt. Noch heute erinnert die Festung an königliche Brutalität, Machtfülle und Reichtum. Innerhalb der mächtigen Mauern des Tower liegen auch die verbliebenen Teile des mittelalterlichen Palasts, den Henry III bauen ließ, ebenso wie ein paar Türme, in denen Gefangene inhaftiert waren, darunter Anne Boleyn, Thomas Cromwell und Catherine Howard.

Ein großer Teil der 900-jährigen Geschichte des Tower ist mit Angst und Schrecken verbunden. Hochverräter und andere Gegner der Krone hausten oft jahrelang in den düsteren Verliesen dieser Festung. Viele fanden auf dem nahe gelegenen Tower Hill ein gewaltsames Ende. Fast alle wurden gefoltert, nur wenige kamen lebend wieder heraus.

Kronjuwelen
Die Kronen, Zepter und Reichsäpfel kommen bei Krönungszeremonien und anderen Staatsangelegenheiten zum Einsatz. Sie stammen meist von 1660, dem Krönungsjahr von Charles II.

> **Expertentipp**
> **Tour mit einem Beefeater**
>
> Begleiten Sie einen Yeoman Warder oder Beefeater auf einer spannenden Tour durch den Tower, und erfahren Sie dabei viel über die Geschichte und Geschichten des Tower. Die einstündigen Führungen sind im Eintrittspreis inbegriffen und starten alle 30 Minuten in der Nähe des Haupteingangs.

Die Kronjuwelen liegen im **Jewel House**.

Adlige Gefangene starben im **Tower Green**.

Im **Beauchamp Tower** waren wichtige Personen inhaftiert.

Haupteingang

Chronik

1066
△ William I errichtet eine hölzerne Burg

1534/35
△ Festnahme/ Hinrichtung von Thomas Morus

Tower of London – bedeutender Schauplatz englischer Geschichte ↑

Highlight

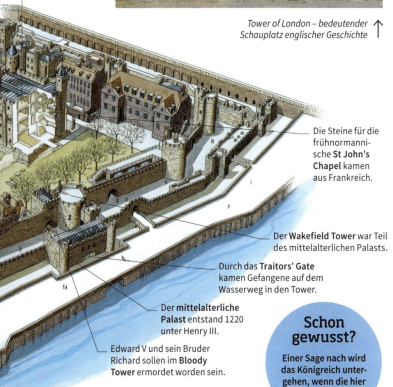

Der **White Tower** zeigt königliche Rüstungen.

Die Steine für die frühnormannische **St John's Chapel** kamen aus Frankreich.

Der **Wakefield Tower** war Teil des mittelalterlichen Palasts.

Durch das **Traitors' Gate** kamen Gefangene auf dem Wasserweg in den Tower.

Der **mittelalterliche Palast** entstand 1220 unter Henry III.

Edward V und sein Bruder Richard sollen im **Bloody Tower** ermordet worden sein.

↑ *Illustration des Tower of London*

Schon gewusst?

Einer Sage nach wird das Königreich untergehen, wenn die hier lebenden Raben den Tower verlassen.

1554
△ Hinrichtung von Lady Jane Grey

1603–16
△ Gefangenschaft von Sir Walter Raleigh

1671
△ »Colonel Blood« versucht, die Kronjuwelen zu stehlen

1941
△ Rudolf Heß ist der letzte Gefangene im Queen's House

Tate Modern

📍 L7 🏛 Bankside SE1 📞 +44 20 7887 8888 🚇 Blackfriars, Southwark
🚆 Blackfriars 🕙 tägl. 10–18 (letzter Einlass 17:30) 🔒 24.–26. Dez 🌐 tate.org.uk

Die Tate Modern liegt in einem ehemaligen Kraftwerk am südlichen Themse-Ufer – ein dynamischer Raum für eine der weltweit besten Sammlungen zeitgenössischer Kunst. Sie ist mit ihren ständig wechselnden Ausstellungen das meistbesuchte Museum Londons.

Dieser Goliath einer Galerie verfügt über eine Sammlung von mehr als 70 000 Werken moderner Kunst, darunter Gemälde und Skulpturen von einigen der wichtigsten Künstler des 20. und 21. Jahrhunderts, etwa Pablo Picasso, Salvador Dalí, Mark Rothko und Francis Bacon. Auch weniger bekannte Künstler und Kunstrichtungen sind vertreten, etwa mit Werken aus Kronkorken oder einem Porzellanurinal, das aussieht wie Marcel Duchamps *Fountain*. Zentrum des Gebäudes ist die fantastische Turbine Hall, in der oft spezielle Auftragsarbeiten zu sehen sind. In anderen Ausstellungen, darunter auch die Räumlichkeiten im gewaltigen Blavatnik Building, werden Sammlungen zu einem bestimmten Thema oder beliebte Wechselausstellungen gezeigt.

Interaktive Kunst

In der Tate Modern gibt es eine Reihe von interaktiven Angeboten und Erfahrungen unter dem Header Bloomberg Connects. Diese Produkte, darunter die Tate-App, die digitale Drawing Bar und die digitale Galerie, mit der man in die Studios und Städte der Künstler eintauchen kann, ermöglichen es dem Anwender, eine direkte Verbindung mit der Kunst, dem Künstler und anderen Besuchern auszubauen. Die Multimedia-Applikationen bieten neben Audiokommentaren auch Bilder, Filmclips und Spiele.

One Two Three Swing! von SUPERFLEX, eine Installation in der Turbinenhalle ↓

Schon gewusst?
4,2 Millionen Ziegel wurden gebraucht, um das alte Bankside-Kraftwerk zu bauen.

Highlight

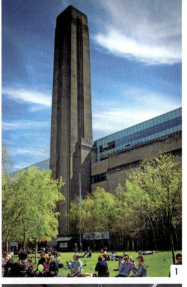
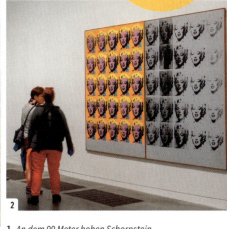

1 An dem 99 Meter hohen Schornstein der Tate Modern erkennt man die frühere Bestimmung des Gebäudes als Kraftwerk.

2 Andy Warhols Siebdruck Marilyn Diptych (1962) zählt zu den bemerkenswertesten Werken in der Tate Modern.

3 Mit der im Jahr 2016 nach Plänen von Herzog & de Meuron erfolgten Erweiterung um das Blavatnik Building gewann die Tate Modern neue Ausstellungsflächen hinzu.

Schöne Aussicht
Top of the Tower

Auf Level 10, dem obersten Stockwerk der neuen Erweiterung des fantastischen Blavatnik Building, befindet sich eine Aussichtsterrasse mit 360-Grad-Ausblick. Vom Restaurant auf Level 9 hat man eine ähnlich gute Aussicht auf St Paul's Cathedral, die City und die ganze Hauptstadt.

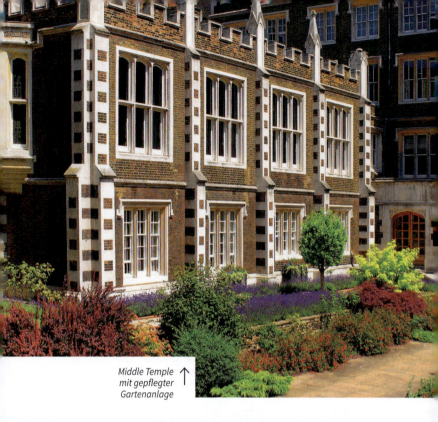

Middle Temple mit gepflegter Gartenanlage

SEHENSWÜRDIGKEITEN

❹
Inns of Court
📍 K6 🚇 Temple

Inner Temple und **Middle Temple**, zwei der vier Londoner Inns of Court, haben ihr eigenes Flair. Hier werden Juristen ausgebildet. Der Name Temple leitet sich vom 1118 gegründeten Templerorden ab, der Pilger auf ihrer Reise ins Heilige Land beschützte. 1312 wurde der Orden aufgelöst. Den Boden der runden **Temple Church** zieren Ritterfiguren. Das Interieur der Middle Temple Hall ist elisabethanisch. Mittwochs um 13:15 Uhr gibt es Orgelkonzerte.

Inner Temple
🏠 King's Bench Walk EC4
📞 +44 20 7797 8250
🕐 Mo – Fr 6 – 20 Uhr
🌐 innertemple.org.uk

Middle Temple
🏠 Middle Temple Ln EC4
📞 +44 20 7427 4820
🕐 Mo – Fr 6 – 20 Uhr
🌐 middletemplevenue.org.uk

Temple Church
📞 +44 20 7353 3470
🕐 Mo – Fr 10 – 16
🌐 templechurch.com

> Expertentipp
> **Picknickplatz**
> Die beste Zeit, die Inns of Court zu besuchen, ist, wenn die Gärten (werktags 12:30 – 15) geöffnet sind. Die von Middle Temple sind nur im Sommer zugänglich.

❺
St Bartholomew-the-Great
📍 L5 🏠 West Smithfield EC1 🚇 Barbican, St Paul's
🕐 tägl. 8:30 – 17 (Sa ab 10:30; Mitte Nov – Mitte Feb: bis 16) 🚫 1. Jan, 25., 26. Dez
🌐 greatstbarts.com

Die hinter dem Smithfield-Fleischmarkt versteckte Kirche ist eine der ältesten Londons. Der von einem Tudor-Torhaus überbaute Bogen (13. Jh.) bildete einst den Eingang zur Kirche, deren Hauptschiff bei der Säkularisation *(siehe S. 391)* abgerissen wurde. William Hogarth wurde hier 1697 getauft.

Die Kirche ist in den Filmen *Vier Hochzeiten und ein Todesfall* und *Shakespeare in Love* zu sehen.

Schon gewusst?

Die Inns waren Kulisse für berühmte Filme wie etwa *The Da Vinci Code* und *Pirates of the Caribbean*.

⑥ Barbican Centre
📍 M5 🏠 Barbican Estate EC2 🚇 Barbican, Moorgate 🚆 Moorgate, Liverpool Street 🕐 Mo–Sa 9–23, So ab 11, Feiertage ab 12; Kunstgalerie: tägl. 10–19 (letzter Einlass 18); Konservatorium: So 12–17 (siehe Website) 🌐 barbican.org.uk

Der Wohn-, Geschäfts- und Kunstkomplex ist ein Meisterwerk des Brutalismus und eine Besonderheit in der City: eine Kulturoase innerhalb von Londons größtem Finanzdistrikt. Die Seele im Betonherzen des Barbican Estate ist das Barbican Centre, eines der größten und umfassendsten Kunstzentren Londons mit zwei Kinos, einer Konzerthalle, zwei Theatern und Ausstellungsflächen. In dem Zentrum gibt es zudem eine Bibliothek, drei Restaurants, Cafés und Bars sowie ein tropisches Gewächshaus. Zum Programm gehören Aufführungen der Royal Shakespeare Company, Konzerte des Symphony Orchestra und viel Independent-Kino. Da sich das Zentrum auch experimenteller Kunst verschrieben hat, kommt man hier zudem in den Genuss von Multimedia-Ausstellungen und Streetdance-Opern. Jazz und Weltmusik spielen ebenfalls eine wichtige Rolle.

⑦ The Royal Exchange
📍 M6 🏠 EC3 🚇 Bank 🌐 theroyalexchange.co.uk

Sir Thomas Gresham, ein elisabethanischer Kaufmann und Höfling, gründete 1565 die Börse als allgemeines Handelszentrum. Der ursprüngliche Bau gruppierte sich um einen Hof, auf dem die Händler ihren Geschäften nachgingen. Den königlichen Titel erhielt die Börse von Elizabeth I. Noch heute ist sie einer der Orte, an denen der neue Monarch ausgerufen wird. Der heutige Prachtbau stammt von 1844. Er ist der dritte an dieser Stelle und beherbergt ein Shopping-Center mit Designerläden, einer Filiale von Fortnum & Mason *(siehe S. 81)* sowie einem Café mit Bar.

⑧ Sir John Soane's Museum
📍 J5 🏠 13 Lincoln's Inn Fields WC2 📞 +44 20 7405 2107 🚇 Holborn 🕐 Mi–So 10–17 🚫 einige Feiertage 🌐 soane.org

Das Haus ist eines der exzentrischsten Museen Londons. John Soane vermachte es 1837 dem Staat mit der Auflage, dass nichts verändert werden dürfe. Soane hatte sich durch seinen gemäßigt klassizistischen Stil zu einem führenden georgianischen Architekten Großbritanniens entwickelt. Nachdem er einen Onkel seiner Frau beerbt hatte, kaufte er das Haus Lincoln's Inn Fields Nr. 12 und ließ es umbauen. 1813 bezogen er und seine Frau das Haus Nr. 13, 1824 auch Nr. 14, wo Soane eine Gemäldegalerie und die pseudogotische Mönchsklause einrichtete. Heute sieht das Museum gemäß Soanes Auflage fast genauso aus, wie er es hinterließ – ein Sammelsurium schöner, lehrreicher und zuweilen höchst eigenartiger Gegenstände. Es gibt Bronzen, Gipsabgüsse, Vasen, antike Fragmente, Gemälde und Bizarres wie einen Riesenpilz aus Sumatra oder einen Xanthippenzaum (der meckernde Ehefrauen zum Schweigen bringen soll). Bemerkenswert sind der Sarkophag von Seti I, Soanes Entwürfe (etwa für die Bank of England) sowie der Bilderzyklus *The Rake's Progress* (1734) von William Hogarth.

Das Gebäude selbst steckt voller architektonischer Überraschungen. Im Erdgeschoss sorgen Spiegel für illusionistische Effekte. Ein Atrium mit Glaskuppel lässt Licht bis ins Untergeschoss strömen.

↑ *Ausstellungsraum mit Statuen im Sir John Soane's Museum*

Bars & Pubs

Ye Olde Cheshire Cheese
In dem Gewirr an holzgetäfelten Räumen dieses berühmten Pubs aus dem 17. Jahrhundert kann man sich fast verlaufen.

📍 K6 🏠 145 Fleet St
📞 +44 20 7353 6170
🕐 So

Lamb Tavern
Das traditionsreiche Lokal im historischen Leadenhall Market wird seit 1780 betrieben. Die Lamb Tavern ist berühmt für ihr selbst gebrautes Bier.

📍 N6 🏠 10–12 Leadenhall Market 🕐 Sa, So
🌐 lambtavern leadenhall.com

The Black Friar
Das ungewöhnliche Pub mit erlesenen Jugendstil-Elementen steht an der Stelle eines ehemaligen Dominikanerklosters. Achten Sie auf die Darstellungen von Mönchen auf den Friesen.

📍 L6 🏠 174 Queen Victoria St
📞 +44 20 7236 5474

Fox & Anchor
Das im viktorianischen Stil gehaltene prächtige Pub mit Türen aus Mahagoniholz bietet eine große Auswahl an Bieren und köstliche Snacks.

📍 L5 🏠 115 Charterhouse Street
🕐 tägl. (Mo – Fr ab 7, Sa, So ab 8:30)
🌐 foxandanchor.com

↑ Besucher in einem Saal des überaus faszinierenden Museum of London

⑨ Museum of London

📍 M5 🏠 150 London Wall EC2 📞 +44 20 7001 9844
🚇 Barbican, St Paul's, Moorgate 🕐 tägl. 10 –18
🕐 24. – 26. Dez
🌐 museumoflondon.org.uk

Das Museum beim Barbican wurde 1976 eröffnet. Es bietet einen Überblick über das Leben in London von prähistorischer Zeit bis zur Gegenwart.

Prähistorische Ausstellungsstücke, darunter Feuersteinäxte, die man bei Ausgrabungen fand, sind im Erdgeschoss. Besucher wandern durch Römerzeit und Mittelalter zu Krieg, Pest und Bränden (mit einer Ausstellung zum Großen Brand).

Im Untergeschoss reicht die Zeitskala von 1666 bis heute, zu sehen ist u. a. die spektakuläre Karosse des Lord Mayor of London. Die prächtig vergoldete Kutsche wurde um 1757 gebaut und wird jährlich zur Lord Mayor's Show benutzt. Der »Victorian Walk« bildet das Leben in London während der viktorianisches Zeit ab und lässt mit rekonstruierten Räumen und Straßenzügen die Atmosphäre von London im späten 19. Jahrhundert wiederaufleben. Zu sehen sind auch ungewöhnliche Exponate wie ein Kleid von 1964 mit den Gesichtern der Beatles.

In einer der Ausstellungen ist »The London 2012 Cauldron« zu sehen. Die Flammenschale der Olympischen

→ Vom Sky Garden hat man eine grandiose Aussicht über London

Spiele 2012 hatte eine bedeutende Rolle bei den Eröffnungs- und Abschlussfeiern. Fotos, Videos und Diagramme beschreiben das Spektakel sowie den Einfallsreichtum der Organisatoren.

⑩ Sky Garden
- N6 20 Fenchurch St EC3 +44 20 7337 2344
- Bank, Monument Mo–Fr 10–18, Sa, So 11–21 (letzter Einlass 1 Std. vor Schließung; vorher Ticket buchen)
- skygarden.london

Der Wolkenkratzer von Rafael Viñoly in 20 Fenchurch Street wird wegen seiner ungewöhnlichen Form auch »Walkie-Talkie« genannt. Sein Bau wurde kontrovers diskutiert – wegen der Lage. Trotzdem ist er einer der wenigen Londoner Wolkenkratzer, die öffentlichen Zugang gewähren: Online kann man ein Ticket für das große Aussichtsdeck Sky Garden auf der Spitze buchen. Karten sollte man drei Wochen im Voraus bestellen, zu beliebten Zeiten sind sie schnell ausverkauft. Oben gibt es auch die Bar Sky Pod und einige teure Restaurants. Der Sky Garden ist perfekt, um sich die anderen Wolkenkratzer anzusehen: im Süden The Shard und im Norden Tower 42, »Gherkin« und »Cheesegrater« (Leadenhall Building). Am Bishopsgate steht der Heron Tower, eines der höchsten Gebäude der Stadt.

Dem Himmel entgegen

In vielen Gegenden der Metropole ragen Wolkenkratzer auf, besonders hoch ist die Dichte in der City – vom in den 1980er Jahren von Richard Rogers entworfenen Lloyd's Building bis zum beliebten »Gherkin« (30 St Mary Axe). Dieser 2003 fertiggestellte Turm wird mittlerweile von neueren Wolkenkratzern wie etwa dem »Cheesegrater« und dem Scalpel in der Lime Street umgeben.

⑪ St Stephen Walbrook
- M6 39 Walbrook EC4 +44 20 7626 9000
- Bank, Cannon St Mo, Di, Do 10–16, Mi 11–15, Fr 10–15:30 Feiertage
- ststephenwalbrook.net

Die Hauptpfarrkirche entwarf der Architekt Sir Christopher Wren nach 1670. Sie gilt als sein schönster Sakralbau in der City. Den lichtdurchfluteten Innenraum krönt eine riesige Kuppel. Sie scheint über den acht Säulen und Bogen, die sie tragen, zu schweben. Das *Martyrium des heiligen Stephan* ist ein Werk des Malers Benjamin West. Man sollte die Kirche während eines kostenlosen Orgelkonzerts (Fr 12:30–13:30 Uhr) besuchen.

Entdeckertipp
Leadenhall Market

Das viktorianische Einkaufsgelände entstand 1881 nach Plänen von Sir Horace Jones. Hier findet man viele Stände, die Wein, Käse und Blumen verkaufen, sowie Weinbars und Pubs.

⑫ Tower Bridge

P7 **SE1** **+44 20 7403 3761** **Tower Hill** Ausstellung: tägl. 9:30–18
towerbridge.org.uk

Die faszinierende Glanzleistung viktorianischer Ingenieurskunst wurde nach Plänen von Horace Jones 1894 fertiggestellt und bald zum Wahrzeichen der Stadt. In den beiden gotischen Brückentürmen ist der Mechanismus untergebracht, der die Zugbrücken öffnet, um Schiffe durchzulassen. Geöffnet hat die Brücke eine Höhe von 40 Metern und eine Spannweite von 60 Metern.

Die Türme bestehen aus einem steinverkleideten Stahlgerüst und sind über zwei Fußgängerbrücken verbunden, die von 1909 bis 1982 geschlossen waren, weil sie zu viele Prostituierte und Selbstmörder anzogen. Eine Ausstellung dokumentiert die Baugeschichte und zeigt die Dampfmaschine, die bis zur Elektrifizierung 1976 den Mechanismus antrieb. Von den Fußgängerbrücken hat man einen wunderbaren Blick.

Schon gewusst?
Die City Hall wird scherzhaft auch »Schnecke« oder »Zwiebel« genannt.

⑬ City Hall

N7 **The Queen's Walk SE1** **+44 20 7983 4000** **London Bridge** Mo–Do 8:30–18, Fr 8:30–17:30
london.gov.uk/about-us

Im von Norman Foster entworfenen Glaskuppelgebäude befindet sich der Hauptsitz der London's Mayor and the Greater London Authority.

Jeder kann der Mayor's Question Time beiwohnen, wenn Mitglieder des Stadtrats den Bürgermeister zu den unterschiedlichsten Themen befragen (Termine siehe Website). Im Tiefparterre finden Wechselausstellungen statt. Vor der City Hall finden im Amphitheater Scoop im Sommer kostenlose Veranstaltungen statt.

⑭ Monument

N6 **Monument St EC3** **+44 20 7626 2717** Monument Apr–Sep: tägl. 9:30–18; Okt–März: 9:30–17:30 (letzter Einlass 17)
themonument.org.uk

Die von Christopher Wren entworfene dorische Säule erinnert an das Feuer, das 1666 die Innenstadt Londons mit den Stadtmauern verwüstete. Im Jahr seiner Fertigstellung 1677 war das Monument die höchste einzeln stehende Steinsäule der Welt. Mit der bronzenen Flamme misst sie 62 Meter – die genaue Entfernung zur westlich gelegenen Pudding Lane, wo das Feuer ausgebrochen sein soll. Reliefs am Sockel zeigen Charles II, der die Stadt nach der Brandkatastrophe wiederaufbauen ließ.

311 Stufen führen in engen Windungen zur winzigen Aussichtsplattform. Im Jahr 1842 wurde sie mit Eisenstäben vergittert, um Selbst-

↓ *Tower Bridge – ein Wahrzeichen der Stadt*

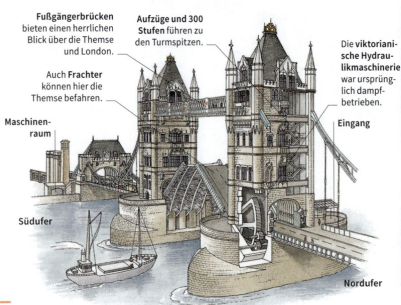

Fußgängerbrücken bieten einen herrlichen Blick über die Themse und London.

Aufzüge und 300 Stufen führen zu den Turmspitzen.

Die **viktorianische Hydraulikmaschinerie** war ursprünglich dampfbetrieben.

Auch **Frachter** können hier die Themse befahren.

Maschinenraum

Eingang

Südufer

Nordufer

← Sammlung wertvoller Gemälde in der Guildhall Art Gallery

morde zu verhindern. Der Aufstieg lohnt sich, der Ausblick – auch auf St Paul's Cathedral – ist spektakulär.

Guildhall
🔴 M5 🚇 Guildhall Yard EC2 🚇 St Paul's 🏛 Great Hall: Mo–Sa 10–16:30 (Mai–Sep: tägl.) 🚫 1. Jan, 25., 26. Dez; bei manchen Veranstaltungen 🌐 cityof london.gov.uk/things-to-do

Die Guildhall war nicht weniger als 800 Jahre lang das Verwaltungszentrum der Londoner City. Jahrhundertelang fanden hier auch Gerichtsverhandlungen statt. Einer der hier zum Tod Verurteilten war der am Gunpowder Plot beteiligte Henry Garnet.

In der Halle stehen Skulpturen von Gog und Magog, den legendären Wächtern von London. Die Figuren sind Reproduktionen der im 18. Jahrhundert angefertigten Skulpturen. Auch Darstellungen von Winston Churchill und Admiral Horatio Nelson sind Blickfänge in der 46 Meter langen Halle. Der Premierminister gibt hier im November wenige Tage nach der Lord Mayor's Show ein Bankett.

Südlich der Guildhall steht die von Christopher Wren gestaltete Kirche St Lawrence Jewry, im Osten befindet sich die 1885 gegründete **Guildhall Art Gallery**. Sie zeigt Werke von Sir Matthew Smith (1879–1959) sowie Porträts vom 16. Jahrhundert bis heute. Zudem findet sich hier eine Sammlung mit Werken aus dem 18. Jahrhundert, darunter J. S. Copleys *Defeat of the Floating Batteries at Gibraltar* und eine Vielzahl viktorianischer Arbeiten.

1988 entdeckte man in der Nähe der Galerie Reste eines **Amphitheaters** (70 n. Chr.). Hier fanden Tierjagden, Gladiatorenkämpfe und Exekutionen statt.

Guildhall Art Gallery und Römisches Amphitheater
🕐 tägl. 10:30–16
🚫 1. Jan, 24.–26. Dez
🌐 cityoflondon.gov.uk

Restaurants

José Pizarro
Klassische spanische Tapas und originelle Gerichte in entspanntem Ambiente.
🔴 N5 🏠 36 Broadgate Circle
🌐 josepizarro.com
££ £

The Jugged Hare
Gastro-Pub, das exzellente Wildgerichte serviert. Beliebt sind die am Sonntag kreierten Grillgerichte.
🔴 M5 🏠 49 Chiswell St
🌐 thejuggedhare.com
££ £

Fenchurch
Modernes britisches Restaurant im »Walkie-Talkie« mit elegantem Dachrestaurant.
🔴 N6 🏠 1 Sky Garden Walk 🌐 skygarden. london/restaurants/ fenchurch
£££

Nusa Kitchen
Das Lokal mit ausgezeichnetem Preis-Leistungs-Verhältnis eignet sich wunderbar zum Mittagessen. Serviert werden fabelhafte südostasiatische Suppen und andere Gerichte.
🔴 M5 🏠 Masons Ave
🌐 nusakitchen.co.uk
£ ££

> Jeder kann der Mayor's Question Time beiwohnen, wenn Mitglieder des Stadtrats den Bürgermeister zu den unterschiedlichsten Themen befragen.

Auf dem Borough Market deckt man sich mit frischen Lebensmitteln ein; Burger an einem Streetfood-Stand (Detail)

16
Borough Market
M7 8 Southwark St SE1 +44 20 7407 1002 London Bridge tägl. 10–17 (Fr bis 18, Sa ab 8, So bis 14) boroughmarket.org.uk

Der Borough Market war früher ein reiner Obst- und Gemüsemarkt. Er wird seit dem Mittelalter abgehalten. An diesen Standort – zwischen die Gleise – zog er 1756 nach dem Eisenbahnbau. Auf dem im Allgemeinen sehr gut besuchten Lebensmittelmarkt bekommt man heute fast alle Delikatessen aus aller Welt und natürlich auch noch Obst und Gemüse sowie Milch- und Fleischprodukte in Bio-Qualität.

17
Southwark Cathedral
M7 Montague Close SE1 London Bridge tägl. 9–18 (So bis 17) cathedral.southwark.anglican.org

Die Kirche wurde erst im Jahr 1905 zur Kathedrale erklärt. Einige Teile des Baus stammen noch aus dem 12. Jahrhundert. Zahlreiche mittelalterliche Elemente der ehemaligen Klosterkirche sind erhalten geblieben. Bemerkenswert sind insbesondere die vielen Denkmäler. Das Holzbildnis eines unbekannten Ritters entstand im späten 13. Jahrhundert.

Ein Mäzen der Harvard University, John Harvard, wurde 1607 hier getauft – eine Kapelle ist nach ihm benannt.

Im südlichen Seitenschiff befindet sich eine Gedenkstätte für Shakespeare, der in der Kathedrale verehrt wurde. Darüber ist ein Buntglasfenster, das Figuren aus seinen Stücken darstellt. Der Kirchhof wurde zu einem Kräutergarten umgestaltet, und der Millennium Courtyard führt zum Flussufer hinunter.

18
Shakespeare's Globe
L7 21 New Globe Walk SE1 +44 20 7902 1400 Southwark, London Bridge Ausstellung: tägl. 9:30–17; Aufführungen Ende Apr – Mitte Okt shakespearesglobe.com

Das runde Gebäude wurde 1997 eröffnet und ist der originalgetreue Nachbau eines elisabethanischen Theaters. Shakespeare's Globe kam durch die Initiative des Schauspielers und Regisseurs Sam Wanamaker zustande. Es liegt nahe der Stelle, wo das originale Globe Theatre stand, in dem die meisten Shakespeare-Stücke uraufgeführt wurden.

> Die ganzjährig geöffnete Shakespeare's Globe Exhibition unter dem Theater erzählt eindrucksvoll vom Werk des großen William Shakespeare.

Da die Bühne nicht überdacht ist, finden nur im Sommer Aufführungen statt. Ein zweites Theater, das Sam Wanamaker Playhouse, ist der Nachbau eines jakobäischen Theaters, das von Kerzen erleuchtet ist, in dem das ganze Jahr über Vorstellungen stattfinden.

Die ganzjährig geöffnete Shakespeare's Globe Exhibition unter dem Theater erzählt eindrucksvoll vom Werk des großen William Shakespeare.

⑲
HMS *Belfast*
📍 N7 🏠 The Queen's Walk SE1 📞 +44 20 7940 6300 Ⓔ London Bridge, Tower Hill 🕐 März – Okt: 10–18 (Nov – Feb: bis 17; letzter Einlass 1 Std. vor Schließung) 🚫 24.–26. Dez 🌐 iwm.org.uk/visits/hms-belfast

Der 11 500 Tonnen schwere Kreuzer HMS *Belfast* lief 1938 vom Stapel und kam im Zweiten Weltkrieg beim Gefecht am Nordkap zum Einsatz, bei dem das deutsche Schiff *Scharnhorst* zerstört wurde. Auch bei der Landung in der Normandie war die HMS *Belfast* beteiligt. Danach diente sie im Koreakrieg und bis 1965 der Royal Navy.

Seit 1971 ist der Kreuzer ein schwimmendes Museum, das teilweise so ausgestattet wurde wie im Kriegsjahr 1943. Viele Exponate geben Zeugnis über die Lebensbedingungen auf einem Kriegsschiff, andere dokumentieren die Geschichte der Royal Navy.

Für Kinder werden an Bord gelegentlich spannende »Educational Activity Weekends« veranstaltet.

⑳
The Shard
📍 N7 🏠 London Bridge St SE1 Ⓔ London Bridge 🕐 tägl. 10–22 (für jahreszeitliche Abweichungen siehe Website; letzter Einlass 1 Std. vor Schließung) 🌐 theviewfromtheshard.com

Der vom Stararchitekten Renzo Piano gestaltete Wolkenkratzer The Shard dominiert die Londoner Skyline.

Mit 310 Metern ist die schlanke Pyramide eines der höchsten Bauwerke Westeuropas. Die Fassade des 95 Stockwerke hohen Gebäudes ist komplett verglast. Hier befinden sich Büros, Restaurants, ein Luxushotel, exklusive Apartments und die mit 244 Metern höchstgelegene Aussichtsplattform des Landes (The View).

→ *The Shard, eines der bekanntesten modernen Gebäude in London*

Bars & Pubs

The Market Porter
Das lebhafte Pub neben dem Borough Market bietet eine wunderbare Auswahl an traditionellen Ales.
📍 M7 🏠 9 Stoney St 🌐 themarketporter.co.uk

Merchant House
Die versteckt in einer Gasse gelegene Bar mit Lounge ist bekannt für außergewöhnliche Cocktails, Whisky, Gin und Rum.
📍 M6 🏠 13 Well Court, nahe Bow Lane 🌐 merchanthouse.bar

The George
Das Pub ist das einzige verbliebene Gasthaus mit Außengalerie in London. Im Sommer sitzt man auf der Terrasse im Hof sehr schön.
📍 M7 🏠 75–77 Borough High St 🌐 greeneking-pubs.co.uk

Streetfood

Boxpark Shoreditch
Jamaikanische, argentinische, griechische und andere Stände stehen hier Seite an Seite.
📍 P4 🏠 2–10 Bethnal Green Rd
£££

Ely's Yard
Genießen Sie hier unter anderem New Yorker Chicken Wings und jamaikanisches Jerk Chicken.
📍 P4 🏠 Old Truman Brewery, Dray Walk
£££

Upmarket
Internationales Streetfood an lustigen Ständen.
📍 P4 🏠 Old Truman Brewery, Brick Lane
🕐 Sa, So
£££

↑ *Ein marokkanischer Essensstand auf dem Markt in der Brick Lane*

㉑ Old Spitalfields Market
📍 NP5 🏠 16 Horner Sq E1 Ⓤ Liverpool St, Aldgate 🕐 Markt: tägl. 10–18 (So bis 17, Do ab 8) 🌐 oldspital fieldsmarket.com

Der 1682 gegründete Markt ist einer der ältesten Londons. Das überdachte Marktgebäude stammt von 1887. 1991 zog dann der Gemüsemarkt endgültig aus. Seitdem gibt es hier Antiquitäten, Mode, Kunsthandwerk und viel Schnickschnack.

Viele Besucher schätzen den gelungenen Mix aus traditionsreichen Marktflächen und moderner gestalteten Bereichen mit Läden und Restaurants. Markttreiben ist jeden Tag, die Donnerstage sind eine gute Wahl, wenn man Antiquitäten und Sammlerstücke sucht, an jedem zweiten Freitag gibt es Schallplatten. Am lebhaftesten geht es sonntags zu.

㉒ Brick Lane
📍 P5 🏠 E1 Ⓤ Liverpool St, Aldgate East 🚇 Shoreditch High St 🕐 Markt: So 10–17
🌐 visitbricklane.org

Die einst von Ziegeleien gesäumte Straße Brick Lane war lange Zeit ein Zentrum der indischen Community. Noch heute gibt es hier viele entsprechende Restaurants.

Die Läden und Häuser – teils aus dem 18. Jahrhundert – beherbergten Einwanderer verschiedenster Nationalitäten. Zurzeit werden hier Lebensmittel, Gewürze, Seide und Saris verkauft. Im 19. Jahrhundert lebten hier vorwiegend Juden. Noch heute findet man jüdische Läden – u. a. den Bagel Shop in Haus Nr. 159.

Sonntags findet in der Brick Lane ein großer Straßenmarkt statt. Am nördlichen Ende der Straße befindet sich die Old Truman Brewery, ein Mix aus gelungener Industriearchitektur des 18. und 19. Jahrhunderts. Dort sind einige Bars und Läden untergebracht.

㉓ Hoxton
📍 N3 🏠 N1, E2 Ⓤ Old St

Hoxton im Herzen von Hipster-London ist ein nur lose definierter Bereich, der sich rund um die beiden Hauptstraßen ausbreitet: Old Street und Kingsland Road. Das einst etwas düstere Gebiet mit viktorianischen Warenlagern ist heute voll von trendigen Restaurants, zunehmend teuren Klamottenläden und viel interessanter Street-Art. In den umgewandelten Lagerhäusern sind heute Hotspots des Nachtlebens. Die Clubs und Bars sind rund um die Shoreditch High Street zu finden, manche direkt am Hoxton Square hinter der Old Street.

24
Dennis Severs' House
P4 18 Folgate St E1
+44 20 7247 4013
Liverpool St Mo 12–14, 17–21, Mi, Fr 17–21, So 12–16 dennissevershouse.co.uk

Der Designer und Performer Dennis Severs schuf in dem 1724 erbauten Haus ein historisches Interieur, das Sie auf eine Reise durch das 17. bis 19. Jahrhundert einlädt. Die Räume stellen eine Abfolge von »lebenden Bildern« dar – als seien die Bewohner nur kurz weggegangen. Ein Rundgang durch das Anwesen ist ein überaus eindrucksvolles Erlebnis.

> Im Museum of the Home werden in historischen Gartenzimmern die in städtischen Gärten beliebten Entwürfe und Bepflanzungen gezeigt, darunter ein Gründach des 21. Jahrhunderts.

25
Museum of the Home
NP3 136 Kingsland Rd E2 Hoxton Di–So 10–17 museumofthehome.org.uk

Das Museum ist in restaurierten Armenhäusern aus dem Jahr 1715 untergebracht. Im Inneren können Besucher eine Reise durch historische Räume unternehmen, von denen jeder einen Einblick in die häusliche Einrichtung der städtischen Mittelschicht von 1630 bis in die 1990er Jahre bietet. Jeder Raum ist mit herausragenden Beispielen britischer Möbel aus der Zeit ausgestattet. Die Home Gallery erforscht die alltäglichen Erfahrungen des Haushaltens in den letzten 400 Jahren. Im Außenbereich werden in historischen Gartenzimmern die in städtischen Gärten beliebten Entwürfe und Bepflanzungen gezeigt, darunter ein Gründach des 21. Jahrhunderts und ein Kräutergarten.

Auf der Grünfläche vor den Gebäuden finden häufig Veranstaltungen statt, darunter Freiluftkino.

Garten des Museum of the Home und Raum mit stilechten Möbeln (Detail) ↓

Spaziergang in Southwark

Länge 2 km   **Dauer** 30 Min.
U-Bahn Southwark

Vom Mittelalter bis ins 18. Jahrhundert war Southwark der Ort verbotener Vergnügungen: Bordell- und Theaterbesuche. Southwark lag südlich der Themse und damit außerhalb des Zuständigkeitsbereichs der Behörden. Im 18. und 19. Jahrhundert entstanden Hafenanlagen, Lager und Fabriken. Heute gehört zu einem Spaziergang entlang der Uferpromenade ein wunderbarer Blick auf St Paul's, Tate Modern, den erneuerten Borough Market, das wiederbelebte Shakespeare's Globe Theatre und The Shard.

Die **Southwark Bridge** ersetzte 1912 eine frühere Brücke von 1819.

Die **Tate Modern** *(siehe S. 120f)* im ehemaligen Bankside-Kraftwerk gilt als Mekka für Liebhaber zeitgenössischer Kunst mit spektakulären Ausstellungen.

In dem neuen, dem Original nachgebauten **Shakespeare's Globe Theatre** *(siehe S. 128f)* finden ganzjährig eine Ausstellung und im Sommer viele Open-Air-Veranstaltungen statt.

← *Turbinenhalle im weitläufigen Eingangsbereich der Tate Modern*

The Anchor ist seit Shakespeares Zeiten ein beliebtes Pub

Zur Orientierung
Siehe Stadtteilkarte S. 114f

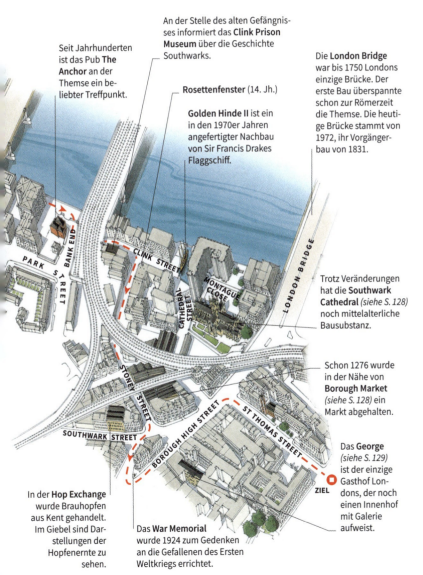

Seit Jahrhunderten ist das Pub **The Anchor** an der Themse ein beliebter Treffpunkt.

An der Stelle des alten Gefängnisses informiert das **Clink Prison Museum** über die Geschichte Southwarks.

Rosettenfenster (14. Jh.)

Golden Hinde II ist ein in den 1970er Jahren angefertigter Nachbau von Sir Francis Drakes Flaggschiff.

Die **London Bridge** war bis 1750 Londons einzige Brücke. Der erste Bau überspannte schon zur Römerzeit die Themse. Die heutige Brücke stammt von 1972, ihr Vorgängerbau von 1831.

Trotz Veränderungen hat die **Southwark Cathedral** *(siehe S. 128)* noch mittelalterliche Bausubstanz.

Schon 1276 wurde in der Nähe von **Borough Market** *(siehe S. 128)* ein Markt abgehalten.

Das **George** *(siehe S. 129)* ist der einzige Gasthof Londons, der noch einen Innenhof mit Galerie aufweist.

In der **Hop Exchange** wurde Brauhopfen aus Kent gehandelt. Im Giebel sind Darstellungen der Hopfenernte zu sehen.

Das **War Memorial** wurde 1924 zum Gedenken an die Gefallenen des Ersten Weltkriegs errichtet.

Tiere im Richmond Park (siehe S. 143)

Abstecher

Highlights
① Greenwich
② Hampton Court

Sehenswürdigkeiten
③ Hampstead und Highgate
④ Holland Park
⑤ Notting Hill und Portobello Road
⑥ Camden Market
⑦ Canary Wharf
⑧ Queen Elizabeth Olympic Park
⑨ Chiswick House
⑩ Richmond
⑪ Royal Botanic Gardens, Kew

Über die Jahrhunderte entwickelte sich London durch Baumaßnahmen und Eingemeindungen von Vororten zu einer Stadt mit geradezu gewaltigen Ausmaßen. Einige der abseits gelegenen Gegenden haben ihren charmanten kleinstädtischen bzw. dörflichen Charakter bewahrt.

Londons Aristokraten und Großindustrielle suchten einst Ruhe vor dem hektischen Treiben der Stadt in ihren Herrenhäusern auf dem Land, die nicht allzu weit vom Zentrum entfernt lagen. Im Osten in Greenwich befindet sich das Old Royal Naval College. Das maritime Erbe Londons illustriert Canary Wharf mit den historischen Docklands auf der anderen Seite des Flusses eindrucksvoll.

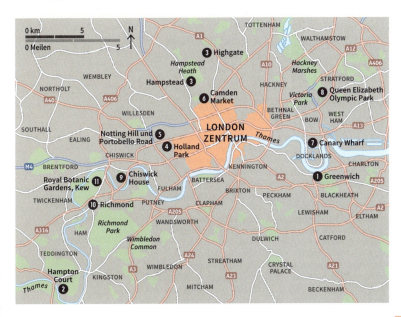

Die Cutty Sark zählte zu den schnellsten Segelschiffen ihrer Zeit

❶
Greenwich

🅰 SE10 🚇 Cutty Sark DLR 🚉 Greenwich, Maze Hill ⛴ Greenwich Pier ℹ 62 Huguenot St; +44 21 876 2861

Greenwich am Südufer der Themse offenbart maritimes wie royales Erbe. In einem Palast aus der Tudor-Zeit ist heute das Old Royal Naval College untergebracht. Das Gelände des Greenwich Park war einst königliches Jagdrevier. Ein Teil von Greenwich ist UNESCO-Welterbe.

①
Cutty Sark
🅰 King William Walk SE10 🚇 Cutty Sark DLR ⛴ Greenwich Pier 🕒 tägl. 10–17 (letzter Einlass 16:15) 🚫 24.–26. Dez 🌐 rmg.co.uk

Das majestätische Schiff war einer der schnellen Klipper des 19. Jahrhunderts. Es ging 1869 als Teetransporter vom Stapel und brauchte 1884 von Australien 83 Tage zurück – 25-mal schneller als jedes andere Schiff. Von ihrer letzten Fahrt kehrte die *Cutty Sark* 1938 zurück. Besucher können sich die Frachtlager und die Schlafquartiere ansehen, das Steuer übernehmen und sich von der kostümierten Schiffscrew Geschichten erzählen lassen.

②
National Maritime Museum
🅰 Romney Rd SE10 📞 +44 20 8858 4422 🚇 Cutty Sark DLR 🚉 Greenwich 🕒 tägl. 10–17 🚫 24.–26. Dez 🌐 rmg.co.uk

Das Museum widmet sich der Seefahrtshistorie Englands. Die Objekte erzählen die Geschichte von Forschungsreisen berühmter Entdecker wie James Cook und spannen den Bogen von jener Zeit über die Seefahrt während der Napoleonischen Kriege bis in die Gegenwart. In der Ausstellung »Tudor and Stuart Seafarers« wird die königliche Werft Deptford im Jahr 1690 digital zum Leben erweckt, in der Abteilung Polar Worlds sind Artefakte von den Reisen von Shackleton und Scott in der Arktis und Antarktis ausgestellt. Höhepunkt der Nelson, Navy, Nation Gallery ist die Uniform, die Admiral Horatio Nelson im Jahr 1805 während der Schlacht von Trafalgar trug.

③
Old Royal Naval College
🅰 King William Walk SE10 🚇 Cutty Sark DLR, Greenwich DLR 🚉 Greenwich, Maze Hill 🕒 tägl. 10–17; Gelände: tägl. 8–23 🚫 24.–26. Dez, einige Samstage 🌐 ornc.org

Der eindrucksvolle Bau von Christopher Wren steht an der Stelle eines Palasts aus dem 15. Jahrhundert, in dem Henry VIII, Mary I und Eliza-

> **Schon gewusst?**
> Das Deckengemälde im Old Royal Naval College ist das größte figürliche Gemälde Großbritanniens.

beth I zur Welt kamen. Die Painted Hall, die als Speisesaal für die Seeleute im Ruhestand dienen sollte, wurde Anfang des 18. Jahrhunderts von Sir James Thornhill umfassend ausgeschmückt.

The Queen's House
🅰 Romney Rd SE10 🚇 Cutty Sark DLR 🚆 Greenwich ⏰ tägl. 10–17 📅 24.–26. Dez 🌐 rmg.co.uk

Das 1637 fertiggestellte Bauwerk wurde von Inigo Jones entworfen. Ursprünglich sollte es als Sitz für Anna von Dänemark dienen. Da die Gemahlin James' I jedoch während der Bauzeit starb, vollendete man das Gebäude für Henrietta Maria, Königin an der Seite von Charles I. Von 1821 bis 1933 war hier die Royal Hospital School untergebracht.

Zu den Höhepunkten gehören die Great Hall und die »Tulpen«-Wendeltreppe. Den Palast zieren Gemälde von Gainsborough, Stubbs und Hogarth.

⑤ 🅿 🍴 🏛 ♿
Royal Observatory
🅰 Greenwich Park SE10 🚇 Cutty Sark DLR 🚆 Greenwich ⏰ tägl. 10–17 (Ostern, Juni–Sep: bis 18) 📅 24.–26. Dez 🌐 rmg.co.uk

Durch das Gebäude verläuft der Nullmeridian, der die Erde in eine westliche und eine östliche Halbkugel teilt. Millionen von Besuchern haben sich schon darauf fotografieren lassen. Im Jahr 1884 wurde die Greenwich Mean Time zur Grundlage der weltweiten Zeitmessung. Man kann eine Reise durch die Geschichte der Zeit unternehmen, herausfinden, wie Wissenschaftler die Sterne kartografierten, und wegweisende Erfindungen bestaunen wie das größte Linsenteleskop Großbritanniens.

Highlight

Markt

Greenwich Market
Auf dem überdachten Markt in Greenwich gibt es über 100 Stände. Angeboten werden vor allem Kunst und Kunsthandwerk, Antiquitäten und Vintage, aber auch Mode und Accessoires. An den Imbissständen kann man sich stärken.

🚌 N9 🅰 Greenwich Church St SE10 🌐 greenwichmarket.london

Flamsteed House, der ursprüngliche Teil des Observatoriums, wurde von Christopher Wren entworfen. Hier sind Instrumente königlicher Astronomen ausgestellt.

Am **Greenwich Pier** legen Boote nach Westminster und zur Thames Barrier ab.

Statue George II

Die **Painted Hall** enthält Gemälde von Sir James Thornhill, der auch die Kuppel von St Paul's Cathedral ausmalte.

Der **Greenwich Foot Tunnel** ist einer von zwei Fußgängertunneln unter der Themse.

Greenwich Market

An der Stelle von **St Alfege** befindet sich seit 1012 eine Kirche.

⑤ Royal Observatory

↑ Übersichtskarte mit Attraktionen von Greenwich

Blick vom Privy Garden auf den spektakulären Hampton Court

Hampton Court

🏠 East Molesey, Surrey KT8 9AU 🚆 Hampton Court ⛴ Hampton Court Pier (nur im Sommer) 🕐 siehe Website 🌐 hrp.org.uk

Der frühere Tummelplatz des Tudor-Königs Henry VIII mit dem hervorragend erhaltenen Palast, den wunderbaren Gärten und der Lage an der Themse ist eine herausragende Attraktion, die keiner verpassen sollte.

Der mächtige Kardinal Wolsey gab 1514 den Bau eines Landhauses in Auftrag. 1528 bot er es dem König als Geschenk an, um sich dessen Gunst zu sichern. Nach der Übernahme durch das Königshaus wurde Hampton Court zweimal umgebaut – zunächst durch Henry VIII selbst, dann um 1690 durch William und Mary, die Christopher Wren als Architekten hinzuzogen. Die von Wren im klassizistischen Stil gestalteten Wohngemächer stehen in auffallendem Gegensatz zu den Türmchen, Giebeln und Kaminen im Tudor-Stil.

Der heutige Park geht weitgehend auf die Zeit Williams und Marys zurück. Wren legte eine Barocklandschaft mit Lindenalleen und exotischen Pflanzen an. Zu den Höhepunkten im Palast gehören die Great Hall und die Gemächer.

Blumenschau

Jedes Jahr findet im Juli in Hampton Court die weltgrößte Blumenschau statt. Die Ausstellungen zu beiden Seiten von Long Water zeigen auch viele Nutzpflanzen. Ticketbuchung im Internet unter www.rhs.org.uk.

1 *Gemälde von William Kent zieren die Wände neben der King's Staircase.*

2 *Blütenpracht bei der Blumenschau im Juli*

3 *Die Great Hall wurde für Bankette und andere Veranstaltungen genutzt.*

Highlight

Chronik

1528
▽ Wolsey übergibt Henry VIII den Palast, um sich dessen Gunst zu erhalten

1647
▽ Oliver Cromwell hält Charles I im Hampton Court gefangen

1702
▽ Antonio Verrio bemalt die Decke über der zu den Gemächern führenden Great Staircase

1992
▽ Wiedereröffnung der restaurierten Gemächer nach einem Brand 1986

SEHENSWÜRDIGKEITEN

Pubs

The Spaniards Inn
Pub mit Biergarten im Sommer und offenem Kamin im Winter.

 Spaniards Rd
 thespaniards
hampstead.co.uk

The Southampton Arms
Pub mit vielen Ales unabhängiger Brauereien.

 139 Highgate Rd
 thesouthampton
arms.co.uk

The Holly Bush
Gemütliches altes Pub mit niedriger Decke.

 22 Holly Mount
 hollybush
hampstead.co.uk

❸ Hampstead und Highgate

 NW3, N6 Hampstead, Highgate, Archway Hampstead Heath

Hampstead im Hügelland nördlich des Zentrums zog mit seinen gepflegten Häusern schon früh Künstler und Schriftsteller an.

Keats House (1816) widmet sich Leben und Werk von John Keats (1795–1821). Der Dichter lebte hier zwei Jahre, bevor er mit 25 Jahren an der Schwindsucht starb. Originalmanuskripte und Bücher erinnern an ihn und seine Verlobte Fanny Brawne.

Das **Freud Museum** ist dem Leben des Begründers der Psychoanalyse gewidmet. Mit 82 Jahren floh Sigmund Freud (1856–1939) vor den Nationalsozialisten aus Wien und verbrachte sein letztes Lebensjahr in diesen Räumen.

Schon gewusst?

Der River Fleet, Londons größter unterirdischer Fluss, entspringt in den Teichen von Hampstead Heath.

Zwischen Hampstead und Highgate bietet der weitläufige Park Hampstead Heath Ruhe abseits der Großstadt. In einer schönen Anlage steht das prachtvolle **Kenwood House**. Herausragend sind vor allem die Bibliothek und die Gemäldesammlung, die viele Alte Meister umfasst – darunter auch Werke von van Dyck, Turner und Rembrandt.

Der **Highgate Cemetery** hat viele verwunschene Ecken, im Ostteil liegen u. a. die Romanautorin George Eliot (1819–1880), Karl Marx (1818–1883) und Christina Rossetti (1830–1894).

Hampstead Heath – ausgedehnter Park vor den Toren der britischen Metropole ↑

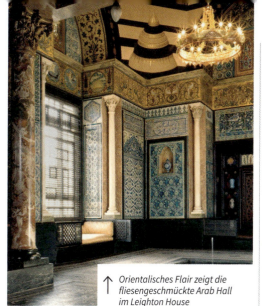

↑ *Orientalisches Flair zeigt die fliesengeschmückte Arab Hall im Leighton House*

Keats House
🏛 Keats Grove NW3 🚇 siehe Website 🌐 cityoflondon.gov.uk

Freud Museum
🏛 20 Maresfield Gdns NW3 🚇 Finchley Rd 🕐 Mi–So 12–17 (Juli–Sep: auch Mo) 📅 1. Jan, 25., 26. Dez 🌐 freud.org.uk

Kenwood House
🏛 Hampstead Lane NW3 🕐 tägl. 10–17 (Nov–März: 10–16) 🌐 english-heritage.org.uk

Highgate Cemetery
🏛 Swains Lane N6 🕐 Eastern Cemetery: tägl. 10–17 Uhr (Nov–Feb: 10–16); Western Cemetery nur im Rahmen von Führungen (siehe Website) 🌐 highgatecemetery.org

❹
Holland Park
🏛 W8, W14 🚇 Holland Park

Der Park in der gleichnamigen wohlhabenden Gegend ist gemütlicher als die großen Grünanlagen wie Hyde Park *(siehe S. 96f)*. An der Südseite zeigt das **Design Museum** zeitgenössisches Design von Architektur und Mode bis zu Haushaltswaren.

Um den Park stehen viktorianische Häuser. Das vormals Linley Sambourne House genannte **18 Stafford Terrace** (um 1870) hat sich kaum verändert, seit sich der Cartoonist Sambourne es nach spätviktorianischer Manier ausstattete. Arbeiten von ihm zieren die Wände.

Leighton House wurde im Jahr 1866 für den Maler Lord Leighton errichtet. Highlight ist die Arab Hall, die Leighton 1879 für seine Sammlung islamischer Fliesen aus dem 13. bis 17. Jahrhundert bauen ließ.

Design Museum
🏛 224–238 Kensington High St W8 🚇 High St Ken., Earls Crt 🕐 tägl. 9:30–18 (Fr, Sa bis 21) 🌐 designmuseum.org

18 Stafford Terrace
🏛 W8 🚇 High St Ken. 🕐 Mi, Sa, So 14–17:30 🌐 rbkc.gov.uk

Leighton House
🏛 12 Holland Park Rd W14 🚇 High St Ken. 🕐 Mi–Mo 10–17:30 🌐 rbkc.gov.uk

❺
Notting Hill und Portobello Road
🏛 W11 🚇 Notting Hill Gate, Ladbroke Grove

Notting Hill, seit den 1950er Jahren ein Hotspot der karibischen Community, ist heute ein lebendiger, kosmopolitischer Teil Londons und Austragungsort des zweitgrößten Straßenkarnevals der Welt *(siehe Kasten unten)*.

Auf dem nahen Portobello Road Market sorgen Hunderte bunte Marktstände das ganze Jahr über für Trubel und Geschäftigkeit.

> **Notting Hill Carnival**
>
> In Notting Hill feiert die karibische Community bereits seit den 1960er Jahren am letzten August-Wochenende den größten Straßenkarneval Europas. Highlight ist die farbenprächtige Parade mit Steelbands und kostümierten Tanzgruppen. Entlang der Strecke befinden sich diverse Musikbühnen und zahlreiche Imbissbuden.

Camden Market – Besuchermagnet nördlich des Stadtzentrums

❻ Camden Market
🏠 NW1 Ⓔ Camden Town, Chalk Farm 🕐 tägl. 10–18; Cafés und Bars länger 🌐 camdenmarket.com

Der riesige Camden Market besteht eigentlich aus sechs miteinander verbundenen Märkten an der Chalk Farm Road und der Camden High Street. Seit den frühen Tagen des Punk galt er als Vorreiter für alternative Mode. Heute bieten die Märkte, die zu den originellsten Shoppingplätzen der Stadt gehören, eine große Bandbreite – von selbst geschneiderten und Vintage-Klamotten über Schmuck, Kunst und Kunsthandwerk bis zu Musikmemorabilien und Heilmitteln. Für eine Stärkung zwischendurch gibt es viele Imbissstände, Cafés und Restaurants, die Gerichte aus aller Welt auftischen. Vor allem auf dem Stables Market ist die Auswahl groß.

Am Ende der Chalk Farm Road steht eine Statue der 2011 verstorbenen Sängerin Amy Winehouse.

❼ Canary Wharf
🏠 E14 Ⓔ Canary Wharf, West India Quay DLR 🌐 canarywharf.com

Das ehrgeizigste Bauprojekt Londons war 1991 vollendet, als der 50-stöckige Canada Tower (auch Canary Wharf Tower) bezugsfertig war. Der Büroturm (235 m) steht an der Stelle der West India Docks, die zwischen den 1960ern und 1980ern stillgelegt wurden, weil sich der Handel zum modernen Hafen bei Tilbury verlagerte. In und um den Canada Tower findet man Büros, Restaurants und einen Shoppingkomplex.

Nur wenige Gehminuten nördlich liegt das in einem spätviktorianischen Lagerhaus untergebrachte **Museum of London Docklands**. Es dokumentiert auf fünf Stockwerken die Historie der Londoner Hafenanlagen von der Römerzeit bis heute. Ein Highlight ist der »Nachbau« des dunklen und gefährlichen Stadtteils Wapping in den 1850er Jahren.

Museum of London Docklands
 🏠 No.1 Warehouse, West India Quay E14 Ⓔ Canary Wharf 🕐 tägl. 10–18 🌐 museumoflondon.org.uk/museum-london-docklands

❽ Queen Elizabeth Olympic Park
🏠 E20 Ⓔ Hackney Wick, Stratford, Pudding Mill Lane 🚉 Stratford International 🕐 tägl. 24 Std.; Infopoint: tägl. 10–15 🌐 queenelizabetholympicpark.co.uk

Für die Olympischen Spiele in London 2012 wurde in Ost-London ein ehemaliges Industriegebiet in ein Sportgelände umgebaut. Das

Schon gewusst?
Im Sommer fahren Boote vom Westminster Millennium Pier nach Richmond.

Areal mit den wichtigsten olympischen Sportstätten erstreckt sich auf einer Fläche von ungefähr 225 Hektar. Anlässlich des 60-jährigen (»Diamantenen«) Thronjubiläums der britischen Königin im Jahr 2012 erhielt das Gelände den Namen Queen Elizabeth Olympic Park. Heute steht das gesamte Areal der Öffentlichkeit zur Verfügung.

Chiswick House

🏠 Burlington Lane W4
🚉 Chiswick ⏰ Apr – Okt: Do – So, Bankfeiertage 10 – 16; Gärten: tägl. 7 – Sonnenuntergang 🌐 chiswickhouseandgardens.org.uk

Das 1729 nach Entwürfen des 3. Earl of Burlington errichtete Haus ist das Musterbeispiel einer palladianischen Villa. Der um ein Oktogon angelegte Bau weist Bezüge zum antiken Rom und zur italienischen Renaissance auf.

Chiswick Haus war das Nebengebäude eines älteren Hauses, das abgerissen wurde, und diente Burlington als Landsitz. Lord Hervey, Burlingtons Feind, bezeichnete es als »zu klein, um darin zu wohnen, und zu groß, um es an eine Uhrkette zu hängen«. Einige der Deckengemälde stammen von William Kent. Die Gestaltung des Gartens, heute ein Park, entspricht weitgehend den Plänen Burlingtons.

Richmond
🚇 🚉 Richmond

Der attraktive Londoner Stadtteil ist nach dem Palast benannt, den Henry VII im Jahr 1500 hier errichten ließ und von dem noch Ruinen zu sehen sind. In dem nahe gelegenen Richmond Park, einem der größten königlichen Parks in London, ging Charles I auf die Jagd. Noch heute sieht man hier Rotwild zwischen den Kastanienbäumen, Birken und Eichen. Im Frühling ist die Isabella Plantation mit ihren Azaleen beliebter Anziehungspunkt. Neben Waldarealen prägen auch Heidegebiete den Park. Richmond Gate in der nordwestlichen Ecke wurde 1798 von Capability Brown *(siehe S. 24)* gestaltet.

 Landsitze in Richmond

Syon House
Das Anwesen ist für seine klassizistische Innenausstattung von Robert Adam aus den 1760er Jahren bekannt.
🌐 syonpark.co.uk.

Ham House
Die stattliche Villa aus dem Jahr 1610 wird von prächtigen Gärten umrahmt.
🌐 nationaltrust.org.uk

Marble Hill House
Die palladianische Villa ließ George II für seine Mätresse errichten.
🌐 english-heritage.org.uk

Royal Botanic Gardens, Kew

🏠 Kew, Richmond TW9
🚇 Kew Gardens 🚉 Kew Bridge ⏰ tägl. ab 10 (Schließzeiten siehe Website) 🌐 kew.org

Die 1841 angelegten Royal Botanic Gardens in Kew gehören zum UNESCO-Welterbe. Auf diesem idyllischen Gelände wachsen mehr als 30 000 Pflanzen. Der Botanische Garten in Kew ist die weltweit größte Anlage ihrer Art.

Sir Joseph Banks, der Ende des 18. Jahrhunderts hier forschte, begründete die hohe Reputation der Anlage. Die vormaligen königlichen Gärten wurden von Prinzessin Augusta, der Mutter von George III, 1759 auf einem 3,6 Hektar großen Gelände angelegt.

Das von Decimus Burton um 1840 entworfene Palmenhaus, ein Glanzstück viktorianischer Bautechnik, beherbergt Pflanzen in exotischer Umgebung.

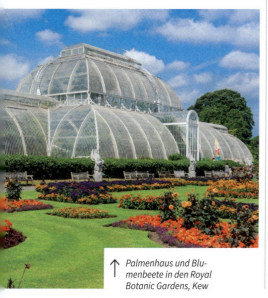

↑ *Palmenhaus und Blumenbeete in den Royal Botanic Gardens, Kew*

ENGLAND
ERLEBEN

| Downs und Kanalküste **160**

| East Anglia **192**

| Themse-Tal und Cotswolds **220**

| Bristol, Bath und Wessex **250**

| Devon und Cornwall **276**

| Zentralengland **304**

| East Midlands **328**

| Manchester, Liverpool und Lake District **342**

| Yorkshire und Humber-Region **370**

| Nordosten **406**

Durdle Door – Brandungstor an der Küste von Dorset (siehe S. 273)

ENGLAND
AUF DER KARTE

Für diesen Reiseführer wurde England in elf Regionen unterteilt, die auf den folgenden Seiten einzeln beschrieben werden. Jede Region hat eine eigene Farbe, wie auf der Karte zu sehen ist.

Devon und Cornwall
Seiten 276–303

DIE REGIONEN ENGLANDS

Prähistorische Stätten und hochtechnisierte Städte, schroffe Berggipfel und lange Sandstrände: Das alles hat England zu bieten. Von alten Schmugglerdörfern in Cornwall bis zu unzähligen Schlössern an der Küste Northumbrias erzählt jede Region ihre ganz eigene Geschichte.

Downs und Kanalküste

Seiten 160–191

Rund um die verstreuten Außenbezirke von London erstrecken sich ein breiter Grüngürtel und die dicht besiedelten, wohlhabenden Bezirke im Südosten Englands. Zu diesem Gebiet gehören auch die hügelige Kreidelandschaft der North Downs und South Downs und das dicht bewaldete Weald. An der Küste – berühmt für ihre hoch aufragenden weißen Klippen – zählen Brighton und das aufstrebende Margate zu den gefragtesten Zielen, im Hinterland liegen hübsche Marktstädte, mächtige Schlösser und viele herrliche Gärten und Parks.

Entdecken
Lebhafte Küstenstädte und fantastische Gärten

Sehenswert
Brighton, Winchester, Canterbury

Genießen
Shopping in den Lanes in Brighton

Seiten 192–219

East Anglia

Flach, aber alles andere als monoton erstreckt sich East Anglia unter einem endlos scheinenden Himmel. Dank der etwas abgeschiedenen Lage haben sich die Bewohner eine gewisse distanzierte Haltung bewahrt. Die alte Universitätsstadt Cambridge und Norwich mit seiner herrlichen Kathedrale sind die wichtigsten Städte, doch diese entspannte Ecke des Landes bietet weit mehr: Seebäder wie Southwold und Aldeburgh oder die beschaulichen Broads, ein Paradies für Tiere.

Entdecken
Pastellfarbene Dörfer, malerischer Himmel

Sehenswert
Cambridge, Norwich, Ely Cathedral

Genießen
Spaß auf dem Wasser: Stand-up-Paddling auf dem Cam, Boot fahren in den Broads

Seiten 220–249

Themse-Tal und Cotswolds

Das herrlich grüne Tal der Themse und die Kalklandschaften der Chilterns sind Inbegriff für landschaftliche Schönheit und locken mit fantastischen Sehenswürdigkeiten. Herrschaftliche Häuser wie etwa das jakobinische Hatfield House oder der barocke Blenheim Palace gehören zu den schönsten in England, die Türme und Türmchen von Oxford sind ein Genuss für jeden Architektur-Liebhaber. Westlich davon liegen die Cotswolds, eine Landschaft mit Hügeln und Dörfern, die wirken, als sei die Zeit stehen geblieben.

Entdecken
Stattliche Herrenhäuser und typisch englische Dörfer

Sehenswert
Windsor Castle, die Cotswolds, Oxford, Blenheim Palace

Genießen
Staunen über die Raritäten im Pitt Rivers Museum in Oxford

→

Seiten 250–275

Bristol, Bath und Wessex

Von der tiefen Cheddar Gorge bis zur majestätisch-dramatischen Küste von Dorset – hier bekommen Sie einen guten Eindruck von Englands Westen. Bristol, eine der dynamischsten Städte Großbritanniens, lockt mit Street-Art sowie brandaktuellen kulturellen und kulinarischen Angeboten. Bath hingegen atmet noch die Eleganz der georgianischen Epoche. Sehenswert sind auch die Ruinen der Glastonbury Abbey, Stonehenge und die Buchten der Isle of Purbeck.

Entdecken
Denkmäler aus alter Zeit und vielfältige Fossilien an der Küste

Sehenswert
Bristol, Bath, Stourhead, Stonehenge, Salisbury Cathedral

Genießen
Ein Bummel durch die honigfarbenen Straßen des georgianischen Bath

Seiten 276–303

Devon und Cornwall

Wellengepeitschte Klippen, vom Wind zerzauste Moore, versteckte Buchten und grüne Täler: Nicht nur Schriftsteller, Künstler und Naturfreunde suchen Englands wildromantischen, sagenumwobenen Südwesten auf. In Cornwall warten malerische Fischerdörfer, feinstes Seafood, goldene Sandstrände und hohe Wellen zum Surfen. Aber Devon mit seiner strahlenden English Riviera und der stillen Weite des Dartmoor ist nicht weniger spektakulär.

Entdecken
Ruhige Strände, grüne Gärten und köstlicher *cream tea*

Sehenswert
Eden Project, St Ives, Dartmoor National Park, Exmoor National Park

Genießen
Köstliches Seafood in Padstow

Seiten 304–327

Zentralengland

Die grünen Grafschaften im Herzen Englands stecken voller Dörfer wie aus dem Märchenbuch und gemütlicher Marktstädte mit schiefen Fachwerkhäusern. Die stolze Vergangenheit der Region als Wiege der industriellen Revolution kann man in Ironbridge Gorge noch sehr gut nachverfolgen. Die kosmopolitischen Städte Birmingham und Coventry – UK City of Culture 2021 – dagegen präsentieren sich mit wegweisenden Architekturprojekten und Kulturinitiativen zukunftsorientiert.

Entdecken
Industrielles Erbe und malerische Dörfer

Sehenswert
Ironbridge Gorge, Stratford-upon-Avon, Warwick Castle

Genießen
Staunen über die mittelalterliche *Mappa Mundi* in Hereford Cathedral

Seiten 328–341

East Midlands

Die East Midlands sind sehr abwechslungsreich. Sie reichen vom flachen landwirtschaftlichen Kerngebiet Lincolnshire mit den gut erhaltenen historischen Zentren von Lincoln und Stamford bis zu den gebirgigen Hochlagen im Peak District mit den mit Heidekraut bedeckten Mooren, waldigen Tälern und tiefen Kalksteinhöhlen. Mittendrin liegen hübsche Gutshäuser und interessante Städte wie Nottingham, Leicester und Derby, die neben ihrem postindustriellen Charme auch viel Neues bieten.

Entdecken
Historische Herrenhäuser und wilde Moore

Sehenswert
Peak District National Park, Burghley House

Genießen
Ein saftiger Bakewell Pudding nach einer Wanderung in den Peaks

→

Manchester, Liverpool und Lake District

Kunst von Weltrang, Musik und Fußball, ein ausgeprägtes Selbstbewusstsein und das bunte Nachtleben machen Manchester und Liverpool, die beiden großen Städte im Nordwesten, schier unwiderstehlich attraktiv. Weiter nördlich ist das ländliche Lancashire noch ein Geheimtipp, die Landschaften des Ribble Valley und der Forest of Bowland bilden einen beschaulichen Kontrast zum populären Küstenort Blackpool. Die meisten Besucher kommen jedoch wegen des Lake District – zweifellos eine der dramatischsten und verlockendsten Ecken des Landes.

Entdecken
Dynamische Städte, schöne Küsten und Englands traumhafte Landschaft

Sehenswert
Manchester, Liverpool, Chester, Lake District National Park

Genießen
Feiern in Manchesters Northern Quarter

Seiten 370–405

Yorkshire und Humber-Region

Bei Yorkshire denkt man an smaragdgrüne, von Steinmauern durchzogene Täler, gespenstische Klosterruinen, blumengeschmückte Marktstädte und gemütliche Pubs. Bummeln Sie im mittelalterlichen York über das Kopfsteinpflaster, wandern Sie an den Klippen von Flamborough Head oder auf dem Brontë Trail in Haworth. Sie werden schnell verstehen, warum die Einwohner ihr Land als »God's Own Country« bezeichnen.

Entdecken
Stolze Geschichte und wilde Landschaften

Sehenswert
York, Castle Howard, Yorkshire Dales National Park, Fountains Abbey, North York Moors National Park

Genießen
Auf den Spuren von Dracula im gotischen Whitby

Seiten 406–423

Nordosten

Inseln mit Papageitauchern, bunte Fischerdörfer, Strände mit hohen Dünen und eine Reihe mittelalterlicher Festungen prägen die wilde Nordostküste. Auch im Hinterland hat die Natur viel zu bieten – etwa in den weiten North Pennines und im Northumberland National Park, durch den der römische Hadrianswall verläuft. Er zieht sich entlang von Newcastle upon Tyne, das bekannt ist für seine auffällige Architektur und ein pulsierendes Nachtleben. Das weiter südlich gelegene Durham wird dominiert von seiner prachtvollen Kathedrale und dem Schloss.

Entdecken
Romantische Schlösser an der Küste und ursprüngliche Wildnis

Sehenswert
Durham, Newcastle upon Tyne, Hadrian's Wall

Genießen
Gemütlich im großen Angebot bei Barter Books in Alnwick stöbern

7 TAGE
in Südost-England

Tag 1
Schlendern Sie durch die schmalen Straßen von Canterbury *(siehe S. 172f)*, und besichtigen Sie die Kathedrale. Im Tiny Tim's Tearoom (34 St Margaret's St) wählen Sie aus dem großartigen Angebot an Sandwiches, Tees und Kuchen, ehe Sie das Canterbury Roman Museum besuchen, das einen faszinierenden Einblick in die Vergangenheit der Stadt bietet. Ein Zug bringt Sie in 35 Minuten in den Küstenort Margate *(siehe S. 174)*, Sitz der Galerie Turner Contemporary. Vor der Rückfahrt nach Canterbury machen Sie einen Strandspaziergang. Abends genießen Sie eine Vorführung im Marlowe Theatre (www.marlowetheatre.com). Essen und übernachten Sie im ABode (30 – 33 High St).

Tag 2
Mit einem Mietauto geht es nach Dover *(siehe S. 175)* mit seiner schönen Burg. Nach einem Blick auf die berühmten weißen Felsen fahren Sie nach Rye *(siehe S. 178)* und bummeln dort durch die alten Straßen. Quer durch die schöne Landschaft von Kent fahren Sie, um das Wasserschloss Leeds Castle *(siehe S. 174)* zu besichtigen. Dann geht es nach Hastings *(siehe S. 179)*, wo Sie bei Maggie's (www.maggiesfishandchips.co.uk) am Strand Fish and Chips genießen. Schlafen Sie im Boutique-B&B The Laindons (23 High St).

Tag 3
Unweit von Hastings liegt Battle Abbey *(siehe S. 179)*, wo die Schlacht von Hastings stattfand. Nach einem Rundgang über das Schlachtfeld geht es weiter nach Eastbourne *(siehe S. 180)*. Essen Sie im Lamb Inn (36 High Street) und fahren dann nach Brighton *(siehe S. 164–167)*. Dort gehen Sie zum Royal Pavilion und schlendern durch die Lanes. Hören Sie abends Musik in der Brighton Music Hall (www.brightonmusichall.co.uk), und übernachten Sie im My Brighton (17 Jubilee St).

Tag 4
Nach einem Spaziergang am viktorianischen Pier in Brighton und dem Mittagessen im Food for Friends *(siehe S. 166)*, Brightons führendem vegetarischem Restaurant, fah-

1 Gepflegte Straße in Rye
2 Royal Pavilion in Brighton
3 In der Winchester Cathedral
4 Lavendelfeld bei Snowshill in den Cotswolds
5 Gemütlich unterwegs auf dem Cherwell in Oxford

ren Sie zur imposanten Festungsanlage Arundel Castle *(siehe S. 182f)*. Schön ist die anschließende Fahrt ins hübsche Chichester *(siehe S. 183)*, bekannt für seine Kathedrale und den Fishbourne Roman Palace. Essen Sie im Purchases (31 North St) in einem der Innen- oder Außenbereiche, und übernachten Sie im Musgrove House (63 Oving Rd).

Tag 5
Besichtigen Sie in Winchester *(siehe S. 168–171)* die großartige Kathedrale *(siehe S. 170f)*, bummeln Sie durch das Zentrum, und sehen Sie in 8 College Street, wo Jane Austen 1817 ihre letzten Lebenswochen verbrachte. Im Chesil Rectory (1 Chesil St), einem der besterhaltenen mittelalterlichen Gebäude der Stadt, essen Sie zu Mittag, ehe Sie zum Schloss von Windsor *(siehe S. 224f)* fahren. Für dessen Erkundung sollten Sie sich ein paar Stunden Zeit nehmen. Bei einem Essen im direkt an der Themse gelegenen Restaurant The Angel on the Bridge in Henley *(siehe S. 246)* können Sie sich stärken und danach im Hotel du Vin (New St) übernachten.

Tag 6
Heute geht es in die Universitätsstadt Oxford *(siehe S. 232–237)* mit ihren historischen Colleges im Zentrum – zu den sehenswertesten gehören Christ Church, Merton und Magdalen. Nach einem Essen im Covered Market machen Sie eine Bootsfahrt und besichtigen dann das renommierte Ashmolean Museum oder fahren zum 18 Kilometer entfernten Blenheim Palace, einem der schönsten Schlösser des Landes. Beenden Sie den Tag mit italienischem Essen im Branca *(siehe S. 233)* und übernachten im Bath Place (4–5 Holywell St).

Tag 7
Erkunden Sie die herrliche Landschaft der Cotswolds *(siehe S. 226–231)* von Burford mit der schönen Kirche über Kelmscott Manor, Heimat von William Morris, Bibury mit den Arlington Row Cottages bis ins ehemalige Wollhandelszentrum Chipping Campden, das noch immer sehr mittelalterlich wirkt. Die nahen Lavendelfelder von Snowshill sind ein unvergesslicher Anblick.

ENGLAND ERLEBEN **Erkundungstouren**

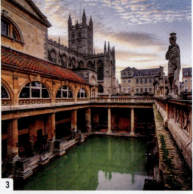

→
1 *Hafen von Lyme Regis, Dorset*
2 *Regenwald-Biom im Eden Project*
3 *Great Bath in der römischen Bäderanlage von Bath*
4 *Kreuzgang der Salisbury Cathedral*

5 TAGE
in Südwest-England

Tag 1
Erkunden Sie in Salisbury *(siehe S. 268)* den Marktplatz, und besichtigen Sie die beeindruckende Kathedrale mit dem höchsten Turm in England. Essen Sie im Fisherton Mill (108 Fisherton St), einer Kombination aus Galerie und Café. Nachmittags besuchen Sie das legendäre Stonehenge *(siehe S. 264f)* sowie Steinkreis und Wall in Avebury *(siehe S. 270)*. Abends essen Sie im charmanten Bath *(siehe S. 256–261)* im Sotto Sotto *(siehe S. 257)* und übernachten im gemütlichen Harington's City Hotel (8–10 Queen St).

Tag 2
Sehen Sie sich in Bath die römischen Bäder und Royal Crescent an, ehe Sie im hippen Wild Café essen (10a Queen St). Fahren Sie über die schöne Küstenstadt Lyme Regis *(siehe S. 273)*, wo Sie sich bei einem Bummel im Zentrum die Füße vertreten, ins klassische englische Seebad Torbay *(siehe S. 296)*. Dort essen Sie feinstes Seafood im Number 7 Fish Bistro (7 Beacon Hill) und übernachten im fantasievoll eingerichteten The 25 Boutique B&B (25 Avenue Rd).

Tag 3
Bummeln Sie vormittags durch das hübsche Fischerdorf Fowey *(siehe S. 292f)* und fahren dann zum Eden Project *(siehe S. 280f)*, einem Paradies für Gartenfreunde. Dort essen Sie, ehe Sie nach St Michael's Mount *(siehe S. 289)* fahren, eine Granitinsel mitten im Meer. Wenn Sie alles gesehen haben, fahren Sie ins bezaubernde St Ives *(siehe S. 282f)*. Essen Sie dort im Cornish Deli (3 Chapel St) zu Abend. Zum Übernachten lädt das Primrose House ein (www.primroseonline.co.uk).

Tag 4
Besichtigen Sie die schönen Galerien in St Ives – Tate St Ives und Barbara Hepworth Museum and Sculpture Garden. Weiter geht die Reise dann nach Padstow *(siehe S. 293)*. In dem lebhaften Fischereihafen lockt eine ganze Reihe exzellenter Seafood-Restaurants – vielleicht gehen Sie ins Prawn on the Lawn *(siehe S. 292)*. Frisch gestärkt fahren Sie nach Tintagel *(siehe S. 294)* und besuchen die sagenumwobene Burgruine. Dann fahren Sie ins pittoreske Boscastle und essen im Pub Napoleon Inn an der High Street. Übernachten können Sie im The Old Rectory B&B im nahen St Juliot.

Tag 5
Heute fahren Sie von Boscastle ins Landesinnere durch die vom Wind zerzausten Landschaften im Dartmoor National Park *(siehe S. 284f)*. Machen Sie einen Zwischenstopp im winzigen Princetown im Herzen des Dartmoor, laufen Sie eine Runde und essen etwas im Fox Tor Café (2 Two Bridges Rd). Später fahren Sie weiter nach Glastonbury *(siehe S. 269)*, wo alljährlich ein weltbekanntes Festival moderner Musik stattfindet. Besichtigen Sie die Glastonbury Abbey und wandern in 30 Minuten hinauf zum Glastonbury Tor, um die herrliche Aussicht zu genießen. Essen Sie im Hundred Monkeys Café (52 High St), und verbringen Sie die letzte Nacht der Tour im familienbetriebenen Magdalene House an der Magdalene Street.

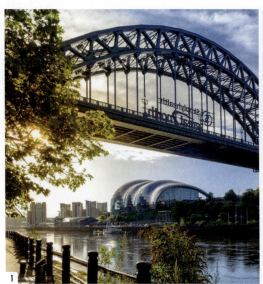

7 TAGE
in Nordengland

Tag 1
Sie starten in Liverpool *(siehe S. 350 – 353)* mit einem Bummel am Albert Dock, wo Sie entweder die Tate Liverpool oder das Merseyside Maritime Museum besuchen. Nach dem Essen im Leaf *(siehe S. 352)* sehen Sie sich The Beatles Story an und erfahren viel über die Fab Four. Anschließend machen Sie vom Pier Head aus eine Bootsfahrt auf dem Mersey – ein Höhepunkt in Liverpool. Abends genießen Sie moderne britische Küche im The Art School *(siehe S. 352)* und bummeln dann durch die Bars an der Seel Street. Übernachten Sie im historischen Titanic Hotel (Stanley Dock, Regent Rd).

Tag 2
Entdecken Sie den herrlichen Lake District *(siehe S. 356 – 363)* von Windermere *(siehe S. 360f)* aus – eine Bootsfahrt auf dem See dort ist ein Muss. Essen Sie im malerischen Ambleside im Tower Bank Arms *(siehe S. 361)*. Nachmittags besuchen Sie Hill Top, Beatrix Potters altes Haus, ehe Sie weiterfahren nach Hawkshead, wo der schöne Tarns How Walk beginnt *(siehe S. 361)*. Essen und schlafen Sie im hübschen Drunken Duck in Barnsgate in Ambleside *(siehe S. 361)*.

Tag 3
Vormittags besichtigen Sie Grasmere *(siehe S. 358f)* und besuchen Dove Cottage, weltbekannt als eines der Häuser, wo William Wordsworth wohnte. Fans des Dichters werden auch das nahe Rydal Mount sehen wollen, wo er einen großen Teil seines Lebens verbrachte. Essen Sie im Tearoom des Rydal Mount, fahren dann weiter nach Elterwater *(siehe S. 361)* und laufen den Great Langdale Walk. Beschließen Sie den Tag im Old Dungeon Ghyll (Great Langdale, Ambleside), einem charmanten Restaurant und Hotel in idyllischer Lage unweit von Elterwater.

Tag 4
Fahren Sie durch die Pennines, den wilden Gebirgszug, der Nordengland durchquert. Besuchen Sie in Hexham *(siehe S. 415)* das Kloster, und essen Sie im Bouchon Bistrot (www.bouchonbistrot.co.uk). Anschließend

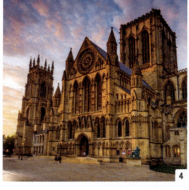

1 *Tyne Bridge und Sage Gateshead in Newcastle*
2 *Idyllische Gegend im Westteil des Lake District National Park*
3 *The Beatles, Statuen von Andrew Edwards in Liverpool*
4 *York Minster in York*
5 *Whitby in North Yorkshire*

besichtigen Sie den Hadrianswall *(siehe S. 414f)*, der einst die Nordgrenze des römischen Reichs markierte. Lohnenswert ist der dreistündige Rundweg vorbei an den großen römischen Festungen Chesters, Vindolanda und Housesteads. Übernachten Sie in Hexham im luxuriösen Carraw B & B (www.carraw.co.uk).

Tag 5
Erkunden Sie das lebhafte Newcastle *(siehe S. 412f)*. Schlendern am River Tyne entlang, ehe Sie mit dem Baltic Centre for Contemporary Art die spannendste Galerie in Northumberland besuchen. Essen Sie im Baltic, bevor Sie nach Durham *(siehe S. 410f)* weiterfahren. Verbringen Sie dort den Nachmittag mit der Besichtigung der großartigen normannischen Kathedrale und der Burg. In Durham erwartet Sie im Finnbarr's Restaurant (Aykley Heads House) moderne britische Küche. Sollten Sie in den Semesterferien dort sein, können Sie sogar im Durham Castle übernachten, dessen Zimmer sonst an Studierende vermietet sind.

Tag 6
Entdecken Sie im charmanten Whitby *(siehe S. 392f)* das reizende Zentrum und das Kloster, von dem man grandiose Sicht aufs Meer hat. Essen Sie im gemütlichen Magpie Café (14 Pier Rd) und genießen dann auf dem Weg zur Robin Hood's Bay die wunderbare Küste. Am späten Nachmittag geht es zurück nach Whitby, wo Sie im Pub Duke of York (124 Church St) einkehren. Übernachten Sie im eigenwilligen Hotel La Rosa *(siehe S. 393)*.

Tag 7
Fahren Sie zum Castle Howard *(siehe S. 382f)*, und erkunden Sie in aller Ruhe den imposanten, von einem schönen Park umrahmten Herrensitz. Nach dem Essen im Courtyard Café fahren Sie ins historische York *(siehe S. 374 – 381)*. Bummeln Sie durch das schöne Stadtzentrum, und besichtigen Sie unbedingt sowohl York Minster als auch das JORVIK Viking Centre. Abends essen Sie im Café No. 8 (8 Gillygate) und übernachten im The Bar Convent (17 Blossom St), einem Gebäude aus dem 18. Jahrhundert.

Abschnitt des South Downs Way (siehe S. 190f)

Downs und Kanalküste

Für die vom Kontinent kommenden Siedler, Eroberer und Missionare war Südost-England die erste Anlaufstelle. Die Römer bauten im 1. Jahrhundert entlang der Kanalküste Befestigungsanlagen, die später etwa zu Dover und Portchester Castle ausgebaut wurden, und gründeten im Inland Städte mit Villen. Fishbourne Palace bei Chichester ist hierfür ein gutes Beispiel. Im 6. Jahrhundert kam der hl. Augustinus nach Kent, um die Angelsachsen zum Christentum zu bekehren, und machte Canterbury zum Zentrum der Kirche.

Nachdem London seinen Status als Hauptstadt gefestigt hatte, wurden die Grafschaften zwischen der Stadt und der Küste zu beliebten Regionen für Monarchen und den Adel, wovon auch heute noch viele schöne Herrenhäuser zeugen. Hampton Court war der Lieblingspalast von Henry VIII, Knole in Kent wartet mit 365 Räumen auf, in Petworth und vielen anderen Herrensitzen legte der Landschaftsarchitekt Capability Brown Parks und Gärten an. Im Royal Pavilion in Brighton, der 1822 für George IV gebaut wurde, erreicht der Prunk einen Höhepunkt.

Downs und Kanalküste

Highlights
1. Brighton
2. Winchester
3. Canterbury

Sehenswürdigkeiten
4. Margate
5. Leeds Castle
6. Rochester
7. Whitstable
8. Dover
9. Royal Tunbridge Wells
10. Knole
11. Hever Castle
12. Romney Marsh
13. Rye
14. Bodiam Castle
15. Winchelsea
16. Hastings
17. Eastbourne
18. Lewes
19. Steyning
20. Portsmouth
21. Arundel Castle
22. Chichester
23. Petworth House
24. Beaulieu
25. Chawton
26. Guildford
27. New Forest
28. Isle of Wight

❶ Brighton

🏠 East Sussex 👥 230 000 🚉 Brighton 🚌 Pool Valley
ℹ️ Brighton Centre, King's Rd; +44 1273 290 337
🎭 Brighton Festival (Mai) 🌐 visitbrighton.com

Der Ferienort zog – nicht nur wegen seiner Nähe zu London – schon immer Schauspieler und Künstler an. Der Geist des Prinzregenten lebt hier fort, nicht nur im Royal Pavilion, sondern auch im Ruf, ein buntes Nachtleben, ungewöhnliche Läden und eine große LGBTQ+ Community zu besitzen.

❶ Brighton Palace Pier
🏠 Madeira Drive
🌐 brightonpier.co.uk

Der 1899 eröffnete spätviktorianische Brighton Palace Pier (Brighton Pier) bietet seinen Besuchern inmitten von historischem Flair Spielautomaten, Restaurants und Bars sowie einige großartige Fahrgeschäfte (u. a. eine Achterbahn und Karussells).

❷ West Pier
🌐 westpier.co.uk

Der West Pier wurde 2003 durch zwei Brände zerstört. Sein Gerüst bleibt jedoch ein Wahrzeichen von Brighton. Das 1866 erbaute Gebäude war ein Konzertsaal, der jedoch ab den 1950er Jahren an Beliebtheit verlor.

❸ Brighton Museum & Art Gallery
🏠 Royal Pavilion Gardens
🕐 Di – So 10 –17
🌐 brightonmuseums.org.uk

Das Museum präsentiert ein breites Spektrum – von Kunst und Design über naturwissenschaftliche Objekte bis zu archäologischen Fundstücken. Interaktive Stationen laden zum Mitmachen ein.

→ *Ausstellungsraum im Brighton Museum & Art Gallery*

↑ Am spätviktorianischen Brighton Palace Pier findet man Entspannung und Anregung

④
Volk's Electric Railway
🅰 Aquarium Station bis Black Rock Station
📅 Frühling und Sommer

Die 1883 eröffnete Eisenbahn, auch bekannt als VERA, ist die älteste elektrische in Betrieb befindliche Bahn in Großbritannien. Ihre Strecke verläuft entlang der Küste von Brighton vom Pier bis zur Marina. Die Fahrt für bis zu 80 Passagiere dauert zwölf Minuten.

Konzipiert wurde die Bahn vom 1851 in Brighton geborenen Erfinder und Elektroingenieur Magnus Volk.

Schon gewusst?

Sir Paul McCartney, Adele und Cate Blanchett sind prominente Einwohner Brightons.

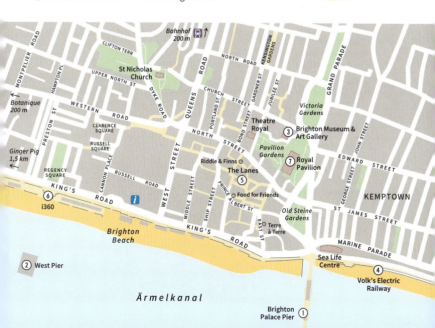

Restaurants

Food for Friends
Lichtdurchflutetes Restaurant mit vielen vegetarischen und veganen Gerichten.
🏠 17–18 Prince Albert St
🌐 foodforfriends.com
€€€

Ginger Pig
Das traditionelle Pub direkt am Meer bietet typisch britische Kost.
🏠 3 Hove St, Hove
🌐 thegingerpigpub.com
€€€

Terre à Terre
Auf der Speisekarte findet man eine große Auswahl vegetarischer Gerichte aus aller Welt.
🏠 71 East St
🌐 terreaterre.co.uk
€€€

Botanique
Das exquisite Restaurant serviert Bio-Produkte aus der Region. Es ist mit natürlichen, nachhaltigen Materialien eingerichtet.
🏠 31a Western Rd, Hove 🌐 botaniquebrighton.com
€€€

Riddle & Finns
Das Flaggschiff einer Kette von Champagner- und Austernbars serviert frisches Seafood in sehr ungezwungener Atmosphäre.
🏠 12B Meeting House Lane
🌐 riddleandfinns.co.uk
€€€

⑤
The Lanes

Das von engen Gassen aus dem 18. Jahrhundert geprägte ehemalige Fischerdorf Brighthelmstone bildet das älteste Viertel von Brighton. Hierher kommt man gern zum Flanieren und zum Shoppen.

In den Gassen findet man viele unabhängige Läden und Boutiquen, das Spektrum reicht von Antiquitäten über Mode bis zu Geschenkartikeln.

Nördlich von The Lanes liegt mit North Laine ein weiteres angesagtes Shopping-Viertel.

⑥
i360
🏠 Lower King's Rd
🕐 tägl. 10–18:30 (Mo bis 17:30, Fr – So bis 21)
🌐 britishairwaysi360.com

Der i360 ist ein Aussichtsturm, an dem die verglaste Aussichtskanzel bis auf eine

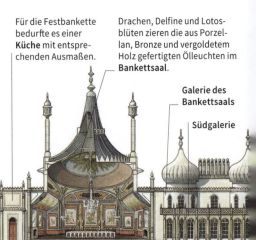

Für die Festbankette bedurfte es einer **Küche** mit entsprechenden Ausmaßen.

Drachen, Delfine und Lotosblüten zieren die aus Porzellan, Bronze und vergoldetem Holz gefertigten Ölleuchten im **Bankettsaal**.

Galerie des Bankettsaals

Südgalerie

↑ *Café im populären Shopping-Viertel The Lanes*

Highlight

LGBTQ+

Brighton hat eine der bekanntesten und aktivsten LGBTQ+ Communitys in England – nicht umsonst trägt der Badeort den inoffiziellen Beinamen »gay capital of the UK«. Schätzungen zufolge gehören rund 15 Prozent der Bevölkerung Brightons der Szene an. Hotspot ist das am Meer gelegene Viertel Kemptown (auch Camp Town). Das als Brighton Pride bekannte Festival Anfang August zieht Massen in die Gegend um den Preston Park.

⑦ 🛇 🛇 🛇 🛇 🛇

Royal Pavilion

- Old Steine, Brighton
- +44 3000 190 900
- Apr – Sep: tägl. 9:30 – 17:45; Okt – März: tägl. 10 – 17:15 (letzter Einlass 45 Min. vor Schließung)
- 25., 26. Dez
- brightonmuseums.org.uk

Höhe von 138 Metern fährt. Am Fuß der »Nadel« befindet sich ein gutes Fischrestaurant, in der Kanzel kann man in der Skybar mit Blick auf das Meer (auch nachts geöffnet) Drinks genießen.

> **Für den opulent ausgestatteten Rückzugsort des Prince of Wales ließen sich die Baumeister von islamischen Bauwerken inspirieren.**

Für den opulent ausgestatteten, direkt am Meer gelegenen Rückzugsort des Prince of Wales ließen sich die Baumeister von islamischen Bauwerken inspirieren. Das Anwesen dokumentiert eine Blütezeit von Brighton.

Als Mitte des 18. Jahrhunderts das Baden im Meer in Mode kam, entdeckten die höheren Stände Brighton als Kurort. Die unbeschwerte Atmosphäre lockte schon bald den exzentrischen Prince of Wales an, der 1820 als George IV den Thron bestieg. Der Thronfolger war erst 23 Jahre alt, als er sich in die 29-jährige katholische Witwe Maria Fitzherbert verliebte und sie heimlich heiratete. Er erwarb ein Bauernhaus in Küstennähe und beauftragte Henry Holland und später John Nash damit, es in einen aufwendigen Palast zu verwandeln.

Das Äußere des 1823 vollendeten Anwesens ist nahezu unverändert erhalten. 1850 verkaufte Queen Victoria das Gebäude der Stadt Brighton. Die weitläufige Gartenanlage des Royal Pavilion wurden nach Nashs Plänen aus den 1820er Jahren rekonstruiert.

Pracht und Prunk verkörpert der extravagant gestaltete ↓ *Royal Pavilion*

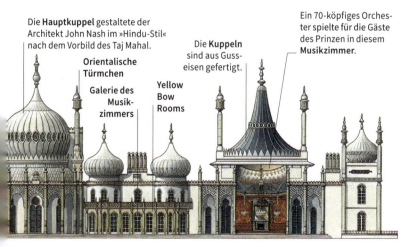

Die **Hauptkuppel** gestaltete der Architekt John Nash im »Hindu-Stil« nach dem Vorbild des Taj Mahal.

Orientalische Türmchen

Galerie des Musikzimmers

Die **Kuppeln** sind aus Gusseisen gefertigt.

Yellow Bow Rooms

Ein 70-köpfiges Orchester spielte für die Gäste des Prinzen in diesem **Musikzimmer**.

Winchester

🏠 Hampshire 👥 45 000 🚉 🚌 ℹ️ Guildhall, High St; +44 1962 840 500 🌐 visitwinchester.co.uk

Bis zur Eroberung durch die Normannen *(siehe S. 48)* war Winchester Hauptstadt des angelsächsischen Königreichs Wessex und später ganz Englands. William the Conqueror baute hier eine seiner ersten Burgen, von der nur die Great Hall erhalten ist, die 1235 einen Vorgängerbau ersetzte. Heute befindet sich hier der Round Table, an dem König Artus *(siehe S. 294)* seine Tafelrunde abgehalten haben soll.

> **Expertentipp**
> **Winchester River Walk**
>
> Der an der Kathedrale beginnende Rundweg den Fluss entlang führt auch auf den St Catherine's Hill. Von dort genießt man die Aussicht über die Stadt und bis zu den South Downs. Danach verläuft der Weg zum Hospital of St Cross und über Winchester College zurück zur Kathedrale.

Westgate Museum

🏠 High St 🕐 Mo–Sa 10–17, So 11–17 🌐 hampshireculture.org.uk

Das sehenswerte Museum ist in einem von zwei erhaltenen Torhäusern aus dem 12. Jahrhundert untergebracht. Der früher als Gefängnis genutzte Raum über dem Stadttor besitzt ein herrliches Deckengemälde (16. Jh.), das aus dem Winchester College stammt, der ersten *public school* Englands.

Great Hall und Round Table

🏠 Castle Ave 📞 +44 1962 846 476 🕐 Do–Di 10–16 🚫 25., 26. Dez 🌐 hants.gov.uk/greathall

Die aus dem 13. Jahrhundert stammende Great Hall ist der einzige Teil des früheren Winchester Castle, der die Zerstörung im 17. Jahrhundert überstand. Noch heute zählt sie zu den schönsten mittelalterlichen Hallen in England. An der Wand sieht man den Round Table von

Winchester in den Ausläufern der South Downs ist reich an Historie

König Artus *(siehe S. 294)*. Der Regent ließ den Tisch in runder Form bauen, damit sich keiner der Ritter seiner Tafelrunde bevorzugt fühlen konnte und Streitigkeiten vermieden wurden.

Der Queen Eleanor's Garden vor der Great Hall wurde im Stil mittelalterlicher Gärten neu angelegt.

③ (EH)
Wolvesey Castle
🏠 College St ⏰ Apr – Sep: tägl. 10 – 18; Okt: tägl. 10 – 16; Nov – März: Sa, So 10 – 16
🌐 english-heritage.org

Schon seit vielen Jahrhunderten ist Winchester auch ein religiöses Zentrum. Wolvesey Castle (um 1110) diente den Bischöfen der Kathedrale nach dem Normanneneinfall als Wohnsitz.

Die weitläufigen Ruinen erinnern eindrucksvoll an die

Der sagenumwobene Round Table in der Great Hall von Winchester

einstige Pracht des Schlosses. Im Jahr 1554 feierten Königin Maria und Prinz Philipp II von Spanien hier ihre Hochzeit mit einem festlichen Bankett.

④ 🚶 Ⓜ
Winchester College
🏠 College St ⏰ nur Führungen (siehe Website)
🌐 winchestercollege.org

Dieses angesehene private College wurde 1393 von William Wykeham, dem Bischof von Winchester, gegründet. Bei täglich angebotenen Führungen sieht man u. a. die gotische Kapelle, den Speisesaal, Kreuzgänge und einen Klassenraum, in dem noch heute Prüfungen stattfinden.

⑤ 🚶 ♿
Hospital of St Cross
🏠 St Cross Rd ⏰ Apr – Okt: Mo – Sa 9:30 – 17, So 13 – 17; Nov – März: Mo – Sa 10:30 – 15:30 🚫 Karfreitag, 25. Dez
🌐 hospitalofstcross.co.uk

Highlight

Restaurant

Wykeham Arms
Dieses stimmungsvolle, schon seit 1755 betriebene Gasthaus serviert eine große Auswahl an Getränken und traditionelle Gerichte. Lord Nelson soll hier übernachtet haben.

🏠 **75 Kingsgate St**
🌐 wykehamarms winchester.co.uk
££ⓔ

Das Hospital of St Cross wurde im 12. Jahrhundert gegründet und gilt als das älteste Armenhaus Englands. Im Mittelalter bot es den Bedürftigen Schutz und Nahrung. Wie zu jener Zeit erhalten hier Ankommende bei Bedarf noch heute die »Wayfarer's Dole« (eine Tasse Ale und Brot).

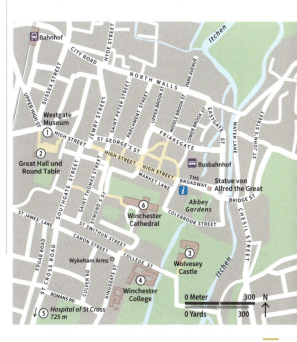

Winchester Cathedral

Schon gewusst?
Jedes Frühjahr nistet eine Wanderfalkenfamilie auf der Kathedrale.

The Close +44 1962 857 200 Mo – Sa 9 –17, So 12 –15
winchester-cathedral.org.uk

Das prächtige Gebäude ist eine der größten Kathedralen Europas und hat das längste gotische Kirchenschiff. Es ist auch die Ruhestätte sächsischer Könige, Bischöfe und der Schriftstellerin Jane Austen, die 1817 in Winchester starb und in der Nähe des Eingangs im nördlichen Seitenschiff des Kirchenschiffs begraben ist.

Die erste Kirche wurde hier 648 geweiht, das heutige Gebäude wurde 1079 ursprünglich als Benediktinerkloster gebaut. Ein Großteil der normannischen Architektur ist noch erhalten, obwohl einige der von den Mönchen genutzten Wohngebäude bei der Auflösung der Klöster zerstört wurden *(siehe S. 391)*. Zu den Höhepunkten gehören die wunderschöne illuminierte Winchester-Bibel aus dem 12. Jahrhundert, das kunstvoll geschnitzte mittelalterliche Chorgestühl und die Wandmalereien. Führungen durch die Krypta und die Kathedrale sind im Eintrittspreis enthalten. Gegen eine zusätzliche Gebühr führt die Turmbesichtigung auf das Dach des Kirchenschiffs, von wo aus man einen herrlichen Blick über Winchester hat.

William Walker

Anfang des 20. Jahrhunderts drohte ein Teil der Kathedrale einzustürzen, sofern man das Fundament nicht festigte. Da der Grundwasserspiegel sehr hoch liegt, mussten diese Arbeiten unter Wasser ausgeführt werden. Von 1906 bis 1911 schichtete der Tiefseetaucher Walker täglich sechs Stunden lang Zementsäcke unter die Mauern.

Jane Austens Grab

Haupteingang

Taufbecken aus Tournai-Marmor (12. Jh.)

Das **Hauptschiff** mit Fächergewölbe ist prachtvoll.

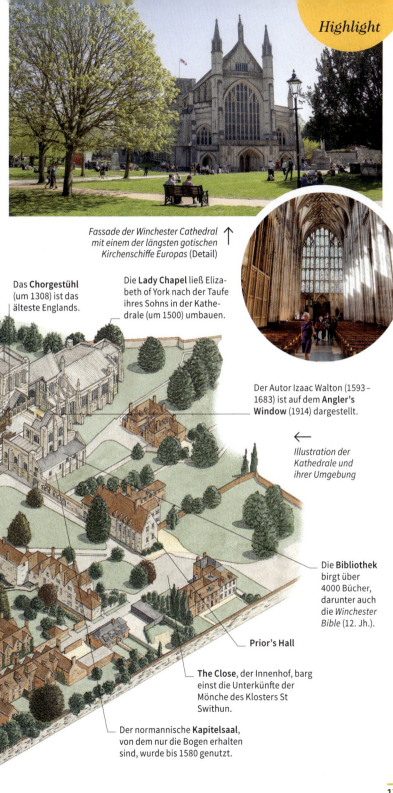

Fassade der Winchester Cathedral mit einem der längsten gotischen Kirchenschiffe Europas (Detail) ↑

Highlight

Das **Chorgestühl** (um 1308) ist das älteste Englands.

Die **Lady Chapel** ließ Elizabeth of York nach der Taufe ihres Sohns in der Kathedrale (um 1500) umbauen.

Der Autor Izaac Walton (1593–1683) ist auf dem **Angler's Window** (1914) dargestellt.

← *Illustration der Kathedrale und ihrer Umgebung*

Die **Bibliothek** birgt über 4000 Bücher, darunter auch die *Winchester Bible* (12. Jh.).

Prior's Hall

The Close, der Innenhof, barg einst die Unterkünfte der Mönche des Klosters St Swithun.

Der normannische **Kapitelsaal**, von dem nur die Bogen erhalten sind, wurde bis 1580 genutzt.

Canterbury

🏠 Kent 👥 43 000 🚉 🚌 ℹ️ The Beaney House of Knowledge, 18 High St; +44 1227 862 162 📅 Mi, Fr 🌐 canterbury.co.uk

Die wunderschöne Stadt ist seit fast einem Jahrtausend ein wichtiger christlicher Wallfahrtsort. Meilensteile dafür waren der Bau der prächtigen Kathedrale im Jahr 1070 und die Ermordung von Thomas Becket ein Jahrhundert später.

Aufgrund seiner Lage an der Strecke London – Dover prosperierte Canterbury schon vor der Ankunft des hl. Augustinus (597), der England zum Christentum bekehren sollte.

Um dem Rang Canterburys als wichtiges Zentrum des Christentums gerecht zu werden, ließ Lanfranc, der erste normannische Erzbischof, 1070 auf den Ruinen eines angelsächsischen Gotteshauses eine neue **Kathedrale** erbauen. Sie wurde mehrmals erweitert und umfasst Teile in fast allen Stilrichtungen mittelalterlicher Architektur. Historisch bedeutsam war das Jahr 1170, als Thomas Becket hier ermordet wurde. Vier Jahre nach seinem Tod brannte die Kathedrale nieder. Beckets Gebeine bettete man in die Trinity Chapel um. Das Grab wurde rasch zum Heiligtum und inspirierte den Dichter Geoffrey Chaucer zu seinem großen literarischen Werk aus dem 14. Jahrhundert, den *Canterbury Tales*. Jahrhunderte später entging die Kathedrale einer weiteren Zerstörung, als Canterbury während des Zweiten Weltkriegs bombardiert wurde. Sie überlebte dank Feuerwehrleuten, die sie bewachten und die entstandenen Brände mit Sand und Wasser löschten. Im Fußboden am westlichen Ende des Kirchenschiffs befindet sich ein Denkmal für die Brandwächter.

Das **Canterbury Roman Museum** und die Stadtmauern mit den Westgate Towers bieten einen Einblick in die Vergangenheit der Stadt. Außerhalb des Zentrums, neben den Ruinen der St Augustine's Abbey, befindet sich St Martin's Church, die älteste Kirche Englands, in der St Augustine zum ersten Mal verehrt wurde.

Canterbury Cathedral

🏠 11 The Precincts, Canterbury
🕐 tägl. 10–16 (So ab 12:30)
🌐 canterbury-cathedral.org

Canterbury Roman Museum

🏠 Longmarket, Butchery Lane 🕐 tägl. 10–17 🌐 canterburymuseums.co.uk

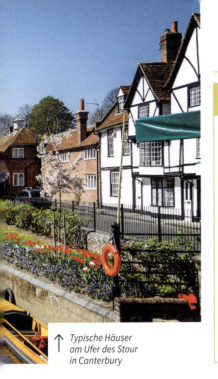

Typische Häuser am Ufer des Stour in Canterbury

> ## Highlight
>
> ### Geoffrey Chaucer
>
> Geoffrey Chaucer (um 1345 – 1400) gilt als erster großer Dichter Englands. Er wurde mit den *Canterbury-Erzählungen* berühmt. Diese deftig-geistreichen Geschichten, die er Pilgern in den Mund legte, die von London zum Schrein Thomas Beckets reisten, zählen zu den frühesten Kostbarkeiten englischer Literatur. Sie stellen einen bemerkenswerten Querschnitt der damaligen Gesellschaft dar.

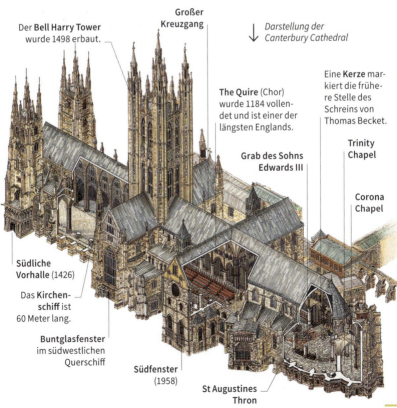

↓ *Darstellung der Canterbury Cathedral*

Der Bell Harry Tower wurde 1498 erbaut.

Großer Kreuzgang

The Quire (Chor) wurde 1184 vollendet und ist einer der längsten Englands.

Grab des Sohns Edwards III

Eine **Kerze** markiert die frühere Stelle des Schreins von Thomas Becket.

Trinity Chapel

Corona Chapel

Südliche Vorhalle (1426)

Das **Kirchenschiff** ist 60 Meter lang.

Buntglasfenster im südwestlichen Querschiff

Südfenster (1958)

St Augustines Thron

SEHENSWÜRDIGKEITEN

④
Margate
Kent 55 000
The Droit House, Stone Pier; +44 1843 577 577
visitthanet.co.uk

Der Badeort zieht Besucher nicht nur mit seinem Vergnügungspark an, sondern auch mit der **Turner Contemporary**. In dem modernen Bau wird die Verbindung der Stadt mit J. M. W. Turner zelebriert. Zu den permanenten zeitgenössischen Werken gehört eine gusseiserne Figur von Antony Gormley, die auf dem Fulsam Rock installiert ist und jeden Tag etwa drei Stunden vor Ebbe sichtbar wird. Einen einzigartigen Meerblick hat man von der Turner-Terrasse durch das farbige Plexiglas von Jyll Bradleys *Dutch/Light*, das von der Geschichte von Agneta Block (der ersten Frau, die in Europa eine Ananas reifen ließ) inspiriert ist.

Umgebung: Südlich der Stadt liegt Quex Park, ein herrschaftliches Anwesen aus dem 19. Jahrhundert.
Westlich, innerhalb der Ruinen des römischen Küstenforts Reculver, befindet sich eine angelsächsische Kirche.

Turner Contemporary
Rendezvous
Di – So 10 –18
turnercontemporary.org

⑤
Leeds Castle
Maidstone, Kent +44 1622 765 400 Bearsted, dann Bus Apr – Sep: 10:30 –17:30; Okt – März: tägl. 10:30 –16 1. Nov-Woche leeds-castle.com

Die von Wasser umgebene Burg mit zinnenbewehrten Türmen wird oft als schönste Englands bezeichnet. Seit über 900 Jahren wird sie ununterbrochen bewohnt, wurde aber oft umgebaut – zuletzt in den 1930er Jahren.
Die Verbindung zum Königshaus reicht bis 1278 zurück, als Edward I die Burg von einem Höfling geschenkt bekam. Henry VIII liebte Leeds Castle und kam oft hierher, um der Pest in London zu entkommen. Eine Büste des Königs aus dem späten 16. Jahrhundert gehört zu den Schaustücken. 1552 übereignete Edward VI die Burg Anthony St Leger, der ihn bei der Befriedung Irlands unterstützt hatte.

Fassade der Kunstgalerie Turner Contemporary in Margate

Charles Dickens (1812 –1870)
Charles Dickens gilt als großartigster Schriftsteller der viktorianischen Ära. Geboren wurde er zwar in Portsmouth, verbrachte seine Jugend jedoch in Chatham. Als Erwachsener zog er nach London, ließ die Verbindung zu Kent aber nie abreißen. Seine Ferien verlebte er in Broadstairs, wo auch *David Copperfield* entstand.

⑥
Rochester
Kent 27 000
95 High St
visitmedway.org

Rochester, Chatham und Gillingham, die alle drei an der Mündung des Medway liegen, blicken auf eine reiche Seefahrtsgeschichte zurück. Der Bergfried von **Rochester Castle**, der höchste normannische Wehrturm Englands, belohnt den Aufstieg mit einem Panoramablick. An die mittelalterliche Bedeutung der Stadt erinnern Teile der Stadtmauer sowie gut erhaltene Wandgemälde in der 1088 erbauten Kathedrale.

Umgebung: In der Werft (**Historic Dockyard**) von Chatham liegt ein Schiffsbaumuseum. **Fort Amherst** wurde 1756 zum Schutz von

Die spektakulären Kreidefelsen von Dover ragen steil aus dem Meer auf

Werft und Flussmündung angelegt. Die 1800 Meter langen Tunnel schlugen Kriegsgefangene von Napoléons Armee.

Rochester Castle
🅐 Castle Hill
📞 +44 1634 335 882
🕐 Di – So 10 –17
🌐 english-heritage.org.uk

Historic Dockyard
🅐 Dock Rd, Chatham 🕐 tägl. 10 –17
🌐 thedockyard.co.uk

Fort Amherst
🅐 Dock Rd, Chatham 🕐 tägl. 8 –16 (Sommer: bis 19) 🌐 fortamherst.com

❼ Whitstable

🅐 Kent 🚉 🚌 ℹ️ 34 Harbour St 🌐 visitkent.co.uk

Whitstable, seit der Römerzeit für seine Austern berühmt, ist wohl das schönste der alten Fischerdörfer an der Nordküste von Kent. In den Gassen findet man viele Seafood-Restaurants und Läden mit Kunsthandwerk. Das **Whitstable Community Museum and Gallery** macht die maritime Geschichte der Stadt auf eindrucksvolle Weise lebendig. Das Whitstable Oyster Festival im Juli hat seine Ursprünge in der normannischen Zeit.

Whitstable Community Museum and Gallery
🅐 5A Oxford St
🕐 Do – Sa 10:30 –16:30
🌐 whitstablemuseum.org

❽ Dover

🅐 Kent 🏙 32 000 🚉 🚌 ⛴
ℹ️ Dover Museum, Market Sq
📅 Di 🌐 visitsoutheastengland.com

Der Nähe zum europäischen Festland verdankt Dover seine Bedeutung als Fährhafen und Endpunkt des Eurotunnels. Die strategisch wichtige Lage und der Hafen sorgten dafür, dass Dover schon früh eine bedeutende Rolle bei der Verteidigung des Landes zukam. **Dover Castle**, hoch oben über der Stadt auf den Klippen, trug wesentlich zur Sicherheit der Stadt bei.

Umgebung: Die Ruine von **Richborough Roman Fort** zählt zu den bedeutendsten Bauten der englischen Frühgeschichte.

Dover Castle
🅐 Castle Hill
🕐 siehe Website
🌐 english-heritage.org.uk

Richborough Roman Fort
🅐 Richborough
🕐 siehe Website
🌐 english-heritage.org.uk

Restaurants

Whitstable Oyster Company
Ein wahres Paradies für Liebhaber von Austern.

🅐 Horsebridge, Whitstable
🌐 whitstableoystercompany.com
££££

Hantverk & Found
Ein unkonventionelles Seafood-Restaurant mit täglich wechselnder Speisekarte.

🅐 16 –18 King St, Margate
🕐 Mo – Mi; So nachm.
🌐 hantverk-found.co.uk
££££

The Allotment
Charmantes kleines Restaurant mit Garten, in dem mexikanische Gerichte zubereitet werden.

🅐 9 High St, Dover
🕐 So, Mo
🌐 theallotmentrestaurant.com
££££

 Restaurantterrassen an der Promenade The Pantiles, Royal Tunbridge Wells

Pubs

The Mount Edgcumbe
Hier hat man die Wahl, in welchem der teils höhlenartigen Räume man sein Ale oder Craftbeer genießen möchte. Bei schönem Wetter lockt die Terrasse mit wundervoller Aussicht.

🏠 The Common, Royal Tunbridge Wells
🌐 themount edgcumbe.com

The Duke of York
Dieses Pub aus dem 18. Jahrhundert ist ein gemütlicher Ort für ein Bier. Im Sommer nimmt man auf der hübschen Terrasse Platz.

🏠 17 The Pantiles, Royal Tunbridge Wells
🌐 dukeofyork tunbridgewells.co.uk

The Bucks Head
Ein klassisches englisches Pub mit Eichenbalken, Kamin und Holzvertäfelung.

🏠 Park Lane, Godden Green, nahe Knole Park
🌐 buckshead sevenoaks.co.uk

❾ Royal Tunbridge Wells

🏠 Kent 👥 56 000 🚉 🚌
ℹ️ The Corn Exchange, The Pantiles; +44 1892 515 675 📅 Sa 🌐 visit tunbridgewells.com

Die Stadt, in der man 1606 eisenhaltige Quellen entdeckte, wurde im 17. und 18. Jahrhundert Kurbad. Die nach ihrer Pflasterung benannte Promenade The Pantiles wurde um 1700 angelegt.

Umgebung: In der Nähe liegt **Penshurst Place**, ein Herrenhaus (um 1340) mit einer 18 Meter hohen Great Hall.

Penshurst Place
 🏠 Tonbridge, Kent 🕒 Haus: Apr–Okt: tägl. 11:30–15:30; Park und Abenteuerspielplatz: Apr–Okt: tägl. 10–17
🌐 penshurstplace.com

❿  Knole

🏠 Sevenoaks, Kent 📞 +44 1732 462 100 🚉 Sevenoaks, dann Taxi 🕒 Haus: März–Okt: tägl. 11–16; Park: tägl. Sonnenauf- bis -untergang
🌐 nationaltrust.org.uk

Der im 15. Jahrhundert errichtete palastartige Tudor-Bau gehörte den Erzbischöfen von Canterbury, bis Henry VIII ihn während der Säkularisation *(siehe S. 391)* vereinnahmte.

Elizabeth I schenkte das Anwesen 1566 ihrem Cousin Thomas Sackville, dessen Nachfahren, darunter die Autorin Vita Sackville-West (1892–1962), seither hier wohn(t)en.

Umgebung: Östlich von Knole steht das eindrucksvolle **Ightham Mote**, das am besten erhaltene mittelalterlichen Herrenhaus Englands, dessen älteste Teile aus den 1320er Jahren stammen. Der Bau umfasst 70 Räume und einen großen Hof.

Die Räume sind in den unterschiedlichsten Stilen eingerichtet, darunter eine Kapelle aus dem 15. Jahrhundert mit einer ornamentierten, bemalten Eichendecke (16. Jh.) sowie ein Salon mit handbemalten chinesischen Tapeten (18. Jh.). Das Herrenhaus ist umgeben von einem Burggraben und einem gepflegten Park.

Sissinghurst Castle Garden ist der Park, in dem Vita Sackville-West und ihr Mann Harold Nicolson in den 1930er Jahren Gärten anlegten.

→ *Burggraben von Hever Castle, wo Anne Boleyn ihre Jugend verbrachte*

Schon gewusst?

Seinen Namen erhielt Knole wegen seiner Lage auf einem niedrigen Hügel *(knoll)*.

Ightham Mote
🏠 Ivy Hatch, Sevenoaks ⏰ März–Okt: tägl. 11–16:30; sonstige Zeiten siehe Website; Gärten: tägl. 10–17 (Nov, Dez: bis 16) 🌐 nationaltrust.org.uk

Sissinghurst Castle Garden
🏠 Cranbrook ⏰ März–Okt: tägl. 11–17:30 🌐 nationaltrust.org.uk

Hever Castle
🏠 Edenbridge, Kent 📞 +44 1732 865 224 🚉 Edenbridge Town ⏰ Schloss: Apr–Okt: tägl. 12–16:30; Nov: Mi–So 12–15; Park: März–Nov: tägl. 10:30–18 (Nov bis 16:30) 🌐 hevercastle.co.uk

In dem von einem Burggraben umgebenen Schloss wuchs Anne Boleyn auf. Henry VIII, der sie später heiratete und dann hinrichten ließ, besuchte sie hier oft, wenn er sich in Leeds Castle aufhielt. 1903 erwarb William Waldorf Astor das Anwesen, ließ es restaurieren und daneben ein kleines Dorf im Tudor-Stil errichten, in dem Gäste und Personal untergebracht wurden. Graben und Torhaus, beide original, stammen aus der Zeit um 1270.

Im Schloss kann man das Schlafzimmer von Anne Boleyn und einige weitere Räume besichtigen, der schön gestaltete Park lockt mit Skulpturen, Grotten und Labyrinthen.

Umgebung: Nordwestlich von Hever liegt **Chartwell**, der Landsitz von Winston Churchill. Bevor er im Jahr 1940 Premierminister wurde, verwandte er viel Energie darauf, Chartwell zu vervollkommnen.

Lady Churchill legte hingegen einen wunderbaren Park mit Seen und einem Rosengarten an. Churchills größtes Hobby war jedoch das Malen, dem er in einem Atelier nachging, in dem viele von ihm geschaffene Landschaftsbilder und Porträts hängen.

Nach seinem Tod verließ Lady Churchill das Anwesen, weshalb die Räume fast voll-

> ### Kent: »Garten von England«
>
> Die südostenglische Grafschaft Kent wird von mildem Klima mit über das ganze Jahr verteilten Niederschlägen geprägt, die Böden sind auch deshalb überaus fruchtbar. Bereits seit der römischen Antike wird das Gebiet intensiv landwirtschaftlich genutzt, einen Schwerpunkt bildet dabei der Obstbau. Besonders spektakulär ist die Zeit der Obstblüte im Frühling, während die Äste im Herbst unter dem Gewicht reifer Früchte tief herabhängen. Obst aus Kent wird seit jeher in ganz England überaus geschätzt.

ständig noch in ihrem Originalzustand erhalten sind. Sie sind voller Bücher, Zigarrenstümpfen, Fotos und Erinnerungsstücken.

Chartwell
🏠 Mapleton Rd, Westerham, Kent ⏰ siehe Website 🌐 nationaltrust.org.uk

⑫ Romney Marsh

- Kent
- Ashford
- Ashford, Hythe
- Dymchurch Rd, New Romney; +44 1797 369 487
- kentwildlifetrust.org.uk

Bis zur Römerzeit waren Romney Marsh und die südlich angrenzende Walland Marsh bei Flut völlig überschwemmt. Die Römer legten Romney trocken. Walland Marsh rang man im Mittelalter dem Meer ab. Heute bilden beide ein weites Tal, in dem Ackerbau betrieben wird. Die Romney-Marsh-Schafe liefern hochwertige Wolle.

Dungeness, einen verlassenen Ort an der Südostspitze der Region, dominieren ein Leuchtturm und zwei Kernkraftwerke. Er ist die südliche Endstation der Romney, Hythe and Dymchurch Light Railway, die seit 1927 verkehrt. Im Sommer fährt der Miniaturzug die Küste hinauf bis zum 23 Kilometer entfernten Hythe.

Im Kent Wildlife Trust Visitor Centre (www.kentwildlifetrust.org.uk) erfährt man viel über die Landschaft und ihre Tierwelt.

⑬ Rye

- East Sussex
- 5000
- Strand Quay
- Mo, Di
- Rye Festival (Sep)
- visit1066country.com/rye

1287 veränderte ein Orkan den Lauf des Rother, der danach bei Rye ins Meer mündete und den Ort mehr als 300 Jahre lang zur prosperierenden Hafenstadt am Ärmelkanal machte. Im 16. Jahrhundert verlandete der Hafen. Heute liegt Rye drei Kilometer von der Küste entfernt. Die Lagerhäuser aus Backstein und Fachwerk am Strand Quay sind noch aus der Zeit erhalten, als Rye ein blühender Hafen war.

Die Mermaid Street mit Fachwerkhäusern hat sich seit ihrem Wiederaufbau im 14. Jahrhundert kaum verändert. Das Mermaid Inn ist das größte mittelalterliche Gebäude der Stadt. Das Museum im Lamb House an der West Street erinnert an den Schriftsteller Henry James, der 1897–1914 hier lebte. Der Ypres Tower an der Pump Street wurde 1250 als Verteidigungsturm erbaut. Heute ist hier ein Museum mit Mittelalter-Objekte.

Restaurants

Hayden's

Englisches Frühstück und solides Mittagessen werden in diesem Lokal aus frischen, hochwertigen Zutaten zubereitet.

- 108 High St, Rye
- haydensinrye.co.uk

£££

Landgate Bistro

Aus Erzeugnissen der Region werden hier Gerichte mit einer modernen britischen Note zubereitet.

- 5/6 Landgate, Rye
- landgatebistro.co.uk

£££

Umgebung: Camber Sands liegt sechs Kilometer südöstlich von Rye und ist ein herrlicher Strand zum Relaxen sowie ein Hotspot für Surfer. Westlich des Strands stehen die Ruinen von Camber Castle.

↑ *Gewölbe der Battle Abbey, die nach dem Sieg der Normannen errichtet wurde*

⓮ Bodiam Castle

🏠 nahe Robertsbridge, E Sussex 📞 +44 1580 830 196 🚆 Robertsbridge, dann Taxi 🕐 tägl. 11–16:30 (März–Okt: bis 15:30)

Die Ende des 14. Jahrhunderts errichtete Festung ist eine der romantischsten Englands. Lange nahm man an, die Burg sei als Verteidigungsstellung gegen einen französischen Angriff erbaut worden. Wahrscheinlicher ist, dass sie Wohnsitz eines Ritters war. Im Bürgerkrieg 1639–51 *(siehe S. 49)* zerstörten Parlamentstruppen das Dach, damit Charles I die Burg nicht mehr als Stützpunkt verwenden konnte. Seither ist Bodiam Castle unbewohnt. Lord Curzon renovierte es 1919 und übergab es dem Staat.

Umgebung: Östlich liegt **Great Dixter**, ein Herrenhaus aus dem 15. Jahrhundert, das Sir Edwin Lutyens 1910 im Auftrag der Familie Lloyd restaurierte. Christopher Lloyd legte einen prächtigen Garten mit Terrassen und Rabatten an.

Fachwerkhäuser an der Mermaid Street in Rye

Great Dixter

🏠 Northiam, Rye 🕐 Haus: Di–So 13–16; Garten: Di–So 11–17 🌐 greatdixter.co.uk

⓯ Winchelsea

🏠 East Sussex 👥 600

🌐 winchelsea.com

Drei Kilometer südlich von Rye liegt das kleine Städtchen Winchelsea, das im Jahr 1288 auf Anordnung von Edward I hierher verlegt wurde, nachdem der schwere Orkan von 1287 den größten Teil des tiefer gelegenen alten Orts unter Wasser gesetzt hatte.

Winchelsea dürfte somit die erste auf dem Reißbrett entstandene mittelalterliche Stadt Englands sein. Das schachbrettartige Straßenmuster und die im Zentrum gelegene Church of St Thomas Becket (um 1300) sind bis heute erhalten. Die Kirche besitzt noch drei alte Grabmale. Auch in der Votivkapelle sind zwei mittelalterliche Grabmale zu sehen. Die drei Fenster (1928–33) der Lady Chapel entwarf Douglas Strachan zum Gedenken an die Gefallenen des Ersten Weltkriegs.

Der Strand unterhalb der Stadt zählt zu den schönsten der südöstlichen Küste.

⓰ Hastings

🏠 East Sussex 👥 90 000 ℹ️ Muriel Matters House, Breeds Place; +44 1424 451 111 🌐 visit 1066country.com

Der faszinierende Ort ist noch heute ein Fischereihafen. Im 19. Jahrhundert entstand westlich der Altstadt ein Seebad, das jedoch die Gassen des Fischerviertels unberührt ließ.

Umgebung: Elf Kilometer entfernt liegt das kleine Städtchen Battle, dessen Hauptplatz vom Torhaus der **Battle Abbey** dominiert wird. William the Conqueror ließ die Abtei an der Stelle seines Sieges errichten – angeblich befand sich der Hochaltar an dem Platz, an dem König Harold fiel. Bei der Säkularisation durch Henry VIII *(siehe S. 391)* wurde sie abgerissen. Um das einstige Schlachtfeld führt ein Weg.

Battle Abbey
🏠 High St, Battle 📞 +44 1424 775 705 🕐 Apr–Okt: tägl. 10–16; Nov–März: Sa, So 10–16 🚫 1. Jan, 24.–26. Dez

---

Schlacht bei Hastings

Im Jahr 1066 landete William the Conqueror aus der Normandie an der Südküste Englands, um Winchester und London zu erobern. König Harold und seine Truppen lagerten in der Nähe von Hastings, als William sie angriff. Der Eroberer gewann die Schlacht, nachdem Harold tödlich verwundet worden war. Diese letzte erfolgreiche Invasion in England ist in Frankreich auf dem Teppich von Bayeux dargestellt.

❶ Eastbourne

🏠 East Sussex 🏔 93 000
🚉 🚌 ℹ Welcome Building, Compton St
🌐 visiteastbourne.com

Das viktorianische Seebad eignet sich gut als Basis für Ausflüge in die Downs. Der South Downs Way *(siehe S. 190f)* beginnt vor der Stadt beim 163 Meter hohen Felsvorsprung von Beachy Head. Der Weg führt zu den Klippen bei Birling Gap und bietet herrliche Aussicht auf die Kreidefelsen Seven Sisters.

Umgebung: Westlich liegt der ganzjährig geöffnete **Seven Sisters Country Park** *(siehe S. 191)*.

Richtung Norden erreicht man das schöne Dorf Alfriston mit dem Gasthof The Star (15. Jh.). Unweit von der Kirche steht das **Clergy House** (14. Jh.), das 1896 als erstes Haus vom National Trust erworben wurde.

Der 1935 im Art-déco-Stil erbaute **De La Warr Pavilion** in Bexhill-on-Sea, 20 Kilometer östlich von Alfriston, zeigt Kunstausstellungen.

Seven Sisters Country Park
🅿 ♿ 🏠 Exceat, Seaford
🕐 Besucherzentrum: Apr–Sep: tägl. 10:30–16:30; März, Nov: Sa, So 11–16; Okt: tägl. 11–16
🌐 sevensisters.org.uk

Clergy House
🅿 ♿ NT 🏠 Alfriston
🕐 März–Okt: Sa–Mi 10:30–17 (Juli, Aug: auch Fr)
🌐 nationaltrust.org.uk

De La Warr Pavilion
🅿 ♿ ♿ 🏠 Marina, Bexhill-on-Sea 🕐 tägl. 10–17
🌐 dlwp.com

❷ Lewes

🏠 East Sussex 🏔 17 000
🚉 ℹ 187 High St 🎭 Glyndebourne Festival (Mai–Aug)
🌐 visitlewes.org

Die alte Hauptstadt von East Sussex war wegen ihrer Lage schon zur Zeit der Sachsen strategisch wichtig, denn von der Erhebung reicht der Blick weit über die Küste. William the Conqueror errichtete hier 1067 eine hölzerne Burg, die bald durch einen Steinbau ersetzt wurde. Im Jahr 1264 war der Ort Schauplatz der Schlacht, in der Simon de Montfort der Sieg über Henry III glückte.

Das **Anne of Cleves House** (Tudor-Stil), in dem sich heute ein Museum befindet, ist nach der vierten Ehefrau von Henry VIII benannt, die allerdings niemals hier lebte.

In der Guy Fawkes Night *(siehe S. 45)* am 5. November werden brennende Fässer zum Fluss hinabgerollt, um an die 17 protestantischen Märtyrer zu erinnern, die Mary I im Jahr 1605 verbrennen ließ.

> ### 🔍 Entdeckertipp
> **Farleys House**
>
> Etwa 16 Kilometer östlich von Lewes steht das ehemalige Wohnhaus der Fotografin Lee Miller und des surrealistischen Künstlers Roland Penrose, in dem sie ab 1949 für 35 Jahre lebten. Es zeigt ihre Werke und die ihrer Freunde, darunter Picasso und Man Ray (www.farleyshouseandgallery.co.uk).

Umgebung: In der Nähe stehen **Glynde Place** (16. Jh.) und **Charleston**, früherer Landsitz von Vanessa Bell und Duncan Grant, Mitgliedern der Bloomsbury Group *(siehe S. 111)*. Das Opernhaus **Glyndebourne** zieht Opernfans zum Glyndebourne Festival in Scharen an.

Anne of Cleves House
🅐 Lewes 🕒 siehe Website 🗓 24.–26. Dez
🌐 sussexpast.co.uk

Glynde Place
🅐 Lewes
🕒 Mai, Juni: tägl. 14–17
🌐 glynde.co.uk

Charleston
🅐 Lewes
🕒 März–Okt: Mi 11:30–17, So, Feiertage 12–17
🌐 charleston.org.uk

Glyndebourne
🅐 Lewes
🌐 glyndebourne.com

Schon gewusst?
Die Kreidefelsen Seven Sisters erodieren jedes Jahr um etwa 30 Zentimeter.

ⓘ Steyning
🅐 West Sussex 🏠 6000
ℹ️ 9 Causeway, Horsham; +44 1403 211 661
🌐 visitsteyning.co.uk

Das Bild der Kleinstadt prägen alte Fachwerkhäuser aus der Tudor-Zeit. Zur Zeit der angelsächsischen Herrscher verfügte das am Adur gelegene Steyning über bedeutende Hafen- und Werftanlagen. Steynings Tage als Hafenstadt waren gezählt, als im 14. Jahrhundert der Fluss verschlammte. Später wurde es eine Postkutschenstation.

Umgebung: Die Ruinen einer normannischen Burg sind nahe Bramber, östlich von Steyning, zu sehen. In Bramber steht auch **St Mary's House** aus dem Jahr 1470, ein Fachwerkbau mit vertäfelten Räumen und einem der ältesten Ginkgo-Bäume des Landes.

St Mary's House
🅐 Bramber
🕒 Mai–Sep: Do, So, Feiertage 14–18
🌐 stmarysbramber.co.uk

Restaurants

Bill's
Bill's, heute eine Bistrokette im mediterranen Stil, begann als Café in Lewes, in dem der Landwirt Bill Collison Speisen aus selbst angebautem Gemüse verkaufte.

🅐 56 Cliffe High St, Lewes
🌐 bills-website.co.uk
£££

Tiger Inn
Der Landgasthof bietet an kalten Tagen Kaminfeuer und im Sommer Tische im Freien. Auf der Speisekarte findet man einfache, aber herzhafte Gerichte wie Ploughman's Lunch.

🅐 East Dean, Eastbourne
🌐 beachyhead.org.uk
£££

↑ *Strandwanderung unterhalb der Kreidefelsen Seven Sisters bei Eastbourne*

⓴ Portsmouth

🏞 Hampshire 👥 215 000
🚌 🚆 ℹ The Hard Interchange; +44 23 9282 6722
🗓 Do–Sa
🌐 visitportsmouth.co.uk

Hauptattraktion ist die ehemalige Werft **Portsmouth Historic Dockyard** mit der *Mary Rose*; das Flaggschiff von Henry VIII *(siehe S. 48)* kenterte 1545 auf der Jungfernfahrt im Kampf gegen die Franzosen. 1982 wurde es gehoben. Zusammen mit ca. 19 000 weiteren geborgenen Objekten aus dem 16. Jahrhundert wird es heute im **Mary Rose Museum** präsentiert. In der Nähe liegt die restaurierte HMS *Victory*, das Flaggschiff, auf dem Admiral Nelson bei Trafalgar den Tod fand.

Das Museum **The D-Day Story** erinnert an die Landung der Alliierten in der Normandie. **Portchester Castle** wurde im 3. Jahrhundert befestigt und gilt als besterhaltenes römisches Küstenfort Nordeuropas. Innerhalb der Mauern errichteten die Normannen später eine Burg.

Das **Charles Dickens Birthplace Museum** residiert im Haus, in dem der Schriftsteller *(siehe S. 174)* 1812 geboren wurde.

Der 170 Meter hohe **Spinnaker Tower** dominiert Portsmouths Skyline und bietet einen Blick auf den Hafen.

Portsmouth Historic Dockyard
🏠 Victory Gate, HM Naval Base
🕐 tägl. 10–17:30 (Nov–März: bis 17)
🌐 historicdockyard.co.uk

Mary Rose Museum
🏠 Portsmouth Historic Dockyard 🕐 tägl. 10–17:30 (Nov–März: bis 17) 🌐 maryrose.org

The D-Day Story
🏠 Museum Rd
🕐 tägl. 10–17:30 (Nov–März: bis 17)
🌐 theddaystory.com

Portchester Castle
🏠 Church Rd, Portchester 🕐 Apr–Okt: tägl. 10–17; Nov–März: Sa, So 10–16
🌐 english-heritage.org.uk

Charles Dickens Birthplace Museum
🏠 393 Old Commercial Rd 🕐 Apr–Sep: Fr–So; auch 7. Feb (Dickens' Geburtstag) 🌐 charlesdickensbirthplace.co.uk

---

Hotel

Amberley Castle

Das spektakuläre, luxuriöse Hotel befindet sich in einer Festung aus dem 12. Jahrhundert. Das Flair prägen viele Elemente der Originalausstattung.

🏠 nahe Arundel, W Sussex BN18 9LT
🌐 amberleycastle.co.uk

£££

Spinnaker Tower
🏠 Gunwharf Quays 📞 +44 23 9285 7520 🕐 tägl. 10–17:30

㉑ Arundel Castle

🏠 Arundel, West Sussex
📞 +44 1903 882 173
🚆 Arundel 🕐 siehe Website
🌐 arundelcastle.org

Die mächtige Festung, die hoch über dem gleichnamigen Städtchen wacht, geht auf eine Gründung der Normannen zurück. Seit dem

← *HMS* Victory, *eine der größten Attraktionen im Portsmouth Historic Dockyard*

16. Jahrhundert ist sie im Besitz der mächtigen Dukes of Norfolk, der ältesten römisch-katholischen Familie des Landes. Nachdem Parlamentarier das Kastell im Jahr 1643 zerstört hatten, baute man es im 19. Jahrhundert im neogotischen Stil wieder auf.

㉒
Chichester

西 West Sussex 🏛 27 000
🚌 ℹ The Novium, Tower St; +44 1243 775 888 📅 Mi, Fr (Bauernmarkt), Sa 🌐 visit southeastengland.com

↑ Blick vom Altarraum in den Innenraum der Chichester Cathedral

Die schöne alte Marktstadt, in deren Mitte ein spätgotisches Marktkreuz zu bewundern ist, wird von ihrer 1108 geweihten **Kathedrale** beherrscht. Der Turm soll der einzige englische Kathedralenturm sein, den man vom Meer aus sieht. Trotz Plünderungen bietet die Kathedrale viel Sehenswertes: einen frei stehenden Glockenturm (1436), zwei romanische Sandsteinreliefs (1140) sowie moderne Gemälde von Graham Sutherland (1903–1980) und ein Buntglasfenster von Marc Chagall (1887–1985).

Der restaurierte römische **Fishbourne Roman Palace** zwischen Bosham und Chichester ist die größte römische Villa des Landes. Das erst 1960 entdeckte Anwesen (3 ha) wurde um 75 n. Chr. erbaut. 285 n. Chr. wurde der Bau ein Raub der Flammen. Der Nordflügel birgt Mosaiken, u. a. ein Cupido-Mosaik.

Im Norden von Chichester liegt **Goodwood House** aus dem 18. Jahrhundert. Zu den wertvollsten Werken zählen Gemälde von Canaletto (1697–1768) und Stubbs (1724–1806).

Chichester Cathedral
🏛 West St
🕐 tägl. 10–16 🌐 chichestercathedral.org.uk

Fishbourne Roman Palace
🏛 Roman Way
🕐 März–Sep: tägl. 10–17; Feb, Okt, Nov: Sa, So 10–16
🌐 sussexpast.co.uk

Goodwood House
🏛 Goodwood
🕐 siehe Website
🌐 goodwood.com

㉓
Petworth House
🏛 Petworth, West Sussex
📞 +44 1798 342 207
🚉 Pulborough, dann Bus
🕐 Haus: tägl. 10:30–16:30 (Nov–Feb: bis 15:30; Park: tägl. 8–20 (Nov–Feb: bis 18) 🌐 nationaltrust.org.uk

Das Haus aus dem späten 17. Jahrhundert wurde durch eine Reihe berühmter Ansichten des Malers J. M. W. Turner unsterblich gemacht. Einige seiner schönsten Arbeiten bilden zusammen mit Gemälden von Tizian, van Dyck und Gainsborough eine herausragende Kunstsammlung, die auch römische und griechische Skulpturen umfasst. Sehen Sie sich unbedingt die *Leconfield Aphrodite* (4. Jh. v. Chr.) an, die dem Griechen Praxiteles zugeschrieben wird.

Sehenswert ist auch der mit kunstvoll geschnitzten Holztafeln mit Vögeln, Blumen und Musikinstrumenten von Grinling Gibbons (1648–1721) geschmückte Carved Room. Teile des Parks gestaltete Capability Brown *(siehe S. 24)*.

> ### Englischer Wein
> In Großbritannien gibt es mehr als 500 Weinberge – die meisten Weingüter befinden sich in den südenglischen Grafschaften Kent und Sussex, wo das relativ milde Klima sehr gute Wachstumsbedingungen für Reben bietet. Der überwiegende Teil der englischen Weinproduktion entfällt auf Sorten wie Denbies (Surrey), Chapel Down (Kent) und Breaky Bottom (Sussex).

> **Das Stadtbild von Chichester wird von der Kathedrale beherrscht. Der Turm soll der einzige englische Kathedralenturm sein, den man vom Meer aus sieht.**

 Auch im Hof des National Motor Museum in Beaulieu sind alte Fahrzeuge zu sehen

In diesem ruhigen Dorf mit seinen Wäldern, Teichen und Hütten steht **Jane Austen's House**, in dem die Autorin die letzten acht Jahre ihres Lebens mit ihrer Mutter und Schwester lebte. Hier entstanden die meisten ihrer Romane, darunter *Verstand und Gefühl* sowie *Stolz und Vorurteil*. Das Haus ist heute ein Museum und zeigt Austens Briefe und Möbel.

Außerhalb des Dorfs befindet sich das von einem Rosengarten umgebene **Chawton House**, ein Herrenhaus aus dem 1580er Jahren, das einst Austens Bruder Edward gehörte. Heute ist hier ein Zentrum für weibliche Literatur von 1600 bis 1830.

Jane Austen's House
Chawton Village Green · siehe Website · jane-austens-house-museum.org.uk

Chawton House
Chawton · Haus: Ende März – Okt: tägl. 10–16:30; Bibliothek: nach Anmeldung · Nov – Ende März · chawton house.org

26
Guildford
Surrey · 66 000 · 155 High St; +44 1483 444 333 · Fr, Sa · guildford.gov.uk

Die meistbesuchte Attraktion der Hauptstadt der Grafschaft Surrey sind die Reste einer restaurierten normannischen Burg. Schöne Bauten aus der Tudor-Zeit – das bekannteste Gebäude ist die Guildhall – säumen die High Street. Das Stadtbild wird von der 1954 erbauten modernen Kathedrale dominiert.

Restaurants

Boathouse
Ein schöner Ort am Wasser, um frisch gefangenen Hummer und Krabben zu genießen.
Steephill Cove, Isle of Wight PO38 · Mi, Okt – Apr · steephill-cove.co.uk
££££

The Elderflower
Fantasievolle saisonale Gerichte sowie ein einfacher Klassiker wie Fish and Chips werden hier angeboten.
4–5 Quay St, Lymington SO41 · So nachm., Mo, Di · elderflower restaurant.co.uk
££££

The Terrace
Auf der Karte stehen Seafood- und Wildgerichte sowie vegetarische Optionen.
The Montagu Arms, Beaulieu SO42 · Mo, Di · montagu armshotel.co.uk
££££

24
Beaulieu
Brockenhurst, Hampshire · +44 1590 612 345 · Brockenhurst, dann Taxi · siehe Website · beaulieu.co.uk

Palace House, einst das Torhaus der Beaulieu Abbey, zeigt im National Motor Museum eine schöne Sammlung von Oldtimern. Kostümierte Führer erwecken das Haus zum Leben, vor allem in der restaurierten viktorianischen Küche.

In der verfallenen Abtei, die John I 1204 für Zisterziensermönche gründete, informiert eine Ausstellung über das Leben im Kloster.

Umgebung: In **Buckler's Hard** dokumentiert ein Museum die Geschichte des Schiffsbaus im 18. Jahrhundert. Hier arbeiteten rund 4000 Menschen.

Buckler's Hard
Beaulieu · tägl. 10–16:30 (Apr – Sep: bis 17) · bucklershard.co.uk

25
Chawton
Hampshire · 500 · Alton, dann Bus oder Taxi · The Library, The Square, Petersfield · visit-hampshire.co.uk

Umgebung: Guildford liegt am Ende der North Downs, einer bei Wanderern beliebten Hügellandschaft.

Nördlich von Guildford liegen die Gärten (97 ha) von **RHS Wisley** (Royal Horticultural Society), südwestlich **Loseley House**, ein schönes Herrenhaus in einem riesigen Park.

RHS Wisley
⊕⊕⊕⊕⊕ an der A3
Mo–Fr 9:30–18, Sa, So 9–18 rhs.org.uk

Loseley House
⊕⊕⊕⊕ Surrey
Haus: siehe Website; Gärten: tägl. 10–16
loseleypark.co.uk

㉗
New Forest
Hampshire Brockenhurst Lymington, dann Bus New Forest Heritage Centre, High St, Lyndhurst thenewforest.co.uk

Die Ebene aus Mischwald und Heide ist das größte zusammenhängende naturbelassene Gebiet im Süden Großbritanniens und zudem einer der wenigen Eichen-Urwälder Englands.

Heute strömen viele Erholungsuchende in die Gegend, in der die seltenen New-Forest-Ponys frei leben.

㉘
Isle of Wight
Isle of Wight 140 000 von Lymington, Southampton, Portsmouth The Guildhall, High St, Newport visitisleofwight.co.uk

Allein die Besichtigung von **Osborne House**, der Sommerresidenz von Queen Victoria und Prince Albert, lohnt die Überfahrt. Da das Haus weitgehend original erhalten ist, veranschaulicht es gut den königlichen Lebensstil. Das Swiss Cottage, heute ein Museum, war als Spielhaus für den Thronfolger und seine Geschwister konzipiert. Nebenan sieht man die »Bademaschine«, die es der Königin erlaubte, im Meer zu baden, ohne die Etikette zu verletzen.

Die zweite Hauptsehenswürdigkeit ist **Carisbrooke Castle** aus dem 11. Jahrhundert. Man kann auf der Außenmauer herumlaufen, und vom normannischen Bergfried aus hat man eine schöne Aussicht.

Die Insel ist ein Stützpunkt für Hochseesegler, vor allem während der Cowes Week. Neben den Stränden sind die Needles, drei Felstürme, die am westlichen Ende aus dem Meer ragen, der landschaftliche Höhepunkt der Isle of Wight. Sie sind nur einen kurzen Spaziergang von der Alum Bay entfernt.

Osborne House
⊕⊕⊕⊕⊕ East Cowes
Apr–Sep: tägl. 10–17; Okt–März: siehe Website
english-heritage.org.uk

Carisbrooke Castle
⊕⊕⊕⊕⊕⊕ Newport
Apr–Sep: tägl. 10–17; Okt–März: siehe Website
1. Jan, 24.–26. Dez
english-heritage.org.uk

> **Cowes Week**
>
> Die Cowes Week rund um die Isle of Wight zählt zu den größten Segelregatten der Welt. Alljährlich im August treten rund 1000 Jachten in allen Bootsklassen gegeneinander an. Das erste Rennen fand 1826 mit nur sieben Jachten statt.

↑ *Im weiten Heideland von New Forest fühlen sich Pferde wohl*

Spaziergang durch das Zentrum von Rye

Länge 2 km **Dauer** 30 Min. **Bus** Station Approach

Die bezaubernde Stadt war Mitglied der Vereinigung Cinque Ports. Diese Gruppe von Hafenorten an der Küste von Kent leistete viel für die Ausrüstung und Versorgung der königlichen Flotte und erhielt im Gegenzug u. a. das Recht, selbst Steuern zu erheben. Das kompakte mittelalterliche Zentrum lädt zu einem Spaziergang durch ein Labyrinth malerischer Gassen mit gut erhaltenen Fachwerkhäusern, Antiquitätenläden, Teestuben und Kunsthandwerksläden ein. Vom Turm der St Mary's Church hat man einen schönen Panoramablick.

Die **Mermaid Street** zählt zu den stimmungsvollsten Straße in Rye.

The Mint war zur Zeit von König Stephen (12. Jh.) Sitz der Münze.

Die Lagerhäuser am **Strand Quay** entstanden, als Rye eine blühende Hafenstadt war.

Mermaid Inn ist das größte mittelalterliche Gebäude der Stadt. Um 1750 war es Treffpunkt der Schmugglerbande Hawkhurst Gang.

Blick über den Fluss Tillingham

Im georgianischen **Lamb House** (1722) fand George I bei einem Orkan Schutz. Später lebte hier der Autor Henry James (1843–1916).

 Mermaid Inn: historisches Flair mit Holzdecke

↑ *Ypres Tower – mittelalterliche Bastion zum Schutz der Stadt vor Angriffen*

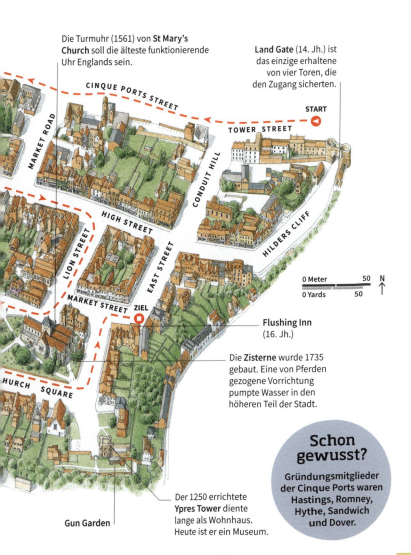

Die Turmuhr (1561) von **St Mary's Church** soll die älteste funktionierende Uhr Englands sein.

Land Gate (14. Jh.) ist das einzige erhaltene von vier Toren, die den Zugang sicherten.

Flushing Inn (16. Jh.)

Die **Zisterne** wurde 1735 gebaut. Eine von Pferden gezogene Vorrichtung pumpte Wasser in den höheren Teil der Stadt.

Der 1250 errichtete **Ypres Tower** diente lange als Wohnhaus. Heute ist er ein Museum.

Schon gewusst?

Gründungsmitglieder der Cinque Ports waren Hastings, Romney, Hythe, Sandwich und Dover.

Tour durch New Forest

Downs und Kanalküste

Länge 77 km **Rasten** In jedem Ort gibt es Cafés und Pubs. The George in Fordingbridge liegt am Ufer des Avon.

Das Gebiet erhielt seinen Namen, als es von William the Conqueror kurz nach seiner Eroberung Englands 1066 zu einem königlichen Jagdrevier ernannt wurde. Heute ist es ein Nationalpark und unterliegt alten Gesetzen – vor allem dem Recht der lokalen Bevölkerung, das gesamte Gelände als Weideland zu nutzen. Hier weiden die New-Forest-Ponys, die sich auch frei durch die Dörfer bewegen. Halten Sie bei der Fahrt durch die wunderschöne Mischung aus Heide- und Waldlandschaften Ausschau nach Englands größten Hirschherden.

Zur Orientierung
Siehe Karte S. 162f

Im 13. Jahrhundert wurde bei **Fordingbridge** die erste Brücke über den Avon errichtet.

Rufus Stone markiert die Stelle, an der König William II – wegen seiner roten Wangen Rufus genannt – getötet worden sein soll.

Minstead war ein Favorit von Sir Arthur Conan Doyle, dem Schöpfer von Sherlock Holmes.

Lyndhurst ist Hauptort des Gebiets.

Seit 1226 findet in **Ringwood** jeden Mittwoch ein Markt statt.

Eine schmale Gasse in **Bolderwood** führt zum Bolderwood Deer Sanctuary, wo man Rehe beobachten kann.

Die Hauptstraße von **Burley** prägen niedrige Häuser und frei herumlaufende Ponys.

Den **Rhinefield Ornamental Drive** säumen nordamerikanische Mammutbäume.

Im Zentrum von **Brockenhurst**, einem der schönsten Dörfer, sieht man oft Ponys, Kühe und Esel. Hier starten Ponyausflüge in die Natur.

Schon gewusst?

New-Forest-Ponys weiden in diesem Gebiet seit der letzten Eiszeit vor 500 000 Jahren.

New Forest präsentiert sich nicht nur bei Tagesanbruch in beeindruckender Farbenpracht ↑

Wanderung auf dem South Downs Way

Länge 160 km **Dauer** 8–9 Tage **Gelände** Die Route verläuft überwiegend auf Feldwegen. Abgesehen von einigen steilen Passagen ist der Wanderweg einfach zu begehen.

Die South Downs sind eine hügelige Kreidelandschaft, die sich über Sussex nach Hampshire erstreckt. Der South Downs Way verläuft über 160 Kilometer von Eastbourne nach Winchester und bietet wunderschöne Ausblicke auf die Landschaft von Weald im Norden und nach Süden hinunter zum Meer. Bei der Wanderung passiert man eine Reihe landschaftlicher Highlights wie etwa die Kreidefelsen Seven Sisters.

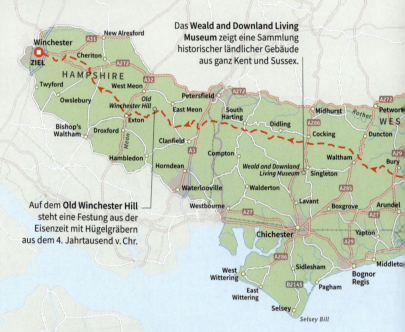

Das **Weald and Downland Living Museum** zeigt eine Sammlung historischer ländlicher Gebäude aus ganz Kent und Sussex.

Auf dem **Old Winchester Hill** steht eine Festung aus der Eisenzeit mit Hügelgräbern aus dem 4. Jahrtausend v. Chr.

← *Parham House: Herrenhaus aus elisabethanischer Zeit*

Downs und Kanalküste

Zur Orientierung
Siehe Karte S. 162f

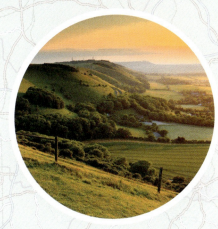

Blick vom Devil's Dyke auf die Hügellandschaft von Sussex

Das elegante elisabethanische **Parham House** (16. Jh.) wurde sorgfältig restauriert.

Der **Chanctonbury Ring** (17. Jh.) ist einer der vielen eisenzeitlichen Hügel auf den Hochebenen.

Devil's Dyke ist ein tiefes Tal. Der Legende nach wurde es vom Teufel gegraben, damit das Meer die christlichen Dörfer im Norden überfluten konnte.

Die majestätischen Kreidefelsen im **Seven Sisters Country Park** erheben sich zwischen Eastbourne und Seaford.

Der **Long Man of Wilmington** ist eine seltsame Hügelfigur mit den Umrissen eines Menschen. Niemand weiß, wann sie entstand, die Theorien reichen von der Steinzeit bis zum 17. Jahrhundert.

Schon gewusst?

In den South Downs leben 39 Schmetterlingsarten, darunter der seltene Duke of Burgundy.

Punten auf dem Cam in Cambridge (siehe S. 197)

East Anglia

Der Name East Anglia leitet sich von den Angeln ab, einem nordgermanischen Volksstamm, der während des 5. und 6. Jahrhunderts in dieser Region siedelte. Für kurze Zeit war East Anglia im 7. Jahrhundert das mächtigste der angelsächsischen Königreiche Englands. Bei Ausgrabungen in Sutton Hoo freigelegte Schätze zeugen von großem Reichtum.

Colchester gilt als die älteste schriftlich überlieferte Stadt Englands und war nach der römischen Invasion Zentrum der ersten dauerhaften römischen Kolonie.

Nach der Trockenlegung großflächiger Feuchtgebiete im 17. Jahrhundert erwies sich der Boden als ideal für die Landwirtschaft, heute wird in East Anglia etwa ein Drittel des britischen Gemüses produziert. In der Blütezeit der Tuchmacherei wurde Norwich als wichtiges Handelszentrum wohlhabend. Mit der industriellen Revolution wanderte der Wohlstand East Anglias in nördliche Landesteile.

Zu den schönsten Reisezielen gehören Norwich und Ely mit ihren bemerkenswerten Kathedralen und die Universitätsstadt Cambridge.

Cambridge

🏠 Kent 👥 130 000 ✈ Stansted 🚆 Cambridge
🚌 Drummer St ℹ The Guildhall, Peas Hill; +44 1223 791 501
🕒 tägl. 🎉 Strawberry Fair (Juni); Folk Festival (Juli)
🌐 visitcambridge.org

Cambridge ist seit der Römerzeit ein überregional bedeutendes Handelszentrum. Die berühmte Universität stammt aus dem 13. Jahrhundert. Die stark von studentischem Leben geprägte Stadt liegt mitten im »Silicon Fen«, einem der wichtigsten Cluster von Hightech-Unternehmen in Europa mit Schwerpunkt Biowissenschaften

① Fitzwilliam Museum

🏠 Trumpington St 📞 +44 1223 332 900 🕒 Di – So, Feiertage 🚫 1. Jan, Karfreitag, 24. – 26., 31. Dez
🌐 fitzmuseum.cam.ac.uk

In dem klassizistischen Gebäude, das Teil der Universität ist, befindet sich eines der ältesten öffentlichen Museen Großbritanniens. Es präsentiert Gemälde, Antiquitäten, Keramiken und Handschriften. Im Zentrum steht die Sammlung des 7. Viscount Fitzwilliam, der im Jahr 1816 zahlreiche unbezahlbare Kunstwerke stiftete.

Werke von Tizian (1488 – 1576) und niederländischen Meistern des 17. Jahrhunderts bestechen ebenso wie französische Impressionisten, darunter etwa Monet mit *Der Frühling* (1866) und Renoir mit *Place de Clichy* (1880), während Stanley Spencers *Self-Portrait with Patricia Preece* (1937) ein modernes Werk ist.

Unter den Miniaturen entdeckt man die älteste erhaltene Darstellung Henrys VIII. In derselben Galerie sind herrlich illuminierte Handschriften zu bewundern, u. a. das *Metz-Pontifikale* aus dem 15. Jahrhundert, eine französische Liturgieschrift.

Die Glaisher Collection europäischer Töpferware zählt zu den größten des Landes. Im Händel-Regal stehen Folianten mit seinen Werken, und ganz in der Nähe können Sie das Originalmanuskript von Keats' *Ode to a Nightingale* aus dem Jahr 1819 betrachten.

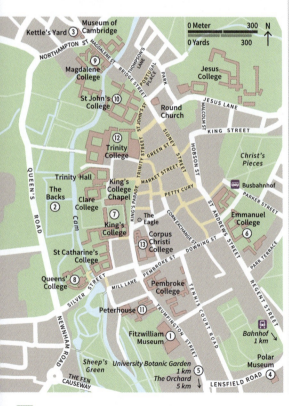

② The Backs

Der Fluss Cam streift den Campus mehrerer benachbarter Colleges (St John's, Trinity, King's und Queens'). Sein Ufergebiet bildet einen

Idyll pur: Flache Kähne gleiten entlang der Backs auf dem Cam

malerischen Grüngürtel, der The Backs genannt und als Rasenflächen, Gärten und Weideland genutzt wird. Der Blick über die Backs zur King's College Chapel *(siehe S. 198)* ist eine der bekanntesten Ansichten in England.

Punten auf dem Cam

Punten gilt als Inbegriff sorgloser College-Tage: Ein Student schiebt mit einer Stange den flachen Kahn vorwärts, während sich die anderen darin ausstrecken und entspannen. Die Stakkähne kann man – falls gewünscht auch mit »Chauffeur« – an verschiedenen Stellen rund um Cambridge ausleihen. Falls Sie selbst punten wollen, seien Sie vorsichtig: Die flachen Boote können leicht kentern!

③
Kettle's Yard
Castle St · Mi – So 11–17 · kettlesyard.co.uk

In diesem schönen Haus ist die Galerie für moderne und zeitgenössische Kunst der Universität untergebracht. Die Dauerausstellung zeigt vor allem Gemälde, Skulpturen und Objekte insbesondere der britischen Avantgarde des frühen 20. Jahrhunderts.

④
Polar Museum
Lensfield Rd · Do – Sa 10 –16

Das faszinierende Museum im Scott Polar Institute dokumentiert die Geschichte der Polarforschung anhand von Kleidungsstücken, Karten, Gemälden, Fotos und anderen Objekten, die bei Erkundungen der Arktis und der Antarktis verwendet wurden. Eine Sektion ist den Inuit gewidmet ist.

⑤
University Botanic Garden
1 Brookside · Apr – Sep: tägl. 10 –18; Feb, März, Okt: tägl. 10 –17; Nov – Jan: tägl. 10 –16 · botanic.cam.ac.uk

Dieses grüne Idyll an der Trumpington Street lädt zu einem Bummel ein. Im 1846 angelegten Park mit alten Bäumen, Wassergarten und einem wunderschönen Wintergarten haben sich bereits Generationen von Studierenden ausgeruht.

← *Im pittoresken, von Colleges, Cafés und Läden geprägten Zentrum von Cambridge*

Lokale

The Eagle
Ein Besuch des berühmtesten Pubs der Stadt ist ein Muss. Genießen Sie typisches Pub-Food wie Burger oder Fish and Chips.

🏠 Benet St 🌐 greeneking-pubs.co.uk

£££

The Orchard
Zu den Gästen dieser Teestube mit Garten zählten schon die Literaten Rupert Brooke und Virginia Woolf.

🏠 47 Mill Way, Grantchester 🌐 theorchardteagarden.co.uk

£££

⑥ Emmanuel College
🏠 St Andrews St
🌐 emma.cam.ac.uk

Christopher Wrens im Jahr 1677 an der St Andrew's Street erbaute Kapelle ist die große Attraktion des College. Beachtung verdienen die herrliche Stuckdecke und Amigonis Altargitter (1734). Das 1584 gegründete College ist puritanischen Ursprungs.

⑦ King's College
🏠 King's Parade
🌐 kings.cam.ac.uk

Henry VI gründete das College 1441. Die Arbeiten an der Kapelle – einem der grandiosesten Beispiele spätgotischer Architektur in England – begannen fünf Jahre später und dauerten 70 Jahre lang. Henry selbst bestimmte die Maße des Gebäudes, das das Stadtbild prägen sollte: 88 Meter lang, zwölf Meter breit, 29 Meter hoch.

⑧ Queens' College
🏠 Queens' Lane
🌐 queens.cam.ac.uk

Das 1446 erbaute Queens' College besitzt herrliche Tudor-Bauten. Sehenswert ist die President's Gallery (Mitte 16. Jh.). Aus dem 15. Jahrhundert datieren der Principal Court und der nach dem großen Gelehrten benannte Erasmus' Tower. Die Gebäude des College stehen zu beiden Seiten des Cam und sind über die Mathematical Bridge miteinander verbunden. Obwohl die Brücke wie ein Bogen aussieht, wurde sie doch mithilfe einer komplizierten Technik ganz aus geraden Hölzern erbaut.

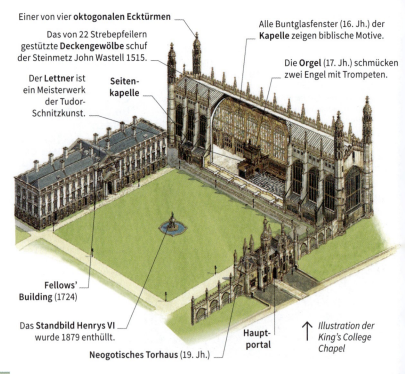

Einer von vier **oktogonalen Ecktürmen**

Das von 22 Strebepfeilern gestützte **Deckengewölbe** schuf der Steinmetz John Wastell 1515.

Der **Lettner** ist ein Meisterwerk der Tudor-Schnitzkunst.

Seitenkapelle

Alle Buntglasfenster (16. Jh.) der **Kapelle** zeigen biblische Motive.

Die **Orgel** (17. Jh.) schmücken zwei Engel mit Trompeten.

Fellows' Building (1724)

Das **Standbild Henrys VI** wurde 1879 enthüllt.

Hauptportal

Neogotisches Torhaus (19. Jh.)

↑ *Illustration der King's College Chapel*

↑ *Reich geschmückter Brunnen im Hof des Trinity College*

⑨
Magdalene College
🏠 Magdelene St
🌐 magd.cam.ac.uk

Absolvent des 1482 gegründeten College war der Tagebuchautor und Chronist Samuel Pepys (1633–1703). Er hinterließ dem College seine umfangreiche Bibliothek mit mehr als 3000 Bänden. Erst 1987 nahm Magdalene (gesprochen »Maudlin«) als letztes College auch Frauen auf.

⑩
St John's College
🏠 St John's St
🌐 joh.cam.ac.uk

Das imposante turmgekrönte Torhaus aus dem Jahr 1514 bildet das passende Entree zum College und dessen eindrucksvollen Bauten aus dem 16. und 17. Jahrhundert. In der vorwiegend elisabethanischen Halle hängen Bildnisse berühmter Studierender, darunter der Dichter William Wordsworth. St John's erstreckt sich rechts und links des Cam und besitzt zwei Brücken: eine von 1712 und die Bridge of Sighs von 1831.

⑪
Peterhouse
🏠 Trumpington St
🌐 pet.cam.ac.uk

Das älteste College von Cambridge (Trumpington Street) ist zugleich eines der kleinsten. Der Saal enthält noch Elemente aus dem Jahr 1284, doch die schönsten Details sind jüngeren Datums, wie etwa der Tudor-Kamin mit den herrlichen Fliesen aus dem 19. Jahrhundert.

⑫
Trinity College
🏠 Trinity St
🌐 trin.cam.ac.uk

Das größte College (Trinity Street) wurde im Jahr 1547 von Henry VIII gegründet. Hof und Saal sind besonders eindrucksvoll. Das Eingangstor mit Statuen von Henry und James I entstand 1529 für King's Hall, ein älteres College, das ins Trinity College einbezogen wurde. In der Kapelle von 1567 stehen lebensgroße Statuen ehemaliger Studenten, etwa Roubiliacs Statue von Isaac Newton von 1755.

⑬
Corpus Christi College
🏠 King's Parade
🌐 corpus.cam.ac.uk

Das beim Senate House gelegene College wurde im Jahr 1352 von den Zünften in Cambridge gegründet, die damit sicherstellen wollten, dass höhere Bildung nicht alleiniges Vorrecht von Geistlichkeit und Adel blieb. Der Old Court aus dem 14. Jahrhundert ist bemerkenswert gut erhalten.

> 💬 Expertentipp
> **Besuch der Colleges**
>
> Colleges können außerhalb der Prüfungszeiten besucht werden, die Öffnungszeiten variieren. Achten Sie auf die Infos am Eingang jedes College. Einige erheben Eintrittsgebühren.

Elm Hill, eine der schönsten mittelalterlichen Straßen in England

Norwich

❷

🏠 Norfolk 🚋 190 000 ✈ 🚉 Norwich 🚌 Surrey St
ℹ The Forum, Millennium Plain; +44 1603 213 999
🕘 Mo – Sa 🌐 visitnorwich.co.uk

Im Herzen der fruchtbaren Ebene East Anglias bietet Norwich ein wunderbar erhaltenes mittelalterliches Zentrum, das zu den bezauberndsten in England gehört. Bei einem Rundgang durch die engen Gassen entdeckt man viele nette Läden und Cafés. Die Musikszene der Stadt wird landesweit geschätzt.

Norwich Cathedral
①

🏠 The Close 📞 +44 1603 218 300 🕘 tägl. 7:30 – 18:30
🌐 cathedral.org.uk

Bischof Losinga, der das Gotteshaus 1096 gründete, ließ die Steine dafür aus Caen und Barnack herbeischaffen. Vom Kloster hat nur der Kreuzgang, der größte des Landes, überdauert. Der Turm, der im 15. Jahrhundert dazukam, ist mit 96 Metern der zweithöchste Englands (nach dem in Salisbury, *siehe S. 266f*). Hoch aufragende normannische Pfeiler tragen die Dachgewölbe des majestätischen Hauptschiffs, dessen Mauerwerk biblische Szenen zeigt.

Meisterhaft sind die herrlichen Schnitzarbeiten im Chor und die Überdachung des Chorgestühls. Versäumen Sie nicht die Despenser-Retabeln in der St Luke's Chapel, die in einem Versteck der Zerstörung durch die Puritaner entgingen.

Unter der östlichen Außenwand liegt das Grab Edith Cavells, einer aus Norwich stammenden Krankenschwester, die 1915 von den Deutschen gefangen genommen und hingerichtet wurde, weil sie Soldaten der Alliierten zur Flucht aus Belgien verholfen hatte.

Tombland, der alte angelsächsische Marktplatz bei der Kathedrale, wird von mittelalterlichen Gebäuden umrahmt.

Norwich Castle
②

🏠 Castle Meadow 📞 +44 1603 493 625 🕘 wegen Renovierung; siehe Website
🌐 museums.norfolk.gov.uk

In dem Bergfried der Burg aus dem 12. Jahrhundert ist seit 1894 das Stadtmuseum von Norwich untergebracht. Ausgestellt sind mittelalterliche Rüstungen, Keramiken, Porzellan und die größte Keramik-Teekannen-Sammlung der Welt.

Bar

Cinema City

Die überaus stimmungsvolle Bar des in einem gut erhaltenen Kaufmannshaus aus dem 14. Jahrhundert untergebrachten Arthouse-Kinos bietet eine große Auswahl an Weinen und Bieren.

🏠 St Andrew's St
🌐 picturehouses.com

Entdeckertipp
Plantation Garden

Etwa 500 Meter vom Stadtzentrum entfernt erreicht man an der Earlham Road diesen wunderschönen Garten mit Blumenbeeten, Springbrunnen und einem Gewächshaus.

In der Kunstgalerie herrschen Gemälde von Mitgliedern der Norwich School vor, einer Gruppe von Landschaftsmalern des 19. Jahrhunderts. Führende Vertreter waren John Crome (1768–1821) und John Sell Cotman (1782–1842).

Museum of Norwich

- Bridewell Alley
- +44 1603 629 127
- Di–Sa 10–16.30
- museums.norfolk.gov.uk

Das mit Feuerstein verkleidete Gebäude (14. Jh.) – eines der ältesten Häuser von Norwich – zeigt eine Ausstellung zu einheimischen Industriezweigen (u. a. Textilien, Schuhe, Schokolade und Senf).

Strangers' Hall

- Charing Cross
- Mi 10–16, So 13–16:30
- 23. Dez – Mitte Feb
- museums.norfolk.gov.uk

Das Gebäude aus dem 14. Jahrhundert bekam seinen Namen von eingewanderten Webern, den *strangers* (Fremden). In den Schauräumen kann man das Alltagsleben von der Tudor- bis zur viktorianischen Zeit nachverfolgen.

The Sainsbury Centre for Visual Arts

- University of East Anglia (an der B1108)
- Di–Fr 9–18, Sa, So 10–17
- 23. Dez – 2. Jan
- sainsburycentre.ac.uk

Die Galerie wurde 1978 für die Kunstsammlung von Robert und Lisa Sainsbury errichtet, die diese über Jahrzehnte aufgebaut hatten und 1973 der University of East Anglia vermachten. Ausgestellt sind Werke von Modigliani, Picasso, Bacon, Giacometti und Moore, aber auch Volkskunst aus Afrika sowie aus Nord- und Südamerika.

Das Gebäude, das von Norman Foster entworfen wurde, gehörte zu den ersten mit offen sichtbarer Stahlkonstruktion.

> *Highlight*

Lamafigur der Inka im Sainsbury Centre

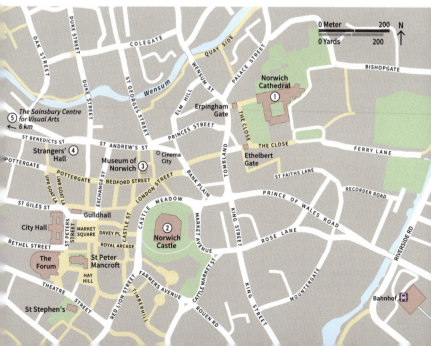

Ely Cathedral

🏠 Ely, Cambridgeshire 📞 +44 1353 667 735
🕐 Mo – Sa 10 – 16, So 12:30 – 17 🌐 elycathedral.org

Die prächtige Kathedrale von Ely, eines der Wunderwerke der mittelalterlichen Welt, ist mehr als 900 Jahre alt und wird wegen ihrer Größe und Schönheit sehr geschätzt. Die Kathedrale ist weithin sichtbar und wird oft auch als »The Ship of the Fens« bezeichnet.

Die Kathedrale befindet sich im Zentrum der auf einem Kreidehügel erbauten Stadt Ely. Der Hügel war die letzte Bastion des angelsächsischen Widerstands unter Hereward the Wake gegen die Normannen. Die Fertigstellung der 1083 begonnenen Kathedrale dauerte 268 Jahre. Sie überstand die Säkularisierung *(siehe S. 391)*, wurde aber von Cromwell, der eine Zeit lang in Ely lebte, für 17 Jahre geschlossen. Höhepunkte sind der als Meisterwerk geltende achteckige Turm und die Marienkapelle. Besucher können auch die mittelalterlichen Klostergebäude und die Parkanlagen rund um die Kathedrale erkunden.

Durch die **Glasfenster** der Laterne gelangt Licht in die Kuppel.

↑ *Blick in die Laterne des achteckigen Turms*

> 💬 **Expertentipp**
> **Choral Evensong**
>
> Die sehr geschätzten abendlichen Gesänge des bekannten Chors in der Kathedrale von Ely gehen auf eine mittelalterliche Tradition zurück. Sie finden an den meisten Abenden um 17:30 Uhr statt.

Buntglasmuseum

Illustration von Fassade und Innenraum der Kathedrale ↑

Das **Oktagon** entstand 1322 nach dem Einsturz des normannischen Vierungsturms. Der Bau der 200 Tonnen schweren Laterne dauerte 24 Jahre.

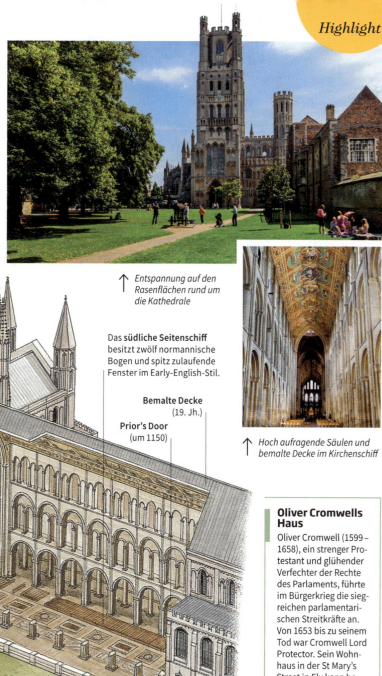

Highlight

↑ *Entspannung auf den Rasenflächen rund um die Kathedrale*

Das **südliche Seitenschiff** besitzt zwölf normannische Bogen und spitz zulaufende Fenster im Early-English-Stil.

Bemalte Decke (19. Jh.)

Prior's Door (um 1150)

↑ *Hoch aufragende Säulen und bemalte Decke im Kirchenschiff*

Grabmal von Alan de Walsingham, dem Konstrukteur des herrlichen Oktagons

Oliver Cromwells Haus

Oliver Cromwell (1599–1658), ein strenger Protestant und glühender Verfechter der Rechte des Parlaments, führte im Bürgerkrieg die siegreichen parlamentarischen Streitkräfte an. Von 1653 bis zu seinem Tod war Cromwell Lord Protector. Sein Wohnhaus in der St Mary's Street in Ely kann besichtigt werden, es zeigt eine interessante Ausstellung zum Bürgerkrieg mit vielen interaktiven Objekten (www.olivercromwells house.co.uk).

SEHENSWÜRDIGKEITEN

❹
The Broads
🏠 Norfolk 🚉 Hoveton, Wroxham oder Norwich, dann Bus 🛈 Station Rd, Hoveton; Farm Lane, Ranworth; How Hill Nature Reserve (Apr–Okt) 🌐 broads-authority.gov.uk

Die Marschlandschaft südlich und nordöstlich von Norwich, die durch sechs Flüsse bewässert wird, entstand im 13. Jahrhundert, als der ansteigende Meeresspiegel die Gräben eines Torfstechgebiets überflutete.

Im Sommer stehen die rund 200 Kilometer langen Wasserstraßen Segel- wie Motorbootfans offen. Am besten erkundet man Flora und Fauna der Region von einem gemieteten Hausboot aus. Wroxham ist für Touren aller Art der passende Ausgangspunkt.

Im vom Norfolk Wildlife Trust betriebenen **Broads Wildlife Visitor Centre** informieren Ausstellungen über den Naturraum. Zudem gibt es einen Aussichtsposten zur Vogelbeobachtung.

In der Ortsmitte von Ranworth steht St Helen's Church mit einem mittelalterlichen Lettner und Handschriften aus dem 15. Jahrhundert. Vom Turm genießt man eine prachtvolle Aussicht über die gesamte Gegend.

Broads Wildlife Visitor Centre
🅿 🏠 Ranworth Broad
📞 +44 1603 270 479
🕐 Apr–Okt: tägl. 10–17

❺
The Fens
🏠 Cambridgeshire/Norfolk 🚉 Ely, Downham Market, March 🛈 7 York Row, Wisbech; +44 1353 662 062 🌐 visitcambridgeshirefens.org

Die Fens sind die offene, fruchtbare Ebene zwischen Lincoln, Cambridge und Bedford.

Bis ins 17. Jahrhundert war hier nichts als Sumpf, aus dem »Inseln« wie Ely herausragten. Doch dann erkannte man den Wert des Bodens als Ackerland und holte Fachleute aus Holland, um die Fens trockenzulegen. Dadurch schrumpfte jedoch der Torf, das Land setzte sich ab. Zur Entwässerung sind deshalb bis heute Pumpen am Werk.

Umgebung: Etwa 14 Kilometer von Ely entfernt liegt **Wicken Fen Natur Reserve**, ein 245 Hektar großes, naturbelassenes Stück der Fens. Es bietet einer vielfältigen Flora und Fauna geeigneten Lebensraum. Es ist eines der wichtigsten Feuchtgebiete in Europa.

Wicken Fen Nature Reserve
🅿 🏠 🅝🅣 🏠 Lode Lane, Wicken, Ely 📞 +44 1353 720 274 🕐 Sonnenauf- bis -untergang

❻
King's Lynn
🏠 Norfolk 👥 34 000 🚉 🚌 🌐 visitwestnorfolk.com

Das ehemalige Bishop's Lynn änderte seinen Namen aus politischen Gründen während der Reformationszeit. Im Mittelalter, als von hier Getreide und Wolle auf den Kontinent verschifft wurden, zählte es zu den blühendsten

Windmühlen in den Fens und Broads

Die kräftige Brise von der Nordsee machte East Anglia zum idealen Standort für Windmühlen. Heute sind die alten Mühlen malerische Wahrzeichen. In den Fens und Broads erzeugten sie noch die zur Entwässerung nötige Energie, andernorts, etwa in Saxtead Green, mahlten sie Getreide. In den Broads hat man viele Mühlen restauriert und wieder in Betrieb genommen.

↑ Sandringham House, ein Landsitz des britischen Königshauses

Hafenstädten. Einige Lager- und Kaufmannshäuser am Ouse sind lebendige Zeugen jener Tage.

Am Nordrand der Stadt liegt **True's Yard Fisherfolk Museum** mit zwei Cottages und einem Räucherhaus, den letzten Relikten des alten Fischerviertels. Weitere historische Gebäude sind die St Margaret's Church aus dem Jahr 1101 mit einer elisabethanischen Leinwand im Inneren und die Trinity Guildhall (15. Jh.), in deren Kellergewölbe das **Stories of Lynn Museum** untergebracht ist, in dem 800 Jahre Lokalgeschichte dargestellt werden. Das ehemalige Zollhaus (17. Jh.), das den Fluss überblickt, beherbergt heute eine Ausstellung über die maritime Geschichte der Stadt.

True's Yard Fisherfolk Museum
North St Di–Sa 10–16 24. Dez – Mitte Jan truesyard.co.uk

Stories of Lynn Museum
Saturday Market Pl tägl. 10–16:30 storiesoflynn.co.uk

Schon gewusst?

Die Königsfamilie verbringt das Weihnachtsfest in Sandringham.

⑦ Sandringham
Norfolk +44 1485 545 408 von King's Lynn Ostern – Okt: tägl. 10–16 eine Woche im Juli sandringhamestate.co.uk

Der Landsitz in Norfolk ist seit 1862 im Besitz der königlichen Familie. Der Prince of Wales, später Edward VII, ließ das Anwesen um 1870 erweitern – daher die edwardianische Atmosphäre. In den Stallgebäuden wurde ein Museum eingerichtet, in dem Jagdtrophäen, Schieß- und Reitpokale ausgestellt sind. Viele Besucher zieht es zu den Automobilen, die die Windsors seit nahezu einem Jahrhundert sammeln und hier zusammentragen.

Restaurants

Morston Hall
Das in einem eleganten Landhaus untergebrachte Restaurant bietet ein siebengängiges Degustationsmenü, bei dem lokale Produkte im Mittelpunkt stehen.

Morston Hall, Morston, Holt Mo – Sa abends, So mittags morstonhall.com

£££

Bure River Cottage
Ein großartiges Seafood-Restaurant mit großer Auswahl. Zu den Favoriten gehören gegrillter Hummer und Tintenfisch.

27 Lower St, Horning So, Mo burerivercottage restaurant.co.uk

£££

8
Blickling Estate

Aylsham, Norfolk ✆ +44 1263 738 030 🚉 Norwich, dann Bus 🕐 Haus: tägl. 11–15; Park: tägl. 10–17 (Nov–März: 10–16) 🌐 nationaltrust.org.uk

Den imposantesten Anblick des Gebäudes bietet die symmetrische Backsteinfassade von Osten, wo Bäume und Eibenhecken für den passenden Rahmen sorgen.

Anne Boleyn, die zweite Frau Henrys VIII, verlebte hier ihre Kindheit, doch von dem damaligen Bau ist kaum etwas erhalten. Der größte Teil des heutigen Anwesens stammt von 1628, als Henry Hobart, oberster Richter unter James I, hier lebte. 1767 schmückte John Hobart zum Gedenken an Anne die Great Hall mit Reliefs von Anne und Elizabeth I.

Spektakulärster Raum ist die lange Galerie (um 1620) mit Stuckdecke. Der Saal Peters des Großen erinnert daran, dass der 2. Earl als Gesandter am russischen Hof weilte. Im Raum hängt ein Gobelin (1764), der den russischen Zaren zu Pferd zeigt – ein Geschenk von Katharina der Großen. Es gibt auch Landschaftsgärten mit geheimen Tunneln, einem See und einem Tempel zu entdecken.

9
Lowestoft

Suffolk 👥 58 000 🚉 🚌 ℹ️ Lowestoft Railway Station, Denmark Rd Di–Sa 🌐 lovelowestoft.co.uk

Die östlichste Stadt Großbritanniens konkurrierte als Fischereihafen und Seebad lange Zeit mit Great Yarmouth. Die Eisenbahn brachte weitere Vorteile, die viktorianischen und edwardianischen Pensionen zeugen von der Beliebtheit des Urlaubsorts. Die Fischerei ist fast vollkommen verschwunden, es sind nur noch ein paar kleine Fischerboote unterwegs.

In einem Haus aus dem 17. Jahrhundert informiert das **Lowestoft Museum** über die Porzellanherstellung in Lowestoft im 18. Jahrhundert und präsentiert archäologische Fundstücke aus der Gegend.

Umgebung: Nordwestlich liegt **Somerleyton Hall**, das auf den Fundamenten eines elisabethanischen Hauses im jakobinischen Stil errichtet wurde. Zu den Gartenanlagen gehört auch ein Labyrinth aus Eiben.

Lowestoft Museum
Oulton Broad 🕐 Apr–Okt: Fr–Mi 13–16, Do 10:30–16 🌐 lowestoftmuseum.org

Somerleyton Hall
an der B1074 🕐 Ostern–Sep: Do, So, Feiertage 10–17 🌐 somerleyton.co.uk

> **Schon gewusst?**
>
> Der als Eric Arthur Blair geborene George Orwell erhielt seinen Namen vom Fluss Orwell in Suffolk.

Im pittoresken Hafen von Lowestoft vor Anker liegende Jachten

↑ *Spaß für die ganze Familie bietet der bunte Britannia Pier im Seebad Great Yarmouth*

⑩ Framlingham Castle

🏠 Framlingham, Suffolk
📞 +44 1728 724 189
🚆 Wickham Market, dann Taxi 🕐 Apr–Okt: tägl. 10–17; Nov–März: Sa, So 10–16

Durch seine Hügellage besaß das Dorf Framlingham schon strategischen Wert, bevor der Earl of Norfolk hier 1190 die erste Burg erbauen ließ. Mary Tudor hielt sich hier auf, als sie 1553 erfuhr, dass sie Königin wird.

Umgebung: Südöstlich von Framlingham steht der 27 Meter hohe Bergfried von **Orford Castle**, das Henry II zur selben Zeit wie Framlingham Castle errichten ließ. Die Burg ist das älteste bekannte Beispiel für einen fünfseitigen Turm (vorher waren sie quadratisch, später rund). Der Aufstieg wird mit einem Panoramablick belohnt.

Orford Castle
🏠 Orford
🕐 Apr–Okt: tägl. 10–17; Nov–März: Sa, So 10–16
🌐 english-heritage.org.uk

⑪ Great Yarmouth

🏠 Norfolk 👥 97 000
🚆 🚌 ℹ️ Marine Parade; +44 1493 846 346
📅 Mi, Fr (im Sommer), Sa
🌐 visitgreatyarmouth.co.uk

Vor dem Ersten Weltkrieg war Great Yarmouth ein wichtiger regionaler Hafen für die Heringsfischerei. Massive Überfischung setzte dem Industriezweig ein frühes Ende. Heute lebt die Stadt von der Versorgung von Containerschiffen und Ölbohrinseln.

Charles Dickens *(siehe S. 174)* ließ einen Teil seines Romans *David Copperfield* hier spielen und verhalf der Stadt damit zu Berühmtheit.

Restaurants

The Courtyard
Das in einem der Row Houses untergebrachte italienische Restaurant bietet großzügige Portionen von Pasta- und Seafood-Gerichten.

🏠 75 Howard St South, Great Yarmouth
📞 +44 1493 330622
£££

Bucks Arms
Das Pub aus dem 17. Jahrhundert serviert Fleisch- und Fischgerichte. Viele Sitzgelegenheiten im Freien.

🏠 Blickling
🌐 bucksarms.co.uk
£££

Seit dem 19. Jahrhundert ist sie das populärste Seebad an der Küste Norfolks.

Das **Elizabethan House Museum** illustriert die wechselvolle Geschichte der Region. Im ältesten Teil der Stadt, um den South Quay, stehen die **Row Houses**, eine Reihe malerischer alter Häuser. In einem davon, dem Old Merchant's House aus dem 17. Jahrhundert, sind noch die ursprünglichen Stuckdecken zu besichtigen. Zur Führung gehört auch ein Besuch im angrenzenden Klosterkreuzgang aus dem 13. Jahrhundert.

Elizabethan House Museum
🏠 4 South Quay
🕐 So–Fr 10–16 (letzter Einlass 14:30) 🚫 Okt–März
🌐 nationaltrust.org.uk

Row Houses
🏠 South Quay
🕐 Apr–Sep: Fr–So 10–17
🌐 english-heritage.org.uk

Abendstimmung am beleuchteten Southwold Pier über der ruhigen See

⓬ Aldeburgh

🏠 Suffolk 👥 3000
ℹ️ Aldeburgh Cinema, 51 High St
🌐 thesuffolkcoast.co.uk

Heute ist der ansonsten gemütliche Ort vor allem durch das Musikfestival in Snape Maltings bekannt, das viele Besucher anzieht. In der Römerzeit war Aldeburgh ein bedeutender Hafen.

Im Erdgeschoss des Tudor-Fachwerkbaus Moot Hall (16. Jh.) ist das sehenswerte **Aldeburgh Museum** untergebracht. Den holzvertäfelten Court Room erreicht man nur über die Außentreppe. In der Kirche erinnert ein Glasfenster (1979) an den Komponisten, Dirigenten und Pianisten Benjamin Britten. Von 1957 bis 1976 lebte er im **Red House**.

Aldeburgh Museum
🏠 Moot Hall, Market Cross Pl ⏰ siehe Website
🌐 aldeburghmuseum.org.uk

Red House
🏠 Golf Lane
📞 +44 01728 451 700
⏰ Do–So 11–17 Feiertage 🌐 brittenpears.org

⓭ Southwold

🏠 Suffolk 👥 3000
ℹ️ The Library, North Green; +44 01502 722 519 Fr
🌐 thesuffolkcoast.co.uk

Die Eisenbahn, die den Ort mit London verband, wurde 1929 stillgelegt, was das georgianische Städtchen vor dem Ansturm der Tagesausflügler verschonte. Dass Southwold einst eine wichtige Hafenstadt war, erkennt man an der Größe der St Edmund King and Martyr Church (15. Jh.), deren wunderschön bemalter Lettner aus dem 16. Jahrhundert einen Besuch verdient.

Das **Southwold Museum** erinnert an die Seeschlacht von Solebay (1672) zwischen den Flotten Englands und der Niederlande. Der 1864 erbaute **Sailors' Reading Room** sollte Matrosen zum Lesen (statt zum Trinken) animieren. Heute sind hier nautische Objekte ausgestellt.

Ein Stück landeinwärts liegt Blythburgh, dessen Holy Trinity Church aus dem 15. Jahrhundert schon von Weitem zu sehen ist.

> Der Sailors' Reading Room (1864) sollte Matrosen zum Lesen (statt zum Trinken) animieren. Heute sind hier nautische Objekte ausgestellt.

Southwold Museum
🏠 9–11 Victoria St
⏰ Apr–Okt: tägl. 14–16
🌐 southwoldmuseum.org

Sailors' Reading Room
🏠 East Cliff ⏰ tägl. 9–17 🌐 southwoldsailorsreadingroom.co.uk

---

Aldeburgh Music Festival

Der in Lowestoft geborene Komponist Benjamin Britten (1913–1976) zog 1937 nach Snape. Hier wurde 1945 seine Oper *Peter Grimes* aufgeführt, zu der ihn der Dichter und Vikar von Aldeburgh, George Crabbe (1754–1832), inspiriert hatte. Seither hat sich die Region zu einem Musikzentrum entwickelt. 1948 rief Britten das Aldeburgh Music Festival ins Leben, das nun jeden Juni stattfindet. Er kaufte den Bau Maltings in Snape und baute ihn zu einem Konzertsaal um, der 1967 eröffnet wurde. Im Rahmen des Festivals gibt es Konzerte in vielen Kirchen und Sälen der Region.

Dunwich

🏠 Suffolk 🗺 100
🌐 thesuffolkcoast.co.uk

Das Dorf ist der Rest einer »versunkenen Stadt«. Im 7. Jahrhundert war Dunwich Residenz der Könige von East Anglia, im 13. Jahrhundert der größte Hafen in Suffolk. Zwölf Kirchen entstanden in dieser Blütezeit. Doch das Meer fraß sich immer weiter ins Land – 1919 versank die letzte Kirche in den Fluten. Das **Dunwich Museum** dokumentiert die bewegte Geschichte des Dorfs.

Das Naturschutzgebiet **Dunwich Heath**, direkt südlich, endet in einem Sandstrand. Im **Minsmere Reserve** kann man viele seltene Vogelarten beobachten.

Dunwich Museum
🏠 St James's Street
🕐 März: Sa, So 14–16; Apr–Okt: tägl. 11:30–16:30
🌐 dunwichmuseum.org.uk

Dunwich Heath
🏠 bei Dunwich
🕐 tägl. Sonnenaufbis -untergang
🌐 nationaltrust.org.uk

Minsmere Reserve
🏠 Minsmere, Westleton 🕐 tägl. Sonnenauf- bis -untergang
🌐 rspb.org.uk

Restaurants

The Butley Orford Oysterage
Lassen Sie sich die Austern nicht entgehen. Aber auch die Fischpastete ist köstlich.
🏠 Market Hill, Orford
🌐 pinneysoforford.co.uk
£££

The Lighthouse
Genießen Sie köstliche Steaks, frischen Fisch, Ente und vegane Speisen in einem eleganten zweistöckigen Speisesaal. Im Sommer sitzt man auf der Terrasse.
🏠 77 High St, Aldeburgh 🌐 lighthouserestaurant.co.uk
£££

Aldeburgh Fish & Chip Shop
Hier gibt es die vielleicht besten Fish and Chips der Region. Neben Kabeljau werden u. a. auch Schellfisch und Scholle zubereitet.
🏠 226 & 137 High St, Aldeburgh 🕐 Mo; Di, Mi, So nachmittags
🌐 aldeburghfishandchips.co.uk
£££

Sutherland House
Der Fokus der Speisekarte liegt auf Seafood, daneben wird auch eine Auswahl von Fleischgerichten angeboten. Das Abendessen ist nur für Erwachsene.
🏠 56 High St, Southwold
🕐 Mo 🌐 sutherlandhouse.co.uk
£££

↑ *Hirsche und Rehe finden im Naturschutzgebiet Dunwich Heath geeigneten Lebensraum*

15 Colchester

📍 Essex 👥 110 000
ℹ️ Hollytrees Museum, Castle Park; +44 1206 282 920 🕐 Fr, Sa
🌐 visitcolchester.com

Colchester war die erste Hauptstadt Südost-Englands. Als die Römer im Jahr 43 n. Chr. einfielen, bauten sie hier ihre erste Kolonie. Königin Boadicea ließ die Stadt 60 n. Chr. niederbrennen – die Römer befestigten sie daraufhin mit einem Schutzwall (3 km lang, 3 m breit, 9 m hoch). Ein Teil des Walls sowie ein römisches Stadttor – das größte im Land – sind noch zu sehen. Im Mittelalter entwickelte sich Colchester zu einem Zentrum der Tuchweberei. Das Dutch Quarter mit seinen steilen Gassen und den hohen Häusern erinnert an die flämischen Weber, die sich hier im 16. Jahrhundert ansiedelten.

Der Turm von **Colchester Castle** ist doppelt so groß wie der White Tower in London (S. 119). Er ist heute der älteste und mächtigste normannische Bergfried Englands. 1076 wurde er über einem römischen Claudius-Tempel errichtet und besteht zum größten Teil aus Steinen anderer römischer Bauwerke. Das Museum dokumentiert die Stadtgeschichte von der Vorzeit bis zum Bürgerkrieg. Es gibt auch ein mittelalterliches Verlies.

Das georgianische Rathaus am Castle Park wurde 1719 fertiggestellt. Das Gebäude beherbergt das **Hollytrees Museum** für Sozialgeschichte, in dem der Alltag der Menschen von Colchester in den vergangenen rund 300 Jahren dokumentiert wird. Das Uhrmacherhandwerk war ein bedeutender Wirtschaftszweig in Colchester, eindrucksvolle Zeugnisse dieses Handwerks können hier in großer Zahl besichtigt werden.

Das Hollytrees Museum richtet sich auch an Kinder, die vor allem an der Miniaturwelt ihren Spaß haben.

Etwas südlich des Hollytrees Museum befindet sich **Firstsite**, ein Zentrum für visuelle Kunst, in dem wechselnde Kunstausstellungen, Filmvorführungen und Vorträge veranstaltet werden. Das einzige ständig präsentierte Ausstellungsstück ist das antike römische Berryfield-Mosaik, das an dieser Stelle entdeckt wurde.

Umgebung: In Elmstead Market, einem Dorf zehn Kilometer östlich von Colchester, liegen die **Beth Chatto Gardens**. In den 1960er Jahren setzte die bekannte Gartenbau-Autorin Beth Chatto ihre Thesen in die Tat um und schuf unter denkbar widrigen Verhältnissen einen herrlichen Garten. Auf windgepeitschten Hängen, in Sumpfzonen und Kiesbetten pflanzte sie sorgfältig ausgewählte Pflanzen – und heute blüht es überall.

Schon gewusst?
Colchester ist die älteste urkundlich erwähnte städtische Siedlung Großbritanniens.

Colchester Castle
📍 Castle Park
🕐 Mo–Sa 10–17, So 11–17
🌐 colchester.cimuseums.org.uk

Hollytrees Museum
📍 Castle Park
🕐 Mo–Sa 10–17
🌐 colchester.cimuseums.org.uk

Firstsite
📍 Lewis Gardens, High St 🕐 tägl. 10–17
🌐 firstsite.co.uk

Beth Chatto Gardens
📍 Elmstead Market 🕐 März–Okt: tägl. 10–17 🌐 bethchatto.co.uk

16 Maldon

📍 Essex 👥 14 000
🚂 Chelmsford, dann Bus
ℹ️ Maeldune Heritage Centre, Market Hill 🌐 visitmaldondistrict.co.uk

Das Städtchen am Fluss Blackwater, dessen High Street schöne alte Läden und Gasthäuser aus dem 14. Jahrhundert säumen, war einst ein großer Hafen

Sonnenuntergang über dem malerischen Hafen von Maldon →

Bunte Verkaufsstände beim Markt vor dem Rathaus von Ipswich

(heute kommen nur noch Hobbysegler). Sein bekanntester Industriezweig ist die Gewinnung von Maldon-Meersalz.

991 war Maldon Schauplatz einer Schlacht zwischen Sachsen und eindringenden Wikingern. *The Battle of Maldon*, eines der ältesten sächsischen Gedichte, berichtet davon. Auch auf der 13 Meter langen *Maldon Embroidery*, auf der Einheimische die Geschichte ihrer Stadt von 991 bis 1991 festhielten, taucht das Gefecht auf. Diese Mammutstickerei ist im **Maeldune Heritage Centre** zu sehen.

Umgebung: In Bradwell-on-Sea östlich von Maldon steht die Kirche St Peter-on-the-Wall. Der hl. Cedd ließ sie 654 aus den Steinen eines römischen Forts errichten.

Maeldune Heritage Centre
🕐 🏠 Market Hill ⏰ Mitte Feb – Dez: Di – Sa 11–16 🌐 maelduneheritage centre.org

17
Kentwell Hall
🏠 Long Melford 🚂 Sudbury, dann Taxi ⏰ Mai – Sep: Mi, Do, Sa, So 12 – 14:30 (Gärten ab 11) 🌐 kentwell.co.uk

Im malerischen Dorf Long Melford steht Kentwell Hall, ein von einem Wassergraben und herrlichen Gärten umgebenes Herrenhaus. Hier werden Ereignisse aus der Tudor-Zeit nachgestellt.

18
Ipswich
🏠 Suffolk 👥 135 000 🚂 🚌 ℹ️ St Stephen's Lane; +44 1473 258 070 🛍️ Di, Do – Sa 🌐 allaboutipswich.com

Die Hauptstadt der Grafschaft Suffolk hat einen modernen Stadtkern, doch sind viele ältere Gebäude erhalten. Zu Wohlstand gelangte der Hafen von Ipswich im 13. Jahrhundert durch Wollhandel *(siehe S. 212)*.

Das Ancient House am Buttermarket verdankt seine Bekanntheit der verzierten Stuckfassade. Das Stadtmuseum befindet sich im Tudor-Haus **Christchurch Mansion** (1548). Hier finden Sie die beste Sammlung von Werken Constables außerhalb Londons, u. a. vier Suffolk-Landschaften, sowie Gemälde von Thomas Gainsborough.

Im Zentrum steht die Kirche St Margaret's (15. Jh.) mit Stichbalkendecke.

Christchurch Mansion
🕐😊🏛️♿ 🏠 Soane St ⏰ Di – Sa 10 –17, So 11–17 (Nov – Feb: bis 16) 🌐 ips wich.cimuseums.org.uk

> **Sutton Hoo**
> Östlich von Ipswich liegt die Ausgrabungsstätte Sutton Hoo (www.nationaltrust. org.uk/sutton-hoo), eine königliche Begräbnisstätte aus dem 7. Jahrhundert mit vielen angelsächsischen Grabbeigaben. Im Museum sind ein Nachbau des Grabhügels und Repliken der im Grab gefundenen Schätze zu sehen. Die Originale befinden sich in Londons British Museum *(siehe S. 104 –107)*.

↑ *Ruinen der Abtei aus dem 11. Jahrhundert in Bury St Edmunds*

⑲ Bury St Edmunds

🏠 Suffolk 👥 47 000
ℹ️ Apex, Charter Square; +44 1284 764 667 🛒 Mi, Sa
🌐 visit-burystedmunds.co.uk

Edmund, der letzte sächsische König von East Anglia, wurde 870 von dänischen Heiden enthauptet. Der Sage nach trug ein Wolf das Haupt zu seinen Gefolgsleuten zurück – eine Szene, die auf etlichen mittelalterlichen Reliefs erscheint. Zu Ehren Edmunds, der 900 heiliggesprochen wurde, errichtete König Canute 1014 in Bury eine Abtei – sie war bis zur Klosterauflösung die reichste in England. Die Ruinen liegen nun in der Stadtmitte.

In der Nähe stehen zwei Kirchen aus dem 15. Jahrhundert, als der Wollhandel die Stadt reich machte. St James's erhielt 1914 den Rang einer Kathedrale. In St Mary's markiert ein Stein das Grab von Mary Tudor.

Unter dem Marktkreuz in Cornhill steht das Kaufmannshaus **Moyse's Hall** (12. Jh.), heute ein Regionalmuseum.

Umgebung: Fünf Kilometer südwestlich von Bury befindet sich **Ickworth House** (spätes 18. Jh.), ein ausgefallenes Herrenhaus mit ungewöhnlicher Rotunde und zwei mächtigen Seitenflügeln. Zur Kunstsammlung gehören Werke von Reynolds und Tizian sowie Silber, Porzellan und Skulpturen.

Moyse's Hall
🏠 Cornhill 🕐 Mo–Sa 10–17, So 12–16 ❌ Feiertage 🌐 moyseshall.org

Ickworth House
🏠 Horringer
🕐 tägl. 11–15:30
🌐 nationaltrust.org.uk

⑳ Coggeshall

🏠 Essex 👥 5000
🌐 visitessex.com

In der Kleinstadt stehen zwei sehenswerte Gebäude aus dem Mittelalter und der Tudor-Zeit. Im **Coggeshall Grange Barn** von 1140, dem ältesten Fachwerk-Getreidespeicher Europas, sind historische Geräte ausgestellt.

Das Kaufmannshaus **Paycocke's** datiert aus der Zeit um 1500. Es zeigt eine Ausstellung feiner Spitzen aus Coggeshall.

Coggeshall Grange Barn
🏠 Grange Hill
📞 +44 1376 562 226
🕐 Apr–Okt: tägl. ab 11
🌐 nationaltrust.org.uk

Paycocke's
🏠 West St
📞 +44 1376 561 305
🕐 Apr–Okt: tägl. 11–15
🌐 nationaltrust.org.uk

㉑ Huntingdon

🏠 Cambridgeshire
👥 24 000 🛒 Mi, Sa
🌐 huntingdonfirst.co.uk

Mehr als 300 Jahre nach seinem Tod erinnert noch vieles in der Geburtsstadt Oliver Cromwells an den berühmtesten Sohn. Er wurde 1599 geboren. Das **Cromwell Museum**, seine frühere Schule, dokumentiert mit Bildern und Memorabilien (u. a. seiner Totenmaske) sein Leben. Der Führer der puritanischen Parlamentarierbewegung ist bis heute eine der umstrittensten Gestalten der britischen Geschichte.

Aufstieg und Niedergang des Wollhandels

Wolle war schon im 13. Jahrhundert eines der wichtigsten britischen Erzeugnisse. 1310 exportierte England jährlich rund zehn Millionen Schafelle. Um 1350 begann Edward III die heimische Tuchweberei zu fördern und ermunterte flämische Weber, nach Großbritannien zu kommen. Viele ließen sich in East Anglia, vor allem in Suffolk, nieder. Ihr handwerkliches Können führte zum Aufschwung der ganzen Region. In der folgenden Blütezeit entstanden mehr als 200 prächtige Kirchen, darunter die in Stoke-by-Nayland. Ende des 16. Jahrhunderts setzte mit der Einführung von mit Wasserkraft betriebenen Webstühlen, die für diese Gegend nicht geeignet waren, der Niedergang ein.

Als Parlamentsmitglied stritt Cromwell mit Charles I über Steuern und Religion. Im Bürgerkrieg *(siehe S. 49)* erwies er sich als begnadeter General. 1653 – vier Jahre nach der Hinrichtung von Charles I – wurde er Lordprotektor. Zwei Jahre nach seinem Tod wurde die Monarchie wieder eingesetzt. Man entfernte Cromwells Leichnam aus der Westminster Abbey und hängte ihn öffentlich.

Cromwell Museum
🏛 📍 **Grammar School Walk** 🕐 **Di – So, Feiertage 11–16 (Nov – März: bis 15)** 🌐 **cromwellmuseum.org**

㉒ Anglesey Abbey
📍 **Lode, Cambridgeshire**
📞 **+44 1223 810 080**
🚆 **Cambridge oder Newmarket, dann Bus** 🕐 **Haus: siehe Website; Park: tägl. 9:30 –17 (Winter: bis 16)**
🌐 **nationaltrust.org.uk**

Bis zur Auflösung der Klöster *(siehe S. 391)* stand hier eine im Jahr 1135 errichtete Augustinerabtei. Die Säkularisation überlebte jedoch nur die Krypta, deren Gewölbe auf Marmor- und Steinsäulen ruht. Die Krypta wurde später in ein Herrenhaus integriert, zu dessen sonstigen Schätzen u. a. ein Bild von Gainsborough zählt.

Den hübschen Park ließ Lord Fairhaven in den 1930er Jahren anlegen.

Buchenallee im Park von Anglesey Abbey und die Fassade des Herrenhauses (Detail) ↓

Restaurants

Pea Porridge
Die mediterranen, der Jahreszeit entsprechenden Gerichte sind einfach, aber köstlich.

📍 **28–29 Cannon St, Bury St Edmunds**
🕐 **So – Di**
🌐 **peaporridge.co.uk**

£££

Maison Bleue
Das stylishe Restaurant in einem Gebäude aus dem 17. Jahrhundert serviert moderne französische Gerichte mit Schwerpunkt auf Fisch.

📍 **30–31 Churchgate St, Bury St Edmunds**
🕐 **So, Mo**
🌐 **maisonbleue.co.uk**

£££

❷❸ Audley End

🏠 Saffron Walden, Essex
📞 +44 1799 522 842
🚉 Audley End, dann Taxi
🕐 siehe Website
🚫 24. Dez – Jan
🌐 english-heritage.org.uk

Als das Gebäude 1603–14 für Thomas Howard, den Schatzmeister und 1. Earl of Suffolk, errichtet wurde, war es das größte Anwesen in England. James I witzelte daraufhin, es sei zu groß für einen König, nicht jedoch für einen Lord.

Sein Enkel Charles II allerdings erwarb das Anwesen im Jahr 1667. Da er und seine Nachfolger nur selten dort weilten, erhielten die Howards Audley End 1701 zurück und rissen kurz darauf etwa zwei Drittel der Anlage ab. Übrig blieb schließlich ein Haus im Stil der Zeit James' I mit der originalen Great Hall.

Der schottische Architekt Robert Adam stattete in den 1760er Jahren einige Räume neu aus: Sie wurden originalgetreu restauriert. Capability Brown legte zur gleichen Zeit den Park an.

❷❹ Saffron Walden

🏠 Essex 👥 14 000
🚉 Audley End, dann Bus
ℹ️ 1 Market Place; +44 1799 516 502 🌐 saffronwalden.gov.uk

Das mittelalterliche Städtchen wurde nach dem Safrankrokus benannt, der hier im 16. Jahrhundert kultiviert und gehandelt wurde. In den Gassen des Zentrums gibt es viele Läden, Cafés, Teestuben und Pubs. St Mary's ist die größte Pfarrkirche in Essex, unmittelbar dahinter erstreckt sich der aus sieben verbundenen Gärten bestehende Bridge End Garden.

Das Spektrum im Talliston House reicht von einem Zimmer wie in Granadas Alhambra über ein kambodschanisches Baumhaus bis zu einem viktorianischen Wachturm.

❷❺ Talliston House

🏠 Great Dunmow, Essex
🚉 Braintree 🕐 nur zu Führungen (siehe Website)
🌐 talliston.com

Das außergewöhnliche, märchenhafte Haus war nach 25 Jahren Bauzeit fertiggestellt. 1990 begann Eigentümer John Trevillian, den ursprünglichen Grundriss mit drei Schlafzimmern zu verändern, um ein wahres Labyrinth aus 13 Räumen zu schaffen. Jedes Zimmer ist eine eigene Welt, Nachbildung einer bestimmten Zeit und eines bestimmten Orts.

Das Spektrum reicht von einem Zimmer wie in Granadas Alhambra über ein kambodschanisches Baumhaus bis zu einem viktorianischen Wachturm.

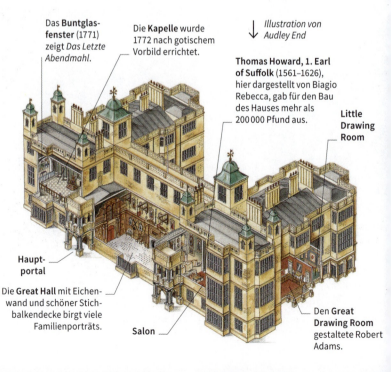

Das **Buntglasfenster** (1771) zeigt *Das Letzte Abendmahl.*

Die **Kapelle** wurde 1772 nach gotischem Vorbild errichtet.

↓ *Illustration von Audley End*

Thomas Howard, 1. Earl of Suffolk (1561–1626), hier dargestellt von Biagio Rebecca, gab für den Bau des Hauses mehr als 200 000 Pfund aus.

Little Drawing Room

Hauptportal

Die **Great Hall** mit Eichenwand und schöner Stichbalkendecke birgt viele Familienporträts.

Salon

Den **Great Drawing Room** gestaltete Robert Adams.

26

Lavenham
🏠 Suffolk 👥 1500 ℹ️ Lady St 🌐 heartofsuffolk.co.uk

Häufig steht Lavenham als Inbegriff der englischen Kleinstadt. Es ist ein malerisches Städtchen mit Fachwerkhäusern und einer Straßenführung, die sich seit dem Mittelalter nicht verändert hat. 150 Jahre lang, vom 14. bis ins 16. Jahrhundert, war Lavenham Zentrum des Wollhandels von Suffolk. Aus dieser Zeit sind wunderschöne Häuser erhalten, darunter die **Little Hall** am Market Place.

Umgebung: Gainsborough's House, Geburtsort des Künstlers, zeigt eine schöne Sammlung seiner Werke.

Little Hall
🏠 Market Place
🕐 siehe Website
🌐 littlehall.org.uk

Gainsborough's House
🏠 Sudbury
🕐 Mo–Sa 10–17, So 11–17
🚫 24. Dez–2. Jan, Karfreitag 🌐 gainsborough.org

27

Newmarket
🏠 Suffolk 🚆 🚌
ℹ️ Palace House, Palace St 🌐 discovernewmarket.co.uk

Seit James I in der offenen Heidelandschaft, die er als Jagdrevier schätzte, seine Rennpferde gegen die seiner Freunde antreten ließ, ist Newmarket Zentrum des britischen Pferderennsports.

Das erste schriftlich belegte Rennen fand 1622 statt. Charles II, der die Begeisterung seines Großvaters teilte, verlegte wegen seines Lieblingssports im Sommer sogar den Hof nach Newmarket.

Heute stehen hier rund 2500 Pferde im Training. Von April bis Oktober finden regelmäßig Rennen statt.

↑ *Flugzeuge in einem Hangar des Imperial War Museum in Duxford*

Gelegentlich gibt es Führungen durch die Ställe. Frühaufsteher können beim Training zusehen.

Auch das **National Stud** mit seinen Zuchthengsten, Stuten, Jungtieren und Fohlen kann besichtigt werden.

Zum **National Horseracing Museum** in einem Palast mit Ställen, den Charles II im Jahr 1651 bauen ließ, gehören auch das National Heritage Centre for Horseracing and Sporting Art und eine Rennstrecke für ehemalige Rennpferde.

National Stud
🏠 Newmarket
🕐 Mitte Feb–Okt: nur Führungen
🌐 nationalstud.co.uk

National Horseracing Museum
🏠 Palace House, Palace St 🕐 tägl. 10–17 (Nov–März: bis 16)
🌐 nhrm.co.uk

28

Imperial War Museum Duxford
🏠 Duxford, Cambridgeshire
🚆 Whittlesford Parkway, dann Bus 🕐 tägl. 10–18
🌐 iwm.org.uk

Die Niederlassung der Imperial War Museums auf einem Flugplatz aus dem Ersten Weltkrieg ist das größte Luftfahrtmuseum Großbritanniens. Zu den hier ausgestellten Flugzeugen gehören britische Jagdflugzeuge aus dem Zweiten Weltkrieg (u. a. Spitfire und Lancaster), die neben vielen weiteren in riesigen Hangars präsentiert werden.

Die Flugshows sind wahre Besuchermagneten.

Lokale

Eight Bells
Fleischgerichte (u. a. Wild) aus der Region werden mit einfallsreichen Beilagen garniert.

🏠 18 Bridge St, Saffron Walden
🌐 theeightbellssaffronwalden.com
£££

Tea Amo
Gemütliche Teestube mit leckeren hausgemachten Kuchen.

🏠 5 Cross St, Saffron Walden 🚫 Mo
🌐 teaamo.co.uk
£££

North Norfolk Coastal Tour

Länge 45 km **Rasten** Holkham Hall eignet sich wunderbar für ein Picknick. Wells-next-the-Sea ist bekannt für seine gemütlichen Pubs.

Diese Tour führt durch eine der schönsten Gegenden East Anglias. Fast die gesamte Nordküste Norfolks steht als »Area of Outstanding Natural Beauty« unter Naturschutz. Das Meer hat den Charakter der Landschaft maßgeblich geprägt: Schlickablagerungen ließen ehemalige Hafenstädte ins Binnenland rücken. Die Sandbänke sind Lebensraum einer reichen Flora und Fauna. An der Küste hinterließ die See mächtige Klippen. Im Sommer kann die Route recht belebt sein.

Schon gewusst?

Die fossilienreichen Hunstanton Cliffs waren einst vom Meer bedeckt.

Die eindrucksvollen **Hunstanton Cliffs** ragen 18 Meter auf. Die dreifarbigen Lagen bestehen aus Kalkstein, roter und weißer Kreide.

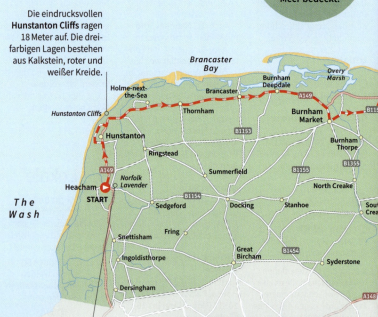

Norfolk Lavender hat die größten Lavendelfelder Englands. Am schönsten ist es hier im Juli und August, wenn ein blauvioletter Teppich über dem Land liegt.

→ Norfolk Lavender – blühendes Lavendelfeld im Hochsommer

Zur Orientierung
Siehe Karte S. 194f

↑ *Hunstanton Cliffs mit markanter Gesteinsschichtung*

Das palladianische Herrenhaus **Holkham Hall** liegt in einem herrlichen Park und beherbergt eine beeindruckende Kunstsammlung.

Wegen Versandung liegt der Hafen von **Wells-next-the-Sea** heute rund 1,5 Kilometer vom Meer entfernt.

Im 13. Jahrhundert war **Blakeney Marshes** ein wichtiger Handelshafen. Heute ist das Sumpfland Heimat der größten Kegelrobbenkolonie Englands und vieler Meeresvögel.

Cley Windmill überblickt die Cley Marshes. 1926 entstand hier das erste Naturschutzgebiet Großbritanniens.

→ *Cley Windmill: Wahrzeichen dieses Küstenabschnitts*

> **Expertentipp**
> **Bootsfahrt auf dem Stour**
>
> Eine Fahrt auf dem ruhigen Stour ist ein wunderbares Erlebnis. Traditionelle Holz-Ruderboote können im Dedham Boathouse bei der Dedham Bridge gemietet werden.

Gemütliche Ruderpartie auf dem Stour in der Nähe von Dedham

Wanderung auf dem Constable Walk

Länge 5 km **Dauer** 1 Std. **Gelände** Dieser Weg verläuft über Trampelpfade, Wanderwege und entlang des Flussufers.

Der Wanderweg folgt einem besonders malerischen Abschnitt des Flusses Stour. Die Route dürfte dem Landschaftsmaler John Constable (1776–1837) recht vertraut gewesen sein, denn seinem Vater gehörte die Flatford Mill. Mindestens zehn der bekanntesten Gemälde des Künstlers zeigen deren unmittelbare Umgebung. Constable kannte »jeden Zaunübertritt und jeden Trampelpfad«.

Zur Orientierung
Siehe Karte S. 194f

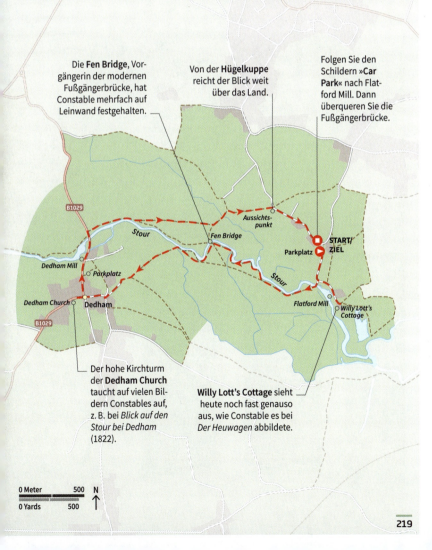

Die **Fen Bridge**, Vorgängerin der modernen Fußgängerbrücke, hat Constable mehrfach auf Leinwand festgehalten.

Von der **Hügelkuppe** reicht der Blick weit über das Land.

Folgen Sie den Schildern »**Car Park**« nach Flatford Mill. Dann überqueren Sie die Fußgängerbrücke.

Der hohe Kirchturm der **Dedham Church** taucht auf vielen Bildern Constables auf, z. B. bei *Blick auf den Stour bei Dedham* (1822).

Willy Lott's Cottage sieht heute noch fast genauso aus, wie Constable es bei *Der Heuwagen* abbildete.

Typisches Steinhaus in den Cotswolds (siehe S. 230f)

Themse-Tal und Cotswolds

Dass diese bezaubernde Region bereits seit Jahrtausenden bewohnt ist, dokumentieren die vielen prähistorischen Stätten, darunter auch das bemerkenswerte White Horse von Uffington.

Die schöne Landschaft der Chiltern Hills und des Themse-Tals gefiel auch vielen Aristokraten, die hier Herrenhäuser nahe London erbauen ließen. Viele davon zählen zu den schönsten des Landes. Die Region ist auch reich an Verbindungen zu den Königshäusern. Windsor Castle ist eine königliche Residenz, seit William the Conqueror diesen strategisch wichtigen Platz oberhalb der Themse 1070 erwählte. Die Burg spielte eine wichtige Rolle, als 1215 King John von hier aufbrach, um die Magna Carta bei Runnymede an der Themse zu unterzeichnen. Weiter nördlich ließ Queen Anne Blenheim Palace für ihren Militärkommandeur, den 1. Duke of Marlborough, erbauen. Elizabeth I verbrachte einen Teil ihrer Kindheit in Hatfield House. Teile des Palasts stehen noch heute.

Rund um diese großartigen Häuser entstanden pittoreske Dörfer mit Fachwerkhäusern und – Richtung Cotswolds – Gebäuden aus goldfarbenem Gestein.

Themse-Tal und Cotswolds

Highlights
1. Windsor Castle
2. Cotswolds
3. Oxford
4. Blenheim Palace

Sehenswürdigkeiten
5. Roald Dahl Museum
6. ZSL Whipsnade Zoo
7. St Albans
8. Waddesdon
9. Vale of the White Horse
10. Warner Bros. Studio Tour – The Making of Harry Potter
11. Hatfield House
12. Woburn Abbey
13. Stowe
14. Bletchley Park
15. Cheltenham
16. Gloucester
17. Tewkesbury

Windsor Castle

🏠 Castle Hill 📞 +44 303 123 7304 🚉 🕐 Do–Mo 10–17:15 (Nov–Feb: bis 16:15; letzter Einlass 75 Min. vor Schließung) 🚫 Karfreitag, 25., 26. Dez 🌐 rct.uk

Windsor Castle ist das älteste und größte ununterbrochen bewohnte Schloss der Welt und mit seinen beeindruckenden Türmen und Zinnen schon von Weitem zu sehen. Es ist das Wochenenddomizil des Monarchen und wird regelmäßig für Staatsbesuche genutzt.

Windsor Castle wurde von William the Conqueror um 1080 errichtet, um den westlichen Zugang nach London zu sichern. Er wählte die Stelle, weil sie hoch gelegen und nur eine Tagesreise vom Tower entfernt war. Alle Monarchen führten Änderungen durch, die das Schloss zum Denkmal für den wechselnden Zeitgeschmack machten. Unter Henry II und Edward III entstanden wesentliche Elemente, bis die Burg 1823 von George IV umgebaut wurde. Die Liebe, die George V für das Schloss empfand, zeigte sich darin, dass er 1917 Windsor als Familiennamen wählte. Highlights sind die State Apartments und St George's Chapel.

St George's Chapel ist eines der herausragenden gotischen Bauwerke Englands. Zehn Monarchen sind hier bestattet, darunter Prinz Philip und Elizabeth II.

Der **runde Turm** wurde unter William the Conqueror gebaut und 1170 von Henry II aus Stein errichtet. Heute beherbergt er Archiv und fotografische Sammlung.

Statue von Charles II

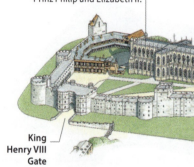

King Henry VIII Gate

Die **Albert Memorial Chapel** von 1240 wurde 1485 umgebaut und 1863 zur Gedenkstätte für Prince Albert umgewandelt.

↑ *Prunkvoll gestalteter Bankettsaal in der Waterloo Chamber*

Windsor

Die Stadt Windsor wird vom exponiert stehenden riesigen Schloss dominiert und entstand, um die Burg zu versorgen. Sie ist voller georgianischer Läden, Häuser und Wirtshäuser. Das bekannteste Gebäude in der High Street ist die Guildhall, in der Prince Charles und Camilla Parker Bowles 2005 heirateten. Die renommierteste Schule Großbritanniens, Eton College, liegt ganz in der Nähe. Der rund 1940 Hektar große Windsor Great Park erstreckt sich direkt vom Schloss drei Kilometer bis Snow Hill, wo ein Standbild von George III steht.

Highlight

Expertentipp
Changing the Guard

Planen Sie Ihren Besuch so, dass Sie die Prozedur der Wachablösung erleben. Die Wachen marschieren dann durch die Stadt zum Schloss. Die Zeiten der Wachablösung finden Sie auf der Website.

→
Gepflegte Rasenflächen säumen den breiten Weg zum Eingang des Schlosses

In der **Audience Chamber** werden Gäste empfangen.

Queen's Ballroom

Die **Drawings Gallery** enthält die königliche Sammlung u. a. mit Werken von Michelangelo, Holbein und Leonardo da Vinci.

Ein Prunkstück der **State Apartments** ist das für den Besuch Napoléons III angefertigte Himmelbett.

St George's Chapel – ein Meisterwerk gotischer Architektur ↑

Brunswick Tower

Der **östliche Terrassengarten** wurde von Jeffry Wyatville um 1825 für George IV angelegt.

Queen's Tower

Clarence Tower

Der **Bankettsaal** in der Waterloo Chamber entstand 1823.

↑ *Illustration von Windsor Castle*

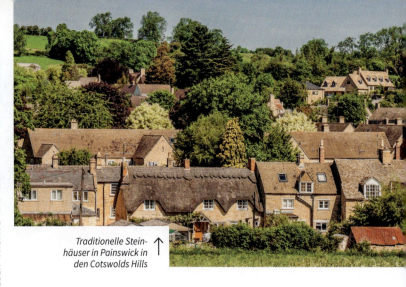

Traditionelle Steinhäuser in Painswick in den Cotswolds Hills

❷ Cotswolds

🏠 Gloucestershire, Oxfordshire, Warwickshire, Wiltshire, Worcestershire 🌐 cotswolds.com

Die sich über fünf Grafschaften erstreckende Region Cotswolds wird häufig auch als »Herz Englands« bezeichnet. Wegen ihrer besonderen Schönheit wurde sie zur Area of Outstanding Natural Beauty erklärt und genießt dadurch einen besonderen Schutz in Bezug auf Baumaßnahmen. Hier findet man idyllische Städtchen, deren hübsche Kalksteinhäuschen mit ihren steilen Dächern ein bemerkenswertes kulturhistorisches Erbe sind. Naturfreunde können in den Cotswolds ausgedehnte Wanderungen unternehmen.

① Painswick

🏠 Gloucestershire
🚌 Stroud, dann Bus 66
ℹ️ St Mary's Church, New St
🌐 painswicktouristinfo.co.uk

Painswick gilt als »Queen of the Cotswolds«. Und das aus gutem Grund: Das wunderschön erhaltene Hügelstädtchen verströmt nämlich einen ganz besonderen Charme, der sich in einer Vielzahl hübscher Häuser manifestiert. In den verwinkelten, engen Gassen des Zentrums befinden sich zahlreiche sehenswerte Ateliers und Galerien.

② The Slaughters

🏠 Gloucestershire
ℹ️ Victoria St, Bourton-on-the-Water

Die beiden durch den River Eye voneinander getrennten Dörfer Upper und Lower Slaughter wurden wegen ihrer Umgebung nach einem altenglischen Wort für »Sumpfland« bezeichnet. Das Gelände wurde zwar längst entwässert, beide Dörfer haben jedoch ihr mittelalterliches Flair bewahrt. Machen Sie einen Spaziergang an beiden Ufern des stellenweise recht breiten Flusses.

Restaurants

MBB Brasserie
Genießen Sie in diesem Bistro köstliche Gerichte wie Spargelravioli mit Salbeibutter und Pinienkernen.

🏠 26 Market Pl, The Corn Hall, Cirencester
🌐 mbbbrasserie.co.uk
£££

Lamb Inn
Klassische britische Speisen in einem Gasthaus aus dem 15. Jahrhundert.

🏠 Sheep St, Burford
🌐 cotswold-inns-hotels.co.uk
£££

5 North St
Familiengeführtes Restaurant mit erstklassiger britischer Küche.

🏠 5 North St, Winchcombe 🚫 Mo
🌐 5northstreetrestaurant.co.uk
£££

③
Chipping Campden
🏠 Gloucestershire
ℹ️ High St w chipping
campdenonline.org

Das schönste Cotswold-Städtchen bietet ein einzigartiges Gesamtbild aus Fassaden mit goldfarbenem Stein. Den Bau der Church of St James, einer der eindrucksvollsten Kirchen der Cotswolds, finanzierten Kaufleute im 15. Jahrhundert durch den Export von Wolle. Die Kirche birgt viele kunstvolle Gräber. Eine Plakette ist dem Wollhändler William Grevel gewidmet. Er baute um 1380 in der High Street das Grevel House, das älteste der Straße.

Der Viscount Campden stiftete 1627 die Market Hall. Sein Zeitgenosse Robert Dover initiierte 1612, lange vor den modernen Olympischen Spielen, die »Cotswold Olimpicks«. Dazu gehörte auch ein Wettkampf im Schienbeintreten. Die Spiele finden noch immer am ersten Freitag nach dem Spring Bank Holiday (letzter Montag im Mai) statt. Schauplatz ist eine Höhle im Dover's Hill oberhalb der Stadt. Allein der Ausblick über das Vale of Evesham lohnt den Aufstieg.

④
Cirencester
🏠 Gloucestershire 🚌
ℹ️ Park St
w cirencester.com

Auf dem Marktplatz der Hauptstadt der Cotswolds wird jeden Werktag Markt abgehalten. Am Platz steht die Church of St John Baptist, deren »Weinglas-Kanzel« von 1515 eine der wenigen in England erhaltenen Kanzeln aus vorreformatorischer Zeit ist. Der 1. Earl of Bathurst legte ab 1714 den Cirencester Park an. Das moderne **Corinium Museum** ist überaus sehenswert. Es stellt Ausgrabungsfunde aus, die das Leben in einem römischen Haushalt illustrieren.

Corinium Museum
🏠 Park St
🕐 Mo – Sa 10 –17, So 14 –17
(März – Okt: bis 16)
w coriniummuseum.org

> 🔍 Entdeckertipp
> **Mosaikenzauber**
>
> Cirencester war in der römischen Antike ein bedeutendes Zentrum der Produktion von Mosaiken. Die 13 Kilometer nördlich des Orts gelegene Chedworth Roman Villa zeigt ein besonders schönes Beispiel mit den vier Jahreszeiten.

Highlight

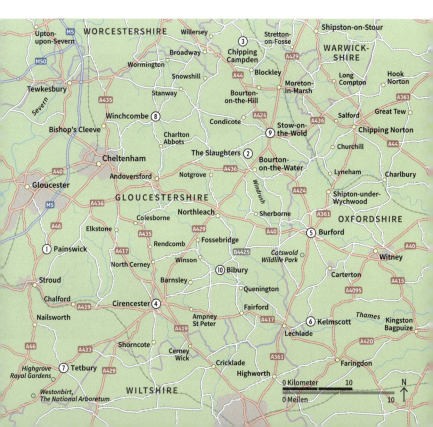

⑤ Burford

🏠 Oxfordshire 🌐 oxford
shirecotswolds.org

Burford hat sich seit der georgianischen Zeit, als es eine wichtige Kutschenstation zwischen Oxford und Westengland war, kaum verändert. Die Hauptstraße säumen Cotswold-Steinhäuser, von denen viele noch aus dem 16. Jahrhundert stammen. In einigen sind Pubs oder Geschäfte untergebracht. Baubeginn der Kirche am Ende der High Street war 1125, der Turm wurde im 15. Jahrhundert ergänzt. Sehenswert sind auch einige Grabmale.

Im **Cotswold Wildlife Park** südlich von Burford erlebt man über 260 Arten Säugetiere, Reptilien und Vögel.

Cotswold Wildlife Park
🐾🍽🅿 🏠 Burford
🕒 tägl. 10–18 (Nov–März: bis 16:30) 🌐 cotswold
wildlifepark.co.uk

⑥ Kelmscott

🏠 Oxfordshire
🌐 kelmscott.org.uk

Der Designer, Schriftsteller und Verleger William Morris lebte von 1871 bis zu seinem Tod 1896 in diesem hübschen Dorf. Er teilte sein Haus, das klassisch elisabethanische **Kelmscott Manor**, mit dem Maler Dante Gabriel Rossetti (1828–1882), der mit Morris' Frau Jane eine Affäre hatte. Morris und einige Anhänger der von ihm mitbegründeten, als Arts-and-Crafts-Bewegung bekannten Kunstrichtung ließen sich in Kelmscott zu vielen Werken inspirieren. In Kelmsott Manor sind einige ausgestellt. Morris ist auf dem Dorfkirchhof begraben.

Kelmscott Manor
🐾🍽🅿 🏠 Kelmscott
🕒 Apr–Okt: Mi, Sa 11–17 (Haus und Garten)
🌐 sal.org.uk/
kelmscott-manor

Schon gewusst?

William Morris' Gattin Jane stand Modell für viele präraffaelitische Gemälde.

⑦ Tetbury

🏠 Gloucestershire
🚉 Kemble 🚌 von Cirencester ℹ️ 33 Church St
🌐 visittetbury.co.uk

Mit seinem zweimal in der Woche veranstalteten Markt, einer Fülle von Antiquitätengeschäften und einer rund 1300-jährigen Geschichte zählt Tetbury trotz geringer Größe zu den bekanntesten Orten in den Cotswolds. Die meisten Gebäude, darunter auch das Market House und die Gebäude der Wollhändler und Weber, stammen aus dem 16. und 17. Jahrhundert, als die Stadt vom lukra-

↑ *St John the Baptist mit hoch aufragendem Turm in Burford*

tiven Wollhandel profitierte. Zwei Kilometer südwestlich erreicht man an einer Residenz des Prince of Wales die prachtvollen **Highgrove Royal Gardens**.

Noch etwas weiter Richtung Südwesten befindet sich **Westonbirt, The National Arboretum**. Dort können Besucher auf einem Baumwipfelpfad zwischen Bäumen vieler unterschiedlicher Arten aus aller Welt umherwandeln.

Highgrove Royal Gardens
🅐 Doughton
🕒 Apr–Okt: Führungen nach Anmeldung (siehe Website)
🌐 highgrovegardens.com

Westonbirt, The National Arboretum
🅐 Westonbirt
🕒 März–Okt: tägl. 9–17 (Dez–Feb: bis 16)
🌐 forestryengland.uk

⑧ Winchcombe

🅐 Gloucestershire
🚆 Winchcombe (nur im Sommer) 🚌 von Cirencester 🛈 High St
🌐 winchcombe.co.uk

Winchcombe liegt malerisch in einem Tal entlang einiger Wanderwege. Mit seinen Restaurants, Pubs, Teestuben und Übernachtungsmöglichkeiten ist es ein idealer Zwischenstopp für Wanderer.

Der Ort war einst das Zentrum des angelsächsischen Königreichs Mercia, das im *Domesday Book* von 1086 erwähnt wurde, und im Mittelalter wirtschaftlich erfolgreich.

Die Kapelle von **Sudeley Castle** ist Grabstätte von Catherine Parr, der letzten Gattin Henrys VIII.

Sudeley Castle
🅐 Winchcombe
🕒 Mitte März–Okt: tägl. 10–17
🌐 sudeleycastle.co.uk

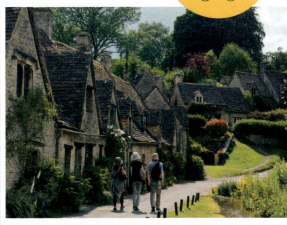

↑ Ländliche Idylle pur: pittoreske Steinhäuser entlang der Arlington Row in Bibury

⑨ Stow-on-the-Wold

🅐 Gloucestershire 🚌 von Cirencester 🛈 St Edwards Hall 🌐 stowinfo.co.uk

Der Ort auf dem 244 Meter hohen Stow Hill ist der höchstgelegene in den Cotswolds. Der Hauptplatz im Zentrum von Stow-on-the-Wold wird von alten Häusern mit Teestuben, Antiquitätenläden und Pubs umrahmt. Der Platz ist zweimal im Jahr Veranstaltungsort der überregional bedeutenden Stowe Horse Fair.

⑩ Bibury

🅐 Gloucestershire 🚌 von Cirencester 🌐 bibury.com

William Morris beschrieb dieses typische Cotswold-Dorf am River Coln als das »schönste Dorf Englands«. Am Flussufer und in den engen Gassen von Bibury stehen zahlreiche Steingebäude, darunter auch viele Weberhäuser, aus dem 17. Jahrhundert. Eine dieser Straßen, die vielfach porträtierte Arlington Road, gilt als eine der schönsten historischen Straßen Englands.

> ### *Highlight*
>
> # Hotels
>
> **The Painswick Hotel**
> Das denkmalgeschützte Haus mit Blick auf das Painswick Valley verfügt über stilvolle Zimmer.
>
> 🅐 Kemps Ln, Painswick
> 🌐 thepainswick.co.uk
> ££ £
>
> **Number 4 at Stow**
> Das Boutique-Hotel überzeugt mit 18 schön möblierten Zimmern und einem hervorragenden Restaurant.
>
> 🅐 Fosseway, Stow-on-the-Wold
> 🌐 hotelnumberfour.com
> ££ £
>
> **The Close Hotel**
> Ein Herrenhaus (16. Jh.) mit geräumigen Zimmern und wunderschönem Garten.
>
> 🅐 Long St, Tetbury
> 🌐 cotswolds-inns-hotels.co.uk
> ££ £

Bauten aus Cotswold-Stein

Die Cotswolds sind eine Hügelkette aus Kalkstein, die sich von Bath *(siehe S. 256–261)* rund 80 Kilometer Richtung Nordosten erstreckt. Die dünne Erdschicht ist schwer zu pflügen, aber ideal als Weideland für Schafe. Der im Mittelalter durch den Wollhandel erzielte Reichtum floss hier in majestätische Kirchen und prächtige Stadthäuser. Steine aus den hiesigen Hügeln wurden für den Bau der St Paul's Cathedral in London *(siehe S. 116f)* und für die Dörfer, Scheunen und Herrensitze genutzt, die die Landschaft so malerisch zieren.

Städte und Dörfer auf Cotswold-Stein

Viele Orte in den Cotswolds wurden fast alle ganz aus Stein erbaut, die meisten Dörfer der Region existierten schon im 12. Jahrhundert. Wegen der riesigen Kalksteinvorkommen benutzte man zum Häuserbau meist Stein. Die Maurer arbeiteten in örtlich unterschiedlichen Stilen, die von Generation zu Generation weitergegeben wurden.

Wasserspeier

An vielen Kirchen in den Cotswolds sind Wasserspeier angebracht. Typische Figuren aus dem 15. Jahrhundert kombinieren christliche und heidnische Elemente. Fruchtbarkeitsfiguren, auf dem Land allgegenwärtig, wurden für christliche Feste übernommen. Menschliche Gesichter karikierten oft die Geistlichen. Tiergötter symbolisierten in vorchristlichen Zeiten Kraft und Stärke.

↑ *Typische von Steinmauern umrahmte Anwesen an der Arlington Row, Bibury*

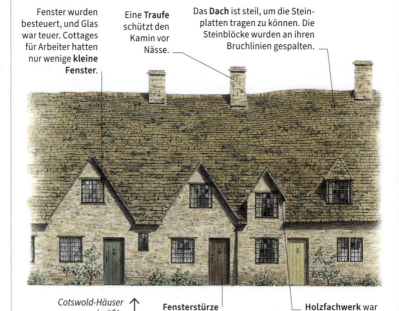

Fenster wurden besteuert, und Glas war teuer. Cottages für Arbeiter hatten nur wenige **kleine Fenster**.

Eine **Traufe** schützt den Kamin vor Nässe.

Das **Dach** ist steil, um die Steinplatten tragen zu können. Die Steinblöcke wurden an ihren Bruchlinien gespalten.

Cotswold-Häuser aus unregelmäßig geformten Steinen ↑

Fensterstürze und Türen aus Holz

Holzfachwerk war billiger als Stein und wurde für die Räume im Dach verwendet.

Steinvarianten

Der goldbraune bis cremefarbene Stein, der in Cotswold-Dörfern vorkommt, ist ein oolithischer Kalkstein aus dem Jura. Er hat im Norden einen wärmeren Farbton, da er mit Eisen gefärbt ist, und ist in den zentralen Bereichen perlmuttfarben und im Süden hellgrau. Der Stein scheint durch das absorbierte Sonnenlicht zu leuchten. Dieser Kalkstein ist leicht zu bearbeiten und kann für viele Zwecke verwendet werden, von Gebäuden über Brücken bis hin zu Grabsteinen und Wasserspeiern.

1 Lower Slaughter
In Lower Slaughter (siehe S. 226) wurden viele Häuser aus honigfarbenem Stein erbaut. Den River Eye überspannt eine schöne Steinbrücke.

2 Stow-on-the-Wold
Das auf dem Marktplatz von Stow-on-the-Wold (siehe S. 229) stehende mittelalterliche Steinkreuz ist eines von vielen, die man in den Orten der Cotswolds findet.

3 Trockensteinmauern
Überall in der Region wurden Trockenmauern angelegt, deren Steine ohne Mörtel aufeinandergeschichtet wurden.

4 Steingräber
Im Kirchhof von Painswick (siehe S. 226) befinden sich reich beschnitzte Kalksteingräber aus dem 17. und 18. Jahrhundert.

Die Häuser der Wollhändler bestanden aus **ashlar** (behauenem Stein), verziert mit Ecksteinen und Fensterumrandungen.

→ *Ein frühgeorgianisches Kaufmannshaus in Painswick*

Die **Gesimse** ziert ein Zahnfries, so genannt, weil er einer Zahnreihe ähnelt.

Der **Türrahmen** hat einen runden Giebel auf einfachen Stützpfeilern.

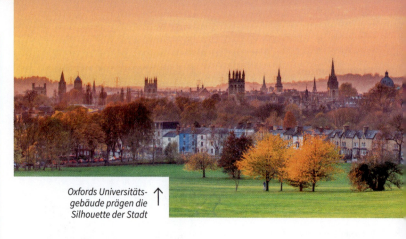

Oxfords Universitätsgebäude prägen die Silhouette der Stadt

Oxford

🏠 Oxfordshire 👥 160 000 🚂 Oxford 🚌 Gloucester Green
ℹ️ 15–16 Broad St; +44 1865 686 430 🛒 tägl. (Do, Sa Antiquitäten, Vintage) 🌐 visitoxford.org

Oxford ist mehr als eine Universitätsstadt. Dennoch wird die Stadt von Institutionen beherrscht, die mit dem riesigen akademischen Betrieb zusammenhängen, etwa der Buchhandlung Blackwell's, die über 20 000 Titel auf Lager hat. An den beiden Flüssen Cherwell und Isis kann man Spaziergänge machen – oder man leiht sich ein Boot und verbringt den Nachmittag auf dem Cherwell.

① Ashmolean Museum
🏠 Beaumont St 🕐 tägl. 10–17 (letzter Fr im Monat bis 20) 🌐 ashmolean.org

Das Ashmolean ist eines der besten Museen außerhalb Londons. Es basiert auf der Sammlung von Vater und Sohn John Tradescant, bekannt als »The Ark« (Arche), die diese im 17. Jahrhundert auf ihren Reisen zusammentrugen. Nach ihrem Tod übernahm Elias Ashmole die Kuriositätensammlung und vermachte sie der Universität. Heute ist sie in einem neoklassizistischen Gebäude von 1845 untergebracht.

2009 wurde das Museum erheblich erweitert. In großzügig gestalteten Sälen werden erstklassige griechische, römische und indische Artefakte, ägyptische Mumien, angelsächsische Schätze sowie moderne chinesische Malerei gezeigt. Zu den Highlights des Museums gehört die Sammlung von Zeichnungen von Meistern wie Raffael (1483–1520), Bellinis *Heiliger Hieronymus lesend in einer Landschaft* (15. Jh.), Turners *Venedig: Der Canal Grande* (1840), Picassos *Blaue Dächer* (1901) und zahlreiche Werke der Präraffaeliten.

> **Schon gewusst?**
> Das 1683 gegründete Ashmolean war weltweit das erste einer Universität angegliederte Museum.

Die zweitgrößte Münzsammlung des Landes ist ebenfalls hier untergebracht. Eine der bemerkenswertesten Münzen ist die in Oxford während des Bürgerkriegs 1644 geprägte. Das wohl berühmteste Exponat ist jedoch das emaillierte Goldschmuckstück »Alfred Jewel« aus dem 9. Jahrhundert.

② Pitt Rivers Museum
🏠 Parks Rd 🕐 tägl. 10–16 🌐 prm.ox.ac.uk

Der Zugang zu diesem faszinierenden Museum erfolgt über das angrenzende Museum of Natural History, das Relikte von Dinosauriern und einen ausgestopften Dodo zeigt. Das Pitt Rivers Museum präsentiert eine ethnografische Sammlung: Masken und Totems aus Afrika und dem Fernen Osten sowie archäologische Funde, darunter solche, die Captain Cook zusammengetragen hat.

③ Oxford Botanic Garden
🏠 Rose Lane 🕐 siehe Website 🌐 botanic-garden.ox.ac.uk

Der älteste botanische Garten Englands wurde 1621 gegründet. Die Portale wurden 1633 von Nicholas Stone

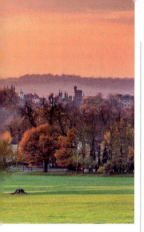

entworfen und vom Earl of Danby finanziert. Zur Anlage gehören ein Garten, eine Kräuterhecke und ein Haus mit insektenfressenden Pflanzen.

④
Carfax Tower
Carfax Sq   +44 1865 792 653   tägl.

Der Turm ist alles, was von der Kirche St Martin aus dem 14. Jahrhundert erhalten blieb. Sie wurde 1896 abgerissen, um die angrenzende Straße zu verbreitern. Man kann den Turm besteigen und den Panoramablick genießen. Carfax war in Oxford die Kreuzung der Nord-Süd- und Ost-West-Routen. Der Name leitet sich vom Lateinischen *quadrifurcus* (Kreuzung) ab.

⑤
University Church of St Mary the Virgin
 High St   Mo – Sa 9:30 – 17, So 12 – 17   universitychurch.ox.ac.uk

Die offizielle Kirche der Universität ist angeblich die meistbesuchte Pfarrkirche Englands. Die ältesten Gebäudeteile stammen aus dem 13. Jahrhundert. Dazu gehört der Turm, von dem man eine schöne Aussicht hat. Das Pfarrhaus diente als erste Bibliothek der Universität, bis 1488 die Bodleian Library *(siehe S. 235)* gegründet wurde. Die Kirche steht an der Stelle, an der drei Protestanten als Ketzer verurteilt wurden.

Highlight

Lokale

Vaults & Garden
Das populäre Café in einem Nebengebäude der University Church serviert warmes Frühstück und Mittagessen sowie köstliche *cream teas*.

 University Church of St Mary the Virgin, Radcliffe Sq   thevaultsandgarden.com

£££

Branca
Diese große Brasserie ist auf italienische Gerichte spezialisiert. Außerdem gibt es ein Delikatessengeschäft, ein Café und eine Bar.

 111 Walton St, Jericho   branca.co.uk

£££

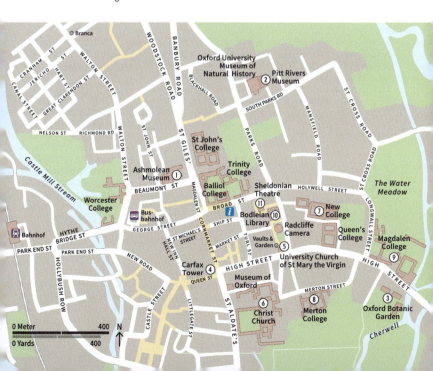

↑ *Christ Church, mit rund 600 Studenten Oxfords größtes College*

> **Expertentipp**
> **Besichtigung der Colleges**
>
> Die meisten College-Gebäude sind für Besucher geöffnet (teilweise gegen Gebühr). Die jeweiligen Zeiten sind an den einzelnen Gebäuden vermerkt bzw. auf deren Websites einsehbar.

⑥ Christ Church

- St Aldate's
- chch.ox.ac.uk

Den besten Blick auf das größte College von Oxford genießt man vom Rasen des St Aldate's College. Das Christ Church College stammt von 1525. Es wurde von Kardinal Wolsey zur Ausbildung von Kardinälen gegründet. Der obere Teil des Turms im Tom Quad, einem rechteckigen Innenhof, wurde 1682 von Wren *(siehe S. 116)* erbaut. Er ist der höchste in der Stadt. Als seine Glocke im Jahr 1648 aufgehängt wurde, hatte das College genau 101 Studenten – deshalb schlägt sie um 21:05 Uhr 101 Mal, um den Studenten anzuzeigen, dass nun die Tore geschlossen werden. Grund für die Uhrzeit ist die Tatsache, dass Oxford eigentlich fünf Minuten hinter der Greenwich Mean Time liegt.

Christ Church hat in den letzten 200 Jahren 13 britische Premierminister hervorgebracht. Die Christ Church Hall inspirierte die Filmemacher der Harry-Potter-Serie. Neben dem Campus steht die im 12. Jahrhundert erbaute Christ Church Cathedral.

Die Gemäldegalerie zeigt Meisterwerke von 1300 bis 1750 mit Fokus auf der italienischen Renaissance (u. a. mit Werken Michelangelos und Leonardo da Vincis).

Geführte Touren

Oxford Official Walking Tours (www.experienceoxfordshire.org) organisiert einige interessante Spaziergänge zu einzelnen Colleges in Oxford sowie eine Reihe thematischer Spezialtouren etwa zu Harry Potter, Alice im Wunderland und Inspektor Morse.

⑦ New College

- Holywell St
- new.ox.ac.uk

Das New College, eines der größten der Stadt, wurde von William of Wykeham 1397 zur Priesterausbildung gegründet. Die hier Studierenden sollten die Opfer der Pest des Jahres 1384 ersetzen.

Die überaus eindrucksvolle, im 19. Jahrhundert restaurierte Kapelle (New College Lane) schmücken erlesene Schnitzarbeiten am Chorgestühl (14. Jh.) und El Grecos berühmtes Gemälde *Heiliger Jakob*.

⑧ Merton College

- Merton St
- merton.ox.ac.uk

Das älteste College in Merton (1264) bewahrt noch seine ursprüngliche Halle mit einem verzierten Portal. Die Reliefs im Chor der Kapelle stellen Musik, Arithmetik, Rhetorik und Grammatik dar. Der Mob Quad war Vorbild für spätere Colleges und konkurriert mit dem Old Court im Corpus Christi in Cambridge um den Titel des ältesten College-Quadrangels.

→

Fassade des Magdalen College, an dem auch der irische Autor C. S. Lewis lehrte

Highlight

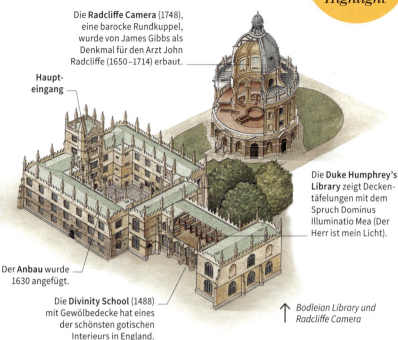

Die **Radcliffe Camera** (1748), eine barocke Rundkuppel, wurde von James Gibbs als Denkmal für den Arzt John Radcliffe (1650–1714) erbaut.

Haupteingang

Die **Duke Humphrey's Library** zeigt Deckentäfelungen mit dem Spruch Dominus Illuminatio Mea (Der Herr ist mein Licht).

Der **Anbau** wurde 1630 angefügt.

Die **Divinity School** (1488) mit Gewölbedecke hat eines der schönsten gotischen Interieurs in England.

↑ *Bodleian Library und Radcliffe Camera*

Magdalen College
🏠 High St 🌐 magd.ox.ac.uk

Am Ende der High Street befindet sich das nach einhelliger Meinung schönste College von Oxford. Seine in verschiedenen Stilen erbauten Häuserblocks (15. Jh.) stehen in einem Park am Cherwell, der von der Magdalen Bridge überspannt wird.

Bodleian Library
🏠 Broad St 🕐 Mo–Sa 9–17, So 11–17
🌐 bodleian.ox.ac.uk

Die 1320 gegründete Bibliothek wurde im Jahr 1426 von Humphrey, Duke of Gloucester (1391–1447) und Bruder von Henry VI, erweitert, weil seine umfangreiche Manuskriptsammlung nicht mehr in die alte Bibliothek passte.

1602 schließlich wurde sie von dem wohlhabenden Gelehrten Thomas Bodley neu gegründet und erweitert.

Die Bibliothek ist eines von insgesamt sechs *copyright deposits* in England – sie enthält ein Exemplar jedes in Großbritannien erschienenen Buchs.

Sheldonian Theatre
🏠 Broad St 🕐 siehe Website 🌐 sheldonian.ox.ac.uk

Das im Jahr 1699 vollendete Gebäude ist ein Werk von Christopher Wren *(siehe S. 116)*. Finanziert wurde es vom Erzbischof von Canterbury als Ort für Titelverleihungen der Universität. Der D-förmige Bau ist dem Marcellus-Theater in Rom nachempfunden. Die Kuppel wurde im Jahr 1838 errichtet. Die bemalte Decke im Theater stellt den Triumph von Religion, Kunst und Wissenschaft über Neid, Hass und Bosheit dar.

Spaziergang durch das Zentrum von Oxford

Länge 2,5 km **Dauer** 35 Min. **Bus** Gloucester Green

Die Entwicklung der ersten Universität Englands mit ihren weithin sichtbaren hohen Türmen schuf die spektakuläre Skyline von Oxford. Die Stadt ist voller Geschichte und interessanter Gebäude. Ein Spaziergang durch die Innenstadt führt Sie an bedeutenden Colleges und anderen Universitätsgebäuden sowie am Radcliffe Square vorbei, einem der vielleicht schönsten Plätze Großbritanniens.

Das **Museum of the History of Science** liegt im Old Ashmolean, einem prächtigen Gebäude von 1683.

St John's College

Balliol College

START — ST GILES'

Das **Ashmolean Museum** zeigt eine der schönsten Kunst- und Antiquitätensammlungen Englands.

BEAUMONT STREET

MAGDALEN STREET

BROAD STREET

TURL STREET

Martyrs' Memorial erinnert an die protestantischen Märtyrer Latimer, Ridley und Cranmer, die als Ketzer hingerichtet wurden.

CORNMARKET STREET

MARKET STREET

Trinity College

Das von Wren *(siehe S. 116)* entworfene **Sheldonian Theatre** ist Schauplatz der feierlichen Verleihung der Doktorwürde.

Jesus College

Lincoln College

ST ALDATE'S

Markthalle

Museum of Oxford

← *Ausstellungsraum im Ashmolean Museum*

0 Meter 100
0 Yards 100
N

↑ *Radcliffe Camera und All Souls College am Radcliffe Square im Herzen des Universitätsgeländes*

Die neoklassizistische Rotunde **Radcliffe Camera** ist das charakteristischste Gebäude Oxfords und heute ein Lesesaal der Bodleian Library.

Die 1914 erbaute dekorative **Bridge of Sighs** ähnelt der Seufzerbrücke in Venedig und verbindet die Gebäude des Hertford College.

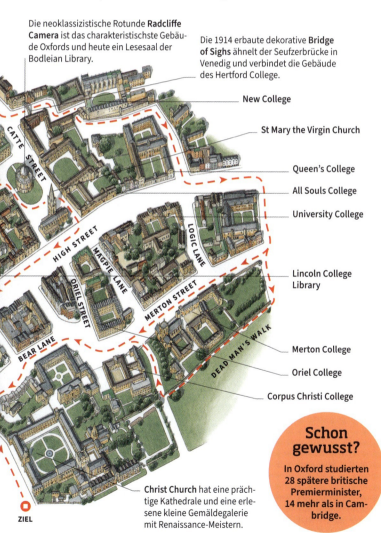

New College

St Mary the Virgin Church

Queen's College

All Souls College

University College

Lincoln College Library

Merton College

Oriel College

Corpus Christi College

Christ Church hat eine prächtige Kathedrale und eine erlesene kleine Gemäldegalerie mit Renaissance-Meistern.

Schon gewusst?

In Oxford studierten 28 spätere britische Premierminister, 14 mehr als in Cambridge.

Blenheim Palace

🏠 Woodstock, Oxfordshire ☎ +44 199 381 0530 🚉 Oxford 🚌 53 von Oxford
🕐 Palast und Gärten: tägl. 10–17:30; Park: tägl. 9–18 🌐 blenheimpalace.com

Das nach Plänen von Nicholas Hawksmoor und Sir John Vanbrugh Anfang des 18. Jahrhunderts errichtete Anwesen ist ein Meisterwerk des Barock. Der Palast ist das einzige britische historische Haus, das zum UNESCO-Welterbe gehört. In den idyllischen Gärten und dem Park kann man wunderbar spazieren.

Nachdem John Churchill, 1. Duke of Marlborough, die Franzosen 1704 in der Schlacht von Blenheim vernichtend geschlagen hatte, schenkte ihm Königin Anne den Herrensitz Woodstock und ließ ihm diesen Palast errichten. Hier wurde 1874 der spätere britische Staatsmann Winston Churchill, Nachkomme der Herzöge von Marlborough, geboren. Blenheim Palace zeigt eine Ausstellung zu Leben und Werk des britischen Premierministers, u. a. Gemälde und Handschriften. Heute ist Blenheim in Besitz des 12. Duke of Marlborough. Besucher können in prächtigen Räumen voller Wandteppiche, Gemälde, Porzellan und Statuen durch rund 300 Jahre Geschichte streifen. Capability Brown *(siehe S. 24)* gestaltete Teile der wunderschön angelegten Gärten und Parks, zu denen ein Eibenlabyrinth, Seen, ein Rosengarten, ein Arboretum und die von Vanbrugh gestaltete Grand Bridge gehören.

Die **Grand Bridge** (ab 1708) besitzt eine Spannbreite von 31 Metern und verfügt über Räume im Unterbau.

→

Darstellung des Blenheim Palace mit Park

Die **Kapelle** birgt das Marmorprunkgrab für den 1. Duke of Marlborough und seine Familie.

Die herrlichen **Gartenanlagen** stammen aus den 1920er Jahren und wurden von Achille Duchêne im Stil des 17. Jahrhunderts angelegt.

Woodstock

Der 13 Kilometer nördlich von Oxford gelegene Ort war ursprünglich eine Kutschenstation an der Royal Hunting Lodge, dem späteren Blenheim Palace. Mit schönen Steinhäusern, Antiquitätengeschäften, historischen Pubs und Teestuben ist Woodstock ideal, um nach einem Besuch im Palast etwas zu entspannen. Das Oxfordshire Museum in der Park Street widmet sich lokaler Geschichte, Kunst und Tierwelt.

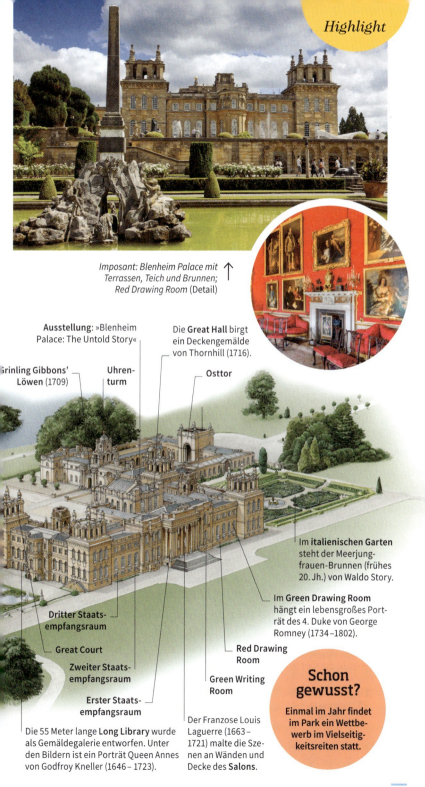

Imposant: Blenheim Palace mit Terrassen, Teich und Brunnen; Red Drawing Room (Detail)

Highlight

Ausstellung: »Blenheim Palace: The Untold Story«

Die **Great Hall** birgt ein Deckengemälde von Thornhill (1716).

Grinling Gibbons' **Löwen** (1709)

Uhrenturm

Osttor

Im **italienischen Garten** steht der Meerjungfrauen-Brunnen (frühes 20. Jh.) von Waldo Story.

Im **Green Drawing Room** hängt ein lebensgroßes Porträt des 4. Duke von George Romney (1734–1802).

Dritter Staatsempfangsraum

Great Court

Zweiter Staatsempfangsraum

Erster Staatsempfangsraum

Red Drawing Room

Green Writing Room

Die 55 Meter lange **Long Library** wurde als Gemäldegalerie entworfen. Unter den Bildern ist ein Porträt Queen Annes von Godfroy Kneller (1646–1723).

Der Franzose Louis Laguerre (1663–1721) malte die Szenen an Wänden und Decke des **Salons**.

Schon gewusst?

Einmal im Jahr findet im Park ein Wettbewerb im Vielseitigkeitsreiten statt.

SEHENSWÜRDIGKEITEN

❺ Roald Dahl Museum
🏠 81–83 High St, Great Missenden, Buckinghamshire
📞 +44 1494 892 192
🚉 Great Missenden
🕐 Di – Fr 10 –17, Sa, So 11–17
🌐 roalddahl.com/museum

Die zauberhafte Welt der Roald-Dahl-Geschichten wird in diesem Museum lebendig. Das Story Centre spornt Kinder an, ihren eigenen Film zu drehen oder ihre eigene Geschichte zu schreiben. Im Café Twit kann man entspannen.

↑ Am Ideas Table in Roald Dahl Museum sind Ideen und Inspiration gefragt

❻ ZSL Whipsnade Zoo
🏠 nahe Dunstable, Bedfordshire
📞 +44 1582 872 171
🚉 Hemel Hempstead oder Luton, dann Bus
🕐 tägl. 10 –18 (Sep, Okt: bis 17; Nov – Feb: bis 16)
🕐 25. Dez
🌐 zsl.org

Der Zweig des Londoner Zoos war einer der ersten Tierparks, in dem Tiere relativ frei gehalten wurden. Mit über 2500 Arten, darunter Amurtiger, Breitmaulnashörner und Vielfraße, auf 24 Hektar ist er einer der größten Europas. Durch einige Teile können Sie mit dem Auto, per Dampfeisenbahn oder Safaribus fahren.

❼ St Albans
🏠 Hertfordshire 👥 140 000
🚉 St Albans City, St Albans Abbey
ℹ️ Town Hall, St Peter's St
🌐 enjoystalbans.com

Ein Teil des Reizes dieser alten Stadt, die eine Autostunde von London entfernt ist, liegt in ihrer 2000-jährigen Geschichte.

Herausragendes Bauwerk ist die **Kathedrale**. Der Bau wurde 793 begonnen, als König Offa von Mercia die Abtei zu Ehren des hl. Alban gründete, des ersten christlichen Märtyrers Großbritanniens. Er wurde von den Römern enthauptet, weil er einem Priester Zuflucht gewährt hatte. Die ältesten erhaltenen Teile wurden 1077 erbaut und sind an den runden Bogen und Fenstern als normannisch zu erkennen. Sie sind Teil des 84 Meter langen Schiffs. In der Kathedrale verfassten die Barone die Magna Carta *(siehe S. 267)*, die John I unterzeichnen musste.

Das sehenswerte stadtgeschichtliche **Verulamium Museum** beherbergt eine Sammlung römischer Kunstwerke, darunter auch eindrucksvolle Bodenmosaiken. Auf einem ist der Kopf eines Meeresgotts dargestellt, ein anderes zeigt eine Kammmuschel. Gefunden wurden u. a. Urnen und Bleisärge.

Hotels

Sopwell House
Ein georgianisches Landhaus mit wunderschönen Zimmern und üppigem Garten.

🏠 Cottonmill Lane, St Albans
🌐 sopwellhouse.co.uk
££££

Five Arrows Hotel
Hotel in einem Tudor-Gebäude. Die Nachmittagstees sind berühmt.

🏠 High St, Waddesdon
🌐 fivearrowshotel.co.uk
££££

→ Waddesdon mit Garten; Salon des prachtvollen Anwesens (Detail)

Mithilfe der Verputzfragmente wurde ein römisches Zimmer rekonstruiert, dessen Wände mit leuchtenden Farben und geometrischen Mustern bemalt sind.

St Albans Cathedral
🏛 Sumpter Yard
🕐 tägl. 8:30–17:30
🌐 stalbanscathedral.org

Verulamium Museum
🏛 St Michael's St
🕐 Mo–Sa 10–16:30, So 11–15:30
🌐 stalbansmuseums.org.uk

8

Waddesdon
🏛 nahe Aylesbury, Buckinghamshire 📞 +44 1296 653 226 🚉 Aylesbury 🕐 Ende März–Okt: Mi–So 10–17; Winter: siehe Website
🌐 waddesdon.org.uk

Waddesdon Manor wurde 1874–89 für Baron Ferdinand de Rothschild erbaut. Verantwortlich war der französische Architekt Gabriel-Hippolyte Destailleur. Das Anwesen im Stil eines französischen Schlosses des 16. Jahrhunderts beherbergt eine eindrucksvolle Sammlung französischen Kunsthandwerks des 18. Jahrhunderts, darunter sind auch Savonnerie-Teppiche und Sèvres-Porzellan. Der prächtige Garten wurde von Elie Lainé angelegt. Kostenlose geführte Gartenspaziergänge finden von Donnerstag bis Samstag um 11:30 Uhr statt.

9
Vale of the White Horse
🏛 Oxfordshire 🚉 Didcot
ℹ Roysse Court, The Guildhall, Abingdon; +44 1235 522 711; 19 Church St, Wantage; +44 1235 760 176

Das Tal erhielt seinen Namen durch das weiße Pferd, das – von den Nüstern bis zum Schweif 100 Meter lang – in den Kalkstein eines Hügels über Uffington gescharrt wurde. Man hält es für Großbritanniens ältestes Hügelkunstwerk, und es hat viele Deutungen provoziert: Manche behaupten, es sei vom Sachsenführer Hengist (Hengst) geschaffen worden. Andere glauben, es habe mit König Alfred the Great zu tun, der in der Nähe geboren wurde. Das Kunstwerk ist jedoch älter, es wurde auf ca. 1000 v. Chr. datiert.

Den besten Blick auf das Pferd hat man von Uffington

> ### Figuren in den Hügeln
> Die Kelten begannen als Erste, großformatige Kunstwerke in die Kalksteinhügel zu scharren. Pferde, die von den Kelten und später von den Sachsen verehrt wurden, waren bevorzugte Motive, doch auch Menschen wurden dargestellt, etwa der Riese von Cerne Abbas in Dorset und der Long Man of Wilmington. Die Figuren waren wohl religiöse Symbole.

aus, das auch wegen der **Tom Brown's School** einen Besuch lohnt. Das Schulhaus zeigt Exponate, die Thomas Hughes (1822–1896) gewidmet sind. Die ersten Kapitel seines Romans *Tom Brown's Schooldays* ließ er hier spielen. Zu sehen ist auch Material über die Ausgrabungen auf dem White Horse Hill.

Tom Brown's School Museum
🏛 Broad St, Uffington 🕐 Ostern–Okt: Sa, So, Feiertage 14–17
🌐 uffingtonmuseum.co.uk

↑ *Ein Bummel über die Diagon Alley zählt zu den Highlights der Warner Bros. Studio Tour*

Restaurants

Paris House

Das Restaurant ist in einem nachgebildeten Tudor-Haus untergebracht. Die umfangreiche Speisekarte kombiniert asiatische und britische Aromen.

🏠 Woburn Park
🕐 Mo – Mi
🌐 parishouse.co.uk
£££

The Muddy Duck

Das moderne Pub südwestlich von Stowe ist einen Besuch wert. Es bietet einen Mix aus klassischem Pub-Essen von höchster Qualität und innovativen britischen Tapas.

🏠 Main St, Hethe
🕐 So abends
🌐 themuddyduck pub.co.uk
£££

⑩

Warner Bros. Studio Tour - The Making of Harry Potter

🏠 Leavesden, Hertfordshire
📞 +44 3450 840 900
🚇 Watford Junction, dann Shuttlebus ⏰ siehe Website 🌐 wbstudiotour.co.uk

Hier kann man Originalkulissen der Harry-Potter-Filme sowie Requisiten und Kostüme der Schauspieler bestaunen. Man taucht in die Welt von Schauplätzen wie Great Hall und Diagon Alley. Beim Rundgang erfährt man viel über das Making-of der Filme über den Zauberlehrling, auch Special Effects werden demonstriert. Kinder können hier auf Besenstielen reiten. Tickets müssen vorab online gekauft werden.

⑪

Hatfield House

🏠 Hatfield, Hertfordshire
📞 +44 1707 287 010
🚇 Hatfield ⏰ Ostern – Sep: Mi – So, Feiertage 11–17
🌐 hatfield-house.co.uk

Eines der schönsten Herrenhäuser Englands wurde 1607 – 11 für den Staatsmann Robert Cecil erbaut und ist noch heute im Besitz seiner Nachkommen. Von historischem Interesse ist der Flügel des ursprünglichen Hatfield Palace aus der Tudor-Zeit, in dem Queen Elizabeth I ihre Kindheit verbrachte. Hier hielt sie 1558 auch ihren ersten Staatsrat ab. Der Palast, der 1607 zum Teil abgerissen wurde, enthält viele Erinnerungsstücke, darunter das *Rainbow*-Porträt, das um 1600 von Isaac Oliver gemalt wurde.

⑫

Woburn Abbey

🏠 Woburn, Bedfordshire
📞 +44 1525 290 333
🚇 Flitwick, dann Taxi
⏰ Ostern – Aug: tägl. 11–17; Garten, Wildpark: tägl. 10 – 18 (Winter: Fr – So)
🌐 woburnabbey.co.uk

Seit den 1620er Jahren lebten hier die Dukes of Bedford und gehörten 1955 zu den ersten Besitzern englischer Herrenhäuser, die ihr Heim der Öffentlichkeit zugänglich machten. Der Wohnsitz wurde Mitte des 18. Jahrhunderts auf den Fundamenten eines Zisterzienserklosters (12. Jahrhundert) erbaut. Seine Stilmischung schufen Henry Flitcroft und Henry Holland.

Das Anwesen ist auch wegen des 1200 Hektar großen Wildparks beliebt, in dem neun Hirscharten leben.

Die herrschaftlichen Räume beherbergen eine Kunstsammlung mit Gowers *Armada Portrait of Queen Elizabeth I* (1588) sowie Werken von Joshua Reynolds (1723–1792) und dem Venezianer Canaletto (1697–1768).

Stowe
🏠 Buckingham, Buckinghamshire ☎ +44 1280 817 156 🚉 Milton Keynes, dann Bus 🕐 tägl. 9:30–17 (Nov–März: bis 16) 🌐 nationaltrust.org.uk

Dies ist der ehrgeizigste Landschaftsgarten Großbritanniens und eines der besten Beispiele für das Bemühen im 18. Jahrhundert, die Natur zu beeinflussen, um sie dem Zeitgeschmack anzupassen. Der um 1680 angelegte Garten wurde immer wieder erweitert. Es kamen Monumente, Tempel, Brücken, künstliche Seen und »natürliche« Baumpflanzungen hinzu. Führende Gartengestalter trugen dazu bei, so etwa John Vanbrugh und Capability Brown *(siehe S. 24)*. Letzterer heiratete hier und lebte in einem der Boycott Pavilions.

Von 1593 bis 1921 gehörte der Besitz den Familien Temple und Grenville. Anschließend wurde das palladianische **Stowe House** im Zentrum des Parks verkauft und in eine Eliteschule umgewandelt.

Stowe House
 ☎ nur Führungen während Schulferien; sonst siehe Website 🌐 stowe.co.uk/house

Bletchley Park
🏠 Sherwood Drive, Bletchley MK3 🚉 Bletchley 🕐 tägl. 9:30–17 (Nov–Feb: bis 16) 🌐 bletchleypark.org.uk

Während des Zweiten Weltkriegs befand sich in diesem Herrenhaus auf einem grünen Anwesen in der Nähe von Milton Keynes die zentrale militärische Funkabhörstelle Großbritanniens. Hier knackten Alan Turing und seine Kollegen den deutschen Enigma-Code.

Heute ist hier das National Museum of Computing untergebracht. Es zeigt einige historische Rechenmaschinen, darunter mehrere Großrechner.

> **Entdeckertipp**
> **MK Gallery**
>
> Die drei Kilometer nördlich von Bletchley Park in Milton Keynes liegende Galerie bietet hochrangige Wechselausstellungen zu den Themen Kunst, Design und Architektur (www.mkgallery.org).

Aufwendig gestaltete Brücke im Landschaftsgarten von Stowe

↑ Cheltenhams Promenade eignet sich sehr gut zum Flanieren

Cheltenham
- Gloucestershire
- 115 000
- Clarence St; +44 1241 237 431 So; 2. und letzter Fr im Monat Bauernmarkt
- visitcheltenham.com

Cheltenham wurde im 18. Jahrhundert Edel-Kurort, als die High Society dem Beispiel Georges III folgte. An den breiten Straßen entstanden elegante klassizistische Häuser. Ein paar besonders schöne Beispiele sieht man um das Queen's Hotel bei Montpellier, einer von zahlreichen Kunsthandwerksläden gesäumten Arkade, und entlang der Promenade mit ihren eleganten Kaufhäusern und Modeläden.

Moderner ist die Regency Arcade, deren Hauptattraktion die 1985 von Kit Williams geschaffene Uhr ist. Zur vollen Stunde stoßen Fische über den Köpfen der Zuschauer Luftblasen aus.

The Wilson Art Gallery & Museum zeigt eine Sammlung von Möbeln und Objekten von Mitgliedern der Arts-and-Crafts-Bewegung, deren Design-Prinzipien William Morris *(siehe S. 228)* vorgab.

Der **Pittville Pump Room** (1825–30) wurde einem griechischen Tempel nachempfunden. Hier finden während des jährlichen Musik- (Juli) und des Literaturfestivals (Okt) Veranstaltungen statt. Das große Ereignis, das jedes Jahr Massen anlockt, ist die Cheltenham Gold Cup Steeplechase – die Eröffnung der National-Hunt-Saison (Pferderennen), die im März stattfindet.

The Wilson Art Gallery & Museum
- Clarence St
- Di – Sa 9:30 –17:15 (Do bis 19:45), So 11–16
- cheltenhammuseum.org.uk

Pittville Pump Room
- Pittville Park Mi – Sa 10 –16 bei Veranstaltungen
- pittvillepumproom.org.uk

Gloucester
- Gloucestershire
- 130 000
- Brunswick Rd Fr, Sa
- visitgloucester.co.uk

In der Geschichte Englands spielte Gloucester eine bedeutende Rolle. Hier befahl William the Conqueror, eine Auflistung des Landbesitzes seines Königreichs vorzunehmen, die im *Domesday Book* von 1086 festgehalten ist.

Die Stadt war bei den normannischen Monarchen überaus beliebt. Henry III wurde 1216 in der Kathedrale gekrönt. Der Bau des massiven Schiffs begann 1089. Edward II, der 1327 in Berkeley Castle, 22 Kilometer südwestlich, ermordet wurde, ist beim Hochaltar bestattet. Mithilfe der Spen-

> Die Stadt war bei den normannischen Monarchen überaus beliebt. Henry III wurde 1216 in der Kathedrale gekrönt. Der Bau des massiven Schiffs begann 1089.

den, die Pilger zu seinem Grab brachten, ließ Abt Thoky 1331 die Kathedrale umbauen. Sie erhielt das wunderbare Ostfenster und den Kreuzgang mit dem ersten Fächergewölbe – was in anderen Kirchen des Landes effektvoll kopiert wurde.

Eines der eindrucksvollsten Bauwerke um die Kathedrale ist der College Court mit dem **House of the Tailor of Gloucester**, das der Kinderbuchautorin Beatrix Potter *(siehe S. 360)* zur Illustration ihrer Geschichte *Der Schneider von Gloucester* diente.

In den Gloucester Docks entstand ein Museumskomplex. Teile der Docks dienen immer noch als Hafen, der mit dem Bristol Channel über den Gloucester and Sharpness Canal von 1827 verbunden ist. Das in einem viktorianischen Lagerhaus im alten Hafen untergebrachte **National Waterways Museum** erzählt in einer Reihe von interaktiven Ausstellungen die Geschichte britischer Kanäle.

↑ *Schmucke Fachwerkhäuser säumen das Ufer des Avon in Tewkesbury*

House of the Tailor of Gloucester
🏛 College Court
🕐 Mo – Sa 10 – 16 🌐
tailor-of-gloucester.org.uk

National Waterways Museum Gloucester
🏛 Llanthony Warehouse, Gloucester Docks 🕐 Apr – Okt: tägl.; Nov – März: Di – So
🌐 canalrivertrust.org.uk

17
Tewkesbury
🏛 Gloucestershire 👤 11 000
ℹ 100 Church St; +44 1684 855 040 📅 Mi, Sa
🌐 visittewkesbury.info

Die Stadt am Zusammenfluss von Severn und Avon besitzt mit St Mary the Virgin eine der schönsten normannischen Klosterkirchen Englands. Einwohner retteten sie während der Säkularisation *(siehe S. 391)*, indem sie Henry VIII 453 Pfund bezahlten. Um die Kirche stehen Fachwerkhäuser. Lagerhäuser und Werften erinnern an den früheren Reichtum des Orts. Die Borough Mill in der Quay Street war eine Getreidemühle, die mit Wasserkraft betrieben wurde.

← *Fächergewölbe und Buntglasfenster im Kreuzgang der Kathedrale von Gloucester*

Hotels

Hotel du Vin
Eine schöne Regency-Villa mit 50 kunstvoll gestalteten Zimmern.

🏛 Parabola Rd, Cheltenham
🌐 hotelduvin.com
£££

No. 131
Stilvolles Boutique-Hotel in einem georgianischen Haus mit vielen Kunstwerken.

🏛 No. 131 The Promenade, Cheltenham
🌐 no131.com
£££

Bowden Hall Hotel
Landhaushotel mit weitläufigen Rasenflächen, Parkanlagen und Seen.

🏛 Bondend Lane, Upton St Leonards, Gloucester
🌐 mercuregloucester.co.uk
£££

Tour entlang der Themse

Länge 75 km **Rasten** Im malerischen Städtchen Henley gibt es direkt am Fluss viele Pubs, die sich gut für ein Mittagessen eignen.

Die Themse ist zwischen Pangbourne und Eton sehr romantisch und vom Boot aus am besten zu genießen. Doch auch die Straße führt nahe am Ufer entlang. Schwäne gleiten unter alten Brücken hindurch, Reiher stehen elegant am Flussrand. Die Äste riesiger Buchen hängen über die Ufer, die von schönen Häusern gesäumt sind. Ihre Gärten führen zum Wasser. Die Themse hat schon immer Maler und Dichter inspiriert.

Schon gewusst?

König Henry VI gründete das Eton College im Jahr 1440.

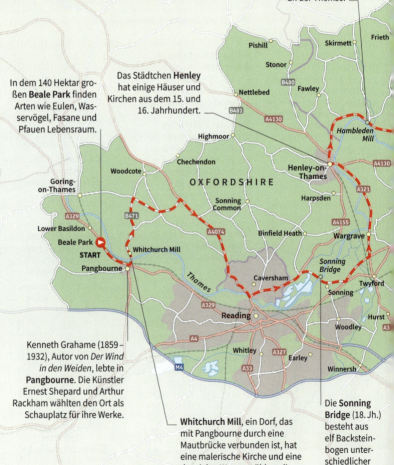

Die mit weißem Holz verkleidete, bis 1955 betriebene **Hambleden Mill** ist eine der größten Mühlen an der Themse.

In dem 140 Hektar großen **Beale Park** finden Arten wie Eulen, Wasservögel, Fasane und Pfauen Lebensraum.

Das Städtchen **Henley** hat einige Häuser und Kirchen aus dem 15. und 16. Jahrhundert.

Kenneth Grahame (1859–1932), Autor von *Der Wind in den Weiden*, lebte in **Pangbourne**. Die Künstler Ernest Shepard und Arthur Rackham wählten den Ort als Schauplatz für ihre Werke.

Whitchurch Mill, ein Dorf, das mit Pangbourne durch eine Mautbrücke verbunden ist, hat eine malerische Kirche und eine der vielen Wassermühlen, die einst die Wasserkraft des Flussabschnitts nutzbar machten.

Die **Sonning Bridge** (18. Jh.) besteht aus elf Backsteinbogen unterschiedlicher Breite.

Mit dem Boot Richtung Sonning Bridge, einer alten Steinbrücke

Cookham ist die Heimat von Stanley Spencer (1891–1959), einem britischen Künstler des 20. Jahrhunderts. Die Methodistenkapelle, die Spencer als Kind besuchte, ist heute eine Galerie, die Gemälde und Memorabilien zeigt.

Die Buchen am Flussabschnitt Cliveden Reach stehen auf dem Gelände von **Cliveden House**.

Eton College ist die renommierteste Schule Großbritanniens. Sie besitzt eine Kapelle im Stil der englischen Spätgotik (1441).

Zur Orientierung
Siehe Karte S. 222f

Tour: Gärten in den Cotswolds

Länge 40 km **Rasten** Hidcote Manor hat exzellente Restaurants und Teestuben. Auch in Kiftsgate Court und Sudeley Castle kann man zu Mittag essen.

Die hübschen Häuser aus Cotswold-Stein ergänzen die üppigen Parks, für die diese Region bekannt ist, hervorragend. Die malerische Route von Stow-on-the-Wold nach Cheltenham führt zu Gärten aller Art und Größe, von winzigen Cottage-Gärtchen voller Blumen und Stockrosen bis zu den wildreichen Parks stattlicher Herrenhäuser. Die Strecke folgt dem Steilabbruch der Cotswold-Hügel durch spektakuläre Landschaften und einige der schönsten Dörfer der Region.

In **Broadway** schmücken Glyzinien und Spalierobstbäume die Vorgärten von Cottages aus dem 17. Jahrhundert.

Snowshill Manor aus Cotswold-Stein zeigt eine Sammlung von Fahrrädern bis zu japanischen Rüstungen. Die Gärten und Terrassen sind ummauert. Die Farbe Blau ist ein wiederkehrendes Thema.

Zum **Stanway House**, einem Herrensitz aus der Zeit James' I, gehören viele Bäume und eine Pyramide über einem Wasserfall.

Die **Cheltenham Imperial Gardens** an der Promenade wurden 1817/18 angelegt, um den Weg von der Stadt zu den Kuranlagen zu verschönern *(siehe S. 244)*.

> **Expertentipp**
> **Broadway**
>
> In Broadway hat man eine große Auswahl an Lokalen – von traditionellen Pubs über Teestuben bis hin zum luxuriösen Lygon Arms an der High Street, das hervorragende regionale Speisen serviert.

Das restaurierte **Sudeley Castle** ist von Hecken und einem elisabethanischen Park umgeben. Catherine Parr, die Witwe Henrys VIII, starb hier 1548.

Zur Orientierung
Siehe Karte S. 222f

Der bezaubernd natürlich gestaltete **Kiftsgate Court Garden** gegenüber Hidcote Manor bietet viele seltene Pflanzen auf einer Reihe von Hügelterrassen, darunter die riesige Kiftsgate-Rose, die fast 30 Meter hoch ist.

Die schönen, Anfang des 20. Jahrhunderts angelegten **Hidcote Manor Gardens** zeigen »Gartenräume«, die von Eibenhecken umgeben und thematisch bepflanzt sind.

Einer der malerischsten Gärten der Cotswolds liegt auf einem Hügel rund um die **Mill Dene** genannte Mühle.

Batsford Arboretum beherbergt eine Sammlung von Bäumen und Sträuchern aus aller Welt mit Schwerpunkt auf dem Fernen Osten (v. a. japanische Ahornbäume, Magnolien und Kiefern).

Bourton House Garden umgibt ein Herrenhaus aus dem 18. Jahrhundert. Die Anlage umfasst einen Knotengarten, Wasserspiele und Kräuterbeete.

Sezincote, ein rund 200 Jahre altes Haus im Stil eines indischen Mogulpalasts, umrahmt eine formale Gartenanlage mit Wasserbecken, Wasserfällen und einer Grotte.

Gewächshaus in den Hidcote Manor Gardens in Gloucestershire ↑

Stonehenge – Ort voller Geheimnisse (siehe S. 264f)

Bristol, Bath und Wessex

Die von sanften Landschaften und wohlhabenden Städten geprägte Region blickt auf eine reiche Historie zurück. Vor 3000 Jahren waren die Hügel der Salisbury Plain Heimat von Siedlern, die die mysteriösen Steinkreise bei Stonehenge und Avebury sowie andere prähistorische Stätten anlegten.

Später gründeten Kelten Festungen wie Dorchesters Maiden Castle, und die Römer bauten Englands ersten Kurort in Bath. Im 6. Jahrhundert wehrten sich hier die Kelten gegen die Sachsen, die schließlich jedoch siegreich waren. Alfred the Great vereinigte daraufhin Westengland zu einer politischen Einheit, dem Königreich Wessex, dessen Gebiet etwa den heutigen Grafschaften Hampshire, Dorset und Somerset entspricht.

Anfang des 18. Jahrhunderts wurde die größte Stadt der Region, Bristol, zu einem wichtigen Hafen für den Handel mit Sklaven, Tabak und Wein, wovon noch viele herrschaftliche Gebäude zeugen. Zur selben Zeit wurde Bath durch den Bau georgianischer Terrassenhäuser sehr elegant. Durch die häufigen Besuche von George III wurde Weymouth ein beliebtes Seebad, ebenso wie Bournemouth mit der Einführung einer Zugverbindung seit dem 19. Jahrhundert.

Bristol, Bath und Wessex

Highlights
1. Bristol
2. Bath
3. Stourhead
4. Stonehenge
5. Salisbury Cathedral

Sehenswürdigkeiten
6. Salisbury
7. Cheddar Gorge
8. Wells
9. Glastonbury
10. Bradford-on-Avon
11. Corsham
12. Avebury
13. Longleat House
14. Lacock
15. Abbotsbury
16. Shaftesbury
17. Dorchester
18. Weymouth
19. Sherborne
20. Lyme Regis
21. Isle of Purbeck
22. Corfe Castle
23. Wimborne Minster
24. Poole
25. Bournemouth

Süd- und Mittelwales
Seiten 452–477

Devon und Cornwall
Seiten 276–303

Bristol

🏠 Bristol 👥 460 000 🚂 Bristol Temple Meads 🛈 Harbourside; +44 906 711 2191 📅 tägl. 🎉 Harbour Festival (Ende Juli); Balloon Fiesta (Aug) 🌐 visitbristol.co.uk

Bristol wurde durch den Handel mit Wein, Tabak und – im 17. Jahrhundert – mit Sklaven wohlhabend. Der älteste Teil der Stadt liegt um Broad, King und Corn Street. Das alte Hafenareal wurde umgewandelt und bietet nun Restaurants, Cafés, Läden und Kunstgalerien.

Clifton Suspension Bridge
🛈 Leigh Woods 📅 tägl. 10–17 🚫 1. Jan, 24., 25. Dez 🌐 cliftonbridge.org.uk

Das Wahrzeichen Bristols wurde von Isambard Kingdom Brunel konstruiert, der den Zuschlag dafür als 23-Jähriger erhielt. Die 1864 fertiggestellte Brücke überspannt die Schlucht des Avon von Clifton nach Leigh Woods. Im Besucherzentrum erfährt man Interessantes über den Bau.

Von Ostern bis Oktober werden an Wochenenden und Feiertagen jeweils um 15 Uhr kostenlose Führungen angeboten.

Brunel's SS *Great Britain*
🏠 Gas Ferry Rd 📅 tägl. 10–18 (Nov–März: bis 16:30) 🌐 ssgreatbritain.org

Von Bristol brach John Cabot 1497 zu seiner historischen Segelfahrt nach Nordamerika auf. Im 19. Jahrhundert wurde mit Brunels SS *Great Britain* die Ära hochseetüchtiger Dampfschiffe eingeleitet. Das von Isambard Kingdom Brunel (1806–1859) gebaute Schiff war das erste große Passagierschiff aus Stahl. Es lief im Jahr 1843 vom Stapel und fuhr 32-mal um die Welt, bevor es 1886 bei den Falklandinseln aufgegeben wurde.

St Mary Redcliffe
🏠 Redcliffe Way ☎ +44 117 231 0060 📅 tägl. 🌐 stmaryredcliffe.co.uk

Königin Elizabeth I bezeichnete die im 14. Jahrhundert erbaute Kirche als »schönste Englands«. Die Bürgermeister William Canynge d. Ä. und d. J. investierten viel in den Erhalt des Gotteshauses.

Inschriften auf den Gräbern der Händler und Seeleute erzählen von Handelsreisen in alle Welt. Beachten Sie den Bristol Maze im nördlichen Seitenschiff.

Banksy

Der vermutlich 1974 in Bristol geborene Banksy ist einer der berühmtesten Street-Art-Künstler der Welt. Er versucht, seine Identität geheim zu halten. Eine Tour durch die Stadt führt zu einigen seiner bekanntesten Werke, darunter auch *Masked Gorilla*. Reservierungen für die Führung sind online möglich (www.bristol-street-art.co.uk).

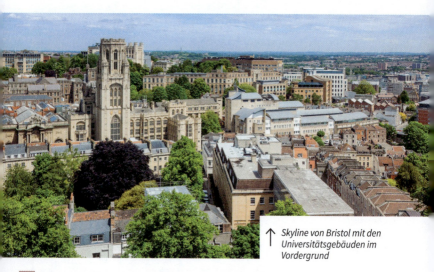

↑ *Skyline von Bristol mit den Universitätsgebäuden im Vordergrund*

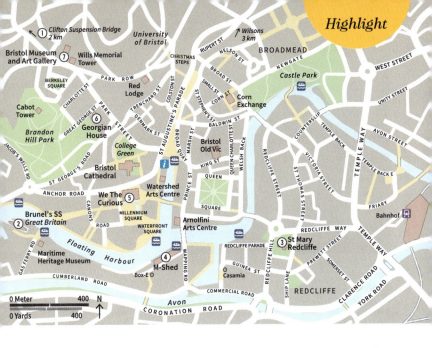

④
M-Shed
🏠 Princes Wharf 📞 +44 117 352 6600 🕐 Di – So 10 – 17
🌐 bristolmuseums.org.uk

Das Museum dokumentiert Bristols Geschichte. Schwerpunkte sind Verkehr, Kunst und Sklavenhandel. Zum Museum gehören auch einige im Hafen vertäute Schiffe.

⑤
We The Curious
🏠 Anchor Rd 🕐 Mo – Fr 10 – 17, Sa, So 10 – 18
🌐 wethecurious.org

Dieses aufregende Wissenschaftszentrum am Hafen erläutert mit interaktiven Stationen das Innenleben des Planeten Erde und bietet zudem ein 3-D-Planetarium mit Soundanlage.

⑥
Georgian House
🏠 7 Great George St 🕐 Apr – Okt: Sa – Di 11 – 16
🌐 bristolmuseums.org.uk

Das tägliche Leben in einem Kaufmannshaus in Bristol aus den 1790er Jahren wird hier in Räumen wie dem Salon und dem Bedienstetenbereich nachgestellt.

⑦
Bristol Museum and Art Gallery
🏠 Queen's Rd 🕐 Di – So 10 – 17 🌐 bristolmuseums.org.uk

Das Museum zeigt u. a. ägyptische Artefakte, Dinosaurierfossilien, römisches Tafelgeschirr, die größte Kollektion von chinesischem Glas außerhalb Chinas und eine Abteilung europäischer Malerei mit Werken von Renoir, Bellini, Lawrence und Danby.

> **Schon gewusst?**
> Die Schriftstellerin Joanne K. Rowling wurde in der Nähe von Bristol geboren.

Restaurants

Box-E
Kleines Lokal in einem alten Schiffscontainer mit wenigen, aber ambitionierten Speisen.

🏠 Unit 10, 1 Cargo Wharf 🌐 boxebristol.com
£££

Casamia
Spanisches Restaurant mit Michelin-Stern; für besondere Anlässe.

🏠 The General, Lower Guinea St 🌐 casamiarestaurant.co.uk
£££

Wilsons
Ausgezeichnetes Essen, innovative Gerichte.

🏠 Chandos Rd 🕐 So – Di 🌐 wilsonsbristol.co.uk
£££

↑ *Viele Gebäude der Stadt wurden aus Bath Stone, einem Kalkstein der Region, erbaut*

❷ Bath

🏠 Somerset 🗺 86 000 🚉 Bath Spa 🕐 tägl.
🎵 International Music Festival (Mai – Juni)
🌐 visitbathco.uk

Bath erstreckt sich zwischen den Hügeln des Avon-Tals. Das autofreie Zentrum der Stadt ist voller Museen, Cafés und bezaubernder Geschäfte. Die georgianischen Häuser bilden die elegante Kulisse des städtischen Lebens.

① Bath Abbey

🏠 Abbey Churchyard 📞 +44 1225 422 462 🕐 siehe Website 🌐 bathabbey.org

Die Überlieferung besagt, dass Gott dem Bischof Oliver King im Traum die Form der Kirche vorgeschrieben hat. Dieser Traum wurde in wunderbaren Steinmetzarbeiten an der Westfassade der Kirche verewigt. Der Bischof ließ sie ab 1499 auf den Ruinen einer im 8. Jahrhundert gegründeten Kirche errichten. Grabdenkmäler bedecken die Außenwände.

Es ist faszinierend, die eindrucksvollen Inschriften aus georgianischer Zeit zu lesen. Das Innere zeigt ein spitzenartiges Fächergewölbe im Hauptschiff von George Gilbert Scott (1874).

② No. 1 Royal Crescent

🏠 Royal Crescent 📞 +44 1225 428 126 🕐 tägl. 10–17 🚫 1. Jan, 25., 26. Dez
🌐 no1royalcrescent.org.uk

Bath erreichte im 18. Jahrhundert Bekanntheit als eine der mondänsten Kurstädte des Landes. Von der georgianischen Bausubstanz ist viel erhalten geblieben. Zu den Höhepunkten gehören The Circus, ein kreisförmiger Platz mit bemerkenswerten Stadthäusern, die von John Wood d. Ä. (1704–1754) entworfen wurden, und der prächtige Royal Crescent, den John Wood d. J. in den 1770er Jahren schuf.

No. 1 Royal Crescent ist heute ein Museum. Es vermittelt einen Eindruck vom Leben der Aristokraten im 18. Jahrhundert. Man sieht aber auch die Quartiere der Bediensteten, den Bratspieß, den ein Hund drehte, sowie georgianische Mausefallen.

> **Jane Austen**
>
> Bath ist untrennbar mit dem Namen Jane Austen (1775–1817) verbunden. Die britische Autorin verbrachte hier sechs Jahre, in denen sie einige ihrer bekanntesten Romane schrieb, darunter auch *Persuasion (Überredung)*. Eine interessante Ausstellung im Jane Austen Centre (40 Gay Street) beschäftigt sich mit Austens Zeit in Bath – ein Muss für Fans der Autorin.

> **Die Überlieferung besagt, dass Gott dem Bischof Oliver King im Traum die Form der Kirche vorgeschrieben hat. Dieser Traum wurde an der Westfassade der Kirche verewigt.**

③ Holburne Museum

📍 Great Pulteney St 🕐 tägl. Mo – Sa 10–17, So, Feiertage 11–17 🚫 1. Jan, 24.–26. Dez
🌐 holburne.org

Das Gebäude ist nach T. W. Holburne (1793–1874) benannt, dessen Sammlung dekorativer Kunst den Kern der Sammlung bildet. Zu sehen sind Gemälde britischer Künstler wie Gainsborough und Stubbs sowie Kunsthandwerk, darunter Silberwaren.

④ Assembly Rooms and Fashion Museum

📍 Bennett St 🕐 Di – So 10–17 🚫 25., 26. Dez
🌐 fashionmuseum.co.uk

Die Assembly Rooms wurden 1769 von John Wood d. J. als Treffpunkt der Oberschicht errichtet. Jane Austen beschrieb das damalige Flair in *Abtei von Northanger* (1818). Im Untergeschoss befindet sich eine Modesammlung in mit Mobiliar der Zeit ausgestatteten Räumen.

Highlight

Restaurants

Menu Gordon Jones
Sieben-Gänge-Degustationsmenüs werden mit Fantasie und Flair zubereitet. Gute Bioweine.

📍 2 Wellsway
🌐 menugordonjones.co.uk
££££

Noya's Kitchen
Hochklassige vietnamesische Küche; wählen Sie das köstliche Fünf-Gänge-Menü.

📍 7 St James's Parade
🌐 noyaskitchen.co.uk
£££

Sotto Sotto
Italienisches Restaurant mit stimmungsvollem Gewölbekeller.

📍 10 North Parade
🌐 sottosotto.co.uk
£££

↑ Saal im Holburne Museum, das eine großartige kunsthandwerkliche Sammlung präsentiert

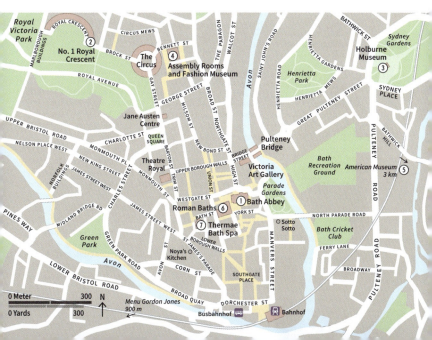

Roman Baths – eine Hauptattraktion in der hübschen Stadt Bath

⑤ American Museum

Claverton Manor, Claverton Down ☏ +44 1225 460 503 🕒 Mitte März – Okt: Di – So 10 –17
🌐 americanmuseum.org

Zur Vertiefung des gegenseitigen Verständnisses zwischen Großbritannien und den Vereinigten Staaten wurde 1961 das erste (und einzige) amerikanische Museum des Landes gegründet. Die Räume des 1820 errichteten Herrenhauses sind in verschiedensten Stilrichtungen gehalten. Präsentiert werden u. a. Shaker-Möbel, Quilts, indianische Kunst und ein Modell von George Washingtons Garten.

⑥ Roman Baths

Eingang im Abbey Churchyard ☏ +44 1225 477 785 🕒 tägl. (siehe Website) 🚫 25., 26. Dez
🌐 romanbaths.co.uk

Der Sage nach verdankt Bath seine Anfänge dem Keltenkönig Bladud, der die Heilkraft der Quellen 860 v. Chr. entdeckt haben soll.

Im ersten Jahrhundert n. Chr. bauten die Römer Bäderanlagen um die Quelle und einen Tempel, der der Göttin Sul Minerva geweiht war. Sie trug sowohl Merkmale der keltischen Quellen-

← *Bemalte Skulptur im American Museum von Bath*

> **Entdeckertipp**
> **Victoria Art Gallery**
>
> Die häufig übersehene Victoria Art Gallery in der Bridge Street zeigt mehr als 1500 dekorative Kunstobjekte, darunter Skulpturen und Glaswaren. Besonders hervorzuheben sind Gemälde von britischen Künstlern seit dem 17. Jahrhundert (www.victoriagal.org.uk).

göttin Sul als auch der römischen Göttin Minerva. Unter den Relikten befindet sich auch ein vergoldeter Bronzekopf von Sul Minerva.

Auch die Mönche der Abtei von Bath nutzten das Wasser zu Heilzwecken. Als die englische Königin Anne die Stadt 1702 und 1703 besuchte, stand das Heilbad in voller Blüte. Der Zeremonienmeister »Beau« Nash spielte bei der Umwandlung von Bath in einen mondänen Treffpunkt eine entscheidende Rolle. Er ersann eine endlose Reihe von Bällen und anderen Vergnügungen (einschließlich des Glücksspiels), die einen konstanten Besucherstrom garantierten.

Great Bath im Zentrum der römischen Bäderanlage wurde erst um 1870 wiederentdeckt. An das Becken grenzten Baderäume, die im Lauf der Zeit immer raffinierter ausgestattet wurden. In der früheren Trinkhalle ist heute eine elegante Teestube.

 Highlight

Thermae Bath Spa

Hot Bath St +44 1225 331 234 tägl. 10–21 (letzter Einlass 19); kein Einlass unter 16 Jahren 1. Jan, 25., 26. Dez thermaebathspa.com

Seit der Römerzeit entspannen sich Besucher von Bath in den warmen, mineralreichen Bädern der Stadt. Mit Eröffnung des Thermae Bath Spa im Jahr 2006 verfügt die Stadt über ein weiteres beliebtes Thermalbad. Die Pools sind mit natürlichem Thermalwasser befüllt. Das New Royal Bath umfasst zwei Bäder mit einem Outdoor-Pool auf dem Dach, von wo sich eine fantastische Aussicht bietet.

↑ *Thermae Bath Spa – Badevergnügen über den Dächern der Stadt*

Schon gewusst?
Bath wurde von der UNESCO 1987 zum Welterbe ernannt.

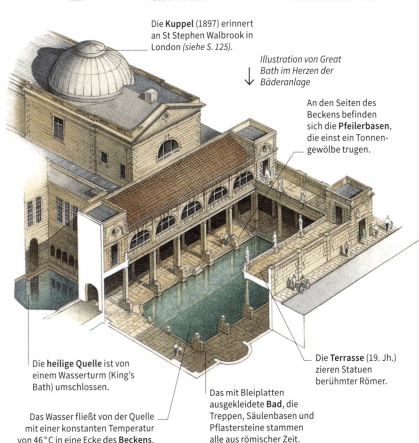

Die **Kuppel** (1897) erinnert an St Stephen Walbrook in London *(siehe S. 125)*.

↓ *Illustration von Great Bath im Herzen der Bäderanlage*

An den Seiten des Beckens befinden sich die **Pfeilerbasen**, die einst ein Tonnengewölbe trugen.

Die **Terrasse** (19. Jh.) zieren Statuen berühmter Römer.

Die **heilige Quelle** ist von einem Wasserturm (King's Bath) umschlossen.

Das mit Bleiplatten ausgekleidete **Bad**, die Treppen, Säulenbasen und Pflastersteine stammen alle aus römischer Zeit.

Das Wasser fließt von der Quelle mit einer konstanten Temperatur von 46°C in eine Ecke des **Beckens**.

Spaziergang durch das Zentrum von Bath

Länge 1,5 km **Dauer** 20 Min. **Bus** Dorchester St

Bath verdankt sein herrliches georgianisches Stadtbild der sprudelnden Quelle im Zentrum der römischen Bäder. Die Römer machten Bath zum ersten Heilbad Englands. Im 18. Jahrhundert wurde es als Kurort erneut berühmt. Zu dieser Zeit entwarfen John Wood d. Ä. und d. J. die schönen Gebäude der Stadt im palladianischen Stil. Viele Häuser tragen Wandtafeln mit den Namen ihrer damaligen berühmten Bewohner.

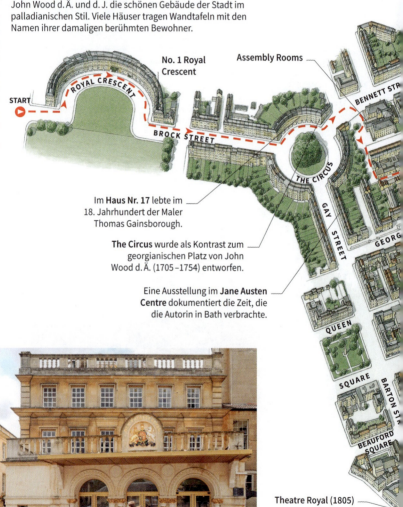

No. 1 Royal Crescent

Assembly Rooms

Im **Haus Nr. 17** lebte im 18. Jahrhundert der Maler Thomas Gainsborough.

The Circus wurde als Kontrast zum georgianischen Platz von John Wood d. Ä. (1705–1754) entworfen.

Eine Ausstellung im **Jane Austen Centre** dokumentiert die Zeit, die die Autorin in Bath verbrachte.

Theatre Royal (1805)

Elegante Fassade des Theatre Royal – ein Beispiel georgianischer Architektur

↑ *Die Pulteney Bridge überspannt den Avon im malerischen Zentrum von Bath*

Das **Museum of Bath at Work** widmet sich rund 2000 Jahren Sozialgeschichte.

In der **Milsom Street** und New Bond Street liegen die elegantesten Läden von Bath.

Schon gewusst?

Die beiden silbernen Streifen im Stadtwappen symbolisieren den Avon und die Quellen.

0 Meter 100
0 Yards 100
N ↑

Die **Roman Baths** (1. Jh.) sind eine der größten römischen Anlagen Großbritanniens.

Die **Pulteney Bridge** (1769–74) von Robert Adam ist mit Läden bebaut und verbindet das Zentrum mit der grandiosen Great Pulteney Street.

ZIEL

Die **Bath Abbey** befindet sich im Zentrum der Altstadt im Abbey Churchyard, einem gepflasterten, von Straßenhändlern belebten Platz.

In den **Parade Gardens** am Fluss trafen sich im 18. Jahrhundert heimlich Liebespaare.

In den **Pump Rooms** fand im 18. Jahrhundert das mondäne Gesellschaftsleben des Heilbads statt.

Sally Lunn's House (1482) ist eines der ältesten Häuser.

Stourhead

🏠 Stourton, Wiltshire 📞 +44 1747 841 152 🚉 Gillingham (Dorset), dann Taxi 🕐 tägl. 9–18 (Winter: bis 17)
🌐 nationaltrust.org.uk/stourhead

Das weitläufige Anwesen an der Quelle des Flusses Stour wartet inmitten von Wald- und Ackerland mit gepflegten Landschaftsgärten und einer palladianischen Villa auf.

Stourhead gehört zu den wohl schönsten Beispielen der britischen Parkgestaltung im 18. Jahrhundert. Henry Hoare (1705–1785), der das Grundstück geerbt hatte, legte den Park um 1745 an. Seltene Baum- und Pflanzenarten, klassizistische italienische Tempel, Grotten und Brücken umgeben einen See. Das Gebäude wurde 1724 im palladianischen Stil von Colen Campbell entworfen.

Schon gewusst?
Stolz und Vorurteil (2005) ist einer von vielen Filmen, die in Stourhead gedreht wurden.

Die **Grotte** ist eine künstliche Höhle mit einem Pool und einer lebensgroßen Statue des Hüters des Flusses Stour, die John Cheere 1748 formte.

Der Tempel **Pantheon** wurde vom Architekten Henry Flitcroft 1753 nach dem gleichnamigen Vorbild in Rom gestaltet.

Gothic Cottage (1806)

Iron Bridge

Ein **Weg** um den See (3 km) überrascht mit immer neuen Ausblicken.

Stourheads berühmter **See** entstand in den 1750er Jahren durch Abdämmen des Stour.

Der dem Sonnengott Apollo gewidmete **Apollo-Tempel** wurde von italienischen Originalen inspiriert.

Duftende **Rhododendren** blühen im Frühjahr, Azaleen explodieren im Sommer in einem wahren Farbenrausch. Im Park stehen u. a. auch Zypressen und Rotkiefern.

Turf Bridge

Der **Tempel der Flora** (1744) ist der römischen Göttin der Blumen gewidmet.

In der **St Peter's Church** befinden sich Grabmale der Familie Hoare.

📷 Fotomotiv
Pflanzenwelt

Stourhead ist das ganze Jahr über schön. Im Frühling bieten Rhododendren, im Sommer und Herbst die leuchtenden Farben der Bäume wunderbare Motive für Fotos. Schön ist der Blick vom Apollo-Tempel.

Das ausgedehnte Anwesen Stourhead mit See und Parkanlagen ↑

Highlight

← *Blick über den idyllischen See mit Iron Bridge und Pantheon*

→ *Bibliothek mit einem Fenster des Glasmalers Francis Eginton*

Das **Stourhead House** ist mit Chippendale-Möbeln eingerichtet. Die Kunstsammlung spiegelt Henry Hoares Liebe zur Klassik wider, hier *Die Wahl des Herkules* (1637) von Nicolas Poussin.

Das **Pelargonium House** enthält eine farbenprächtige Sammlung von über 100 Pelargonienarten.

Am **Empfang** gibt es ein Informationszentrum.

Das Dorf **Stourton** bezog Hoare in sein Konzept mit ein.

Stonehenge

🏠 nahe A303, Wiltshire 📞 +44 870 333 1181 🚉 Salisbury, dann Bus 🕐 Apr, Mai, Sep: 9:30–17; Juni–Aug: 9:30–19; Okt–März: 9:30–16; unbedingt vorab buchen; Führung Stone Circle Experience findet außerhalb der Öffnungszeiten statt 🚫 20.–22. Juni, 24., 25. Dez
🌐 english-heritage.org.uk

Das in mehreren Etappen ab etwa 3000 v. Chr. erbaute Stonehenge ist Europas berühmtestes prähistorisches Monument und seit 1986 Welterbe der UNESCO.

Auch nach umfassenden Forschungen bleibt weiter unklar, welche Rituale an dieser berühmten Stätte stattfanden. Vieles deutet darauf hin, dass der monumentale Steinkreis mit der Sonne und dem Wechsel der Jahreszeiten zusammenhängt.

Das Bauwerk stammt nicht, wie lange Zeit angenommen wurde, von Druiden. Diese Priesterkaste der Eisenzeit lebte ab etwa 250 v. Chr. in Britannien. Stonehenge war jedoch bereits 1000 Jahre zuvor verlassen worden. Seine gewaltige Gestalt ist umso beeindruckender, als zu jener Zeit nur Werkzeuge aus Stein, Holz und Knochen zur Verfügung standen. Die Erbauer müssen über enorme Ressourcen und eine riesige Anzahl von Arbeitern verfügt haben, um die Steine transportieren und aufrichten zu lassen.

Runde Hügelgräber, in denen Mitglieder der herrschenden Klasse nahe der Tempelstätte beerdigt wurden, umgeben Stonehenge kreisförmig. Rituelle Bronzewaffen, Schmuck und Ausgrabungsstücke zeigen das Besucherzentrum in Stonehenge und das Museum in Salisbury *(siehe S. 268)*.

> Vieles deutet darauf hin, dass der monumentale Steinkreis mit der Sonne und dem Wechsel der Jahreszeiten zusammenhängt.

Weitere Stätten in Wiltshire

Die weitläufige Ebene der Salisbury Plain war ein wichtiges Zentrum prähistorischer Siedlungen, von denen noch viele Reste zu finden sind.

Silbury Hill (um 2750 v. Chr.) ist Europas größter prähistorischer Hügelbau, seine Funktion ist aber noch heute ein Rätsel.

West Kennet Long Barrow ist das größte in Kammern unterteilte Grab in England. Es wurde um 3250 v. Chr. als Gemeinschaftsgrab errichtet und mehrere Jahrhunderte lang genutzt.

Old Sarum befindet sich in den mächtigen Befestigungsanlagen einer römisch-britannischen Hügelfestung aus dem 1. Jahrhundert. Die Ruinen und Grundmauern der riesigen Kathedrale von 1075 sind erhalten.

Highlight

Der **Heel Stone** wirft am Johannistag (24. Juni) einen langen Schatten ins Zentrum des Kreises.

Der **Slaughter Stone** wurde im 17. Jahrhundert so benannt. Forscher glaubten, hier wären Menschenopfer dargebracht worden. Tatsächlich bildet er mit einem zweiten Stein ein Tor.

Der **Bluestone Circle** wurde um 2500 v. Chr. aus etwa 80 in Südwales gebrochenen Steinen erbaut.

Hufeisen aus blaugrauem Sandstein

Die **Avenue** ist der Zugang zur Stätte.

Der **Sarsen Circle** entstand etwa 2500 v. Chr. Er ist mit Decksteinen abgeschlossen, die durch Zapfen stabilisiert wurden.

Hufeisen aus Sandstein-Trilithen

Der **äußere Wall** (etwa 3000 v. Chr.) ist der älteste Teil von Stonehenge.

Modell von Stonehenge, wie es vermutlich vor rund 4000 Jahren aussah

> **Expertentipp**
> **Im Steinkreis**
>
> Besucher können den Steinkreis im Rahmen der Führung Stone Circle Experience aus nächster Nähe besichtigen. Sie dauert eine Stunde und findet außerhalb der normalen Öffnungszeiten statt.

Viele Legenden ranken sich um den mysteriösen Steinkreis von Stonehenge

Salisbury Cathedral

The Close, Salisbury   **+44 1722 555 120**   **Mo – Sa 9:30 –17, So 12:30 –16 (letzter Einlass 1 Std. vor Schließung)**
salisburycathedral.org.uk

Die Kathedrale von Salisbury, ein herausragendes Beispiel für die frühe englische Gotik, wurde im 13. Jahrhundert innerhalb von nur 38 Jahren erbaut. Ihr Wahrzeichen, die höchste noch erhaltene Turmspitze Englands, wurde zwischen 1280 und 1310 hinzugefügt.

Die Kathedrale wurde zwischen 1220 und 1258 aus lokalem Purbeck-Marmor und Chilmark-Stein errichtet. Ihr gotisches Design ist durch hohe Spitzbogenfenster gekennzeichnet, während die beeindruckende Westfassade mit Reihen von symbolischen Figuren und Heiligen in Nischen verziert ist. Im Kapitelsaal befindet sich das am besten erhaltene von nur vier noch existierenden Originalen der Magna Carta aus dem Jahr 1215. Im nördlichen Seitenschiff befindet sich die älteste funktionierende mechanische Uhr der Welt aus dem Jahr 1386. Der Höhepunkt der Kathedrale ist jedoch ihr achteckiger Turm, der für die mittelalterlichen Baumeister eine enorme technische Leistung darstellte.

Der schlanke **Turm** ragt 123 Meter in die Höhe.

Die **Turmbesteigung** führt zu einer Außengalerie mit Blick über die Stadt und Old Sarum *(siehe S. 264)*.

Die **Kreuzgänge** sind die größten Englands. Sie wurden 1263–84 im Decorated-Stil angefügt.

Das **Domkapitel** besitzt eine Ausgabe der Magna Carta. Die Wände zieren Szenen aus dem Alten Testament.

Chorgestühl

In der **Trinity Chapel** liegt das Grab des hl. Osmund, der Bischof (1078–99) von Old Sarum war.

Bishop Audley's Chantry, Monument (16. Jh.) für einen früheren Bischof, bildet eine der kleinen Kapellen um den Altar.

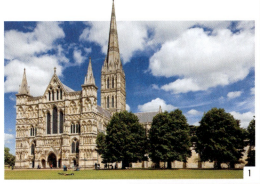
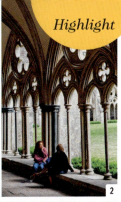

Highlight

Schöne Aussicht
Aussichtsplattform

Bei der 100-minütigen Turmtour gelangt man über 332 Stufen zu einer Aussichtsplattform, von der sich ein wunderbarer Panoramablick über die Stadt und die Umgebung bietet.

1 Blick auf die reich mit Skulpturenschmuck versehene Westfassade

2 In den beschaulichen Kreuzgängen kann man wunderbar entspannen.

3 Das von William Pye gestaltete Taufbecken wurde 2008 aufgestellt.

Viele **Buntglasfenster** zeigen Szenen aus der Bibel.

Die **Uhr** (1386) ist der älteste funktionierende Zeitmesser Europas.

Das **Hauptschiff** teilen Säulen aus Purbeck-Marmor in zehn Felder.

Nördliches Querschiff

↑ *Salisbury Cathedral – Meisterwerk der Gotik mit elegantem Turm*

Magna Carta

Um sich selbst und den Klerus vor willkürlicher Besteuerung zu schützen, zwangen die Barone John I im Jahr 1215 zur Unterzeichnung eines als Magna Carta bezeichneten Dokuments. Diese besiegelte Vereinbarung mit über 60 Klauseln gilt als zentrale Grundlage der späteren unabhängigen Legislative. Die Magna Carta wurde in lateinischer Sprache auf Pergament geschrieben. Bis heute ist sie ein Symbol für Gerechtigkeit und die Bedeutung der Menschenrechte.

SEHENSWÜRDIGKEITEN

❻ Salisbury

Wiltshire · 45 000 · Fish Row; +44 1722 342 860 · Di, Sa · Salisbury Int. Arts Festival (Mai–Aug) · visitwiltshire.co.uk

Salisbury wurde 1220 am Zusammenfluss von Avon, Nadder und Bourne gegründet. Das **Salisbury Museum** illustriert die Geschichte der Region, Ausstellungen widmen sich steinzeitlichen Menschen, Stonehenge und Old Sarum *(siehe S. 264f)*.

Das 1701 erbaute **Mompesson House** gibt Einblick in das Leben der Aristokratie des 18. Jahrhunderts. **Wilton House** war mehr als 400 Jahre lang Herrensitz der Earls of Pembroke. Das von Inigo Jones umgebaute Haus hat einen originalen Tudor-Turm, eine Kunstsammlung und einen Park.

Salisbury Museum
The Close · Mo–Sa 10–17 (Juni–Sep: auch So 12–17) · salisburymuseum.org.uk

Mompesson House
The Close · Mitte März–Okt: tägl. 11–17 · nationaltrust.org.uk

Wilton House
Wilton · Ostern, Mai–Aug: So–Do 11–17:30 · wiltonhouse.co.uk

Hotels

Cricket Field House
Hotel ganz in der Nähe eines Cricketplatzes.
Wilton Rd, Salisbury · cricketfieldhouse.co.uk
£££

Old Mill Hotel
Entzückendes kleines Hotel in einer umgebauten Papierfabrik.
Town Path, Salisbury · oldmillhotelsalisbury.co.uk
£££

Swan Hotel
Dieser Gasthof umfasst mehrere historische Gebäude (15. Jh.).
11 Sadler St, Wells · swanhotelwell.co.uk
£££

❼ Cheddar Gorge

The Cliffs, Cheddar, Somerset · von Weston-super-Mare · tägl. 10–17 · 24., 25. Dez · cheddargorge.co.uk

Die Schlucht wurde von reißenden Flüssen durch das Mendip-Plateau gegraben. Cheddar ist auch der Name des kräftigen Käses, der aus dieser Gegend stammt. Die Höhlen der Schlucht boten dank konstanter Temperatur und hoher Luftfeuchtigkeit die idealen Bedingungen zur Lagerung und Reifung des Käses. Der »Cheddar Man«, ein 9000 Jahre altes Skelett, ist im Museum of Prehistory zu sehen.

Wandern in der spektakulären Landschaft der Cheddar Gorge

Kettentor (1460)

Dieser **Treppenaufgang** führt zum achteckigen Domkapitel hinauf, das ein schönes Fächergewölbe (1306) ziert.

Ruinen der **Great Hall** (13. Jh.)

Vicars' Close (14. Jh.) ist eine der ältesten komplett erhaltenen mittelalterlichen Gassen Europas.

Die **Westfassade** ist mit 365 Skulpturen von Königen, Rittern und Heiligen verziert.

Kreuzgang

Ein **Weg** führt um den Wassergraben.

Bischofspalast (1230–40)

Die **Bischofsgräber** liegen rund um die Kanzel. Dieses großartige Marmorgrab ist das des Bischofs von Bath und Wells, Lord Arthur Hervey (1808–1894).

Im **Palastgraben** leben Schwäne, die eine Glocke am Torhaus betätigen, wenn sie gefüttert werden wollen.

↑ *Kathedrale von Wells (Baubeginn 12. Jh.)*

❽ Wells

 Somerset 11 000
 Market Place Mi, Sa
 wellssomerset.com

Der Ort ist nach St Andrew's Well benannt, einer Quelle, die beim Bishop's Palace (13. Jh.) entspringt. Wells ist vor allem wegen seiner **Kathedrale** bekannt, die ab Ende des 12. Jahrhunderts errichtet wurde und als eine der schönsten Englands gilt.

An der spektakulären Westfassade der Kathedrale sind fast 300 mittelalterliche Statuen angebracht, während im Inneren vor allem der achteckige Kapitelsaal mit seiner prächtigen Gewölbedecke beeindruckt. Sehen Sie sich auch die nahe gelegene Vicars' Close an, eine der ältesten vollständigen Straßen Großbritanniens und Schauplatz zahlreicher Filme.

Wells Cathedral
 Mo–Sa 7–16, So 12–14 wells cathedral.org.uk

❾ Glastonbury

 Somerset 9000
 St Dunstan's House, Magdalene St; +44 1458 832 954 Di
 glastonbury.uk

Die Stadt Glastonbury, die u. a. mit der Artussage in Verbindung gebracht wird, war einst das wichtigste Pilgerziel in England. Heute kommen Tausende zum jährlich veranstalteten Rockfestival und zur Sommersonnwende.

Im Lauf der Jahre vermischten sich Geschichte und Sage: Die Mönche, die Glastonbury Abbey um 700 gründeten, fanden es nützlich, dass man Glastonbury mit der »Blessed Isle« (Avalon), angeblich letzte Ruhestätte von König Artus und dem Heiligen Gral *(siehe S. 294)*, in Verbindung brachte. Die Abtei wurde nach der Säkularisation der Klöster *(siehe S. 391)* dem Verfall überlassen. Weithin sichtbar ist ein Hügel mit Ruinen einer Kirche (14. Jh.).

Glastonbury Festival

Das alljährlich meist am letzten Juni-Wochenende veranstaltete Glastonbury Festival hat sich seit seinen Anfängen 1970 als kleiner Hippie-Markt zu einem der größten Festivals der Welt entwickelt. Hier treten Künstler unterschiedlichster Genres auf – von Rock über Jazz und Weltmusik bis Folk.

10
Bradford-on-Avon
🏠 Wiltshire 👥 10 000
ℹ️ 50 St Margaret St; +44 1225 865 797 📅 Do
🌐 bradfordonavon.co.uk

↑ *Sonnenterrasse eines Pubs direkt an der Town Bridge in Bradford-on-Avon*

Die reizende Stadt aus Cotswold-Stein mit ihren steilen, gepflasterten Sträßchen besitzt viele großartige Häuser (17./18. Jh.), die reiche Woll- und Stoffhändler erbauen ließen. Ein schönes georgianisches Beispiel ist Abbey House in der Church Street. Die St Laurence Church (705) ist ein gut erhaltener Bau der Sachsen.

An der mittelalterlichen Town Bridge steht eine kleine Steinzelle, die als Kapelle erbaut (13. Jh.) wurde. Etwas weiter, bei den ehemaligen Mühlengebäuden, erreicht man die **Tithe Barn** (Zehntscheune; 14. Jh.).

Zu den beliebtesten Aktivitäten gehört Kanufahren.

Tithe Barn
♿ 🅿️ 🏠 Pound Lane
🕐 tägl. 10–16:30
🌐 english-heritage.org.uk

11
Corsham
🏠 Wiltshire 👥 13 000
ℹ️ 31 High St; +44 1249 714 660 🌐 corsham.gov.uk

Die Straßen von Corsham sind von georgianischen Häusern gesäumt. St Bartholomew's Church bietet einen eleganten Turm und das Alabastergrabmal (1960) von Lady Methuen. 1745 erwarb ihre Familie **Corsham Court** mit seiner Gemäldegalerie und einer bemerkenswerten Sammlung flämischer, italienischer und englischer Bilder, darunter Werke von van Dyck, Lippi und Reynolds.

Corsham Court
🅿️ 🏠 bei der A4 🕐 Mitte März – Sep: Di – Do, Sa, So 14–17:30; Okt – Mitte März: Sa, So 14–16:30 ❌ Dez
🌐 corsham-court.co.uk

> **Expertentipp**
> **Wadworth Brewery Tour**
>
> Die Wadworth Brewery (www.wadworth.co.uk) in Devizes südöstlich von Corsham bietet Führungen, bei denen die Brautechniken vorgestellt werden – Verkostung inbegriffen.

12
Avebury
🏠 Wiltshire 🚂 Swindon, dann Bus 🌐 nationaltrust.org.uk

Der Avebury Stone Circle wurde um 2500 v. Chr. nahe dem heutigen Dorf Avebury errichtet und war möglicherweise einst ein religiöses Zentrum. Obwohl die Steine kleiner sind als die von Stonehenge, ist der Kreis größer. Dorfbewohner zerschlugen im 18. Jahrhundert viele Steine, weil sie den Kreis für eine heidnische Opferstätte hielten.

Die ursprüngliche Form des Steinkreises lässt sich am besten bei einem Besuch des **Alexander Keiller Museums** westlich des Geländes nachvollziehen, das den Bau im Detail veranschaulicht.

Eine weitere Sehenswürdigkeit in Avebury ist die St James's Church mit einem normannischen, mit Seeungeheuern verzierten Taufstein und einer Chorwand aus dem 15. Jahrhundert.

Alexander Keiller Museum
🏠 bei der High St 🕐 siehe Website
🌐 nationaltrust.org.uk

→ *Lacock Abbey – im neogotischen Stil umgebautes Wahrzeichen von Lacock*

⑬ Longleat House

📍 Warminster, Wiltshire
📞 +44 1985 844 400
🚆 Frome, dann Taxi 🕐 siehe Website 🌐 longleat.co.uk

Der Architekturhistoriker John Summerson prägte den Begriff »Wunderhaus«, um die üppige elisabethanische Architektur von Longleat zu beschreiben. Der Grundstein wurde 1540 gelegt, als John Thynne die Ruinen eines Priorats kaufte. Nachfolgende Besitzer fügten ihre eigenen Akzente hinzu, nicht zuletzt Alexander Thynn (1932–2020), 7. Marquess of Bath, der für seine erotischen Wandmalereien bekannt war. Der Frühstückssaal und der untere Speisesaal (1870er Jahre) sind dem Dogenpalast in Venedigs nachempfunden. Heute ist der Große Saal der einzige Raum, der noch aus der Zeit Thynnes stammt.

Der von Capability Brown (siehe S. 24) angelegte Park wurde 1966 in einen Safaripark umgewandelt, in dem Löwen, Tiger und andere wilde Tiere frei herumstreifen. Mit weiteren Attraktionen, z. B. einem Heckenlabyrinth, dem Jungle Express und einer Abenteuerburg, lockt der Park heute mehr Besucher an als das Schloss.

⑭ Lacock

📍 Wiltshire 🏛 1000

Lacock diente schon oft als Filmkulisse, darunter für die TV-Serie *Downton Abbey*. Der Avon bildet die Nordgrenze des Kirchhofs. Von der St Cyriac Church blicken Steinfiguren auf den Hof. In der Kirche (15. Jh.) befindet sich das Grab von William Sharington (1495–1553) im Renaissance-Stil. Nach der Säkularisation hatte er **Lacock Abbey** gekauft. Im frühen 18. Jahrhundert ließ John Ivory Talbot die Gebäude im neogotischen Stil umbauen.

Die Abtei ist für das Fenster (im Südflügel) berühmt, von dem William Henry Fox Talbot, ein Pionier der Fotografie, im Jahr 1835 seine erste Aufnahme machte. Eine Scheune aus dem 16. Jahrhundert beim Tor zur Abtei wurde in das **Fox Talbot Museum** umgewandelt, das Fox Talbots Werk ausstellt.

> ### Schon gewusst?
> William Fox Talbot nahm in der Lacock Abbey 1835 das älteste erhaltene Foto der Welt auf.

Umgebung: Das 1769 von Robert Adam entworfene **Bowood House** beherbergt das Labor, in dem Joseph Priestley im Jahr 1774 den Sauerstoff entdeckte, sowie eine schöne Sammlung von Skulpturen, Kostümen, Schmuck und Gemälden.

Den schönen Garten im italienischen Stil mit Seen, einem dorischen Tempel und einer Grotte legte Capability Brown an.

Lacock Abbey
📍 Lacock 🕐 tägl. 11–17 (Nov–Feb: Sa, So 11:30–15)
🌐 nationaltrust.org.uk

Fox Talbot Museum
📍 Lacock 🕐 tägl. 10:30–17:30 (Nov–Feb: 11–16) 🌐 nationaltrust.org.uk

Bowood House
📍 Derry Hill, bei Calne 🕐 Apr–Okt: tägl. 11–17 🌐 bowood.org

⑮ Abbotsbury

🏠 Dorset 🏔 500 ℹ️ West Yard Barn, West St; +44 1305 871 130 🌐 abbotsbury-tourism.co.uk

Der Name Abbotsbury erinnert an die Benediktinerabtei (11. Jh.), von der fast nur die riesige Zehntscheune (um 1400) erhalten blieb.

Swannery (Schwanenteich) wurde 1393 erstmals urkundlich erwähnt. Höckerschwäne kommen zur Brutzeit hierher.

Swannery

♿🅿️🚻☕ 🏠 New Barn Rd 📞 +44 1305 871 858 🕐 Mitte März – Okt: tägl. 10–17

⑯ Shaftesbury

🏠 Dorset 🏔 8000 🚌 ℹ️ 8 Bell St; +44 1747 853 514 📅 Do 🌐 shaftesburytourism.co.uk

Auf einem Hügel gelegen, diente Shaftesbury mit seinen Cottages (18. Jh.) oft als Filmkulisse. Der malerische Gold Hill ist auf einer Seite von den Mauern der zerstörten Abtei begrenzt, die King Alfred 888 gründete.

⑰ Dorchester

🏠 Dorset 🏔 16 000 🚆 🚌 Mi 🌐 visit-dorset.com

Dorchester, Hauptort der Grafschaft Dorset, gleicht noch der Stadt, die Thomas Hardy als Schauplatz seines Romans *Der Bürgermeister von Casterbridge* (1886) beschrieb. Das Originalmanuskript des Romans ist im **Dorset Museum** ausgestellt, das auch Fossilien und Exponate von der nahe gelegenen Jurassic Coast sowie eine wunderbare Sammlung archäologischer Funde zeigt.

Umgebung: Im Norden liegt das Dorf Cerne Abbas. Das Scharrbild eines Riesen ist wohl ein Fruchtbarkeitssymbol und soll entweder Herkules oder einen Eisenzeitkrieger darstellen.

Östlich von Dorchester liegt Bere Regis, das Vorbild für Kingsbere in Thomas Hardys *Tess von den d'Urbervilles*. Die Gräber der Familie, auf die sich der Titel des Romans bezieht, sind in der Kirche zu sehen. In **Hardy's Cottage** wurde der Autor geboren, in **Max Gate** lebte er von 1885 bis zu seinem Tod im Jahr 1928.

Dorset Museum

♿🅿️🚻☕ 🏠 High West St 🕐 Mo – Sa 9–16:30, So 10–16 🌐 dorsetmuseum.org

Hardy's Cottage

♿🅿️🚻☕ NT 🏠 Higher Bockhampton 🕐 tägl. 11–17 (Nov – Feb: Do – So 11–16) 🌐 nationaltrust.org.uk

Max Gate

♿🅿️🚻☕ NT 🏠 Alington Ave, Dorchester 🕐 tägl. 11–17 (Nov – Feb: Do – So 11–16) 🌐 nationaltrust.org.uk

> **Schon gewusst?**
>
> Maiden Castle südlich von Dorchester ist die größte eisenzeitliche Hügelfestung Großbritanniens.

Häuser mit farbenprächtigen Fassaden am Hafen von Weymouth

18 Weymouth

🏠 Dorset 👥 55 000 🚂 🚌 🛳 ℹ️ 1 Hope St; +44 1305 779 410 📅 Do 🌐 visit-dorset.com

Den Ruf von Weymouth als Ferienort begründete George III 1789, als er hier den ersten von vielen Sommern verbrachte. Ein Standbild des Königs steht am Hafen. Georgianische Terrassen und Hotels blicken auf die Weymouth Bay. Charmant ist die Altstadt um den Custom House Quay mit Booten und Seemannskneipen. In Weymouth wurden 2012 die Segelwettbewerbe der Olympischen Spiele ausgetragen. **Nothe Fort** zeigt historische Sammlungen zum Zweiten Weltkrieg.

Umgebung: Etwas südlich von Weymouth auf der Isle of Portland liegt Tout Quarry, ein rund um die Uhr geöffneter Skulpturenpark in einem verlassenen Steinbruch.

Nothe Fort
🎟️ 🏠 Barrack Rd 📞 +44 1305 766 626 🕐 Apr–Okt: tägl. 10:30–16:30; März, Nov: So 10:30–16:30

Alte Cottages entlang einer Straße am Gold Hill in Shaftesbury

19 Sherborne

🏠 Dorset 👥 10 000 🚂 🚌 🛳 So 🌐 visit-dorset.com

Nur wenige britische Städte besitzen so viele unbeschädigte mittelalterliche Bauten. Edward VI gründete 1550 die Sherborne School und rettete so die Abteikirche und die Klostergebäude, die die Säkularisation sonst zerstört hätte.

Sherborne Castle, 1594 von Walter Raleigh erbaut, nahm den bombastischen Stil von James I vorweg. Raleigh wohnte zeitweise im **Old Castle** (frühes 12. Jh.).

Sherborne Castle
🎟️ 🏠 nahe A30 🕐 Apr–Juni, Sep–Mitte Nov: Di–So 10–16; Juli, Aug: tägl. 10–17
🌐 sherbornecastle.com

Old Castle
🎟️ 🏠 nahe A30 🕐 Ostern–Okt: tägl. 11–17
🌐 english-heritage.org.uk

20 Lyme Regis

🏠 Dorset 👥 4000 ℹ️ Church St; +44 1297 442 138 🌐 lymeregis.org

Lyme Regis ist zweifellos der malerischste Ferienort an der zum UNESCO-Welterbe zählenden Jurassic Coast. Bekannt ist Lyme Regis auch für seine Fossilienfunde. Die viktorianische Pionierin und Paläontologin Mary Anning grub hier die ersten vollständigen Exemplare eines Ichthyosaurus und eines Plesiosaurus aus, deren Geschichte im **Lyme Regis Museum** beleuchtet wird. Von der Hafenmauer The Cobb hat man einen schönen Blick auf die georgianischen Häuser am Ufer und die Küste entlang.

Lyme Regis Museum
🎟️ 🏠 Bridge St 🕐 Apr–Okt: Mo–Sa 10–17, So 10–16; Nov–März: Mi–So 10–16 🌐 lymeregismuseum.co.uk

---

Jurassic Coast

Der 153 Kilometer lange Küstenabschnitt verläuft zwischen East Devon und Dorset. Die faszinierende Jurassic Coast (www.jurassiccoast.org) ist eine abwechslungsreiche Landschaft mit vielen Fossilien. Lime Regis gilt als Fossilienhauptstadt. Zu den Highlights zählen der natürliche Felsbogen Durdle Door in der Nähe von Lulworth und die spektakulären Formationen aus rostrotem Sandstein in der Ladram Bay in East Devon.

❷ Isle of Purbeck

🏠 Dorset 🚉 Wareham
⛴ Shell Bay, Studland
ℹ Shore Rd, Swanage; +44 1929 442 885 🌐 visit-dorset.com

Von der Insel Purbeck, die eigentlich eine Halbinsel ist, stammt der Purbeck-Marmor, aus dem die Burg und die Häuser gebaut wurden. Die Insel, ein UNESCO-Welterbe, umgeben unberührte Strände. Die Dünen der Studland Bay sind Naturschutzgebiet mit vielen Vogelarten. Hier liegt auch einer der besten Strände Großbritanniens. Westlicher liegt die Lulworth Cove, umgeben von weißen Klippen. Ein sehr schöner Spaziergang führt zum Durdle Door *(siehe S. 273)*, einem natürlichen Brandungstor.

Vom Hafen des größten Ferienorts Swanage transportierte man per Schiff Purbeck-Marmor nach London. Mauerwerk von abgerissenen Gebäuden wurde zurückverschifft, so kam Swanage zu der schönen Fassade der Town Hall, die Christopher Wren um 1668 entwarf.

❷❷ Corfe Castle

🏠 Dorset 🚉 Wareham, dann Bus ⏱ tägl. 10–18 (Okt: bis 17; Nov–Feb: bis 16) 🌐 nationaltrust.org.uk

Die Ruinen von Corfe Castle krönen eine Klippe oberhalb des gleichnamigen Dorfs. Seit dem 11. Jahrhundert thront die Burg über der Landschaft, zunächst als Festung, dann als Ruine. 1635 kaufte John Bankes Corfe Castle, 1646 beschloss das Parlament die Sprengung der Burg. Von den Ruinen hat man einen grandiosen Blick.

❷❸ Wimborne Minster

🏠 Dorset 🚏 7000 🚉
ℹ 29 High St; +44 1202 886 116 🌐 wimborne.info

Die Stiftskirche wurde 705 von Cuthburga, der Schwester von König Ina of Wessex, gegründet. Im 10. Jahrhundert wurde sie Opfer dänischer Plünderer. Die heutige Kirche ließ Edward the Confessor 1043 errichten. Steinmetze schufen aus Purbeck-Marmor Tiere, biblische Szenen und Zickzackdekor.

Das **Museum of East Dorset** in einem Haus aus dem 16. Jahrhundert erinnert an die Geschichte des Gebäudes und hat einen zauberhaften versteckten Garten.

Umgebung: Kingston Lacy wurde nach der Zerstörung von Corfe Castle für die Familie Bankes erbaut. Es zeigt eine hervorragende Gemäldesammlung.

Museum of East Dorset
🏠 High St
⏱ Mo–Sa 10–16:30
🔒 24. Dez–2. Jan
🌐 museumofeastdorset.co.uk

Kingston Lacy
🏠 an der B3082 ⏱ Haus: tägl. 11–17 (Nov–Feb: bis 16); Park: tägl. 10–18 (Nov–Feb: bis 16) 🌐 nationaltrust.org.uk

→ Steile Klippen an der spektakulären Küste der Isle of Purbeck

 Sonnenterrasse eines Pubs in Poole mit Blick aufs Meer

Poole

🏠 Dorset 🚶 150 000 🚌 🚐 🚢 ℹ️ 4 High St; +44 1202 262 600 🌐 pooletourism.com

An einem der größten Naturhäfen der Welt liegt Poole. Die Kais säumen alte Lagerhäuser und moderne Wohnblocks. Das **Poole Museum**, zum Teil in den Gewölben des Kais (15. Jh.) untergebracht, stellt auf vier Ebenen die Geschichte des Hafens und der Stadt dar. Die nahe gelegene **Brownsea Island** ist ein geschützter Wald mit einem Wassereulen- und Reiherschutzgebiet.

Poole Museum
🏠 4 High St 🕐 tägl. 10–17 (Nov–März: bis 16) 🌐 poolemuseum.org.uk

Brownsea Island
🕐 Mitte März–Okt: tägl. (Boote legen alle 30 Min. ab) 🌐 nationaltrust.org.uk

Bournemouth

🏠 Dorset 🚶 165 000 ✈️ 🚌 🚂 ℹ️ Pier Approach; +44 1202 451 734 🌐 bournemouth.co.uk

Wegen des Sandstrands ist Bournemouth ein beliebter Ferienort. Auf den Klippen im Westen liegen Parks, unterteilt durch bewaldete, von Flüssen ausgewaschene Schluchten, den *chines*. Der Park **Compton Acres** wurde als Museum für Gartenarchitektur angelegt.

Die **Russell-Cotes Art Gallery and Museum** in einer spätviktorianischen Villa zeigt eine umfangreiche Sammlung von Kunstgegenständen aus aller Welt.

Umgebung: Die Christchurch Priory östlich von Bournemouth ist mit 95 Metern eine der längsten Kirchen Englands. Das originale Hauptschiff, um 1093 errichtet, ist ein Beispiel normannischer Architektur. Glanzstück ist die kunstvolle Altarrückwand, die die Wurzel Jesse zeigt und den Stammbaum Jesu zurückverfolgt.

Der grandiose Meerblick lohnt den Aufstieg auf den Hengistbury Head zwischen Bournemouth und Christchurch.

Compton Acres
🏠 Canford Cliffs Rd 🕐 tägl. 10–18 (Nov–Karfreitag: bis 16) 🌐 comptonacres.co.uk

Russell-Cotes Art Gallery and Museum
🏠 Eastcliff 🕐 Di–So 10–17 🌐 russellcotes.com

Restaurants

Guildhall Tavern
Das Seafood-Restaurant mit maritimem Dekor serviert u. a. Krabben, Hummer, Austern und Jakobsmuscheln.

🏠 15 Market St, Poole 🕐 Mo, Di 🌐 guildhalltavern.co.uk
££££

Lola's
Ein köstliches Menü mit Tapas lässt Sie vielleicht glauben, Sie wären an Spaniens Küste.

🏠 95 Commercial Rd, Bournemouth 🌐 lolasrestaurant.co.uk
££££

St Michael's Mount, Cornwall (siehe S. 289)

Devon und Cornwall

Teile von Devon und Cornwall – vor allem die Moorgebiete – wurden in der Steinzeit von Jägern und Sammlern besiedelt. In der Eisenzeit ließen sich keltische Stämme in Cornwall nieder.

Die Blütezeit dieser abgelegenen Ecke Englands war die große Zeit der Entdeckungsreisen von Francis Drake und Walter Raleigh im 16. Jahrhundert. Im Hinterland inspirierten die Moore von Bodmin und Dartmoor zu vielen Sagen. Viele stehen mit König Artus in Verbindung, der in Tintagel an der zerklüfteten Nordküste von Cornwall geboren worden sein soll.

Zu Beginn des 19. Jahrhunderts gehörten die Zinn- und Kupferminen von Devon und Cornwall zu den ertragreichsten in Europa und bildeten eine Basis für die industrielle Revolution. Der Bergbau hat Spuren in der Landschaft hinterlassen. Doch die Schönheit der Küste mit ihren vereinzelten Leuchttürmen, kleinen Buchten, hübschen Parks und schönen Stränden wird dadurch nicht beeinträchtigt.

Devon und Cornwall

Highlights
1. Eden Project
2. St Ives
3. Dartmoor National Park
4. Exmoor National Park

Sehenswürdigkeiten
5. Exeter
6. Penzance
7. St Michael's Mount
8. Lizard Peninsula
9. Truro
10. Falmouth
11. St Austell
12. Fowey
13. Bodmin
14. Padstow
15. Tintagel
16. Newquay
17. Bude
18. Bideford
19. Clovelly
20. Torbay
21. Barnstaple
22. Appledore
23. Totnes
24. Burgh Island
25. Buckfastleigh
26. Dartmouth
27. Buckland Abbey
28. Plymouth
29. Morwellham Quay
30. Cotehele

Eden Project

🏠 Bodelva, St Austell, Cornwall 📞 +44 1726 811 911 🚉 St Austell
🚌 Zubringerbus von St Austell 🕐 Mitte Mai – Okt: tägl. 9 – 18 (Sep – Okt: ab 9:30);
Nov – Mitte Mai: siehe Website 🌐 edenproject.com

Das spektakuläre Eden Project verkörpert die Idee eines »Garten Eden« für das 21. Jahrhundert. Es ist nicht nur eine botanische Sehenswürdigkeit, sondern auch ein außergewöhnliches Nachhaltigkeitsprojekt.

Das futuristisch wirkende Gewächshaus ist eine Erlebniswelt der Superlative: Es soll Besuchern nicht nur die Schönheit der Natur vor Augen führen, sondern auch zeigen, wie sich die Arten entwickelt haben und wie sehr der Mensch vom Pflanzenreichtum der Erde profitiert. Die beiden Kuppel-Gewächshäuser (Biome) enthalten eine Pflanzenwunderwelt. Das heiße und feuchte Regenwald-Biom beherbergt den größten geschlossenen Regenwald der Welt, während das mediterrane Biom das warme, gemäßigte Klima und die Landschaften des Mittelmeers, Südafrikas, Kaliforniens und Westaustraliens abbildet. Die Beziehung zwischen Mensch und Natur wird in zahlreichen Skulpturen veranschaulicht. Im Education Centre (»The Core«) werden Ausstellungen gezeigt. Besucher können das gesamte Gelände über eine 660 Meter lange Seilbrücke überqueren.

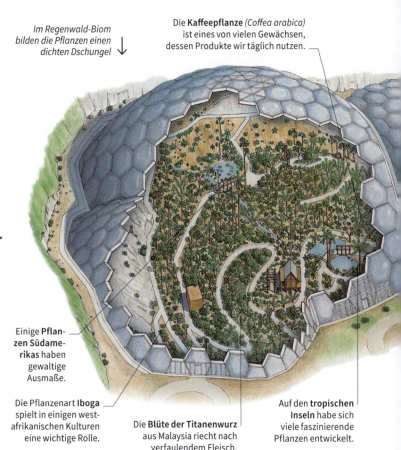

Im Regenwald-Biom bilden die Pflanzen einen dichten Dschungel ↓

Die **Kaffeepflanze** *(Coffea arabica)* ist eines von vielen Gewächsen, dessen Produkte wir täglich nutzen.

Einige **Pflanzen Südamerikas** haben gewaltige Ausmaße.

Die Pflanzenart **Iboga** spielt in einigen westafrikanischen Kulturen eine wichtige Rolle.

Die **Blüte der Titanenwurz** aus Malaysia riecht nach verfaulendem Fleisch.

Auf den **tropischen Inseln** habe sich viele faszinierende Pflanzen entwickelt.

Highlight

Markante Kuppelbauten des Eden Project; Besucher im mediterranen Biom (Detail) ↑

Schon gewusst?

Im Rahmen des Eden Project gibt es jedes Jahr Ende Juni Konzerte mit dem Titel Eden Sessions.

Transparente Sechsecke aus ultraleichter Hightech-Folie

Der Eingang zu Regenwald-Biom und mediterranem Biom führt über den Link, einen **Verbindungsbau**, der auch die Eden Bakery beherbergt.

Hostel

YHA

Die Jugendherberge im Eden Project bietet Unterkunft in recycelten Schiffscontainern und fügt sich harmonisch in die Umgebung ein. Die einzelnen Einheiten sind mit Badezimmern ausgestattet. In den Sommermonaten können Gäste sogar ihr eigenes Zelt mitbringen (oder eines mieten), um im Garten zu campen.

🏠 Eden Project, Bodelva 🌐 yha.org.uk

£ £ £

❷
St Ives

🏛 Cornwall 👥 11 000 🚉 🚌 ℹ️ St Ives Library, Gabriel St; +44 1736 796 297 🌐 stives-cornwall.co.uk

Das Städtchen St Ives mit seinen Cottages, grünen Gärten und goldenen Sandstränden kombiniert die Freuden eines gemütlichen Urlaubs am Meer mit einem glanzvollen künstlerischen Erbe. St Ives ist berühmt für die Klarheit des Lichts, die eine Künstlergruppe anzog, die hier in den 1920er Jahren eine Kolonie bildete. Literaten setzten dem Ort ein Denkmal.

Tate St Ives
🏛 Porthmeor Beach
🕙 tägl. 10–17:20
🌐 tate.org

Die Kunstgalerie oberhalb von Porthmeor Beach präsentiert Werke britischer Künstler des 20. Jahrhunderts, die mit St Ives und dem nahe gelegenen Newlyn verbunden sind.

Die in einem modernistischen Gebäude auf dem Gelände eines alten Gaswerks untergebrachte Tate St Ives wurde 1993 eröffnet und war die erste Nebenstelle der vom Zuckerbaron Henry Tate gegründeten Londoner Tate Britain *(siehe S. 76f)*.

In den lichtdurchfluteten Galerien werden beeindruckende Werke von Künstlern der St Ives School – darunter auch Barbara Hepworth, Ben Nicholson, Alfred Wallis, Peter Lanyon und Naum Gabo – sowie einige abstrakte Werke internationaler Künstler wie Brancusi, Mark Rothko und Piet Mondrian präsentiert.

②
Strände

Wegen seines für britische Verhältnisse recht milden Klimas ist St Ives ein Paradies für Strandliebhaber. Eine Reihe goldener Strände erstreckt sich entlang der St Ives Bay bis zum Godrevy Lighthouse. Der kleinste, Porthgwidden Beach, ist wegen seiner geschützten Lage ideales Ziel für Familienausflüge.

Porthmeor Beach, nur einen Steinwurf vom Zentrum von St Ives entfernt, ist bei Surfern und Schwimmern gleichermaßen beliebt. Der beste Strand ist jedoch der halbmondförmige Porthminster Beach mit beliebtem Strandcafé und 18-Loch-Golfplatz in der Nähe.

Künstler in St Ives

In den 1920er Jahren wurde St Ives, das bereits bei Malern wegen des klaren Lichts bekannt war, zusammen mit Newlyn zu einem wahren Magneten für junge Künstler. Ben Nicholson und Barbara Hepworth bildeten den Kern einer Künstlergruppe, die einen wichtigen Beitrag zur Entwicklung der abstrakten Kunst in Europa leistete. Mit der Stadt verbunden sind auch der Töpfer Bernard Leach und der Maler Patrick Heron (1920–1999), dessen eindrucksvolles *Buntes Glasfenster* den Eingang der Tate St Ives schmückt. Viele der hier geschaffenen Werke sind abstrakt und interpretieren die zerklüftete Landschaft Cornwalls, ihre Bewohner und die ständig wechselnden Spiegelungen der Sonnenstrahlen im Meer.

↑ *Die weitläufigen Strände von St Ives bieten ideale Bedingungen für ein Badevergnügen*

③
St Ives Museum
🏠 Wheal Dream 🕒 Apr – Okt: Mo – Fr 10:30 – 16:30, Sa 10:30 – 15:30 🌐 museumsincornwall.org.uk

Dieses ausschließlich von Freiwilligen betriebene Museum birgt eine wahre Fundgrube an Artefakten zur lokalen Geschichte von den Anfängen des Fischerdorfs bis zur modernen Umwandlung in ein begehrtes Urlaubsziel.

Die faszinierenden Sammlungen widmen sich Themen wie Bergbau, Bootsbau, Fischerei, Landwirtschaft, viktorianische Mode und Fotografie. In einem kleinen Studio gibt es Filmvorführungen.

④
Barbara Hepworth Museum and Sculpture Garden
🏠 Barnoon Hill 🕒 tägl. 10 – 17:20 🌐 tate.org

Das von der Tate St Ives betriebene Museum zeigt im Haus und im Garten von Barbara Hepworth (1903 – 1975) viele Werke einer der herausragenden britischen Künstlerinnen des 20. Jahrhunderts. Hepworth lebte und arbeitete hier 1949 – 75. Auf dem gesamten Gelände sind Bronze-, Stein- und Holzskulpturen der Bildhauerin ausgestellt. Außerdem sind Gemälde und Zeichnungen zu sehen.

Highlight

Lokale

Cellar Bistro
Essen im Vintage-Ambiente. Die Speisekarte listet auch viele glutenfreie Gerichte.

🏠 29 – 31 Fore St
🌐 cellar-bistro.co.uk
£££

Porthmeor Beach Café
Nehmen Sie auf der gemütlichen Terrasse Platz, und genießen Sie ein kleines Gericht.

🏠 Porthmeor Beach
🌐 porthmeor-beach.co.uk
£££

Dartmoor National Park

🏠 Devon 🚆 Exeter, Plymouth, Totnes, dann Bus ℹ️ Dartmoor National Park Authority, Tavistock Road, Princetown; +44 1822 890 414 🌐 dartmoor.gov.uk

Mit einer Fläche von 954 Quadratkilometern ist dieses riesige Moorgebiet mit seinen Granittürmen, bewaldeten Tälern, neolithischen Gräbern, Überresten aus der Bronzezeit und mittelalterlichen Bauernhäusern die größte Wildnis in Südengland.

Die weite Moorlandschaft im Zentrum Dartmoors bietet viele Kontraste, die auch Künstler und Literaten animierten. Dartmoor bildete u. a. die Kulisse von Arthur Conan Doyles Thriller *Der Hund von Baskerville* (1902). In Princetown steht, umgeben von markanten Granitfelstürmen, eines der berühmtesten Gefängnisse Großbritanniens. An vielen Stellen

Haytor Rocks heißen die bei Kletterern beliebten Felstürme

Two Moors Way

Bei einer Wanderung auf dem Two Moors Way (auch Coast to Coast Path) durchquert man mit Dartmoor und Exmoor zwei Moorlandschaften. Die 188 Kilometer lange Route beginnt in der Wembury Bay im Süden von Devon und endet in Lynmouth an der Nordküste der Grafschaft. Die Strecke ist in Abschnitte von sechs bis neun Kilometer Länge unterteilt, sodass Sie auch nur Teile des Wegs in Angriff nehmen können. Infos unter www.twomoorsway.org.

blieben dank der Härte des Granits prähistorische Überreste erhalten. Aber die Stimmung kann auch ganz anders sein, denn Dartmoor hat auch eine wilde Seite: Flüsse, die durch dicht bewaldete Schluchten sprudeln, bilden Kaskaden und Wasserfälle.

Zum Landschaftsbild zählen zudem die Cottages in den Tälern am Rand der Moorlandschaft. Lokale und Teesalons verwöhnen Wanderer mit *cream teas* und Kaminfeuer. Vielerorts sieht man die hier gezüchteten Dartmoor-Ponys.

↑ *Von vielen Stellen im Dartmoor National Park reicht der Blick weit in die Ferne*

Highlight

Attraktionen

St Michael de Rupe

▷ Der Legende nach versuchte der Teufel den Bau der Kirche am Gipfel des Brent Tor zu verhindern, indem er die Felsen bewegte. Trotzdem steht hier seit dem 12. Jahrhundert eine Kirche mit Blick über Dartmoor.

Postbridge

▽ Das nördliche Moor von Dartmoor erkundet man am besten vom Dorf Postbridge aus. Viele mörtellose Mauern durchziehen das leicht hügelige Areal von besonderer Schönheit.

Lydford Gorge

Um die imposante Schlucht führt ein fünf Kilometer langer Weg.

Castle Drogo

Diese Märchenburg wurde Anfang des 20. Jahrhunderts von dem Architekten Edwin Lutyens für den Lebensmittelmagnaten Julius Drewe gebaut. Vom Haus führen Wanderwege durch die Schlucht des Flusses Teign.

Hound Tor

▷ Am Ostrand Dartmoors stehen Ruinen dieses Dorfs. Es bestand im 13. Jahrhundert aus Steinhäusern, in denen Menschen an einem und Tiere am anderen Ende lebten. Es wurde im 15. Jahrhundert verlassen.

Buckland-in-the-Moor

◁ Dies ist eines der vielen malerischen Dörfer im Südosten Dartmoors mit schönen Cottages und einer kleinen Steinkirche.

> **Schon gewusst?**
>
> Das Exmoor-Pony ist das wildpferdartigste aller britischen Kleinpferde.

Exmoor National Park

🏠 Somerset/Devon 🚆 Tiverton Parkway, dann Bus ℹ️ National Park Centres: Lee Rd, Lynton; 7 – 9 Fore St, Dulverton; The Steep, Dunster; +44 1398 323 841 🌐 exmoor-nationalpark.gov.uk

Exmoor besitzt insgesamt rund 1000 Kilometer Wanderwege, die durch vielseitige, überaus eindrucksvolle Landschaften führen – das Spektrum reicht von Moorland über Flusstäler bis zu Klippen. Wer nicht ganz so aktiv sein will, für den bieten sich bestes Strandvergnügen oder ein gemütlicher Bummel durch malerische Dörfer und zu alten Kirchen am Rand des Parks an.

Die Klippen, die an der Nordküste von Exmoor zum Bristol Channel hin abfallen, werden von bewaldeten Flusstälern unterbrochen, die das Wasser von hoch gelegenen Mooren zu den Buchten hinunterführen. Landeinwärts grasen auf den Hügeln stämmige Exmoor-Ponys, gehörnte Exmoor-Schafe und Rotwild. Auch Bussarde sieht man hier kreisen.

Auf dem Weg zum Dunkery Beacon, mit 520 Metern höchster Punkt in Exmoor

> **Highlight**
>
> **South West Coast Path**
>
> Der am nördlichen Rand des Exmoor National Park verlaufende wunderbare South West Coast Path beginnt in Minehead (Somerset) und verläuft entlang der Küste von Cornwall nach Poole (Dorset). Die 1014 Kilometer lange Route führt durch abwechslungsreiche Landschaften. Wanderer erleben einen Querschnitt durch Geologie, Tierwelt und das reiche Kulturerbe der Region (www.southwestcoastpath.org.uk).

Exmoor-Ponys grasen auf einer Weide; Dunster Castle, eine der kulturhistorischen Attraktionen (Detail) ↑

Das Fischerdorf Lynmouth liegt an der Mündung der Flüsse East und West Lyn ins Meer. Auf einem Hügel oberhalb von Lynmouth steht Lynton. Beide Dörfer verbindet seit dem 19. Jahrhundert die höchste und steilste wassergetriebene Standseilbahn der Welt, die den Höhenunterschied von 263 Metern überwindet. Die kurze Fahrt bietet einen beeindruckenden Blick auf die spektakuläre Küste.

Lynmouth ist idealer Ausgangspunkt für Wanderungen im Exmoor National Park. Ein schöner drei Kilometer langer Wanderweg führt nach Südosten zum Watersmeet House. In der ehemaligen Fischerhütte wurde eine gemütliche Teestube eingerichtet. In einem bewaldeten Tal vereinigen sich East Lyn und Hoar Oak Water zu einer mächtigen Kaskade.

Östlich von Lynmouth liegen das charmante Dorf Porlock mit seinen verwinkelten Gassen, reetgedeckten Häusern und einer schönen alten Kirche sowie Minehead, ein bedeutender Ferienort an einem schönen Kai. Dunster ist eines der ältesten Dörfer von Exmoor, zum Ort gehört ein sehenswertes Schloss (13. Jh.). Auf dem ab 1609 bestehenden Tuchmarkt wurden lange Zeit Stoffe verkauft.

Am westlichen Rand von Exmoor liegt das Dorf Combe Martin. An der von schönen viktorianischen Villen gesäumten Hauptstraße steht das Pack o' Cards Inn (17. Jh.) mit 52 Fenstern – für jede Spielkarte eines.

> **Ein drei Kilometer langer Wanderweg führt nach Südosten zum Watersmeet House. In der ehemaligen Fischerhütte wurde eine gemütliche Teestube eingerichtet.**

SEHENSWÜRDIGKEITEN

❺ Exeter

🏠 Devon 🏔 125 000 ✈ 🚆 🚌 ℹ Custom House Visitor Centre, Exeter Quay
🌐 visitexeter.com

Exeter ist der Hauptort von Devonshire. Die Stadt, die auf einem Plateau hoch über dem Fluss Exe liegt, umgeben große Abschnitte einer römischen und mittelalterlichen Stadtmauer.

Die **Cathedral Church of St Peter** ist eine der prächtigsten Großbritanniens. Sie stammt abgesehen von zwei normannischen Türmen aus dem 14. Jahrhundert und ist im Decorated-Stil erbaut. Die Westfassade zeigt Englands größte Komposition mittelalterlicher Skulpturen. Es sind 66 Figuren – Könige, Apostel und Propheten. Eines der Gräber im Chor ist das von Walter de Stapledon (1261–1326), Schatzmeister von Edward II, der in London vom Mob ermordet wurde. Bei einem Rundgang auf dem Dach der Kirche sieht man das komplex aufgebaute Uhrwerk und genießt die schöne Aussicht.

Das **Royal Albert Memorial Museum and Art Gallery** zeigt römische Funde, einen Zoo ausgestopfter Tiere, Beispiele westenglischer Kunst und ethnografische Exponate (u. a. Samurai-Schwerter). Im Ausstellungsraum Making History erfährt man mehr über die Vergangenheit der Stadt, Finders Keepers beleuchtet das Sammeln an sich und die Historie hinter den Exponaten.

> **Entdeckertipp**
> **Bill Douglas Cinema Museum**
> Zu den Exponaten des interessanten Museums in Exeter gehört alles aus den frühen Tagen des Kinos – darunter technisches Equipment, Fotografien und Filmplakate (www.bdcmuseum.org.uk).

Cathedral Church of St Peter
🏠 Cathedral Close 🕐 siehe Website
🌐 exeter-cathedral.org.uk

Royal Albert Memorial Museum and Art Gallery
🏠 Queen St 🕐 Di – So 10 –17
🌐 rammuseum.org.uk

❻ Penzance

🏠 Cornwall 🏔 34 000 🚆 🚌 ⛴ ℹ Station Approach; +44 1736 335 530
🌐 lovepenzance.co.uk

Penzance ist ein viel besuchter Ferienort mit so mildem Klima, dass in den Morrab Gardens sogar Palmen und subtropische Pflanzen gedeihen. Die Stadt bietet eine schöne Sicht auf den St Michael's Mount und den langen, sauberen Sandstrand.

Market Jew Street, die Hauptstraße, endet am Market House (1837), das von

Hoher Innenraum der Cathedral Church of St Peter in Exeter

einer imposanten Kuppel überwölbt wird. Die Chapel Street ist von ausgefallenen Häusern gesäumt – das farbenprächtigste ist das Egyptian House (1835) mit Lotos-Dekoration. Auf dem Dach des Admiral Benbow Inn (1696) thront ein Pirat, der aufs Meer blickt.

Penlee House Gallery and Museum zeigt Bilder der Newlyn School of Artists, die im Freien malten, um die Eindrücke von Wind, Sonne und Meer einzufangen.

Von Penzance aus verkehren regelmäßig Boote zu den Isles of Scilly, einer schönen Inselgruppe. Neben dem Tourismus sorgt hier die Blumenzucht für das Einkommen der Inselbewohner.

Umgebung: Newlyn, etwas südlich von Penzance, ist Cornwalls größter Fischereihafen. Im Norden liegen die **Tremenheere Sculpture Gardens** mit einer Teestube, einer Kunstgalerie und einem Sukkulentenladen.

Penlee House Gallery and Museum
 Morrab Rd
🕒 Mo – Sa 10 – 17 (Nov – März: bis 16:30)
🌐 penleehouse.org.uk

Tremenheere Sculpture Gardens
 Gulval
🕒 tägl. 10:30 – 17:30
🌐 tremenheere.co.uk

❼ St Michael's Mount (NT)
📍 Marazion, Cornwall 🚤 von Marazion (März – Okt); bei Ebbe zu Fuß 🕒 Mitte März – Okt: So – Fr 10:30 – 17
🌐 nationaltrust.org.uk

Laut vielen römischen Historikern war der Berg die Insel Ictis, ein wichtiges Zentrum des Zinnhandels während der Eisenzeit. Er ist dem Erzengel Michael geweiht, der hier im Jahr 495 erschienen sein soll.

Als die Normannen 1066 England eroberten *(siehe S. 48)*, waren sie über die Ähnlichkeit der Insel mit Mont-St-Michel verblüfft und baten Benediktinermönche, hier eine Abtei zu gründen. Nach der Auflösung der Klöster *(siehe S. 391)* wurde sie zu Festung umgebaut und Teil eines Befestigungsrings, den Henry VIII gegen Frankreich anlegen ließ. John St Aubyn erwarb den St Michael's Mount im Jahr 1659. Seine Nachkommen wandelten die Festung in einen prächtigen Wohnsitz um.

> **Schon gewusst?**
> Vom St Michael's Mount wurde 1588 die vorrückende spanischen Armada zuerst gesichtet.

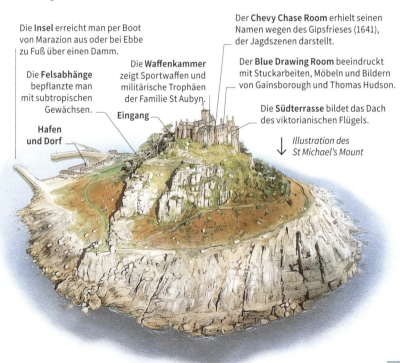

Die **Insel** erreicht man per Boot von Marazion aus oder bei Ebbe zu Fuß über einen Damm.

Die **Felsabhänge** bepflanzte man mit subtropischen Gewächsen.

Hafen und Dorf

Die **Waffenkammer** zeigt Sportwaffen und militärische Trophäen der Familie St Aubyn.

Eingang

Der **Chevy Chase Room** erhielt seinen Namen wegen des Gipsfrieses (1641), der Jagdszenen darstellt.

Der **Blue Drawing Room** beeindruckt mit Stuckarbeiten, Möbeln und Bildern von Gainsborough und Thomas Hudson.

Die **Südterrasse** bildet das Dach des viktorianischen Flügels.

↓ *Illustration des St Michael's Mount*

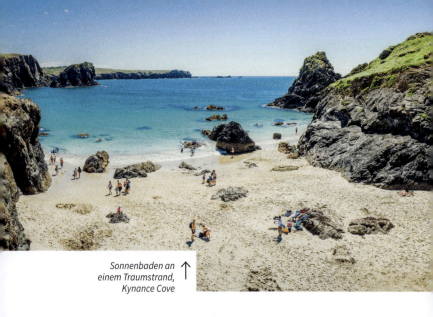

Sonnenbaden an einem Traumstrand, Kynance Cove

8
Lizard Peninsula
🏠 Cornwall 🚌 von Penzance 🌐 visithelston.com

Die südlichste Halbinsel auf dem britischen Festland bietet kontrastreiche und malerische Landschaften: reizvolle Dörfer, Wälder, den verschlungenen Lauf des Flusses Helford, Klippen und schöne Buchten. Im Nordosten führt ein Rundweg durch den Eichenwald vom Dorf Helford zum Frenchman's Creek, benannt nach dem berühmten Roman von Daphne du Maurier.

In der Mitte der Halbinsel befindet sich das Hochplateau Goonhilly Downs mit einer Satellitenstation. Die Schüsseln sind weithin sichtbar. Im Süden der Halbinsel liegt die atemberaubende Kynance Cove mit goldenem Sand und zerklüfteten Klippen. Am südlichsten Punkt Großbritanniens steht das **Lizard Lighthouse Heritage Centre**, in dem Sie mehr über die Funktionsweise eines Leuchtturms erfahren und die Turmspitze besteigen können.

Im Nordwesten hat in der Poldhu Cove das **Marconi Centre** seinen Sitz, wo Guglielmo Marconi 1901 das erste transatlantische Funksignal bis nach Neufundland an der kanadischen Ostküste sendete. Während des Ersten Weltkriegs wurde die Station von der Royal Navy beschlagnahmt, bevor sie als Forschungszentrum genutzt wurde.

Helston ist der wichtigste Ort in der Region und war einst ein Zentrum des Zinnbergbaus, wohin Barren zum Wiegen und Prägen gebracht wurden. Die Stadt ist berühmt für den Furry Dance im Frühling, der mit anderen lokalen Bräuchen im **Museum of Cornish Life** erklärt wird. Westlich der Stadt liegt Gweek, wo sich das **Cornish Seal Sanctuary** befindet. Hier werden kranke und verwaiste Robben aufgepäppelt.

Lizard Lighthouse Heritage Centre
🏠 3 Lighthouse Rd, Lizard, Helston ⏰ siehe Website 🌐 trinityhouse.co.uk

Marconi Centre
🏠 Poldhu Rd, Mullion ⏰ siehe Website 🌐 marconi-centre-poldhu.org.uk

Museum of Cornish Life
🏠 Market Place, Helston ⏰ Mo – Sa 10 –16 🌐 museumofcornishlife.co.uk

Cornish Seal Sanctuary
🏠 Gweek ⏰ tägl. 10 –17 🌐 sealsanctuary.co.uk

Schmuggel in Cornwall
Vor der Einführung der Einkommensteuer verlangte die Regierung Steuern auf importierte Luxusartikel wie Cognac und Parfüm. Umging man die Steuern, konnte man hohe Gewinne erzielen. Cornwall mit seinen Buchten und Flüssen war Zentrum des Schmuggels. Man schätzt, dass 100 000 Menschen – auch Frauen und Kinder – daran beteiligt waren. Sie provozierten Schiffbrüche, indem sie irreführende Leuchtfeuer aufstellten und so Schiffe zu den Felsen lockten. Dann plünderten sie die Wracks.

Bücherbar

Beerwolf Books
Bücher und Bier unter einem Dach? Dieser Ort vereint in einem neuartigen und überaus gelungenen Konzept eine Buchhandlung mit einer Bar und bietet außerdem regelmäßig Livemusik und andere Veranstaltungen.

🏠 3 Bells Court, Falmouth
🌐 beerwolfbooks.com

⑨ Truro

🏠 Cornwall 🔺 20 000 🚌
ℹ️ 30 Boscawen St; +44 1872 274 555 📅 Mi, Sa
🌐 visittruro.org.uk

Truro ist das Verwaltungszentrum von Cornwall. Die vielen georgianischen Gebäude zeugen vom Reichtum der Stadt während der Blütezeit der Zinnindustrie im 19. Jahrhundert. 1876 baute man die Pfarrkirche (16. Jh.) neu und schuf damit die erste neue Kathedrale seit Wrens St Paul's Cathedral aus dem 17. Jahrhundert. Mit Mittelturm, den Spitzbogenfenstern und Türmchen wirkt sie eher französisch als englisch.

Das kleine, aber interessante **Royal Cornwall Museum** zeigt Exponate zu Zinnförderung und Schmuggel.

Royal Cornwall Museum
😊😊♿ 🏠 River St 🕐 Apr–Okt: Mo–Sa 10–16; Nov–März: Di–Sa 10–16 🌐 royalcornwallmuseum.org.uk

⑩ Falmouth

🏠 Cornwall 🔺 26 000 🚌 🚢 ℹ️ 11 Market Strand; +44 1326 741 194 📅 Di
🌐 falmouth.co.uk

Bei Falmouth fließen sieben Flüsse in die fjordartige Bucht Carrick Roads. Bootsausflüge zu den vielen kleinen Buchten eignen sich hervorragend zur Entdeckung

Cathedral Lane – eine von Shops gesäumte Gasse in Truro

der reichen Vogelwelt. Die Stadt ist berühmt für ihre drei große Sandstrände, Gyllyngvase, Swanpool und Maenporth. Das Hafenbecken von Falmouth ist einer der tiefsten Naturhäfen der Welt. Am Hafen findet man das **National Maritime Museum Cornwall**. Es ist Teil eines Komplexes mit Cafés, Läden und Restaurants und zeigt Ausstellungen der langen Seefahrtsgeschichte Cornwalls.

Weitere bemerkenswerte Bauwerke sind **Pendennis Castle** und St Mawes Castle. Beide wurden von Henry VIII erbaut. Die **Falmouth Art Gallery** zählt zu den wichtigsten Kunstsammlungen Cornwalls.

National Maritime Museum Cornwall
😊😊😊♿ 🏠 Discovery Quay, Falmouth 🕐 tägl. 10–17 🌐 nmmc.co.uk

Pendennis Castle
😊😊😊😊♿ 🏠 The Headland 🕐 Apr–Okt: tägl. 10–18; Nov–März: Sa, So 10–16
🌐 english-heritage.org.uk

Falmouth Art Gallery
🏠 The Moor 🕐 Mo–Sa 10–17 🌐 falmouthartgallery.com

↑ »Sleeping giant« – Figur in den Lost Gardens of Heligan, St Austell

⑪ St Austell

🏴 Cornwall 🗺 34 000 🚆 🚌
ℹ Texaco Service Station, Southbourne Rd; +44 1726 879 500 📅 Mi, Sa, So
🌐 staustellbay.co.uk

Das Städtchen ist als Zentrum der englischen Porzellanindustrie bekannt, die im 18. Jahrhundert immer mehr an Bedeutung gewann.

Umgebung: Im **Wheal Martyn China Clay Museum** führen Wege durch eine Tongrube, die von 1878 bis in die 1920er Jahre in Betrieb war.

Im Süden zielen die **Lost Gardens of Heligan** auf die Wiederherstellung der Gärten ab, die von der Familie Tremayne vom 16. Jahrhundert bis zum Ersten Weltkrieg angelegt wurden. Die Gärten gerieten in Vergessenheit, bis Tim Smit (Gründer des Eden Project) sie in den 1990er Jahren wiederentdeckte. Smit restaurierte die Gärten und belebte auch die Anbaumethoden wieder, die sich im Lauf der Jahrhunderte entwickelt hatten.

Wheal Martyn China Clay Museum
♿🅿🍴☕♿ 🏴 Carthew 🕐 tägl. 10–16 📅 24. Dez – Mitte Jan 🌐 wheal-martyn.com

Lost Gardens of Heligan
♿🍴🅿☕♿ 🏴 Pentewan
🕐 tägl. 10–18 (Okt–März: bis 17) 🌐 heligan.com

⑫ Fowey

🏴 Cornwall 🗺 2500 🚌
ℹ 5 South St; +44 1726 833 616 🌐 fowey.co.uk

Fowey besteht aus einem Geflecht steiler Straßen mit Blick über die Flussmündung nach Polruan. St Fimbarrus markiert das Ende des alten Saint's Way von Padstow und erinnert an die keltischen Missionare, die hierherkamen, um die Menschen zu bekehren. Im Inneren der Kirche befinden sich schöne Denkmäler aus dem 17. Jahrhundert, die an die Familie Rashleigh erinnern, deren Sitz, Menabilly, zum Wohn-

Restaurants

Prawn on the Lawn
Das Restaurant serviert köstliches Seafood – von knuspriger Rotbarbe bis zu marinierten Jakobsmuscheln.

🏴 11 Duke St, Padstow 📅 So, Mo
🌐 prawnonthelawn.com
£££

The Seafood Restaurant
Dies ist das Herz von Rick Steins Imperium. Probieren Sie Hummerrisotto oder Singapore Chili Crab.

🏴 Riverside, Padstow
🌐 rickstein.com
£££

Daphne du Maurier

Die Liebesromane der Schriftstellerin Daphne du Maurier (1907–1989) sind untrennbar mit der wilden Landschaft Cornwalls verbunden, in der sie aufwuchs. *Gasthaus Jamaica* begründete 1936 ihren Ruf als Autorin. Die Veröffentlichung von *Rebecca* machte sie zwei Jahre später zu einer der populärsten Schriftstellerinnen ihrer Zeit.

sitz von Daphne du Maurier wurde – und zu Manderley in *Rebecca* (1938).

Umgebung: Wer Polruan und seinen Hafen besuchen will, kann eine Flussfahrt unternehmen. Die Mündung bewachen Zwillingstürme, an denen einst Ketten aufgehängt wurden, um angreifende Schiffe zu entmasten.

Flussaufwärts von Fowey liegt Lostwithiel. Auf einem Hügel im Norden thronen die Überreste des normannischen **Restormel Castle**.

Restormel Castle
◈ⓘ 🅢 🚹 Lostwithiel
☎ +44 1208 872 687 🕐 tägl. 10–17 (Nov–März: bis 16)

Bodmin
🚹 Cornwall 🏠 15 000
🚆 Bodmin Parkway 🚌 Bodmin 🛈 Mount Folly Sq, Bodmin; +44 1208 76616
🌐 bodminlive.com

Bodmin, die alte Hauptstadt Cornwalls, liegt am Westrand der weiten Moorlandschaft gleichen Namens. Historie und Archäologie der Stadt und des Moors stellt das **Bodmin Town Museum** dar.

Südlich von Bodmin liegen die Ländereien von **Lanhydrock**. Das große, bewaldete Gelände und den Park beherrscht der großartige Wohnsitz. Er wurde nach einem Brand 1881 wiederaufgebaut, besitzt aber noch Teile im Stil der Zeit James' I.

Eine Attraktion ist Jamaica Inn (18. Jh.), berühmt geworden durch Daphne du Mauriers gleichnamigen Roman. Heute gibt es hier ein Museum, das die Geschichte des Schmuggelns nachzeichnet.

Bodmin Town Museum
ⓘⓢ 🚹 Mount Folly Sq, Bodmin ☎ +44 1208 77067
🕐 Ostern–Okt: Mo–Fr 10:30–16:30, Sa 10:30–14:30

Lanhydrock
◈ⓘⓢⓔⓝ 🚹 Bodmin
🕐 siehe Website
🌐 nationaltrust.org.uk

Padstow
🚹 Cornwall 🏠 3000 🚌
🛈 North Quay; +44 1841 533 449 🌐 padstowlive.com

Seit der Starkoch Rick Stein hier 1975 sein erstes Restaurant eröffnete, hat sich das Fischerdorf zu einem Magneten für Feinschmecker entwickelt. In den Straßen hinter dem Kai gibt es Boutique-Hotels, Geschäfte, Kunstgalerien und Delikatessenläden. Das Padstow Museum zeigt eine Reihe von Artefakten, darunter Kostüme des Fests 'Obby 'Oss, eines Maitag-Rituals heidnischen Ursprungs.

Gärten in Cornwall
TOP 5

Eden Project
Pflanzenvielfalt in zwei Biomen – mediterran und Regenwald *(siehe S. 280f)*.

Lanhydrock
Makellose Parklandschaft, formale Gärten.

Lost Gardens of Heligan
Entdecken Sie Dschungel, Seen, Wälder und Blumenwiesen.

Trelissick
🌐 nationaltrust.org.uk
Bekannt für Hortensien und viele mediterrane Pflanzenarten.

Trewidden
🌐 trewiddengarden.co.uk
Ein Labyrinth aus Magnolien, Baumfarnen, Azaleen und Kamelien.

↑ *Hafenbecken des netten Küstenorts Fowey im Sonnenlicht*

15 Tintagel

🏠 Cornwall 🗺 2000
ℹ Bossiney Rd; +44 1840 779 084 🌐 visit boscastleandtintagel.com

Die sagenumwobenen Ruinen von **Tintagel Castle**, das der Earl of Cornwall um 1240 erbaute, thronen auf einem hohen, von zerklüfteten Schieferklippen gezeichneten Hügel. Die Burg erreicht man über zwei steile Treppen, die mit Grasnelken und Strandflieder bewachsen sind.

Der Graf wollte seine Burg an dieser abgeschiedenen Stelle errichten, weil sie gemäß *History of the Kings of Britain* von Geoffrey of Monmouth als Geburtsort des legendären König Artus gilt.

Ein Weg führt von der Burg zur Kirche von Tintagel. Das **Old Post Office** ist ein restauriertes Herrenhaus (14. Jh.).

Umgebung: Östlich von Tintagel liegt das hübsche Dorf Boscastle mit dem einzigartigen Museum of Witchcraft and Magic. Der Valency fließt in der Mitte der Hauptstraße zum Fischereihafen. Von dort führt ein durch Fels gehauener Kanal aufs Meer.

Tintagel Castle
🏠 Tintagel Head
🕐 tägl. 10–19
🌐 english-heritage.org.uk

Old Post Office
🏠 Fore St 🕐 März–Okt: tägl. 10:30–17:30
🌐 nationaltrust.org.uk

König Artus

Ob es den legendären Artus (King Arthur) wirklich gegeben hat, ist unklar. Seit Geoffrey of Monmouths *History of the Kings of Britain* (1139) diverse Sagen, die sich um ihn ranken, aufführte – wie er König wurde, indem er das Schwert Excalibur aus dem Stein zog, seinen letzten Kampf gegen den verräterischen Mordred und die Geschichte der Tafelrunde –, vermischen sich historische Grundlagen und Mythos.

16 Newquay

🏠 Cornwall 🗺 20 000 ✈ 🚌
ℹ Marcus Hill; +44 1637 838 516 🌐 visitnewquay.org

Die Surfhauptstadt und Cornwalls beliebtester Badeort war ursprünglich ein elisabethanischer Segelhafen. Schnell entwickelte er sich zu einem der größten Zentren der Sardinenfische-

→ *Wundervolle Küstenlandschaft bei den Ruinen von Tintagel Castle*

rei in der Region. Seit Ankunft der Eisenbahn in den 1870ern ziehen die Sandstrände viele Besucher an.

17
Bude
 Cornwall 9000
Crescent Car Park; +44 1288 354 240 Ostern – Okt: Fr visitbude.info

Die Sandstrände der Golden Coast machten Bude zu einem beliebten Badeort. Sand wurde über einen Kanal ins Landesinnere transportiert, wo man ihn zur Neutralisierung des sauren Bodens nutzte. Der Kanal ist seit 1880 nicht mehr in Betrieb. Ein Abschnitt ist heute Zufluchtsort für Vögel.

18
Bideford
 Devon 17 000
Burton Art Gallery, Kingsley Rd; +44 1237 477 676 Di, Sa
visitdevon.co.uk

Bideford erstreckt sich entlang der Torridge-Mündung. Die Stadt wurde vor allem durch den Import von Tabak aus der Neuen Welt wohlhabend. In der Bridgeland Street stehen einige Kaufmannshäuser aus dem 17. Jahrhundert, auch das Erkerhaus Nr. 28 (1693). Dahinter führt die Mill Street zur Pfarrkirche und zur mittelalterlichen Brücke.

Umgebung: Das westlich von Bideford gelegene Dorf Westward Ho! entstand Ende des 19. Jahrhunderts und ist nach dem gleichnamigen Roman von Charles Kingsley (dt. Titel *Gen Westen*) benannt. Die nahen Seen werden von Surfern genutzt. In dem Dorf hat mit Royal North Devon der älteste Golfclub Englands seinen Sitz.

Etwas westlich von Bideford liegt **Hartland Abbey** (1157). Heute ist das einstige Kloster in Familienbesitz mit einem Museum und Gärten. Die nahe gelegene Hartland Peninsula ist ein besonders schöner Küstenabschnitt, der auf einem Wanderweg erkundet werden kann.

Henry Williamsons *Tarka der Otter* (1927) beschreibt die Otter von Torridge Valley. Ein Teil des Tarka Trail führt am Torridge und an einer stillgelegten Bahnlinie entlang. Am Bahnhof von Bideford kann man Räder ausleihen. Der Weg passiert auch den herrlichen **RHS Garden Rosemoor**. Tagestouren führen von Bideford oder Ilfracombe zur Insel Lundy, einem Tier- und Naturparadies.

> ### Schon gewusst?
> Hartland Abbey diente als Kulisse für den BBC-Film *Sinn und Sinnlichkeit* (2008).

Hartland Abbey
 nahe Bideford
Apr – Sep: So – Do 11–16
hartlandabbey.com

RHS Garden Rosemoor
 Great Torrington tägl. 10–17 (Okt – März: bis 17) rhs.org.uk/gardens/rosemoor

19
Clovelly
Devon 500
clovelly.co.uk

Wie Bideford ist auch Clovelly seit der Erwähnung in Kingsleys *Gen Westen* als schöner Ort bekannt. Heute ist Clovelly eine malerische Attraktion in Privatbesitz. Steile Straßen führen vom Hafen auf die Klippen hinauf, die Häuser sind fröhlich bemalt und die Gärten voller bunter Blumen. Aussichtspunkte bieten herrliche Panoramen. Am Kai beginnen Küstenwanderwege.

Hobby Drive ist ein landschaftlich reizvoller Fußweg zum Dorf, der durch ein Waldgebiet entlang der Küste führt. Er wurde zwischen 1811 und 1829 als Arbeitsmaßnahme gebaut.

⑳ Torbay

🏠 Devon 🚉 Torquay, Paignton ℹ️ 5 Vaughan Parade, Torquay; +44 1803 211 211 🌐 englishriviera.co.uk

Die Küstenstädte Torquay, Paignton und Brixham bilden zusammen einen fast durchgehenden Ferienort am Strand der Bucht Torbay. Wegen des milden Klimas, der Gärten und der viktorianischen Hotels wird der Küstenabschnitt auch als »englische Riviera« bezeichnet. In seiner Blütezeit war Torbay bevorzugtes Reiseziel der Reichen. Heute dreht sich alles um Tourismus und die Attraktionen in Torquay.

Torre Abbey umfasst die Ruinen eines 1196 gegründeten Klosters. Die Villa beherbergt eine Kunstgalerie und ein Museum. Das nahe gelegene **Torquay Museum** befasst sich mit Naturgeschichte und Archäologie, einschließlich der Funde aus **Kents Cavern**, wo 1927 ein Kieferknochen des ältesten modernen Menschen, den man bisher in Westeuropa entdeckt hat, ausgegraben wurde. Bei Führungen durch die Höhlen wird deren Geologie erläutert. In der Stone Age Zone werden die paläolithischen Höhlenbewohner zum Leben erweckt.

Devonshire *cream tea*

Die Einwohner von Devon behaupten, ihr *cream tea* sei der beste. Die entscheidende Zutat ist die *clotted cream* von den auf den Weiden Devons grasenden Jersey-Rindern. Man streicht die Sahne dick auf frische *scones*, darüber kommt hausgemachte Erdbeermarmelade – eine Köstlichkeit zum Tee.

Die Miniaturstadt **Babbacombe Model Village** liegt nördlich von Torquay. Rund 1,5 Kilometer landeinwärts befindet sich das hübsche Dorf Cockington mit Tudor-Herrensitz, Kirche und Cottages. Hier kann man auch Handwerkern bei der Arbeit zusehen.

Sehenswert in Paignton ist der **Paignton Zoo**. Von hier aus fährt eine Dampfeisenbahn nach Dartmouth.

Torre Abbey
🏠 King's Drive, Torquay 🕐 März–Dez: Di–So 10–17 🌐 torre-abbey.org.uk

Torquay Museum
🏠 Babbacombe Rd, Torquay 🕐 tägl. 10–16 🌐 torquaymuseum.org

Kents Cavern
🏠 Ilsham Rd, Torquay 🕐 tägl. 10–16 🌐 kents-cavern.co.uk

Babbacombe Model Village
🏠 Hampton Ave, Torquay 🕐 siehe Website 🌐 model-village.co.uk

Paignton Zoo
🏠 Totnes Rd, Paignton 🕐 siehe Website 🌐 paigntonzoo.org.uk

㉑ Barnstaple

🏠 Devon 👥 34 000 🚉 ℹ️ The Square; +44 1271 375 000 🕐 Apr–Nov: Mo–Sa 🌐 visitdevon.co.uk

Barnstaple ist ein überregional bedeutendes Handelszentrum. Der Pannier Market aus dem Jahr 1855 mit dem gewaltigen Glasdach offeriert frisches Bio-Obst und Gemüse. Die St Peter's Church (13. Jh.) in der Nähe soll 1810 von einem Blitz getroffen worden sein, wodurch sich der Turm geneigt haben soll.

↑ Abendstimmung im Hafen von Torquay an der Bucht Torbay

Bunte Häuserfassaden zu beiden Seiten einer Gasse in Appledore

Das Heritage Centre ist ein Säulengang am Strand mit einer Statue von Queen Anne. In der Nähe befinden sich die Brücke (15. Jh.) und das **Museum of Barnstaple and North Devon**, das sich Historie und Tierwelt sowie der 700 Jahre alten Keramikindustrie der Region widmet. Der 290 Kilometer lange Tarka Trail ist zum Teil mit dem Rad befahrbar und umrundet dabei Barnstaple.

Umgebung: Westlich liegt das 120 Hektar große Braunton »Great Field«, ein gut erhaltenes Relikt des mittelalterlichen Ackerbaus. Dahinter erstreckt sich mit den Braunton Burrows eines der größten Dünennaturschutzgebiete Großbritanniens. Das Areal ist ein Traum für alle, die Stranddisteln, Strandflieder und Gelben Hornmohn lieben. Die Sandstrände und die gewaltigen Wellen in Croyde und Woolacombe sind bei Surfern sehr beliebt, aber es gibt auch ruhigere Strände mit flachem Wasser und Felsenbecken.

Arlington Court and National Trust Carriage Museum nördlich von Barnstaple wartet mit einer Sammlung von Pferdewagen, Modellschiffen und winterharten Rabatten sowie einem See auf.

Museum of Barnstaple and North Devon
The Square Di–Sa 10:30–16:30 24. Dez–1. Jan barnstaplemuseum.org.uk

Arlington Court and National Trust Carriage Museum
Arlington tägl. 11–16 (Nov, Dez: bis 15) Jan nationaltrust.org.uk

㉒
Appledore
Devon 3000
Bideford; +44 1237 477 676 appledore.org

Die abgeschiedene Lage am Ende der Torridge-Mündung trug wesentlich zum Erhalt von Appledores Charme bei. Belebte Bootswerften befinden sich am langen Kai am Fluss, der auch Ausgangspunkt für Fischfangtouren und die Fähren zu den Sandstränden von Braunton Burrows ist. Verwitterte Häuser im Regency-Stil säumen die Hauptstraße. Im Gassengewirr sieht man Fischerhäuser aus dem 18. Jahrhundert. Einige Läden haben noch ihre alten Erkerfenster und verkaufen Kunsthandwerk. In den Restaurants gibt es fangfrisches Seafood.

Auf dem Hügel über dem Kai dokumentiert das **North Devon Maritime Museum** die Geschichte der Australien-Auswanderer aus Devon. Im Victorian Schoolroom werden Filme über Fischerei und Bootsbau gezeigt.

North Devon Maritime Museum
Odun Rd Apr–Okt: tägl. 10:30–17 northdevonmaritimemuseum.co.uk

> Wegen des milden Klimas, der Gärten und der viktorianischen Hotels wird der Küstenabschnitt auch als »englische Riviera« bezeichnet.

Shopping

Drift
Der Vinylbestand dieses unabhängigen Plattenladens gilt als einer der größten in England.
🏠 103 High St, Totnes
🚫 So 🌐 drift records.com

Me and East
Ein kleiner Laden mit lokalem Kunsthandwerk (u. a. Schmuck, Holzarbeiten, Keramik, Drucke und Textilien).
🏠 24 Leechwell St, Totnes 🚫 So, Mo
🌐 meandeast.com

Tom Wood Antiques and Coins
Ein wundervoller kleiner Kuriositätenladen, in dem findet, was man gar nicht suchte.
🏠 7 St Lawrence Lane, Ashburton, nahe Buckfastleigh 📞 +44 7434 541 121 🚫 So, Mo

Ebbe am Strand von Bigbury-on-Sea mit Blick auf Burgh Island

㉓ Totnes
🏠 Devon 👥 8000 🚆 🚌 🛳 Di vormittags (Juni–Sep), Fr, Sa
🌐 englishriviera.co.uk

Das Städtchen befindet sich am höchsten schiffbaren Punkt des Flusses Dart. Auf einem Hügel ragt **Totnes Castle** auf. Hafen und Hügel verbinden die mit elisabethanischen Häusern gesäumte steile High Street. Sie wird vom Eastgate, Teil der mittelalterlichen Stadtmauer, überwölbt.

Das **Totnes Museum** illustriert das Leben zur Blütezeit der Stadt. Ein Raum ist dem Mathematiker Charles Babbage (1791–1871) gewidmet, der als Wegbereiter der Computertechnik gilt.

Sehenswert sind vor allem die mittelalterliche **Guildhall** und eine Kirche mit schön verziertem Lettner. Im Sommer tragen die Marktverkäufer dienstags elisabethanische Kostüme.

Umgebung: Etwas nördlich liegt **Dartington Hall** mit zehn Hektar großem Park und weltbekannter Musikakademie. In der holzverkleideten Great Hall (14. Jh.) finden Konzerte statt.

Totnes Castle
♿ 🏠 Castle St 🕐 Apr–Okt: tägl. 10–17; Nov–März: Sa, So 10–16
🌐 english-heritage.org.uk

Totnes Museum
🏠 Fore St 🕐 Apr–Sep: Mo–Fr 10–16
🌐 totnesmuseum.org

Guildhall
🏠 Ramparts Walk 📞 +44 01803 862147 🕐 Apr–Okt: Mo–Fr 11–15 🚫 Feiertage

Dartington Hall
🕐 Garten: tägl. Sonnenaufbis -untergang
🌐 dartington.org

㉔ Burgh Island
🏠 Devon 🚆 Plymouth, dann mit dem Bus bis Bigbury-on-Sea, danach zu Fuß ℹ️ The Quay, Kingsbridge; +44 1548 853 195
🌐 burghisland.com

Ein kurzer Spaziergang führt bei Ebbe von Bigbury-on-Sea nach Burgh Island und in die Ära der 1920er und 1930er Jahre. Hier ließ der Millionär Archibald Nettlefold 1929 das Hotel Burgh Island mit Felsenpool im Art-déco-Stil

Celebrity Island
Burgh Island und sein gleichnamiges Hotel sind hoch geschätzt – die Beatles waren schon zu Gast, und vor dem D-Day trafen sich hier Churchill und Eisenhower. Die Insel lieferte auch die Inspiration für Agatha Christies Romane *And Then There Were None* und *Evil Under the Sun*. Bei Ebbe kann man zu Fuß zur Insel laufen. Zu anderen Zeiten fährt man mit dem »Sea Tractor«.

bauen. Bald kamen Prominente wie der Duke of Windsor, Agatha Christie und Noël Coward. Ein Besuch lohnt sich wegen der Fotos und der Art-déco-Ausstattung.

㉕
Buckfastleigh
🏠 Devon 🗺 3000 🚆 ℹ️ 80 Fore St; +44 1364 644 522
🌐 visitsouthdevon.co.uk

Die Marktstadt am Rand von Dartmoor *(siehe S. 284f)* wird von der **Buckfast Abbey** beherrscht. Die in normannischer Zeit gegründete Abtei verfiel nach der Auflösung der Klöster. Erst 1882 errichteten Benediktinermönche hier eine neue Abtei. Das Gebäude (einschließlich der schönen Mosaiken und der Buntglasfenster) wurde von den Mönchen selbst finanziert und eigenhändig erbaut. 1938 war das Kloster fertiggestellt. Es befindet sich heute im Stadtzentrum.

In der Nähe erreicht man **Buckfast Butterfly Farm and Dartmoor Otter Sanctuary** sowie die Endstation der historischen South Devon Steam Railway, wo die Dampfeisenbahnen durch das malerische Tal des Dart nach Totnes fahren.

Buckfast Abbey
🅿️🚻♿ 🏠 Buckfastleigh
🕐 tägl. 10–15
🌐 buckfast.org.uk

Buckfast Butterfly Farm and Dartmoor Otter Sanctuary
🅿️🚻♿ 🏠 Buckfastleigh
🕐 siehe Website 🌐 ottersandbutterflies.co.uk

㉖
Dartmouth
🏠 Devon 🗺 5000 🚌
ℹ️ Mayors Ave; +44 1803 834 224 🛒 Di, Fr
🌐 discoverdartmouth.com

Auf einer Klippe über dem Fluss Dart thront das Royal Naval College. Hier stach die englische Flotte zum zweiten und dritten Kreuzzug in See. Häuser aus dem 18. Jahrhundert stehen am Kai von Bayards Cove, Holzbauten aus dem 17. Jahrhundert am Butterwalk. Dort befindet sich auch das **Dartmouth Museum** mit einer Sammlung nautischer Objekte.

Südlich davon steht **Dartmouth Castle** aus dem Jahr 1388.

Umgebung: Im **Greenway House** 13 Kilometer nördlich verbrachte Agatha Christie mit ihrer Familie in den 1950er Jahren die Ferien.

Dartmouth Museum
🅿️🚻 🏠 Butterwalk
🕐 Apr–Okt: Mo–Sa 10–16, So 13–16; Nov–März: tägl. 13–16
🌐 dartmouthmuseum.org

Dartmouth Castle
🅿️🚻🏠🚻 🏠 Castle Rd
🕐 Apr–Okt: tägl. 10–17; Nov–März: Sa, So 10–16
🌐 english-heritage.org.uk

Greenway House
🅿️🚻🏠 NT 🏠 Greenway Rd, Galmpton 🕐 Apr–Okt: tägl. 10:30–17; Nov–März: Sa, So 11–16
🌐 nationaltrust.org.uk

→ *Buddelschiff – ein typisches Ausstellungsstück im Dartmouth Museum*

27 Buckland Abbey

- Yelverton, Devon
- +44 1822 853 607
- von Yelverton
- tägl. 11–17 (Jan – Mitte Feb: Sa, So 10–16)
- nationaltrust.org.uk

Das 1278 von Zisterziensern gegründete Kloster wurde nach der Säkularisation zum Wohnhaus umgestaltet, in dem Francis Drake ab 1581 wohnte. Viele Gebäude blieben in der Gartenanlage erhalten, z. B. die Klosterscheune aus dem 14. Jahrhundert. Gemälde und Erinnerungsstücke veranschaulichen Drakes Leben.

28 Plymouth

- Plymouth 260 000
- Mayflower Museum, The Barbican; +44 1752 306 330
- Mo – Sa
- visitplymouth.co.uk

Der Hafen, von dem aus die Pilgerväter sowie Drake und Raleigh und auch Cook und Darwin zu ihren Abenteuern in See stachen, ist zu einer Stadt angewachsen. Old Plymouth drängt sich um The Hoe, die berühmte Rasenfläche, auf der Francis Drake in aller Ruhe sein Bowlingspiel beendet haben soll, als sich die angreifende spanische Armada 1588 dem Hafen näherte. Park und Paradeplatz sind von Denkmälern berühmter Seefahrer umgeben. Daneben liegt die 1660 von Charles II zum Schutz des Hafens erbaute **Royal Citadel**. Mit moderner Technik wird auch das Leben der Auswanderer beleuchtet. Am Hafen liegt das **National Marine Aquarium**, nicht weit entfernt Mayflower Stone and Steps, wo die Pilgerväter 1620 starteten, die Neue Welt zu besiedeln. Das beliebte **Mayflower Museum** dokumentiert die Geschichte der Mayflower wie des Hafengeländes.

↑ Blick vom Mount Edgcumbe Park auf die Küste bei Plymouth

Umgebung: Bei einer gemütlichen Hafenrundfahrt lernt man die ausgedehnten Dockanlagen kennen. Man sieht dabei auch schön gestaltete Uferparks wie etwa den **Mount Edgcumbe Park**.

Etwas weiter östlich steht das sehenswerte **Saltram House** aus dem 18. Jahrhundert mit zwei Räumen von Robert Adam und Porträts von Joshua Reynolds, der im nahen Plympton geboren wurde.

Royal Citadel
- The Hoe
- nur Führungen (siehe Website)
- english-heritage.org.uk

National Marine Aquarium
- Rope Walk, Coxside
- tägl. 10–17
- national-aquarium.co.uk

Mayflower Museum
- 3–5 The Barbican
- +44 1752 306 330
- tägl. 9–17 (Nov – März: Sa 10–16)

Sir Francis Drake

Sir Francis Drake (um 1540–1596) war der erste Engländer, der die Welt umsegelte, und wurde im Jahr 1580 von Queen Elizabeth I zum Ritter geschlagen. Für viele war Drake jedoch nur ein opportunistischer Schurke, der für seine Heldentaten als »privateer«, die höfliche Bezeichnung für einen Piraten, bekannt war.

> **Schon gewusst?**
>
> Die Plymouth Gin Distillery (1793) ist die älteste noch betriebene Gin Distillery in England.

Mount Edgcumbe Park
🅐 Cremyll, Torpoint 🚌 vom Parkplatz Torpoint 🕐 Haus: Apr–Sep: Di–Do, So 11–16:30
🌐 mountedgcumbe.gov.uk

Saltram House
🅐 Plympton 🕐 tägl. 11–16
🌐 nationaltrust.org.uk

㉙
Morwellham Quay
🅐 bei Tavistock, Devon
☎ +44 1822 832 766
🚂 Gunnislake 🕐 tägl. 10–17 (Winter: bis 16)
🌐 morwellham-quay.co.uk

Bis 1970 war Morwellham Quay eine heruntergekommene Industriegegend. Dann begannen Mitglieder einer Stiftung, die verlassenen Cottages, Schulen, Farmen, den Kai und die Kupferminen so zu restaurieren, wie sie um 1900 ausgesehen haben. Heute ist Morwellham Quay ein blühendes und sehenswertes Industriemuseum. Hier kann man leicht einen ganzen Tag zubringen und am Leben eines viktorianischen Dorfs teilnehmen – vom Einspannen der Zugpferde, die von morgens bis abends Fuhrwerke ziehen, bis zur Einfahrt in eine Kupfermine im Hügel hinter dem Dorf. Die Illusion wird durch Angestellte in historischen Kostümen perfekt. Man kann auch einem Böttcher bei der Herstellung eines Fasses zusehen, am Schulunterricht teilnehmen, bei viktorianischen Kinderspielen mitmachen oder sich Reifröcke, Hauben, Zylinder und Jacken aus dem 19. Jahrhundert anziehen. »Die Dorfbewohner« vermitteln so die einstige Lebens- und Arbeitsweise und liefern Informationen über die Geschichte der kleinen Minengemeinschaft.

㉚
Cotehele
🅐 St Dominick, Cornwall
☎ +44 1579 351 346 🚂 Calstock 🕐 Haus: Mitte März–Okt: tägl. 11–16; Park: tägl. Sonnenauf- bis -untergang
🚫 Haus: Nov, Dez
🌐 nationaltrust.org.uk

Herrliche Wälder und üppige Flussauen machen Cotehele (gesprochen »cotil«) zu einem der schönsten Orte am Tamar. Hier kann man einen spannenden Tag verbringen. Ungefähr 500 Jahre schlummerte das Anwesen versteckt in dem waldreichen Tal Cornwalls, bevor die Entwicklung einsetzte.

Hauptanziehungspunkt ist das von 1489 bis 1520 erbaute Gebäude mit Park, ein seltenes Beispiel mittelalterlicher Bauweise mit drei Innenhöfen, einer Halle, Küchen, Kapelle sowie Wohn- und Schlafräumen. Besonders romantisch wirkt das Haus durch die terrassierten Gärten im Osten, die durch einen Tunnel zu einem üppig bewachsenen Garten im Tal führen. Der Weg durch den Garten geht an einem mittelalterlichen überkuppelten Taubenschlag vorbei zum Kai, an dem einst Kalkstein und Kohle verschifft wurden und heute ein restaurierter Segellastkahn mit einem Seefahrtsmuseum liegt.

Ein Aussichtsturm bietet schöne Blicke auf den Tamar. Eine Galerie am Kai zeigt einheimische Kunst.

→

Cotehele – von einem Park umrahmtes mittelalterliches Anwesen

Restaurants

Àcleàf
Das Feinschmecker-Restaurant befindet sich in der Galerie eines Tudor-Gutshauses und serviert einfallsreiche britische Küche. Das Hotel verfügt auch über eine Brasserie, in der wunderbare Nachmittagstees serviert werden.

🅐 Boringdon Hall Hotel, Plympton, Plymouth
🌐 boringdonhall.co.uk
£££

St Elizabeth's
Das erstklassige Hotelrestaurant legt den Schwerpunkt auf Seafood. Doch die Speisekarte bietet noch viel mehr, z. B. köstlichen Sonntagsbraten.

🅐 St Elizabeth's House Hotel, Plympton, Plymouth
🌐 stelizabeths.co.uk
£££

Tour in Penwith

Länge 50 km **Rasten** In den meisten Dörfern entlang der Strecke gibt es Pubs und Cafés. Sennen Cove bietet sich als Zwischenstopp an.

Die Fahrt führt durch eine spektakuläre, abgeschiedene Gegend mit Zeugnissen früherer Zinnminen, malerischen Fischerdörfern und prähistorischen Überresten. Die Küstenlinie variiert zwischen sanften Moorlandschaften im Norden und zerklüfteten, windgepeitschten Klippen im Süden. Die Schönheit der Landschaft und die Klarheit des Lichts locken seit Ende des 19. Jahrhunderts Künstler an, deren Arbeiten in Newlyn, St Ives und Penzance zu sehen sind.

Schon gewusst?

Die keltische Sprache Kornisch wurde in Cornwall im 20. Jahrhundert wiederbelebt.

Botallack Mine war ein Zentrum des früher lukrativen Zinnabbaus in dieser Region.

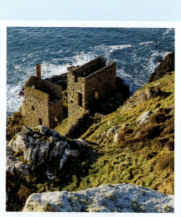

↑ *Zerfallene Maschinengebäude an den Klippen von Botallack Mine – Spuren des früheren Bergbaus*

Land's End, Englands westlichster Punkt, fasziniert mit seiner Landschaft. Eine Ausstellung informiert über Geschichte, Geologie, Fauna und Flora der Gegend.

Das Nixenrelief in der Kirche von **Zennor** erinnert an die Sage von der Meerjungfrau, die den Sohn des Gutsherrn in ihre Höhle lockte.

Devon und Cornwall

Zur Orientierung
Siehe Karte S. 278f

Schöne Aussicht
Terrasse von Trengwainton

Folgen Sie Magnolien, Rhododendren und Kamelien bis zur Terrasse von Trengwainton, um einen schönen Blick über die Gärten und nach Mount's Bay zu genießen.

Die Grabkammern von **Lanyon Quoit**, einem der vielen prähistorischen Monumente, liegen links der Straße nach Madron.

Die Gärten von **Trengwainton** bestechen durch ihre üppige Pracht.

Newlyn, Cornwalls größter Hafen, gab einer um 1885 gegründeten Kunstschule den Namen. Ihre Arbeiten zeigt die Galerie im Ort.

Der Steinkreis **Merry Maidens** soll aus 19 Mädchen bestehen, die zu Stein wurden, als sie am Sonntag tanzten.

→ *Blick auf eine Grabkammer von Lanyon Quoit bei Sonnenuntergang*

Restaurantterrassen im Zentrum von Birmingham (siehe S. 324f)

Zentralengland

Eine stärkere Besiedlung dieser bewaldeten Region setzte erst im 6. Jahrhundert in den Flusstälern ein. In der als Marches bekannten Grenzregion zu Wales erinnern die Burgen von Shrewsbury und Ludlow daran, dass die Waliser jahrhundertelang gegen normannische Barone und die Marcher Lords kämpften.

Vor allem in Coventry und Birmingham sowie im Hinterland dieser Städte gab es ab dem 18. Jahrhundert profitable Eisen-, Textil- und Keramikverarbeitung. Diese Produktionszweige sowie die später einsetzende Schwerindustrie erlebten allerdings im Lauf des 20. Jahrhunderts ihren Niedergang. Heute erinnern nur noch einzelne Museen an jene industrielle Blütezeit der Städte. Ironbridge Gorge ist ein faszinierendes Denkmal des Maschinenzeitalters.

Nicht nur für Besucher, die von Literatur begeistert sind, ist Stratford-upon-Avon ein besonderes Highlight dieser Region. Dort lebte, wirkte und starb William Shakespeare, der geniale Dramatiker der elisabethanischen Zeit.

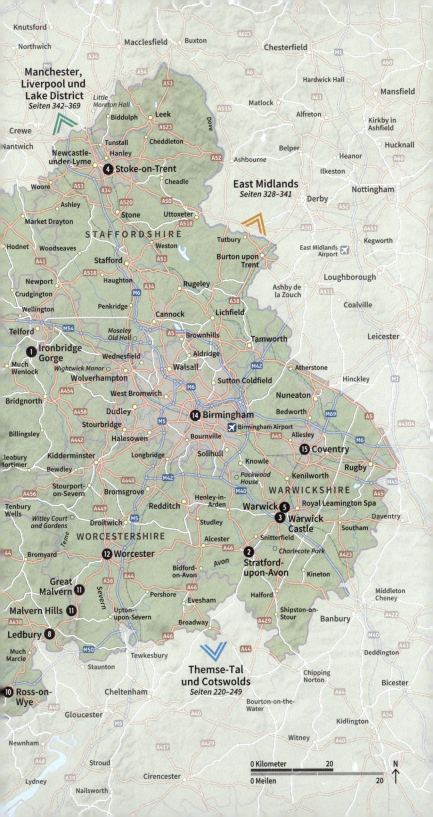

Ironbridge Gorge

🏠 Shropshire 📞 +44 1952 433 424 🚉 Telford, dann Bus 🌐 ironbridge.org.uk

Ironbridge Gorge war ein wichtiges Zentrum der industriellen Revolution. Hier setzte 1705 Abraham Darby I (1678–1717) erstmals den billigeren Koks anstelle von Holzkohle zum Schmelzen von Eisenerz ein. Die Verwendung von Eisen beim Brücken-, Schiff- und Hausbau machte Ironbridge Gorge zu einem der wichtigsten Eisenproduktionszentren der Welt. Der industrielle Niedergang im 20. Jahrhundert führte zum Verfall. Inzwischen wurde viel restauriert, und so entstand ein faszinierender Industriemuseumskomplex an den bewaldeten Ufern des Severn. Die Schlucht, die Brücke und der Ort Ironbridge wurden 1986 von der UNESCO zum Welterbe erklärt.

① Coalport China Museum
🏠 High St, Telford
🕐 siehe Website

Mitte des 19. Jahrhunderts war Coalport Works eine der größten Porzellanmanufakturen in Großbritannien. Die alte Porzellanmanufaktur ist nun ein Museum, in dem Besucher Vorführungen der verschiedenen Schritte der Porzellanherstellung verfolgen können.

② Coalbrookdale Museum of Iron
🏠 Coach Rd, Coalbrookdale, Telford 🕐 siehe Website

Der Originalschmelzofen von Abraham Darby I bildet das Herzstück des Museums, das die Geschichte der Eisenverarbeitung dokumentiert.

Eine Abteilung behandelt die Geschichte der Quäkerfamilie Darby und ihren Einfluss auf die Gemeinde Coalbrookdale. Gusseiserne Statuen, viele für die Weltausstellung von 1851 produziert, befinden sich unter den ausgestellten Stücken der Coalbrookdale Company. Rosehill House (im Sommer geöffnet), eines der Häuser der Darbys im nahen Coalbrookdale, ist im viktorianischen Stil eingerichtet.

③ Museum of the Gorge
🏠 Coach Rd, Coalbrookdale, Telford 🕐 siehe Website

Das viktorianische Gebäude beherbergt heute ein Museum mit Ausstellungen über die Geschichte des Severn und die Entwicklung des Transports auf dem Wasser. Glanzstück des Museums ist ein wunderbares, zwölf Meter langes Modell der Ironbridge Gorge, wie sie im Jahr 1769 ausgesehen hat – komplett mit Gießereien, Lastkähnen und wachsenden Dörfern.

> **Iron Bridge**
>
> Abraham Darby III baute 1779 die weltweit erste Eisenbrücke und revolutionierte damit das Bauwesen. Die Brücke über den Severn ist ein Denkmal für die Handwerkskunst dieses Eisenhüttenbesitzers. Im Mauthaus am Südufer des Flusses werden Konstruktion und Bau erläutert.

> **Schon gewusst?**
>
> Bis 1950 musste jeder, der die Eiserne Brücke überquerte, eine Maut bezahlen.

> **Expertentipp**
> **Tickets**
>
> Wenn Sie mehrere Museen besuchen wollen, ist – auch bei einem kurzen Aufenthalt – der Kauf eines Jahrestickets (Annual Passport Ticket) eine gute Option. Es kann online und in allen Museen erworben werden.

④
Jackfield Tile Museum
📍 Salthouse Rd, Telford
🕐 siehe Website

Schon seit dem 17. Jahrhundert gab es in der Gegend auch Töpfereien, doch erst mit der viktorianischen Begeisterung für dekorative Fliesen wurde Jackfield berühmt. Das Museum stellt eine Sammlung dekorativer Boden- und Wandfliesen aus, die hier hergestellt wurden.

Besucher können in dem alten Fabrikgebäude mit seinen Brennöfen für Porzellan und Malwerkstätten kleinen Vorführungen traditioneller Methoden der Fliesenherstellung beiwohnen.

⑤
Enginuity
📍 10 Wellingon Rd, Coalbrookdale, Telford
🕐 siehe Website

In diesem interaktiven Wissenschaftszentrum lernen Kinder, wie man Strom durch Wasserkraft erzeugt. Spannend ist auch das Bewegen einer Dampflok von Hand.

⑥
Blists Hill Victorian Town
📍 Legges Way, Madeley, Telford 🕐 siehe Website

Das riesige Freilichtmuseum stellt das Leben in viktorianischer Zeit in einer Stadt im östlichen Shropshire nach. Menschen in historischen Kostümen zeigen Arbeiten wie etwa das Schmieden und Verarbeiten von Eisen. Es gibt Wohnhäuser jener Zeit, eine Kirche und eine viktorianische Schule. Highlight von Blists Hill ist die Gießerei, die noch immer Schmiedeeisen herstellt.

Highlight

↑ *In Blists Hill Victorian Town werden alte Handwerke demonstriert*

↓ *Iron Bridge – ein bemerkenswertes Industriedenkmal*

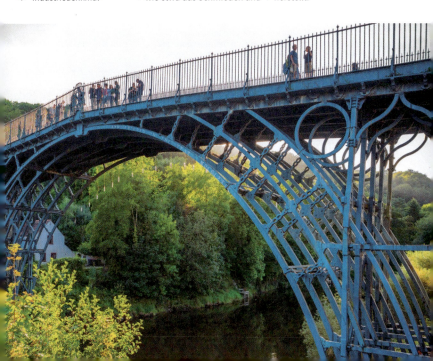

Stratford-upon-Avon

🏠 Warwickshire 👥 27 000 ✈ Birmingham, 32 km NW
🚌 Alcester Rd 🚏 Bridge St 🛈 Bridgefoot; +44 1789 264 293 🚆 Fr 🎭 Shakespeare's Birthday (Apr); Stratford River Festival (Juli) 🌐 visitstratforduponavon.co.uk

Stratford am Ufer des Avon gleicht mit seinen Fachwerkhäusern und schönen Spazierwegen am baumgesäumten Fluss einer Tudor-Marktstadt. Die Stadt gilt als Englands meistbesuchte Attraktion außerhalb von London. Die meisten Besucher besichtigen die mit dem hier im Jahr 1564 geborenen William Shakespeare oder seinen Nachkommen in Verbindung stehenden Häuser.

①
Shakespeare's Birthplace
🏠 Henley St 🕐 Apr – Okt: tägl. 9–17; Nov – März: tägl. 10–16
🌐 shakespeare.org.uk

Shakespeares Geburtshaus, früher ein Wirtshaus, wurde 1847 vom Staat erworben und im elisabethanischen Stil restauriert. Vieles erinnert an Shakespeares Vater John, einen Handschuhmacher und Wollhändler. Es gibt ein Zimmer, in dem William angeblich zur Welt kam, in einem anderen findet man Unterschriften berühmter Besucher.

②
Shakespeare's New Place
🏠 22 Chapel St 🕐 Apr – Okt: tägl. 9–17; Nov – März: tägl. 10–16 🌐 shakespeare.org.uk

Hier stand das Haus, in dem Shakespeare von 1597 bis zu seinem Tod im Jahr 1616 lebte. Es wurde 1759 abgerissen und durch einen wundervollen Garten ersetzt, dessen Kunstwerke an Shakespeares Familie und an einige seiner wichtigsten Werke erinnern. Der Knotengarten mit Wasserbecken wurde schön restauriert.

Die Fassade des Rathauses am Ende der High Street ziert eine Statue des Dramatikers, die der Schauspieler David Garrick stiftete, der 1769 das erste Shakespeare-Festival organisierte.

③
Shakespeare's School Room und Guildhall
🏠 Church St 🕐 tägl. 11–17
🌐 shakespeares schoolroom.org

Hier erfahren Sie mehr über Shakespeares prägende

> **Schon gewusst?**
> Die RSC zeigt neben Shakespeares Werken u. a. auch griechische Tragödien und moderne Stücke.

Besucher in einer der vielen hübschen Straßen in Stratford-upon-Avon

Royal Shakespeare Company (RSC)

Die Royal Shakespeare Company ist berühmt für ihre Shakespeare-Inszenierungen. Hier standen schon Größen wie Laurence Olivier, Vivien Leigh, Helen Mirren und Kenneth Branagh auf der Bühne. Die RSC geht oft auf Tournee, ihre Hauptspielstätten neben London sind Newcastle und New York.

Stratford hat zwei vom RSC betriebene Hauptbühnen – das Royal Shakespeare Theatre und das Swan Theatre, beide an der Waterside. Das Royal Shakespeare Theatre bietet regelmäßig Führungen an (10:30 bzw. 14:45 Uhr). Tickets unter www.rsc.org.uk.

Kindheitsjahre an der King Edward VI School in der Guildhall und wie diese ihn zu seinen Stücken inspirierte. Besuchen Sie das Klassenzimmer, in dem William zwischen 1571 und 1578 unterrichtet wurde, und erleben Sie den Raum, in dem er zum ersten Mal Auftritte der größten Schauspieler des Landes sah. Dieses interaktive und unterhaltsame Erlebnis umfasst unterschiedliche Multimedia-Präsentationen.

Die aus dem Mittelalter stammende Guildhall beherbergt einige seltene Wandgemälde jener Zeit.

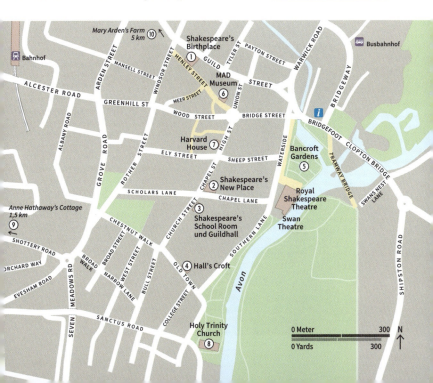

> Auf dem Gelände stehen Statuen von Shakespeare und von berühmten Figuren aus einigen seiner Stücke, darunter Hamlet, Lady Macbeth, Falstaff und Prince Hal.

④
Hall's Croft
🏠 Old Town 🕐 Apr – Okt: tägl. 9–17; Nov – März: tägl. 10–16
🌐 shakespeare.org.uk

Das Haus (1613) von Shakespeares Tochter Susanna und ihrem Ehemann, dem Arzt John Hall, ist ein wunderschön eingerichtetes jakobinisches Stadthaus. Es zeigt faszinierende medizinische Exponate aus dem 16. und 17. Jahrhundert. Im ummauerten Aromagarten werden Heilkräuter angepflanzt.

⑤
Bancroft Gardens

Die Bancroft Gardens befinden sich am Fluss Avon neben dem Royal Shakespeare Theatre. Dieser wunderschöne Grüngürtel an einem Kanal umfasst Rasenflächen und Gartenanlagen. Auf dem Gelände stehen Statuen von Shakespeare und von berühmten Figuren aus einigen seiner Stücke, darunter Hamlet, Lady Macbeth, Falstaff und Prince Hal, die Philosophie, Tragödie, Komödie und Geschichte symbolisieren.

⑥
MAD Museum
🏠 4–5 Henley St 🕐 Mo – Fr 10–17 (Okt – März: 10:30 – 16:30), Sa, So, Feiertage 10–17:30
🌐 themadmuseum.co.uk

Das MAD (Mechanical Art & Design) Museum präsentiert Automaten und Maschinen (u. a. Roboter), mit denen Besucher nach Herzenslust interagieren können. Das Museum ist auch bei Familien sehr beliebt.

⑦
Harvard House
🏠 High St 🕐 für Besucher

In dem 1596 erbauten, reich verzierten Haus verbrachte Katherine Rogers ihre Kindheit. Ihr Sohn John Harvard

> **Expertentipp**
> **Shakespeare-Museen**
>
> In fünf der wichtigsten mit dem Autor verbundenen Gebäuden in Stratford-upon-Avon wurden Museen eingerichtet. Mit dem günstigen Full Story Ticket (22,50 £ für Erwachsene, 14,50 £ für unter 18-Jährige) hat man Zutritt zu allen. Die Tickets kann man online erwerben (www.shakespeare.org).

←

Hall's Croft, das Haus von Susanna, dem ältesten von Shakespeares Kindern

wanderte 1637 nach Amerika aus. Ein Jahr später starb er und vermachte dem New College in Cambridge (Massachusetts) eine kleine Bibliothek. Das Anwesen wurde zu Ehren Harvards benannt.

Holy Trinity Church – Grabstätte von William Shakespeare; farbintensives Buntglasfenster (Detail)

⑧
Holy Trinity Church
Old Town

In dieser 1210 geweihten Kirche wurde Shakespeare getauft und bestattet. Außer seinem Grabmal sind auch Kopien seiner Geburts- und Sterbeurkunde zu sehen. Zudem gibt es eine Reihe weiterer bemerkenswerter Grabmale aus dem 16. und 17. Jahrhundert.

> **Schon gewusst?**
>
> Das erste Theater in Stratford war ein Holzbau, den Schauspieler David Garrick 1769 errichten ließ.

⑨
Anne Hathaway's Cottage
22 Cottage Lane, Shottery
Apr – Okt: tägl. 9 – 17; Nov – März: tägl. 10 – 16
shakespeare.org.uk

In Shottery, 1,5 Kilometer westlich des Zentrums von Stratford, wohnte Shakespeares Frau vor der Heirat mit dem Dramatiker.

Dieses eindrucksvolle strohgedeckte Cottage aus dem Jahr 1463 ist mit Möbeln aus dieser Zeit eingerichtet. Anne Hathaway wurde 1556 hier geboren. Das Gelände um das Anwesen war seinerzeit eine Farm, auf der die Hathaways Schafe züchteten. Besucher können durch den gepflegten Garten (früher die Weide), den Obstgarten und das Arboretum wandern.

⑩
Mary Arden's Farm
Station Rd, Wilmcote
Apr – Okt: tägl. 9 – 17; Nov – März: tägl. 10 – 16
shakespeare.org.uk

Etwa fünf Kilometer westlich von Stratford steht das Haus von Shakespeares Großeltern, in dem seine Mutter Mary Arden und deren Geschwister aufgewachsen sind. Shakespeares Vater, John Shakespeare, stammte aus Snitterfield in der Nähe.

In dieser familienfreundlichen Attraktion können Sie eine funktionierende Tudor-Farm erleben und Vorführungen der Falknerei sowie Tudor-Musik und Tanz genießen.

Warwick Castle

🏠 Castle Lane, Warwick 📞 +44 871 265 2000
🕐 tägl. ab 10 (Details siehe Website) 🌐 warwick-castle.com

Warwicks Festung wurde 1068 von William the Conqueror errichtet. Die gut erhaltene Anlage ist voller familienfreundlicher Attraktionen, bei denen die Geschichte des Schlosses zum Leben erweckt wird.

Der Burg wurden im 13./14. Jahrhundert riesige Außenmauern und Türme angefügt, vor allem um die Macht der Feudalherren – der Beauchamps und Nevilles (15. Jh.) sowie der Earls of Warwick – zu demonstrieren. 1604 ging die Burg an die Familie Greville über, die sie zum großen Landsitz ausbaute. 1978 kauften die Eigentümer von Madame Tussauds *(siehe S. 109)* das Gebäude und statteten einige Räume mit Wachsfiguren aus, um die Geschichte des Hauses zu illustrieren.

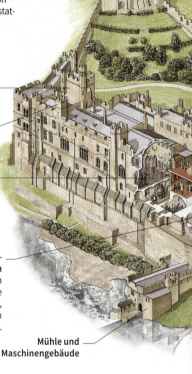

Der **Erdwall** trägt die Reste der Festungsmauern.

Der **Dragon Tower** zeigt einige Figuren der BBC-Serie *Merlin*.

Princess Tower

Great Hall und **State Rooms** zeigen Familienschätze aus der ganzen Welt.

Exponate der **Kingmaker Attraction** gehen auf das Leben von Richard Neville ein, der als »Warwick, der Königsmacher« in die Rosenkriege zog.

Mühle und Maschinengebäude

↑ *Ausstellung von Rüstungen und Waffen, Great Hall*

Chronik

1068
▽ Normannische Festung mit Innenhof wird erbaut

1268–1445
Die heutige Burg wird von der Familie Beauchamp, Earls of Warwick, erbaut

1478
Nach dem Mord am Schwiegersohn Richard Nevilles fällt die Burg an die Krone

1264
Simon de Montfort, Anführer der Parlamentsarmee gegen Henry III, greift Warwick Castle an

1449–71
▷ Richard Neville, Earl of Warwick, spielt in den Rosenkriegen eine zentrale Rolle

Highlight

Kanufahrer auf dem Avon, der am Warwick Castle vorbeifließt

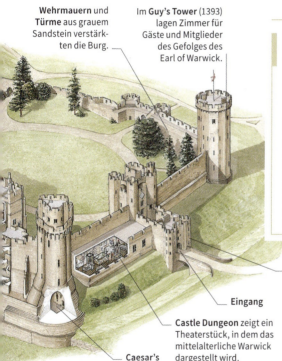

Wehrmauern und **Türme** aus grauem Sandstein verstärkten die Burg.

Im **Guy's Tower** (1393) lagen Zimmer für Gäste und Mitglieder des Gefolges des Earl of Warwick.

Events in Warwick Castle

Von Ritterturnieren mit Lanzenstechen über Wettbewerbe im Bogenschießen bis zu mittelalterlichen Banketten mit Live-Unterhaltung – der Veranstaltungskalender der Burg ist gut gefüllt. Besucher jeden Alters haben hier auf jeden Fall ihren Spaß. Informationen zum Programm finden Sie auf der Website.

Das **Torhaus** ist mit Fallgittern und Pechnasen versehen, durch die man siedendes Pech auf unten stehende Angreifer goss.

Eingang

Castle Dungeon zeigt ein Theaterstück, in dem das mittelalterliche Warwick dargestellt wird.

Caesar's Tower

Darstellung der Burg mit ihren mächtigen Verteidigungsanlagen

1604
▷ James I übergibt die Burg an Sir Fulke Greville

1642
Belagerung der Burg durch Royalisten

1600–1800
Umgestaltung des Inneren und Anlage des Parks

1871
▷ Schwere Brandschäden in der Great Hall

1890er– 1910
Besuche des späteren Edward VII

SEHENSWÜRDIGKEITEN

❹ Stoke-on-Trent

🏠 Stoke-on-Trent
👥 270 000 🚆 🚌 ℹ️ Potteries Museum and Art Gallery, Bethesda St; +44 1782 236 000 🕐 Mo–Sa
🌐 visitstoke.co.uk

Ab Mitte des 18. Jahrhunderts war Staffordshire führend in der Keramikproduktion und berühmt für feines Porzellan. 1910 verbanden sich die sechs Städte Longton, Fenton, Hanley, Burslem, Tunstall und Stoke zum Ballungsraum Stoke-on-Trent. Das **Gladstone Pottery Museum**, ein viktorianischer Komplex mit Werkstätten, Brennöfen, Galerien und Maschinenhaus, zeigt alte Töpfertechniken. In der **World of Wedgwood** kann man die berühmte blaue Jasperware und moderne Stücke sehen. Die **Emma Bridgewater Factory** produziert ein breites Spektrum an Steingut.

Umgebung: 16 Kilometer nördlich von Stoke-on-Trent steht das Tudor-Herrenhaus **Little Moreton Hall** *(siehe S. 318)*.

Tonwaren aus Staffordshire

Durch seinen Reichtum an Wasser, Mergel, Ton und Kohle für die Brennöfen wurde Staffordshire zum Zentrum der englischen Keramikproduktion. Eisen-, Kupfer- und Bleivorkommen dienten zum Glasieren. Im 18. Jahrhundert war Keramik günstig und weitverbreitet. Josiah Wedgwood (1730–1795) führte einfaches, haltbares Steingut ein. Sein bekanntestes Produkt ist die blaue Jasperware, die weiße Porzellanmotive zieren.

Gladstone Pottery Museum
♿🅿️🍴☕ 🏠 Uttoxeter Rd, Longton 🕐 Di–Sa 10–17 (Okt–März: bis 16)
🌐 stokemuseums.org.uk/gpm

World of Wedgwood
♿🅿️🍴☕🛍️ 🏠 Wedgwood Drive, Barlaston
🕐 tägl. 10–17
🌐 worldofwedgwood.com

Emma Bridgewater Factory
♿🅿️🛍️ 🏠 Lichfield St
🕐 Mo–Sa 9:30–17, So 10–16
🌐 emmabridgewater.co.uk

Little Moreton Hall
♿🅿️🍴🏛️ 🏠 Congleton
🕐 siehe Website
🌐 nationaltrust.org.uk

❺ Warwick

🏠 Warwickshire 👥 30 000
🚆 🚌 ℹ️ The Courthouse, Jury St; +44 1926 492 212
🕐 Sa 🌐 visitwarwick.co.uk

Einige mittelalterliche Gebäude Warwicks überstanden den Brand von 1694. Der Earl of Leicester baute die Gildehäuser am westlichen Ende der High Street 1571 um und gründete das **Lord Leycester Hospital** als Heim für seine pensionierten Soldaten. Die Beauchamp Chapel (1443–64) in der Church Street birgt die Gräber der Earls of Warwick.

Lord Leycester Hospital
♿🅿️☕ 🏠 60 High St
🕐 Di–So: tägl. 10–17 (Nov–März: bis 16)
🌐 lordleycester.com

❻ Shrewsbury

🏠 Shropshire 👥 90 000
🚆 🚌 ℹ️ The Music Hall, The Square 🕐 Di, Mi, Fr, Sa 🎪 Shrewsbury Flower Show (Mitte Aug)
🌐 originalshrewsbury.co.uk

Shrewsbury ist fast eine Insel, umschlossen von einer Schleife des Flusses Severn. **Shrewsbury Castle** aus rotem Sandstein (1066–74) bewacht den Eingang zur Stadt. Die vielfach umgebaute Burg birgt heute das Soldiers of Shropshire Museum. Die Römer errichteten im Jahr 60 n. Chr. die Garni-

← *Grabmal von Ambrose Dudley, Earl of Warwick, in der Beauchamp Chapel, Warwick*

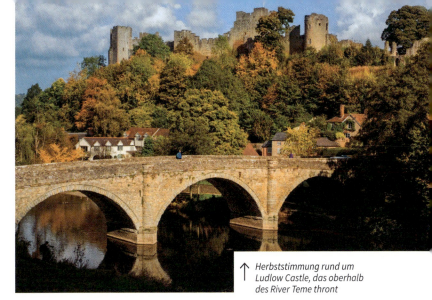

↑ *Herbststimmung rund um Ludlow Castle, das oberhalb des River Teme thront*

sonsstadt Viroconium, das heutige Wroxeter, acht Kilometer östlich von Shrewsbury. Die Funde aus den Ausgrabungen sind im **Shrewsbury Museum and Art Gallery** ausgestellt. Der mittelalterliche Reichtum der Stadt ist an den vielen schönen Fachwerkhäusern zu erkennen.

Shrewsbury Castle
Castle St
siehe Website Ende Dez – Mitte Feb soldiersofshropshire.co.uk

Shrewsbury Museum and Art Gallery
The Music Hall, Market Sq Mo – Sa 10 – 16, So 11 – 16 shropshiremuseums.org.uk

> Entdeckertipp
> **Bishop's Castle**
>
> Die rund 70 Kilometer von Shrewsbury entfernte Marktstadt prägen pastellfarbene georgianische und rote viktorianische Backsteingebäude. Beliebt bei Wanderern ist das jährliche Walking Festival im Mai.

❼ Ludlow

Shropshire 10 000
Ludlow Assembly Rooms, 1 Mill St; +44 1584 875 053 Mo, Mi, Fr, Sa Food Festival (Anfang Sep) ludlow.org.uk

Ludlow ist ein Zentrum der englischen Slow-Food-Bewegung und lockt mit vielen sehr guten Restaurants.

Das Städtchen ist auch ein geologischer Forschungsort. Das **Museum** vor der Stadt präsentiert Fossilien der ältesten bekannten Tiere und Pflanzen.

Das **Castle** wurde 1086 erbaut, im Bürgerkrieg *(siehe S. 49)* beschädigt und 1689 aufgegeben. Prince Arthur (1486 – 1502), der ältere Bruder Henrys VIII, starb in Ludlow Castle. Sein Herz ruht in der St Laurence Church.

Ludlow Museum
Buttercross +44 1584 871 970 Fr – So 10 – 16 24. Dez – 1. Jan

Ludlow Castle
Castle Square tägl. 10 – 17 (Nov – Feb: bis 16) ludlowcastle.com

Restaurants

The Fish House
Ein beliebtes Lokal für üppige Seafood-Platten.

51 Bullring, Ludlow So – Di thefishhouseludlow.co.uk

£££

Mortimers
Der Fokus liegt hier auf moderner britisch-französischer Küche. Probieren Sie Jakobsmuscheln mit Trüffeln.

17 Crove St, Ludlow So, Mo mortimersludlow.co.uk

£££

The Walrus
Das moderne Restaurant überzeugt mit saisonalen Gerichte aus regionalen Produkten.

5 Roushill, Shrewsbury So – Di the-walrus.co.uk

£££

Tudor-Häuser

Viele Herrenhäuser in Mittelengland entstanden zur Zeit der Tudors, einer Ära relativen Friedens und Wohlstands. Während der Säkularisation wurden riesige Ländereien aufgeteilt und an weltliche Landbesitzer verkauft, die darauf Häuser errichteten. In den Midlands war Holz das am häufigsten verwendete Baumaterial. Der Adel zeigte seinen Reichtum durch Holzverkleidungen mit dekorativen Elementen.

Little Moreton Hall

Der Wohnsitz der Familie Moreton *(siehe S. 316)* wurde zwischen 1504 und 1610 schachtelartig zusammengesetzt. Holzverkleidungen und vorragende Obergeschosse zeugen vom Wohlstand der Familie.

Schon gewusst?

Lange Galerien, die sich oft im Obergeschoss befanden, waren ein typisches Merkmal eines Tudor-Hauses.

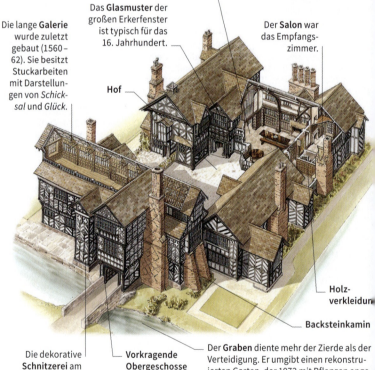

Die **Great Hall** (1504–08) ist der älteste Teil des Hauses und war zur Tudor-Zeit der wichtigste. Die Halle war der zentrale Gemeinschaftsraum, in dem man aß und sich unterhielt.

Das **Glasmuster** der großen Erkerfenster ist typisch für das 16. Jahrhundert.

Der **Salon** war das Empfangszimmer.

Die lange **Galerie** wurde zuletzt gebaut (1560–62). Sie besitzt Stuckarbeiten mit Darstellungen von *Schicksal* und *Glück*.

Hof

Holzverkleidun

Backsteinkamin

Die dekorative **Schnitzerei** am Südflügel (16. Jh.) verbindet alte Motive mit neuesten italienischen Renaissance-Motiven.

Vorkragende Obergeschosse

Der **Graben** diente mehr der Zierde als der Verteidigung. Er umgibt einen rekonstruierten Garten, der 1972 mit Pflanzen angelegt wurde, die zur Tudor-Zeit üblich waren.

↑ *Little Moreton Hall – schönes Beispiel eines Tudor-Hauses des 16. Jahrhunderts*

Tudor-Häuser

In den Midlands gibt es viele prächtige Tudor-Herrenhäuser. Im 19. Jahrhundert erlebte die Tudor-Architektur als »Old English«-Stil eine Renaissance, die Familienstolz und die in der Vergangenheit verwurzelten Werte hervorhob.

1 Hardwick Hall
Hardwick Hall in Derbyshire (siehe S. 340) wurde nach Plänen des Architekten Robert Smythson errichtet und gilt als eines der schönsten Tudor-Häuser in England. Aufgrund ihrer gigantischen Ausmaße nennt man sie prodigy houses. Wandteppiche, Stickereien und Stilmöbel prägen das prachtvolle Interieur.

2 Charlecote Park
Dieser von Thomas Lucy 1551–59 in Warwickshire errichtete Ziegelbau wurde im 19. Jahrhundert im Tudor-Stil umgebaut, besitzt aber noch ein original erhaltenes Torhaus. Der junge William Shakespeare (siehe S. 310–313) soll hier beim Wildern im Park erwischt worden sein.

3 Moseley Old Hall
Die rote Backsteinfassade von Moseley Old Hall in Staffordshire wird durch das Fachwerk (17. Jh.) verdeckt. Charles II floh 1651 nach der Schlacht von Worcester, der entscheidenden Schlacht des Bürgerkriegs (siehe S. 49), hierher. Das Herrenhaus verfügt über schöne Gärten, darunter auch ein Knotengarten.

4 Packwood House
Der Fachwerkbau der mittleren Tudor-Zeit in Warwickshire umfasst viele Anbauten aus dem 17. Jahrhundert. Der außergewöhnliche Garten mit gestutzten Eiben (17. Jh.) sollte, so nimmt man an, Themen aus der Bergpredigt darstellen. Das Haus enthält eine erlesene Sammlung von Möbeln aus dem 16. Jahrhundert und schöne Textilien.

5 Wightwick Manor
Das 1887–93 in Wolverhampton erbaute Herrenhaus ist ein herausragendes Beispiel für die Renaissance der Tudor-Architektur. Im Inneren beeindrucken herrliches Mobiliar aus dem späten 19. Jahrhundert und eine wertvolle Sammlung präraffaelitischer Gemälde von Rossetti, Burne-Jones und einiger ihrer Zeitgenossen. Wightwick Manor gehört zu den wenigen noch in Großbritannien erhalten Gebäuden, deren Interieur nach Prinzipien der Arts-and-Crafts-Bewegung gestaltet wurde.

 Fachwerkhäuser flankieren die kopfsteingepflasterte Church Lane in Ledbury

⑧ Ledbury

🏠 Herefordshire 👥 10 000
🚆 🚌 ℹ️ Ice Bytes, 38 The Homend; +44 844 567 8650
🌐 visitherefordshire.co.uk

Eines der Fachwerkhäuser an Ledburys Hauptstraße ist die Market Hall von 1655. In der Church Lane, die von der High Street abzweigt, gibt es hübsche Häuser (16. Jh.) wie das **Heritage Centre** und das **Butcher Row House**. Beide sind nun Museen. Die St Michaels and All Angels Church besitzt einen frei stehenden Glockenturm.

Heritage Centre
🏠 Church Lane 🕐 Ostern – Okt: tägl. 10:30 – 16:30

Butcher Row House
🏠 Church Lane 📞 +44 1531 635 069 🕐 Apr – Okt: tägl. 10 – 16

⑨ Leominster

🏠 Herefordshire 👥 11 000
🚆 ℹ️ 11 Corn Sq; +44 1568 616 460 📅 Fr
🌐 leominstertourism.co.uk

Bauern aus der Region kommen zum Einkauf nach Leominster (gesprochen »Limster«). Es gibt in der Stadt, die 700 Jahre lang Zentrum der Wollverarbeitung war, zwei sehenswerte Gebäude: den mit bizarren Figuren verzierten Grange Court von 1633 und das Kloster mit normannischem Portal.

Umgebung: Südlich der Stadt liegt der Park von **Hampton Court Castle** mit Pavillons und Irrgarten. Westlich am Fluss Arrow befinden sich die Dörfer Eardisland und Pembridge mit gepflegten Gärten und Fachwerkhäusern. **Berrington Hall**, fünf Kilometer nördlich, ist ein klassizistisches Anwesen (18. Jh.) in einem Park, den Capability Brown entworfen hat. Hier kann man schöne Dekorationen besichtigen, darunter ein mit Originalmöbeln ausgestattetes Kinderzimmer.

Nordöstlich von Leominster liegt das im 19. Jahrhundert als Kurort beliebte Tenbury Wells. Es wird vom Teme durchflossen, den Forellen und in der Laichzeit Lachse bevölkern. Der Komponist Edward Elgar *(siehe S. 321)* suchte am Fluss nach Inspirationen. Wenige Kilometer südlich von Tenbury Wells lockt **Witley Court and Gardens** mit einem schönen Perseus-und-Andromeda-Brunnen.

Hampton Court Castle
🚫🚫🚫🚫🚫 🏠 nahe Hope under Dinmore 🕐 Apr – Okt: tägl. 10:30 – 17 🌐 hamptoncourtcastle.co.uk

---

Hotels

The Feathers
Hinter der schwarz-weißen Fassade des Tudor-Gebäudes gibt es Zimmer mit Holzbalken.

🏠 25 High St, Ledbury
🌐 feathersledbury.co.uk
💲💲💲

Bridge House Hotel
Gästehaus im Regency-Stil am Ufer des Wye mit neun eleganten Zimmern und hübsch angelegten Gärten.

🏠 Wilton Rd, Ross-on-Wye 🌐 bridgehouserossonwye.co.uk
💲💲💲

→ *St Mary's Church ist das markanteste Bauwerk in Ross-on-Wye*

Berrington Hall

◉ ⓣ ◎ ⓝⓣ ▢ Berrington
🕒 tägl. 11–17 (Nov – Mitte Feb: Sa, So 11–16)
🌐 nationaltrust.org.uk

Witley Court and Gardens

◉ ◎ ◎ ◎ ◎ ⓑⓗ ▢ Worcester Rd, Great Witley 🕒 tägl. 10–18 (Nov – Feb: Sa, So 10–16) 🌐 english-heritage.org.uk

⑩ Ross-on-Wye

▢ Herefordshire 🛉 11 000
🚌 ⓘ Corn Exchange, High St 🛒 Do, Sa; 1. Fr im Monat Bauernmarkt 🌐 visitrossonwye.com

Ross erhebt sich über dem Fluss Wye, auf dem man Kanu fahren kann. Von den Gärten auf der Klippe, die der örtliche Mäzen John Kyrle (1637–1724) der Stadt schenkte, hat man eine wunderbare Aussicht auf den Fluss. Der Dichter Alexander Pope (1688–1744) pries Kyrle in seinen *Moral Essays on the Uses of Riches* (1732) dafür, dass er sein Geld für die Menschheit einsetzte. Kyrle wurde als »The Man of Ross« bekannt. Ein Denkmal in der St Mary's Church erinnert an ihn.

Umgebung: Acht Kilometer südlich thront **Goodrich Castle** auf einem Gipfel. Die Burg wurde im 12. Jahrhundert aus rotem Sandstein erbaut.

Goodrich Castle

◉ ◎ ◎ ⓑⓗ ▢ Goodrich
🕒 tägl. 10–18 (Nov – März: Sa, So 10–16)
🌐 english-heritage.org.uk

⑪ Great Malvern und Malvern Hills

▢ Worcestershire 🛉 37 000
🚆 🚌 ⓘ 6 Church St 🛒 Fr; 3. Sa im Monat Bauernmarkt
🌐 visitthemalverns.org

Die Granitfelsen der 15 Kilometer langen Malvern Hills ragen weithin sichtbar über dem Tal des Severn auf. Malvern war ursprünglich ein Kurort, wie an den viktorianischen Gebäuden zu erkennen ist. Oberhalb der Stadt wird das Mineralwasser von St Ann's Well abgefüllt und landesweit verkauft. In Malvern werden auch die exklusiven Autos der Morgan Motor Company produziert (www.morgan-motor.com).

> ### Elgar und die Malvern Hills
>
> Der Komponist Edward Elgar (1857–1934) lebte 55 Jahre in Malvern. Hier entstanden viele seiner bekanntesten Werke, darunter das Oratorium *The Dream of Gerontius* (1900), inspiriert durch die Umgebung, die John Evelyn (1620–1706) als »eine der besten Landschaften Englands« pries. Der Elgar Trail verbindet Gebäude, die mit dem Komponisten in Zusammenhang stehen.

Bars

Bottles Wine Bar
Die hier vorrätigen Weine aus aller Welt schmecken am besten zu ein paar Tapas.

🏠 22–24 New St, Worcester 🌐 bottles-wineshop.co.uk

The Cardinal's Hat Inn
In Worcesters ältestem Pub gibt es viele gemütliche Ecken, in denen man gutes Bier genießt.

🏠 31 Friar St, Worcester 🌐 the-cardinals-hat.co.uk

Tonic
Die Bar serviert eine wechselnde Auswahl an Craftbeer sowie viele Gins und Cocktails.

🏠 36 Foregate St, Worcester 🕑 So 🌐 tonic-worcester.co.uk

---

⑫ Worcester

🏠 Worcestershire 👥 100 000
🚉 ℹ️ High St; +44 1905 726 311 🕑 Mo–Sa
🌐 visitworcestershire.org

Worcester ist eine der vielen englischen Städte, deren Charakter sich durch moderne Bauten stark verändert hat. Architektonisches Glanzstück ist die Kathedrale beim College Yard, die 1175 den Einsturz eines Turms und 1203 einen verheerenden Brand erlebte. Das heutige Gebäude wurde im 13. Jahrhundert begonnen. Schiff und Mittelturm wurden in den 1370er Jahren fertiggestellt. George Gilbert Scott entwarf den Chor 1874 im neogotischen Stil und bezog das alte Chorgestühl (14. Jh.) mit ein.

Die Kathedrale birgt eine Reihe interessanter Grabmale: Vor dem Altar ruht John I. Prince Arthur, Bruder von Henry VIII, ist in der Grabkapelle südlich des Altars bestattet. Von der ersten Kathedrale (1084) ist die riesige normannische Krypta erhalten.

> Einige der schönsten Fachwerkhäuser von Worcester stehen in der Friar Street: The Greyfriars (um 1480) und das einstige Hospital Commandery (1084).

Vom Kreuzgang führt ein Weg zum College Green und auf die Edgar Street mit georgianischen Häusern. Hier stellt das **Museum of Royal Worcester** Porzellan aus. Das älteste Stück entstand 1751.

Einige der schönsten Fachwerkhäuser von Worcester stehen in der Friar Street: **The Greyfriars** (um 1480) und das einstige Hospital **Commandery** (1084), das im 15. Jahrhundert umgebaut und von Charles während des Bürgerkriegs als Hauptquartier genutzt wurde. Heute ist es ein Museum.

Elgar's Birthplace, das Geburtshaus des Komponisten Edward Elgar *(siehe S. 321)*, widmet sich seinem Leben und Werk.

Museum of Royal Worcester
🏠 Severn St 🕑 Mo–Sa 10–17, So 10–16 🌐 museumofroyalworcester.org

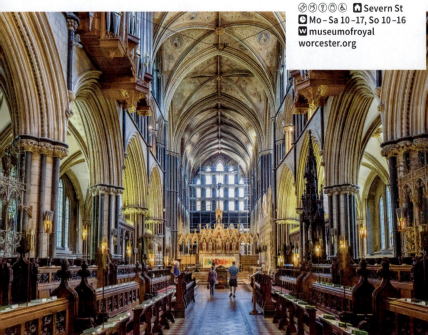

↑ *Black and White House – gut erhaltenes Fachwerkhaus (17. Jh.) in Hereford*

The Greyfriars
🅿♿🚻 🏠 Friar St ⏰ Di–Sa 11–17 (Nov–Feb: bis 16) 🌐 nationaltrust.org.uk

Commandery
🅿♿🚻 🏠 Sidbury ⏰ Feb–Dez: Di–Sa 10–17, So 11–15 🌐 museumsworcestershire.org.uk

Elgar's Birthplace
🅿♿🚻☕🛍 🏠 Lower Broadheath ⏰ tägl. 10–17 (Nov–Feb: bis 16) 🌐 nationaltrust.org.uk

Hereford
🏠 Herefordshire 👥 60 000 🚉 🚌 ℹ Town Hall, St Owen St 📅 Mi (Viehmarkt), Sa 🌐 visitherefordshire.co.uk

Hereford war früher die Hauptstadt des sächsischen Königreichs West Mercia. Heute ist es eine schöne Stadt, in der jeden Mittwoch ein Viehmarkt abgehalten wird. Das Museum im Fachwerkbau **Black and White House** von 1621 widmet sich der Geschichte der Stadt.

←

Innenraum der Worcester Cathedral, des architektonischen Highlights der Stadt

Von Interesse sind in der nur wenige Gehminuten entfernten Kathedrale die Lady Chapel im Early-English-Stil, die *Mappa Mundi (siehe unten)* und die Chained Library, deren 1500 Bände zum Schutz vor Diebstahl mit Eisenketten gesichert sind. Modelle und interaktive Stationen erläutern die Historie dieser Schätze. Die beste Gesamtansicht der Kathedrale bietet Bishop's Meadow südlich des Zentrums, die zum Ufer des Wye hinunterführt.

Zu den vielen lohnenden Museen gehört **Hereford Museum and Art Gallery**, bekannt für die römischen Mosaiken sowie die Aquarelle lokaler Künstler. Das **Cider Museum** zeigt, wie die hiesigen Äpfel in Apfelmost verwandelt werden. Besucher können die Weinkeller besichtigen und erfahren viel über die Herstellung der Fässer. Noch heute arbeiten in Herefordshire etwa 30 derartige Betriebe.

Umgebung: Oliver de Merlemond unternahm im 12. Jahrhundert eine Pilgerreise von Hereford nach Spanien. Beeindruckt von den dortigen Kirchen, brachte er französische Bauleute mit und führte deren Techniken in der Gegend ein. So entstand, rund zehn Kilometer südwestlich, die Kilpeck Church mit bemerkenswertem Figurenschmuck. Drachen und Schlangen beißen sich gegenseitig in den Schwanz.

Die Kirche der Zisterzienserabtei Abbey Dore steht sechs Kilometer weiter westlich, umgeben vom Uferpark und Arboretum Abbey Dore Court.

Black and White House
🅿♿♿ 🏠 High St ⏰ Di–Sa 10–16, So 12–15 🌐 herefordshire.gov.uk

Hereford Museum and Art Gallery
♿♿ 🏠 Broad St ⏰ Di–Fr 10–16, Sa 10–12:30 🌐 herefordshire.gov.uk

Cider Museum
🅿♿🚻☕♿ 🏠 Ryelands St ⏰ Mo–Sa 10:30–16:30 🌐 cidermuseum.co.uk

> **Mappa Mundi**
> Gefeiertster Schatz der Kathedrale von Hereford ist die Weltkarte *Mappa Mundi*, die der Geistliche Richard of Haldingham im Jahr 1290 nach biblischen Vorgaben anfertigte: Jerusalem befindet sich deshalb im Zentrum der Karte, der Garten Eden nimmt besonders viel Raum ein, und am Rand dieser Welt leben Monster.

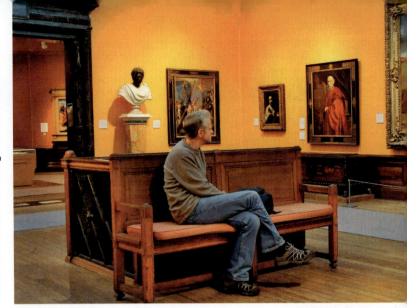

⓮ Birmingham

🚇 Birmingham 🚃 1,1 Mio.
✈ 🚉 🚌 ℹ Library of Birmingham, Centenary Sq;
+44 844 888 3883 📅 Mo–Sa 🌐 visitbirmingham.com

Birmingham, von seinen Bewohnern liebevoll »Brum« genannt, entwickelte sich im 19. Jahrhundert zum Zentrum der industriellen Revolution. Viele Fabriken hatten ihren Sitz in Birmingham, wo Werkshallen und Reihenhäuser gebaut wurden. Nachdem einige Industrieanlagen nach dem Zweiten Weltkrieg abgerissen worden waren, konnte die Stadt ihr kulturelles Profil schärfen.

Die öffentlichen Gebäude aus dem 19. Jahrhundert sind Beispiele neoklassizistischer Architektur. Dazu gehört das **Birmingham Museum and Art Gallery** mit Werken präraffaelitischer Künstler.

Die 2013 eröffnete **Library of Birmingham** umfasst auch eine Kunstgalerie und Veranstaltungsflächen.

Thinktank, Birmingham Science Museum feiert den Beitrag der Stadt zur Entwicklung von Lokomotiven, Flugzeugen und Motoren.

Birminghams ausgedehntes Kanalsystem dient heute vor allem für Vergnügungsfahrten *(siehe S. 326f)*. Einige alte Lagerhäuser wurden in Museen und Galerien umgewandelt. Die so entstandene **Ikon Gallery** präsentiert zeitgenössische Kunst.

Die Sammlungen des **Barber Institute of Fine Arts** reichen von der Renaissance bis zur Moderne.

In einem roten Backsteingebäude nördlich des Zentrums ist die **Aston Hall** (1618–35) in jakobinischem Stil untergebracht. Hier werden u. a. Gemälde und Gewänder gezeigt.

Back to Backs

Der Bau von Back to Backs (Reihenhäusern) in englischen Industriestädten diente dazu, den Familien der rasch wachsenden Arbeiterklasse Wohnraum zu bieten. Die Back to Backs in Birminghams Hurst Street und Inge Street sind die letzten noch erhaltenen Beispiele. Um an Führungen durch die vom National Trust restaurierten Reihenhäuser teilzunehmen, muss man sich telefonisch anmelden (+44 121 666 7671).

Schon gewusst?

Das 56 Kilometer lange Kanalnetz Birminghams ist länger als das von Venedig.

Birmingham Museum and Art Gallery
🎨🏛♿ 📍 Chamberlain Sq 🕐 tägl. 10–17 (Fr ab 10:30) 🌐 birminghammuseums.org.uk

Library of Birmingham
🏛♿ 📍 Centenary Sq 🕐 Mo, Di 11–19, Mi–Sa 11–17 🌐 birmingham.gov.uk

Thinktank, Birmingham Science Museum
🎨🏛♿ 📍 Millennium Point 🕐 tägl. 10–17 🌐 birminghammuseums.org.uk

Wertvolle Kunstwerke, Birmingham Museum and Art Gallery

Ikon Gallery
🏠 1 Oozells Sq
🕐 Di–So 11–17
🌐 ikon-gallery.org

Barber Institute of Fine Arts
🏠 University of Birmingham, Edgbaston
🕐 Di–So 10–17 🌐 barber.org.uk

Aston Hall
🏠 Trinity Rd, Aston 🕐 Di–So 11–16
🌐 birminghammuseums.org.uk

15
Coventry
🏠 Coventry 🗺 370 000
🚂 ℹ Station Sq 🕐 Mo–Sa
🌐 visitcoventry.co.uk

Als Rüstungszentrum war Coventry im Zweiten Weltkrieg ein Hauptziel deutscher Bombenangriffe. 1940 trafen sie auch die mittelalterliche Kathedrale. Neben der Ruine wurde eine von Basil Spence entworfene Kathedrale in modernistischem Stil erbaut. Jacob Epstein (1880–1959) schuf dafür eine Reihe von Skulpturen.

Herbert Gallery and Museum geht auf die Legende von Lady Godiva ein. Aus Mitleid mit dem Volk soll sie nackt durch die Straßen geritten sein, damit ihr Mann, der Earl of Mercia, die Steuern senkt. Das **Coventry Transport Museum** zeigt die weltweit größte Ausstellung britischer Autos.

Herbert Gallery and Museum
🏠 Jordan Well
🕐 Mo–Sa 10–16, So 12–16
🌐 theherbert.org

Coventry Transport Museum
🏠 Hales St
🕐 tägl. 10–17
🌐 transport-museum.com

Restaurants

Pushkar
Das stylishe Restaurant serviert gehobene Küche aus Nordindien und gute Cocktails.

🏠 245 Broad St, Birmingham 🕐 Mo
🌐 pushkardining.com

£££

Folium
High-End-Dining dank eines Zwölf-Gänge-Degustationsmenüs mit passenden Weinen.

🏠 8 Caroline St, Birmingham 🕐 Mo, Di
🌐 restaurantfolium.com

£££

Purnell's
Der mit Michelin-Stern prämierte Küchenchef Glynn Purnell kreiert moderne britische Küche mit französischer und asiatischer Note.

🏠 55 Cornwall St, Birmingham 🕐 So, Mo
🌐 purnellsrestaurant.com

£££

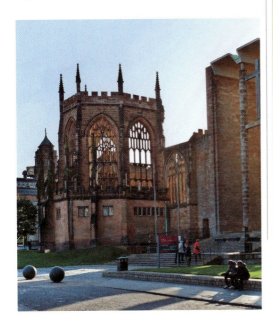

← *Eingang zur Coventry Cathedral neben den Ruinen des zerstörten Originalbaus*

Mittelenglands Kanäle

Der 3. Duke of Bridgewater erbaute 1761 einen der ersten Kanäle Englands, um die Kohleminen auf seinem Besitz Worsley mit den Textilfabriken Manchesters zu verbinden. Dies war der Beginn eines Baubooms: 1805 umfasste das Kanalnetz, das die natürlichen Flussläufe miteinander verband, schon rund 4800 Kilometer. Kanäle waren damals die billigsten und schnellsten Gütertransportwege – bis um 1840 die Eisenbahn aufkam. 1963 wurde der Gütertransport auf den Kanälen eingestellt. Doch fast 3200 Kilometer sind noch befahrbar und ermöglichen Besuchern gemütliche Ausflugsfahrten.

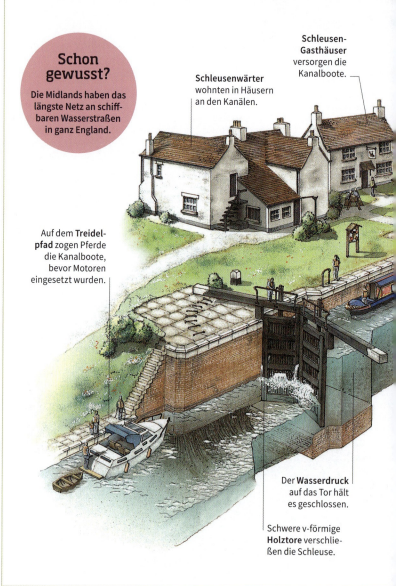

Schon gewusst?
Die Midlands haben das längste Netz an schiffbaren Wasserstraßen in ganz England.

Schleusen-Gasthäuser versorgen die Kanalboote.

Schleusenwärter wohnten in Häusern an den Kanälen.

Auf dem **Treidelpfad** zogen Pferde die Kanalboote, bevor Motoren eingesetzt wurden.

Der **Wasserdruck** auf das Tor hält es geschlossen.

Schwere v-förmige **Holztore** verschließen die Schleuse.

Kanalkunst

Im späten 19. Jahrhundert umfasste die Dekoration eines traditionellen englischen Schmalboots oft auch Gemälde von Rosen und Burgen. Mit dem Aufkommen von Freizeitbooten lebte diese Kanalkunst wieder auf, Boote mit diesen Motiven sind heute auf Kanälen in ganz England ein vertrauter Anblick. Manche dieser modernen Boote werden heute auch als Hausboote benutzt.

Eine **Winde** reguliert den Wasserstand.

Kanal

Fußgängerbrücke

Ein **Balken** mit einem Gewicht öffnet die Tore.

← *Kanalschleuse zur Überwindung von Höhenunterschieden*

Schmalboote haben gerade Seiten, spitze Enden und einen flachen Boden. Außen waren sie bemalt. Den größten Teil nahm die Ladung ein. Die Crew hatte nur eine kleine Kabine.

↑ *Bunte Ausflugsboote auf einem der zahlreichen Kanäle in Birmingham, der zweitgrößten Stadt Großbritanniens*

Kulturlandschaft im Peak District National Park (siehe S. 332 – 337)

East Midlands

Bereits in vorgeschichtlicher Zeit war die Gegend besiedelt. Überreste eisenzeitlicher Bergfestungen sind in der Region verstreut, insbesondere im Peak District. Die Römer bauten Bodenschätze wie Blei und Salz ab und errichteten ein Netzwerk von Straßen und Festungen. Ihr Einfluss zeigte sich auch in Kurorten wie Buxton, wo Reste römischer Bäder gefunden wurden. Anfang des 10. Jahrhunderts wurde die Region aufgeteilt: Die Wikinger erhielten den nördlichen, die Sachsen den südlichen Teil.

Im Mittelalter florierten Städte wie Lincoln dank des lukrativen Wollhandels, bevor die Industrialisierung ab Ende des 18. Jahrhunderts die Region stark veränderte. In Derbyshire, Leicestershire und Nottinghamshire entstanden Fabriken, von denen viele im ausgehenden 19. Jahrhundert aufgegeben wurden.

Heute ist die Verbindung von Ländlichem mit Urbanem typisch für die East Midlands. Idyllische Natur, Heilbäder, historische Dörfer und prächtige Burgen wechseln sich mit Industrielandschaften ab.

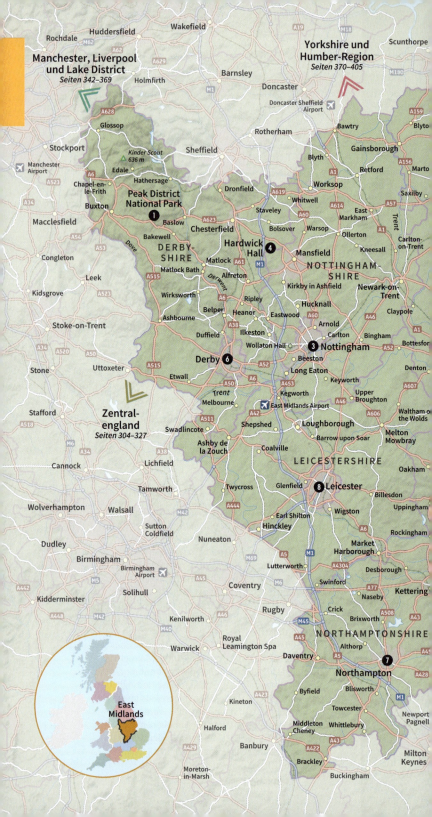

# Peak District National Park

🏠 Derbyshire 🚆 Nottingham, dann Bus ℹ️ Peak District National Park Authority, Aldern House, Baslow Road, Bakewell; +44 1629 816 200
🌐 peakdistrict.gov.uk

Über die Südspitze der Pennines erstrecken sich die wunderschönen Hügel- und Tallandschaften des Peak District National Park. Das Gelände ist übersät mit kleinen Steindörfern, charmanten Ortschaften und prächtigen Herrenhäusern. Der 1951 eingerichtete Nationalpark zählt wegen seiner landschaftlichen Vielfalt zu den beliebtesten Schutzgebieten Englands. Hochmoore wechseln mit bewaldeten Flusstälern und Wiesenlandschaften ab.

① Buxton
🏠 Derbyshire 🚆 🚌
ℹ️ The Pump Room
🌐 visitbuxton.co.uk

Der 5. Duke of Devonshire konzipierte Buxton, das für seine ergiebigen Mineralquellen sehr geschätzt wurde, Ende des 18. Jahrhunderts als Kurbad. Zu den auffälligsten der zahlreichen klassizistischen Gebäude gehört das Devonshire Royal Hospital (1790) am Stadtrand. Der elegante Crescent entstand 1780–90 als Konkurrenz zum Royal Crescent in Bath *(siehe S. 256)*. Er wurde kürzlich umfassend restauriert.

Die Stadtbäder wurden 1854 am südwestlichen Ende des Crescent an der Stelle der antiken römischen Bäder eröffnet und über einer Quelle angelegt. Das Wasser sprudelt hier mit einer Leistung von 7000 Litern pro Stunde, seine Temperatur beträgt 27 °C. Wasser aus Buxton wird natürlich in der ganzen Stadt verkauft, Sie können aber auch den öffentlichen Brunnen St Ann's Well zum Auffüllen Ihrer Flasche kostenlos nutzen.

Mit Beginn des Eisenbahnverkehrs 1863 waren die Bäder ein beliebtes Ziel betuchter Urlauber und entsprechend häufig überfüllt. Daraufhin wurde der elegante, mit viel Marmor versehene Pump Room gegenüber dem Crescent umgestaltet und 1884 als Bad eröffnet.

Steilgärten führen vom Crescent zum **Buxton Museum and Art Gallery** mit geologischen und archäologischen Ausstellungsstücken. Hinter dem Crescent erheben sich über den Pavilion Gardens ein Glas-Eisen-Pavillon (19. Jh.) und das fantastisch restaurierte Opera

Schon gewusst?
Die Kuppel des Royal Hospital von Buxton war früher die größte freitragende Kuppel der Welt.

↑ *Nicht nur bei Sonnenuntergang erlebt man im Peak District wundervolle Farbenspiele*

House, in dem im Sommer ein Musik- und Kunstfestival stattfindet. In den Gärten gibt es Cafés, eine Eisdiele, einen See mit Ruderbootverleih und eine Miniatureisenbahn.

Buxton Museum and Art Gallery
🏛 📍 Terrace Rd ⏰ Di–Sa 10–17 (Ostern–Sep: auch So 12–16) 🌐 derbyshire.gov.uk

②
Chatsworth House and Gardens
📍 Bakewell, Derbyshire
⏰ siehe Website
🌐 chatsworth.org

Chatsworth ist eine der eindrucksvollsten Residenzen Großbritanniens. Zwischen 1687 und 1707 ersetzte der 1. Duke of Devonshire das alte Tudor-Herrenhaus durch ein Barockschloss. Hier findet man eine erlesene Kunstsammlung mit eindrucksvoller Skulpturengalerie.

Gärten und Park wurden von Capability Brown *(siehe S. 24)* in den 1760er Jahren angelegt und von Joseph Paxton, der auch Londons Crystal Palace gestaltete, Mitte des 19. Jahrhunderts erweitert. Die Grünanlagen nehmen eine Fläche von rund 42 Hektar ein. Es gibt schöne Spazierwege, einen Bauernhof und einen Kinderspielplatz mitten im Wald.

Das Gelände ist für sein ausgeklügeltes hydraulisches System von Wasserphänomenen bekannt. Höhepunkte dieses Meisterwerks des Wasserbaus sind der Kaiserbrunnen und die mächtige Kaskade, deren Wasser über 24 Felsstufen in die Tiefe stürzt.

③
Bakewell
📍 Derbyshire 🚌 ℹ Old Market Hall; +44 1629 816 558

Der Hauptort des Peak District liegt am Ufer des Flusses Wye. Das hübsche Marktstädtchen ist idealer Ausgangspunkt für Wanderungen den Wye entlang oder für Ausflüge in die umliegende Landschaft. Ein Bummel durch Bakewell

> Schöne Aussicht
> **Curbar Gap**
>
> Das Landschaftsmosaik reicht von den weiten Moorlandschaften und Sandsteinformationen im Dark Peak genannten Bereich bis zu den Kalksteinplateaus und tiefen Schluchten im White Peak. Besonders schön ist der Blick vom Curbar Gap 13 Kilometer nordöstlich von Bakewell.

lohnt sich wegen der schönen Gebäude. **Haddon Hall** ist ein prächtiges elisabethanisches Herrenhaus mit herrlichen Terrassengärten. Das Anwesen gilt als das am besten erhaltene Gebäude der Tudor-Zeit.

Bekannt ist der Ort aber vor allem für den Bakewell Pudding, ein süßes Gebäck mit Fruchtfüllung.

Haddon Hall
🏛 📍 5 km südl. von Bakewell ⏰ tägl. 10:30–17 (Winter: bis 16) 🚫 Nov
🌐 haddonhall.co.uk

Hotels

East Lodge Country House Hotel
Das elegante, von hübschen Gärten umgebene Hotel ist idealer Ausgangspunkt für Ausflüge in den Peak District.

🏠 Rowsley, Matlock
🌐 eastlodge.com

£££££

Stonecroft Guesthouse
Das Gästehaus hat drei schöne Zimmer und bietet ein reichhaltiges Bio-Frühstück.

🏠 Edale, Hope Valley
🌐 stonecroftguesthouse.co.uk

£££££

Grosvenor House
Das Grosvenor im Zentrum von Buxton verfügt über acht attraktive Zimmer.

🏠 1 Broad Walk, Buxton 🌐 grosvenorbuxton.co.uk

£££££

Matlock Bath
🏠 Derbyshire
ℹ️ Matlock Station
🌐 matlock.org.uk

Matlock entwickelte sich ab 1780 zum Heilbad. Zu den interessanten Gebäuden gehört ein Komplex von 1853, der als Hydrotherapie-Zentrum erbaut wurde und heute Amtsräume der Stadt beherbergt. Auf dem Hügel gegenüber liegt das pseudogotische Riber Castle.

Von Matlock aus führt die A6 durch die schöne Derwent Gorge nach Matlock Bath, wo eine Seilbahn zum Freizeitpark **Heigths of Abraham** aufsteigt. Im sich dem Bergbau widmenden **Peak District Mining Museum** kann die Temple Mine besichtigt werden, Tickets sollte man möglichst frühzeitig reservieren. Die **Cromford Mills** (1771) von Sir Richard Arkwright am Südende der Schlucht wurden als erste Baumwollspinnereien der Welt mit Wasserantrieb zum UNESCO-Welterbe erklärt.

Heights of Abraham
🏠 an der A6
🕐 Feb – Okt: tägl. (März: Sa, So) 🌐 heightsofabraham.com

Peak District Mining Museum
🏠 The Pavilion, nahe A6 🕐 Apr – Okt: tägl.; Nov – März: Sa, So
🌐 peakdistrictleadminingmuseum.co.uk

Cromford Mills
🏠 Mill Lane, Cromford 🕐 tägl.
🌐 cromfordmills.org.uk

> Etwas weiter entfernt liegt die Treak Cliff Cavern, in der man The Pillar, das größte bekannte Stück des Halbedelsteins Blue John, bewundern kann.

⑤ Edale

🏠 Derbyshire 🚉 ℹ️ Fieldhead; +44 1433 670 207

Das entzückende, in einem hübschen Tal gelegene Dorf ist Ausgangspunkt für den Pennine Way *(siehe Kasten)*. Doch auch wenn die Natur lockt, sollte man ein wenig durch Edale bummeln. Das Dorf hat einige hübsche Sandsteinhäuser, eine Kirche aus dem 19. Jahrhundert und ein paar Pubs. In einem davon (Old Nags Head) war früher die Dorfschmiede.

Edale ist darüber hinaus bekannt für seine vielen skurrilen Events, wie etwa die Kinder Beer Barrel Challenge jeden Herbst.

⑥ Castleton

🏠 Derbyshire ℹ️ Buxton Rd; +44 1629 816 572

Das malerische Dorf unterhalb der Ruinen von Peveril Castle ist ein beliebter Ausgangspunkt für Aktivurlauber wie Wanderer und Radfahrer. Wer gern Höhlen erkundet, hat ebenfalls viele Optionen, da die Kalksteinhügel in der Umgebung von unterirdischen Höhlen durchzogen sind. Einige sind für Besucher geöffnet, darunter etwa Peak Cavern und Speedwell Cavern, in der man eine unterirdische Bootsfahrt unternehmen kann. Etwas weiter entfernt liegt die Treak Cliff Cavern, in der man The Pillar, das größte bekannte Stück des Halbedelsteins Blue John, bewundern kann. Mehrere Läden in Castleton verkaufen aus diesem Stein angefertigten Schmuck.

Das Besucherzentrum des Dorfs zeigt eine spannende Ausstellung mit interaktiven Stationen zur Geschichte der Region.

Highlight

Wandern im Peak District
Der berühmteste Wanderweg im Peak District ist der Pennine Way, Großbritanniens erster ausgewiesener Fernwanderweg. Die 431 Kilometer lange Route zwischen Edale in Derbyshire und Kirk Yetholm an der schottischen Grenze ist eine anspruchsvolle Tour, die auch durch ausgedehnte Moorlandschaften führt. Der Limestone Way verläuft von Castleton nach Rocester in Staffordshire. Die beliebteste Etappe zwischen Castleton und Matlock ist 44 Kilometer lang. Eine weitere landschaftlich reizvolle Route ist der Tissington Trail, der von der Marktstadt Ashbourne nach Parsley Hay verläuft, durch das pittoreske Dorf Tissington führt, für 22 Kilometer einer stillgelegten Eisenbahnstrecke folgt und auch zu einer spektakulären Kalksteinschlucht führt.

Wanderer auf dem Rushup Edge, einem Bergrücken in der Nähe von Castleton ↓

Tour im Peak District

Länge 60 km **Rasten** Snacks gibt es bei Arkwright's Mill in Cromford. Buxton bietet viele Pubs and Cafés.

Die Idylle des Peak District mit den weidenden Schafen steht in starkem Kontrast zu den Industriegebäuden der Städtchen im Tal. Die Gegend zeigt zwei gegensätzliche Landschaften: im Süden die sanften Kalksteinhügel des White Peak, Richtung Norden, Westen und Osten die wilden Heidemoore des auf Kohlesandstein lagernden Dark-Peak-Torflands.

Das Hochplateau über dem Dorf **Edale** ist Ausgangspunkt des 431 Kilometer langen Wanderwegs Pennine Way *(siehe S. 335)*.

Schon gewusst?

Bei seiner Gründung 1951 war Peak District der erste Nationalpark Großbritanniens.

Das Opernhaus des hübschen Kurorts **Buxton** *(siehe S. 332f)* wird wegen seiner grandiosen Lage »Theater in den Bergen« genannt.

Der als »Stonehenge des Nordens« bekannte Steinkreis **Arbor Low** datiert von 2000 v. Chr. und besteht aus 46 von einem Graben umschlossenen Steinen.

↑ *Flussübergang mit Trittsteinen im traumhaft schönen Tal Dovedale*

Das beliebte **Dovedale** ist das schönste Flusstal des Peak District – mit dicht bewaldeten Hängen und vom Wind geformten Felsen.

Zur Orientierung
Siehe Karte S. 330f

Mühlsteine und herrliche Aussicht über die hügelige Moorlandschaft von Hathersage ↑

In **Hathersage** hat man einen großartigen Rundblick über das Moor von Hathersage, das vermutlich als »Morton« in Charlotte Brontës *Jane Eyre* vorkommt.

Eyam wurde berühmt dafür, dass sich die Dorfbewohner – zur Eindämmung der Pest von 1665/66 – selbst eine Quarantäne auferlegt hatten. Auf dem Friedhof steht ein schönes Sachsenkreuz.

Arkwright's Mill in **Cromford**, die weltweit ersten mit Wasserkraft betriebenen Baumwollspinnereien, stehen am Cromford Canal. Im Sommer werden auf einem Teil des Kanals Kähne von Pferden gezogen.

Im Museum **Crich Tramway Village** können Besucher in alten Trams aus aller Welt auf viktorianischen Straßen fahren.

> **Expertentipp**
> **Skulpturenweg**
>
> Kinder lieben den Sculpture Trail (Skulpturenweg), der sich bei Crich Tramway Village durch die Wälder schlängelt. Halten Sie Ausschau nach dem Green Man und der Giant Wood Ant.

Burghley House

🏠 nahe A1, südöstl. von Stamford, Lincolnshire 🚂 Stamford
🕐 Haus: siehe Website; Park: tägl. bis 16:30 🌐 burghley.co.uk

William Cecil, 1. Lord Burghley (1520–1598), war 40 Jahre lang Ratgeber und Vertrauter von Elizabeth I. Von 1555 bis 1587 ließ er das imposante Burghley House bauen.

Der Dachfirst besticht mit Steinpyramiden, Kaminen in Form klassischer Säulen sowie Türmen, die Pfefferstreuern gleichen. Nur von Westen aus betrachtet ergibt die unruhige Silhouette ein symmetrisches Muster. Die Linde hier ist eine von vielen, die Capability Brown angepflanzt hat, als der umliegende Wildpark 1760 geschaffen wurde. Burghleys Innenausstattung ist luxuriös mit italienischen Wand- und Deckenmalereien, die griechische Götter darstellen. Weitere Attraktionen sind das Bildungszentrum und der elisabethanische »Garden of Surprises« mit Mooshaus und diversen Wasserspielen.

Schon gewusst?
Die Burghley Horse Trials, ein viertägiger Reitwettbewerb, finden alljährlich im September statt.

↓ Illustration des eleganten Burghley House

Kuppeln waren sehr beliebte, von der Renaissance-Architektur inspirierte Elemente.

Beeindruckende gusseiserne Arbeiten (19. Jh.) zieren die **Haupteingänge**.

Kamine wurden als klassische Säulen getarnt.

Gegliederte Fenster kamen 1683 hinzu, als Glas billiger wurde.

Das **Pförtnerhaus** mit Ecktürmen ist ein typisches Merkmal von *prodigy houses* der Tudor-Ära.

Die **Westfassade** mit dem Burghley-Wappen wurde 1577 fertiggestellt und bildete den Haupteingang.

Stamford
Die nordwestlich von Burghley House gelegene Stadt ist bekannt für ihre zahlreichen Kirchen und georgianischen Stadthäuser. Der mittelalterliche Straßenplan Stamfords präsentiert sich als Labyrinth aus gepflasterten Gassen mit fünf (von ehemals elf) noch erhaltenen mittelalterlichen Kirchen. Vom Barn Hill oberhalb der All Saints Church ist die Architektur der Stadt am besten zu sehen. Beachtenswert ist auch die von Säulen geprägte Fassade der Stamford Library. Sie beherbergt Discover Stamford mit einer Ausstellung zur Geschichte der Stadt und der Stamford Tapestry, einem sechs Meter langen Wandteppich.

Highlight

Sammlung von Gemälden, Möbeln, Skulpturen und Stoffen im Third George Room

Das **Billardzimmer** zieren viele schöne Porträts.

Glänzende Kupferpfannen hängen an den Wänden der **Old Kitchen** mit Fächergewölbe – fast wie in der Tudor-Zeit.

Der **Heaven Room** hat den weltgrößten Weinkühler (1710).

Obelisk und Uhr (1585)

Die **Great Hall** mit ihrer doppelten Stichbalkendecke diente zu Zeiten Elizabeths I als Bankettsaal.

Verrios Deckengemälde über der **Hell Staircase** zeigt die Hölle als ein Katzenmaul voller gequälter Sünder.

Im **Heaven Room** von Antonio Verrio (1639–1707) stürzen Götter vom Himmel, Satyrn und Nymphen tummeln sich an Wänden.

Der **Fourth George Room** ist mit Eichenholz getäfelt, das mit Ale gebeizt wurde.

Eine vergoldete schmiedeeiserne Tür markiert den Eingang an der Westseite

Ausstellungsraum der Gemäldesammlung in Nottingham Castle

SEHENSWÜRDIGKEITEN

❸ Nottingham

🏠 Nottinghamshire
🚆 310 000 🚉 🚌 ℹ️ 1–4 Smithy Row; +44 8444 477 5678 📅 tägl. 🌐 visit-nottinghamshire.co.uk

Nottingham ist berühmt als Heimat des legendären Robin Hood, dessen Taten im **Nottingham Castle** erzählt werden; weitere Ausstellungen erkunden die Geschichte der Stadt. Am Fuß der Burg ist Großbritanniens älteste Taverne, Ye Olde Trip to Jerusalem (1189), immer noch in Betrieb. Ihr Name bezieht sich zwar auf die Kreuzzüge, das Interieur stammt jedoch größtenteils aus dem 17. Jahrhundert.

Es gibt mehrere Museen in der Nähe, darunter **Wollaton Hall and Deer Park**, ein elisabethanisches Herrenhaus, in dem sich ein Naturkundemuseum befindet.

Nottingham Castle
🏠 Lenton Rd 📅 tägl. 10–18 🌐 nottinghamcastle.org.uk

Wollaton Hall and Deer Park
🏠 Wollaton 📅 tägl. 11–16 🌐 wollatonhall.org.uk

❹ Hardwick Hall

🏠 Doe Lea, Chesterfield, Derbyshire 📅 Haus: tägl. 11–17 (Winter: bis 15); Garten: tägl. 9–18 (Winter: 10–16) 🌐 nationaltrust.org.uk

Ein elisabethanisches Meisterwerk ist die Ende des 16. Jahrhundert für Bess of Hardwick, Countess of Shrewsbury, errichtete Hardwick Hall. Zu den vielen Höhepunkten dieses labyrinthartigen Anwesens gehören die Long Gallery mit riesigen Porträts und Wandteppichen und die High Great Chamber mit einem farbenprächtigen Gipsfries – in diesem Raum empfing Bess ihre angesehensten Gäste.

Zu einem längeren Spaziergang lockt der weitläufige Garten mit seinen von Skulpturen gesäumten Wegen und dem Kräutergarten.

Robin Hood

Englands schillerndster Volksheld war ein legendärer Bogenschütze, dessen Abenteuer in zahllosen Geschichten und Filmen verewigt worden sind. Robin Hood lebte mit einer Bande »fröhlicher Gesellen« im Sherwood Forest bei Nottingham und bestahl die Reichen, um den Armen zu geben. Die ersten schriftlichen Aufzeichnungen über seine Raubzüge stammen aus dem 15. Jahrhundert. Heute glauben Historiker, dass es nicht ein Einzelner, sondern eine Gruppe von Geächteten war, die sich mittelalterlichen Feudalzwängen widersetzte.

❺ Lincoln

🏠 Lincolnshire 👥 88 000
🚉 ℹ️ 9 Castle Hill; +44 1522
545 458 🌐 visitlincoln.com

Lincoln wird von der prächtigen gotischen **Kathedrale** aus dem 11. Jahrhundert dominiert, die mit einer Höhe von 160 Metern über 200 Jahre lang das höchste Gebäude der Welt war. An der üppig mit Skulpturen versehenen Westfassade mischen sich normannischer und gotischer Stil. Im Innenraum beeindrucken hohe Marmorsäulen aus dunklem Purbeck-Marmor und der Engelschor.

↑ *Kopfsteingepflasterte Gasse im historischen Zentrum von Lincoln*

Lincoln Castle wurde Ende des 11. Jahrhunderts von William the Conqueror erbaut und birgt eines der vier erhaltenen Exemplare der Magna Carta *(siehe S. 267)*.

Lincoln Cathedral
🏠 4 Priory Gate ⏰ tägl. 7:15–18
🌐 lincolncathedral.com

Lincoln Castle
🏠 Castle Hill ⏰ tägl. 10–17 (Winter: bis 16) 🌐 lincolncastle.com

❻ Derby

🏠 Derbyshire 👥 260 000
🚉 ℹ️ Market Place; +44 1332
641 901 🌐 visitderby.co.uk

Die Industriestadt erlebt im 21. Jahrhundert eine städtebauliche Aufwertung. Viele Gebäude im Stadtzentrum werden herausgeputzt, vor allem rund um den Marktplatz und die beeindruckende Kathedrale.

Das **Derby Museum and Art Gallery** zeigt eine Porzellansammlung und eine Galerie mit Gemälden des 1734 in Derby geborenen Malers Joseph Wright.

Derby Museum and Art Gallery
🏠 The Strand ⏰ Di–Sa 10:30–16, So 12–16 🌐 derbymuseums.org

❼ Northampton

🏠 Northamptonshire
👥 215 000 🚉 ℹ️ Sessions House, George Row; +44 1604 367 997 🛒 Mo–Sa (Do Antiquitäten) 🌐 visitnorthamptonshire.co.uk

Die Stadt war früher ein Zentrum der Schuhproduktion. Das **Northampton Museum and Art Gallery** zeigt die weltgrößte Schuhsammlung. Zu den vielen historischen Gebäuden im Zentrum zählt die Guildhall.

> 🔍 **Entdeckertipp**
> **Althorp**
>
> Althorp nordwestlich von Northampton ist seit 1508 Sitz der Familie Spencer. Hier befindet sich das Grab von Prinzessin Diana. Die Kunstsammlung des Anwesens umfasst Werke u. a. von Gainsborough und Reynolds.

Northampton Museum and Art Gallery
🏠 4–6 Guildhall Rd ⏰ Di–Sa 10–17, So 12–17 🌐 northamptonmuseums.com

❽ Leicester

🏠 Leicestershire 👥 350 000
🚉 ℹ️ 4A St Martins
🌐 visitleicester.info

Im Sommer 2012 wurden bei Grabungsarbeiten unter einem Parkplatz im Zentrum von Leicester die Überreste von König Richard III. entdeckt. Seinem Leben und seiner (kurzen) Regierungszeit (1483–85) widmet sich das **King Richard III Visitor Centre** in der Nähe des Fundorts. Seine letzte Ruhestätte fand der englische Monarch in der Kathedrale von Leicester.

Das schönste Museum der Stadt, das **Leicester Museum and Art Gallery**, zeigt altägyptische Artefakte und Picasso-Keramiken aus der Sammlung von Lord Richard Attenborough.

King Richard III Visitor Centre
🏠 4A St Martins ⏰ tägl. 10–16 (Sa bis 17) 🌐 kriii.com

Leicester Museum and Art Gallery
🏠 53 New Walk ⏰ Mo–Fr 11–16:30, Sa, So 11–17 🌐 leicestermusems.org

Haystacks, Berg im Buttermere Valley, Lake District National Park (siehe S. 356 – 363)

Manchester, Liverpool und Lake District

Neben den frühesten Zeugnissen menschlicher Besiedlung in England (um 11 000 v. Chr.) verfügt der Nordwesten auch über die höchsten Berge Englands. Lange Zeit war das Gebiet abgelegenes Grenzland. Die Römer unterwarfen nach ihrer Ankunft um 70 n. Chr. einige hier siedelnde Stämme und errichteten in Chester zum Schutz der Nordgrenze ihres Territoriums eine Festung. Auch unter den später hier herrschenden Angelsachsen und Normannen blieb der Nordwesten eine abgelegene Region ohne nähere Bindung an andere Landesteile.

Im Lauf des 18. Jahrhunderts entwickelten sich Verwaltungsstrukturen, markantere Veränderungen brachte das 19. Jahrhundert. Mit zunehmender Entwicklung von Kohlebergbau, Textilproduktion und Schiffsbau wuchsen Manchester und Liverpool zu bedeutenden Industriestädten. Mit dem Wohlstand einer ging der Ausbau der Infrastruktur und die Anlage neuer Stadtviertel. Nach dem Verfall der Schwerindustrie setzte ein Niedergang ein.

Neue Dynamik brachten Musik (v. a. die Beatles), Fußball (mit erfolgreichen Clubs wie Manchester United und FC Liverpool), ein wachsendes Interesse am Tourismus im Lake District und diverse städtebauliche Projekte.

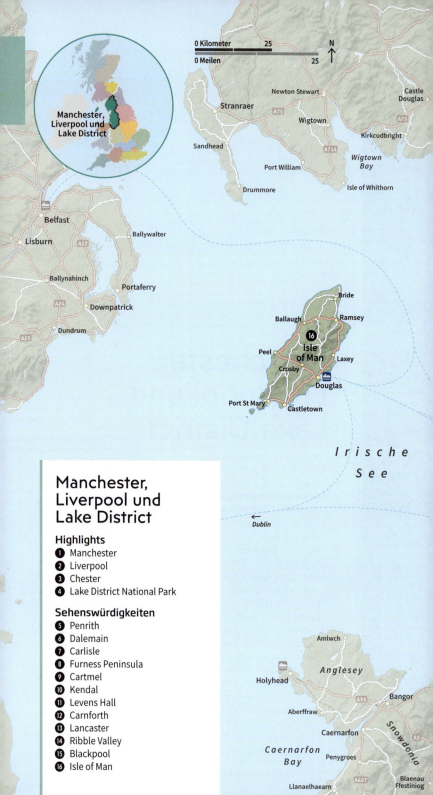

↑ Blick über Manchester, einer der herausragenden Wirtschaftsstandorte Großbritanniens

❶ Manchester

🏠 Greater Manchester 550 000 18 km südl. der Stadt
🚉 Piccadilly, Victoria, Oxford Rd Coach: Chorlton St
ℹ Manchester Central Library, St Peter's Sq tägl.
🌐 visitmanchester.com

Die von Römern (als Mamucium) gegründete Stadt wurde im 19. Jahrhundert bedeutender Industriestandort, der vom florierenden Baumwollhandel angetrieben wurde. Heute ist Manchester ein landesweit wichtiger Medienstandort und eine Hochburg für Fußball und Kultur.

❶ People's History Museum
🏠 Left Bank, Spinningfields
🕐 tägl. 10–16
🌐 phm.org.uk

Das ausgezeichnete, in einem edwardianischen Gebäude untergebrachte Museum dokumentiert die Geschichte in Großbritannien vom frühen 19. Jahrhundert bis in die Gegenwart.

Ein Bereich befasst sich mit der Politik bis 1945 mit Schwerpunkt auf Entwicklung der Demokratie. Einen weiteren Themenkomplex bildet die soziale Entwicklung in Großbritannien mit Fokus auf dem Kampf um Gleichberechtigung ab dem Zweiten Weltkrieg, einschließlich sozialer Fragen wie Gleichstellung von Homosexuellen oder Entwicklung der Arbeitsbedingungen. Die riesige Sammlung an politischen Bannern ist die größte weltweit.

❷ National Football Museum
🏠 Cathedral Gardens
📞 +44 161 605 8200
🕐 tägl. 10–17
🌐 nationalfootballmuseum.com

Das Museum befindet sich in einem auffallenden Glasbau. Der Besuch beginnt mit einer spektakulären Fahrt in einem Glaslift. Mit ihm gelangt man zu den einzelnen Ausstellungen. Zu sehen ist eine reiche Sammlung rund um das Thema Fußball, u. a. der Ball vom Finale der Weltmeisterschaft 1966 in London.

Auf der anderen Seite des Platzes erhebt sich die Manchester Cathedral (überwiegend 19. Jh.). Auf dem Areal stand bereits vor 1000 Jahren eine Kirche.

Peterloo-Massaker

1819 waren die Arbeitsbedingungen in Manchesters Fabriken so schlimm, dass die sozialen Spannungen ihren Höhepunkt erreichten. Am 16. August protestierten 50 000 Menschen auf St Peter's Field gegen die Corn Laws (hohe Zölle, u. a. auf Getreide). Die zunächst friedliche Stimmung schlug um. Die schlecht ausgebildeten Kavalleristen griffen in Panik zu den Säbeln. Elf Menschen wurden getötet, viele weitere verletzt. Der Vorfall wurde Peterloo genannt (die Schlacht von Waterloo hatte 1815 stattgefunden). Noch im selben Jahr wurden einige soziale Reformen umgesetzt.

③ 🖥️ 🛍️ 🍴 ♿

Science and Industry Museum

🏠 Liverpool Rd 📞 +44 161 832 2244 🕐 tägl. 10–17
🌐 scienceandindustry
museum.org.uk

In einem der größten Wissenschaftsmuseen der Welt können Besucher den Aufbruch ins Industriezeitalter, der zur Blüte Manchesters führte, nacherleben. Besonders beeindruckend sind die Power Hall (Dampfmaschinen), die Electricity Gallery (Stromgewinnung) sowie eine Ausstellung zur Eisenbahn.

④

Manchester Town Hall

🏠 Albert Square 🕐 wegen Renovierung bis 2024
🌐 manchester.gov.uk

Manchesters majestätisches Rathaus wurde von dem in Liverpool geborenen Alfred Waterhouse (1830–1905) entworfen. Der Architekt wurde später durch den Bau des Natural History Museum in London bekannt. Das Gebäude im neogotischen Stil wurde 1877 fertiggestellt. Auf dem Platz vor der Town Hall steht Manchesters Albert Memorial, das dem Gatten von Queen Victoria gewidmet ist.

⑤ Ⓜ️ 🍴 🖥️ 🛍️ ♿

Manchester Art Gallery

🏠 Mosley St u. Princess St
📞 +44 161 235 8888
🕐 Mo 11–17, Di–So 10–17
🌐 manchesterartgallery.org

Der ursprüngliche Bau (1824) stammt von Sir Charles Barry (1795–1860) und zeigt eine exzellente Sammlung britischer Kunst, u. a. Werke von Präraffaeliten wie William Holman Hunt und Dante Gabriel Rossetti, frühe italienische, flämische und französische Malerei sowie Kunsthandwerk (u. a. Keramik, Möbel und Glaswaren). 2022 kam eine Ausstellung über Mode hinzu. Die meisten Wechselausstellungen sind kostenlos. Hinzu kommen Begleitprogramme wie etwa das Clore Art Studio für Familien und Kinder.

Highlight

↑ *Ausstellungsraum in der Gemäldesammlung der renommierten Manchester Art Gallery*

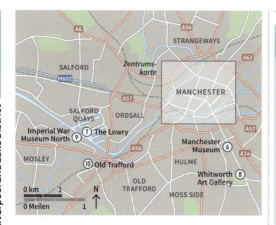

Großraum Manchester

⑥ 🍴 ☕ 🏛 ♿
Manchester Museum
🏠 Oxford Rd 📞 +44 161 275 2648 🕐 tägl. 10–17 🌐 museummanchester.ac.uk

Das Museum ist Teil der Manchester University und wurde 1885 in einem Gebäude von Alfred Waterhouse eröffnet. Es beherbergt rund sechs Millionen Exponate aus allen Epochen und aus der ganzen Welt.

Die Schwerpunkte liegen auf Ägyptologie und Zoologie. Die Sammlung ägyptischer Artefakte gehört zu den größten in Großbritannien. Sie umfasst rund 20 000 Exponate, darunter monumentale Steinskulpturen, Mumien, Särge und Grabbeigaben. Andere Räume präsentieren Totenmasken, Grabmodelle und mumifizierte Tiere. In der zoologischen Abteilung sind etwa 600 000 Objekte ausgestellt – von ausgestopften Tieren bis zum fast vollständig erhaltenen Skelett eines Tyrannosaurus Rex.

MediaCityUK, Salford Quays

In der Gegend um die Salford Quays westlich des Zentrums (15 Minuten per Metrolink-Bahn) liegt MediaCityUK. Der Komplex ist Sitz einiger der bedeutendsten britischen Medienunternehmen, darunter auch BBC und ITV. Darüber hinaus gibt es hier ein großes Angebot an Restaurants, Cafés und Läden. Im Rahmen einer 90-minütigen Führung werden Blicke hinter die Kulissen etwa der BBC oder berühmter TV-Shows gewährt. Tickets gibt es online (www.bbc.co.uk/showsandtours).

⑦ 🍴 ☕ 🏛 ♿
The Lowry
🏠 Pier 8, Salford Quays 📞 +44 843 208 6000 🕐 tägl. 10–18 🌐 thelowry.com

Der silbrig schimmernde Komplex am Manchester Ship Canal beherbergt zwei Theater, ein Restaurant, Terrassenbars und Cafés, Kunstgalerien und einen Laden.

Das Zentrum ist nach dem Künstler Laurence Stephen Lowry (1887–1976) benannt, dem berühmten Sohn der Stadt, der sein ganzes Leben

Exponate im Imperial War Museum North genannten Militärmuseum

in und um Manchester verbrachte. Tagsüber war er Pachteintreiber, in seiner Freizeit malte er »naive« Stadtlandschaften mit rauchenden Industrieschloten unter grauem, düsterem Himmel. Berühmt wurde er aber als Maler der *matchstick men* (Streichholzmännchen), jenen schemenhaften Figuren in seinen Bildern. Einige Werke von Lowry sind in einer der Galerien ausgestellt. Eine andere zeigt Wechselausstellungen. In einem Raum läuft ganztägig die 20-minütige Dokumentation »Meet Mr Lowry«.

⑧ Whitworth Art Gallery

🏛 University of Manchester, Oxford Rd 📞 +44 161 275 7450 🕐 tägl. 10–17 (Do bis 21) 🌐 whitworth manchester.ac.uk

Das von dem in Stockport geborenen Maschinenbauer und Ingenieur Sir Joseph Whitworth finanzierte, 1889 gegründete Museum gehört seit 1958 zur University of Manchester. Das rote Backsteingebäude zeigt den Einfluss der edwardianischen Zeit. Das Haus präsentiert eine hervorragende Sammlung aus Gemälden, Skulpturen, zeitgenössischer Kunst, Textilien und Drucken. In der Eingangshalle steht Jacob Epsteins *Genesis*. Zu sehen ist auch eine Sammlung britischer Aquarelle. Ebenfalls lohnend sind die japanischen Holzdrucke sowie die Sammlung historischer und moderner Tapeten.

← *The Lowry bereichert Manchesters Kulturszene auch architektonisch*

⑨ Imperial War Museum North

🏛 Trafford Wharf Rd, Salford Quays 📞 +44 161 836 4000 🕐 tägl. 10–17 🌐 iwm.org.uk

Der Bau des Architekten Daniel Libeskind steht an den früheren Kais und stellt die Kollision dreier großer Aluminium-»Scherben« *(shards)* dar, die einen Globus symbolisieren, der durch Krieg auseinandergebrochen ist. Das Innere, eine asymmetrische Fläche, ist Ausstellungsareal für kleine, feine Sammlungen von Militaria. Zur vollen Stunde erlischt das Licht im großen Saal, dann läuft auf den Wänden eine audiovisuelle Installation.

⑩ Old Trafford

🏛 Salford Quays 📞 +44 161 826 1326 🕐 Mo–Sa 9:30–17, So 10–16 (außer an Spieltagen) 🌐 manutd.com

Eine Tour durch das altehrwürdige Fußballstadion Old Trafford führt auch ins Vereinsmuseum. Es zeigt Trophäen, bietet aber auch interaktiven Spaß. So können sich Besucher u. a. als Torwart versuchen. Höhepunkt ist ein Gang durch den Tunnel, durch den die Teams bei Heimspielen auf das Spielfeld kommen.

Highlight

Restaurants

Refuge
Weltweit inspirierte Speisen in viktorianischem Interieur.

🏛 The Principal Hotel, Oxford St 🌐 refuge mcr.co.uk
£££

20 Stories
Tadellose moderne britische Küche.

🏛 1 Hardman Sq 🌐 20stories.co.uk
£££

Richmond Tea Rooms
Extravagantes Lokal im Gay Village für Frühstück, Mittagessen und Nachmittagstee.

🏛 Sackville St 🌐 richmondtearooms.com
£££

Mr Thomas's Chop House
Gastro-Pub mit preiswerter traditioneller Hausmannskost.

🏛 52 Cross St 🌐 toms chophouse.com
£££

Liverpool

🏠 Merseyside 🚉 500 000 ✈ 15 km südöstl. der Stadt
🚆 Lime St 🚌 Norton St ⚓ Pier Head ℹ️ Liverpool Central Library, William Brown St 🛍 Di – Sa Lebensmittel, So Trödelmarkt 🎉 Grand National (Apr), Liverpool Show (Mai), Beatles Week (Aug) 🌐 visitliverpool.com

Die Entwicklung von Liverpool hat viel mit seiner Lage an der Westküste zu tun: Der erste Ozeandampfer lief 1840 aus. Deshalb kamen viele europäische Emigranten, die nach Amerika wollten. Der Name der Stadt ist untrennbar mit den Beatles verbunden. Im 21. Jahrhundert werden ambitionierte städtebauliche Projekte umgesetzt.

> **Schöne Aussicht**
> **Blick vom Wasser**
> Bei einer 50-minütigen Fahrt mit der Mersey-Fähre hat man die beste Aussicht auf Liverpool – und erfährt dabei auch noch viel Interessantes über die Stadt (www.merseyferries.co.uk).

① Albert Dock

🏠 The Colonnades
🌐 albertdock.com

Die ersten Docks entstanden in Liverpool 1715 und reihten sich später elf Kilometer am Mersey entlang, litten jedoch im 20. Jahrhundert unter dem Rückgang des Seehandels. Das Albert Dock von 1846 beherbergt Museen wie die Tate Liverpool *(siehe S. 352)*, Läden, Restaurants, Cafés, Bars und andere Attraktionen.

Beatles City Tours
Alle Plätze in Liverpool, die mit den »Fab Four« in Verbindung stehen, sind Gedenkstätten. Touren per Bus oder zu Fuß führen zur Heilsarmee in *Strawberry Fields* und *Penny Lane* (beide außerhalb des Zentrums) und zu den alten Wohnungen der »Fab Four«. Hauptattraktion ist die Mathew Street bei der Moorfields Station, in deren Cavern Club erstmals der Mersey-Beat erklang.

② The Beatles Story

🏠 Albert Dock 📞 +44 151 709 1963 🕐 tägl. 10–18
🚫 25., 26. Dez
🌐 beatlesstory.com

Die Ausstellung zeichnet den Aufstieg der Beatles nach – von der ersten Platte *Love Me Do* bis zum letzten Live-Auftritt 1969 und der endgültigen Trennung im darauffolgenden Jahr.

Zu den Highlights gehört der Nachbau des Cavern Club, jenes geradezu legendären Rock-'n'-Roll-Clubs, in dem 1961 Brian Epstein und die Beatles zusammentrafen. Selbstverständlich sind im Museum auch die Hits zu hören, die Generationen von Fans fasziniert haben. Der Laden führt T-Shirts, Poster und seltene Merchandising-Artikel.

Am Ufer des Mersey treffen historische und moderne Bauwerke aufeinander

blick über die Handelssegler, die den Erfolg der Stadt ausmachten. Eine weitere Ausstellung befasst sich mit der Geschichte der *Titanic*, wobei Artefakte ausgestellt werden, die den Untergang des Schiffes überlebt haben.

④ 🖥️ 🛍️ ♿
International Slavery Museum
🏛️ Albert Dock 📞 +44 151 478 4499 🕐 tägl. 10–17
🌐 liverpoolmuseums.org.uk

Neben dem Maritime Museum befindet sich das Internationale Sklavenmuseum, das die Geschichte des transatlantischen Sklavenhandels und seine Konsequenzen beleuchtet. Auch moderne Sklaverei, Rassismus und Diskriminierung werden in interaktiven Ausstellungen thematisiert.

③ 🖥️ 🛍️ ♿
Merseyside Maritime Museum
🏛️ Albert Dock 📞 +44 151 478 4499 🕐 Di–So 10–18
🚫 1. Jan, 24.–26. Dez 🌐 liverpoolmuseums.org.uk

Der Komplex ist der Geschichte des Hafens gewidmet und bietet einen Über-

Highlight

Shopping

The Bluecoat Display Centre
Handgemachtes Kunsthandwerk und Schmuck von 350 Künstlern aus der Region.

🏛️ College Lane 🌐 bluecoatdisplaycentre.com

Probe Records
Das Sortiment des kultigen Plattenladens reicht von Punk über Soul und Funk bis Reggae.

🏛️ The Bluecoat, School Lane 🌐 probe-records.co.uk

News from Nowhere
Die gemeinnützige Buchhandlung führt politische Literatur.

🏛️ 96 Bold St 🌐 newsfromnowhere.org.uk

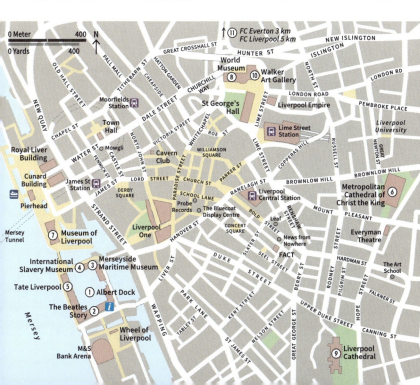

Restaurants

Mowgli
Indisches Streetfood vom Feinsten. Reservierung empfohlen.

🏠 3 Water St
🌐 mowglistreetfood.com

£££

The Art School
Moderne Interpretationen bewährter britischer Gerichte, auch vegane Optionen sind erhältlich.

🏠 1 Sugnall St
🌐 theartschoolrestaurant.co.uk

£££

Leaf
Das elegante Bistro mit moderner Einrichtung ist sehr beliebt. Regelmäßig Livemusik.

🏠 65–67 Bold St
🌐 thisisleaf.co.uk

£££

⑤ Tate Liverpool

🏠 Albert Dock 📞 +44 151 702 7400 🕐 tägl. 10–17:50
🚫 Karfreitag, 24.–26. Dez
🌐 tate.org.uk/liverpool

Auf drei Ebenen bietet Tate Liverpool eine der besten Sammlungen zeitgenössischer Kunst außerhalb Londons. Der Architekt James Stirling veränderte das ehemalige Lagerhaus durch eine leuchtend blau-orange Verkleidung. 1988 eröffnete diese erste Außenstelle der Londoner Tate Britain *(siehe S. 76f).*

⑥ Metropolitan Cathedral of Christ the King

🏠 Mount Pleasant 📞 +44 151 709 9222 🕐 Mo–Fr 10–16, Sa –17, So 8–15
🌐 liverpoolmetrocathedral.org.uk

Die römisch-katholische Kathedrale von Liverpool ist sehr modern. Die ursprünglichen Entwürfe (1930er Jahre) von Pugin und später von Lutyens waren zu teuer. Frederick Gibberds Version von 1962–67 ist ein von einer stilisierten Dornenkrone überragter Rundbau von 88 Metern Höhe. Nichtkatholiken nennen ihn respektlos »Paddy's Wigwam« in Anspielung auf Liverpools große irische Gemeinde. Im runden Mittelschiff herrscht diffuses bläuliches Licht vor. Unter den Skulpturen fällt der bronzene Christus von Elisabeth Frink (1930–1994) auf.

⑦ Museum of Liverpool

🏠 Pier Head, Albert Dock
📞 +44 151 478 4545
🕐 Di–So 10–18 🚫 1. Jan, 24.–26. Dez 🌐 liverpoolmuseums.org.uk/mol

Das Museum – eine der größten Attraktionen Liverpools – ist in einem modernen

Auf drei Ebenen bietet Tate Liverpool eine der besten Sammlungen zeitgenössischer Kunst außerhalb Londons.

Gebäude untergebracht. Es geht auf verschiedene Aspekte der Stadt ein, darunter auf Liverpools Rolle als Hafen- und Industriestadt, als Sportstadt, als Weltstadt sowie als Zentrum für Kunst und Kultur. Vom Café blickt man auf das Albert Dock.

World Museum
William Brown St +44 151 478 4393 tägl. 10–17 25., 26. Dez liverpoolmuseums.org.uk/wml

Das hervorragende Museum zeigt auf sechs Etagen Sammlungen ägyptischer, griechischer und römischer Stücke sowie Ausstellungen zu Naturgeschichte, Archäologie, Raum und Zeit. Zu den Höhepunkten gehören die Sammlung »World Cultures«, die die globalen Verbindungen des Liverpooler Hafens erforscht, ein Planetarium, das Clore Natural History Centre und 80 000 Artefakte aus der antiken Welt.

Liverpool Cathedral
St James' Mount tägl. 10–17 liverpoolcathedral.org.uk

Das rote Sandsteingebäude im neogotischen Stil wurde erst 1978 fertiggestellt. Giles Gilbert Scott entwarf die weltgrößte anglikanische Kathedrale. 1904 legte Edward VII den Grundstein, aber die Weltkriege verzögerten den Bau immer wieder. Heute kann man in der Kathedrale einige bedeutende Kunstwerke aus dem 20. und 21. Jahrhundert entdecken.

Fassade und Innenraum (Detail) der *Metropolitan Cathedral*

Die präraffaelitische Sammlung gehört zu den Höhepunkten der Walker Art Gallery

Walker Art Gallery
William Brown St +44 151 478 4199 Di–So 10–18 liverpoolmuseums.org.uk/walker-art-gallery

Das 1877 von Andrew Barclay Walker, Brauer und Bürgermeister von Liverpool, gegründete Museum besitzt eine der besten britischen Kunstsammlungen vom 13. bis zum 21. Jahrhundert: frühitalienische und flämische Gemälde, Werke von Rubens, von Rembrandt und von großen Impressionisten, u. a. Degas' *Bügelnde Frau* (um 1892–95).

Die Sammlung britischer Kunst ab dem 18. Jahrhundert zeigt Werke von Millais, Turner und Gainsborough. Das 20. Jahrhundert ist u. a. durch Hockney und Sickert vertreten. Die brillante Skulpturensammlung enthält Werke von Henry Moore und Rodin.

Liverpool & Everton Football Clubs
Anfield Rd; Goodison Park nur bei Heimspielen und für Führungen liverpoolfc.com evertonfc.com

Fünf Kilometer nordöstlich der Innenstadt von Liverpool liegt Everton, Heimat der beiden großen Fußballclubs der Stadt mit jeweils sehr engagierter Fanszene.

Beide Vereine bieten Führungen durch ihr Stadion und die Katakomben an. Der Liverpool Football Club feiert seine zahlreichen Erfolge in einem kleinen Museum.

> **Entdeckertipp**
> **Gartendorf**
>
> Zehn Kilometer von Liverpools Stadtzentrum entfernt liegt Port Sunlight, ein viktorianisches Gartendorf, das der Seifenfabrikant William Hesketh Lever für seine Arbeiter bauen ließ. Die Lady Lever Art Gallery beherbergt seine Kunstsammlung (www.portsunlightvillage.com).

Chester

🏠 Cheshire 👥 80 000 🚂 Chester 🚌 ℹ️ Town Hall, Northgate St; +44 845 647 7868 🕐 Mo – Sa 🌐 visitchester.com

Chester wurde 79 n. Chr. von den Römern besiedelt, die hier ein Lager errichteten, um das fruchtbare Land am Fluss Dee zu verteidigen. Die Stadtmauer zählt zu den besterhaltenen in Großbritannien. Die Hauptstraßen Chesters werden von hübschen Fachwerkhäusern gesäumt, einige von ihnen stammen noch aus dem 17. Jahrhundert.

① Stadtmauer

Eine Stadterkundung startet am besten an der drei Kilometer langen Stadtmauer, die in der römischen Antike errichtet wurde. Der besterhaltene Abschnitt erstreckt sich von der Kathedrale zum Eastgate mit gusseiserner Uhr, die 1897 zum diamantenen Thronjubiläum von Queen Victoria angefertigt wurde. Die Straße nach Newgate führt zum römischen Amphitheater (100 n. Chr.), dem mit rund 7000 Plätzen größten in Großbritannien. In Bridgegate ist im ältesten Fachwerkhaus der Stadt (1664) das Pub Bear & Billet untergebracht.

② The Rows

Die Rows, eine Reihe zweistöckiger Arkaden mit Läden und durchgehender oberer Galerie, nahmen schon vor Jahrhunderten die heutigen mehrstöckigen Einkaufszentren vorweg. Die Erkerfenster und dekorativen Fassaden stammen vorwiegend aus dem 19. Jahrhundert, die Rows selbst entstanden aber schon im 13./14. Jahrhundert. Viele Originalbauten sind noch erhalten.

> **Schöne Aussicht**
> **Turmführung**
> Steigen Sie in der Kathedrale den Turm hinauf zur Aussichtsplattform. Der Blick über die Stadt ist spektakulär. Die Führer erzählen spannende Geschichten aus der langen Kirchenhistorie.

③ Chester Cathedral

🕐 Mo – Sa 9 –19 (Sa bis 17), So 12 –17 🌐 chestercathedral.com

Die Kathedrale war früher die Abteikirche eines Benediktinerklosters und stammt aus dem 11. bis frühen 16. Jahrhundert. Obwohl sie im 19. Jahrhundert umfassend restauriert wurde, hat die Kathedrale viel von ihrer ursprünglichen Struktur bewahrt. Das Chorgestühl hat Miserikordien, auf denen unter anderem ein streitendes Paar dargestellt ist. Die Kathedrale wird häufig als Veranstaltungsort für Konzerte und kulturelle Veranstaltungen genutzt.

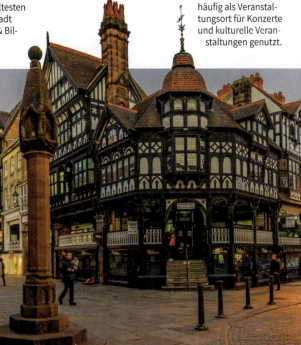

Highlight

④ Grosvenor Museum

🏠 Grosvenor St 📞 +44 1244 972 197 🕐 Mo–Sa 10:30–17, So 13–16 🚫 1. Jan, 24.–28. Dez 🌐 grosvenormuseum.westcheshiremuseums.co.uk

Das Museum dokumentiert die Geschichte von Chester seit der Römerzeit. Zu sehen sind Gemälde, Skulpturen, Silberwaren und naturkundliche Exponate. Zudem gibt es eine Sammlung römischer Grabsteine.

Die einzelnen Ausstellungssäle sind im Stil der jeweiligen Epoche eingerichtet und illustrieren dadurch die Entwicklung des Lebens in einem Stadthaus.

⑤ Dewa Roman Experience

🏠 Pierpoint Lane 📞 +44 1244 343 407 🕐 Mo–Sa 9–17, So 10–17 (Dez, Jan: tägl. bis 16) 🚫 1. Jan, 24.–26., 31. Dez 🌐 dewaromanexperience.co.uk

Tauchen Sie ein in das Leben zur Zeit der römischen Antike. Rekonstruktionen einer

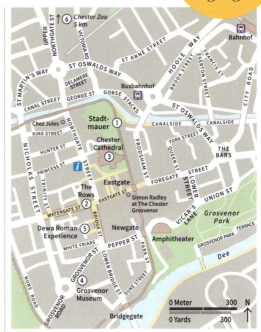

Galeere, eines Getreidespeichers, eines Badehauses und einer Taverne vermitteln einen Eindruck des Alltags vor rund 2000 Jahren. Ausgestellt sind Ausgrabungsfunde und Alltagsgegenstände. Besucher können sich eine Legionärsrüstung überstreifen, ein Katapult betätigen oder sich an einem Mosaik versuchen.

⑥ Chester Zoo

🏠 Upton-by-Chester 📞 +44 1244 380 280 🕐 siehe Website 🌐 chesterzoo.org

Im meistbesuchten Zoo Großbritanniens leben rund 500 Tierarten in 50 Hektar großen Gehegen. Der Naturschutz steht im Mittelpunkt des Zoos, der sich für die Pflege der Tiere und den Schutz der einheimischen und internationalen Tierwelt einsetzt. Es gibt eine Vielzahl von Führungen und Begegnungen mit den Tieren sowie tägliche Vorträge.

← *Chesters mittelalterliches High Cross an der Chester Cross genannten Kreuzung*

Restaurants

Chez Jules
Trotz der Fachwerkfassade wirkt das Bistro innen modern. Es ist auf klassische französische Brasserie-Gerichte spezialisiert.

🏠 71 Northgate St
🌐 chezjules.com
££££

Simon Radley at The Chester Grosvenor
Das elegante Restaurant wurde 1990 mit einem Michelin-Stern ausgezeichnet. Korrekte Kleidung ist erwünscht.

🏠 58 Eastgate St
🌐 chestergrosvenor.com
£££

↑ *Der tiefblaue Ullswater gilt für viele Besucher als schönster See des Nationalparks*

Lake District National Park

Cumbria Penrith (von London oder Glasgow); Windermere (von Manchester) Brockhole on Windermere, an der A591 lakedistrict.gov.uk

Der Landschaftsmaler John Constable (1776–1837) schrieb, der Lake District sei »die schönste Landschaft aller Zeiten«. Die UNESCO erklärte das Schutzgebiet 2017 als ersten Nationalpark Großbritanniens zum Welterbe. Jährlich kommen rund 18 Millionen Besucher hierher und genießen die spektakulären Naturlandschaften.

① Ullswater

Beckside-Parkplatz, Glenridding; +44 17684 82414 ullswater.com

Der nach dem Windermere zweitgrößte See des Lake District erstreckt sich vom Farmland bei Penrith bis zu den imposanten Bergen und Felsen im Süden. Die westliche Uferstraße ist besonders an Wochenenden stark befahren. Im Sommer pendeln zwei restaurierte viktorianische Dampfer zwischen Pooley Bridge und Glenridding. Ein schöner Wanderweg trifft auf das Ostufer bei Glenridding und führt nach Hallin Fell und zum Moor von Martindale.

② Keswick

12–14 Main St keswick.org

Das seit Ende des 18. Jahrhunderts bei Urlaubern beliebte Städtchen bietet ein Sommertheater und beste Versorgungsmöglichkeiten für Outdoor-Sportler. Zunächst florierte in der Stadt der Woll- und Lederhandel. In der Tudor-Zeit entdeckte Grafitlager machten den Bergbau zum bedeutendsten Wirtschaftssektor. Keswick wurde zum Zentrum der Bleistiftproduktion. Im Zweiten Weltkrieg wurden hohle Bleistifte hergestellt – für Spionagekarten aus dünnstem Papier. Mehr darüber erfährt man im **Derwent Pencil Museum**.

Das **Keswick Museum and Art Gallery** zeigt regionale Kunst sowie Manuskripte von Schriftstellern des Lake District und Kuriositäten.

Derwent Pencil Museum

Carding Mill Lane tägl. 9:30–16 (letzter Einlass 15) 1. Jan, 25., 26. Dez derwentart.com

Keswick Museum and Art Gallery

Fitz Park, Station Rd tägl. 10–16 keswickmuseum.org.uk

> **Schon gewusst?**
> Alle geografischen Punkte über 3000 Fuß (914,4 m) in England liegen im Lake District.

③ Cockermouth

🚌 ℹ️ 88 Main St
🌐 cockermouth.org.uk

In dem Ort aus dem 12. Jahrhundert stehen farbenfrohe Häuser im Zentrum und hübsch restaurierte Arbeiterhäuschen am Fluss. Herausragend ist das **Wordsworth House and Garden**, das Geburtshaus des Dichters *(siehe S. 358)*. Das georgianische Gebäude ist im Stil des späten 18. Jahrhunderts eingerichtet.

Das Schloss von Cockermouth ist teils verfallen, teils bewohnt und kann gelegentlich besichtigt werden – die besten Chancen bestehen während des Cockermouth Festival im Juli. Die 1828 gegründete Jennings Brewery (www.jenningsbrewery.co.uk) lädt zu Führungen und Verkostungen ein.

Wordsworth House and Garden

 🏠 Main St
🕐 März – Okt: Sa – Do 11–17
🌐 nationaltrust.org.uk

④ Newlands Valley

🚌 Cockermouth
ℹ️ 12–14 Main St, Keswick
🌐 visitcumbria.com

Von den bewaldeten Ufern des Sees Derwent Water erstreckt sich Newlands Valley mit verstreut liegenden Bauernhöfen zum 335 Meter hohen Pass. Dort führen Stufen zum Wasserfall Moss Force. Grisedale Pike, Catbells und Robinson bieten gute Wanderwege. Das Dörfchen Little Town diente der Kinderbuchautorin Beatrix Potter *(siehe S. 360)* als Kulisse für ihren Roman *Die Geschichte von Frau Tupfelmaus*.

Highlight

⑤ Buttermere

🚌 von Keswick
ℹ️ 12–14 Main St, Keswick
🌐 visitcumbria.com

Zusammen mit Crummock Water und Loweswater gehört der Buttermere zu den schönsten Ecken der Gegend. Die drei »Westlichen Seen« liegen etwas abseits, sodass sie nicht überlaufen sind. Buttermere ist ein Juwel inmitten der Gipfel von High Stile, Red Pike und Haystacks.

Der kleine Ort Buttermere ist Ausgangspunkt für die Umrundung der drei Seen. Loweswater ist am schlechtesten zu erreichen und daher der ruhigste See. Der nahe Scale Force ist mit 52 Metern der höchste Wasserfall des Lake District.

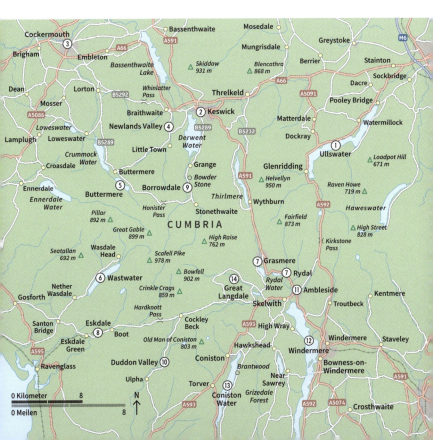

⑥ Wastwater
🏞 Wasdale ℹ️ Lowes Court Gallery, 12 Main St, Egremont; +44 1946 820 693

Wastwater mit seinem dunklen Wasser ist ein geheimnisvoller See in eindrucksvoller Umgebung. An seiner Ostflanke türmen sich Geröllwände von über 600 Metern auf, die das Wasser bei jedem Unwetter tintenschwarz aussehen lassen. Mit 80 Metern ist Wastwater Englands tiefster See. Auf dem Geröll zu wandern, ist möglich, aber nicht ungefährlich.

Wasdale Head bietet einen der großartigsten Anblicke Großbritanniens: die strenge Pyramide des Great Gable, des Mittelstücks einer schönen Bergformation, mit den gewaltigen Erhebungen von Scafell und Scafell Pike.

Wasdales Szenerie inspirierte schon im 19. Jahrhundert die ersten britischen Bergsteiger, die mit kaum mehr als einem Stück Seil über den Schultern loszogen.

William Wordsworth (1770–1850)
Der bekannteste britische Dichter der Romantik kam im Lake District zur Welt und verbrachte hier die meiste Zeit seines Lebens. Nach der Schulzeit in Hawkshead und einigen Jahren in Cambridge ermöglichte ihm eine Erbschaft die Literatenkarriere. Er ließ sich mit seiner Schwester Dorothy im Dove Cottage nieder. 1802 heiratete er seine Schulfreundin Mary Hutchinson. Sie lebten einfach, hatten Kinder und empfingen Dichter wie Coleridge und De Quincey. Wordsworths Werk beinhaltet einen der ersten Wanderführer durch den Lake District.

Fotomotiv Wastwater
Sie müssen kein versierter Kletterer sein, um fantastische Aufnahmen des Wastwater zu machen. Auch von der Straße und den Wanderwegen bieten sich wunderbare Ausblicke auf den See und seine Umgebung.

⑦ Grasmere und Rydal
🚆 Grasmere ℹ️ Market Cross, Ambleside; +44 1539 468 135

William Wordsworth lebte in den beiden an Seen gelegenen Dörfern. Fairfield, Nab Scar und Loughrigg Fell erheben sich steil über den Schilfufern und bieten sehr gute Wandermöglichkeiten. Die Wordsworths sind in der St Oswald's Church in Grasmere begraben. Viele Menschen kommen im Juli, um den Kirchenboden mit Binsen zu bestreuen und **Dove Cottage** zu besuchen, in dem der Dichter seine kreativsten Jahre verbrachte. Das Museum in der Scheune zeigt Memorabilien.

Die Wordsworths zogen nach Rydal und lebten in **Rydal Mount**. Auf dem Grundstück gibt es Wasserfälle und ein Sommerhaus.

Das nahe Dora's Field ist im Frühling ein gelbes Narzissenfeld. Die Rundwanderung Fairfield Horseshoe kann man von Rydal oder Ambleside starten.

← Blick vom Great Gable auf den Wastwater und die Berge von Wasdale

Gasthaus in Grange, einem der schönsten Flecken in Borrowdale

Dove Cottage
🏠 an der A591 bei Grasmere 🕐 März – Dez: tägl. (Zeiten siehe Website) 🌐 wordsworth.org.uk

Rydal Mount
🏠 Rydal 🕐 Apr – Okt: tägl. 9:30 – 17; Nov – März: Mi – So 11 – 16
🌐 rydalmount.co.uk

Eskdale
ℹ️ Egremont; +44 1946 820 693 🌐 eskdale.info

Die landschaftlichen Reize des Eskdale kann man bei einer Fahrt über den Hardknott Pass mit seinen steilen Straßen erleben. Beim Herunterfahren kommt man durch Rhododendron- und Kiefernwäldchen sowie durch kleine Weiler mit engen Gassen. Die wichtigsten Siedlungen sind die Dörfer Boot und Eskdale Green sowie Ravenglass, das einzige Küstendorf im Lake District National Park.

Sehr schön ist eine Fahrt mit der Miniatureisenbahn Ravenglass & Eskdale Railway (»La'al Ratty«), die auf ihrer elf Kilometer langen Strecke zwischen Ravenglass und Dalegarth an sieben Bahnhöfen anhält (www.ravenglass-railway.co.uk).

Borrowdale
🚌 von Keswick
ℹ️ 12 – 14 Main St, Keswick

Das romantische Tal, Motiv zahlloser Skizzen und Aquarelle, liegt an den dicht bewaldeten Ufern des Derwent Water unterhalb hoher Felsspitzen. Es ist ein beliebtes Ausflugsziel von Keswick aus und bietet sanfte Talwanderungen. Bei dem winzigen Weiler Grange verengt sich das Tal dramatisch und bildet die Jaws of Borrowdale. Weitere schöne Etappenziele sind Rosthwaite, Stonethwaite und Watendlath in der Nähe des Aussichtspunkts Ashness Bridge.

Grange ist ein guter Ausgangspunkt für den 13 Kilometer langen Rundweg um Derwent Water. Nach Süden kann man zum offeneren Farmland um Seatoller wandern oder fahren. Auf dem Weg dorthin sollten Sie nach einem Hinweisschild zum Bowder Stone Ausschau halten, einem filigranen Felsbrocken, der möglicherweise von darüberliegenden Felsen herabgestürzt ist oder von einem Gletscher mitgeschleppt wurde.

Duddon Valley
ℹ️ Old Town Hall, Broughton-in-Furness; +44 1229 716 115 🌐 duddonvalley.co.uk

Die auch als Dunnerdale bekannte Landschaft inspirierte William Wordsworth zu 35 Sonetten. Der hübscheste Landstrich liegt zwischen Ulpha und Cockley Beck. Im Herbst sind die Heidemoore und die hellen Birken besonders schön. Trittsteine und Brücken führen über Flüsse. Birks Bridge in der Nähe von Seathwaite gehört zu den bezauberndsten Stellen. Am südlichen Ende des Tals, wo der Fluss Duddon bei Duddon Sands ins Meer mündet, liegt das hübsche Dorf Broughton-in-Furness.

Wandern im Lake District

Rydal Water
Einfacher Uferweg auf den Spuren von William Wordsworth.

Helm Crag
Klettern Sie zum oberen Ende von Grasmeres Wasserfall – die Aussicht ist grandios.

Langdale Pikes
Genießen Sie den eindrucksvollen Blick auf die herrlichen Gipfel über Stickle Tarn.

Helvellyn
Eine klassische Bergwanderung über felsiges Gelände.

Scafell Pike
Auf den mit 978 Metern höchsten Berg Englands führt ein anspruchsvoller Weg.

Im Zentrum von Ambleside stehen noch viele viktorianische Gebäude

⑪ Ambleside
📍 ℹ️ Market Cross; +44 844 225 0544 🚇 Mi
🌐 amblesideonline.co.uk

Ambleside hat gute Straßenverbindungen zu allen Seen, ein Kino und im Sommer ein Musikfestival. Zu den Sehenswürdigkeiten gehören die Überreste des römischen Kastells Galava, der Wasserfall Stock Ghyll Force und das winzige Bridge House aus dem 17. Jahrhundert, das über Stock Beck steht.

⑫ Windermere
🚉 🚌 ℹ️ Victoria St; +44 15394 46499
🌐 windermereinfo.co.uk

Mit über 16 Kilometern Länge ist dies Englands größter See. Industriemagnaten errichteten lange vor dem Bau der Eisenbahn Landsitze am Ufer, etwa das prächtige Brockhole, jetzt Besucherzentrum des Nationalparks. Als die Eisenbahn 1847 den Windermere erreichte, konnten auch Arbeiter die Gegend auf Tagesausflügen besuchen.

Heute verbinden eine Autofähre (ganzjährig) Ost- und Westküste zwischen Ferry Nab in Bowness und Ferry House bei Far Sawrey sowie Dampfschiffe (im Sommer) Lakeside mit Bowness und Ambleside auf der Nord-Süd-Achse. Highlight ist Belle Isle, eine bewaldete Insel mit einem einzigartigen runden Haus. Man darf allerdings nicht anlegen.

Umgebung: Bowness-on-Windermere am Ostufer ist sehr beliebt. Viele Gebäude haben noch schöne viktorianische Details. Die St Martin's Church geht auf das 15. Jahrhundert zurück. **Blackwell** zählt zu den schönsten Häusern vom Anfang des 20. Jahrhunderts in Großbritannien, von der Originalausstattung ist viel erhalten. **Stott Park Bobbin Mill** ist die letzte noch betriebene von 70 Mühlen, die hier für die Textilindustrie eingesetzt wurden.

Beatrix Potter schrieb viele ihrer Bücher in **Hill Top**, dem Bauernhaus (17. Jh.) im nordwestlich von Windermere gelegenen Near Sawrey. Hill Top enthält viel von Potters Besitz und ist wie zu ihren Lebzeiten belassen. Besuchen Sie auch den Garten, in dem sie Inspiration fand. **World of Beatrix Potter** heißt eine Ausstellung über Potters Figuren. Man kann auch einen Film über ihr Leben sehen. Die **Beatrix Potter Gallery** in Hawkshead veranstaltet Ausstellungen mit ihren Illustrationen.

Blackwell
♿ 🏛️ Bowness-on-Windermere 🕐 tägl. 10–17
🌐 blackwell.org.uk

> **Beatrix Potter und der Lake District**
>
> Beatrix Potter (1866–1943), vor allem bekannt für ihre illustrierten Kindergeschichten mit Figuren wie Peter Hase und Emma Ententropf, propagierte den Naturschutz im Lake District, nachdem sie 1906 dorthin gezogen war. Sie heiratete William Heelis, widmete sich der Landwirtschaft und war eine Expertin für Herdwick-Schafe. Um ihre geliebte Landschaft zu erhalten, schenkte sie dem National Trust Land.

Stott Park Bobbin Mill
🅟🅟🅟🅔🅗 🏠 Finsthwaite
🕒 Apr–Okt: Mi–So 10–17
(Juli, Aug: tägl.)
🌐 english-heritage.org.uk

Hill Top
🅟🅟🅟🅝🅣 🏠 Near Sawrey
🕒 Feb–Okt: tägl. 10:30–17
🌐 nationaltrust.org.uk

World of Beatrix Potter
🅟🅟🅟🅟 🏠 Crag Brow,
Bowness-on-Windermere
🕒 tägl. 10–17:30
🌐 hop-skip-jump.com

Beatrix Potter Gallery
🅟🅟🅟🅝🅣 🏠 Main St,
Hawkshead 🕒 Feb–Okt:
So–Do 10:30–16
🌐 nationaltrust.org.uk

⑬
Coniston Water
🚌 🛈 Parkplatz in Coniston,
Ruskin Ave; +44 15394
41533 🌐 conistontic.org

Für die schönste Aussicht auf diesen außerhalb des Lake District gelegenen See muss man ein wenig klettern. John Ruskin (1819–1900), Maler, Schriftsteller und Philosoph, genoss den Blick von seinem Landhaus **Brantwood**. Dort kann man seine Gemälde sehen. Zum Anwesen gehört der High Walk mit einer Aussichtsterrasse über dem See.

Coniston, einst ein Zentrum des Kupferbergbaus, ist heute ein beliebtes Ziel für Wanderer. Im Sommer lohnt eine Fahrt mit dem Dampfschiff *Gondola* ab Coniston Pier nach Brantwood. Boote können beim Coniston Boating Centre gemietet werden (www.conistonboatingcentre.co.uk).

Rund um Coniston Water erstreckt sich der Grizedale Forest, der mit Waldskulpturen übersät und bei Mountainbikern beliebt ist. Tarn Hows ist ein landschaftlich gestalteter Teich, der von Wäldern umgeben ist. Wanderer können den 803 Meter hohen Old Man of Coniston besteigen.

Brantwood
🅟🅟🅟🅟 🏠 an der B5285
🕒 tägl. 10:30–17 (Dez–Mitte März: Mi–So)
🌐 brantwood.org.uk

Highlight

⑭
Great Langdale
🚌 von Ambleside
🛈 Market Cross, Ambleside
🌐 visitcumbria.com

Great Langdale gehört wegen seiner verwegen wirkenden Landschaft bei Wanderern und Kletterern zu den beliebtesten Tälern im Lake District. Zu den beliebtesten Zielen gehören die Berge Pavey Ark, Pike o'Stickle, Crinkle Crags und Bowfell. Das Tal erreicht man über den malerischen Ort Elterwater.

Restaurants

Tower Bank Arms
Der traditionsreiche Gasthof (17. Jh.) bietet schmackhafte Kost aus regionalen Zutaten.

🏠 Near Sawrey, Ambleside
🌐 towerbankarms.co.uk
£££

Drunken Duck
In dem entzückenden Gastro-Pub genießt man köstliches Essen in gemütlichem Ambiente.

🏠 Barngates, Ambleside 🌐 drunkenduckinn.co.uk
£££

Fellpack
Die herzhaften regionalen Gerichte werden in »fellpots« genannten Schalen serviert.

🏠 34 Lake Rd, Keswick
🌐 fellpack.co.uk
£££

↑ *Windermere mit Ausflugsbooten und gepflegter Strandpromenade*

Geologie des Lake District

Der Lake District, seit 2017 UNESCO-Welterbe, kann einige der spannendsten Szenerien Großbritanniens vorweisen. Auf 231 Quadratkilometern sind die höchsten Gipfel, die tiefsten Täler und die längsten Seen des Landes vereint. Die heutige Landschaft ähnelt noch sehr der vom Ende der Eiszeit vor 10 000 Jahren. Die damals vom Eis freigegebenen Berge waren einst Teil einer riesigen Gebirgskette, von der auch in Nordamerika noch Teile erhalten sind. Die Berge waren durch Verschmelzung zweier alter Landmassen entstanden, die für Jahrmillionen einen einzigen Kontinent bildeten. Der Kontinent brach entzwei – es formten sich, vom Atlantik getrennt, Europa und Amerika.

Geologische Geschichte

Das älteste Gestein bildete sich als Ablagerung im Ozean. Vor 450 Millionen Jahren ließen Erdbewegungen zwei Kontinente zusammenstoßen – der Ozean verschwand, eine Gebirgskette entstand. Aus dem Erdmantel aufsteigendes Magma erstarrte zu Vulkangestein. Im Eiszeitalter schliffen Gletscher riesige Täler in die Gebirgslandschaft. Als sich die Gletscher vor etwa 10 000 Jahren zurückzogen, bildete das Schmelzwasser in von Steinen und Geröll abgedämmten Tälern Seen.

Schon gewusst?

Im nach seinem Seenreichtum benannten Lake District gibt es insgesamt 16 Seen.

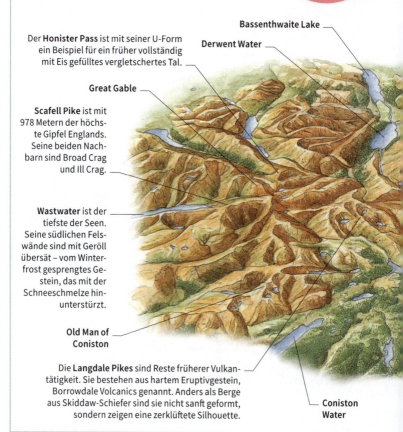

Der **Honister Pass** ist mit seiner U-Form ein Beispiel für ein früher vollständig mit Eis gefülltes vergletschertes Tal.

Bassenthwaite Lake

Derwent Water

Great Gable

Scafell Pike ist mit 978 Metern der höchste Gipfel Englands. Seine beiden Nachbarn sind Broad Crag und Ill Crag.

Wastwater ist der tiefste der Seen. Seine südlichen Felswände sind mit Geröll übersät – vom Winterfrost gesprengtes Gestein, das mit der Schneeschmelze hinunterstürzt.

Old Man of Coniston

Die **Langdale Pikes** sind Reste früherer Vulkantätigkeit. Sie bestehen aus hartem Eruptivgestein, Borrowdale Volcanics genannt. Anders als Berge aus Skiddaw-Schiefer sind sie nicht sanft geformt, sondern zeigen eine zerklüftete Silhouette.

Coniston Water

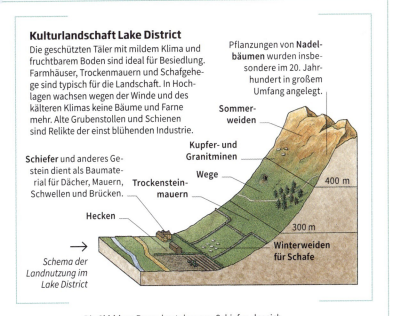

Kulturlandschaft Lake District

Die geschützten Täler mit mildem Klima und fruchtbarem Boden sind ideal für Besiedlung. Farmhäuser, Trockenmauern und Schafgehege sind typisch für die Landschaft. In Hochlagen wachsen wegen der Winde und des kälteren Klimas keine Bäume und Farne mehr. Alte Grubenstollen und Schienen sind Relikte der einst blühenden Industrie.

Schiefer und anderes Gestein dient als Baumaterial für Dächer, Mauern, Schwellen und Brücken.

Hecken

→ *Schema der Landnutzung im Lake District*

Pflanzungen von **Nadelbäumen** wurden insbesondere im 20. Jahrhundert in großem Umfang angelegt.

Sommerweiden

Kupfer- und Granitminen

Wege

Trockensteinmauern

400 m

300 m

Winterweiden für Schafe

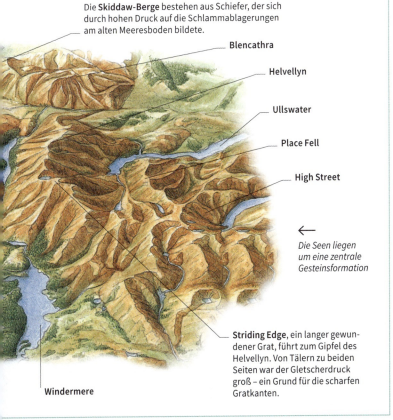

Die **Skiddaw-Berge** bestehen aus Schiefer, der sich durch hohen Druck auf die Schlammablagerungen am alten Meeresboden bildete.

Blencathra

Helvellyn

Ullswater

Place Fell

High Street

← *Die Seen liegen um eine zentrale Gesteinsformation*

Striding Edge, ein langer gewundener Grat, führt zum Gipfel des Helvellyn. Von Tälern zu beiden Seiten war der Gletscherdruck groß – ein Grund für die scharfen Gratkanten.

Windermere

SEHENSWÜRDIGKEITEN

❺
Penrith

🏛 Cumbria 👥 15 000 🚉 🚌
ℹ Robinson's School, Middlegate; +44 1768 867 466
🕒 Di, Sa, So 🌐 visiteden.co.uk

Urtümliche Ladenfronten am Marktplatz und ein im 14. Jahrhundert erbautes **Castle** sind die größten Attraktionen von Penrith. Auf dem Friedhof von St Andrew gibt es seltsam anmutende Steine, das angebliche Grab eines Riesen und Grabsteine aus der Zeit der Wikinger.

Umgebung: Nordöstlich von Penrith steht in Little Salkeld ein Kreis aus über 66 hohen Steinen aus der Bronzezeit: Long Meg and her Daughters. Neun Kilometer nordwestlich liegt **Hutton-in-the-Forest**. Der älteste Teil des Hauses ist die kerkerartige Stone Hall (heute der Haupteingang), der aus dem Mittelalter stammt. Weitere Highlights sind eine prächtige Treppe im italienischen Stil und ein Amorettensaal aus den 1740er Jahren.

Penrith Castle
🅿 ♿ 🏛 Ullswater Rd
🕒 tägl. 7:30–21 (Winter: bis 16:30) 🌐 english-heritage.org.uk

Hutton-in-the-Forest
🅿 🚻 ♿ 🏛 nahe B5305
🕒 Haus: Apr–Sep: Mi, Do, So, Feiertage 11:30–15; Gelände: So–Fr 10–17 🌐 hutton-in-the-forest.co.uk

❻
Dalemain

🏛 Penrith, Cumbria
📞 +44 1768 486 450 🚉
🚌 Penrith, dann Taxi
🕒 Apr–Okt: So–Fr 10:30–16
🌐 dalemain.com

Die georgianische Fassade verleiht dem Herrensitz bei Ullswater den Anschein architektonischer Einheit, doch dahinter verbirgt sich ein umgebautes mittelalter-

---

Traditionelle Events in Cumbria

Das Cumberland-Ringen im Sommer ist eines der spannendsten Sportevents. Dabei umklammern sich die beiden Gegner und versuchen, einander umzuwerfen. Zu weiteren traditionellen Sportarten gehört das Fellracing, ein Test von Geschwindigkeit und Ausdauer, bei dem die lokalen Gipfel in knöchelbrechender Geschwindigkeit hinauf- und hinuntergelaufen werden. Auch das Hound-Trailing ist ein beliebter Sport, bei dem speziell gezüchtete Hunde einer Anisfährte folgen. Die Egremont Crab Fair im September ist berühmt für ihren Wettbewerb im Facepulling oder Gurning (Grimassenschneiden).

Reste von Säulen und Skulpturen im Tullie House Museum, Carlisle

liches und elisabethanisches Bauwerk mit einem Labyrinth von Gängen. Die zugänglichen Räume umfassen einen chinesischen Salon mit handbemalten Tapeten und einen getäfelten Salon. In den Nebengebäuden sind kleine Museen, in den Gärten eine schöne Sammlung von duftenden Sträuchern. Beliebt ist das Marmalade Festival im März mit Verkostungen, einem Bauernmarkt und anderen Veranstaltungen.

❼ Carlisle

Cumbria · 75 000 · The Old Town Hall, Market St · discovercarlisle.co.uk

Die Stadt nahe der schottischen Grenze war lange Zeit Verteidigungsstützpunkt, unter dem römischen Namen Luguvalium ein Vorposten von Hadrian's Wall *(siehe S. 414f)*. Carlisle wurde mehrfach von Dänen, Normannen und Grenzräubern geplündert und als königliche Festung unter Cromwell *(siehe S. 49)* beschädigt.

Heute ist Carlisle Hauptstadt von Cumbria. Im Zentrum stehen Guildhall (Zunfthaus) und das Marktkreuz. Befestigungen existieren noch bei den Westwällen, den Toren und beim normannischen **Carlisle Castle**. Dessen Turm beherbergt ein Museum zu Ehren des King's Own Border Regiment. Im **Tullie House Museum and Art Gallery** erfährt man Interessantes über die Stadtgeschichte. In der Nähe sind die Ruinen der **Lanercost Priory** (um 1166) und des **Birdoswald Roman Fort**.

Carlisle Castle
Castle Way · tägl. 10–17 (Feb, März: Sa, So bis 16) · english-heritage.org.uk

Tullie House Museum and Art Gallery
Castle St · Apr – Okt: Mo – Sa 10–17, So 11–16; Nov – März: tägl. 10–16 (So ab 12) · tulliehouse.co.uk

Lanercost Priory
bei Brampton · tägl. 10–17 (Nov – März: Sa, So bis 16) · english-heritage.org.uk

Birdoswald Roman Fort
Gilsland, Brampton · tägl. 10–17 (Nov – März: Sa, So: bis 16) · english-heritage.org.uk

↑ *Ruinen des aus dem 14. Jahrhundert stammenden Penrith Castle*

Restaurants

Four and Twenty
Das Restaurant überzeugt mit köstlichen regionalen Spezialitäten wie Cumbrian Pork und Cumberland Farmhouse Cheddar Cheese Soufflé.

42 King St, Penrith · So, Mo · fourandtwenty penrith.co.uk
£££

David's
Gutes Essen in einem vornehmen viktorianischen Stadthaus. Die Speisekarte bietet Gerichte wie Lakeland-Rindfleisch und Kabeljau. Es gibt auch einige vegetarische Optionen.

62 Warwick Rd, Carlisle · So, Mo · davidsrestaurant.co.uk
£££

8
Furness Peninsula

🏠 Cumbria 🚉 Barrow-in-Furness 🛈 The Forum, 28 Duke St, Barrow-in-Furness; +44 1229 876 543
🌐 barrowbc.gov.uk

Die Halbinsel Furness ragt im Südwesten in die Irische See. Barrow-in-Furness ist der Hauptort. Das **Dock Museum** zeichnet die Geschichte von Barrow nach.

Im Vale of Deadly Nightshade stehen die Ruinen der **Furness Abbey**. Sie wurde Mitte des 12. Jahrhunderts von Savignia-Mönchen gegründet und während der Reformation zerstört.

Ulverston wurde 1280 gegründet. Stan Laurel, Teil des berühmten Komikerduos *Dick und Doof*, wurde 1890 hier geboren. Das **Laurel and Hardy Museum** umfasst auch ein Kino. In Gleaston lohnt die rund 400 Jahre alte **Gleaston Water Mill** einen Besuch.

Dock Museum
🏠 North Rd, Barrow-in-Furness 🕐 Mi–So, Feiertage 11–16 🌐 dockmuseum.org.uk

↑ Innenraum der Klosterkirche von Cartmel mit schönem Buntglasfenster an der Ostseite

Furness Abbey
🏠 Vale of Deadly Nightshade 🕐 Apr–Okt: tägl. 10–17; Nov–März: Sa, So 10–16
🌐 english-heritage.org.uk

Laurel and Hardy Museum
🏠 The Roxy, Brogden St, Ulverston 🕐 tägl. 10–17 (Winter: siehe Website)
🌐 laurel-and-hardy.co.uk

Gleaston Water Mill
🏠 Gleaston 🕐 Mitte März–Sep: Mi–So 11–16:30
🌐 watermill.co.uk

9
Cartmel
🏠 Cumbria 👥 1000 🛈 Dorfparkplatz 🌐 visitlakedistrict.com

Cartmel ist eine Hochburg der Gourmetküche und zudem für Toffee-Puddings bekannt. Herausragendes Bauwerk ist die Klosterkirche (12. Jh.), eine der schönsten in Cumbria. Eindrucksvoll sind das Ostfenster, ein Steingrabmal (14. Jh.) und die Miserikordien.

Umgebung: Sehenswert ist die zwei Kilometer südwestlich gelegene **Holker Hall**. Die frühere Residenz der Dukes of Devonshire hat luxuriös ausgestattete Räume, herrliche Gärten und einen Wildpark.

Holker Hall
🏠 Cark-in-Cartmel 🕐 Haus: Mi–Fr 11–16; Gärten: Mitte März–Okt: Mi–So 10:30–17
🌐 holker.co.uk

> **Über die Bucht bei Ebbe**
>
> Südlich von Cartmel lockt das Watt in der Morecambe Bay, eines der wichtigsten Naturschutzgebiete in England, zahllose Vögel an. Ein Überqueren der Bucht bei Ebbe auf eigene Faust ist gefährlich. Schließen Sie sich besser einer geführten Wattwanderung von Arnside nach Kents Bank an. Dabei erhalten Sie auch viele Informationen über das Wattenmeer.

← Statue der beiden Komiker Laurel und Hardy in Ulverston, Furness Peninsula

Restaurant

L'Enclume
In dem mit zwei Michelin-Sternen ausgezeichneten Restaurant werden lokale Produkte zu köstlichen Delikatessen wie Seetangpudding verarbeitet.

📍 Cavendish St, Cartmel
🌐 lenclume.co.uk
£££

Kendal

📍 Cumbria 🏛 28 000
ℹ Windermere Rd, Staveley
🌐 visit-kendal.co.uk

Die Marktstadt ist das Verwaltungszentrum der Region und das südliche Eingangstor zum Lake District. Die **Abbot Hall Art Gallery** (1759) zeigt Gemälde von Ruskin und Romney sowie Gillows-Möbel. Das **Lakeland Museum** befasst sich mit Handwerk und Gewerbe der Region. Dioramen zu Geologie und Natur gibt es im **Kendal Museum**.

Umgebung: Fünf Kilometer südlich von Kendal liegt **Sizergh Castle** mit befestigtem Turm und bezauberndem Park.

Abbot Hall Art Gallery
🕐 Mo–Sa 10:30–17 (Winter: bis 16), So 11–15
🌐 lakelandarts.org.uk

Lakeland Museum
🕐 Mo–Sa 10:30–17 (Winter: bis 16)
🌐 lakelandarts.org.uk

Kendal Museum
📍 Station Rd
🕐 Do, Fr, Sa 10:30–16:30
🌐 kendalmuseum.rg.uk

Sizergh Castle
📍 nahe A591 und A590
🕐 Haus: Apr–Okt: tägl. 12–16; Park: 10–17 (Nov–März: bis 16)
🌐 nationaltrust.org.uk

⓫ Levens Hall

📍 nahe Kendal, Cumbria
📞 +44 1539 560 321
🚌 von Kendal
🕐 Haus: Apr–Anfang Okt: So–Do 10:30–16; Gärten: 10–17
🌐 levenshall.co.uk

Außergewöhnlich an diesem elisabethanischen Herrenhaus ist die überaus prachtvolle Gartenanlage. Das Gebäude selbst ist um einen befestigten Turm aus dem 13. Jahrhundert errichtet und enthält eine Möbelsammlung aus der Zeit James' I, Aquarelle des Landschaftsmalers Peter de Wint (1784–1849), Stuckdecken, Stühle aus der Zeit von Charles II und vergoldete Abflussrohre.

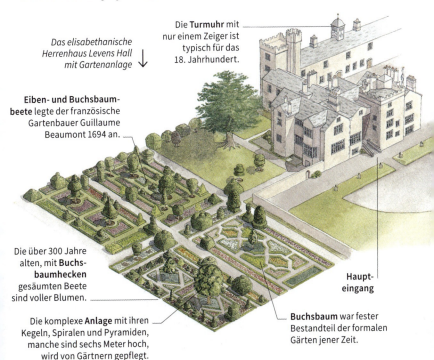

Das elisabethanische Herrenhaus Levens Hall mit Gartenanlage ↓

Die **Turmuhr** mit nur einem Zeiger ist typisch für das 18. Jahrhundert.

Eiben- und Buchsbaumbeete legte der französische Gartenbauer Guillaume Beaumont 1694 an.

Die über 300 Jahre alten, mit **Buchsbaumhecken** gesäumten Beete sind voller Blumen.

Die komplexe **Anlage** mit ihren Kegeln, Spiralen und Pyramiden, manche sind sechs Meter hoch, wird von Gärtnern gepflegt.

Haupteingang

Buchsbaum war fester Bestandteil der formalen Gärten jener Zeit.

❿ Carnforth

🏠 Lancashire 👥 6000
ℹ️ Old Station Buildings, Morecambe 🌐 explore morecambebay.org.uk

Die kleine Stadt etwas landeinwärts der Morecambe Bay ist vor allem für ihren wunderschön erhaltenen Bahnhof bekannt, der Kulisse für den Film *Brief Encounter* (1945) war. Diesem Streifen widmet sich das **Carnforth Station Heritage Centre**.

Carnforth gilt auch als Ausgangspunkt für Wander- und Radausflüge in die unter Schutz stehenden Gebiete um Arnside und Silverdale. **Leighton Hall**, ein Herrenhaus im georgianischen Stil mit weitläufigen Gärten, steht neben einem Vogelschutzgebiet.

Hexenprozesse von Pendle

Die im Jahr 1612 in Lancaster Castle abgehaltenen Hexenprozesse von Pendle gehören zu den am besten dokumentierten jener Zeit. Zwölf Männer und Frauen wurden des zehnfachen Mordes aufgrund von Hexerei angeklagt. Damals galt die Gegend um Pendle Hill als gesetzlos. Zehn Beschuldigte wurden zum Tod durch den Strang verurteilt, obwohl die Anklage maßgeblich auf haltlosen Gerüchten basierte.

Carnforth Station Heritage Centre
🏠 Warton Rd
🕐 Mo–Fr 12–16
🌐 carnforthstation.co.uk

Leighton Hall
🏠 Silverdale 🕐 Mai, Juni, Sep: Di–Do 14–17, Juli, Aug: Di–Fr 14–17
🌐 leightonhall.co.uk

⓭ Lancaster

🏠 Lancashire 👥 46 000
ℹ️ Meeting House Lane; +44 1524 582 394 🕐 Mo–Sa 🌐 visitlancaster.org.uk

Die wichtigste Stadt von Lancashire wurde von den Römern gegründet. Das normannische **Lancaster Castle** wurde ab dem 11. Jahrhundert erbaut. Vom 13. Jahrhundert bis zum Jahr 2011 war es Gefängnis und ist immer noch Gerichtshof. 600 Wappenschilde zieren die Shire Hall.

Ein Möbelmuseum befindet sich in **Judge's Lodgings** (17. Jh.), das **Maritime Museum** im Zollamt am St George's Quay widmet sich der Geschichte des Hafens.

Im Williamson Park steht das **Ashton Memorial** (1907). Linoleummagnat Lord Ashton ließ den Prunkbau mit einer Kuppel, von der sich eine tolle Aussicht bietet, errichten.

Lancaster Castle
🏠 Castle Parade
🕐 Di–So 10–17
🌐 lancastercastle.com

Judge's Lodgings
🏠 Church St
📞 +44 1524 581 241 🕐 März–Nov: Fr–So 11–16

Maritime Museum

◎◎◎ ⌂ Custom House, St George's Quay ⌚ tägl. 10–16 (Nov–März: 12–16) ⓦ lancashire.gov.uk

⑭
Ribble Valley

⌂ Lancashire 🚌 Clitheroe
ℹ Station Rd, Clitheroe; +44 1200 425 566 📅 Di, Do, Sa
ⓦ visitribblevalley.co.uk

Von Clitheroe aus, einer beschaulichen Kleinstadt mit einer Burg auf einem Hügel, kann man das Tal und Dörfer wie Slaidburn erkunden. In Ribchester ist das **Roman Museum**, in Whalley die verfallene Zisterzienserabtei sehr interessant. Auf dem 560 Meter hohen Gipfel des Pendle Hill im Osten befindet sich ein Hügelgrab aus der Bronzezeit.

Roman Museum

◎◎◎ ⌂ Ribchester ⌚ Mo–Fr 10–17, Sa, So 12–17 (Okt–März: Sa, So bis 16) ⓦ ribchester romanmuseum.org

↑ Ashton Memorial, Baudenkmal im Williamson Park, Lancaster

→ Blackpools Central Pier mit Riesenrad bei Sonnenuntergang

⑮
Blackpool

⌂ Lancashire 🚌 140 000
🚆 🚌 🚌 ℹ Festival House, Promenade; +44 1253 478 222 ⓦ visitblackpool.com

Blackpool ist schon seit dem 18. Jahrhundert ein Seebad. Mit der Anbindung an die Eisenbahn im Jahr 1840 begann seine Blütezeit.

Hinter dem Strand reihen sich Amüsierbetriebe und Piers. Beliebte Anziehungspunkte sind der Themenpark Pleasure Beach und der Blackpool Tower. Im September und Oktober sind die Straßen Blackpools bei Dunkelheit schön illuminiert.

⑯
Isle of Man

🚌 85 000 ℹ Sea Terminal, Douglas; +44 1624 686 801
ⓦ visitisleofman.com

Von Klippen gesäumte Küsten, tiefe Schluchten und Hügel mit alten Festungen und keltischen Kreuzen sind Markenzeichen der Insel. Die meisten Besucher kommen zum jährlichen Motorradrennen Isle of Man TT (Tourist Trophy) Ende Mai.

Der Hauptort Douglas verströmt noch einen Hauch von viktorianischem Flair.

Lokale

Bay Horse Inn
Das Pub bietet solide Gerichte wie Brathähnchen und Lammkarree.

⌂ Bay Horse Bridge, Ellel, Lancaster
⌚ Mo, Di
ⓦ bayhorseinn.com
££££

Yorkshire Fisheries
Familienbetriebenes Lokal mit wunderbaren Fish and Chips.

⌂ 14–18 Topping St, Blackpool ⌚ So
ⓦ yorkshirefisheries.co.uk
£££

Little Fish Café
Der Fang des Tages wird hier zu köstlichen Gerichten verarbeitet. Probieren Sie das Krabbenscheren-Tempura.

⌂ 31 North Quay, Douglas, Isle of Man
ⓦ littlefishcafe.com
£££

County Arcade, Shopping Mall in Leeds (siehe S. 400)

Yorkshire und Humber-Region

Zu den Markenzeichen Yorkshires gehört seine spektakuläre Natur, die von eiszeitlichen Gletschern geformt wurde. Die Nationalparks Yorkshire Dales und North York Moors nehmen weite Teile des Gebiets ein.

Die Römer prägten die Gegend als Erste und gründeten York. In dieser Stadt sind auch die meisten historischen Zeugnisse aus der Zeit der Wikinger sowie der Angelsachsen erhalten, die das Christentum hierher brachten und erste Abteien errichteten. Die Bedeutung von York stieg auch mit dem gleichnamigen Adelshaus, das drei englische Könige stellte. Dessen mit dem rivalisierenden Haus Lancaster im 15. Jahrhundert geführte Auseinandersetzungen gingen als »Rosenkriege« in die Geschichte ein.

Erst mit der Industrialisierung im 19. Jahrhundert traten auch andere Städte in den Vordergrund – vor allem Leeds mit Kohlebergbau und Textilindustrie, Hull mit Werften und Fischerei sowie Sheffield mit Stahlproduktion. Zu jener Zeit ließen sich Großindustrielle prächtige Herrenhäuser bauen, für den Eisenbahnverkehr wurden Viadukte errichtet. In den vergangenen Jahrzehnten ging die Bedeutung der Industrie zurück, andere Wirtschaftszweige wie Handel und Finanzwesen sind mittlerweile bedeutende Branchen.

Yorkshire und Humber-Region

Highlights
1. York
2. Castle Howard
3. Yorkshire Dales National Park
4. Fountains Abbey
5. North York Moors National Park

Sehenswürdigkeiten
6. Harrogate
7. Ripley
8. Ripon
9. Knaresborough
10. Scarborough
11. Burton Agnes
12. Bempton Cliffs und Flamborough Head
13. Eden Camp Modern History Museum
14. Beverley
15. Wharram Percy
16. Burton Constable
17. Leeds
18. Harewood
19. Kingston upon Hull
20. Holderness und Spurn Point
21. Bradford
22. Halifax
23. Hebden Bridge
24. Hepworth Wakefield
25. National Coal Mining Museum
26. Sheffield
27. Magna
28. Yorkshire Sculpture Park
29. Haworth

❶ York

🏠 York 🏔 140 000 ✈ Leeds Bradford (48 km SW) 🚉 York Station Rd 🛈 1 Museum St; +44 1904 550 990 🎭 Jorvik Festival (Feb); Early Music Festival (Juli) 🌐 visityork.org

Das Reizvolle an York ist das Ergebnis seiner historischen Vielschichtigkeit. Dänische Straßennamen erinnern daran, dass es zur Wikingerzeit (ab 867) ein wichtiger Handelsplatz Europas war. Von 1100 bis 1500 war York Englands zweitgrößte Stadt. Bedeutendste Sehenswürdigkeit ist das aus jener Zeit stammende Münster *(siehe S. 376f)*.

① York Castle Museum

🏠 Eye of York 📞 +44 1904 687 687 🕐 tägl. 9:30–17 🌐 yorkcastlemuseum.org.uk

Das Museum wurde 1938 in zwei ehemaligen Gefängnissen des 18. Jahrhunderts eröffnet. Die Sammlung umfasst u. a. einen Speisesaal aus der Zeit James' I, ein Moor-Cottage und ein Zimmer aus den 1950er Jahren. Darüber hinaus gibt es Exponate zu Taufe, Heirat und Tod ab dem 17. Jahrhundert. Einen Besuch wert sind auch die Museumsgärten.

② Yorkshire Museum und St Mary's Abbey

🏠 Museum Gardens 📞 +44 1904 687 687 🕐 tägl. 10–17 🌐 yorkshiremuseum.org.uk

Zu den Attraktionen des Museums gehören das aus dem 15. Jahrhundert stammende Middleham-Juwel, ein römisches Mosaik (2. Jh.) und eine vergoldete Schale. Ein Teil des Museums befindet sich im verfallenen Benediktinerkloster St Mary's Abbey *(siehe S. 378)*.

③ JORVIK Viking Centre

🏠 Coppergate 📞 +44 1904 615 505 🕐 tägl. 10–17 (Nov–März: bis 16) 🚫 24.–26. Dez 🌐 jorvikvikingcentre.co.uk

Das beliebte Kulturzentrum (unbedingt vorab Ticket buchen) steht dort, wo Archäologen ab 1976 bei Coppergate die frühere Wikingersiedlung freigelegt haben. Mithilfe modernster Tech-

←

Kirkgate – rekonstruierte viktorianische Straße im York Castle Museum

Yorks lebhaftes Stadtzentrum vor der Kulisse der imposanten Kathedrale

nologie sowie Überresten und Artefakten erwacht die Wikingerwelt im York des 10. Jahrhunderts wieder zum Leben. Die Ausstellungsstücke reichen von Ohrringen bis hin zu Bratpfannen.

Nur wenige Gehminuten entfernt liegt die mittelalterliche Kirche St Saviour's. Die dortige Ausstellung DIG bietet Einblick in eine archäologische Ausgrabung.

④
Fairfax House
- Castlegate
- Feb – Dez: tägl. 11–16
- fairfaxhouse.co.uk

Der Viscount Fairfax baute das schöne georgianische Stadthaus von 1755 bis 1762 für seine Tochter Anne. Zwischen 1920 und 1965 diente es als Kino und Tanzsaal. Zu sehen sind das Schlafzimmer von Anne Fairfax (1725–1793) sowie eine schöne Sammlung von Möbeln, Porzellan und Uhren aus dem 18. Jahrhundert.

⑤
National Railway Museum
- Leeman Rd
- tägl. 10–18 (Nov – März: bis 17)
- 24.– 26. Dez
- nrm.org.uk

Das größte Eisenbahnmuseum der Welt deckt über 300 Jahre Geschichte ab. In interaktiven Ausstellungen können Besucher virtuell Züge rangieren und Stephensons Lokomotive *Rocket* kennenlernen. Neben verschiedenen Wagen und Lokomotiven ab dem Jahr 1797, etwa dem Waggon von Queen Victoria, ist auch neue Technik zu sehen, wie die Serie 0 des japanischen Hochgeschwindigkeitszugs Shinkansen.

Highlight

Restaurants

Il Paradiso del Cibo
Das kleine Café-Restaurant bietet authentische sardische Küche.

- 40 Walmgate
- ilparadisodelciboyork.com
- £££

Skosh
Kreative Fusionsküche ist das Markenzeichen des Skosh. Die Portionen haben die Größe von Tapas, man kann dadurch sehr gut das breite Angebot kennenlernen.

- 98 Micklegate
- skoshyork.co.uk
- £££

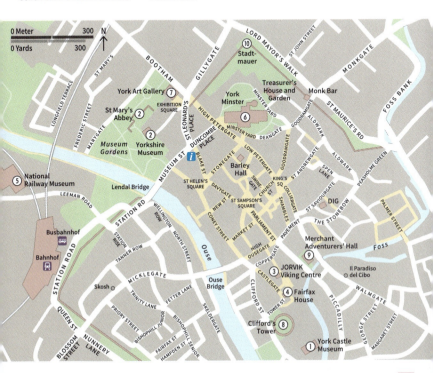

York Minster

⌂ Deangate ☏ +44 1904 557 200 ⏲ Mo – Sa 9:30 – 16, So 12:45 – 15:15 (außer zu wichtigen Gottesdiensten) 🌐 yorkminster.org

Der größte gotische Kirchenbau nördlich der Alpen ist Sitz des Erzbischofs von York. Die Kirche beeindruckt nicht nur durch ihre imposanten Ausmaße, sondern auch durch ihre prachtvolle Ausgestaltung.

Das 158 Meter lange, 76 Meter breite Münster von York besitzt die meisten mittelalterlichen Buntglasfenster Englands. Der Mittelturm erreicht die Höhe eines 20-stöckigen Gebäudes. Den Ursprung für dieses gewaltige Bauwerk bildete eine zur Taufe von King Edwin of Northumbria 627 errichtete Holzkirche.

Mehrere Kathedralen standen an dieser Stelle, darunter auch ein normannischer Bau (11. Jh.). Das heutige Gotteshaus wurde 1220 begonnen und rund 250 Jahre später vollendet. 1984 richtete ein Großbrand schwere Schäden an. Die umfassende Restaurierung kostete rund 2,25 Millionen Pfund.

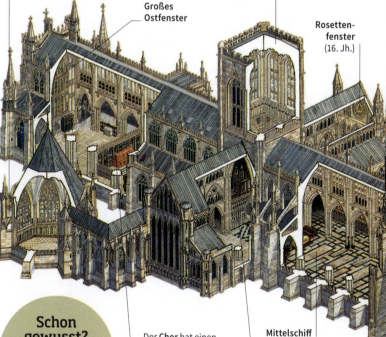

Die **lateinische Inschrift** am Eingang zum Kapitelsaal mit Holzgewölbe besagt: »Wie die Rose die Blume der Blumen, so ist dieses das Haus der Häuser.«

Der zentrale **Laternenturm** brach 1405 ein und wurde nach Plänen des Steinmetzen William Colchester 1420–65 wiedererrichtet.

Großes Ostfenster

Rosettenfenster (16. Jh.)

Schon gewusst?
Im Münster arbeiten 15 Maurer und Bildhauer ständig an der Bausubstanz.

Der **Chor** hat einen gewölbten Eingang. Das Bossenwerk (15. Jh.) zeigt Mariä Himmelfahrt.

Mittelschiff

Der steinerne **Lettner** zwischen Chor und Mittelschiff stellt englische Könige von William I bis Henry VI dar.

↑ *Blick in den bemerkenswert hohen Innenraum*

Die **Westtürme** mit dekorativer Täfelung (15. Jh.) und kunstvollen Fialen kontrastieren mit dem einfacheren nördlichen Querschiff. Der Südwestturm ist der Glockenturm.

Westfenster

Großes Westportal

↑ *Das eindrucksvolle York Minster*

⑦
York Art Gallery
🏛 Exhibition Sq ⏰ tägl. 10–17 🌐 yorkartgallery.org.uk

In dem italienisch anmutenden Gebäude (1879) befinden sich Skulpturen und Gemälde ab dem frühen 16. Jahrhundert aus verschiedenen westeuropäischen Ländern. Es gibt auch eine international bedeutende Sammlung mit Keramiken von Künstlern aus Großbritannien und anderen Ländern, u. a. von Bernard Leach, William Staite Murray und Shoji Hamada. Die im Jahr 2015 umfassend erweiterte Galerie ist Bühne für internationale Shows, im Artists Garden wird zeitgenössische Kunst gezeigt.

⑧
Clifford's Tower
🏛 Clifford St ⏰ Di – So 10–18 (Okt – März: bis 16) 📅 1. Jan, 24. – 26. Dez 🌐 english-heritage org.uk

William the Conqueror ließ einen Hügel für seine hölzerne Burg aufschütten. Sie wurde 1069 schwer beschädigt und bei antisemitischen Unruhen 1190 niedergebrannt. An derselben Stelle ließ Henry III im 13. Jahrhundert einen Turm zu Ehren der Clifford-Familie errichten, die in der Burg Wächter waren. Der Turm bewachte im Bereich eines Sumpfgebietes eine Lücke in der Stadtmauer von York. Die Aussicht vom Turm über die Stadt ist grandios.

⑨
Merchant Adventurers' Hall
🏛 Fossgate ⏰ So – Fr 10–16:30, Sa 10–13:30 🌐 theyorkcompany.co.uk

Eine Yorker Kaufmannsgilde ließ das Fachwerkhaus 1357 errichten. Es zählt zu den größten mittelalterlichen Häusern dieser Art in Großbritannien. Die Great Hall ist eine der schönsten Europas. Unter den Gemälden befindet sich eine Kopie von van Dycks Porträt der Königin Henrietta Maria, Ehefrau von Charles I. Unter der Great Hall liegen das von der Gilde bis 1900 genutzte Hospital und eine Kapelle.

⑩
Stadtmauer
🌐 yorkwalls.org.uk

Ein Spaziergang entlang der Stadtmauer (ca. zwei bis drei Stunden) ist ein Muss für Besucher, nicht nur wegen der wechselnden Perspektiven. Die Mauern waren zunächst Teil eines römischen Militärlagers, erhielten ihre heutige Form im Mittelalter. Sie sind mit imposanten Stadttoren *(Bars)* gespickt. Das schönste ist Monk Bar am Goodramgate, dessen Fallgatter noch immer funktioniert.

Highlight

→ *Clifford's Tower – Wehrturm auf einem Wall*

Abteien in Nordengland

Nordengland hat einige der schönsten und besterhaltenen Klöster Europas zu bieten. Die größeren dieser Gebets-, Lern- und Machtzentren des Mittelalters wurden Abteien genannt, denen ein Abt vorstand. Die meisten waren in ländlichen, für ein spirituelles und meditatives Leben geeigneten Gegenden angesiedelt. Die Wikinger zerstörten viele angelsächsische Klöster im 8. und 9. Jahrhundert. Erst die Gründung von Selby Abbey im Jahr 1069 durch William the Conqueror belebte das klösterliche Leben im Norden wieder. Neue Orden, vor allem die Augustiner, kamen vom Festland. Um 1500 gab es in Yorkshire 83 Klöster.

Klöster und Dorfleben

Als eine der reichsten Gesellschaftsgruppen mit Landbesitz stellten die Klöster einen wichtigen Wirtschaftsfaktor dar. Sie boten Arbeitsplätze (v. a. in der Landwirtschaft) und bestimmten den Wollhandel, Englands größten Exportzweig im Mittelalter. Um 1387 wickelte St Mary's Abbey *(siehe S. 374)* zwei Drittel des englischen Wollexports ab.

St Mary's Abbey

Die 1086 in York gegründete Benediktinerabtei war eine der reichsten Englands. Ihre Beteiligung am Yorker Wollhandel und die Übertragung königlicher wie päpstlicher Privilegien und Ländereien führte im frühen 12. Jahrhundert zu einer Lockerung der Regeln: Der Abt durfte sich wie ein Bischof kleiden und wurde vom Papst zu einem »die Mitra tragenden Abt« erhoben. Daraufhin verließen 13 Mönche 1132 die Abtei und gründeten Fountains Abbey *(siehe S. 390f)*.

>
> **Entdeckertipp**
> **Selby Abbey**
> Die mittelalterliche Selby Abbey 20 Kilometer südlich von York ist ein wahres Juwel. Sie war das erste Kloster, das nach der normannischen Eroberung im Norden gegründet wurde. Die noch immer betriebene Abtei gilt auch heute als eine der eindrucksvollsten in England.

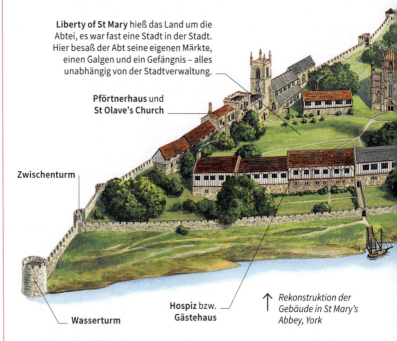

Liberty of St Mary hieß das Land um die Abtei, es war fast eine Stadt in der Stadt. Hier besaß der Abt seine eigenen Märkte, einen Galgen und ein Gefängnis – alles unabhängig von der Stadtverwaltung.

Pförtnerhaus und **St Olave's Church**

Zwischenturm

Wasserturm

Hospiz bzw. **Gästehaus**

↑ *Rekonstruktion der Gebäude in St Mary's Abbey, York*

Wegweiser zu heutigen Abteien

Fountains Abbey *(siehe S. 390f)* ist die berühmteste Abtei der Gegend. Andere von Benediktinern oder Zisterziensern gegründete Abteien sind Whitby *(siehe S. 392)*, Rievaulx *(siehe S. 394)*, Byland *(siehe S. 395)* und Furness *(siehe S. 366)*. Der Nordosten ist berühmt für frühe angelsächsische Klöster wie Hexham *(siehe S. 415)* und Lindisfarne *(siehe S. 417)*.

1 Mount Grace Priory
Die 1398 gegründete Mount Grace Priory (siehe S. 393) ist Englands besterhaltenes Kartäuserkloster. Die früheren Zellen und Gärten der Mönche sind noch sehr gut zu erkennen.

2 Easby Abbey
Zu den Überresten des 1155 gegründeten Prämonstratenserklosters zählen der Speisesaal, die Schlafräume (13. Jh.) und das Pförtnerhaus (14. Jh.).

3 Kirkstall Abbey
Zu den besterhaltenen Bereichen des 1152 gegründeten Zisterzienserklosters gehören die Kirche, der spätnormannische Kapitelsaal und der Wohnbereich des Abts.

Das große **Abbot's House** zeugt vom aufwendigen Lebensstil der Äbte zum Ende des Mittelalters.

Der **Kapitelsaal** war nach der Kirche das wichtigste Gebäude.

Waschraum

Das **Warming House** war – außer der Küche – der einzige Raum, in dem man Feuer machen konnte.

Küche

Speisesaal

Empfangsraum

Der **Schutzwall** wurde 1318 gegen die Angriffe schottischer Heere gebaut.

Kreuzgang

Spaziergang durch das Zentrum von York

Länge 3 km **Dauer** 45 Min.
Bus 29, 412, 5A, 840, 843

York besitzt noch so viel von seiner mittelalterlichen Struktur, dass ein Spaziergang im Zentrum einer Wanderung durch ein lebendiges Museum gleicht. Viele alte, die engen gewundenen Gassen säumende Fachwerkhäuser wie die Shambles stehen unter Denkmalschutz. Weite Teile des Zentrums sind Fußgängerzone. Dank seiner Lage wurde York im 19. Jahrhundert Eisenbahnknotenpunkt und ist es geblieben.

Baubeginn für **York Minster** *(siehe S. 376f)* war 1220.

Stonegate gehört zu den attraktivsten Straßen von York.

York Art Gallery

St Mary's Abbey

St Olave's Church (11. Jh.) wurde zu Ehren des norwegischen Königs Olaf II. erbaut. Links davon steht die Kapelle St Mary on the Walls.

Das **Yorkshire Museum** beheimatet eine der faszinierendsten archäologischen Sammlungen des Landes *(siehe S. 374)*.

Lendal Bridge

Die **Guildhall** (15. Jh.) liegt am Ufer des Ouse. Die Schäden aus dem Zweiten Weltkrieg wurden behoben.

Ye Olde Starre Inne ist vermutlich die älteste Schankwirtschaft in York.

Blick von der 1863 errichteten Lendal Bridge auf die Guildhall

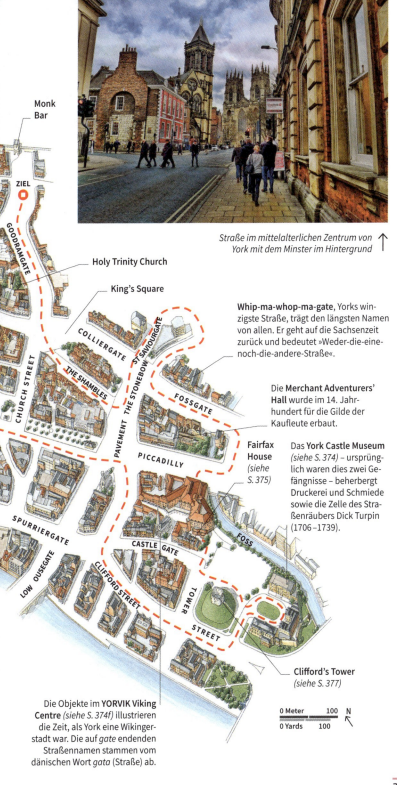

Straße im mittelalterlichen Zentrum von York mit dem Minster im Hintergrund

Whip-ma-whop-ma-gate, Yorks winzigste Straße, trägt den längsten Namen von allen. Er geht auf die Sachsenzeit zurück und bedeutet »Weder-die-eine-noch-die-andere-Straße«.

Die **Merchant Adventurers' Hall** wurde im 14. Jahrhundert für die Gilde der Kaufleute erbaut.

Fairfax House *(siehe S. 375)*

Das **York Castle Museum** *(siehe S. 374)* – ursprünglich waren dies zwei Gefängnisse – beherbergt Druckerei und Schmiede sowie die Zelle des Straßenräubers Dick Turpin (1706–1739).

Clifford's Tower *(siehe S. 377)*

Die Objekte im **YORVIK Viking Centre** *(siehe S. 374f)* illustrieren die Zeit, als York eine Wikingerstadt war. Die auf *gate* endenden Straßennamen stammen vom dänischen Wort *gata* (Straße) ab.

Castle Howard

🏠 A64 von York 📞 +44 1653 648 333 🚉
🕐 Schloss: tägl. 10:30–13; Park: tägl. 10–17
🌐 castlehoward.co.uk

Castle Howard wurde auf dem Gelände einer ehemaligen mittelalterlichen Festung erbaut. Das prächtige barocke Herrenhaus umrahmt ein wunderschönes Parkgelände. Das Anwesen wird noch immer von seinen Eigentümern, der Familie Howard, bewohnt.

Charles, 3. Earl of Carlisle, beauftragte 1699 John Vanbrugh, einen Mann mit kühnen Ideen, aber bislang ohne architektonische Erfahrung, mit der Konzeption des Anwesens. Der Baumeister Nicholas Hawksmoor realisierte Vanbrughs Pläne. Der Haupttrakt wurde 1712 fertiggestellt. Der Westflügel entstand 1753–59 nach einem Entwurf von Thomas Robinson, Schwiegersohn des Grafen. Das Castle diente als Drehort für die Verfilmung von Evelyn Waughs Roman *Wiedersehen mit Brideshead* (1945), in den 1980er Jahren für das Fernsehen, 2008 für das Kino.

Sir John Vanbrugh

Der als Soldat ausgebildete John Vanbrugh (1664–1726) wurde als Dramatiker, Architekt und Mitglied der aristokratischen Whig-Partei bekannt. Zusammen mit Nicholas Hawksmoor entwarf er Blenheim Palace, doch das Establishment verspottete seine kühne, später sehr bewunderte architektonische Vision. Er starb 1726 vor der Fertigstellung seines Temple of the Four Winds im Garten von Castle Howard.

Schon gewusst?

Die hohe Kuppel war die erste ihrer Art in einem Privathaus in Großbritannien.

Die **Vorderfassade** ist – ungewöhnlich für das 17. Jahrhundert – nach Norden ausgerichtet.

Ostflügel

Alle **Prunkzimmer** sind nach Süden, auf die Gartenanlagen, ausgerichtet.

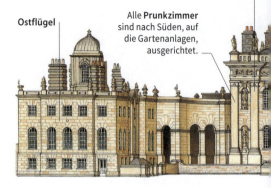

Illustration mit den wichtigsten Bauwerken von Castle Howard ↑

Südfassade und Park von Castle Howard; Lange Galerie (Detail)

Highlight

Die **Great Hall** birgt Säulen von Samuel Carpenter, Wandgemälde von Antonio Pellegrini (1675–1741) und eine Rundgalerie.

In der **Langen Galerie** werden Gemälde und Skulpturen präsentiert.

In der **Antique Passage** sind die im 18. und 19. Jahrhundert von den verschiedenen Carlisle-Grafen gesammelten Antiquitäten zu sehen.

Westflügel

Nordfassade

Die **Kapelle** hat Buntglasfenster von Edward Burne-Jones, hergestellt von Morris & Co.

Der **Museum Room** birgt Kostbarkeiten wie eine Vase aus Delft aus dem 17. Jahrhundert.

Hügellandschaften begrenzen die Haupttäler wie Swaledale

③ Yorkshire Dales National Park

🏠 North Yorkshire 🚆 Skipton 🚌 ℹ️ Yorkshire Dales National Park Authority, Yoredale; +44 300 456 0030 🌐 yorkshiredales.org.uk

Der Nationalpark besteht aus den drei Haupttälern Swaledale, Wensleydale und Wharfedale sowie einigen kleineren wie Deepdale. Diese steilen, durch eiszeitliche Gletscher geformten Täler werden von Hochmoor, Heidelandschaften und Wiesen bedeckt, auf denen seit Jahrhunderten Viehzucht betrieben wird.

SWALEDALE

Swaledales Wohlstand basierte maßgeblich auf dem Handel mit Wolle. Das Tal ist berühmt für seine traditionsreiche Schafzucht. Schafe grasen auch bei rauestem Wetter auf den Hängen.

Der Fluss Swale, der dem nördlichsten Tal der Yorkshire Dales den Namen gibt, ergießt sich vom kargen Moorland über mehrere Wasserfälle hinunter zu den bewaldeten Hängen und durchfließt die Orte Reeth und Richmond.

Das Gebiet ist ein Dorado für Radfahrer: Im Jahr 2014 führte die Tour de France auf der B6270 zwischen Thwaite und Hawes über den Buttertubs Pass.

① Richmond
🏞️ 10 000 ℹ️ Market Hall, Market Place
🌐 richmondinfo.net

Die mittelalterliche Stadt ist Hauptzugang zum Swaledale. Unter Alan Rufus, dem ersten normannischen Earl of Richmond, wurde 1071 mit dem **Castle** begonnen. Ein Gewölbe führt zur Scolland's Hall (1080), einem der ältesten Gebäude Englands. Richmonds Gassen inspirierten Leonard McNally zu dem Lied *The Lass of Richmond Hill* (1787). Das georgianische Theater (1788) ist das einzige erhaltene dieser Zeit.

Richmond Castle
 🏠 Tower St
📞 +44 870 333 1181
🕐 Apr–Okt: tägl. 10–17; Nov–März: Sa, So 10–16
🌐 english-heritage.org.uk

② Swaledale Museum
🏠 Reeth 📞 +44 1748 884 118 🕐 tägl. 10–17
🌐 swaledalemuseum.org

In Reeth, einst Zentrum des Bleiminenabbaus, liegt dieses Museum in einer ehemaligen Sonntagsschule. Zu sehen sind Artefakte aus der Wollverarbeitung und dem Bergbau sowie Erinnerungsstücke an eine Blaskapelle.

WENSLEYDALE

Highlight

Wensleydale, das größte Tal der Yorkshire Dales, ist bekannt für Käse, außerdem für James Herriots Bücher und die originale TV-Serie *Der Doktor und das liebe Vieh*. Die leichten Wanderwege sind eine gute Alternative zu den großen Hochmoortouren.

Dales Countryside Museum

- Station Yard, Hawes
- +44 1969 666 210
- siehe Website
- dalescountrysidemuseum.org.uk

In Hawes, der größten Stadt von Upper Wensleydale, zeigt ein kleines Museum in einem ehemaligen Lager für Eisenbahngüter Gegenstände aus dem Alltag und der Industrie der Upper Dales im 18. und 19. Jahrhundert – inklusive Geräte zur Butter- und Käseherstellung. Mönche der nahen Jervaulx Abbey erfanden den Wensleydale-Käse. In der Nähe gibt es eine Seilerei.

Im Sommer finden in Hawes, einer von Englands höchstgelegenen Marktstädten, Viehauktionen statt. Wer den Wensleydale-Käse probieren möchte, kann dies in der Wensleydale Creamery tun, die Führungen und Vorführungen, einen Hofladen und ein Restaurant bietet.

Hardraw Force

- Hardraw, nahe Hawes
- hardrawforce.com

Im benachbarten Hardraw stürzt Englands höchster stufenloser Wasserfall 29 Meter in die Tiefe. Er wurde in viktorianischen Zeiten bekannt, als ihn der Draufgänger Blondin auf dem Drahtseil überquerte. Heute kann man hinter ihm hindurchgehen, ohne nass zu werden. Ein Spaziergang zum Wasserfall startet am Green Dragon Inn.

> Wensleydale, das größte Tal der Yorkshire Dales, ist bekannt für Käse, außerdem für James Herriots Bücher und die originale TV-Serie *Der Doktor und das liebe Vieh*.

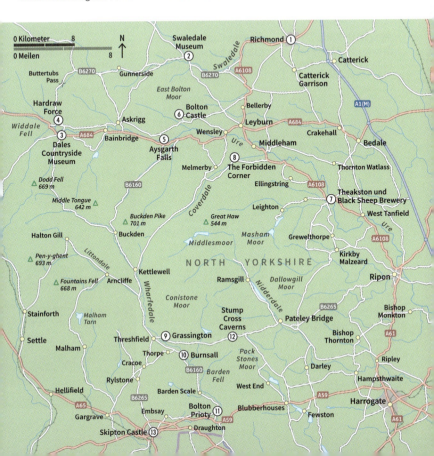

← *Aussichtspunkt mit bestem Blick auf die herabstürzenden Aysgarth Falls*

⑤ Aysgarth Falls

Aysgarth Aysgarth Falls National Park Centre; +44 1969 662 910

Von einer alten Pferdebrücke sieht man die Stelle, an der der bislang ruhig fließende Ure plötzlich schäumend über Kalksteinriffe stürzt. Vor allem nach stärkeren Regenfällen ist der Anblick spektakulär. Turner malte 1817 die eindrucksvollen unteren Wasserfälle.

Es gibt ausreichend Parkplätze und ein Café. Tipps zu Wanderungen bekommt man im Besucherzentrum des Nationalparks ganz in der Nähe.

> **Der skurrile ummauerte Garten ist gespickt mit Statuen, viktorianisch anmutenden Laubengängen, Tunneln, Brunnen, Grotten und einem Labyrinth.**

⑥ Bolton Castle

Castle Bolton, nahe Leyburn Apr – Okt: tägl. 10 – 17 boltoncastle.co.uk

Der erste Lord Scrope, Kanzler von England, ließ 1379 die spektakuläre Festung im Dorf Castle Bolton errichten. Elizabeth I hielt hier Mary Stuart, Königin der Schotten, 1568/69 gefangen.

⑦ Theakston und Black Sheep Brewery

Masham +44 1765 680 000 siehe Websites theakstons.co.uk blacksheepbrewery.com

Im hübschen Masham braut die Theakston Brewery das »Old Peculiar«-Ale. Die Familie Theakston produziert hier seit 1827. Im Jahr 1992 gründete Paul Theakston, ein junges Familienmitglied, mit Black Sheep eine weitere Brauerei. Beide bieten Besuchern Führungen und Verkostungen an, Theakston zudem ein Brauereimuseum, Black Sheep ein Restaurant.

Masham selbst hat einen von Häusern aus dem 17./18. Jahrhundert umgebenen Platz, der einst für Schafmessen genutzt wurde.

⑧ The Forbidden Corner

Tupgill Park Estate, nahe Leyburn Apr – Okt: tägl. 12 bis Sonnenuntergang (So ab 10); Nov, Dez: Sa, So 10 bis Sonnenuntergang theforbiddencorner.co.uk

Der skurrile ummauerte Garten ist gespickt mit Statuen, viktorianisch anmutenden Laubengängen, Tunneln, Brunnen, Grotten und einem Labyrinth. Da es keine Karte gibt, muss man sich seinen eigenen Weg durch das Labyrinth bahnen. Der Besuch ist nur nach vorheriger Reservierung möglich.

WHARFEDALE

Typisch für dieses Tal ist das von ruhigen Marktstädten an mäandernden Flussabschnitten durchsetzte Moorland. Grassington ist ein beliebter Ausgangspunkt für die Erkundung des Wharfedale. Doch auch die Dörfer Burnsall, das von einem Berg (506 m) überragt wird, und Buckden beim Buckden Pike (701 m) sind gute Startpunkte.

In der Nähe ragen die drei Gipfel Whernside (736 m), Ingleborough (724 m) und Pen-y-ghent (694 m) auf. Sie sind bekannt für insgesamt schwieriges Gelände, aber das hält Bergwanderer nicht davon ab, alle an einem Tag zu besteigen.

↑ Blumengeschmückte Steinhäuser flankieren die Gassen im hübschen Ort Grassington

Schon gewusst?
Bei der Yorkshire Three Peaks Challenge werden Pen-y-ghent, Ingleborough und Whernside bestiegen.

⑨ Grassington
🏠 15 km nördlich von Skipton ℹ️ Grassington National Park Centre, Hebden Rd; +44 1756 751690
w grassington.uk.com

Mit hübschen Steinhäusern und dem kopfsteingepflasterten Hauptplatz ist Grassington ein georgianisches Städtchen wie aus dem Bilderbuch. Das **Grassington Folk Museum** illustriert die Geschichte der Region mit Schwerpunkten auf Landwirtschaft und Bergbau.

Grassington Folk Museum
 🏠 The Square
🕐 Apr – Okt: tägl. 14 – 16:30
w grassingtonfolkmuseum.co.uk

⑩
Burnsall
🏠 5 km südöstl. von Grassington

Auf dem Friedhof von St Wilfrid sieht man Grabsteine aus der Wikingerzeit und ein vom Bildhauer Eric Gill (1882 – 1940) gestaltetes Grabmal der Familie Dawson. Das Dorf liegt an einer jahrhundertealten fünfbogigen Brücke.

> **Expertentipp**
> **Bahnfahrt**
>
> Unternehmen Sie als wunderbaren Tagesausflug eine Bahnfahrt von Settle nach Carlisle (116 km) durch malerische Landschaften. Einige Brücken, Viadukte und Tunnel an der Strecke sind Meisterwerke viktorianischer Ingenieurskunst (www.settle-carlisle.co.uk).

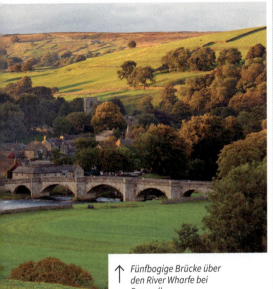

↑ Fünfbogige Brücke über den River Wharfe bei Burnsall

Schon gewusst?

Bolton Abbey beherbergt eine 600 Jahre alte Eiche, bekannt als Laund Oak.

⑪ Bolton Priory

Bolton Abbey, Skipton
+44 1756 710 503
siehe Website
boltonabbey.com

Eines der schönsten Gebiete von Wharfedale erstreckt sich um das Dorf Bolton Abbey auf dem Land des Duke of Devonshire. Es gibt 46 Kilometer angelegte Wege. Viele sind für Behinderte und Familien mit Kindern geeignet.

Die Ruinen der Bolton Priory – das Kloster wurde im Jahr 1154 von Augustinermönchen an der Stelle einer alten Sachsenresidenz errichtet – umfassen Kirche, Kapitelsaal, Kreuzgang sowie den Wohnbereich des Abts. Das Anwesen zeugt vom Reichtum, den die Mönche mit der Wolle ihrer Schafe erzielten. Eine Sehenswürdigkeit auf dem Gelände ist »The Strid«, wo der Wharfe schäumend durch eine Klamm tost und die Felsen aushöhlt.

⑫ Stump Cross Caverns

Greenhow Hill, Pateley Bridge +44 1756 752 780
Mitte Feb – Mitte Jan: tägl. 9–18 stumpcrosscaverns.co.uk

Die Höhlen wurden im Verlauf von rund einer halben Million Jahre geformt: Rinnsale von unterirdischem Wasser bildeten verschlungene Durchgänge in verschiedenen Formen und Größen aus. Die Höhlen wurden in der letzten Eiszeit verschlossen und erst in den 1950er Jahren entdeckt, als Bergleute einen Schacht in die Erde trieben.

⑬ Skipton Castle

Skipton +44 1756 792 442 tägl. 10–16
skiptoncastle.co.uk

Robert de Clifford ließ die Burg aus dem 11. Jahrhundert im 14. Jahrhundert fast komplett neu errichten. Henry, der unter Henry VIII Lord Clifford wurde, fügte den wunderschönen Conduit Court hinzu. Die Eibe in der Mitte des Hofs pflanzte Lady Anne Clifford im Jahr 1659, um den Umfang der Restaurierungsarbeiten nach den Schäden des Bürgerkriegs zu markieren.

Die außerhalb des Nationalparks am Rand der Yorkshire Dales gelegene Marktstadt Skipton ist eines der größten Viehzucht- und Viehauktionszentren in Nordengland.

Highlight

Pub

Falcon Inn

In diesem Pub wird das Bier nach alter Tradition im Krug serviert. Das Gasthaus bietet auch Zimmer und ist ein idealer Ausgangspunkt zur Erkundung des Nationalparks.

Arncliffe, nahe Skipton
thefalconinnskipton.co.uk

£££

↑ Bizarre Kalksteinformationen in den Stump Cross Caverns

Rundwanderung von Malham aus

Länge 6 km **Dauer** 2 Std. **Gelände** Einige Abschnitte sind uneben und können bei Nässe sumpfig sein.

Das Gebiet um Malham, das vor 10 000 Jahren durch Gletschererosion geformt wurde, ist eine der dramatischsten Kalksteinlandschaften Großbritanniens. Die Wanderung vom Dorf Malham aus kann über zwei Stunden dauern, wenn man an den Aussichtspunkten eine Pause einlegt. Zu den landschaftlichen Höhepunkten gehören Gordale Scar, eine Schlucht aus zartem Tuffstein, und Malham Cove, ein riesiges natürliches Amphitheater, das durch einen gewaltigen geologischen Riss entstanden ist, der wie ein gigantischer Stiefelabsatz in der Landschaft aussieht.

Zur Orientierung
Siehe Karte S. 372f

Die tiefe Schlucht **Gordale Scar** wurde vom Schmelzwasser der Gletscher geformt.

Der schwarze Streifen in der Mitte der 76 Meter tiefen Einbuchtung **Malham Cove** stammt von einem früheren Wasserfall.

Im reizvollen Dorf **Malham** ist ein Besucherzentrum des Nationalparks mit Infos zu Autotouren und Wanderungen.

Der Wasserfall **Janet's Foss** ist nach der Feenkönigin benannt, die dahinter leben soll.

Fountains Abbey

Studley Royal Estate, Ripon von Ripon oder Harrogate
+44 1765 608 888 tägl. 10–17 (Okt – März: bis 16)
24., 25. Dez nationaltrust.org.uk/fountains-abbey

Die ausgedehnten Sandsteinruinen von Fountains Abbey und der fantastische Wassergarten von Studley Royal schmiegen sich in das bewaldete Flusstal des Skell. 1132 gründeten Benediktinermönche das Kloster, das sich drei Jahre später den Zisterziensern anschloss. Mitte des 12. Jahrhunderts war es bereits die reichste Abtei Englands.

Nach einer langen Blütezeit verfiel die Abtei während der Säkularisation. Am Anfang des 18. Jahrhunderts erschloss John Aislabie, ehemaliges Parlamentsmitglied für Ripon und Schatzkanzler, das Land und den Wald der Abteiruinen. Er begann mit den Arbeiten an den georgianischen Wassergärten, Statuen und klassischen Tempeln auf dem Gelände, die von seinem Sohn William fortgesetzt wurden. Studley Royal und die Abtei gehören seit 1986 zum UNESCO-Weltkulturerbe. Die Abteigebäude spiegeln den Wunsch der Zisterzienser nach Einfachheit und Strenge wider. Sie verteilten häufig Almosen an Arme und Kranke sowie an Reisende.

Das Gebäude umfasst einen großen Saal mit einer Minnesängergalerie und einem von klassizistischen Säulen flankierten Eingang. Die prächtige viktorianisch-gotische St Mary's Church wurde von 1871 bis 1878 von William Burges erbaut. Im Inneren ist das Chorgestühl mit bunten, geschnitzten Papageien verziert. Im Wassergarten befindet sich der überkuppelte Temple of Fame mit Säulen, die wie Sandstein aussehen, aber aus hohlem Holz bestehen.

Highlight

Der Temple of Piety, ein malerisches Gartenhaus, war ursprünglich Herkules gewidmet

 Fotomotiv
Abteiblick

Der gotische Alkoven am Surprise View wurde im 18. Jahrhundert erbaut. Wenn Besucher eintrafen, warf ein Diener die Tür zurück und gab den Blick auf die Ruinen der Abtei frei. Von hier aus können Besucher schöne Fotos von der Abtei und dem Fluss Skell machen.

Im Cellarium wurden Lebensmittel und andere Produkte gelagert

Auflösung der Klöster (1536–40)

Anfang des 16. Jahrhunderts besaßen die Klöster ein Sechstel der Ländereien Englands. Ihr Jahreseinkommen war viermal so hoch wie das der Krone. Als Henry VIII 1536 alle religiösen Stätten schließen ließ und deren Güter übernahm (Säkularisation), erhoben sich katholische Nordengländer unter der Führung von Robert Aske. Nach der Niederschlagung der Rebellion wurde Aske mit einigen Anhängern hingerichtet. Die Auflösung der Klöster dauerte unter Thomas Cromwell (Spitzname: »Mönchshammer«) an.

Durch das Gelände der Fountains Abbey fließt auch der Skell

↑ *Typisches Bild in den North York Moors: Höfe mit heckenumrahmten Feldern*

⑤
North York Moors National Park

🏠 North Yorkshire 🚉 Whitby 🚌 Pickering
ℹ️ Sutton Bank; The Moors National Park Centre, Danby
🌐 northyorkmoors.org.uk

Bei einer Wanderung auf dem Cleveland Way erlebt man die große Vielfalt und bezaubernde Schönheit dieser Gegend am besten. Er verläuft durch ursprüngliche Heidemoorlandschaften und fruchtbare Täler und führt hinunter zu Yorkshires spektakulärer Küste, wo malerische Fischerdörfer bis an steil aufragende Klippen reichen.

① Whitby

🏠 72 km nordöstl. von York
👥 14 000 ℹ️ Langbourne Rd; +44 1723 383 637 📅 Di, Sa
🎉 Angling Festival (Apr, Juni, Sep); Whitby Regatta (Aug)
🌐 discoveryorkshirecoast.com

Der frühere Walfanghafen verfügt noch immer über eine Fischereiflotte. Berühmt ist das Städtchen jedoch für seine prächtige zerstörte Abtei, seinen Schmuck und seine Rolle in Bram Stokers *Dracula*. In viktorianischer Zeit beherbergten Cottages am Fuß der Ostklippen Werkstätten, die Gagat (Pechkohle) zu Schmuckgegenständen verarbeiteten. Heute verkaufen Läden auf antik getrimmte und moderne Stücke.

Die Mündung des Esk teilt Whitby. Die Altstadt zieht sich mit hübschen kopfsteingepflasterten Straßen und pastellfarbenen Häusern um den Hafen. Dazwischen thront St Mary's Church mit einer angeblich von Schiffszimmerleuten angefertigten Holzausstattung. Das 657 gegründete Kloster wurde im 11. Jahrhundert Abtei des Benediktinerordens. Die meisten Ruinen stammen aus dem 13. Jahrhundert.

Auf der gegenüberliegenden Seite des Hafens befindet sich eine imposante Bronzestatue des Entdeckers James Cook (1728–1779), der hier als Junge bei einer Reederei in die Lehre ging. Das Haus beherbergt heute das **Captain Cook Memorial Museum**.

Das **Whitby Museum and Pannett Art Gallery** zeigt eine Sammlung mit Gemäl-

> Expertentipp
> **Staithes Art Festival**
>
> Das Dorf Staithes wird jedes Jahr während des Staithes Art Festival durch Kunstwerke von einheimischen und ausländischen Künstlern verwandelt (www.staithesfestival.com).

des 19. und 20. Jahrhunderts, Objekte, die die lokale Geschichte illustrieren, wie Jet-Schmuck, Artefakte von Captain Cook und Kostüme.

Captain Cook Memorial Museum
Grape Lane
Feb, März: tägl. 11–15;
Apr–Jan: tägl. 9:45–17
cookmuseumwhitby.co.uk

Whitby Museum and Pannett Art Gallery
Pannett Park
Di–So 9:30–16:30
whitbymuseum.org.uk

②
Robin Hood's Bay
8 km südl. von Whitby
1500 Whitby
Langbourne Rd, Whitby;
+44 1723 383 636
robin-hoods-bay.co.uk

Der Sage nach hatte Robin Hood *(siehe S. 340)* hier Boote für den Fall einer Flucht liegen. Das Dorf kann eine lange Schmugglergeschichte vorweisen. Viele Häuser besitzen unter Fußböden und hinter Wänden raffinierte Verstecke für Schmugglerware. Die kopfsteingepflasterte Hauptstraße ist so steil, dass Autos auf dem Parkplatz bleiben müssen.

Es gibt einen Felsenstrand mit Felsenbecken für Kinder. Bei Ebbe führt ein 15-minütiger Spaziergang zum südlichen Boggle Hole. Achten Sie auf die Gezeiten!

③
Mount Grace Priory
an der A19, nordöstl. von Northallerton Northallerton, dann Bus März: Mi–So 10–16; Apr–Okt: tägl. 10–17; Nov–Feb: Sa, So 10–16
english-heritage.org.uk

Das von 1398 bis 1539 genutzte Kloster ist das am besten erhaltene Kartäuserkloster in England. Die Mönche legten ein Schweigegelübde ab und lebten in Einzelzellen, jede mit eigenem Garten und einer Luke, sodass sie nicht einmal die Person sehen konnten, die ihnen das Essen servierte. Die Mönche trafen sich nur zu Mette, Vesper und den Festtagsgottesdiensten.

Zu den Ruinen des Priorats gehören das ehemalige Gefängnis, das Torhaus und der Vorhof, Scheunen und Zellen. Die Kirche (14. Jh.) wurde von den Mönchen nur selten genutzt. Die Gärten wurden vor Kurzem umgestaltet und umfassen Wiesen und einen Obstgarten.

Highlight

Hotel

La Rosa, Whitby
Das Hotel in einem schönen viktorianischen Stadthaus verfügt über Zimmer, die mit sorgfältig ausgewählten Möbeln eingerichtet sind. Die Aussicht auf Meer und Abtei ist spektakulär.

5 East Terrace, Whitby larosa.co.uk
£££

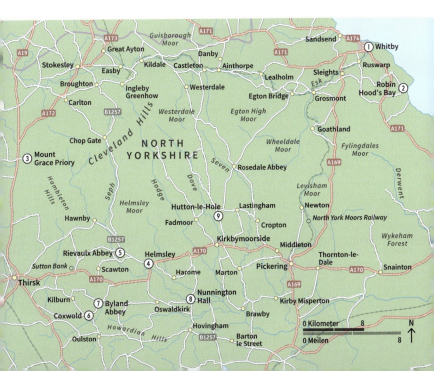

④
Helmsley

🏠 40 km nördl. von York
👥 1500 ℹ️ 93A Market Place, Thirsk; +44 1845 522 755 🌐 visithelmsley.co.uk

Die hübsche Marktstadt ist bekannt für ihre Burg, heute eine imposante Ruine. Die Bedeutung der von 1186 bis 1227 erbauten Festung zeigt sich am Bergfried, am Turm und an den Zwischenmauern. Die Helmsley Brewing Co. ist für ihr Craftbeer bekannt.

⑤
Rievaulx Abbey

🏠 5 km westl. von Helmsley
🚆 Thirsk oder Scarborough, dann Bus oder Taxi ☎ +44 1439 798 228 🕐 März: Mi–So 10–16; Apr–Okt: tägl. 10–17; Nov–Feb: Sa, So 10–16 🌐 english-heritage.org.uk

Die Abtei gehört wegen ihrer Lage im bewaldeten Tal des Rye und ihrer ausgedehnten Überreste zu den schönsten Klosterruinen. Steile Abhänge machten sie nur schwer zugänglich. Mönche des französischen Zisterzienserordens von Clairvaux gründeten hier 1132 ihr erstes Hauptkloster in England. Die Hauptgebäude wurden alle vor 1200 fertiggestellt. Die Strukturen von Kirche, Küche und Krankenstation vermitteln Besuchern eine Vorstellung vom damaligen Klosterleben.

⑥
Coxwold

🏠 13 km südwestl. von Helmsley 👥 250
ℹ️ 93A Market Place, Thirsk; +44 1845 522 755
🌐 coxwoldvillage.co.uk

Das charmante Dorf direkt an der Grenze zum North York Moors National Park liegt unterhalb der Howardian Hills. Die Kirche aus dem 15. Jahrhundert besitzt einen schönen georgianischen Chor und einen auffälligen achteckigen Turm. Coxwold ist bekannt als Heimat des Schriftstellers Laurence Sterne (1713–1768), der *Leben und Meinungen des Tristram Shandy* und *Eine empfindsame Reise* schrieb. Er kam im Jahr 1760 als Hilfsgeistlicher nach Coxwold und mietete ein verwinkeltes Haus, das er **Shandy Hall** (»exzentrisches Haus«) nannte. Das Fachwerkhaus mit offener Vorhalle aus dem 15. Jahrhundert wurde im 17. Jahrhundert modernisiert. Sterne ließ später noch eine Fassade hinzufügen. Sein Grab befindet sich neben dem Eingang zur Kirche von Coxwold.

Shandy Hall
🕐 Haus: Mai–Sep: Mi, So für Führungen; Garten: Mai–Sep: So–Fr 11–16:30 🌐 laurencesternetrust.org.uk

> **Schöne Aussicht**
> **Sutton Bank**
>
> Von dem Hang acht Kilometer westlich der Rievaulx Abbey hat man einen atemberaubenden Blick bis zu den Pennines. Der Aufstieg ist steil, oben gibt es ein Besucherzentrum und ein Café.

⑦ ♿ EH
Byland Abbey

🏠 2,5 km nordöstl. von Coxwold 📞 +44 1347 868 614
🚆 Thirsk 🚌 von York oder Helmsley 🕐 Apr – Sep: tägl. 10 –18; Okt: tägl. 10 –17; Nov – März: tägl. 10 –16
🌐 english-heritage.org.uk

Das Zisterzienserkloster wurde im Jahr 1177 von Mönchen der Furness Abbey in Cumbria gegründet. Es besaß die damals größte Zisterzienserkirche Englands (Länge: 100 m, Breite des Querschiffs: 41 m). Noch heute kann man die Größe der Klosteranlage nachvollziehen. Zu sehen sind Kreuzgänge, die Westfassade und der grün-gelbe Fliesenboden sowie kunstvolle Reliefs und Kapitellmeißelungen im Museum.

Im Jahr 1322 fand in der Nähe die Schlacht von Byland statt. König Edward II entkam nur um Haaresbreite, als das schottische Heer erfuhr, dass er mit dem Abt speiste. Auf der Flucht musste der König einen Großteil seiner Schätze zurücklassen, die dann von Soldaten geraubt wurden.

↑ *Ruinen der Rievaulx Abbey, früher eine der reichsten in England*

North Yorkshire Moors Railway

Im 19. Jahrhundert förderte die neue Eisenbahnverbindung über die Yorker Moore an die Ostküste die Handelsverbindungen und brachte auch Urlauber nach Whitby. Der Abschnitt zwischen Whitby und Pickering über Grosmont wurde in den 1960er Jahren eingestellt, später aber als historische Strecke wiedereröffnet. Heute ist er eine der beliebtesten Dampfeisenbahnlinien Großbritanniens. Die 38 Kilometer lange Strecke ist ebenso reizvoll wie die restaurierten Bahnhöfe, die sie säumen. Am bekanntesten ist der von Goathland, er dient im ersten Harry-Potter-Film als Bahnhof von Hogsmeade.

Highlight

⑧ 🍴 💻 🛍 ♿ NT
Nunnington Hall

🏠 Nunnington 🚆 Malton, dann Bus oder Taxi
🕐 Feb – Sep: tägl. 10 –17; Okt: Di – So 10 –17; Nov – Mitte Dez: Fr – So 10:30 –16
🌐 nationaltrust.org.uk

Das Herrenhaus (17. Jh.) vereint verschiedene Baustile, auch aus der Zeit von Queen Elizabeth I und den Stuarts. Architektonisch bemerkenswert ist die Verwendung von unterbrochenen Giebeln.

Nunnington Hall war bis 1952 bewohnt. Dann stiftete Mrs Ronald Fife das Haus dem National Trust. Sehenswert sind vor allem die einst bemalte Täfelung in der Oak Hall und die 22 Miniaturzimmer mit Mobiliar aus diversen Epochen. Besitzer um die Mitte des 16. Jahrhunderts war Robert Huick, der Leibarzt von Henry VIII. Huick wurde bekannt für seinen Rat an Elizabeth I, mit 32 Jahren keine Kinder mehr zu bekommen.

⑨
Hutton-le-Hole

🏠 15 km nordöstl. von Helmsley 🚌 200 🚆 Pickering, dann Bus (saisonabhängig) ℹ️ Ryedale Folk Museum; +44 1751 417 367

Typisch für das malerische Dorf Hutton-le-Hole sind weitläufige Grünflächen mit Schafherden, gepflegte Häuser, Läden und Gaststätten sowie die charakteristischen weißen Holzzäune, die sich durch die grüne Landschaft ziehen. Manche der mit roten Dachziegeln gedeckten Kalksteincottages geben ihr Alter über der Tür an.

Im hübschen Dorfzentrum befindet sich das **Ryedale Folk Museum**, das mit vielen Artefakten und Gebäudenachbildungen das Leben der Bauerngemeinde nachzeichnet.

Ryedale Folk Museum
🍴 ♿ 🕐 Mitte Feb – Nov: tägl. 10 –16 🌐 ryedalefolkmuseum.co.uk

SEHENSWÜRDIGKEITEN

⑥ Harrogate

North Yorkshire · 76 000 · The Royal Baths, Crescent Rd; +44 1423 537 300 · visitharrogate.co.uk

Harrogate war zwischen 1880 und dem Ersten Weltkrieg mit fast 90 Heilquellen Nordenglands führender Kurort. Viele Besucher gönnen sich einen erholsamen Aufenthalt in den **Turkish Baths Harrogate**.

Die Geschichte des Kurorts belegt das **Royal Pump Room Museum**, wo man verschiedene Wasserarten ausprobieren kann.

Harrogate ist auch bekannt für den von der Royal Horticultural Society betriebenen **RHS Garden Harlow Carr** und für die Blumenschau im Herbst.

Turkish Baths Harrogate
Parliament St · siehe Website · turkishbathsharrogate.co.uk

Royal Pump Room Museum
Crown Pl · Mo–Sa 10–16, So 12–14 · harrogate.gov.uk

RHS Garden Harlow Carr
Crag Lane · März–Okt: tägl. 9:30–18; Nov–Feb: tägl. 9:30–16 · rhs.org.uk

⑦ Ripley

North Yorkshire · 300 · von Harrogate oder Ripon · visitharrogate.co.uk

Seit den 1320er Jahren, als die erste Generation der Familie Ingilby **Ripley Castle** bewohnte, lebten im Dorf Ripley lange Zeit fast nur Burgbedienstete. William Amcotts-Ingilby war in den 1820er Jahren von einem lothringischen Dorf so hingerissen, dass er ein ähnliches im französisch-gotischen Stil bauen ließ.

In Ripley Castle hielt sich Oliver Cromwell nach der Schlacht von Marston Moor auf. Zum ausgedehnten Gelände gehören eine Parkanlage, zwei Seen und ein Wildgehege.

Ripley Castle
Ripley · Apr–Okt: tägl. 9:30–17; Nov–März: tägl. 10–16 · ripleycastle.co.uk

→ *Knaresborough mit seiner beeindruckenden Brücke über den River Nidd*

⑧ Ripon

North Yorkshire · 17 000 · von Harrogate · Town Hall, Marketplace; +44 845 389 0178 · Do · visitharrogate.co.uk

Die bezaubernde Stadt Ripon ist bekannt für ihre Cathedral of St Peter and St Wilfrid. Die Krypta ist kaum drei Meter hoch und zwei Meter breit und gilt als älteste vollständig erhaltene Englands. Die Kathedrale ist für ihre Miserikordien mit vorchristlichen und alttestamentarischen Motiven bekannt. Der Architekturhistoriker Nikolaus Pevsner (1902–1983) bezeichnete die Westfassade als schönste Englands.

Newby Hall and Gardens, ein Anwesen außerhalb von Ripon, gehört seit 1748 derselben Familie. Für das Gebäude wurde im späten 17. Jahrhundert der Architekturstil von Christopher Wren imitiert. Besuchern steht ein zehn Hektar großes Parkgelände offen. Die Blumengärten blühen jeweils zu einer anderen Jahreszeit.

Newby Hall and Gardens
nahe Ripon · Apr–Sep: Di–So 11–17 · newbyhall.com

↑ *Ruheraum mit orientalischem Flair, Turkish Baths Harrogate*

Schon gewusst?

Eine Prophezeiung von Mutter Shipton, die in Erfüllung ging, war der Große Brand von London.

Knaresborough

North Yorkshire 15 000 von Harrogate Market Place; +44 1423 866 886

Hoch über dem Fluss Nidd liegt eine der ältesten Städte, die im *Domesday Book*, dem Reichsgrundbuch von 1086, erwähnt werden. Die Straßen säumen Häuser aus dem 18. Jahrhundert.

Mother Shipton's Cave ist angeblich Englands älteste Urlauberattraktion. Die Höhle wurde 1630 als Geburtsort von Ursula Sontheil, der legendären »Prophetin von Yorkshire«, bekannt.

Mother Shipton's Cave
Prophecy House, High Bridge Apr–Okt: tägl. 10–16:30 (Schulferien bis 17:30) mothershipton.co.uk

Scarborough

North Yorkshire 62 000 Town Hall, St Nicholas St Mo–Sa discoveryorkshirecoast.com

Die Stadt, seit dem 16. Jahrhundert ein Kurort, bietet zwei Strände. Der Dramatiker Alan Ayckbourn inszeniert seine Werke im Stephen Joseph Theatre. Anne Brontë *(siehe S. 405)* wurde in der St Mary's Church beigesetzt.

Nahe **Scarborough Castle** fand man Relikte aus Bronze- und Eisenzeit, die im **Rotunda Museum** (1828/29) zu sehen sind. Die **Scarborough Art Gallery** zeigt Werke des lokalen Künstlers Atkinson Grimshaw (1836–1893).

Scarborough Castle
Castle Rd März: Mi–So 10–16; Apr–Okt: tägl. 10–17; Nov–Feb: Sa, So 10–16 english-heritage.org.uk

Rotunda Museum
Vernon Rd Di–So 10–17 scarboroughmuseumstrust.com

Scarborough Art Gallery
The Crescent Di–So 10–17 scarboroughmuseumstrust.com

Restaurants

The Sportsman's Arms
Probieren Sie in diesem umgebauten Bauernhaus ein Wildgericht.

Pateley Bridge, nahe Harrogate sportsmans-arms.co.uk

£££

Drum and Monkey
Spezialität ist Seafood mit Klassikern wie schottischer Lachs.

5 Montpellier Gardens, Harrogate So drumandmonkey.co.uk

£££

The Harbour Bar
Die klassische Eisdiele wurde 1945 eröffnet und bietet hervorragende Eisbecher und jede Menge Nostalgie.

1–3 Sandside, Scarborough theharbourbar.co.uk

£££

Hotels

Beverley Arms
Schöne Zimmer, modernes Restaurant und eine Loungebar sind Markenzeichen des Hauses.

🏠 25 North Bar Within, Beverley 🌐 beverleyarms.co.uk

£££

The Old Lodge
Die Tudor-Lodge (18. Jh.) ist ein guter Ausgangspunkt, um die Moore zu erkunden.

🏠 Old Maltongate, Malton 🌐 theoldlodgemalton.co.uk

£££

Tickton Grange
Schlittenbetten und Tische im japanischen Stil sind einige der besonderen Merkmale.

🏠 Tickton, Beverley 🌐 ticktongrange.co.uk

£££

---

⑪

Burton Agnes

🏠 an der A614, nahe Driffield, East Yorkshire ☎ +44 1262 490 324 🚉 Driffield, dann Bus 🕐 Apr – Okt: tägl. 11–17 🌐 burtonagnes.com

Das elisabethanische Herrenhaus aus rotem Backstein hat sich seit dem 16. Jahrhundert kaum verändert. Die preisgekrönten Gärten mit einem Labyrinth, Waldgebieten und einem ummauerten Garten sind der Hauptanziehungspunkt.

⑫

Bempton Cliffs und Flamborough Head

🏠 East Yorkshire 🚉 Bempton 🚌 Bridlington ℹ️ Bempton Cliffs Visitor Centre; +44 1262 422 212 🌐 rspb.org.uk

Die über fünf Kilometer langen steilen Kreideklippen zwischen Speeton und Flamborough Head bergen von April bis Oktober die größte Seevogelpopulation Englands und sind berühmt für ihre Papageitaucher. Die Vorsprünge und Spalten sind ideale Nistplätze. Hier gibt es über 100 000 Vogelpaare. Zur Vogelbeobachtung eignen sich die Monate Mai, Juni und Juli am besten.

Die Klippen sind gut von der Nordseite der Halbinsel Flamborough Head aus zu sehen.

⑬

Eden Camp Modern History Museum

🏠 Malton, North Yorkshire 🚉 Malton, dann Taxi 🕐 tägl. 10–17 🚫 23. Dez – 15. Jan 🌐 edencamp.co.uk

Das ungewöhnliche, preisgekrönte Museum widmet sich der Rolle Großbritanniens im Zweiten Weltkrieg. In Eden

Küstenlandschaft von Flamborough Head; Papageitaucher auf den Bempton Cliffs (Detail) ↓

Camp waren zwischen 1939 und 1948 deutsche und italienische Kriegsgefangene interniert. 1942 von Italienern erbaute Originalkasernen dienen als Museum mit Zeittafeln und Tonuntermalung.

14
Beverley

🏠 East Yorkshire 👥 30 000
ℹ️ East Riding Treasure House, Champney Rd; +44 1482 391 672 📅 Mo
🌐 visiteastyorkshire.co.uk

Die Geschichte Beverleys geht auf das 8. Jahrhundert zurück, als John, der später wegen seiner Heilkräfte heiliggesprochene Bischof von York, hier weilte. Über die Jahrhunderte wuchs die Bedeutung von Beverley.

Die Zwillingstürme des **Beverley Minster** bestimmen die Stadtsilhouette. Das verzierte Mittelschiff, der älteste erhaltene Gebäudeteil, geht auf das frühe 14. Jahrhundert zurück. Berühmt sind das Chorgestühl (16. Jh.) und die 68 Miserikordien.

Die St Mary's Church birgt die meisten mittelalterlichen Steinreliefs von Musikinstrumenten Großbritanniens. Der bemalte Minstrel Pillar

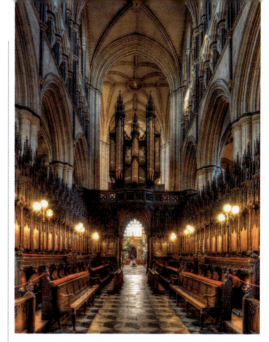

↑ Reich verzierter Innenraum und prachtvolle Orgel im Beverley Minster

(Musikantenpfeiler) aus dem 16. Jahrhundert ist sehr sehenswert. Das Portal der St Michael's Chapel ziert das grüne Pilgerkaninchen, das Lewis Carrolls weißes Kaninchen in *Alice im Wunderland* inspiriert haben soll.

Beverley Minster
🏠 Minster Yard
🕐 Mo – Sa 9 – 16, So 12 – 17
🌐 beverleyminster.org.uk

15
Wharram Percy

🏠 North Yorkshire 🚂 Malton, dann Taxi 🕐 tägl. von Sonnenauf- bis -untergang
🌐 english-heritage.org.uk

Das 1948 entdeckte mittelalterliche Dorf blühte zwischen dem 12. und 14. Jahrhundert, als die Familie Percy hier lebte. Das Dorf litt jedoch unter der Pest 1348/9, und als die Wollpreise stiegen, vertrieben die Grundbesitzer die Familien, um das Land für die Schafzucht zu nutzen. Um 1500 war das Dorf verödet. Zwischen 1948 und 2012 wurden bei Ausgrabungen Hinweise auf eine Gemeinde mit 30 Haushalten, zwei Herrenhäusern und den Überresten einer mittelalterlichen Kirche gefunden.

16
Burton Constable

🏠 nahe Hull, East Yorkshire
🚂 Hull, dann Taxi
🕐 Apr – Okt: Di – So 10 – 17
🌐 burtonconstable.com

Seit dem 13. Jahrhundert besitzt die Familie Constable hier viel Grund. Sie lebt seit 1570 in dem elisabethanischen Herrenhaus, das die Architekten Thomas Atkinson, Thomas Lightoller und James Wyatt im 18. Jahrhundert umgestalteten.

Heute sind die 30 Räume vorwiegend georgianisch und viktorianisch ausgestattet. Das Haus birgt schöne Chippendale-Möbel und Familienporträts aus dem 16. Jahrhundert. Die Familie lebt im Südflügel.

Ausstellungsstück im renommierten Royal Armouries Museum, Leeds

Leeds

🏠 Leeds 🏛 475 000 ✈ 🚉 ℹ The Headrow; +44 113 378 6977 🕐 Mo–Sa 🌐 visitleeds.co.uk

Leeds florierte in viktorianischer Zeit. Beeindruckendes Erbe ist eine Reihe prunkvoller Einkaufspassagen. Heute hat Leeds eine blühende Kulturszene. Die Opernaufführungen im **Leeds Grand Theatre** sind hervorragend. Die **Leeds Art Gallery** zeigt britische Kunst des 20. Jahrhunderts, viktorianische Gemälde und französische Kunst (19. Jh.).

In einer ehemaligen Wollspinnerei dokumentiert das **Leeds Industrial Museum** anhand von Tonaufnahmen, Maschinen, Werkzeug und Arbeitskleidung aus dem 19. Jahrhundert das industrielle Erbe der Stadt. Das **Leeds City Museum** zeigt die Geschichte der Stadt anhand von ethnografischen und archäologischen Exponaten.

Das **Royal Armouries Museum** liegt direkt am Fluss Aire und beherbergt eine Vielzahl von Waffen aus der ganzen Welt. Das **Thackray Museum of Medicine** erforscht die Geschichte der Medizin mit interaktiven Ausstellungen, darunter ein Operationssaal aus dem 19. Jahrhundert. Das Herrenhaus **Temple Newsam** zeigt Kunst und Möbel. Und es gibt auch einen auf seltene Nutztierrassen spezialisierten Bauernhof.

Leeds Grand Theatre
🏠 46 New Briggate 🌐 leedsgrandtheatre.com

Leeds Art Gallery
🏠 The Headrow 🕐 Di–Sa 10–17, So 12–16 🌐 museumsandgalleries.leeds.gov.uk

Leeds Industrial Museum
🏠 Canal Rd, Armley 🕐 Di–Fr 10–17, Sa, So 13–17 🌐 museumsandgalleries.leeds.gov.uk

Leeds City Museum
🏠 Millennium Sq 🕐 Di–Fr 10–17, Sa, So 12–17 🌐 museumsandgalleries.leeds.gov.uk

Royal Armouries Museum
🏠 Armouries Drive 🕐 tägl. 10–17 🌐 royalarmouries.org

Thackray Museum of Medicine
🏠 Beckett St 🕐 tägl. 10–17 🌐 thackraymuseum.co.uk

Temple Newsam
🏠 an der A63 🕐 Haus: Di–So 11–16; Hof: Di–So 10–17 ✖ Jan, 25., 26. Dez 🌐 museumsandgalleries.leeds.gov.uk

> **Larkin Trail**
> Philip Larkin (1922–1985), einer der wichtigsten britischen Nachkriegsdichter mit dem Image eines Pessimisten, lebte und arbeitete 25 Jahre lang als Universitätsbibliothekar in Hull. Ihm zu Ehren richtete die Stadt den Larkin Trail ein (www.thelarkintrail.co.uk). Drei Routen führen zu mit ihm in Verbindung stehenden Orten – eine im Zentrum, eine rund um die Universität und eine auf dem Land.

Harewood

🏠 nahe Leeds 🚉 Leeds, dann Bus 🕐 Haus: Apr–Okt: tägl. 11–16; Gelände: Apr–Okt: tägl. 10–18 🌐 harewood.org

Das 1759 von John Carr entworfene Schloss präsentiert Möbel des in Yorkshire geborenen Thomas Chippendale. Im Haus befinden sich Werke italienischer und englischer Künstler. Capability Brown schuf den Park samt dem Harewood Bird Garden.

Queen Victoria Square in Kingston upon Hull mit dem Maritime Museum

⑲ Kingston upon Hull

🏛 East Yorkshire 🚉 260 000 🚌 🚏 ℹ Paragon Interchange; +44 1482 223 559 🕐 Mo – Sa 🌐 visiteastyorkshire.com

Hull, wie man die Stadt meist verkürzt nennt, wurde 2017 zur britischen Kulturhauptstadt ernannt.

Die Altstadt prägen kopfsteingepflasterte Straßen und historische Gebäude wie das **Wilberforce House Museum**. Es zeigt persönliche Gegenstände des britischen Politikers und Sozialreformers William Wilberforce, der sich vehement gegen den Sklavenhandel im britischen Empire eingesetzt hatte. Im **Streetlife Museum**, das sich dem Transportwesen widmet, sieht man u. a. die älteste Tram Großbritanniens. Das **Hull and East Riding Museum**, ebenfalls im Museumsviertel, zur lokalen Geschichte präsentiert auch die Rekonstruktion eines Mammuts. Ganz in der Nähe, am Ufer der Humber-Mündung, befindet sich The Deep, ein riesiges Aquarium in einem spektakulären Gebäude.

Das **Maritime Museum** illustriert die maritime Geschichte Hulls. Die **Ferens Art Gallery** zeigt eine Sammlung mit Werken Alter Meister wie Frans Hals und Canaletto sowie moderner Maler wie David Hockney und Stanley Spencer und zeitgenössischer Künstler wie Gillian Wearing und Helen Chadwick.

Wilberforce House, Streetlife Museum, Hull and East Riding Museum
🏛 Museums Quarter, zwischen High St und River Hull 🕐 Mo – Sa 10 – 16:30, So 11 – 16 🌐 humbermuseums.com

Maritime Museum
🏛 Queen Victoria Sq 🕐 Mo – Sa 10 – 16:30, So 11 – 16 🌐 humbermuseums.com

Ferens Art Gallery
🏛 Queen Victoria Sq 🕐 Mo – Sa 10 – 16:30, So 11 – 16 🌐 humbermuseums.com

Schon gewusst?
Der Fish Trail, ein mit Metallfischen gepflasterter Weg in Hull, zeigt alle dort angelandeten Fischarten.

Restaurants

Thieving Harry's
In einem umgebauten Warenhaus werden Snacks wie Burger und Sandwiches serviert.
🏛 73 Humber St, Hull 🌐 thievingharrys.co.uk
£££

Pipe and Glass
Michelin-Stern-gekröntes, aber unprätentiöses Essen in einer entspannten Dorfkneipe. Das Restaurant legt Wert auf die Verwendung saisonaler, lokaler Produkte.
🏛 South Dalton, bei Beverley 🕐 Mo 🌐 pipeandglass.co.uk
£££

Humber Fish Co
Ein schickes Bistro mit maritimem Dekor und lokalen Gerichten.
🏛 Humber St, Hull 🕐 Mo, Di 🌐 humberfishco.co.uk
£££

Bradford City Hall und Centenary Square bei Nacht; Maschine im Bradford Industrial Museum (Detail)

Holderness und Spurn Point

East Yorkshire **Hull (Paragon St), dann Bus** **ywt.org.uk/spurn**

Küstenerosion schuf die Landschaft von Holderness. Das Meer spült ständig kleine Felsstücke an. Ab 1560 bildete sich eine Sandbank, die 1669 so groß war, dass auf ihr der Ort Sonke Sand gegründet wurde.

Die schmale Gezeiteninsel Spurn ist ein sechs Kilometer langer Sandstreifen, der ebenfalls durch Erosion entstand. Der Yorkshire Wildlife Trust schützt die Flora und Fauna.

Bradford

Bradord **295 000** **City Hall, Centenary Square** **Mo – Sa** **visitbradford.com**

Im 16. Jahrhundert war Bradford eine blühende Marktstadt, und die Kanaleröffnung im Jahr 1774 kurbelte den Handel weiter an. Um 1850 war hier das weltweite Zentrum für Kammgarntuch. Viele der gut erhaltenen Gebäude stammen aus dieser Zeit, so auch die

> **Bradfords indische Einwohner**
>
> In den 1950er Jahren kamen Immigranten vom indischen Subkontinent nach Bradford, um in den Fabriken zu arbeiten. Mit dem Rückgang der Textilindustrie eröffneten viele von ihnen kleine Unternehmen, vor allem in der Gastronomie. Als indisches Essen bekannter wurde, erlebten die Restaurants einen Boom. Heute gibt es in Bradford mehr als 200 indische Lokale.

Wool Exchange (Wollbörse) in der Market Street.

Das **National Science and Media Museum** erforscht die Geschichte von Bild und Ton. Für Kinder gibt es das Wonderlab – einen interaktiven Wissenschaftsspielplatz mit Experimenten und Vorträgen. Das Museum verfügt außerdem über drei Kinosäle, darunter eine IMAX-Leinwand, und veranstaltet jedes Jahr zwei Filmfestivals.

Das **Bradford Industrial Museum** zeigt Maschinen. Saltaire, ein viktorianisches Arbeiterdorf, liegt am Stadtrand. Es wurde von Sir Titus Salt für seine Arbeiter gebaut und 1853 fertiggestellt. Die ehemalige Fabrik **Salts Mill** geht auf die Geschichte des Dorfs ein. Die **1853 Gallery**

besitzt die weltgrößte Sammlung an Werken des 1937 in Bradford geborenen Malers, Bühnenbildners und Fotografen David Hockney.

National Science and Media Museum
⌂ Pictureville ◷ tägl. 10–18 ⊕ nationalmediamuseum.org.uk

Bradford Industrial Museum
⌂ Moorside Mills, Moorside Rd ◷ Mi–Fr 10–16, Sa, So 11–16 ⊕ bradfordmuseums.org

Salts Mill und 1853 Gallery
⌂ Salts Mill, Victoria Rd ◷ siehe Website ⊕ saltsmill.org.uk

㉒ Halifax
⌂ Calderdale 🯰 82 000 ⊕ Do ⊕ visitcalderdale.com

Seit dem Mittelalter prägt die Stoffherstellung die Historie der Stadt. Bis zur Mitte des 15. Jahrhunderts war die Stoffproduktion bescheiden, doch so wichtig, dass im 13. Jahrhundert das Gibbet Law erlassen wurde, das jeden, der Wollstoff oder Kleidung stahl, mit dem Tod bestrafte. Am Ende der Gibbet Street steht eine Nachbildung des Galgens.

Viele Gebäude aus dem 18. und 19. Jahrhundert verdanken ihre Existenz reichen Stoffhändlern. Charles Barry (1795–1860), Architekt des Londoner Parlaments, baute im Auftrag der Crossleys das Rathaus. Die Familie bezahlte auch die Gestaltung des People's Park durch Joseph Paxton (1801–1865), der den Kristallpalast für die Londoner Weltausstellung im Jahr 1851 schuf. Thomas Bradleys Piece Hall (1779) mit 315 »Merchants' Rooms« diente einst als Stoffhandelsbörse. Ihr quadratischer, italienisch beeinflusster Innenhof ist restauriert und wird als Marktplatz genutzt.

Das National Children's Museum **Eureka!** begeistert mit Exponaten wie riesigen, interaktiven Körperteilen und einem Klanggarten für Kinder unter fünf Jahren.

Eureka!
⌂ Discovery Rd ◷ Di–Fr 10–16, Sa, So 10–17 (Schulferien: tägl. 10–17) ⊕ eureka.org.uk

> **Schon gewusst?**
> Bradford wurde vor Venedig und L. A. von der UNESCO zur ersten Filmstadt ernannt.

㉓ Hebden Bridge
⌂ Calderdale 🯰 5000 ⊕ Do ⊕ visitcalderdale.com

Das von steilen Hügeln mit Mühlen und Häusern aus dem 19. Jahrhundert umrahmte Hebden Bridge ist eine trendige Marktstadt mit lebhafter Kunstszene und einer starken LGBTQ+ Community. In den letzten Jahrzehnten eröffneten viele Galerien, Secondhand-Läden und vegane Restaurants. Ende Juni zieht das einwöchige Hebden Bridge Arts Festival (www.hebdenbridgeartsfestival.co.uk) Kunstliebhaber an.

Das nahe Heptonstall, wo die Dichterin Sylvia Plath (1932–1963) begraben liegt, bietet einen Blick auf Hebden Bridge und hat eine Methodistenkirche aus dem Jahr 1764.

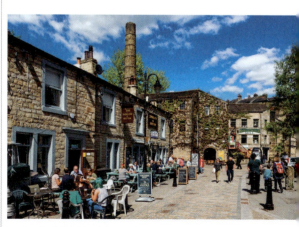

↑ Straßenlokale in Hebden Bridge, einem Städtchen mit reichem Kulturangebot

㉔ Hepworth Wakefield

🏠 Gallery Walk, Wakefield
📞 +44 1924 247 360
🕐 Di – So 10–17
🌐 hepworthwakefield.org

Die Skulpturengalerie am River Calder ist nach der lokalen Künstlerin Barbara Hepworth benannt und präsentiert einige ihrer Arbeiten sowie diverse Werkzeuge und eine originale Werkbank. Außerdem werden Wechselausstellungen mit Arbeiten anderer britischer Künstler des 20. Jahrhunderts gezeigt.

Lokale

The Hawthorn
Die elegante Gaststätte in einem früheren Uhrmacherladen serviert wunderschön präsentierte Gerichte aus der Region. Auf der Speisekarte erwarten Sie u. a. Spezialitäten vom Grill.

🏠 103–109 Main St, Haworth 🕐 Mo, Di
🌐 thehawthornhaworth.co.uk
€€€

Cutlery Works
In der größten Food Hall Nordenglands sind zwölf Anbieter vertreten, deren Spezialitäten von Bao Buns und thailändischem Streetfood bis hin zu Brathähnchen im Nashville-Stil reichen.

🏠 73–101 Neepsend Lane, Sheffield
🕐 So – Do 10–22 (Fr, Sa bis 23)
🌐 cutleryworks.co.uk
€€€

㉕ National Coal Mining Museum

🏠 nahe Wakefield 🚉 Wakefield, dann Bus 🕐 tägl. 10–17 (Reservierung nötig)
🌐 ncm.org.uk

Im Bergbaumuseum der alten Kohlegrube Caphouse kann man an einer Tour in 137 Meter Tiefe mit Helm und Grubenlampe teilnehmen. In engen Flözen sieht man in Lebensgröße nachgebildete Arbeiter. Andere Abteilungen zeigen den Bergbau von 1820 bis heute. Warme Kleidung ist ratsam.

㉖ Sheffield

🏠 Sheffield 👥 580 000 ✈️ 🚉 🚌 ℹ️ 26 High St, Rotherham; +44 114 224 5000
🌐 welcometosheffield.co.uk

Früher lag überall im britischen Empire aus Sheffield-Stahl produziertes Besteck auf den Esstischen. Die Bedeutung der Industrie ging zurück, die Stadt ist heute auch kulturell interessant.

Der **Winter Garden** ist ein Beispiel eines viktorianischen Wintergartens aus dem 21. Jahrhundert. Die **Millennium Gallery** illustriert die Geschichte der Produktion von Besteck, die John Ruskin Collection widmet sich dem viktorianischen Künstler, Schriftsteller und Philosophen.

Das etwas außerhalb gelegene **Kelham Island Museum** präsentiert viele merkwürdige und noch funktionierende Maschinen und Artefakte, von Dampfmaschinen bis zu Bomben.

Winter Garden
🏠 Surrey St 🕐 tägl. 8–20 (So bis 17) 🌐 sheffield.gov.uk

Millennium Gallery
🏠 Arundel Gate
🕐 Di – So 10–17 (So ab 11)
🌐 museums-sheffield.org.uk

Kelham Island Museum
🏠 Alma St 🕐 Di – So 10–17 (So ab 11) 🌐 simt.co.uk

㉗ Magna

🏠 Rotherham 📞 +44 1709 720 002 🚉 Rotherham Central oder Sheffield, dann Bus 🕐 tägl. 10–17
🌐 visitmagna.co.uk

Aus dem ehemaligen Stahlwerk wurde ein wissenschaftliches Erlebniszentrum mit vielen interaktiven Stationen. Vor allem bei Kindern

↑ *Der Winter Garden in Sheffield ist auch ein architektonisches Prachtstück*

↑ Sitting von Sophie Ryder im Yorkshire Sculpture Park

und Jugendlichen ist der hier gebotene Mix aus Sound und Action beliebt.

Die Pavillons widmen sich den Themen Luft, Feuer, Wasser und Erde. Besucher können einen Tornado oder eine Sprengung erleben. In der Big Melt Show wird die Geschichte des Stahlwerks nachgestellt. Zudem gibt es mit künstlicher Intelligenz ausgestattete Roboter zu sehen, die lernen, indem sie sich gegenseitig verfolgen.

㉘
Yorkshire Sculpture Park

🏠 Wakefield ☏ +44 1924 832 631 🚉 Wakefield, dann Bus 🕒 tägl. 10–20 (innen bis 17) 🚫 24., 25. Dez
🌐 ysp.org.uk

Die Open-Air-Galerie in einem 200 Hektar großen Park aus dem 18. Jahrhundert ist eine der bedeutendsten Europas. Wechselausstellungen zeigen Werke u. a. von Henry Moore, Anthony Caro, Barbara Hepworth, Ai Weiwei, Sophie Ryder und Andy Goldsworthy. Innen gibt es weitere Ausstellungen und ein Besucherzentrum, von dem aus man in die unterirdische Galerie gelangt.

㉙
Haworth

🏠 Bradford 🚌 7000
🚉 Keighley 🛈 2–4 West Ln
🌐 haworth-village.org.uk

Die Umgebung von Haworth, eine Moorlandschaft mit wenigen Gehöften, hat sich seit den Zeiten der Familie Brontë wenig verändert.

Das **Brontë Parsonage Museum** war von 1820 bis 1861 Wohnsitz der Autorinnen Charlotte, Emily und Anne Brontë, ihres Bruders Branwell und des Vaters Patrick. Das 1778/79 erbaute Pfarrhaus ist noch wie um 1850 eingerichtet. Elf Räume zeigen Briefe, Manuskripte und Bücher.

Im Sommer fährt der nostalgische Dampfzug Keighley and Worth Valley Railway von Keighley nach Oxenhope mit Halt in Ingrow West, Damems, Oakworth und Haworth.

Brontë Parsonage Museum
 🏠 Church St
🕒 tägl. 10–17 (Sommer: bis 17:30) 🚫 24.–27. Dez
🌐 bronte.org.uk

Die Schwestern Brontë

Da sie eine harte Kindheit ohne Mutter hatten, entflohen Charlotte, Emily und Anne in die Welt der Gedichte und Geschichten. Später arbeiteten sie als Gouvernanten, veröffentlichten aber trotzdem 1846 eine Gedichtsammlung. Im folgenden Jahr wurde Charlottes Roman *Jane Eyre* ein Bestseller. Nach dem Tod ihrer beiden Schwestern 1848/49 zog sich Charlotte zurück und veröffentlichte 1852 *Villette*, ihren letzten Roman. Im Jahr 1854 heiratete sie und starb kurz darauf.

Millennium Bridge und Tyne Bridge in Newcastle upon Tyne (siehe S. 412f)

Nordosten

Berge, abwechslungsreiche Natur und die Panoramablicke im Northumberland National Park täuschen über die ungestüme Vergangenheit dieser Region hinweg. Schottische und englische Truppen, befehdete Stämme, Viehtreiber und Schmuggler – sie haben alle ihre Spuren auf den alten Wegen durch die Cheviot Hills hinterlassen. Am südlichen Ende durchschneidet der Hadrianswall den Nationalpark.

Nach dem Abzug der Römer dauerte der schottisch-englische Konflikt rund 1000 Jahre lang an und fand selbst nach der Vereinigung der beiden Kronen 1603 kein Ende. Eine Kette riesiger, zinnenbewehrter mittelalterlicher Burgen prägt die Küste, während andere Festungen zur Verteidigung der Nordflanke am Fluss Tweed großteils verfallen sind.

Während der industriellen Revolution an den Mündungsgebieten von Tyne, Wear und Tees entwickelte sich Newcastle zum nördlichen Zentrum des Kohlebergbaus und des Schiffsbaus. Heute ist die Stadt hauptsächlich wegen ihrer Industriedenkmäler bekannt, aber auch wegen ihres Nachtlebens.

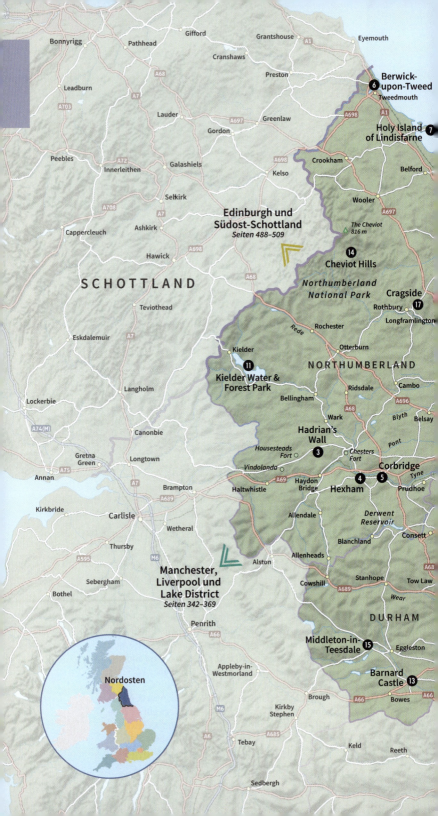

Nordosten

Highlights
1. Durham
2. Newcastle upon Tyne
3. Hadrian's Wall

Sehenswürdigkeiten
4. Hexham
5. Corbridge
6. Berwick-upon-Tweed
7. Holy Island of Lindisfarne
8. Farne Islands
9. Bamburgh
10. Warkworth Castle
11. Kielder Water & Forest Park
12. Alnwick Castle
13. Barnard Castle
14. Cheviot Hills
15. Middleton-in-Teesdale
16. Beamish, the Living Museum of the North
17. Cragside

Durham

🏛 County Durham 👥 65 000 🚉 Durham 🛈 1 Market Place; +44 3000 262 626 🌐 thisisdurham.com

Durham ist eine wunderschöne mittelalterliche Stadt mit einer prachtvollen romanischen Kathedrale und einer Burg, die seit dem frühen 19. Jahrhundert Standort der Durham University ist. Das Ensemble zählt zum UNESCO-Welterbe.

Durham wurde 995 auf Island Hill oder »Dunholm« erbaut. Die felsige Halbinsel, um die der Wear eine Schleife bildet, wurde als letzte Ruhestätte für die Gebeine des hl. Cuthbert gewählt. Die Reliquien von Beda dem Ehrwürdigen wurden 27 Jahre später hierhergebracht und erhöhten den Reiz Durhams als Wallfahrtsort. Die Kathedrale war für die Baumeister ein geometrisches Experiment. Die Burg diente bis 1832 als Bischofspalast und wurde dann von Bischof William van Mildert aufgegeben, da er die Gründung der dritten Universität Großbritanniens finanzierte. Die 23 Hektar große Halbinsel hat viele Fußwege und Aussichtspunkte.

Schon gewusst?

Kathedrale und Burg wurden bereits 1986 von der UNESCO zum Welterbe erklärt.

Architektur der Kathedrale

Besondere Merkmale sind die ungeheuren Ausmaße der Säulen, Pfeiler und Gewölbe sowie die fantasievollen Säulenreliefs mit Rauten-, Winkel- und Hundszahnmuster. Man glaubt, dass Baumeister wie Bischof Ranulph Flambard im 11. und 12. Jahrhundert versuchten, alle Teile der Konstruktion in Einklang zu bringen. Das zeigt sich v. a. am Südgang des Hauptschiffs.

In der **Old Fulling Mill** (18. Jh.) war früher das Archäologiemuseum der Universität.

Klosterküche

Die **Fußgängerbrücke** wurde 1777 errichtet.

Kirche St Mary the Less

College Green

College Gatehouse

Illustration der gesamten Anlage von Burg und Kathedrale ↑

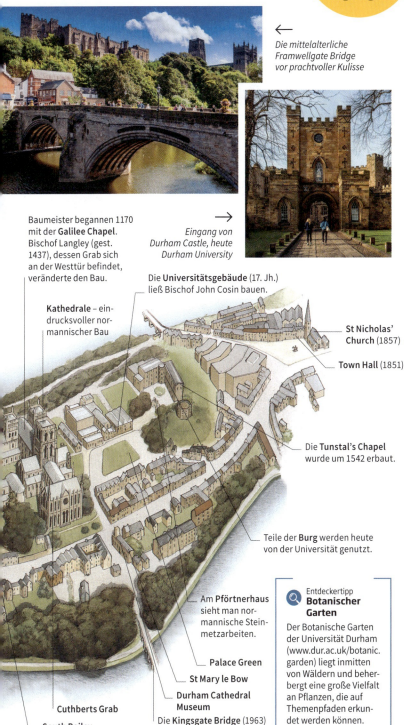

Die mittelalterliche Framwellgate Bridge vor prachtvoller Kulisse

Eingang von Durham Castle, heute Durham University

Baumeister begannen 1170 mit der **Galilee Chapel**. Bischof Langley (gest. 1437), dessen Grab sich an der Westtür befindet, veränderte den Bau.

Die **Universitätsgebäude** (17. Jh.) ließ Bischof John Cosin bauen.

Kathedrale – eindrucksvoller normannischer Bau

St Nicholas' Church (1857)

Town Hall (1851)

Die **Tunstal's Chapel** wurde um 1542 erbaut.

Teile der **Burg** werden heute von der Universität genutzt.

Am **Pförtnerhaus** sieht man normannische Steinmetzarbeiten.

Palace Green

St Mary le Bow

Durham Cathedral Museum

Cuthberts Grab

South Bailey

Die **Kingsgate Bridge** (1963) führt nach North Bailey.

> **Entdeckertipp**
> **Botanischer Garten**
>
> Der Botanische Garten der Universität Durham (www.dur.ac.uk/botanic.garden) liegt inmitten von Wäldern und beherbergt eine große Vielfalt an Pflanzen, die auf Themenpfaden erkundet werden können.

Highlight

Newcastle upon Tyne

Tyne and Wear · 300 000
Neville Hall, Westgate Rd · So
newcastlegateshead.com

Newcastle und die am gegenüberliegenden Ufer des Flusses Tyne gelegene Stadt Gateshead weisen eine bedeutende industrielle Geschichte auf. Heute ist das Industriezeitalter weitgehend vorbei. Die Heimat der »Geordies«, wie die Einheimischen genannt werden, hat sich weiterentwickelt und ist heute für ein reges Nachtleben, exzellente Geschäfte und eine florierende Kunstszene bekannt.

① Newcastle Castle
Castle Garth
tägl. 10–17
newcastlecastle.co.uk

Die ursprünglich aus Holz errichtete »Neue Burg« von Robert Curthose wurde im 12. Jahrhundert in Stein nachgebaut. Nur der mit Zinnen versehene Hauptturm ist noch intakt. Er birgt königliche Gemächer, die wie alle vier Ebenen besichtigt werden können. Wendeltreppen führen zu den Brustwehren, die einen Blick über die Stadt und den Tyne freigeben.
Ganz in der Nähe steht die Kathedrale St Nicholas, deren Laterne etwa die Hälfte des Turms einnimmt.

> **Schon gewusst?**
> Die Mosley Street war 1879 die erste Straße der Welt, die elektrisch beleuchtet wurde.

② Discovery Museum
Blandford Square, Newcastle · Mo–Fr 10–16, Sa, So 11–16
discoverymuseum.org.uk

Das Museum dokumentiert die so lange wie stolze Industriegeschichte Newcastles. Im 19. Jahrhundert zählten die Werften der Stadt zu den bedeutendsten der Welt.
Größter Schatz ist die HMS *Turbinia* in der Haupthalle. Das 1894 in Newcastles Werften gebaute Schiff war seinerzeit eines der schnellsten weltweit und das erste mit Dampf betriebene.
Weitere technische Wunderwerke werden anschaulich präsentiert, darunter die älteste Glühbirne und ein Modell von Puffing Billy, dem ältesten noch existierenden Dampfzug.

③ Life Science Centre
Times Sq, Newcastle
tägl. 10–17
life.org.uk

Der große bunte Komplex am Times Square erläutert moderne wissenschaftliche

Die Tyne Bridge (1928) gehört zu den imposantesten der sieben Brücken Newcastles

④ Tyne Bridge

Die Tyne Bridge zwischen Newcastle upon Tyne und Gateshead ist wahrscheinlich die bekannteste der sieben Brücken, die den Tyne im Stadtgebiet von Newcastle überqueren. Sie wurde nach einem Entwurf von Mott, Hay and Anderson erbaut und 1928 eröffnet.

⑤ Great North Museum

- Barras Bridge, Newcastle
- Mo – Fr 10 –17, Sa 10 –16, So 11–16
- greatnorthmuseum.org.uk

Vom lebensgroßen Dinosaurierskelett über ägyptische Mumien bis zur Rüstung eines japanischen Samurai – das Great North Museum widmet sich der Natur- und Kulturgeschichte. Spannend ist zudem der Bereich zu den Zeugnissen der römischen Antike im Nordosten Englands. Er umfasst auch eine Ausstellung zur Hadrian's Wall *(siehe S. 414f)*.

Forschung für Kinder. Zu den beliebtesten Attraktionen gehören das Wissenschaftstheater, eine Nachbildung der Internationalen Raumstation und das Planetarium. Darüber hinaus gibt es eine Vielzahl von audiovisuellen Stationen, an denen man nach Herzenslust herumprobieren kann.

Highlight

 Entdeckertipp
Wie im Märchen

Seven Stories, das National Centre for Children's Books in der Lime Street (www.sevenstories.org.uk), zeigt Originalgrafiken und Manuskripte von Kinderbüchern, darunter Roald Dahls *Charlie und die Schokoladenfabrik*. Bei vielen Aktivitäten werden die Geschichten und Charaktere zum Leben erweckt.

⑥ BALTIC Centre for Contemporary Art

- S Shore Rd, Gateshead
- Mi – So 10:30 –18
- balticmill.com

Das Zentrum für zeitgenössische Kunst zählt zu den größten in Europa. Das Restaurant auf dem Dach bietet eine wunderbare Aussicht.

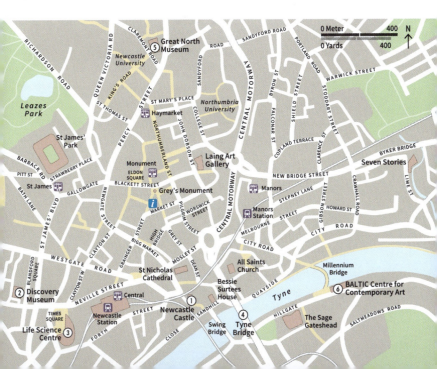

③ Hadrian's Wall

🚌 AD122 von Hexham ℹ️ Hexham: Beaumont St; Corbridge: Hill St
🌐 hadrianswallcountry.co.uk

Auf Befehl von Kaiser Hadrian wurde zur Verteidigung der Nordgrenze der britischen Provinz und damit der Nordwestgrenze des Römischen Reichs ein 117 Kilometer langer Wall quer durch Nordengland errichtet. Besucher können die beeindruckenden noch erhaltenen Abschnitte sowie die Festungen und Städte entlang des UNESCO-Weltkulturerbes erleben.

Das bedeutendste bauliche Dokument der römischen Antike in Großbritannien verläuft von der Tyne-Mündung bei Wallsend im Osten bis nach Bowness-on-Solway im Westen. Der Bau begann 122 n. Chr. und dauerte zwischen fünf und zehn Jahre. In Kastellen entlang des Walls wurden Truppen stationiert. In Abständen von rund acht Kilometern errichtete man zudem hohe Wachtürme und später Festungen. Im Jahr 383 wurde der Wall mit dem Zerfall des Römischen Reichs aufgegeben. Die am besten erhaltenen Bereiche erstrecken sich zwischen Chesters Fort, etwas nördlich von Hexham, und Haltwhistle, rund 25 Kilometer westlich. Dieses Gebiet umfasst das Housesteads Fort und die berühmte Stätte Vindolanda, die noch ausgegraben wird.

An vielen Stellen der von Küste zu Küste verlaufenden Mauer genießt man schöne Ausblicke über wundervolle Landschaften.

Erkundung des Walls

Am besten erkundet man den Hadrian's Wall zu Fuß oder mit dem Fahrrad. Von Wallsend nach Bowness-on-Solway führt ein 135 Kilometer langer nationaler Wanderweg. Die Strecke mit vielen Panorama-Stopps kann man in etwa sieben Tagen zurücklegen (www.nationaltrail.co.uk/hadrians-wall-path).

Für Radfahrer: Der 274 Kilometer lange Hadrian's Cycleway beginnt in Ravenglass in Cumbria und endet in South Shields in Tyne and Wear (www.sustrans.org.uk/hadrians-cycleway).

Der Hadrian's Wall in der Hügellandschaft von Northumberland ↑

Highlight

TOP 4 Wichtige Attraktionen

Roman Vindolanda Fort and Museum
Hier wurden mehrere römische Forts entdeckt. Das Museum hat auch eine Sammlung römischer Schreibtafeln.

Roman Army Museum
Das Museum westlich von Vindolanda befasst sich mit dem Leben römischer Soldaten an der Mauer.

Housesteads Roman Fort and Museum
Zu den sehr gut erhaltenen Bauten gehören auch ein Krankenhaus und Getreidespeicher.

Chesters Roman Fort and Museum
Reste des Badehauses der Festung sind noch zu besichtigen.

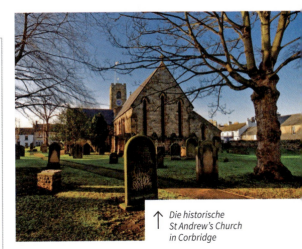

↑ *Die historische St Andrew's Church in Corbridge*

SEHENSWÜRDIGKEITEN

❹ Hexham

🏳 Northumberland
🗺 12 000 🚆 🚌 ℹ Hexham Library, Beaumont St;
+44 1670 620 450 📅 Di
🌐 visitnorthumberland.com

Die Marktstadt entstand im 7. Jahrhundert rund um Kirche und Kloster, die beide vom hl. Wilfrid erbaut und von den Wikingern im Jahr 876 geplündert wurden. 1114 begannen Augustinermönche die Arbeit an einem Kloster, indem sie auf den alten Kirchenruinen aufbauten und so **Hexham Abbey** errichteten, die noch heute am Marktplatz steht. Alles, was von St Wilfrid's Church übrig blieb, ist die sächsische Krypta, die teils aus den Steinen des früheren römischen Forts erbaut wurde.

Die Moot Hall (15. Jh.) war einst Sitzungssaal. Das **Hexham Old Goal** (Gefängnis) birgt nun ein Museum zur Geschichte der Grenzregion.

Hexham Abbey
 🏳 Market Place
🕐 tägl. 10–17
🌐 hexham-abbey.org.uk

Hexham Old Gaol
🏳 Hallgate 🕐 Mi–So 10–16 🌐 museums northumberland.org.uk

❺ Corbridge

🏳 Northumberland
🗺 4000 🚆 ℹ Hill St
🌐 visitnorthumberland.com

Der ruhige Ort birgt historische Gebäude, die aus Steinen der nahen Garnisonsstadt Corstopitum erbaut wurden. Darunter liegen der angelsächsische Turm der St Andrew's Church und das Turmhaus (14. Jh.). Reste eines römischen Forts, von Tempel, Brunnen und Aquädukt kann man in **Corbridge Roman Town – Hadrian's Wall** sehen.

Seit 2011 findet alljährlich im Juni das auch bei Familien beliebte Corbridge Festival statt.

Corbridge Roman Town – Hadrian's Wall
 🕐 Apr–Okt: tägl. 10–17; Nov–März: Sa, So 10–16
🌐 english-heritage.org.uk

SEHENSWÜRDIGKEITEN

❻
Berwick-upon-Tweed

🏠 Northumberland 👥 12 000 🚉 ℹ️ Walkergate; +44 1670 622 155 🗓 Mi, Sa 🌐 visitnorthumberland.com

Berwick-upon-Tweed wechselte während der schottisch-englischen Kriege (12.–15. Jh.) 14-mal den Besitzer. Wegen ihrer Lage an der Mündung des Grenzflusses war die Stadt strategisch wichtig.

Schließlich erlangten die Engländer 1482 die endgültige Herrschaft und beließen Berwick als Garnisonsstadt. Von den 2,5 Kilometer langen und sieben Meter dicken Befestigungsmauern (1555) hat man schöne Ausblicke auf den Tweed. In den **Berwick Barracks** (18. Jh.) befinden sich heute das King's Own Scottish Borderers Museum mit einer historischen Ausstellung, eine Kunstgalerie und By Beat of Drum, das die Geschichte der britischen Infanterie vom Bürgerkrieg bis zum Ersten Weltkrieg schildert.

Berwick Barracks
♿ 🅿 🏠 The Barracks, Parade 🗓 Mi–So 10–17 🌐 english-heritage.org.uk

❼
Holy Island of Lindisfarne

🏠 Northumberland 🚉 Berwick-upon-Tweed, dann Bus ℹ️ Walkergate, Berwick-upon-Tweed; +44 1670 622 155 🌐 lindisfarne.org.uk

Zweimal täglich versinkt die lange schmale Landzunge für rund fünf Stunden in der Nordseeflut und trennt Lindisfarne von der Küste. Bei Ebbe strömen Besucher über den Damm zur Insel, die durch die Heiligen Aidan und Cuthbert sowie das Lindisfarne-Evangeliar berühmt wurde. Vom keltischen Kloster ist nichts mehr übrig. Es wurde bereits im Jahr 875 nach Wikingerüberfällen endgültig verlassen. Die schönen Steinbogen der Lindisfarne Priory aus dem 11. Jahrhundert sind allerdings noch zu sehen.

Nach 1540 wurden Steine der Priorei zum Bau von **Lindisfarne Castle** verwendet, das Sir Edwin Lutyens 1903 als sein privates Wohnhaus restaurieren ließ. Gertrude Jekyll gestaltete den Garten.

Erkundigen Sie sich vor dem Besuch nach dem möglichen Zeitfenster wegen des Gezeitenwechsels.

Lindisfarne Castle
♿ NT 🏠 Holy Island 🗓 März–Okt (Details siehe Website); Garten: tägl. Sonnenauf- bis -untergang 🌐 nationaltrust.org.uk

> Berwick-upon-Tweed wechselte während der schottisch-englischen Kriege (12.–15. Jh.) 14-mal den Besitzer.

Lindisfarne Castle wurde im 16. Jahrhundert auf einem Felsen an der Küste erbaut ↑

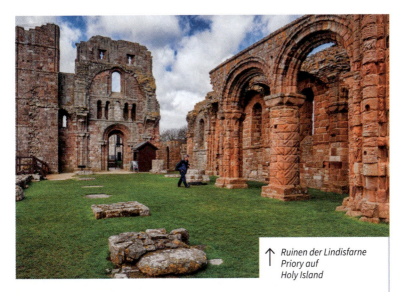

↑ *Ruinen der Lindisfarne Priory auf Holy Island*

Keltisches Christentum

Der irische Mönch Aidan kam von der westlich von Schottland gelegenen Insel Iona und landete 635 in Northumbria, um Nordengland zu christianisieren. Er gründete auf Lindisfarne ein Kloster, das eines der wichtigsten Zentren des Christentums in England wurde. Dieses und andere Klöster waren Orte der Gelehrsamkeit, aber vergleichsweise arm. Die Gegend wurde zur Wallfahrtsstätte, nachdem von Wundern am Grab des hl. Cuthbert, Lindisfarnes berühmtestem Bischof, berichtet worden war. 651 starb Aidan und wurde auf Lindisfarne begraben. 793 wurde Lindisfarne von den Wikingern angegriffen und zerstört.

Lindisfarne-Evangeliar

Das Buch mit den reich illustrierten Bibelgeschichten ist ein Meisterwerk der »Northumbrian Renaissance« und prägte die christliche Kunst und Geschichtsschreibung nachhaltig. Es wurde um 700 von Lindisfarne-Mönchen unter Leitung von Bischof Eadfrith illustriert. Den Mönchen gelang es, das Buch für die Nachwelt zu retten. Sie nahmen es mit, als sie im Jahr 875 nach wiederholten Angriffen der Wikinger von Lindisfarne flohen. Andere Schätze wurden geplündert.

St Aidan (600 - 651)

Der irische Mönch gründete in Lindisfarne ein Kloster und wurde 635 Bischof von Northumbria. Nachdem Wikinger das Kloster St Aidan zerstört hatten, errichteten Benediktiner im 11. Jahrhundert an dieser Stelle Lindisfarne Priory. Neben dessen Ruinen steht eine 1958 angefertigte Skulptur des St Aidan.

← *Statue des St Aidan von Kathleen Parbury*

St Cuthbert (635 - 687)

Der hl. Cuthbert war Mönch und wurde als Wundertäter verehrt. Er lebte als Einsiedler auf Inner Farne (Gedenkkapelle) und wurde später Bischof von Lindisfarne.

8 Farne Islands

🏠 Northumberland
🚢 von Seahouses (März–Okt) ℹ️ Seafield Rd, Seahouses; +44 1670 625 593
🌐 nationaltrust.org.uk

Vor der Küste von Bamburgh liegen die Farne Islands – je nach Gezeitenstand handelt es sich um 15 bis 28 Inseln, die über den Meeresspiegel ragen. Die höchste erreicht bei Ebbe 31 Meter. Naturschützer und Leuchtturmwärter teilen sie sich mit Seehunden und Vögeln. Bootsfahrten von Seahouses kann man auf Staple, Inner Farne (St Cuthbert's Chapel) und Longstone (Grace Darling's Lighthouse) unterbrechen.

> **Schon gewusst?**
> Die Robben der Farne Islands wurden im 12. Jahrhundert von einheimischen Mönchen gejagt.

9 Bamburgh

🏠 Northumberland 🚌 400 🚆 Berwick ℹ️ Seafield Rd, Seahouses; +44 1670 625 593

Wegen der einstigen Feindseligkeiten mit Schottland gibt es in Northumbria mehr Festungen und Burgen als im übrigen England. Die meisten entstanden zwischen dem 11. und 15. Jahrhundert. Das aus rotem Sandstein erbaute **Bamburgh Castle** ist eine dieser Küstenfestungen. Sie steht auf schon seit prähistorischen Zeiten befestigtem Areal, die erste Festung wurde aber erst 550 gebaut. Zwischen 1095 und 1464 fanden in der Burg die Krönungen der Könige Northumbrias statt. 1894 restaurierte sie der Newcastler Waffenmagnat Lord Armstrong. In der Great Hall sind Kunstwerke ausgestellt.

Das **RNLI Grace Darling Museum** erinnert an Grace Darling, die 1838 als 23-Jährige mit ihrem Vater, dem Leuchtturmwärter von Longstone, aufs Meer ruderte und neun Menschen vom Dampfer *Forfarshire* rettete.

Für die meisten Besucher ist der Strand von Bamburgh die Hauptattraktion – er wird immer wieder zu einem der besten Strände Großbritanniens gewählt.

Bamburgh Castle
🏠 Bamburgh
🕙 tägl. 10–17 (Winter: siehe Website)
🌐 bamburghcastle.com

RNLI Grace Darling Museum
🏠 Radcliffe Rd 📞 +44 1688 214 910 🕙 Mo–Fr 10–17

10 Warkworth Castle

🏠 Warkworth, nahe Amble
📞 +44 1665 711 423
🚌 518 von Newcastle
🕙 Jan, Nov–März: Sa, So 10–16; Apr–Okt: tägl. 10–17
🌐 english-heritage.org.uk

Die Burg steht auf einem Hügel oberhalb des River Coquet. Die Szenen zwischen dem Earl of Northumberland und seinem Sohn Harry Hot-

← Wanderer unterwegs auf dem felsigen Gelände der dem Festland vorgelagerten Farne Islands

spur in Shakespeares *Heinrich V.* spielen in dieser Burg. Ein Großteil der heutigen Anlage stammt aus dem 14. Jahrhundert. Man kann den turmartigen, kreuzförmigen Bergfried besichtigen, der fast unversehrt geblieben ist.

⓫ Kielder Water & Forest Park

🏠 Northumberland
ℹ️ Tower Knowe Visitor Centre, Kielder; +44 1434 240 436 🌐 visitkielder.com

Mit einer Uferlänge von 44 Kilometern ist das nahe der schottischen Grenze malerisch gelegene Kielder Water der größte Stausee in Großbritannien. Hier bietet sich die Möglichkeit zum Segeln und Windsurfen, zum Kanu- und Wasserskifahren sowie zum Angeln. Im Sommer legt in Leaplish das Schiff *Osprey* zu Rundfahrten ab. Umgeben ist der See vom größten Waldgebiet Englands.

Die Kielder Water Exhibition im Besucherzentrum behandelt die Geschichte des North-Tyne-Tals von der Eiszeit bis heute.

Wegen ihrer bemerkenswert klaren Luft wird die Gegend von (Hobby-)Astronomen geschätzt. Im Kielder Observatory gibt es Vorträge und andere Veranstaltungen.

⓬ Alnwick Castle

🏠 Alnwick, Northumberland +44 1665 511 100
🚉 Alnmouth 🕐 Apr–Okt: tägl. 10–17:30
🌐 alnwickcastle.com

Die Festung, die die hübsche Marktstadt Alnwick am Fluss Aln dominiert, ist berühmt, weil sie in den ersten beiden Harry-Potter-Filmen als Hogwarts diente. Sie ist Hauptsitz des Herzogs von Northumberland, dessen Familie, die Percys, hier seit 1309 lebt. Die Grenzfestung hat viele Schlachten überstanden und liegt heute friedlich in einem von Capability Brown *(siehe S. 24)* gestalteten Landschaftspark. Hinter dem strengen mittelalterlichen Äußeren verbirgt sich ein Schatzhaus, das im Stil der Renaissance mit einer Sammlung von Meißner Porzellan und Gemälden von Tizian, van Dyck und Canaletto ausgestattet ist. Der Postern Tower beherbergt frühe britische und römische Relikte.

Der sanfte Capability-Brown-Wanderweg führt ein kurzes Stück entlang des Flusses Aln und bietet hervorragende Blicke auf die Festung.

Shopping

Barter Books
In einem viktorianischen Bahnhof liegt das wunderbare Antiquariat mit Sitzmöbeln, Café und Eisdiele. Offene Kamine halten Sie in den kalten Monaten warm. Eine Modelleisenbahn führt um den Raum herum und verbindet die Bücherregale.

🏠 Alnwick Station
🌐 barterbooks.co.uk

→ Morgenstimmung bei Alnwick Castle, das sich im River Aln spiegelt

⓭ Barnard Castle

🏠 County Durham 🚃 5000
🚉 Darlington ℹ 3 Horsemarket; +44 3000 262 626
✉ Mi 🌐 thisisdurham.com

↑ *Fassade des imposanten Barnard Castle, in dem auch das Bowes Museum (Detail) untergebracht ist*

Barnard Castle, auch als »Barney« bekannt, ist ein Städtchen mit alten Ladenfronten und kopfsteingepflastertem Markt, der von den Ruinen der namengebenden Normannenburg überragt wird. Das ursprüngliche **Barnard Castle** wurde ab 1125 von Bernard de Balliol, einem Vorfahren des Gründers von Balliol College in Oxford, errichtet. Um die Festung entstand dann der Ort.

Heute ist Barnard Castle bekannt für sein Schloss im französischen Stil mit streng geometrisch angelegten Gärten. Ab 1860 residierten hier der Aristokrat John Bowes und seine französische Frau Joséphine, die das Bauwerk nicht nur als private Residenz, sondern auch als Museum und öffentlichen Bau sahen. Nach ihrem Tod wurde das Schloss 1892 öffentlich zugänglich. Das **Bowes Museum** zeigt ihre Extravaganz und ihren Reichtum.

Das Museum birgt eine große Sammlung spanischer Kunst, darunter El Grecos *Der reuige Petrus* (um 1580) und Goyas Gefängnisszene (um 1793). Auch das Schloss kann besichtigt werden, von dem man einen herrlichen Blick auf die Tees-Schlucht hat.

Barnard Castle
🄴🄾🄼🄱🄷 🕐 Apr – Okt: tägl. 10 –17; Nov –März: Sa, So 10 –18 🌐 englishheritage.org.uk

Bowes Museum
🄴🄾🄼🄱🄷 🏠 Barnard Castle 🕐 tägl. 10 –17 🌐 thebowesmuseum.org.uk

> Heute ist Barnard Castle bekannt für sein Schloss im französischen Stil mit streng geometrisch angelegten Gärten.

⓮ Cheviot Hills

🏠 Northumberland 🚉 Berwick-upon-Tweed ℹ Padgepool Place, Wooler; +44 1668 282 123 🌐 northumberlandnationalpark.org.uk

Die Moore, die sich im von eiszeitlichen Gletschern geschliffenen Hügelland erstrecken, bilden eine natürliche Grenze zu Schottland. Wanderer finden hier

> 🔍 **Entdeckertipp**
> **Craster**
>
> Das kleine Fischerdorf Craster östlich der Cheviot Hills ist berühmt für sein Seafood – besonders köstlich im Jolly Fisherman. Die Ruinen von Dunstanburgh Castle sind in Gehentfernung.

eine unvergleichliche Natur vor. Durch dieses Gebiet verläuft der letzte Abschnitt des Pennine Way. Diese entfernte Ecke des Northumberland National Park hat eine lange Geschichte. Römische Legionen, kriegerische Schotten, englische Grenzräuber, Viehtreiber und Whisky-Schmuggler – alle haben ihre Spuren auf den alten Wegen und Pfaden hinterlassen.

↑ Das vom National Trust verwaltete Landhaus Cragside ist seit 1979 für Besucher zugänglich

⑮ Middleton-in-Teesdale

🏠 Co Durham 🚉 Darlington
ℹ️ Market Place 🌐 visit middleton.co.uk

In der wilden Landschaft am Tees liegt an einer Bergseite das alte Bergwerksstädtchen Middleton-in-Teesdale. Viele Cottages wurden von der London Lead Company gebaut, einer von Quäkern geführten Gesellschaft. Middleton ist ein Industriedenkmal für eine »Firmenstadt« des 18. Jahrhunderts.

⑯  Beamish, the Living Museum of the North

🏠 Beamish, Co Durham
🚉 🚌 Newcastle, dann Bus
🕙 tägl. 10–17 (Nov–März: Stadt und Dorf mit Zeche bis 16) 🌐 beamish.org.uk

Das Freilichtmuseum auf 120 Hektar Land der Grafschaft Durham stellt das Familien- und Arbeitsleben des englischen Nordostens vor dem Ersten Weltkrieg nach. Es gibt eine edwardianische Bergarbeiterstadt, einen viktorianische Bauernhof und eine georgianische Dampfeisenbahn. Eine Tram verbindet die verschiedenen Teile des Museums, das bewusst vermeidet, die Vergangenheit zu romantisieren.

⑰ Cragside

🏠 Rothbury 🕙 März–Okt: tägl. 11–16; Nov–Feb: Sa, So 11–14:30; Garten: März–Okt: 10–17; Nov–Feb: 11–15
🌐 nationaltrust.org.uk/cragside

Das 1880 fertiggestellte viktorianische Landhaus von Lord Armstrong sorgte wegen seines bemerkenswerten Stilmixes aus alten und neuen Elementen zunächst für großes Aufsehen. Der Architekt Richard Norman Shaw entwarf Cragside als Tudor-Gebäude mit gewaltigen Ausmaßen.

Die ausgeklügelte Haustechnik hingegen ist sehr innovativ. Cragside gilt als erstes Haus der Welt, dessen Stromerzeugung über die Nutzung von Wasserkraft erfolgte. Die Gartenlandschaft prägen Seen, Moore, ein Steingarten und ein Skulpturenweg. Besonders schön ist es hier zur Rhododendronblüte im Frühling.

> ### Pub
>
> **The Sun Inn**
> Ein Besuch des gemütlichen Pubs ist wie eine Zeitreise ins Jahr 1913. Es wurde von seinem ursprünglichen Standort in Bishop Auckland verlegt und serviert lokale Biere.
>
> 🏠 Beamish, Co Durham
> 🌐 beamish.org.uk

←

Nostalgie pur: Dampftraktor von McLaren im Beamish, the Living Museum of the North

Fotomotiv
Ein Traum in Lila
Immergrünes Heidekraut bedeckt das Moorland in Blanchland nahezu vollständig. Besonders eindrucksvoll ist der Anblick während der Blütezeit im August bei strahlend blauem Himmel.

↑ *Mountainbiker auf einem Trail durch die leuchtend violette Heidelandschaft von Blanchland*

Tour durch die North Pennines

Länge 80 km **Rasten** Pubs in Stanhope bieten einfache Mahlzeiten, das Durham Dales Centre serviert das ganze Jahr über Tee. Im Horsley Hall Hotel in Eastgate gibt es durchgehend warme Küche.

Die Tour durch South Tyne Valley und Upper Weardale verläuft südlich des Hadrian's Wall durch eine der abgelegensten Moorlandschaften Englands, bevor sich der Weg wieder nach Norden wendet. Auf den höheren Heidelagen weiden Schafe. Trockensteinmauern zerteilen das Land. Weihen und andere Greifvögel ziehen hier ihre Kreise. Wasserläufe stürzen in Täler mit dicht bebauten Dörfern. Kelten, Römer u. a. haben ihre Spuren hinterlassen. Lange Zeit lebte diese »Area of Outstanding Natural Beauty« neben der Landwirtschaft vom Bleibergbau und Steinabbruch.

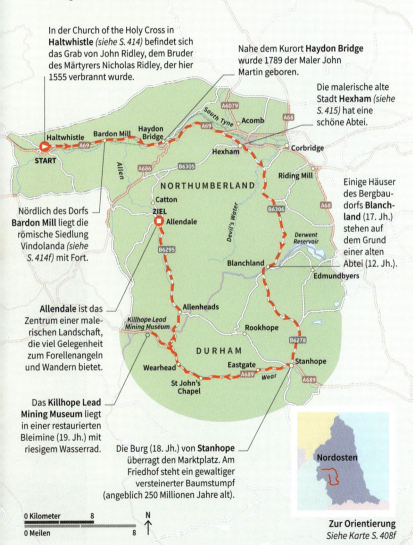

In der Church of the Holy Cross in **Haltwhistle** (siehe S. 414) befindet sich das Grab von John Ridley, dem Bruder des Märtyrers Nicholas Ridley, der hier 1555 verbrannt wurde.

Nahe dem Kurort **Haydon Bridge** wurde 1789 der Maler John Martin geboren.

Die malerische alte Stadt **Hexham** (siehe S. 415) hat eine schöne Abtei.

Einige Häuser des Bergbaudorfs **Blanchland** (17. Jh.) stehen auf dem Grund einer alten Abtei (12. Jh.).

Nördlich des Dorfs **Bardon Mill** liegt die römische Siedlung Vindolanda (siehe S. 414f) mit Fort.

Allendale ist das Zentrum einer malerischen Landschaft, die viel Gelegenheit zum Forellenangeln und Wandern bietet.

Das **Killhope Lead Mining Museum** liegt in einer restaurierten Bleimine (19. Jh.) mit riesigem Wasserrad.

Die Burg (18. Jh.) von **Stanhope** überragt den Marktplatz. Am Friedhof steht ein gewaltiger versteinerter Baumstumpf (angeblich 250 Millionen Jahre alt).

Zur Orientierung
Siehe Karte S. 408f

WALES
ERLEBEN

Nordwales **434**

Süd- und Mittelwales **452**

Blick über die Black Mountains im Brecon Beacons National Park (siehe S. 460–463)

WALES
AUF DER KARTE

Für diesen Reiseführer wurde Wales in zwei Regionen unterteilt, die auf den folgenden Seiten einzeln beschrieben werden. Jede Region hat eine eigene Farbe, wie auf der Karte zu sehen ist.

DIE REGIONEN VON WALES

Keltische Legenden sind in Wales allgegenwärtig, dazu kommt die fantastische Landschaft mit wilden Bergen, steilen Klippen, mächtigen Burgen, Ruinen großer Klöster und tiefgrünen Tälern. Lassen Sie dies alles in Ruhe auf sich wirken, und auch Sie werden dem Zauber von Wales erliegen.

Nordwales

Seiten 434 – 451

Die zerklüfteten Gipfel der Bergregion Snowdonia – Teil eines Nationalparks mit dichten Wäldern, hohen Wasserfällen und eisigen Bergseen – beherrschen den Norden und ziehen Wanderer und Kletterer magisch an. Ein Ring eindrucksvoller Burgen, darunter Beaumaris, Caernarfon und Harlech, umschließt Snowdonia. Wild und ungezähmt präsentiert sich die Llŷn Peninsula, eine Hochburg der walisischen Sprache. Weiter östlich ist Llangollen am River Dee ein idealer Ausgangspunkt für Bootsfahrten unter dem spektakulären Pontcysyllte Aqueduct hindurch.

Entdecken
Burgen, Berge und fantastische Strände

Sehenswert
Conwy, Portmeirion, Snowdonia National Park, Beaumaris

Genießen
Eine Fahrt mit der Schmalspur-Dampfeisenbahn durch das grandiose Vale of Ffestiniog

Süd- und Mittelwales

Cardiff, die aufregende Hauptstadt von Wales, hat sich seit den 1980er Jahren völlig neu erfunden – nicht zuletzt dank des aufregenden Bay Regeneration Project. Die dicht besiedelten Täler nördlich davon – voller fesselnder Erinnerungen an die Zeit des Kohlebergbaus – gehen über in die Brecon Beacons und das waldige Wye Valley. Dort liegt mit Hay-on-Wye Großbritanniens führende Bücherstadt. Die Küste – von den weiten Sandstränden in Gower westlich von Swansea bis zu den Klippen von Pembrokeshire – bereichert die ohnehin faszinierende Region weiter.

Entdecken
Herrliche Küste und grüne Täler

Sehenswert
Pembrokeshire Coast National Park, Brecon Beacons, Cardiff

Genießen
Eine Wanderung auf dem Pembrokeshire Coast Path

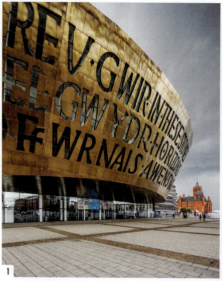

7 TAGE
in Wales

Tag 1
Los geht's in der walisischen Hauptstadt Cardiff *(siehe S. 464–467)*, die Sie vormittags zu Fuß erkunden. Machen Sie eine Führung durch das Principality Stadium, und sehen Sie sich im National Museum um. Nach einer Pause im italienischen Cafe Citta (4 Church St) besichtigen Sie Cardiff Castle. Nachmittags fahren Sie mit dem Aquabus von der Burg hinunter an die Cardiff Bay. Besuchen Sie die norwegische Kirche, und machen Sie einen Spaziergang um das Sperrwerk der Cardiff Bay. Essen Sie im Ffresh im Millennium Centre zu Abend, bevor Sie sich eine Show ansehen. Übernachten Sie in Jolyons Boutique Hotel (5 Bute Crescent).

Tag 2
Fahren Sie in den hübschen Küstenort Tenby *(siehe S. 456)*. Spazieren Sie die alten Mauern entlang und durch die engen Straßen und Gässchen. Eventuell gehen Sie noch an den Strand, ehe Sie im Plantagenet House essen (1 Quay Hill). Anschließend fahren Sie nach St Davids *(siehe S. 458f)*, die westlichste Stadt von Wales, und besichtigen dort die mittelalterliche Kathedrale und den Bishop's Palace. Essen Sie im Blas *(siehe S. 459)* zu Abend, und übernachten Sie im kleinen, angenehmen Y Glennydd (51 Nun St).

Tag 3
Fahren Sie nach New Quay *(siehe S. 471)*, und halten Sie bei einem Bootsausflug in die Cardigan Bay Ausschau nach Delfinen. Zurück an Land sehen Sie sich die Orte an, die Dylan Thomas zu *Under Milk Wood* inspirierten. Bei Ihrer Fahrt an der Küste nach Norden essen Sie im The Hive (Cadwgan Place) in Aberaeron *(siehe S. 471)*, ehe Sie an der Küste in das alte Marktstädtchen Aberystwyth *(siehe S. 473)* weiterfahren. Essen Sie im Little Italy (51 North Parade), und übernachten Sie im Gwesty Cymru (19 Marine Terrace).

Tag 4
Erkunden Sie die trutzigen Mauern und Befestigungen von Harlech Castle *(siehe S. 444)* in der Kleinstadt Harlech. Fahren Sie weiter

1 *Millennium Centre in Cardiff*
2 *Idylle in Beddgelert*
3 *An der Tenby Bay*
4 *Unterwegs zum Pen y Fan, dem höchsten Berg in Südwales, in den Brecon Beacons*
5 *Secondhand-Buchladen in Hay-on-Wye*

nach Portmeirion *(siehe S. 440f)*. Dieses überaus ungewöhnliche Dorf ließ ein exzentrischer Architekt im italienischen Stil mit vielen bunten Häusern errichten. Nach dem Essen dort geht es weiter zu den mächtigen Bergen von Snowdonia – erleben Sie sie bei einer Fahrt mit der Ffestiniog Railway *(siehe S. 441)*! Übernachten Sie in Portmeirion.

Tag 5
Besuchen Sie Beddgelert *(siehe S. 444)*, eine Ansammlung von Steinhäusern, die sich um eine alte Brücke scharen. Durch die Berge geht es nach Conwy *(siehe S. 438f)*, wo eine mächtige Burg hoch über der Küste thront. Besichtigen Sie die Festung und gehen dann in den Bodnant Garden, wo Sie im Tearoom essen. Fahren Sie ins Landesinnere nach Llangollen *(siehe S. 451)*, ein nettes Städtchen am River Dee. Schlendern Sie durch den herrlichen Park Plas Newydd und essen abends in der Corn Mill (Dee Ln) am Fluss. In einem viktorianischen Haus an der Abbey Road lädt das feine The Glasgwm B & B zum Übernachten ein.

Tag 6
Nach einer Bootsfahrt auf dem Llangollen Canal fahren Sie nach Süden bis Hay-on-Wye *(siehe S. 462)*. Die pittoreske kleine Stadt ist bekannt für ihr alljährliches Buchfestival und unzählige Secondhand-Buchläden. Entweder stöbern Sie dort in aller Ruhe, oder Sie fahren in die Brecon Beacons *(siehe S. 460 – 463)*, wo ein beliebter, aber auch anstrengender Anstieg auf den Pen y Fan lockt. Abends essen Sie in Hay-on-Wye im Chapters (3 Lion St) und übernachten im Old Black Lion (26 Lion Street).

Tag 7
Fahren Sie in die hübsche Marktstadt Abergavenny *(siehe S. 475)* und nach einem Zwischenstopp weiter nach Monmouth *(siehe S. 473)*. Essen Sie im Gate House (125 Monnow St) am Fluss. Ein Stück weiter südlich stehen die Ruinen der Tintern Abbey *(siehe S. 474)*, die sowohl J. M. W. Turner als auch William Wordsworth inspirierten. Verbringen Sie den letzten Abend und die Nacht im charmanten Wild Hare an der Main Road.

KURZE GESCHICHTE

Die Geschichte von Wales wurde von vielen Ereignissen geprägt – von Invasionen bis zur Industrialisierung. Als König Offa im Jahr 770 einen Grenzwall bauen ließ, war das Land eine eigenständige keltische Einheit. Nach Jahrhunderten der Raubzüge und Schlachten wurden England und Wales 1536 durch den Act of Union vereinigt.

Wales wurde in prähistorischer Zeit besiedelt. In der Eisenzeit bauten keltische Bauern Ringwälle. Die Römer versuchten im Jahr 48, in Wales einzufallen. Ihre nachlassende Autorität führte im 4. Jahrhundert zur Aufsplitterung von Wales in viele kleine Königreiche, die den Einfällen der Sachsen widerstanden. Der Sachsenkönig Offa *(siehe S. 469)* ließ einen Verteidigungswall bauen – das Gebiet jenseits dieser Abgrenzung nannten die Bewohner »Cymru«, die Sachsen dagegen »Wales«. Die 1066 einfallenden Normannen erreichten Wales nicht, aber William the Conqueror übergab das Grenzgebiet (»die Mar-

1 *Karte von Wales und England von 1579*

2 *Henry VIII von England aus dem Hause Tudor*

3 *Walisische Bergarbeiter Anfang der 1900er Jahre*

4 *Sandstrände von Pembrokeshire*

Chronik

78 n. Chr.
Die Römer haben weite Teile von Wales erobert und dominieren es bis ins 4. Jahrhundert

1277
Edward I von England beginnt Feldzug zur Eroberung von Wales

1283–89
Edward I lässt Conwy Castle als Teil eines Befestigungsrings erbauen

1415
Tod des walisischen Nationalhelden Owain Glyndŵr

ches« an einflussreiche Barone. Diese Marcher Lords kontrollierten den überwiegenden Teil der Lowlands. Im 13. Jahrhundert unternahm Edward I, König von England, einen Eroberungsfeldzug gegen Wales. Er führte englisches Recht ein und ernannte seinen Sohn zum Prince of Wales. Abneigung gegen die Marcher Lords führte 1400 zur Rebellion. Der Aufstand unter Owain Glyndŵr, einem Nachfahren walisischer Prinzen, schlug jedoch fehl. Henry VIII erließ 1536 und 1543 Gesetze, die die englische Kontrolle über Wales zementierten.

Ab Ende des 18. Jahrhunderts setzte in Wales eine rasche Industrialisierung ein. Kohleschächte wurden angelegt, 1913 waren Barry und Cardiff die größten Kohleexporthäfen weltweit. Die Arbeits- und Lebensbedingungen waren jedoch sehr schlecht. Nach dem Zweiten Weltkrieg ging der Kohlebergbau kontinuierlich zurück. 1997 erlangte Wales infolge eines Referendums einen gewissen Grad an Selbstverwaltung, die Welsh National Assembly wurde eingerichtet. Dies und die Zunahme des Tourismus, nicht zuletzt aufgrund von Einrichtungen wie dem Wales Coast Path, stärkten den nationalen Stolz.

↑ *Owain Glyndŵr führte 1400 die Revolte gegen Englands Herrschaft an*

1536
Im Act of Union wird Wales Teil des Königreichs England

1790er
Eisenerz- und Kohlebergbau beflügeln die Industrialisierung

1940–44
Swansea und Cardiff werden im Zweiten Weltkrieg bombardiert

1997
Das Referendum in Wales führt 1999 zur Einrichtung eines Regionalparlaments

2016
Wales stimmt für den Austritt aus der EU, ebenso wie Großbritannien

Llynnau Cregennen und Cadair Idris, Snowdonia National Park (siehe S. 442–445)

Nordwales

Verteidigung und Eroberung waren beständige Faktoren in der walisischen Geschichte. Nordwales war Schauplatz grausamer Auseinandersetzungen zwischen den walisischen Prinzen und den anglonormannischen Königen, die ebenfalls über dieses Gebiet herrschen wollten.

Die Anzahl der Burgen in Nordwales zeugt sowohl vom walisischen Widerstand als auch von der Stärke der Angreifer. Mehrere Festungen, darunter Beaumaris, Caernarfon und Harlech, umrahmen das zerklüftete Hochland von Snowdonia – noch heute eine Gegend mit ungezähmtem Charakter.

Begünstigt durch den Ende des 19. Jahrhunderts einsetzenden Eisenbahnverkehr entstanden viktorianische Ferienorte wie Llandudno an der Nordküste. In Nordwales gibt es keine Industriegebiete, obwohl in Snowdonia noch Überreste des einstmals blühenden Schieferabbaus zu sehen sind. Die kahlen Schieferbrüche stehen in Kontrast zur natürlichen Schönheit der umliegenden Berge.

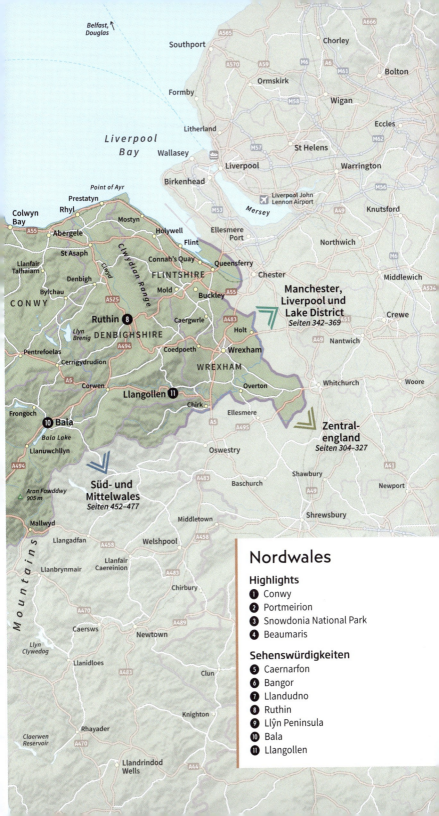

Conwy

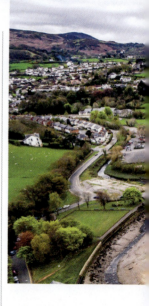

🏠 Conwy 👥 14 000 🚉 ℹ️ Castle Buildings, Rose Hill St; +44 1492 577 566 🎭 All Wales Boat Show (Juni); Gwledd Conwy Feast (Okt) 🌐 visitconwy.org.uk

Conwy, eine der besterhaltenen mittelalterlichen Festungsstädte Großbritanniens, verfügt über eine große Vielfalt architektonischer Schätze, die in Wales fast einzigartig ist. Herausragendes Bauwerk ist die von Edward I errichtete Burg, die Stadtmauern bilden einen fast ununterbrochenen Schutzschild um die Altstadt.

① Conwy Castle

🏠 Rose Hill St 🕐 März – Okt: tägl. 10 – 17 (Juli, Aug: bis 18) 🌐 cadw.gov.wales

Conwy Castle thront auf einem schmalen Felsvorsprung oberhalb der Stadt. Die Anlage zählt zu den schönsten Beispielen europäischer Militärarchitektur des späten 13. Jahrhunderts und zu den teuersten Burgen, die Edward I in Wales errichten ließ. Wegen seiner exponierten Lage wurde Conwy Castle nicht mit konzentrischen Befestigungen versehen, wie es bei den anderen von Edward I zu dieser Zeit erbauten Burgen üblich war. Es verfügt über zwei riesige Tore, acht gewaltige Türme und beeindruckend gut erhaltene mittelalterliche königliche Gemächer. Ein Spaziergang auf den Zinnen bietet einen herrlichen Blick auf das Innere der Burg und die Landschaft von Snowdonia.

② Stadtmauer

Die eindrucksvollen Stadtmauern von Conwy entstanden zur gleichen Zeit wie die Burg. Noch heute umschließen die gut erhaltenen Befestigungen mit insgesamt 21 Türmen einen großen Teil der Stadt.

> **Schon gewusst?**
> Richard II versteckte sich 1399 in Conwy Castle vor seinem Rivalen, dem späteren König Henry IV.

↓ *Die befestigte Stadt Conwy*

↑ *Conwy wird von einer noch intakten mittelalterlichen Stadtmauer umrahmt*

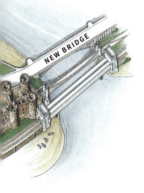

③
St Mary and All Saints Church
🏠 Rose Hill St ⏰ März–Okt: Mo–Fr 10–16, Sa 11–15
🌐 caruconwy.com/st-marys-conwy

Die Pfarrkirche (1171–86) war einst eine Zisterzienserabtei, die Edward I später nach Maenan verlegte. Llywelyn the Great (1173–1240), der über weite Teile von Wales herrschte, gründete die Abtei und wurde hier begraben, bevor sein Sarg nach Llanrwst gebracht wurde. Heute ist hier noch das Grab von Robert Wynn, der Plas Mawr erbaut hatte.

④
Plas Mawr
🏠 High St ⏰ Apr–Okt: tägl. 10–17 (Okt: bis 16)
🌐 cadw.gov.wales

Das prächtige elisabethanische Stadthaus ließ Grundbesitzer Robert Wynn zwischen 1576 und 1585 bauen. Noch heute ist es beeindruckend, früher aber muss das an einen Palast erinnernde Gebäude seine Umgebung völlig dominiert haben.

Wynn stellte seinen Besitz gern zur Schau und nutzte Plas Mawr für opulente Festivitäten. Die Wände wurden in ihren ursprünglichen hellen Farben neu gestrichen, interaktive Displays lassen die Geschichte des Hauses lebendig werden.

⑤
Aberconwy House
🏠 Castle St ⏰ tägl. 10–17
🌐 nationaltrust.org.uk

Das Kaufmannshaus aus dem 14. Jahrhundert ist das einzige innerhalb der Stadtmauer, das aus jener Zeit erhalten blieb. Heute ist hier ein Museum untergebracht, dessen Räume nach verschiedenen Epochen gestaltet wurden. Der Museumsladen wurde im früheren Verkaufsraum eingerichtet.

⑥
Royal Cambrian Academy
🏠 Crown Lane ⏰ Di–Sa 11–17 (bei Ausstellungen länger) 🌐 rcaconwy.org

Diese Kunstakademie, die erste in Wales, wurde 1882 von mehrheitlich englischen Künstlern gegründet, die sich in der Stadt niedergelassen hatten. Heute ist die Royal Cambrian Academy eine gemeinnützige Einrichtung, die die Arbeiten von über 100 walisischen Künstlern, darunter Maler, Grafiker, Bildhauer und Architekten, präsentiert.

> **Entdeckertipp**
> **Smallest House**
>
> Das nur knapp über drei Meter hohe Fischerhäuschen am Kai soll das kleinste Haus Großbritanniens sein. Gegen eine geringe Gebühr ist es zu besichtigen (www.thesmallesthouse.co.uk).

Bunte Gebäude umrahmen den zentralen Platz von Portmeirion ↑

Portmeirion

🏠 Gwynedd 📞 +44 1766 770 000 🚉 Minffordd
🕐 Apr – Okt: tägl. 9:30 –18:30; Nov – März 9:30 –17:30
🚫 9. –30. Jan, 24., 25. Dez 🌐 portmeirion.wales

Das italienisch anmutende Dorf am Eingang zur Cardigan Bay wurde von Sir Clough Williams-Ellis zwischen 1925 und 1973 erschaffen. Indem er ein Dorf »ganz nach seinen Vorstellungen und an einem selbst gewählten Platz« baute, erfüllte er sich einen Kindheitstraum.

Ungefähr 50 Gebäude – von orientalisch bis gotisch – umgeben einen zentralen Platz. Sir Clough Williams-Ellis nahm Teile abgerissener Gebäude und verwendete sie für die Realisierung seiner Entwürfe. Damit schuf er eine überaus fantasievolle Mischung von Bauten. Besucher können im luxuriösen Hotel logieren oder in einem der Cottages. Portmeirion war Schauplatz vieler Spielfilme und Fernsehsendungen, u. a. der TV-Serie *The Prisoner*.

Schon gewusst?

Der skurrile Stilmix in Portmeirion soll die postmoderne Architektur beeinflusst haben.

Im **Fountain Cottage** schrieb Noël Coward (1899 – 1973) die Komödie *Fröhliche Geister*.

Das **Portmeirion Hotel** blickt über die Bucht. Der Speisesaal wurde von Sir Terence Conran gestaltet.

Amis Reunis ist die Steinnachbildung eines Schiffs, das in der Bucht sank.

→ *Portmeirion wurde im Stil eines italienischen Küstenorts gestaltet*

Swimmingpool

Highlight

Nostalgische Eisenbahnen

Zwei malerische Bahnstrecken starten in Porthmadog, der Portmeirion nächstgelegenen Stadt. Die Ffestiniog Railway befährt die 22 Kilometer lange Strecke vom Hafen von Porthmadog in die Berge und zur Schieferstadt Blaenau Ffestiniog *(siehe S. 443)*. Die Bahn sollte den Schiefer von den Schieferbrüchen zum Pier bringen. Nach Einstellung des Betriebs im Jahr 1946 wurde die Eisenbahn von Freiwilligen unterhalten und 1955–82 abschnittsweise wiedereröffnet. Die Welsh Highland Railway fährt 40 Kilometer von Porthmadog Harbour nach Caernarfon *(siehe S. 448)*. Beide Bahnen verkehren von Ende März bis Anfang November (www.festrail.co.uk).

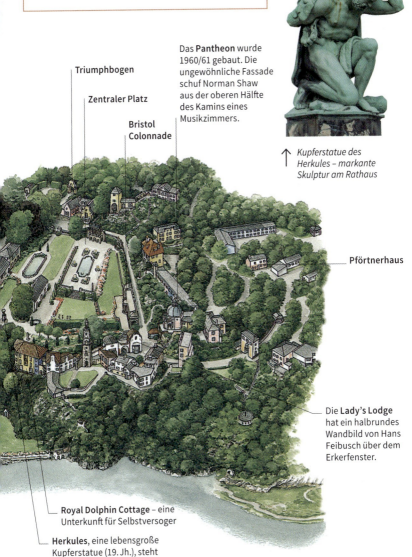

Kupferstatue des Herkules – markante Skulptur am Rathaus

Triumphbogen

Zentraler Platz

Bristol Colonnade

Das **Pantheon** wurde 1960/61 gebaut. Die ungewöhnliche Fassade schuf Norman Shaw aus der oberen Hälfte des Kamins eines Musikzimmers.

Pförtnerhaus

Die **Lady's Lodge** hat ein halbrundes Wandbild von Hans Feibusch über dem Erkerfenster.

Royal Dolphin Cottage – eine Unterkunft für Selbstversoger

Herkules, eine lebensgroße Kupferstatue (19. Jh.), steht am Rathaus.

Wanderweg in der Gipfelregion des Nationalparks

❸ Snowdonia National Park

🚉 Betws-y-Coed 🚌 Bangor, Betws-y-Coed, Blaenau Ffestiniog, Aberdyfi ℹ️ Gwynedd Council, Caernarfon; +44 1286 679 686 🌐 visitsnowdonia.info

Bei seiner Gründung im Jahr 1951 war Snowdonia der erste Nationalpark in Wales. Er erstreckt sich vom Massiv des Snowdon mit dem höchsten Berg von Wales über eine sehr abwechslungsreiche Landschaft mit Seen, Flusstälern und Mooren bis zu einer geradezu atemberaubenden Küste. Bergketten nehmen mehr als die Hälfte der Fläche ein. In den nicht allzu steilen Abschnitten werden Schaf- und Viehzucht betrieben. Neben der eindrucksvollen Natur sollte man auch einige der hübschen Orte erkunden.

> **Expertentipp**
> **Bahnfahrt**
>
> Fahrten mit der populären Snowdon Mountain Railway führen bis knapp unterhalb des Gipfels. Tickets sollte man mindestens einen Monat im Voraus reservieren (www.snowdonrailway.co.uk).

① Betws-y-Coed

🏠 Conwy ⛰ 600 🚌 ℹ️ Royal Oak Stables 🌐 visitbetwsycoed.co.uk

Das Bergdorf ist Ausgangspunkt für Wanderungen. Im Westen, wo der Llugwy durch eine Schlucht fließt, liegen die Swallow Falls. Das Tŷ Hyll (»hässliches Haus«) ist ein *tŷ unnos* (»Eine-Nacht-Haus«). Wer zwischen Abend- und Morgendämmerung ein Haus auf öffentlichem Grund baute, erhielt dafür Eigentumsrecht. Der Besitzer durfte mit einer Axt von der Haustür aus Land »erwerfen« – diesen Teil Grundstück bekam er dazu. Heute ist hier eine Teestube (März – Okt).

> **Schon gewusst?**
>
> Die Snowdon Mountain Railway überwindet eine Höhendistanz von fast 1000 Metern.

② Snowdon

Der Snowdon ist mit seinen 1085 Metern der höchste Gipfel in Wales. Man erreicht ihn mit der seit 1896 betriebenen Snowdon Mountain Railway von Llanberis aus oder auf diversen Wanderwegen.

Die einfachste Tour zum Gipfel, der Llanberis Track (8 km), beginnt in Llanberis. Der Miners' Track (einst von Kupferminenarbeitern benutzt) und der Pyg Track, beide vom Llanberis Pass ab, sind alternative Routen. Achtung: Man muss mit plötzlichen Wetterumschwüngen rechnen.

③
Llanberis
🏠 Gwynedd 👥 2000
ℹ️ Electric Mountain Visitor Centre; +44 1286 870 765

Llanberis war im 19. Jahrhundert ein wichtiges Bergbauzentrum für den Abbau von Schiefer. Diese Geschichte wird im ausgezeichneten **National Slate Museum** auf faszinierende Weise nacherzählt, wo ehemalige Steinbrucharbeiter das Spalten von Schiefer demonstrieren. Die Besucher können die gut erhaltenen alten Arbeiterhütten besichtigen, die die beengten Lebensbedingungen der Arbeiter zwischen 1880 und 1945 veranschaulichen.

In der Nähe steht die Ruine von **Dolbadarn Castle** aus dem 13. Jahrhundert. Der Aufstieg zur Burg, die bereits im 14. Jahrhundert für Baumaterial abgetragen wurde, ist zwar schwierig, er lohnt sich jedoch wegen der herrlichen Aussicht auf Snowdon und die umliegende Landschaft.

National Slate Museum
🏠 Llanberis 🕐 tägl. 10–17 (Winter: bis 16)
🌐 museum.wales

Dolbadarn Castle
🏠 an der A4086 nahe Llanberis 🕐 tägl. 10–16
🌐 cadw.gov.wales

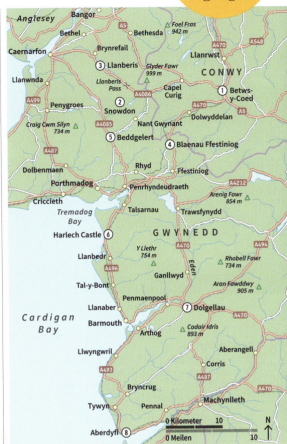

Highlight

← Von Dolbadarn Castle wurde früher der Llanberis Pass kontrolliert

④
Blaenau Ffestiniog
🏠 Gwynedd 👥 5000 🚉
ℹ️ Betws-y-Coed

Blaenau Ffestiniog, einst die Schieferhauptstadt Nordwales', liegt inmitten von Bergen, die mit Steinbrüchen übersät sind. Die Ffestiniog Railway *(siehe S. 441)* transportierte den Schiefer nach Porthmadog.

Die Mine im **Slate Mountain** wurde in den 1970er Jahren für Besucher geöffnet. Auf der Deep Mine Tour fährt man mit der steilsten Personenbahn Großbritanniens zu den unterirdischen Kammern hinab, während Soundeffekte die Atmosphäre eines aktiven Steinbruchs wiedergeben. Zu den Gefahren gehören Erdrutsche und Überschwemmungen, aber auch die Bedrohung durch eingeatmeten Schieferstaub. Die Steinbruchtour führt Besucher mit dem Geländewagen durch diese außergewöhnliche Landschaft und in zahlreiche riesige Krater.

Slate Mountain
🏠 an der A470
🕐 tägl. 9–17 (nur Führungen; frühzeitig buchen)
🌐 zipworld.co.uk

⑤ Beddgelert

- Gwynedd ▲ 500
- Canolfan-Hebog; +44 1766 890 615
- beddgelerttourism.com

Beddgelert liegt am Zusammenfluss von Glaslyn und Colwyn. Von hier hat man Zugang zu zwei Bergpässen: dem Nant Gwynant Pass, der in die höchsten Regionen von Snowdonia führt, und dem Aberglaslyn Pass oberhalb von einer engen bewaldeten Schlucht, die zum Meer hinabführt.

Schwung ins Geschäftsleben brachte der Hotelier Dafydd Pritchard, als er im 19. Jahrhundert eine alte walisische Sage um den Hund Gelert mit Beddgelert in Verbindung brachte. Pritchard schuf Gelerts Grab (*bedd Gelert*), einen Steinhaufen am Ufer des Glaslyn.

Eine Wanderung führt nach Süden zum Aberglaslyn Pass und entlang eines Abschnitts der Welsh Highland Railway (siehe S. 441).

Die **Sygun Copper Mine** kann man auf eigene Faust besichtigen und dabei die harte Arbeit der hier seinerzeit tätigen Bergleute nachempfinden.

Sygun Copper Mine
- an der A498
- tägl. 9:30–17 (Mitte Nov – Mitte Feb: 10–16)
- syguncoppermine.co.uk

⑥ Harlech Castle

- Castle Square, Harlech
- März – Okt: tägl. 9:30–17 (Juli, Aug: bis 18); Nov – Feb: Mo – Sa 10–16, So 11–16
- cadw.gov.wales

Der kleine Ort Harlech bietet einige schöne Strände. Bedeutendstes Bauwerk ist **Harlech Castle**, eine Festung, die Edward I von 1283 bis 1289 erbauen ließ. Die Burg, die den Ort dominiert, steht auf einer Felsspitze und bietet fantastische Ausblicke auf die Tremadog Bay und die Halbinsel Llŷn im Westen sowie Snowdonia im Norden. Der Zugang zum Torhaus erfolgt über eine Fußgängerbrücke.

Outdoor-Aktivitäten im Nationalpark

Nicht nur Wanderer und Radfahrer finden im Snowdonia National Park vielfältige Optionen. Llanberis ist ein Stützpunkt für Kletterer. Surf Snowdonia (www.adventure parcsnowdonia.com) in Rowen betreibt eine gewaltige Wellenmaschine. Abenteuerliche Ausflüge in die »Unterwelt« bietet Go Below (www.go-below.co.uk): Höhlentouren führen zu unterirdischen Seen, auf denen man paddeln kann, mit Ziplines geht es im Eiltempo durch die Höhlen.

Schon gewusst?

Ffordd Pen Llech östlich von Harlech Castle gilt offiziell als steilste asphaltierte Straße der Welt.

↑ Harlech Castle – imposante Festung oberhalb des Küstenorts Harlech

⑦
Dolgellau

🏠 Gwynedd 📍 3000
ℹ️ Eldon Square; +44 1341 422 888 🌐 dolgellau.wales

Der für zahlreiche Gebäude verwendete Bruchstein aus der Umgebung verleiht der Marktstadt, in der die walisische Sprache noch lebendig ist, ein strenges Aussehen. Dolgellau liegt im Schatten des 892 Meter hohen Cadair Idris, von dem die Sage geht, dass jeder, der auf seinem Gipfel übernachtet, als Dichter oder Verrückter aufwacht. Bis 1999 war die Stadt eines der wenigen Zentren für den Abbau von walisischem Gold, das für die Eheringe der britischen Königsfamilie verwendet wurde.

Dolgellau ist mit der schönen Umgebung, den Tälern und dem eindrucksvollen Bergpanorama ein hervorragender Ausgangspunkt für Wanderer. Im Nordwesten, hoch über dem bewaldeten Mawddach Estuary, liegen die hübschen Cregennen-Seen. Im Norden erstrecken sich die rauen Rhinog-Moore, eines der letzten Fleckchen echter Wildnis.

Cadair Idris (Cader Idris) ist auch der Name eines Massivs mit dem 905 Meter hohen Aran Fawddwy als höchster Erhebung. Auf den Gipfel führen Wege diverser Schwierigkeitsgrade. Am Beginn des Minffordd-Wegs liegt das Besucherzentrum.

⑧
Aberdyfi

🏠 Gwynedd 📍 1200 🚉
ℹ️ Wharf Gardens; +44 1654 767 🌐 aberdyfi.org

Das kleine Seglerzentrum am Eingang zur Mündung des Dyfi macht das Beste aus seiner Lage. Jeder Zentimeter des schmalen Streifens zwischen Bergen und Meer ist mit Häusern besetzt. Im 19. Jahrhundert wurde von hier Schiefer exportiert; von 1830 bis 1870 baute man über 100 Schiffe im Hafen.

Die nostalgische Talyllyn Railway (www.talyllyn.co.uk) führt auf einer elf Kilometer langen, malerischen Strecke vom Badeort Tywyn an der Küste nach Nant Gwernol. Eine Fahrt mit der Dampfeisenbahn gehört zu den schönsten Freizeitaktivitäten in der Region.

> *Highlight*

Lokale

The Grapes
Denkmalgeschütztes Pub (17. Jh.) mit einer bemerkenswerten Auswahl lokaler Biere.

🏠 Maentwrog, Blaenau Ffestiniog
🌐 grapeshotel snowdonia.co.uk

Pen-y-Gwryd
Die Bar des Hotels (1810) war schon immer bei Bergsteigern beliebt, die vor ihrer Expedition auf den Mount Everest in der Region trainierten (u. a. Edmund Hillary).

🏠 Nant Gwynant, Gwynedd
🌐 pyg.co.uk

Riverside Hotel Pennal
Die Auswahl an Bieren in dieser traditionellen Dorfkneipe wechselt regelmäßig.

🏠 Pennal, Machynlleth
🌐 riversidehotel-pennal.co.uk

↑ Kletterer an einem Felsen des nach einem legendären walisischen Helden benannten Bergmassivs Cadair Idris

Beaumaris

🏠 Isle of Anglesey 👥 2000 🕐 Beaumaris Castle: März – Okt: tägl. 9:30 – 17 (Juli, Aug: bis 18); Nov – Feb: tägl. 10 – 16 🚫 1. Jan, 24. – 26. Dez
🌐 visitanglesey.co.uk 🌐 cadw.gov.wales

Beaumaris ist der malerischste Ort in Anglesey, das Zentrum prägen georgianische und viktorianische Gebäude sowie eine Reihe von Galerien und Restaurants. Größte kulturhistorische Attraktion ist Beaumaris Castle, in dem das Idealbild einer walisischen Festung verkörpert wird.

Die letzte und wahrscheinlich auch größte Burg, die Edward I errichten ließ, entstand zwischen 1295 und 1330. Ihre nahezu perfekt symmetrische Gestalt sollte den Bewohnern Komfort bieten und zugleich die Einnahme erschweren. Eindringlinge sollten auf viele Hindernisse stoßen, bevor sie den Burghof erreichen würden. Das Meisterwerk der Festungsbaukunst wurde 1986 von der UNESCO zum Welterbe ernannt. Weitere Sehenswürdigkeiten in Beaumaris sind das Courthouse an der Castle Street und das ehemalige Gefängnis Gaol an der Steeple Lane.

> ## Hotel
>
> **The Bull**
> Zu den Gästen des 1617 erbauten Hotels zählten Berühmtheiten wie der Gelehrte Samuel Johnson (1709 – 1784) und der berühmte Schriftsteller Charles Dickens *(siehe S. 174)*. Gäste haben die Wahl zwischen nostalgischeren Zimmern im Haupthaus und moderneren im Anbau. Das exzellente Restaurant serviert britische Küche.
>
> 🏠 18 Castle St
> 🌐 bullsheadinn.co.uk
> ££££

← *Farbenprächtige Fassaden säumen die Church Street*

Das mächtige Beaumaris Castle vor der Kulisse von Snowdonias Gipfeln ↑

Highlight

Der nördliche Torbau sollte 18 Meter hoch werden und für feudale, königliche Unterkunft sorgen, doch das Obergeschoss wurde nie gebaut.

Die innere Mauer war höher als die Zwischenmauer, um gleichzeitiges Feuern zu ermöglichen.

Der Kapellenturm enthält eine mittelalterliche Kapelle.

Doppelturm-Torhaus

Schießscharte

Rundtürme haben weniger tote Winkel als quadratische und bieten so mehr Sicherheit.

Graben

Zwischenmauer

Die Anlegestelle liegt an einem Kanal, der mit dem Meer verbunden war.

Der **Burghof** war umgeben von Halle, Kornspeichern, Küchen und Ställen.

Beaumaris Castle – Burg mit auffallend symmetrischer Struktur ↑

Schon gewusst?
Beaumaris Castle ist die einzige Wasserburg, die Edward I errichten ließ.

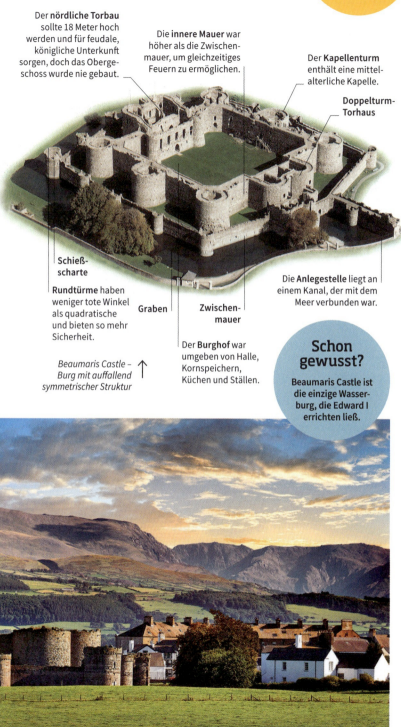

↑ *Das in seinen Ausmaßen noch heute beeindruckende Caernarfon Castle begrenzt den Hafen*

SEHENSWÜRDIGKEITEN

⑤ Caernarfon

Gwynedd 10 000
Castle Ditch; +44 1286 672 232 Sa
visitsnowdonia.info

Caernarfon Castle, eine der berühmtesten Burgen von Wales, prägt die Silhouette von Caernarfon. Der Grundstein für Stadt und Burg wurde nach dem Sieg Edwards I über den letzten walisischen Prinzen Llywelyn ap Gruffydd im Jahr 1283 gelegt.

Im 19. Jahrhundert wurde aus Caernarfon ein blühender Hafen. Zu jener Zeit wurde die Burg von Anthony Salvin restauriert. Die Anlage enthält heute diverse Sammlungen, u. a. das Royal Welsh Fusiliers Museum und Ausstellungen zur Geschichte der Prinzen von Wales und zur Bedeutung der Burg.

Auf dem Hügel oberhalb von Caernarfon befinden sich die Ruinen des römischen Lagers Segontium (um 78 n. Chr.).

Caernarfon Castle

Y Maes März – Okt: tägl. 10–17 (Juli, Aug: bis 18); Nov–Feb: tägl. 10–16 cadw.gov.wales

⑥ Bangor

Gwynedd 20 000
+44 1286 679 686
visitsnowdonia.info/bangor

Bangor wurde im 6. Jahrhundert gegründet und ist damit die älteste Stadt in Wales – und auch eine der kleinsten. Mehr als die Hälfte der Einwohner sind Studenten der Bangor University. Zu den wichtigsten Sehenswürdigkeiten zählen **Penrhyn Castle** aus dem 19. Jahrhundert, ein Museum und ein Kunstzentrum.

Penrhyn Castle

 Bangor
März – Okt: tägl. 11–17; Nov – Feb: Sa, So 11–16
nationaltrust.org

⑦ Llandudno

Conwy 20 000
Victoria Arcade, Mostyn St visitconwy.org.uk

Llandudno hat noch viel einer Sommerfrische des 19. Jahrhunderts. Der Pier, mit 700 Meter der längste in Wales, und die überdachten Gehwege lassen die Blütezeit der Seebäder wieder aufleben. Die Einwohner sind stolz auf die Verbindung zum Autor Lewis Carroll. In der ganzen Stadt kann man Skulpturen zu *Alice im Wunderland* finden, u. a. den ver-

> **Schon gewusst?**
>
> In Caernarfon wurde 1284 Edward II geboren, der erste Prinz von Wales.

> ### *Eisteddfods*
>
> Ein *eisteddfod* ist ein Treffen von Dichtern, Musikern und anderen kreativen Geistern, eine Mischung aus Performance-Festival und Jam-Session. Am bekanntesten ist das seit 1861 veranstaltete National Eisteddfod (eis teddfod.wales). Der Austragungsort wechselt jedes Jahr zwischen Nord- und Südwales. Und obwohl bei diesen Zusammenkünften die walisische Sprache zelebriert wird, treten seit einiger Zeit vermehrt auch Nicht-Waliser auf.

rückten Hutmacher an der Promenade. Das **Llandudno Museum** widmet sich der Geschichte des Orts seit der römischen Zeit.

Llandudno wurde zwischen den beiden Landzungen Great Orme und Little Orme erbaut. Die Erstere, ein ausgewiesenes Naturschutzgebiet, verfügt über eine Skipiste und die längste Rodelbahn Großbritanniens. In der Bronzezeit wurde in den **Great Orme Copper Mines**, einst eine der größten Kupferminen Europas, Kupfer abgebaut. Heute kann man auf eigene Faust eine Tour durch die rund 6,5 Kilometer langen Stollen unternehmen.

Die Anhöhe erreicht man mit der Great Orme Tramway, einer von weltweit drei Standseilbahnen mit Kabeltechnik (die anderen sind in San Francisco und Lissabon), oder mit dem Llandudno Cable Car. Beide fahren von April bis Oktober.

Llandudno Museum
17 Gloddaeth St
siehe Website
llandudnomuseum.co.uk

Great Orme Copper Mines
Great Orme
Mitte März – Okt: tägl. 9:30 –16:30
greatormemines.info

8
Ruthin
Denbighshire 5000
Di, Do, Sa ruthin.com

Fachwerkhäuser wie die von NatWest und Barclays Bank am St Peter's Square zeugen von langem Wohlstand. St Peter's Church (1310) hat im Nordgang eine Eichendecke im Tudor-Stil. Beim Castle Hotel steht der Myddleton Grill (17. Jh.). Die Gaubenfenster des Restaurants tragen den Namen »Augen von Ruthin«.

Hotels

Château Rhianfa
Ein Märchenschloss mit stilvollen Zimmern und schönem Garten.

Beaumaris Rd, Menai Bridge, Anglesey
chateaurhianfa.co.uk
£££

Plas Dinas Country House
Traditionelles Hotel in einem Herrenhaus aus dem 17. Jahrhundert.

Bontnewydd, Caernarfon
plasdinas.co.uk
£££

Ruthin Castle
Das Anwesen aus dem 13. Jahrhundert bietet elegante Zimmer, ein Restaurant und ein Spa.

Castle St, Ruthin
ruthincastle.co.uk
£££

Great Orme Tramway in Llandudno – Fahrt mit bester Aussicht ↓

Hotels

Bron Eifion
Gepflegtes Hotel in einem Landhaus mit 17 individuell eingerichteten Zimmern, einige mit Meerblick.

🏠 Criccieth
🌐 broneifion.co.uk
£££

Porth Tocyn
Das charmante familienfreundliche Hotel bietet Außenpool und Tennisplätze.

🏠 Bwlchtocyn, Abersoch, Llŷn Peninsula
🕐 Nov – Mitte März
🌐 porthtocynhotel.co.uk
££££

Greenbank Lodge
Viktorianisches Stadthaus mit neun schönen Zimmern, einige mit eigenem Wohnzimmer.

🏠 Hill St, Llangollen
🌐 manorhaus.com
££££

⑨ Llŷn Peninsula
🏠 Gwynedd 🚂 🚌 Pwllheli 🚢 Aberdaron nach Bardsey Island 🌐 visitsnowdonia.info/llyn-peninsula

Eine 38 Kilometer lange Landspitze ragt von Snowdonia nach Südwesten in die Irische See. An der Südseite steht das im 13. Jahrhundert erbaute **Criccieth Castle**.

Von der windumtosten Landzunge Braich-y-Pwll, westlich von Aberdaron, blickt man auf Bardsey Island, die »Insel der 20 000 Heiligen«. Diese wurde im 6. Jahrhundert, als hier ein Kloster gegründet wurde, zum Wallfahrtsort. Einige der Heiligen sollen im Kirchhof der St Mary's Abbey (13. Jh.) begraben sein. In der Nähe befindet sich Porth Oer. Die kleine Bucht ist auch unter dem Namen »Whistling Sands« bekannt (weil der Sand unter den Füßen hier quietschen bzw. pfeifen soll).

Östlich von Aberdaron erstreckt sich die ausgedehnte Bucht von Porth Neigwl (Höllenschlund), die wegen der heimtückischen Strömungen zum Schauplatz vieler Schiffbrüche wurde.

Oberhalb der Bucht, 1,5 Kilometer nordöstlich von Aberdaron, steht in geschützter Lage **Plas-yn-Rhiw**, ein kleines mittelalterliches Herrenhaus mit schöner Gartenanlage. Llithfaen liegt versteckt unter den Klippen der Nordküste und ist heute ein Zentrum für walisische Sprachstudien.

Criccieth Castle
🏠 Castle St 🕐 Apr – Okt: tägl. 10–17; Nov – März: Mo – Sa 10–16, So 11–16 🌐 cadw.gov.wales

Plas-yn-Rhiw
🏠 an der B4413 🕐 Apr – Okt: tägl. 10–17; Nov – März: Sa, So 11–15:30 (nur Garten) 🌐 nationaltrust.org.uk

⑩ Bala
🏠 Gwynedd 👥 2000 🚌 von Wrexham ℹ️ Penllyn, Pensarn Rd; +44 1678 521 021 🌐 visitbala.org

Der Bala Lake, der größte natürliche See von Wales, liegt zwischen den Bergen Aran und Arenig am Rand des Snowdonia National Park

↑ Blick über Braich-y-Pwll, eine Landzunge der Llŷn Peninsula

↑ *Ruinen der Burg Dinas Brân aus dem 13. Jahrhundert auf einem Hügel in Llangollen*

Schon gewusst?

Die irischen »Ladies of Llangollen« kamen 1778 als Männer verkleidet nach Wales – ein Skandal.

(siehe S. 442–445). Er ist ein beliebtes Ziel für Wassersportler, und das **National Whitewater Centre** organisiert Rafting-Touren auf dem Fluss Tryweryn.

Das kleine Städtchen Bala ist eine walisischsprachige Gemeinde, deren Häuser sich entlang einer einzigen Straße am östlichen Ende des Sees aneinanderreihen. Thomas Charles (1755–1814), ein Kirchenführer der Methodisten, lebte einst hier.

Die Bala Lake Railway fährt von Llanuwchllyn aus am Seeufer entlang.

National Whitewater Centre
🏠 Frongoch 🕒 siehe Website 🌐 nationalwhitewatercentre.co.uk

⑪ Llangollen

🏠 Denbighshire 👥 3500
ℹ️ Y Capel, Castle St; +44 1978 860 828
🌐 llangollen.org.uk

Der Ort liegt am Fluss Dee, den hier eine Brücke (14. Jh.) überspannt. Berühmt wurde er, als zwei Irinnen, Lady Eleanor Butler und Sarah Ponsonby, im 18. Jahrhundert im Fachwerkhaus **Plas Newydd** einzogen. Ihre ausgefallene Kleidung und ihre Literaturbegeisterung zogen Berühmtheiten wie den Duke of Wellington und William Wordsworth *(siehe S. 358)* hierher. Auf einem Hügel stehen die Ruinen von Castell Dinas Brân (13. Jh.).

Umgebung: In den Sommermonaten fahren Boote auf dem Llangollen-Kanal von Wharf Hill über Thomas Telfords 300 Meter langen Pontcysyllte-Aquädukt.

Plas Newydd
 🏠 Hill St
🕒 Apr–Sep: tägl. 11–16:30
🌐 nationaltrust.org.uk

TOP 5 Strände in Wales

Abersoch
Der wohl beste Strand der Llŷn Peninsula bietet viele Wassersportmöglichkeiten.

Barmouth
Dieser malerische Sandstrand zwischen Bergen und Meer ist bei Surfern sehr beliebt.

Trearrdur Bay
Der breite Sandstrand von Trearrdur Bay zieht viele Surfer und Taucher an.

Rhoscolyn
Ein perfekter Familienstrand mit seichtem Wasser und vielen Felsenbecken, in denen Kinder baden können.

Rhossili Bay
Fünf Kilometer langer Sandstrand mit vorgelagerten Inseln, auf die man bei Ebbe waten kann.

Pastellfarbene Häuserfassaden in Tenby (siehe S. 456)

Süd- und Mittelwales

Der Küstenstreifen von Südwales wurde schon früh besiedelt. In Pembrokeshire und im Tal von Glamorgan gibt es prähistorische Fundstätten. Die Römer errichteten einen Hauptstützpunkt in Caerleon. Die Normannen bauten ihre Burgen zwischen Chepstow und Pembroke.

Im 18. und 19. Jahrhundert entstanden in den Tälern von Südwales Kohlegruben und Eisenhütten, die Einwanderer aus ganz Europa anzogen. Gemeinden entwickelten sich durch den Handel mit Kohle, der Cardiff – seit 1955 Hauptstadt von Wales – von einer verschlafenen Küstenstadt zum bedeutenden Exporthafen machte.

Durch den Niedergang der Kohlegruben wurde das Gesicht der Region erneut verändert – aus den Abraumhalden entstanden grüne Hügel. In den Städten unternimmt man große Anstrengungen, neue Arbeitsplätze zu schaffen. Kohlegruben zählen heute zu den Besucherattraktionen. Cardiff hat sich in den letzten Jahren als Kultur- und Dienstleistungszentrum neu erfunden.

Süd- und Mittelwales

Highlights
1. Pembrokeshire Coast National Park
2. Brecon Beacons
3. Cardiff

Sehenswürdigkeiten
4. Powis Castle
5. Llandrindod Wells
6. Cardigan
7. Knighton
8. Llanwrtyd Wells
9. Machynlleth
10. Elan Valley
11. Aberaeron
12. New Quay
13. Mumbles und Gower Peninsula
14. Swansea
15. Blaenavon
16. Monmouth
17. Aberystwyth
18. Tintern Abbey
19. Caerleon
20. Abergavenny
21. Chepstow Castle

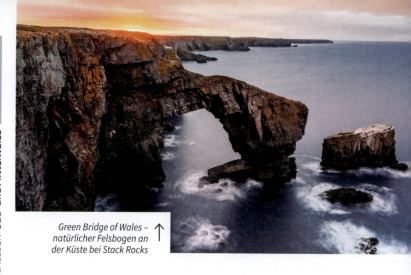

Green Bridge of Wales – natürlicher Felsbogen an der Küste bei Stack Rocks

❶ Pembrokeshire Coast National Park

🏠 Pembrokeshire 🚌 Tenby, Porthgain, Fishguard, Newport ℹ️ Llanion Park, Pembroke Dock, Pembrokeshire; +44 1646 624 800 🌐 pembrokeshirecoast.wales

Der 629 Quadratkilometer große Nationalpark erstreckt sich an einem der landschaftlich reizvollsten Küstenabschnitte in Großbritannien und bietet ein buntes Mosaik an Naturräumen, darunter Strände, Flusstäler, Klippen, Wälder, Heidelandschaften und Hügel. In dem Schutzgebiet lebt eine artenreiche Tierwelt – von Papageitauchern bis zu Robben. Vor der Küste tummeln sich u. a. Haie und Delfine.

① Saundersfoot

🚆 🚌 Tenby 🌐 visitsaundersfootbay.com

Strände, ein Hafen, zahlreiche Wassersportmöglichkeiten und gute Restaurants zählen zu den Attraktionen von Saundersfoot. Sechs Kilometer nördlich liegt die Folly Farm mit Streichelzoo, Jahrmarkt und Themenpark.

② Tenby

🚆 🚌 🌐 aroundtenby.co.uk

Tenby, der belebteste Ferienort an der Küste von Pembrokeshire, hat wunderschöne Sandstrände, die zu den saubersten und besten in Europa gehören, die Straßen sind von pastellfarbenen Häusern gesäumt. Von der normannischen Burg stehen noch die beeindruckenden Mauern (11. Jh.).

Im **Tenby Museum and Art Gallery** können Werke lokaler und ausländischer Künstler besichtigt werden. Vom Hafen aus werden Bootsfahrten zu den Inseln Caldey und St Catherine's angeboten.

Tenby Museum and Art Gallery
🎫 📍 Castle Hill, Tenby
🕐 tägl. 10–17
🌐 tenbymuseum.org.uk

Pembrokeshire Coast Path

Der rund 300 Kilometer lange Fernwanderweg entlang der Küste des südwestlichen Wales wurde im Jahr 1970 eröffnet und ist die beste Möglichkeit, den Nationalpark zu erkunden. Der größte Teil der Strecke verläuft auf Klippen, von denen sich spektakuläre Ausblicke bieten. Schon bei einer einzelnen Etappe bekommt man einen Eindruck von der grandiosen Szenerie. Die beste Zeit für eine Wanderung ist der Sommer, wenn man mit Bussen zum Ausgangspunkt oder einem entfernteren Abschnitt fahren kann.

Highlight

③
Pembroke Castle
🚌 🚆 ⛴ 🏠 Main St
🕐 tägl. 10–17
🌐 pembrokecastle.co.uk

Die Burg war rund 300 Jahre lang die Residenz der Earls of Pembroke und ist zudem der Geburtsort von Henry VII, dem Begründer der Tudor-Dynastie. Baubeginn war im Jahr 1093, große Teile des Anwesens stammen aus dem 13. Jahrhundert. Inszenierungen illustrieren die Geschichte.

④
Porthgain
🚌 🚆 Fishguard Harbour
🌐 stdavidsinfo.org.uk/porthgain

Vom Hafen von Porthgain wurde im 19. Jahrhundert Schiefer aus den nahe gelegenen Steinbrüchen exportiert. Etwas weiter südlich erstreckt sich die Blue Lagoon, ein beliebter Platz für Wassersportler.

⑤
Fishguard
🚌 🚆 ⛴ 🛈 Town Hall
Market Square; +44 1437 776 636

Der Hauptort des nördlichen Pembrokeshire ist ein gelungener Mix aus Fischerdorf und Touristenattraktion. Alljährlich Ende Mai findet das Fishguard Folk Festival statt. Strumble Head im Westen zählt zu den besten Orten in Großbritannien für die Beobachtung von Delfinen.

⑥
Newport
🚌 🚆 🛈 Long St
🌐 newportpembs.co.uk

Newport wurde im 12. Jahrhundert gegründet und ist heute ein beliebter Ferienort. Die verfallene Burg erbauten die Normannen, im 19. Jahrhundert wurde eine weitere Burg, heute in Privatbesitz, hinzugefügt. Bei einem Bummel durch den Ort fallen die vielen hübschen Häuser auf.

⑦
St Bride's Bay

Die Bucht bietet Klippen, Sandstrände und Inseln mit einer reichen Tierwelt sowie eine Ansammlung von kleinen Fischerdörfern und Ferienanlagen. Von Martin's Haven fahren Boote zu den Inseln Skomer, Skokholm und Grassholm. In den Dörfern Little Haven und Broad Haven gibt es die meisten touristischen Einrichtungen. Am nördlichen Ende der St Bride's Bay befinden sich die Orte Newgale mit seinem langen Strand und Solva, Ausgangspunkt einiger Wanderungen.

Restaurants

Sloop Inn
Das traditionelle Gasthaus (1743) in der Nähe des Hafens bietet herzhafte Speisen und gelegentlich Livemusik.

🏠 Porthgain
🌐 sloop.co.uk
£££

Plantagenet House
Das Restaurant in einem der ältesten Häuser Tenbys bietet eine abwechslungsreiche Karte, darunter Steaks und Meeresfrüchte.

🏠 Quay Hill 🕐 Mo
🌐 plantagenettenby.co.uk
£££

Coast
Genießen Sie zu köstlichem Seafood den herrlichen Meerblick.

🏠 Coppet Hall Beach, Saundersfoot
🌐 coastsaundersfoot.co.uk
£££

St Davids Cathedral

⌂ Cathedral Close, St Davids 🚌 Haverfordwest, dann Bus
☎ +44 1437 720 202 🕐 Mo – Sa 10 –16, So 13 –15:30
🌐 stdavidscathedral.org.uk

Die Kathedrale St Davids im gleichnamigen Ort ist die letzte größere Kirche im normannischen Stil in Großbritannien und die letzte Ruhestätte von St David, dem Schutzpatron von Wales.

Der hl. David gründete in dieser abgelegenen Gegend um das Jahr 550 eine Abtei, die später zu einer der wichtigsten Pilgerstätten des Landes wurde. Die im 12. Jahrhundert erbaute Kathedrale sowie der ein Jahrhundert später hinzugefügte Bischofspalast liegen in einer tiefen Erdsenke unterhalb des Städtchens St Davids. Der Todestag des hl. David wird überall in Wales am 1. März begangen.

Die **Privatkapelle** wurde wie der übrige Palast über einem Gewölbe erbaut (Ende 14. Jh.).

Der **Bischofssaal** wurde vermutlich nur für private Zwecke genutzt.

Die **Great Hall** mit der offenen Arkadenreihe ließ Bischof Gower (1328 – 47) erbauen.

Rosettenfenster

Latrinen

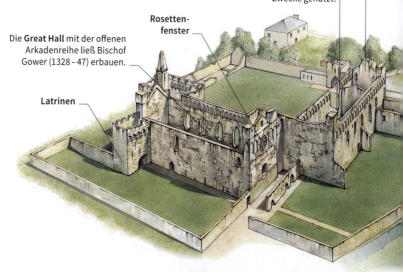

Great Hall

Die rekonstruierte Darstellung des heute verfallenen Bischofspalasts zeigt den Bau vor der Entfernung des Bleis vom Dach. Angeblich war Bischof Barlow, der erste protestantische Bischof von St Davids, für diesen Eingriff verantwortlich.

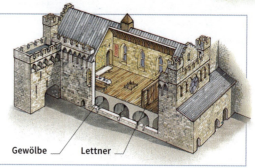

Gewölbe   **Lettner**

Restaurant

Blas
Blas ist ein elegantes Restaurant im Twr y Felin Hotel und serviert köstliche Gerichte wie gebratenen Heilbutt mit Meeresgemüse.

📍 **Caerfai Rd**
🌐 **blasrestaurant.com**
££££

↑ *Überreste des einst prächtigen Bischofspalasts (1280–1350)*

Eine abgehängte **Eichendecke** (frühes 16. Jh.) verdeckt das Dachgewölbe. Ein Lettner trennt das Schiff vom Chor.

Die mittelalterliche **Turmdecke** wurde während der Neugestaltung um 1870 mit bischöflichen Insignien versehen.

Acht **Buntglasfenster** aus den 1950er Jahren am Westende des Mittelschiffs stellen die Friedenstaube dar.

Die Kapelle des Bischofs Vaughan hat ein **Gewölbedach**.

Am **Chorgestühl** (16. Jh.) befinden sich Miserikordien.

St Mary's College Chapel

In der Nähe des **Schreins des hl. David** steht die Statue des Heiligen. Eine Taube, Symbol des Heiligen Geistes, landete der Legende nach auf Davids Schulter.

St Davids Cathedral (oben) und Rekonstruktion des Bishop's Palace (links)

← *Kirchenschiff der St Davids Cathedral mit Rundbogen*

Brecon Beacons

🏠 Powys 🚌 Abergavenny ℹ️ National Park Visitor Centre, nahe Libanus; 44 1874 623 366 🌐 breconbeacons.org

Die abwechslungsreiche und geradezu dramatische Landschaft des Nationalparks erstreckt sich von der Grenze zwischen Wales und England fast bis nach Swansea. Das Areal umfasst vier Gebirgszüge (darunter die Brecon Beacons), Grasland, bewaldete Schluchten, Wasserfälle und Höhlen.

① Llyn y Fan Fach
🚌 Llangadog

Den in 510 Metern Höhe gelegenen »See des kleinen Hügels« umrahmen die Gipfel der Bergkette Black Mountain. Um Llyn y Fan Fach ranken sich Mythen und Legenden. Wie aus vielen anderen Seen Großbritanniens soll auch ihm eine schöne Frau entstiegen sein. Sie verzauberte einen Jungen. Ihr Vater erlaubte ihr, diesen zu heiraten – vorausgesetzt der Ehemann würde sie nicht schlagen. Dies geschah jedoch, und die Frau kehrte an den See zurück.

② Carreg Cennen Castle
🏠 Trapp, Llandeilo
📞 +44 1558 822 291
🚌 Ffairfach 🕐 Apr – Okt: tägl. 9:30 –18; Nov – März: tägl. 9:30 –16:30
🌐 carregcennencastle.com

Wohl kaum eine andere Burg hat eine derart spektakuläre Lage wie die »Burg auf dem Felsen über dem Cennen«. Das Anwesen steht auf einem steilen Felsen, der kilometerweit zu sehen ist und den River Cennen um mehrere Hundert Meter überragt. Die Festung aus dem 13. Jahrhundert wurde 1462 während der Rosenkriege weitgehend zerstört.

Ein steiler Weg führt vom Parkplatz hinauf, die überwältigende Aussicht über die grandiose Umgebung lohnt die Anstrengung jedoch. Wer den Anstieg scheut, kann eine der Teestuben, einen Kunsthandwerksladen und einen bewirtschafteten Hof besuchen.

③ Hay Bluff
🚌 Abergavenny
🚌 Little Ffordd-fawr

Der 677 Meter hohe Aussichtsberg liegt 600 Meter von der Grenze zu England entfernt. Auf den Gipfel führen mehrere einfache Wege. Beachten Sie aber die aktuellen Wetterbedingungen, bevor Sie losfahren. Beim

> Um Llyn y Fan Fach ranken sich Mythen und Legenden. Wie aus vielen anderen Seen Großbritanniens soll auch ihm eine schöne Frau entstiegen sein.

← Von Carreg Cennen Castle wurde ein weites Gebiet kontrolliert

Abstieg über die Ostflanke befinden Sie sich in England, noch bevor Sie am Fuß des Bergs angekommen sind.

④
Llanthony Priory
📍 Llanthony 📞 +44 1443 336 106 🚌 Abergavenny
🌐 llanthonypriorylhotel.co.uk

Das von einer malerischen Hügellandschaft umgebene Priorat inspirierte J. M. W. Turner 1794 zu einem Gemälde. Die Wurzeln des Konvents reichen bis etwa 1100 zurück, als es von Augustinern gegründet wurde. Bald kam eine Kirche hinzu, und im 14. Jahrhundert folgten weitere Gebäude, sodass das Priorat zu dieser Zeit zu den bedeutendsten in Wales gehörte. Nach der Auflösung der Klöster verfielen die Gebäude, die heute auf dem Gelände des luxuriösen Llanthony Priory Hotel zu sehen sind.

⑤
Monmouthshire and Brecon Canal
🌐 canalrivertrust.org.uk

Der Monmouthshire and Brecon Canal schlängelt sich durch den Brecon Beacons National Park entlang des Usk Valley. Heute verläuft dieses Überbleibsel zweier längerer ehemaliger Wasserstraßen über 56 Kilometer von Brecon bis zum Becken von Pontymoile. Die ideale Art, ihn zu erleben, ist ein Narrowboat, aber Sie können den Treidelpfad auch zu Fuß oder mit dem Rad erkunden. In jedem Fall treffen Sie auf ehemalige Industriegebäude, die die Geschichte des Kanals widerspiegeln, und eine reiche Tierwelt.

Highlight

Shopping

Penderyn Distillery
Auch in Wales wird Whisky produziert. Die Penderyn Distillery in den südlichen Ausläufern der Brecon Beacons bietet neben Verkauf auch Führungen und Verkostungen an.

📍 Penderyn, 11 km westl. von Merthyr Tydfil
🌐 penderyn.wales

⑥
Pen y Fan
🚉 Merthyr Tydfil
🚌 Pont ar Daf

Mit einer Höhe von 886 Metern ist der Pen y Fan der höchste Berg in Südwales und bei Wanderern einer der beliebtesten in der Region. Mehrere Wege führen auf den bemerkenswert flachen Gipfel, der Fernwanderweg Beacons Way verläuft direkt darüber. Bei klarem Wetter bietet sich eine atemberaubende Aussicht.

⑦ Black Mountain
- Llangadog
- Dan-yr-Ogof Caves
- breconbeacons.org

Der Black Mountain – nicht zu verwechseln mit den Black Mountains im Osten – ist eine Bergkette am westlichen Ende des Nationalparks Brecon Beacons.

Höchster Gipfel ist der am Llyn y Fan Fach *(siehe S. 460)* aufragende, 803 Meter hohe Fan Brycheiniog, den man im Rahmen einer anspruchsvollen Wanderung besteigen kann. Dieser etwas abgelegene Teil des Nationalparks ist weniger stark frequentiert als andere.

Der auch in Wales vom Aussterben bedrohte Rotmilan hatte hier ein Rückzugsgebiet, bevor die Population des Greifvogels durch gezielte Förderung größer wurde.

⑧ Hay-on-Wye
- Powys Oxford Rd
- hay-on-wye.co.uk

Buchliebhaber aus aller Welt kommen leidenschaftlich gern hierher. In den zahlreichen Buchhandlungen werden andernorts nicht mehr erhältliche Titel angeboten, Ende Mai findet in der Stadt das renommierte Hay Festival of Literature and the Arts statt. Die Beziehung zwi-

↑ *Dan-yr-Ogof Caves – fantastisch in Szene gesetzte Unterwelt*

schen Hay-on-Wye und der Literatur begann in den 1960er Jahren mit der Eröffnung eines Buchladens durch Richard Booth. Er wohnte in Hay Castle, einem stattlichen Herrenhaus aus dem 17. Jahrhundert auf dem Gelände einer wesentlich älteren Burg (13. Jh.). Das verfallende Anwesen wurde im Jahr 2011 von einer gemeinnützigen Stiftung erworben und umfassend renoviert.

In Hays ältestem Gasthaus, Three Tuns (16. Jh.) an der Bridge Street, weilten schon Berühmtheiten wie Marianne Faithfull.

⑨ Dan-yr-Ogof Caves
- Abercraf +44 1639 730 284 Brecon,
- Apr – Okt: tägl. 10 – 15 (in Schulferien bis 15:30)
- showcaves.co.uk

Das weitverzweigte Höhlensystem von Dan-yr-Ogof gilt als das größte in Großbritannien. Nur ein Teil davon ist für Besucher zugänglich, ein weiterer Abschnitt wird wissenschaftlich erforscht.

Die Haupthöhle erstreckt sich über eine Länge von 17 Kilometern. Einige Forscher glauben, dass dies nur etwa zehn Prozent des

> ### Expertentipp
> **Kulturfestival**
>
> HowTheLightGetsIn – das weltweit größte Festival für Philosophie und Musik vom Institute of Art and Ideas – findet im Mai oder Juni in Hay-on-Wye statt. Zu den bisher aufgetretenen Gästen zählten etwa Noam Chomsky, James Lovelock und Brian Eno.

> ### Schon gewusst?
> Der frühere US-Präsident Bill Clinton nannte das Hay Festival »The Woodstock of the Mind«.

gesamten Höhlensystems entspricht. Die Höhlen wurden im Jahr 1912 von drei Brüdern entdeckt, denen es gelang, vier unterirdische Seen zu durchqueren, bevor sie nicht mehr weiterkamen.

Die Anlage bietet neben bizarren Tropfsteinformen auch andere Attraktionen, darunter ein Museum, ein nachgebildetes Dorf aus der Eisenzeit und einen Dinosaurier-Themenpark.

⑩ Black Mountains
- Abergavenny
- Pengenffordd
- breconbeacons.org

Am östlichen Rand des Brecon Beacons National Park erstrecken sich die bis nach Herefordshire in England reichenden Black Mountains. Höchster Berg ist der Waun Fach mit 811 Metern. Die Berge werden von einem dichten Netz von Wander- und Kammwegen durchzogen, von denen sich einige der besten Perspektiven des gesamten Nationalparks bieten. Auch mehrere Fernwanderwege führen durch die Region: Offa's Dyke National Trail, Marches Way und Beacons Way.

⑪ Tretower Castle and Court

- Tretower, Crickhowel
- Abergavenny / Gilfaes Turn
- Apr – Okt: tägl. 10–17; Nov – März: Do – Sa 10–16
- cadw.gov.wales

Tretower Castle wurde im frühen 12. Jahrhundert erbaut, 200 Jahre später wurde die separate Gruppe von Gebäuden hinzugefügt, die das Herrenhaus Tretower Court bilden. Im 15. Jahrhundert ging der gesamte Besitz an die Familie Vaughan, die ihn 1783 verkaufte. Danach wurde daraus ein landwirtschaftlicher Betrieb, die Gebäude verfielen, bis sie im 21. Jahrhundert restauriert und der Öffentlichkeit zugänglich gemacht wurden. Mehrere nachgebaute Räume zeigen, wie das Leben um 1470 aussah, als die Familie Vaughan hier lebte.

⑫ Fforest Fawr

- Dan-yr-Ogof Caves
- Taffs Well
- breconbeacons.org

Das bewaldete Gebiet war schon wiederholt Kulisse für Filmaufnahmen. Einige markante Gipfel ragen aus dem ehemaligen königlichen Jagdrevier auf, höchster von ihnen ist Fan Fawr (Big Peak) mit 734 Metern. Besuchern stehen Wander- und Radwege sowie ein Skulpturenweg zur Verfügung.

Bekanntestes Bauwerk ist Castell Coch (siehe S. 467), das im 19. Jahrhundert auf den Ruinen einer älteren Burg errichtet wurde.

⑬ Crickhowell

- Powys
- Abergavenny
- visitcrickhowell.wales

Der hübsche Ort am Ufer des Usk ist ein sehr guter Ausgangspunkt für die Erkundung des Brecon Beacons National Park. In unmittelbarer Nähe kann man zahlreichen Outdoor-Aktivitäten nachgehen, darunter etwa Angeln und Klettern sowie Wandern und Radfahren. Zu den größten Sehenswürdigkeiten gehören die Ruinen von Crickhowell Castle aus dem 12. Jahrhundert, eine Kirche aus dem 14. Jahrhundert sowie eine bemerkenswerte Brücke (17. Jh.) über den Usk. Auf der einen Seite hat sie zwölf Bogen, auf der anderen 13.

Bekannt ist Crickhowell auch für das alljährlich hier veranstaltete Green Man Festival.

> ### Highlight
>
> **Green Man Festival**
>
> Im Glanusk Park am Rand von Crickhowell findet seit 2003 jedes Jahr im August ein Musik- und Kunstfestival statt, das regelmäßig bis zu 20 000 Besucher anzieht. Auf fast 20 Bühnen treten Musikbands und andere Künstler aus aller Welt auf, darunter waren schon Größen wie Yo La Tengo, Ryan Adams, Richard Thompson, Fleet Foxes, Van Morrison sowie Mumford & Sons (www.greenman.net).

Tretower Castle (13. Jh.) mit hoch aufragendem normannischem Turm

Cardiff

Glamorgan ⛰ 340 000 ✈ Rhoose 🚌 Central Sq 🚂 Wood St ℹ Cardiff Castle; +44 29 2087 2167 🕐 tägl. 🎭 Cardiff Festival (Sommer) 🌐 visitcardiff.com

Anfang des 20. Jahrhunderts war Cardiff – bedingt durch die Nähe zu den Kohlegruben in Südwales – ein bedeutender Exporthafen. Der Reichtum brachte in den wohlhabenden Vierteln schöne Gebäude hervor. 1955 wurde Cardiff zur Hauptstadt von Wales – zu einer Zeit, als die Nachfrage nach Kohle längst nachgelassen hatte. Heute ist Cardiff eine herausragende Kulturmetropole.

① Principality Stadium
📍 Westgate St
🌐 principalitystadium.wales

Das Nationalstadion von Wales, Heimat der walisischen Rugby-Nationalmannschaft, wurde anlässlich der Rugby-WM 1999 eröffnet. Bei den Führungen werden die Umkleidekabinen, das Pressezentrum und die VIP-Bereiche besichtigt.

② Wales Millennium Centre
📍 Bute Pl, Cardiff Bay
🌐 wmc.org.uk

Das seit 2004 betriebene Kulturzentrum bietet vielfältige künstlerische Performances, darunter Ballett, Oper, Tanz und Musicals. Es beherbergt führende kulturelle Einrichtungen wie die Welsh National Opera, die National Dance Company Wales und das BBC National Orchestra Wales. Bei Führungen kann man einen Blick hinter die Kulissen werfen.

③ Pierhead
📍 Cardiff Bay 🕐 siehe Website 🌐 senedd.wales

Das Gebäude im französisch-gotischen Renaissance-Stil von 1897 ist eines der bekanntesten Wahrzeichen von Cardiff. Früher war es der Hauptsitz der Bute Dock Company, heute zeigt es eine interessante Ausstellung über die Geschichte der Docks.

↑ *The Hayes, eine der angesagtesten Shopping-Meilen der Stadt*

> **Schon gewusst?**
>
> In Cardiff ist der älteste Plattenladen der Welt, Spillers, der 1894 eröffnet wurde.

④ Craft in the Bay
📍 The Flourish, Lloyd George Ave, Cardiff Bay 🕐 tägl. 10:30–17:30 🌐 makersguildinwales.co.uk

Das Kunsthandwerkszentrum präsentiert eine breite Palette von handwerklichen Objekten und Vorführungen (u. a. Weben und Töpfern).

⑤ National Museum Cardiff
📍 Cathays Park ☎ +44 300 111 2333 🕐 Di – So, Feiertage 10–17 🚫 1. Jan, 24., 25. Dez 🌐 museum.wales

Das Museum mit seiner eindrucksvollen Säulenfassade wurde 1927 eröffnet. Eine der schönsten Kunstsamm-

↑ *Futuristisch gestaltete Fassade des 2004 eröffneten Millennium Centre*

Highlight

lungen Europas umfasst Gemälde, Zeichnungen, Skulpturen sowie Silber- und Tonwaren von 1500 bis heute. Zu den wertvollsten Schätzen gehören Bilder von Renoir, Monet und van Gogh.

City Hall & Civic Centre
- Cathays Park
- +44 29 2087 1727
- Mo – Fr Feiertage
- cardiffcityhall.com

Cardiffs Verwaltungskomplex gruppiert sich um die gepflegten Grünanlagen der Alexandra Gardens. Das Rathaus (1905) besitzt eine 60 Meter hohe Kuppel und einen Uhrturm. Zu besichtigen ist die Marble Hall mit Säulenkolonnaden und Marmorstatuen der Waliser Nationalhelden, darunter auch die des hl. David, des Schutzpatrons von Wales (siehe S. 458f).

Das Civic Centre beherbergt auch Teile der Universität Cardiff.

Shopping

Cardiff Market
Dieser Markt mit Glasdach ist vollgepackt mit Verkaufsständen, die alles anbieten – von frischem Fisch über Kuchen bis zu Souvenirs.
- zwischen St Mary St und Trinity St
- Mo – Sa 8 – 17

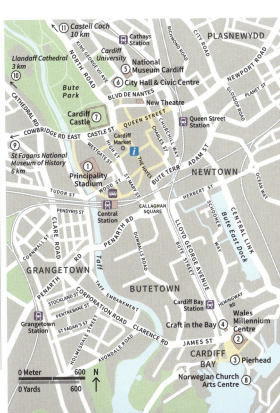

Cardiff Castle

⌂ Castle St ☎ +44 29 2087 8100 🕐 tägl. 9–18 (Nov–Feb: bis 17) 🚫 1. Jan, 25., 26. Dez 🌐 cardiffcastle.com

Cardiff Castle war zuerst ein römisches Kastell, dessen Überreste von den späteren Bauten durch eine Mauer abgetrennt wurden. Auf den Ruinen der römischen Befestigungsanlage entstand dann im 12. Jahrhundert eine Burg, die im Lauf der nächsten 700 Jahre zahlreiche Besitzer kennenlernen sollte, bis sie 1776 an John Stuart, Sohn des Earl of Bute, ging. Sein Urenkel, 3. Marquess of Bute, verpflichtete den berühmten Architekten William Burges, der zwischen 1869 und 1881 ein prächtiges Herrenhaus schuf, reich an mittelalterlichen Bildern.

Norwegian Church Arts Centre

⌂ Harbour Dr, Cardiff Bay 🕐 tägl. 10:30–16 🌐 norwegianchurchcardiff.com

Die norwegische Holzkirche wurde 1868 errichtet, zu Beginn der 1990er Jahre im Zuge der Hafenumgestaltung abgebaut und später wieder aufgebaut. Heute ist sie ein Kunstzentrum, in dem wechselnde Ausstellungen stattfinden.

St Fagans National Museum of History

⌂ St Fagans ☎ +44 300 111 2333 🕐 tägl. 10–17 🌐 museum.wales

Das in den 1940er Jahren in St Fagans am westlichen Stadtrand eingerichtete Freilichtmuseum St Fagans National History Museum war eines der ersten seiner Art. Gebäude aus ganz Wales, darunter Arbeiter-Reihenhäuser, Bauernhöfe, ein Zollhaus, Läden, eine Kapelle und ein altes Schulhaus wur-

> **Schon gewusst?**
> Roald Dahl wurde in Cardiff geboren und in der norwegischen Kirche getauft.

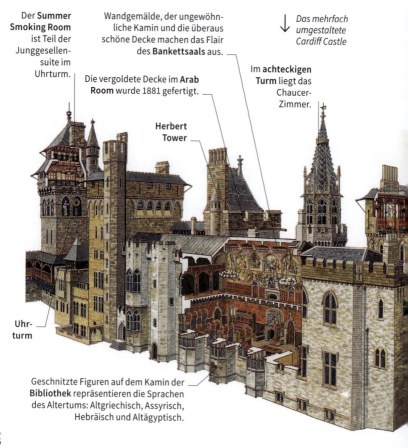

Der **Summer Smoking Room** ist Teil der Junggesellensuite im Uhrturm.

Wandgemälde, der ungewöhnliche Kamin und die überaus schöne Decke machen das Flair des **Bankettsaals** aus.

Die vergoldete Decke im **Arab Room** wurde 1881 gefertigt.

Das mehrfach umgestaltete Cardiff Castle

Im **achteckigen Turm** liegt das Chaucer-Zimmer.

Herbert Tower

Uhrturm

Geschnitzte Figuren auf dem Kamin der **Bibliothek** repräsentieren die Sprachen des Altertums: Altgriechisch, Assyrisch, Hebräisch und Altägyptisch.

den in der 40 Hektar großen Parklandschaft sorgfältig rekonstruiert, ebenso wie ein nachgebautes keltisches Dorf. Besucher können auch ein Herrenhaus aus der Tudor-Zeit besichtigen, das über einen wunderschönen Garten verfügt. In Ausstellungen können Sie die Geschichte von Wales, sein reiches Erbe und seine Kultur anhand von interaktiven Exponaten erkunden.

Castell Coch (walisisch für »Rote Burg«) mit aufwendig gestalteter Dekoration (Detail)

⑩ Llandaff Cathedral

🏠 Cathedral Close, Llandaff 🕐 tägl. 9 bis zum Ende des jeweils letzten Gottesdienstes (So ab 7) 🌐 llandaffcathedral.org.uk

Die Burg liegt in einer Senke am Fluss Taff (Tâf) im Vorort Llandaff, drei Kilometer nordwestlich der Stadt. Die Kathedrale ist ein mittelalterlicher Bau auf den Überresten einer Klosteranlage aus dem 6. Jahrhundert.

Im Zweiten Weltkrieg wurde sie schwer beschädigt, in den 1950er Jahren restauriert und 1957 wiedereröffnet. Seither besitzt sie eine riesige moderne Christusstatue von Jacob Epstein, die auf einen Betonbogen montiert ist.

⑪ Castell Coch

🏠 10 km nordwestl. von Cardiff, an der A470 bei Tongwynlais 🕐 März – Okt: tägl. 9:30 – 17 (Juli, Aug: bis 18); Nov – Feb: Mo – Sa 10 – 16, So 11 – 16 🌐 cadw.gov.wales

Castell Coch ist typisch für die Burgen, die während der viktorianischen Ära in Auftrag gegeben wurden. Sie wurde in den 1870er Jahren für den 3. Marquess of Bute im neogotischen Stil über den Ruinen einer Burg aus dem 13. Jahrhundert erbaut. Der Entwurf von William Burges zielte darauf ab, den mittelalterlichen Charakter des Vorgängerbaus zu bewahren. Es gibt reich verzierte Kammern, gewundene Steintreppen und dunkle Verliese.

Mit Fliesen, Sträuchern und einem Brunnen schuf William Burges auf dem **Dachgarten** eine mediterrane Atmosphäre, die den Garten zum Juwel macht.

Im **Bute Tower** waren ab 1873 Privaträume untergebracht, so Speise- und Schlafzimmer sowie Salon.

SEHENSWÜRDIGKEITEN

④ 🏞️ 🅿️ 🍴 ☕ 🛍️ NT

Powis Castle

🏠 Welshpool, Powys 📞 +44 1938 551 944 🚉 Welshpool, dann Bus 🕐 Castle: tägl. 11–17 (Okt–Feb: bis 16); Park: tägl. 10–18 (Okt–Feb: bis 16) 🌐 nationaltrust.org.uk

Powis Castle (13. Jh.) ist über seine militärischen Wurzeln schon seit Langem hinausgewachsen. Trotz der Zinnen und der beherrschenden Lage südwestlich der Grenzstadt Welshpool diente der rote Steinbau über Jahrhunderte als Landwohnsitz. Die Prinzen von Powys erbauten die Festung, um die Grenze zu England zu kontrollieren.

Den edel getäfelten Dining Room (17. Jh.) zieren Familienporträts. Der Saal war ursprünglich als Empfangshalle geplant. Die Große Treppe (17. Jh.) ist mit geschnitzten Früchten und Blumen dekoriert und führt zu wichtigen Räumen: zum ebenfalls getäfelten Oak Drawing Room und zur elisabethanischen Long Gallery mit Stuckarbeiten an Kamin und Decke aus den 1590er Jahren. Im Blue Drawing Room hängen drei Brüsseler Wandteppiche aus dem 18. Jahrhundert.

Der 1688–1722 angelegte Park gehört zu den bekanntesten in Großbritannien. Er ist die einzige original erhaltene Anlage aus jener Zeit – mit Terrassen im italienischen Stil, Statuen, Nischen, Balustraden und hängenden Gärten.

Blick über den Park auf Powis Castle; Gemälde von Antonio Verrio an der Großen Treppe (Detail) ↓

> Während des Victorian Festival ziehen die Menschen von Llandrindod Wells im Pump Room in den Temple Gardens historische Kostüme an.

⑤ Llandrindod Wells

🏠 Powys 👥 5000 🚉 ℹ️ Town Hall, Temple St; +44 1597 822 600

Der Kurort wurde im 19. Jahrhundert zu einem beliebten Urlaubsort und ist ein perfektes Beispiel für eine viktorianische Stadt mit Giebelvillen, einem See und Parks. Die Stadt bemüht sich, den viktorianischen Charakter zu bewahren. Während des Victorian Festival im August ziehen die Menschen im Pump Room in den Temple Gardens historische Kostüme an.

Das **Radnorshire Museum** zeigt, dass die Stadt im 19. Jahrhundert Teil einer

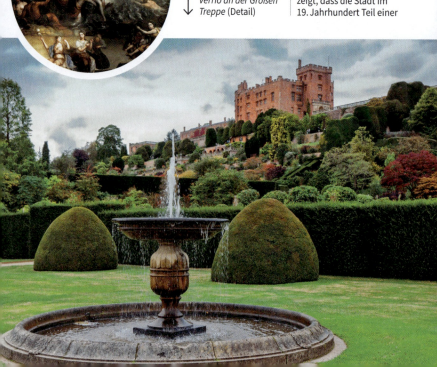

Lokale

The Temple Bar
Die Bar und das Bistro mit roten Backsteinwänden und Buntglasfenstern zeigen auch zeitgenössische Kunst.

🏠 Fiveways, Temple St, Llandrindod Wells
📞 +44 1597 825 405
££££

The Horse and Jockey Inn
Lokal in einer alten Kutschenstation (14. Jh.) mit offenem Kamin und einer großen Auswahl regionaler Gerichte.

🏠 Wylcwm Place, Knighton
🌐 thehorseandjockeyinn.co.uk
££££

↑ Straße im Zentrum von Knighton mit dem Uhrturm im Hintergrund

Reihe von walisischen Kurorten war, darunter Builth, Llangammarch und Llanwrtyd. Das **National Cycle Museum** illustriert die Historie des Fahrrads seit 1818.

Radnorshire Museum
🏠 Temple St 📞 +44 1597 824 513 🕐 Di – Fr 11–15, Sa 10–13

National Cycle Museum
🏠 Temple St 🕐 siehe Website 🌐 cyclemuseum.org.uk

6
Cardigan

🏠 Ceredigion 🚂 4000
🚢 Fishguard Harbour, dann Bus ℹ️ The Guildhall; +44 1239 615 554
🌐 visitcardigan.com

Die attraktive Kleinstadt entstand um das **Cardigan Castle**, das im 12. Jahrhundert am Fluss Teifi erbaut wurde. Nachdem es verfallen war, wurde es hervorragend renoviert und beherbergt nun Ausstellungen über die örtliche Schiffsbauindustrie und das *eisteddfod (siehe S. 449)*.

Flussaufwärts vom Stadtzentrum befinden sich die Teifi Marshes und das **Welsh Wildlife Centre** mit Naturlehrpfaden, Vogelbeobachtungsposten, einem Weidenlabyrinth und einem Abenteuerspielplatz. Mwnt Beach acht Kilometer nördlich der Stadt ist ein attraktiver Familienstrand und ein guter Ort zur Delfinbeobachtung.

Cardigan Castle
🏠 Green St 🕐 tägl. 10–16
🌐 cardigancastle.com

Welsh Wildlife Centre
🏠 Cilgerran 🕐 tägl. 10–16 (Sommer: bis 17)
🌐 welshwildlife.org

7
Knighton

🏠 Powys 🚂 4000
ℹ️ Offa's Dyke Centre, West St; +44 1547 528 753 🕐 Sa
🌐 visitknighton.co.uk

Knighton (walisisch: Tref y Clawdd, Stadt auf dem Damm) ist die einzige Siedlung am Offa's Dyke *(siehe Kasten)*. Sie liegt an einem steilen Hügel, der von der St Edward's Church (1877) ansteigt. Die Hauptstraße führt über den Marktplatz, erkennbar am Uhrturm (19. Jh.), und durch The Narrows, eine Tudor-Straße mit Läden. The Old House an der Broad Street ist ein mittelalterliches »Cruck«-Haus (mit einem Dachstuhl aus gebogenen Holzbalken). Es besitzt statt eines Kamins ein Loch in der Decke.

Offa's Dyke

Im 8. Jahrhundert ließ König Offa of Mercia (Zentral- und Südengland) Graben und Damm bauen, um sein Territorium abzustecken und um folgendes sächsische Gesetz geltend machen zu können: »Kein Waliser soll englisches Land betreten ohne einen dazu berufenen Mann der anderen Seite, der ihn auf dem Damm abholt und wieder dorthin zurückbringt, ohne dass eine Rechtsverletzung geschieht.« Einige der besterhaltenen, sechs Meter hohen Wallabschnitte stehen in der Nähe von Knighton.

8 Llanwrtyd Wells

◉ Powys 🏠 1000
🚆 🚌 nach Llanwrtyd
🌐 llanwrtyd.com

Der Ort gehört zu den kleinsten in Wales und ist wegen einiger ungewöhnlicher Veranstaltungen bekannt, darunter die Weltmeisterschaft im Schnorcheln im Moor, der jährliche Marathon Mensch gegen Pferd und die World Alternative Games, bei denen Wettbewerbe wie Wurm-Charming und Zehen-Wrestling stattfinden. Außerdem gibt es das Saturnalia Beer Festival und die Chariot Race Championship.

9 Machynlleth

◉ Powys 🏠 2000 🚆
ℹ️ Welshpool; +44 1938 552 043 🌐 midwalesmyway.com

Unter den Steinhäusern von Machynlleth findet man auch einige mit Fachwerk oder mit georgianischen Fassaden. In dem Ort rief Owain Glyndŵr, der letzte walisische Führer, 1404 ein Parlament zusammen. Das renovierte Parlament House beherbergt das **Owain Glyndŵr Centre**.

Den Uhrturm mitten in der Maengwyn Street ließ der Marquess of Londonderry 1874 bauen. Das MOMA Machynlleth präsentiert moderne Kunst aus Wales.

Umgebung: In einem Schiefersteinbruch vier Kilometer nördlich betreibt das **Centre for Alternative Technology** ein »Dorf der Zukunft«.

Owain Glyndŵr Centre
🏠 Maengwyn St
🕐 Ostern – Dez: tägl. 11–15
🌐 canolfanglyndwr.org

Centre for Alternative Technology
🏠 an der A487
🕐 tägl. 10–17 🚫 24. Dez – 1. Jan 🌐 cat.org.uk

10 Elan Valley

◉ Powys 🚆 Llandrindod
ℹ️ Rhayader; +44 1597 810 880 🌐 elanvalley.org.uk

Eine Reihe von Stauseen, die ersten künstlichen Seen des Landes, haben dieses Tal berühmt gemacht. Von 1892 bis 1903 entstanden Caban Coch, Garreg Ddu, Pen y Garreg und Craig Goch, um das 117 Kilometer entfernte Birmingham mit Wasser zu versorgen.

Die 14 Kilometer lange Seenkette speichert 50 Milliarden Liter Wasser. Viktorianische Ingenieure hatten die Hochmoorlandschaft in den Cambrian Mountains wegen des hohen Niederschlags (1780 mm pro Jahr) als Standort ausgewählt. Die Wahl löste Kontroversen und sehr viel Unmut aus: Über 1000 Menschen mussten das Tal verlassen, bevor es für den Caban Coch geflutet wurde.

Royal Welsh Show

Die Royal Welsh Show (www.rwas.wales/royal-welsh-show) findet seit 1904 jedes Jahr im Juli in Builth Wells, etwa 80 Kilometer südlich von Machynlleth, statt. Die Show bietet ländliche Sportarten und Aktivitäten wie Schafschur, Wettbewerbe mit Tieren (z. B. Schäferhunden, Vieh, Falken und Pferden) sowie Tauziehen und Klettern. Zum Programm gehören auch Livemusik und ein Markt mit Kunsthandwerk und Essensständen.

→ *Gepflegter Sandstrand in dem charmanten Ort New Quay*

Der Stausee Craig Goch im Elan Valley entstand Ende des 19. Jahrhunderts

Die Ornamente der Staudämme weisen jenen Hauch von Erhabenheit auf, den man beim gewaltigen Claerwen-Stausee vermisst. Er wurde in den 1950er Jahren hinzugefügt, um die Speicherkapazität zu verdoppeln. Der Staudamm misst 355 Meter. Insgesamt zieht sich der See sechs Kilometer an der B4518 entlang, die durch das Tal führt und herrliche Ausblicke bietet.

Die Moor- und Waldgebiete um die Seen sind ein wichtiger Lebensraum für Wildtiere. Der Rote Milan ist hier oft zu sehen.

Das Elan Valley Visitors' Centre am Caban-Coch-Staudamm stellt die Naturgeschichte des Tals dar. Elan Village neben dem Besucherzentrum ist ein gutes Beispiel für ein Arbeiterdorf, das um 1900 gebaut wurde, um die Kraftwerksangestellten unterzubringen. Vor dem Zentrum steht eine Statue, für die das lyrische Drama *Der entfesselte Prometheus* von Percy Bysshe Shelley Pate stand. 1810 weilte der Dichter mit seiner Frau Harriet in der Villa Nantgwyllt hier im Tal. Zusammen mit den Gebäuden des Dorfs ist das Haus in den Wassern des Caban Coch untergegangen.

Aberaeron
🏠 Ceredigion 🚶 1500
🚌 Aberystwyth, dann Bus
ℹ️ Pen Cei; +44 1545 570 602
🌐 discoverceredigion.wales

Georgianische Häuser säumen den Hafen der Stadt, die im 19. Jahrhundert ein Zentrum des Schiffsbaus war. Die breiten Straßen stammen aus der Zeit, als es noch keine Bahn gab und die Häfen an der Bucht von Cardigan Wohlstand erlangten. Das letzte Schiff lief 1994 vom Stapel. Heute wird der Hafen von Seglern genutzt.

In der Stadt bieten Feinkostläden, Fischhändler und Fleischer ihre Waren an. Am Pier wird im Hive Honey Ice Cream Parlour hervorragendes Eis serviert. Am Kai findet alljährlich im Juli das populäre Cardigan Bay Seafood Festival statt.

Hotel

Harbourmaster Hotel
Das Hotel in dem markanten marineblauen Gebäude direkt am Wasser bietet 13 stilvolle Zimmer – alle mit herrlichem Meerblick.

🏠 1 Pen Cei, Aberaeron
🌐 harbour-master.com
£££

New Quay
🏠 Ceredigion 🚶 1000
🚌 Carmarthen, dann Bus
🌐 discoverceredigion.co.uk

New Quay ist eine Mischung aus kleinem Ferienort und traditionellem Fischerdorf und verfügt über mehrere Sandstrände. Es ist auch ein guter Platz zur Beobachtung von Delfinen.

Dylan Thomas besuchte den das Städtchen häufig und lebte hier sogar mehrere Monate. New Quay ist daher einer von mehreren Orten, die meinen, die Inspiration für das fiktive Llareggub in *Under Milk Wood* zu sein.

13
Mumbles und Gower Peninsula

🏠 Swansea
🌐 enjoygower.com

An der Bucht von Swansea liegt der Badeort Mumbles – das Tor zur 29 Kilometer langen Gower Peninsula. Auf der Halbinsel, die 1956 zur ersten »Area of Outstanding Natural Beauty« Großbritanniens erklärt wurde, locken kleine, geschützte Buchten sowie die Strände Oxwich und Port-Eynon, an denen es viele Wassersportangebote gibt.

Der **National Botanic Garden of Wales** hat ein großes Glashaus mit einem mediterranen Ökosystem.

National Botanic Garden of Wales
🏠 Middleton Hall, Llanarthne ⏰ tägl. 10–18 (Okt – März: bis 16)
🌐 botanicgarden.wales

14
Swansea

🏠 Swansea 👥 240 000
📞 +44 1792 371 441
🚆 🚌 ⛴ 🏠 Mo – Sa
🌐 visitswanseabay.com

Die zweitgrößte Stadt von Wales liegt an einer großen Bucht mit breitem Strand. Die Statue des Kupferminenmillionärs John Henry Vivian (1779–1855) thront über der Marina. Die Vivians, eine der angesehensten Familien der Stadt, richteten die **Glynn Vivian Art Gallery** ein, in der Porzellan zu sehen ist. Das 1838 gegründete **Swansea Museum**, das älteste Museum in Wales, widmet sich Archäologie und Geschichte der Region. Der in Swansea geborene Dichter Dylan Thomas (1914–1953) wird im **Dylan Thomas Centre** geehrt. Sein Geburtshaus am 5 Cwmdonkin Drive wurde so restauriert, wie es 1914 aussah.

Das **National Waterfront Museum** dokumentiert die Geschichte von Industrie und Innovation von Wales der vergangenen rund 300 Jahre.

Glynn Vivian Art Gallery
🏠 Alexandra Rd
⏰ Di – So 10 – 17
🌐 glynnvivian.co.uk

Swansea Museum
🏠 Victoria Rd ⏰ Di – So, Feiertage 10 – 16:30
🌐 swanseamuseum.co.uk

Dylan Thomas Centre
🏠 Somerset Pl
⏰ Di – So 10 – 16:30
🌐 dylanthomas.com

National Waterfront Museum
🏠 Oystermouth Rd ⏰ tägl. 10 – 17
🌐 museum.wales

Restaurant

Grape & Olive

Das Restaurant in der obersten Etage des Meridian Tower überzeugt mit kreativer Küche und tollem Blick auf die Swansea Bay.

🏠 Meridian Quay, Maritime Quarter, Swansea
📞 +44 1792 462 617

£££

Three Cliffs Bay an der traumhaft schönen Gower Peninsula

❶❺
Blaenavon

🏠 Torfaen 🏔 6000
ℹ️ World Heritage Centre, Church Rd; +44 1495 742 333 🌐 visitblaenavon.co.uk

Das »schwarze Gold«, das bis vor 100 Jahren das Leben in Blaenavon bestimmte, wird nicht mehr gefördert. Das **Big Pit National Coal Museum** gedenkt der Bergbauhistorie. Entlang markierter Pfade sind die Schmiede, Bergmannshütten und der Maschinenraum zu sehen. Der Höhepunkt der Besichtigung liegt unter Tage. Wie einst die Kumpel werden die Besucher in einem Aufzugkäfig nach unten befördert und dort von ehemaligen Minenarbeitern durch die Stollen und die unterirdischen Pferdeställe geführt.

Blaenavon ist auch wegen der Eisenhütte **Blaenavon Ironworks** bekannt. Heute ist das gesamte Gelände ein Museum.

Big Pit National Coal Museum
🏠 Blaenavon
🕐 tägl. 10–17
🌐 museum.wales

Blaenavon Ironworks
🏠 North St
🕐 Apr–Okt: tägl. 10–17; Nov–März: Fr–So 10–16
🌐 cadw.gov.wales

❶❻
Monmouth

🏠 Monmouthshire
🏔 10 000 ℹ️ Shire Hall
🌐 visitmonmouthshire.com

Die Marktstadt am Zusammenfluss von Wye und Monnow hat eine lange Historie. Von der Burg (11. Jh.) sind nur Ruinen erhalten. Das **Regimental Museum** daneben dokumentiert die Geschichte der Royal Monmouthshire Royal Engineers. Am Agincourt Square steht die Shire Hall mit einer Statue von Henry V an der Fassade und einer Statue zu Ehren von Charles Rolls, dem Gründer von Rolls-Royce.

Admiral Lord Horatio Nelson stattete Monmouth 1802 einen Besuch ab, im **Nelson Museum** ist eine sehenswerte Sammlung zu seinem Leben und Wirken zu sehen.

Architektonisch interessant ist die Monnow Bridge am Westrand der Stadt.

Regimental Museum
🏠 The Castle
🕐 Apr–Okt: tägl. 14–17
🌐 monmouthcastlemuseum.org.uk

Schon gewusst?
Wales war das erste Land mit einem Küstenweg, der sich über das gesamte Land erstreckte.

Nelson Museum
🏠 Priory St
📞 +44 1600 710 630
🕐 Do–Di 11–16

❶❼
Aberystwyth

🏠 Ceredigion 🏔 16 000
ℹ️ Terrace Rd
🌐 discoverceredigion.wales

Die Küsten- und Universitätsstadt sieht sich als kulturelle Hauptstadt von Mittelwales. Constitution Hill, ein steiler Felsvorsprung am nördlichen Ende, kann im Sommer mit der 1896 erbauten elektrischen Klippenbahn erklommen werden. Im Zentrum bietet das **Ceredigion Museum** in einem alten Musiksaal aufschlussreiche Ausstellungen über die lokale Geschichte und die Seefahrt in der Cardigan Bay.

Die National Library of Wales in der Nähe der Universität besitzt eine wertvolle Sammlung alter walisischer Manuskripte.

Ceredigion Museum
🏠 Terrace Rd
🕐 Mo–Sa 10–17 🌐 ceredigionmuseum.wales

Fassade des Ceredigion Museum in Aberystwyth

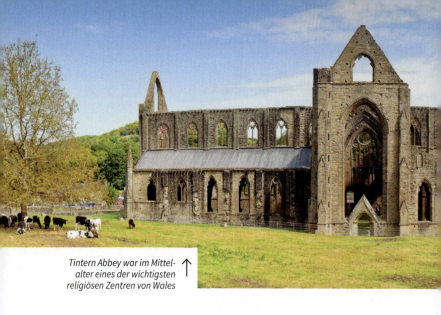

Tintern Abbey war im Mittelalter eines der wichtigsten religiösen Zentren von Wales

Tintern Abbey

Monmouthshire Chepstow, dann Bus März – Okt: tägl. 9:30 – 17 (Juli, Aug: bis 18); Nov – Feb: tägl. 10 – 16 1. Jan, 24. – 26. Dez cadw.gov.wales

Seit dem 18. Jahrhundert bezaubert Tintern Abbey durch seine Lage und die majestätische Ruine seiner alten Abtei. Dichter und Maler ließen sich davon inspirieren: Wordsworth verfasste hier sein Sonett *Lines composed a few miles above Tintern Abbey*, in dem die Landschaft mit ihren bewaldeten Hügeln beschrieben wird. Der englische Maler Turner hielt die Abtei auf Leinwand fest.

Das Kloster wurde 1131 vom Zisterzienserorden gegründet, der das umliegende Land kultivierte. Danach entwickelte es sich zum religiösen Zentrum. Im 14. Jahrhundert war es das reichste Kloster in Wales. Henry VIII ließ es im Rahmen der Säkularisation im Jahr 1536 auflösen und zerstören.

Caerleon

Newport 10 000 John Frost Sq, Newport; +44 1633 842 962 newport.gov.uk

Ab 74 n. Chr. war hier eine von drei römischen Legionen in Britannien stationiert. Die anderen befanden sich in York *(siehe S. 374 – 381)* und in Chester *(siehe S. 354f)*. Die Überreste der Befestigungsanlagen sind heute zwischen der Neustadt und dem Fluss zu besichtigen. Die Ausgrabungen von Caerleon sind sowohl kulturgeschichtlich als auch unter militärischen Aspekten höchst interessant, denn die Römer hinterließen nicht nur eine Befestigungsanlage für 5500 Soldaten, sondern eine ganze Stadt.

Das außerhalb der Stadt gelegene Amphitheater ist in bemerkenswert gutem Zustand erhalten. Rund 6000 Zuschauer konnten von den Tribünen Sportveranstaltungen und Gladiatorenkämpfe verfolgen.

Am beeindruckendsten ist die Bäderanlage, die Mitte der 1980er Jahre zugänglich wurde. Hier konnten die römischen Soldaten nicht nur baden, sondern auch Sport treiben und sich ausruhen – Annehmlichkeiten, die ihnen den Aufenthalt bei den »Barbaren« im hohen Norden erträglicher machen sollten.

Gleich in der Nähe kann man die Überreste der einzigen in Europa noch erhaltenen römischen Kasernen besichtigen. Artefakte zeigt das **National Roman Legion Museum**.

Männerchöre in den walisischen Tälern

Der Kosename von Wales »The Land of Song« entstand im 18. Jahrhundert mit der Gründung von Männerchören. Diese gruppierten sich in den Docks, Werften und Industriestädten überall in Wales, sind aber am engsten mit den Bergbaugemeinden der Täler in Südwales verbunden. Renommiert sind u. a. der Treorchy Male Choir, der Bridgend Male Choir und der Pontypridd Male Voice Choir. Neben Konzerten können Besucher gegen eine kleine Spende auch Chorproben besuchen.

National Roman Legion Museum
🏛 High St
🕐 Mo – Sa 10 –17, So 14 –17
🌐 museum.wales

⑳
Abergavenny
🏛 Monmouthshire
👥 14 000 🚉 🚌 ℹ Town Hall 🌐 visitabergavenny.co.uk

Auf dem Stadtgebiet befanden sich früher ein römisches Kastell und eine normannische Burg, die mit Blick auf den Fluss Usk gebaut wurde. Die Burgruinen sind noch erhalten, und ein angebautes Jagdschloss beherbergt heute das **Abergavenny Museum**. Die Stadt ist bekannt als gastronomische Hauptstadt von Wales und veranstaltet im September ein beliebtes Food Festival.

Abergavenny Museum
🏛 Castle St 🕐 Do – Di 11–16 🌐 abergavennymuseum.co.uk

㉑
Chepstow Castle
🏛 1 Bridge St, Chepstow
🚉 🚌 🕐 März – Okt: tägl. 9:30 –17 (Juli, Aug: bis 18); Nov – Feb: tägl. 10 –16
🌐 cadw.gov.wales

Das älteste erhaltene Steinschloss in Großbritannien stammt aus dem Jahr 1067. Es thront in geradezu dramatischer Lage auf einem Steilfelsen oberhalb des River Wye. Der beeindruckendste Aspekt der Burg ist ihr gewaltiger normannischer Turm. Das auffälligste Merkmal ist jedoch eine Reihe von Holztoren (1159 – 89), die als die ältesten Burgtore Europas gelten. Früher dienten sie als Eingangsportale, heute sind sie aus konservatorischen Gründen im Innenraum von Chepstow Castle ausgestellt.

→ Aus dem 12. Jahrhundert erhaltenes Holztor in Chepstow Castle

> **TOP 5** Burgen in Wales
>
> **Beaumaris Castle**
> Die Burg (13./14. Jh.) hat konzentrische Verteidigungsanlagen mit 16 Türmen.
>
> **Caernarfon Castle**
> Die in ihren Ausmaßen majestätische Burg wurde von Edward I erbaut.
>
> **Cardiff Castle**
> Im 19. Jahrhundert wurde das im 12. Jahrhundert erbaute Cardiff Castle umgestaltet.
>
> **Carreg Cennen**
> Die atemberaubenden Ruinen dieser Burg (13. Jh.) thronen auf einem Kalksteinfelsen.
>
> **Conwy Castle**
> Die von Edward I erbaute Burg (12. Jh.) ist sehr gut erhalten.

Tour durch Wild Wales

Länge 140 km **Rasten** In den Marktorten Llandovery und Llanidloes gibt es zahlreiche gute Teestuben, Cafés und Restaurants.

Die Fahrt führt durch die windgepeitschten Moore der Cambrian Mountains, durch grüne Hügel und hohe, verlassene Plateaus. Zum riesigen Llyn Brianne Reservoir nördlich von Llandovery wurden neue Straßen angelegt, und die alte Viehtreiberstraße nach Tregaron ist nun geteert. Dennoch ist das Gebiet im Wesentlichen immer noch ein »wildes Wales« mit versteckten Weilern, abgelegenen Bauernhöfen, verwunschenen Hochebenen und traditionellen Marktstädten.

Schon gewusst?

Die Brücke in Devil's Bridge besteht aus drei einzelnen, übereinandergebauten Brücken.

Die Romantik des Ausflugsorts **Devil's Bridge** lebt von Kaskaden, bewaldeten Hängen, einer tiefen Schlucht und einer alten Steinbrücke, die angeblich des Teufels Werk ist.

Das Kloster **Strata Florida**, einst ein politisches, religiöses und kulturelles Zentrum, ist heute eine Ruine.

↑ Tor der Ruine des Klosters Strata Florida

Twm Siôn Cati's Cave gilt als Rückzugsort des Dichters Tom John, eines walisischen Geächteten, der durch die Heirat mit einer reichen Erbin zu Ehren gelangte.

Llandovery liegt an zwei Flüssen und bietet eine Burgruine, einen Markt und georgianische Fassaden.

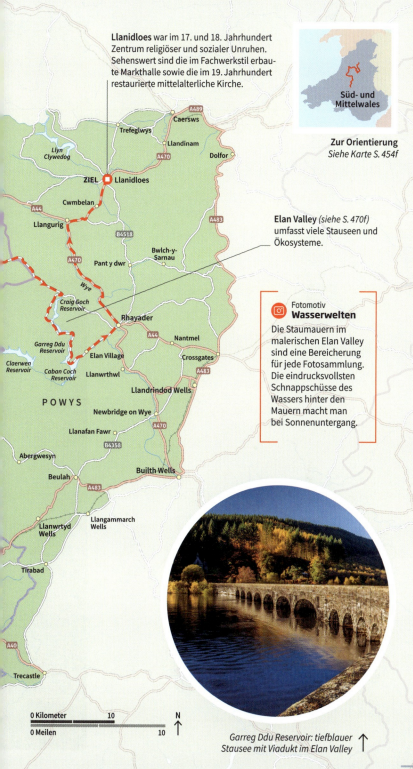

Llanidloes war im 17. und 18. Jahrhundert Zentrum religiöser und sozialer Unruhen. Sehenswert sind die im Fachwerkstil erbaute Markthalle sowie die im 19. Jahrhundert restaurierte mittelalterliche Kirche.

Süd- und Mittelwales

Zur Orientierung
Siehe Karte S. 454f

Elan Valley *(siehe S. 470f)* umfasst viele Stauseen und Ökosysteme.

Fotomotiv
Wasserwelten

Die Staumauern im malerischen Elan Valley sind eine Bereicherung für jede Fotosammlung. Die eindrucksvollsten Schnappschüsse des Wassers hinter den Mauern macht man bei Sonnenuntergang.

Garreg Ddu Reservoir: tiefblauer Stausee mit Viadukt im Elan Valley

SCHOTTLAND
ERLEBEN

- Edinburgh und Südost-Schottland **488**
- Glasgow und Südwest-Schottland **510**
- Zentral- und Ostschottland **526**
- Highlands und Inseln **542**

Sonnenuntergang in den Highlands

SCHOTTLAND
AUF DER KARTE

Für diesen Reiseführer wurde Schottland in vier Regionen unterteilt, die auf den folgenden Seiten einzeln beschrieben werden. Jede Region hat eine eigene Farbe, wie auf der Karte zu sehen ist.

Outer Hebrides
- Stornaway
- Lewis
- Harris
- Rodel
- North Uist
- South Uist
- Kilbride
- Barra

Inner Hebrides
- Portree
- Isle of Skye
- Rùm
- Coll
- Tiree
- Mull
- Colonsay
- Jura
- Islay

Atlantischer Ozean

Großbritannien

NORDIRLAND
- Belfast

DIE REGIONEN SCHOTTLANDS

Schottland bietet mehr als Whisky und Highlands: Atemberaubende Landschaften – von den grasigen Hügeln im Süden bis zur Isle of Skye und den windumtosten Küsten Shetlands im Norden – heißen Besucher ebenso willkommen wie große und kleine geschichtsträchtige Städte und Dörfer.

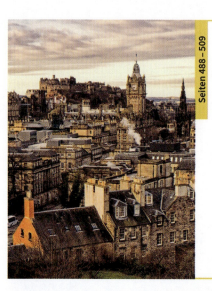

Edinburgh und Südost-Schottland
Seiten 488 – 509

Edinburgh, eine kulturelle Schatzkammer, ist das Eingangstor nach Schottland. Außerhalb der Hauptstadt reihen sich im fruchtbaren Ackerland und den Mooren des Grenzlandes stattliche Herrenhäuser an historische Ruinen.

Entdecken
Sightseeing, Kultur und Kunst
Sehenswert
Edinburgh Castle, Royal Mile
Genießen
Den fantastischen Rundblick über Edinburgh von Arthur's Seat aus

Glasgow und Südwest-Schottland
Seiten 510 – 525

Glasgow, Schottlands größte Stadt, birgt großartige viktorianische und moderne Architektur und steckt voller Energie. In Südwest-Schottland finden sich viele geschichtsträchtige Stätten (u. a. Burgen) und eine herrliche Küste.

Entdecken
Kunst, Shopping und Nachtleben
Sehenswert
Glasgow, Culzean Castle
Genießen
Meisterwerke schottischer Kunst in der Kelvingrove Art Gallery and Museum

Zentral- und Ostschottland

Seiten 526–541

Zentral- und Ostschottland sind ein buntes Mosaik aus wildem Hochland, ruhigem Flachland, Ackerland und Wald, umrahmt von sandigen Stränden. Ihre Städte haben ihre ganz eigene Geschichte – vom mittelalterlichen Glanz in Stirling Castle bis zum industriellen Erbe in Dundee. Outdoor-Fans lieben Loch Lomond und die Trossachs, in Royal Deeside verbindet sich Naturschönheit mit königlichem Glanz.

Entdecken
Köstliches Seafood und royales Erbe

Sehenswert
Loch Lomond und der Trossachs National Park, Aberdeen, Stirling Castle

Genießen
Eine Runde Golf in den St Andrews Links

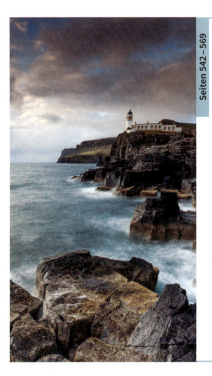

Highlands und Inseln

Seiten 542–569

Für viele gelten die Highlands und Inseln als Inbegriff von Schottland. In der weiten, spärlich besiedelten Landschaft liegen unzählige Lochs, Schluchten und Moore, dazwischen imposante Clan-Burgen und alte Menhire. Vor der Küste erstrecken sich Hunderte Inseln – viele in Sichtweite von Oban oder von dort gut erreichbar. Inverness, die Highland-Hauptstadt, ist idealer Ausgangspunkt zur Erkundung von Loch Ness und den Cairngorms. Von Fort William startet man zum Ben Nevis, dem höchsten Gipfel Großbritanniens.

Entdecken
Whisky, Outdoor-Abenteuer und majestätische Bergwelt

Sehenswert
Shetland, Orkney, Outer Hebrides, Isle of Skye, Cairngorms National Park

Genießen
An der Westküste von Insel zu Insel fahren

7 TAGE
in Schottland

Tag 1
Schlendern Sie in Edinburgh *(siehe S. 492–503)* die Royal Mile entlang, und besichtigen St Giles' Cathedral und Gladstone's Land. Essen Sie typisch Schottisches im Monteiths (61 High St). Nach einer Führung durch den Palace of Holyroodhouse laufen Sie durch den Park und die 30 Minuten hinauf zu Arthur's Seat, um einen schönen Blick über die Stadt zu bekommen. Abends essen Sie im Gardener's Cottage *(siehe S. 493)* und übernachten im The Inn on the Mile (82 High St).

Tag 2
Besichtigen Sie Edinburgh Castle *(siehe S. 496f)*, das auf einem Vulkanhügel liegt. Bewundern Sie dann in der Scottish National Gallery *(siehe S. 492)* großartige Kunstwerke, und essen Sie im Galerie-Café. Zehn Minuten Fußweg bringen Sie zum National Museum of Scotland *(siehe S. 493)*, wo Sie viel Geschichtliches erwartet. Essen Sie im The Witchery by the Castle *(siehe S. 495)* und übernachten wieder im Inn on the Mile. Mieten Sie für die nächsten Tage ein Auto.

Tag 3
Fahren Sie nach Stirling *(siehe S. 534f)*, wo Sie als Erstes das Schloss besichtigen. Erklimmen Sie danach die 246 Stufen des Wallace Monument, um den Panoramablick zu genießen, und essen Sie anschließend im The Birds & The Bees *(siehe S. 535)* zu Mittag. Danach besuchen Sie das Battle of Bannockburn Visitor Centre, das an den Sieg der Schotten erinnert. Nach 50 Minuten Fahrt erreichen Sie Perth und das Herrenhaus Scone Palace *(siehe S. 537)*. In Perth essen und schlafen Sie im Parklands Hotel (2 St Leonards Bank).

Tag 4
Vorbei an steilen Bergen und Schluchten im Cairngorms National Park *(siehe S. 558f)* fahren Sie nach Aviemore, wo Sie im Mountain Café (111 Grampian Rd) essen und dann die Standseilbahn auf den Berg nehmen. Weiter geht es nach Inverness *(siehe S. 562)*, wo im Museum and Art Gallery Geschichte und Kultur der Highlands präsentiert werden. Erfahren Sie dann in Culloden, wie die aufständi-

1 *Wahrzeichen Edinburghs: Balmoral-Uhrturm an der Princes Street*
2 *Cairngorms National Park*
3 *Gemälde in der Scottish National Gallery in Edinburgh*
4 *Kelingrove Art Gallery and Museum in Glasgow*
5 *Buachaille Etive Mor – Bergmassiv in den Highlands bei Glencoe*

schen Jakobiten 1746 geschlagen wurden. Das Besucherzentrum ist sehr informativ. Essen und übernachten Sie in Inverness im Rocpool Reserve (Culduthel Rd).

Tag 5

Nach kurzer, aber herrlicher Fahrt erreichen Sie von Inverness aus Loch Ness *(siehe S. 562)*. Das Loch Ness Centre widmet sich den Mythen rund um das berühmte Ungeheuer. Machen Sie eine Bootsfahrt, oder laufen Sie (1 Std. einfach) zum Urquhart Castle. Dann fahren Sie weiter durch das wilde Great Glen und essen mittags in Fort William im Crannog Seafood Restaurant mit Blick auf Loch Linnhe. Fahren Sie durch die Wildnis von Glencoe *(siehe S. 564)* zum Loch Lomond *(siehe S. 530f)* in den Trossachs. Essen und übernachten Sie im Cameron House (www.cameronhouse.co.uk).

Tag 6

Die Fahrt nach Inveraray *(siehe S. 566)* ist landschaftlich herrlich. Erkunden Sie dort das Prunkschloss, bevor Sie im The George essen (1 Main St). Nach kurzer Fahrt erreichen Sie Loch Awe *(siehe S. 565)*, wo Sie in zehn Minuten zu den Ruinen von Kilchurn Castle laufen können. Im viktorianischen Küstenort Oban *(siehe S. 564)* probieren Sie in der Oban Whisky Distillery einen Schluck und gehen dann zum Essen ins Coast (104 George St). Übernachten Sie im Old Manse Guest House (Dalriach Rd).

Tag 7

Nach 160 Kilometern Fahrt erreichen Sie Glasgow *(siehe S. 514 – 521)*. Schlendern Sie durchs Zentrum, bewundern Sie die viktorianischen Gebäude am George Square, und besuchen Sie den People's Palace, ein Museum zur Stadtgeschichte. Nach dem Essen im Museumscafé laufen Sie am Fluss entlang zum Glasgow Science Centre mit seinen interaktiven Exponaten. Bummeln Sie weiter zu Glasgows Top-Museum, Kelvingrove Art Gallery and Museum *(siehe S. 518f)*. Zum Abschluss genießen Sie Seafood im Gamba (225A West George St) und übernachten im Grasshoppers Hotel (87 Union St).

KURZE GESCHICHTE

Schottland wurde durch Religion und Politik zerrissen, von einem mächtigen Nachbarn begehrt und 400 Jahre lang in den Machtkämpfen zwischen England, Frankreich und Spanien zerrieben. Seine Geschichte ist eine Geschichte der Auflehnung gegen Fremdherrschaft und des erfolgreichen Widerstands.

Steinzeitliche Siedler kamen etwa 8000 v. Chr. nach Schottland. Um 2000 v. Chr. errichteten ihre Nachfahren beeindruckende megalithische Steinbauten, und um 800 v. Chr. bauten sie Verteidigungsanlagen und hatten gelernt, Eisen zu schmieden.

Die Römer fielen 82 und 84 n. Chr. ein, mussten sich aber 121 n. Chr. nach Niederlagen gegen die Pikten bis zur Mündung des Tyne zurückziehen, wo sie den Hadrianswall errichteten. Um 839 n. Chr. schlossen sich die Pikten mit den Gälen gegen die Wikinger zusammen. Daraus ging das Königreich Alba (die gälische Bezeichnung für Schottland) hervor.

1 *Alte Karte von Schottland*
2 *Schlacht von Bannockburn unter Führung von Robert the Bruce*
3 *Rauchende Schlote in Glasgow im 19. Jh.*
4 *First Minister Nicola Sturgeon*

Chronik

794 — Die ersten Wikinger kommen über die Nordsee, plündern, handeln und siedeln in Schottland

1314 — Robert the Bruce schlägt die Engländer in der Schlacht von Bannockburn

1603 — Union der Kronen: James VI von Schottland wird als James I König von England

1707 — Act of Union schafft vereintes Königreich Großbritannien

1072 führte William the Conqueror den ersten Einfall in Schottland an, allerdings mit wenig Erfolg. Nach dem Einmarsch der Armee von Edward I 1286 schlossen sich die Rebellen William Wallace an, der sie in die Unabhängigkeitskriege führte. Nach seiner Hinrichtung erlangte Schottland durch den Sieg in der Schlacht von Bannockburn 1314 unter Robert the Bruce die Unabhängigkeit.

Unter der Regierung von Mary, Queen of Scots (Maria Stuart) hielt die Reformation Einzug. Für lange Zeit herrschte die religiöse Spaltung, der Katholizismus wurde weitgehend ausgerottet. 1603 wurde König James VI (1566–1625) auch König von England und vereinigte damit die beiden Königreiche. 1707 musste Schottland aufgrund seiner Zahlungsunfähigkeit die formale Vereinigung mit England eingehen, das schottische Parlament wurde aufgelöst.

Während der industriellen Revolution wurde Glasgow bedeutendes Industriezentrum, doch nach dem Zweiten Weltkrieg erfolgte ein Niedergang. Im 21. Jahrhundert beherrscht das Thema der Unabhängigkeit erneut die Politik. Umso mehr seit dem Brexit-Referendum im Vereinigten Königreich 2016.

> **Jakobiten**
> Die ersten Jakobiten waren vor allem katholische Highlander, die James VII of Scotland (James II of England) unterstützten, der 1688 abgesetzt wurde. Ihr Wunsch nach einem katholischen König führte 1715 und 1745 zu erfolglosen Aufständen. In der Folge musste das Clan-System aufgegeben werden, die Highlander-Kultur wurde für mehr als 100 Jahre unterdrückt.

1746
Schlacht von Culloden; Armee der Jakobiten wird geschlagen

1890
Eröffnung der Forth Railway Bridge

1999
Schottisches Parlament wird nach 292 Jahren wieder eingesetzt

2016
62 Prozent der Schotten stimmen beim Referendum für den Verbleib in der Europäischen Union

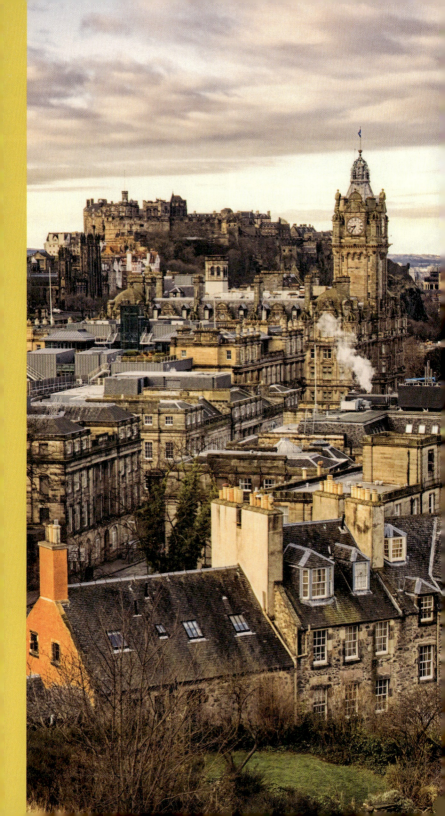

Blick über die Altstadt von Edinburgh (siehe S. 492 – 503)

Edinburgh und Südost-Schottland

Auch wenn die menschliche Besiedlung im Südosten Schottlands bis etwa 8500 v. Chr. zurückreicht, beginnen die frühesten Aufzeichnungen mit Berichten der Römer über keltische Stämme. Trotz der römischen Präsenz kontrollierten die Kelten von ihren Festungen aus weite Teile des Territoriums.

Im 6. Jahrhundert nahm mit den Skoten (»Scots«), die von Irland her einwanderten, der Einfluss der Kelten weiter zu. Ein Meilenstein für die weitere Entwicklung der Region war die Gründung von Edinburgh um die auf einem Hügel thronende Burg. Dennoch blieb der Südosten Schottlands über Jahrhunderte begehrtes Angriffsziel englischer Armeen, die das Land wiederholt verwüsteten und Abteien wie Melrose in Trümmern zurückließen. Mit der Union zwischen Schottland und England von 1707 wurde die politische Situation weitaus stabiler.

Edinburgh erlebte eine wirtschaftliche und kulturelle Blütezeit. Die gut erhaltene mittelalterliche Altstadt macht die schottische Hauptstadt weiterhin zu einem der faszinierendsten Reiseziele Europas.

Edinburgh

520 000　13 km westl.　North Bridge (Waverley Station)　Elder St　3 Princes St; +44 131 473 3868　Edinburgh International (Aug)　edinburgh.org

Edinburgh zählt zu den faszinierendsten Großstädten in Europa. Höhepunkt im Veranstaltungskalender der Kulturmetropole ist das Edinburgh International Festival.

Silhouette der Altstadt mit Edinburgh Castle im Hintergrund

① Scottish National Gallery

The Mound　+44 131 624 6200　tägl. 10–17　nationalgalleries.org

Die Schottische Nationalgalerie ist eines der schönsten britischen Museen mit Gemälden aus dem 15. bis 19. Jahrhundert. Stark vertreten sind schottische Meister wie Allan Ramsay oder Henry Raeburn mit *Reverend Robert Walker Skating on Duddingston Loch* (um 1800). Von flämischen Meistern sind Gemälde von Rembrandt, van Dyck und Rubens zu bewundern. Auch englische Maler wie Gainsborough oder Impressionisten wie Monet sind vertreten. Zudem findet man herausragende Arbeiten von Raffael, Tizian, Leonardo da Vinci und Tintoretto sowie das frühe Gemälde *Eine alte Frau beim Eierbraten* (1618) von Velázquez. Der Werkreihe *Die Sieben Sakramente* (um 1640) von Nicolas Poussin ist sogar ein ganzer Raum gewidmet.

Der Weston Link, ein unterirdischer Komplex mit Kino und Restaurant, verbindet die Nationalgalerie mit der Royal Scottish Academy.

② Georgian House

7 Charlotte Sq　+44 131 458 0200　siehe Website　nts.org.uk

Der Charlotte Square, dessen nördlicher Teil um 1790 von Robert Adam angelegt wurde und als eines seiner Meisterwerke gilt, zählt zu den

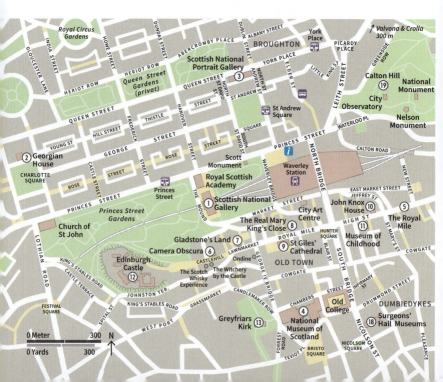

Highlight

Lokale

Valvona & Crolla
Der italienische Feinkostladen bietet alles für ein Gourmet-Picknick, das angegliederte Café großartige Pastagerichte.

🏠 Elm Row
🌐 valvonacrolla.co.uk
£££

Gardener's Cottage
Für das siebengängige Menü werden viele Produkte aus dem hauseigenen Garten verwendet.

🏠 Royal Terrace Gdns, London Rd
🌐 the gardeners cottage.co.uk
£££

---

schönsten georgianischen Plätzen. Das originalgetreu restaurierte und mit Antiquitäten eingerichtete Haus Nr. 7 bietet Einblick in das Leben einer reichen Familie im 18. Jahrhundert in Edinburgh. In starkem Kontrast dazu stehen Quartiere der Bediensteten »unter der Treppe«.

③ Scottish National Portrait Gallery

🏠 1 Queen St ☎ +44 131 624 6200 🕐 Do–Sa 10–17
🌐 nationalgalleries.org

Die Scottish National Portrait Gallery bietet mit Porträts des Königshauses einen Überblick über die schottische Geschichte von Robert the Bruce *(siehe S. 486f)* bis Königin Anne. Zu den meistbeachteten Werken gehören Porträts berühmter Schotten, u. a. ein Bildnis von Robert Burns *(siehe S. 525)* von Alexander Nasmyth. Unter den Memorabilien sind die Juwelen von Mary, Queen of Scots *(siehe S. 487)* und ein Reisebesteck von Bonnie Prince Charlie.

> **Expertentipp**
> **Gallery Bus**
> Bei einer Tour mit dem täglich fahrenden Gallery Bus (Ticketpreis: 1 £) erreicht man sehr günstig die Scottish National Gallery, die National Portrait Gallery und die Scottish National Gallery of Modern Art *(siehe S. 501)*.

④ National Museum of Scotland

🏠 Chambers St ☎ +44 300 123 6789 🕐 tägl. 10–16:30
🚫 25. Dez 🌐 nms.ac.uk

In zwei benachbarten Gebäuden – der ehemaligen viktorianischen Royal Gallery und einem modernen Sandsteinbau – wird anhand umfangreicher Sammlungen die Geschichte Schottlands dokumentiert. Das Spektrum reicht von Geologie über Erfindungen bis zu Design.

Zu den Highlights gehören die mittelalterlichen *Lewis-Schachfiguren*, die *Pictish Chains*, Schottlands älteste Kronjuwelen, und die Lokomotive *Ellesmere* (1861).

Am Eingang zur naturgeschichtlichen Abteilung steht das Skelett eines Tyrannosaurus Rex, die Galerie »Earth and Space« birgt ein Schmidt-Teleskop.

⑤ The Royal Mile
🏠 Castlehill bis Canongate

Der historische Straßenzug umfasst vier Straßen (von Castlehill bis Canongate). Durch die Stadtmauern in ihrer Ausdehnung eingeschränkt, wuchs Edinburghs Old Town in die Höhe: Die »lands« genannten Wohnhäuser erhoben sich bis zu 20 Stockwerke hoch über dem Gewirr der mittelalterlichen Gassen.

⑥ Camera Obscura
🏠 Castlehill 📞 +44 131 226 3709 🕐 siehe Website
🚫 25. Dez
🌐 camera-obscura.co.uk

Die unteren Stockwerke des Gebäudes stammen aus dem frühen 17. Jahrhundert. Im Jahr 1852 fügte man die obere Etage, die Aussichtsterrasse und die Camera Obscura hinzu. Die große Lochkamera, die das Treiben in der Stadt zeigt – in viktorianischer Zeit ein Wunderwerk der Technik –, begeistert auch heute noch.

⑦ Gladstone's Land
🏠 477B Lawnmarket
📞 +44 131 226 5856
🕐 Mitte Mai – Okt: tägl. 10 – 15 🌐 nts.org.uk

Das restaurierte, sechsstöckige Kaufmannshaus aus dem 17. Jahrhundert bietet einen Einblick in das Leben in einem typischen Gebäude der Old Town, bevor die Wohlhabenden wegen der Übervölkerung in die georgianische New Town zogen.

> **Schon gewusst?**
>
> Theodor Fontane bezeichnete Edinburgh als »Athen des Nordens«.

⑧ The Real Mary King's Close
🏠 2 Warriston's Close
📞 +44 131 225 0672
🕐 Mo – Do 11 –16:30, Fr – So 10 –18 🌐 realmarykingsclose.com

Bis zum 18. Jahrhundert lebten die meisten Einwohner von Edinburgh an oder unterhalb der Royal Mile und Cowgate. Die Keller und Untergeschosse, in denen es kein Tageslicht, keine Belüftung und kaum Wasserversorgung gab, wurden als Wohn- und Arbeitsstätten genutzt. Cholera, Typhus und Pocken grassierten. Die unter den City Chambers gelegene Gasse Mary King's Close wurde um 1645 von einer Pestepidemie heimgesucht, die kein Anwohner überlebte.

2003 wurden viele der unterirdischen Gassen wieder zugänglich gemacht. Die Führungen von Real Mary King's Close bieten Einblick in die »vergessene Stadt«.

← *Castlehill – ein Abschnitt der Royal Mile unterhalb des Edinburgh Castle*

ehrt die Ritter des Order of the Thistle. Die königliche Bank im Preston-Flügel ist für den Monarchen.

⑩ 🏛️ 🎭 🖼️ 🏠 ♿
John Knox House and The Scottish Storytelling Centre
🏠 43–45 High St 📞 +44 131 556 9579 🕐 Mo–Sa 10–18 (letzter Einlass 17) 🌐 tracscotland.org

Das mittelalterliche Haus mit vorkragenden oberen Stockwerken und Staffelgiebeln zählt zu den ältesten Gebäuden Edinburghs. Das Haus bewohnte einst John Knox (1513–1572). Der schottische Reformator und Pfarrer von St Giles' war eine der bedeutendsten Persönlichkeiten Schottlands. Ausstellungsstücke verdeutlichen Knox' Leben im Kontext politischer und religiöser Unruhen.

Im modernen Anbau ist das Scottish Storytelling Centre untergebracht, in dem Geschichtenerzähler auftreten. Sie halten traditionelle Erzählkultur lebendig, indem sie Geschichten auf Englisch, Gälisch oder in Scots vortragen.

⑨ 🎭 🖼️ 🏠
St Giles' Cathedral
🏠 Royal Mile
🕐 siehe Website
🌐 stgilescathedral.org.uk

Die Kirche trägt den offiziellen Namen High Kirk of Edinburgh, gemeinhin wird sie jedoch als Kathedrale bezeichnet. Neben dem Turm (15. Jh.) des gotischen Bauwerks bezaubert vor allem die Thistle Chapel mit dem Rippengewölbe. Die Kapelle

↑ *Der wunderbare Altar im schönen, spätgotischen Kirchenschiff der St Giles' Cathedral, Edinburgh*

Highlight

Restaurants

The Witchery by the Castle
Ein wahres Schaufenster für Schottlands beste Gerichte.

🏠 352 Castlehill
🌐 thewitchery.com
£££

Ondine
Raffiniertes Seafood und zur Happy Hour Austern.

🏠 2 George IV Bridge
🌐 ondinerestaurant.co.uk
£££

Whisky

The Scotch Whisky Experience
Genießen Sie einen Whisky, und essen Sie danach im Restaurant.

🏠 354 Castlehill
🌐 scotchwhiskyexperience.co.uk

⑪ 🏠 ♿
Museum of Childhood
🏠 42 High St 📞 +44 131 529 4142 🕐 tägl. 10–17 🌐 edinburghmuseums.org.uk

Das Museum ist weit mehr als eine Spielzeugsammlung: Es bietet Einblicke in die Zeit des Heranwachsens mit all ihren Freuden und Herausforderungen. Das 1955 gegründete Museum war das erste weltweit, das sich mit dem Thema Kindheit befasste. Die Sammlung umfasst Arzneimittel, Schulbücher, Schuluniformen, historisches Spielzeug, Computerspiele und Spielkonsolen.

⑫ 🏛 Ⓜ 🍴 💻 🏠

Edinburgh Castle

🏠 Castlehill 📞 +44 131 225 9846 🕐 tägl. 9:30–18 (Okt–März: bis 17; letzter Einlass 1 Std. vor Schließung) 🚫 25., 26. Dez 🌐 edinburghcastle.scot

Die Burg dominiert seit dem 12. Jahrhundert das Stadtbild Edinburghs. Sie ist nationales Wahrzeichen und die meistbesuchte Sehenswürdigkeit Schottlands.

Die auf einem Basaltfelsen aufragende Anlage ist eine Ansammlung von Gebäuden (12.–20. Jh.), die die wechselvolle Geschichte als Burg, Königsresidenz, Militärgarnison und Gefängnis widerspiegeln. Die ursprüngliche Festung wurde im 6. Jahrhundert von King Edwin of Northumbria erbaut, dem die Stadt ihren Namen verdankt. Während der schottischen Unabhängigkeitskriege wechselte sie mehrmals den Besitzer. Bis zur Vereinigung der Kronen 1603 war die Burg königlicher Wohnsitz. Nach der parlamentarischen Union mit England 1707 wurden die schottischen Kronjuwelen im Edinburgh Castle über 100 Jahre lang unter Verschluss gehalten. Heute werden im Palast die Honours of Scotland verwahrt, die ältesten Kronjuwelen Großbritanniens, die anlässlich der Krönung von Mary of Guise 1540 angefertigt wurden.

> 💬 Expertentipp
> **Feuerwerk**
>
> Während des Edinburgh International Festival wird allabendlich nach dem Military Tattoo auf dem Edinburgh Castle ein Feuerwerk veranstaltet. Vom Calton Hill *(siehe S. 500)* aus kann man den Anblick kostenlos genießen.

One O'Clock Gun

Seit 1861 hallt – zur Überraschung vieler Besucher – montags bis samstags um 13 Uhr Kanonendonner durch Edinburgh. Das Abfeuern der Kanone auf dem Edinburgh Castle half ursprünglich im Firth of Forth ankernden Segelschiffen, ihre Chronometer zu justieren. Heute ist das Zeitsignal eine lieb gewonnene Tradition. Statt der einst verwendeten Vorderladerkanonen dient seit dem Jahr 2001 ein 105-Millimeter-Artilleriegeschütz als One O'Clock Gun.

Das 1742 errichtete **Governor's House** mit Treppengiebeln flämischen Stils dient heute als Offiziersmesse.

Militärgefängnis

↑ *Die jahrhundertealte Burganlage thront auf dem Castle Rock*

Im 18. und 19. Jahrhundert waren in den **Verliesen** französische Kriegsgefangene interniert.

Highlight

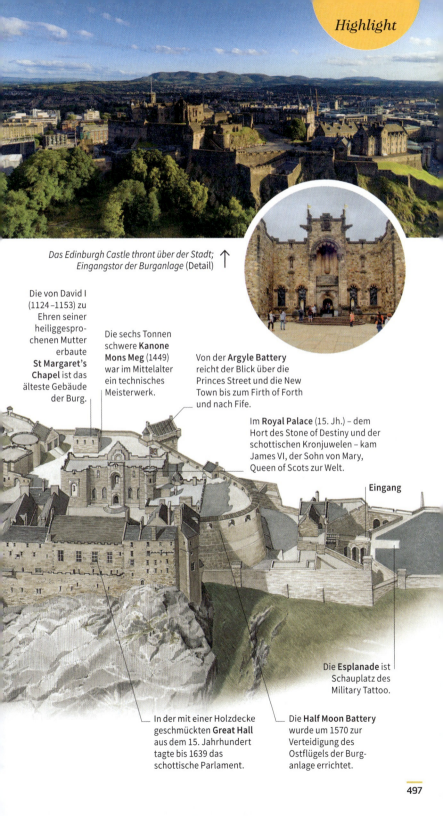

Das Edinburgh Castle thront über der Stadt; Eingangstor der Burganlage (Detail)

Die von David I (1124–1153) zu Ehren seiner heiliggesprochenen Mutter erbaute **St Margaret's Chapel** ist das älteste Gebäude der Burg.

Die sechs Tonnen schwere **Kanone Mons Meg** (1449) war im Mittelalter ein technisches Meisterwerk.

Von der **Argyle Battery** reicht der Blick über die Princes Street und die New Town bis zum Firth of Forth und nach Fife.

Im **Royal Palace** (15. Jh.) – dem Hort des Stone of Destiny und der schottischen Kronjuwelen – kam James VI, der Sohn von Mary, Queen of Scots zur Welt.

Eingang

Die **Esplanade** ist Schauplatz des Military Tattoo.

In der mit einer Holzdecke geschmückten **Great Hall** aus dem 15. Jahrhundert tagte bis 1639 das schottische Parlament.

Die **Half Moon Battery** wurde um 1570 zur Verteidigung des Ostflügels der Burganlage errichtet.

⑬ Greyfriars Kirk

- Greyfriars Pl
- +44 131 225 1900
- siehe Website
- greyfriarskirk.com

Die Kirche hatte in der Geschichte Schottlands eine Schlüsselrolle inne: Hier leisteten 1638 die Presbyterianer einen Treueeid auf den National Covenant und widersetzten sich so der Einführung der Episkopalkirche durch King Charles I. Im 17. Jahrhundert diente die Kirche als Gefängnis für nach der Schlacht von Bothwell Brig 1679 festgenommene Covenanter-Truppen, der Kirchhof als Massengrab für hingerichtete Covenanters.

Ihre Bekanntheit verdankt die Greyfriars Kirk vor allem dem Terrier Bobby, der – so heißt es – von 1858 bis 1872 am Grab seines Herrn Wache hielt. Vor der Kirche wurde ein Denkmal für den treuen Hund errichtet.

Schon gewusst?
Früheste Spuren der Besiedlung im Holyrood Park reichen bis zu 10 000 Jahre zurück.

⑭ Holyrood Park und Arthur's Seat

- Haupteingang via Holyrood Park Rd, Holyrood Rd und Meadowbank Terrace

Der an den Palace of Holyroodhouse angrenzende Park erstreckt sich über 260 Hektar. Der als Arthur's Seat bekannte, 250 Meter hohe Hügel im Holyrood Park ist ein seit rund 350 Millionen Jahren erloschener Vulkan. Das Gelände war mindestens seit der Zeit von David I, der 1153 starb, königlicher Jagdgrund. Seit dem 16. Jahrhundert ist es königlicher Park.

Der Name Holyrood (»heiliges Kreuz«) geht auf ein Ereignis im Leben von David I zurück. Als der König 1128 während der Jagd von einem Hirsch von seinem Pferd gestoßen wurde, hielt er, so die Legende, plötzlich ein Kreuz in den Händen, um das Tier abzuwehren. Aus Dankbarkeit gründete der König die Holyrood Abbey.

Der Name Arthur's Seat ist wohl eine Verfälschung von Archer's Seat (»Sitz der Bogenschützen«). Der Hügel hat so nichts mit dem legendären König Arthur zu tun.

Im Holyrood Park gibt es drei kleine Seen. St Margaret's nahe dem Palast ist aufgrund seiner Lage unterhalb der Ruinen von St Anthony's Chapel der romantischste. Dunsapie Loch, der mit 112 Meter über dem Meeresspiegel höchstgelegene der drei Seen, befindet sich an der Ostseite des Arthur's Seat. Duddingston Loch im Süden des Parks ist Heimat von Schwänen, Gänsen und Wildvögeln.

Die Salisbury Crags sind wie der Arthur's Seat kilometerweit sichtbar. Die Felsformation erstreckt sich von der Steilseite des Arthur's Seat bis zum Palace of Holyroodhouse.

⑮ Palace of Holyroodhouse

- östl. Ende der Royal Mile
- +44 131 556 5100
- tägl. 9:30–18 (Nov–März: bis 16:30)
- rct.uk

Die offizielle Residenz des Monarchen in Schottland wurde im Jahr 1498 unter James IV auf dem Gelände

der Holyrood Abbey erbaut. Später war der Palast Wohnsitz von James V und dessen Frau, Mary of Guise. In den 1670er Jahren wurde für Charles II eine Umgestaltung vorgenommen.

Die prachtvoll eingerichteten königlichen Gemächer (einschließlich Thron- und Speisesaal) werden für Amtseinführungen und Bankette genutzt.

Ein Gemach im sogenannten James V Tower wird mit der Herrschaft von Mary, Queen of Scots assoziiert: Lord Darnley, Marys eifersüchtiger Ehemann, ließ vermutlich hier im Jahr 1566 David Rizzio, den italienischen Sekretär und Vertrauten seiner Gattin, ermorden. In der Anfangsphase des Jakobitenaufstands von 1745 *(siehe S. 487)* hielt der letzte britische Thronprätendent Charles Edward Stuart (Bonnie Prince Charlie) hier Hof und begeisterte die Edinburgher Gesellschaft mit seinen prächtigen Festen.

Von April bis Oktober werden täglich Führungen durch den Palast angeboten. Die Queen's Gallery präsentiert viele Werke aus der Royal Collection.

Highlight

Edinburgh International Festival

In Edinburgh findet im Spätsommer ein dreiwöchiges Festival statt, das zu den weltweit bedeutendsten seiner Art gehört. Theater, Musik, Tanz und Oper sind mit Hunderten von Darstellern seit 1947 jedes Jahr überall in der Stadt vertreten. Alternativ gibt es beim Festival Fringe innovative Darbietungen. Der beliebteste Programmpunkt ist das Edinburgh Military Tattoo, die Militärparade auf der Castle Esplanade. Highlights sind auch das Edinburgh Book Festival und das Edinburgh Film Festival.

Dynamic Earth
🏠 Holyrood Rd 📞 +44 131 550 7800 🕒 siehe Website
🌐 dynamicearth.co.uk

In der Dauerausstellung über unseren Planeten werden die Besucher auf eine Reise von den vulkanischen Anfängen der Erde bis zum ersten Auftreten von Leben mitgenommen. Weitere Ausstellungen behandeln die Klimazonen und dramatische Naturphänomene wie Flutwellen und Erdbeben. Modernste Beleuchtung und interaktive Techniken sorgen für 90 Minuten Lernen und Unterhaltung. Dem Ausstellungsgebäude ist ein Amphitheater vorgelagert.

↑ *Holyrood Park und Arthur's Seat oberhalb der Stadt*

⑰ Scottish Parliament

📍 Holyrood Rd 📞 +44 131 348 5200 🕐 Mo, Fr, Sa 10–17, Di–Do 9–18:30
🌐 parliament.scot

1997 wurde nach jahrzehntelangen Forderungen nach größerer politischer Selbstbestimmung per Volksentscheid die Wiedereinführung des schottischen Parlaments beschlossen *(siehe S. 487)*. Der Parlamentssitz wurde von Enric Miralles gestaltet, der durch seine Entwürfe zu den Olympischen Spielen 1992 in Barcelona bekannt geworden war. 2004 wurde das Gebäude von Elizabeth II eröffnet. Es lohnt sich, an einer Führung durch das architektonisch interessante Gebäude teilzunehmen.

⑱ Surgeons' Hall Museums

📍 Nicolson St 🕐 tägl. 10–17 🌐 museum.rcsed.ac.uk

Für einen Besuch des seit 1832 öffentlich zugänglichen Museums sind starke Nerven von Vorteil: Die ursprünglich als Lehranstalt für Medizinstudenten konzipierte Einrichtung beherbergt eine der ältesten und größten pathologischen Sammlungen in Großbritannien. Zu den Exponaten zählen präparierte Gewebe und Knochen, historische medizinische Instrumente, anatomische Modelle und andere wissenschaftliche Objekte. Das Museum verfügt auch über interaktive Ausstellungsbereiche.

⑲ Calton Hill

📍 City Centre East, via Waterloo Pl

Auf dem Hügel am östlichen Ende der Princes Street steht ein eklektisches Ensemble von Gebäuden griechischen Stils. Der Calton Hill lädt zu einem hübschen Spaziergang oder einem sommerlichen Picknick zwischen duftendem Ginster ein. Der Blick auf Edinburgh Castle und die Old Town sowie den Firth of Forth ist herrlich. Der Meeresarm wird von der Forth Bridge überspannt. Diese Eisenbahnbrücke hatte bei ihrer Eröffnung 1890 die größte Spannweite aller Brücken weltweit.

Auf dem Calton Hill befindet sich eines der merkwürdigsten Wahrzeichen der Stadt: ein nach dem Vorbild des Parthenon gestaltetes,

unvollendetes Bauwerk, errichtet in der Absicht, der in den Napoleonischen Kriegen gefallenen Soldaten und Seefahrer zu gedenken. Mit dem Bau wurde 1822 begonnen, wenige Jahre später gingen jedoch die finanziellen Mittel aus.

Das 32 Meter hohe **Nelson Monument** in der Form eines umgekehrten Fernrohrs wurde zum Gedenken an den Sieg von Admiral Nelson in der Schlacht von Trafalgar 1805 erbaut.

In der einstigen städtischen Sternwarte, einem Gebäude pseudogotischen und griechischen Stils, sind seit 2018 die Ausstellungsflächen der Galerie **Collective** untergebracht. Die mit acht korinthischen Säulen versehene Rotunde unmittelbar daneben zählt zu den meistfotografierten Sehenswürdigkeiten Edinburghs. Sie ist dem Philosophen Dugald Stewart (1753–1828) gewidmet.

Nelson Monument
📍 Calton Hill 🕐 Apr–Sep: Mo–Sa 10–19, So 12–17; Okt–März: Mo–Sa 10–16
🌐 edinburghmuseums.org.uk

Collective
📍 City Observatory, 38 Calton Hill 🕐 Di–So 10–17
🌐 collective-edinburgh.art

↑ *Ausstellungsraum im Surgeons' Hall Museums*

Die Promenade in Leith ist Ankerplatz und Gastro-Hotspot

> **Fotomotiv**
> **Brückenblick**
>
> Gehen Sie zum Hawes Pier unterhalb der Edinburgh Road, um eine wohl kaum zu toppende Perspektive auf das riesige Rahmenwerk der Eisenbahnbrücke Forth Rail Bridge über den Firth of Forth zu haben.

Großraum Edinburgh

⑳
Scottish National Gallery of Modern Art

🏠 75 Belford Rd 📞 +44 131 624 6200 🕑 tägl. 10–17
🌐 nationalgalleries.org

Die Galerie Modern Art One hat ihren Sitz in einem Gebäude aus dem 19. Jahrhundert. Die meisten europäischen und amerikanischen Meister des 20. Jahrhunderts sind vertreten, von Vuillard und Picasso bis Magritte und Lichtenstein. Auf dem Gelände stehen Skulpturen von Henry Moore.

Modern Art Two daneben zeigt Werke der Dadaisten und Surrealisten.

㉑
Leith

🏠 nordöstl. des Zentrums; Anbindung durch den Water of Leith Walk

Die einstige Hafenstadt, die jahrhundertelang mit dem Baltikum, Skandinavien und den Niederlanden Handel trieb, war für die Wirtschaft Edinburghs von größter Bedeutung. 1920 wurde die auf ihre Unabhängigkeit stolze Stadt eingemeindet. Sie ist heute ein bezaubernder Vorort im Nordosten Edinburghs. Die Straßen und Kais des mittelalterlichen Stadtkerns säumen Lager- und Kaufmannshäuser. Schiffsbau und Handel spielen am Hafen kaum noch eine Rolle. Das Areal erlebte in jüngster Zeit einen Wiederaufschwung durch die Umwandlung der Lagerhäuser in Büro- und Wohngebäude und vor allem in Restaurants.

㉒
Royal Botanic Garden

🏠 Inverleith Row 📞 +44 131 552 7171 🕑 tägl. 10–17
🌐 rbge.org.uk

Der herrliche Botanische Garten geht auf einen 1670 von zwei Ärzten nahe dem Palace of Holyroodhouse angelegten Kräutergarten zurück. 1820 wurde er an den heutigen Standort verlegt, wo er nach und nach erweitert wurde. In der südöstlichen Ecke liegt ein Steingarten, in dem an der Nordostspitze gelegenen Gebäude werden Ausstellungen gezeigt. Die Gewächshäuser machen einen Besuch der Anlage bei Regen attraktiv.

> **Schon gewusst?**
>
> Die ehemalige Royal Yacht *Britannia*, die 40 Jahre in Betrieb war, liegt in Leith vor Anker.

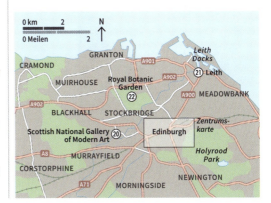

Spaziergang durch die New Town

Länge 2 km **Dauer** 30 Minuten

Der erste Teil von Edinburghs New Town wurde im 18. Jahrhundert gebaut, um die überbevölkerte mittelalterliche Altstadt zu entlasten. Als Glanzpunkt der ersten Bauphase gilt der Charlotte Square, dessen neues architektonisches Konzept die weitere Planung wesentlich beeinflusste. Besonders beeindruckend ist der Moray Estate – eine Reihe großer Häuser bildet einen Halbmond, ein Oval und ein Polygon. Der hier vorgeschlagene Spaziergang führt zu Beispielen imposanter georgianischer Architektur.

Viele der großen Häuser am **Moray Place**, dem prächtigsten Teil des Moray Estate, sind noch heute bewohnt.

Ainslie Place ist Herzstück des Moray Estate. Das von Stadthäusern gebildete Oval verbindet Randolph Crescent und Moray Place.

Die 1829 von Thomas Telford entworfene **Dean Bridge** bietet Blick auf den Fluss Water of Leith und die Wehre und Mühlen im Dean Village.

Am Fluss **Water of Leith**, der sich unterhalb der Dean Bridge durch eine Schlucht schlängelt, führt ein Fußweg nach Stockbridge.

Nr. 14 Charlotte Square bewohnte von 1813 bis 1843 der Richter und Chronist Lord Cockburn.

Der kleine Fluss Water of Leith durchquert das malerische Dean Village

The Georgian House und andere prächtige Bauten am Charlotte Square

The Georgian House (Nr. 7 Charlotte Square) gehört dem National Trust for Scotland. Die in Originalfarben gestrichenen, mit Antiquitäten ausgestatteten Räume geben Einblick in das Leben der Oberschicht im 18. Jahrhundert.

Bute House ist offizielle Residenz des First Minister des schottischen Parlaments.

In **Nr. 39 Castle Street** lebte Sir Walter Scott *(siehe S. 507)*.

Nr. 9 Charlotte Square war 1870–77 das Haus des Chirurgen Joseph Lister, der Wege fand, Infektionen während und nach Operationen zu verhindern.

Der **Charlotte Square** wurde 1792–1811 angelegt. An dem Platz entstanden feudale Stadthäuser für reiche Kaufleute. Die meisten Gebäude beherbergen nun Büros.

Die **Princes Street** entstand in der ersten Bauphase der New Town. Die Nordseite säumen Läden, die Princes Street Gardens liegen im Süden unterhalb der Burg.

Das **West Register House**, ursprünglich St George's Church, schuf Robert Adam.

SEHENSWÜRDIGKEITEN

❷
Hopetoun House
🏠 West Lothian 📞 +44 131 331 2451 🚉 Dalmeny
🕐 siehe Website
🌐 hopetoun.co.uk

In einem weitläufigen Park am Firth of Forth findet sich eines der prächtigsten Schlösser Schottlands, angelegt im Stil von Versailles. Das ursprünglich 1707 erbaute Schloss (von dem nur noch der mittlere Teil steht) ging später in William Adams Anbau auf. Der halbkreisförmige Bau ist ein Musterbeispiel klassizistischer Architektur. Beeindruckend sind die roten und gelben Salons mit den Stuckverzierungen.

❸ (NTS)
St Abb's Head
🏠 Scottish Borders
🚉 Berwick-upon-Tweed
🚌 von Edinburgh

Die 90 Meter hohen Klippen von St Abb's Head an der südöstlichen Spitze von Schottland bieten einen wunderbaren Blick auf Seevögel, die hier tauchen. Im Mai und Juni nisten in dem 80 Hektar großen Naturschutzgebiet mehr als 50 000 Vögel, darunter Seesturmvögel, Trottellummen, Dreizehenmöwen und Papageitaucher.

Das Dorf St Abb's Head weist einen der wenigen noch voll funktionstüchtigen Häfen an der Ostküste Großbritanniens auf. Wer sich zu einem Klippenspaziergang entschließt, beginnt am besten beim **Visitors' Centre**, in dem man sich vorab über alles Wissenswerte, vor allem über die verschiedenen Vogelarten, informieren kann. Zur Ausstattung des Besucherzentrums gehören auch interaktive Stationen.

Visitors' Centre
 🏠 St Abb's Head
📞 +44 1890 771 443
🕐 Apr – Okt: tägl. 10 –17

←

Hopetoun House: Porträts und Kronleuchter schmücken den eleganten Speisesaal

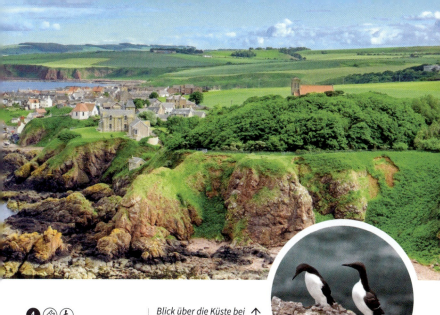

Blick über die Küste bei St Abbs; Trottellummen an einer Klippe von St Abb's Head (Detail)

④ Linlithgow Palace

Linlithgow, West Lothian
+44 1506 842 896
tägl. 10–16
historicenvironment.scot

Der ehemalige Königspalast am Rand von Linlithgow Loch gehört zu den meistbesuchten schottischen Ruinen. Er stammt größtenteils aus der Zeit von James I. Seine gewaltige Größe lässt sich an den Ausmaßen der Great Hall – sie ist 28 Meter lang – mit großen Kaminen und Fenstern erahnen. In dem Anwesen kam 1542 Mary Stuart zur Welt.

Die umliegende Parklandschaft und der See bieten Lebensraum für Haubentaucher, Enten und Schwäne und machen diesen Ort zu einem angenehmen Ausflugsziel.

Schon gewusst?
Zur Begrüßung von Bonnie Prince Charlie 1745 floss im Brunnen von Linlithgow Palace Wein.

⑤ Melrose Abbey

Abbey St, Melrose, Scottish Borders tägl. 10–16:30 (Okt–März: bis 16)
1., 2. Jan, 25., 26. Dez
historicenvironment.scot

Die rosafarbenen Ruinen gehören zu einem der schönsten Klöster im schottischen Grenzland. Sie zeugen vom Schicksal derer, die den englischen Invasoren im Weg standen. Das 1136 von David I für den Zisterzienserorden erbaute Kloster (an der Stelle eines Klosters aus dem 7. Jahrhundert) wurde immer wieder beschädigt, besonders stark 1322 und 1385. Beim »Rough Wooing«, der Zerschlagung von Klöstern unter Henry VIII im Jahr 1545, wurde es endgültig zerstört, weil die Schotten einer Heirat zwischen seinem Sohn und der jungen schottischen Königin Mary nicht zugestimmt hatten.

Man sieht die Umrisse von Kloster, Küche und Abteikirche mit dem hoch aufragenden Ostfenster und den mittelalterlichen Steinmetzarbeiten. Zu den erhaltenen Steinarbeiten an der Südseite gehört ein Wasserspeier in Form eines Schweins, das auf einem Dudelsack bläst.

Das einbalsamierte Herz, das man 1920 hier entdeckte, wird Robert the Bruce *(siehe S. 486f)* zugeschrieben, der verfügt hatte, dass sein Herz nach seinem Tod einen Kreuzzug ins Heilige Land mitmachen sollte. Es wurde zurückgebracht, als sein Träger James Douglas in Spanien umkam.

Klösterliches Leben
Die reiche Sammlung mittelalterlicher Objekte in der Melrose Abbey umfasst u. a. Bodenfliesen und Kochtöpfe. Sie werden im restaurierten Commendator-Haus aus dem 16. Jahrhundert gezeigt.

Restaurant

Marmion's
Die Speisekarte bietet regionale Speisen und Köstlichkeiten aus dem Nahen Osten.

🏠 5 Buccleuch St, Melrose 🚫 So
££££

Whisky

Glenkinchie Distillery
Hier kann man das schottische Nationalgetränk kosten, ohne in die Highlands zu reisen. Bei den interessanten Führungen gibt es ein Glas Single Malt gratis.

🏠 Pencaitland, Tranent ⏰ tägl. 10–17 (Winter ab 9:30)
🌐 malts.com/en-row/distilleries/glenkinchie

Traquair House – in dem Turmbau weilte auch Mary Stuart ↓

⑥
Traquair House

🏠 Peebles, Scottish Borders 📞 +44 1896 830 323
🚌 von Peebles ⏰ Apr–Sep: tägl. 11–17 (Juli, Aug: ab 10); Okt: tägl. 11–16; Nov: Sa, So 11–15
🌐 traquair.co.uk

Das älteste durchgehend bewohnte Haus Schottlands ist mit der religiösen und politischen Geschichte der letzten 900 Jahre verbunden. Der spätere Herrensitz *(siehe S. 509)* war fünf Jahrhunderte lang Hochburg der Stuarts. Das Bett von Mary Stuart ziert eine Decke, die sie selbst bestickt hat. Briefe und eine Sammlung von Gläsern der Jakobiten *(siehe S. 487)* erinnern an die Zeit der Hochland-Aufstände.

Die großen Gittertore (»Bear Gates«), die 1746 nach dem Besuch von Bonnie Prince Charlie geschlossen wurden, sollen erst wieder geöffnet werden, wenn ein König aus dem Haus Stuart den Thron besteigt – so das Gelübde des 5. Earl. Der Geheimgang zur Kammer des Priesters zeigt, wie schwer es die Katholiken hatten, bevor ihr Glaube 1829 wieder legal wurde. Im alten Brauhaus wird noch immer das Traquair House Ale gebraut.

In Abbotsford verbrachte Sir Walter Scott seinen Lebensabend ↑

⑦
Abbotsford

🏠 Tweedbank, Scottish Borders 📞 +44 1896 752 043 🚌 von Tweedbank
⏰ März–Nov: tägl. 10–17 (März, Nov: bis 16)
🌐 scottsabbotsford.co.uk

Nur wenige Häuser spiegeln den Charakter ihres Besitzers so gut wider wie Sir Walter Scotts Wohnsitz, in dem er seine letzten 20 Jahre verbrachte. 1811 kaufte Scott einen Bauernhof, dem er im Gedenken an die Mönche der Melrose Abbey, die hier den

- **Zimmer des Burgpfarrers** mit Geheimzugang
- **Turmhaus** (15. Jh.)
- **Vorstehendes Ziertürmchen**
- **Eckturm** mit Treppenaufgang
- **Anbau** des 16. Jahrhunderts

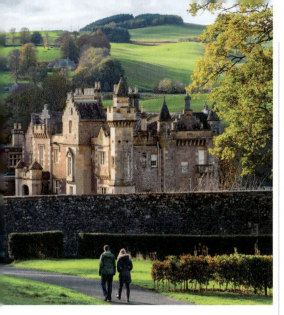

> **Schon gewusst?**
>
> Die Pentland Hills inspirierten schottische Schriftsteller zu zahlreichen Werken.

Fluss Tweed überqueren, den Namen Abbotsford gab. An der Stelle des Bauernhauses ließ sich Scott mit Einnahmen, die er aus seinen Bestsellern erzielte, einen schlossartigen Sitz bauen.

Scotts Bibliothek enthält über 9000 Bücher. Seine Sammlungen, vor allem die Waffensammlung, weisen ihn als Liebhaber der heroischen Vergangenheit aus. Unter den Schätzen sind Rob Roys Schwert und ein Kruzifix von Mary Stuart.

Zu sehen sind Scotts Arbeitszimmer und das Zimmer mit Flussblick, in dem er 1832 starb.

8 Pentland Hills

🏠 The Lothians 🚆 Edinburgh, dann Bus ℹ️ Flotterstone Information Centre an der A702; +44 131 529 2401

Der sich über 26 Kilometer erstreckende Höhenzug südwestlich von Edinburgh ist eines der schönsten Wandergebiete in den schottischen Lowlands. Spaziergängern stehen viele gut markierte und einfache Wanderwege zur Verfügung.

Die etwas Mutigeren können vom Swanston Golf Club aus den 493 Meter hohen Hügel Allermuir besteigen. Noch anspruchsvoller ist die klassische Fünf-Gipfel-Kammwanderung von Turnhouse Hill nach West Kip über den höchsten Gipfel der Pentlands, den 579 Meter hohen Scald Law.

9 Rosslyn Chapel

🏠 The Lothians 🚆 Eskbank 🕘 tägl. 9:30–17:30 (Juni–Aug: bis 18) 🌐 rosslynchapel.com

Die reich verzierte Rosslyn Chapel (15. Jh.) befindet sich östlich der A703. Sie zählt zu den Schauplätzen des Bestsellerromans *The Da Vinci Code – Sakrileg* von Dan Brown und des gleichnamigen Films aus dem Jahr 2006 mit Tom Hanks.

Ursprünglich sollte die Kapelle als Kirche dienen, nach dem Tod ihres Erbauers, William Sinclair, wurde sie jedoch zur Grabstätte für dessen Nachkommen. Die Rosslyn Chapel ist seit 1446 in Familienbesitz und wird noch heute als Andachtsstätte genutzt. Der grazile Apprentice Pillar erinnert an den Lehrling, der den Pfeiler verzierte und anschließend aus Neid über das gelungene Werk von seinem Meister erschlagen wurde.

Sir Walter Scott

Der in Edinburgh geborene Sir Walter Scott (1771–1832) war von Beruf Anwalt. Zu Ruhm gelangte er jedoch als Schriftsteller. Seine Werke (vor allem die *Waverly*-Romane) verklärten das Leben der Clans und führten zu einem neuen schottischen Nationalbewusstsein.
Beim Staatsbesuch von George IV in Edinburgh betrieb er Sympathiewerbung für die Nationaltracht des Landes. Scott arbeitete bei Gericht im Parliament House *(siehe S. 500)* und war 30 Jahre lang Sheriff von Selkirk. Er liebte das schottische Grenzland, insbesondere die Trossachs *(siehe S. 530f)*, denen er mit seinem Roman *Die Dame vom See* (1810) ein Denkmal setzte. Er wurde in der Dryburgh Abbey beigesetzt.

Von der Burg zum Schloss

Es gibt kaum einen romantischeren Anblick in Großbritannien als ein schottisches Castle auf einer Insel oder an einem der zahlreichen Lochs (Seen). In früheren Jahrhunderten, als Raubüberfälle, Plünderungen und kriegerische Auseinandersetzungen zwischen den schottischen Clans zur Tagesordnung gehörten, dienten diese Anlagen als sichere Schutzburgen. Unter König David I, der von 1124 bis 1153 über Schottland herrschte, begann der Bau der ersten Castles, um die Kontrolle über das von ihm regierte Land zu sichern.

Arten schottischer Burgen

Wer gern Burgen oder Schlösser besucht, hat die Qual der Wahl – in Schottland gibt es mehr als 2000 dieser historischen Anwesen. Die meisten von ihnen sind zumindest gelegentlich für Besucher geöffnet.

Von den frühen *brochs* (Rundtürmen mit dicken Steinmauern) der Pikten entwickelten sich über die normannische Burg die typisch schottischen Turmbauten des 13./14. Jahrhunderts. Wenige Jahrhunderte später, als Verteidigung kaum noch eine Rolle spielte, entstanden unzählige herrliche Schlösser, einige von ihnen umrahmen prachtvolle Gärten. Dieser historisierende Bau neuer Anlagen bzw. die entsprechende Umgestaltung bestehender Burgen setzte sich bis ins 19. Jahrhundert fort. Das wohl schönste Beispiel hierfür ist das 1856 fertiggestellte Balmoral Castle, das der Architektur des 16. Jahrhunderts nachempfunden ist *(siehe S. 540)*.

TOP 5 Schottische Castles

Eilean Donan
Das Castle zählt zu den romantischsten Schottlands *(siehe S. 560)*.

Glamis
Die Kulisse für Shakespeares *Macbeth* erinnert an ein Märchenschloss *(siehe S. 536)*.

Culzean
Diese Burg wurde Ende des 18. Jahrhunderts von Robert Adam umgebaut *(siehe S. 522f)*.

Edinburgh
Eine weltberühmte Anlage *(siehe S. 496f)*.

Duart
Das Castle aus dem 13. Jahrhundert steht auf der Insel Mull *(siehe S. 565)*.

Chronik

Burg und Burghof

△ Im 12. Jahrhundert standen die Burgen auf zwei Anhöhen, auf der oberen der Bergfried, Haupt- und Wohnturm des Chiefs, auf der unteren die Behausungen der übrigen Bewohner – beide durch eine Mauer oder einen Pfahlzaun geschützt. Von diesen Burgen blieb wenig erhalten. Zu sehen sind meist nur noch spärliche Ruinen. Das Bild oben zeigt das Mitte des 12. Jahrhunderts erbaute Duffus Castle.

Frühe Turmbauten

△ Die ersten Turmbauten (u. a. Neidpath Castle; *oben*), die als Befestigungsanlagen gegen kleinere Angriffe aus dem Umland dienten, stammen aus dem 13. Jahrhundert. Ursprünglich waren sie als Rechteck angelegt. In der Mitte thronte ein einzelner, mehrere Stockwerke hoher Turm mit schlichtem Äußeren und wenigen Fenstern. Verteidigt wurde von oben. Wenn mehr Platz gebraucht wurde, wurden weitere Türme angebaut.

Drumlanrig Castle

Drumlanrig Castle *(siehe S. 524f)* stammt aus dem 17. Jahrhundert und weist zahlreiche typisch schottische Merkmale sowie bemerkenswerte Einflüsse aus der Renaissance auf, darunter auch die geschwungene Treppe und die Fassade. Das Anwesen wurde um einen Innenhof erbaut.

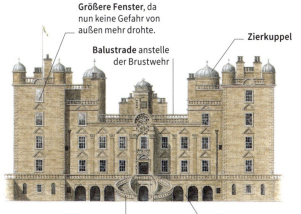

Größere Fenster, da nun keine Gefahr von außen mehr drohte.

Balustrade anstelle der Brustwehr

Zierkuppel

Renaissance-Fassade des eindrucksvollen Drumlanrig Castle

Barocke geschwungene **Treppe**

Renaissance-Kolonnade

Spätere Turmbauten

△ Obwohl sich niemand mehr verteidigen musste, wurde der Baustil beibehalten. Im 17. Jahrhundert fügte man dem ursprünglichen Turm Flügelanbauten hinzu, wodurch erstmals Burghöfe entstanden, wie beim Traquair House *(oben)*. Zinnen und Mauertürmchen blieben zur Dekoration erhalten.

Schlösser

△ Bei vielen Schlössern wie Drumlanrig Castle *(oben)* wurde schließlich ganz auf die Verteidigungsfunktion verzichtet und ausschließlich nach ästhetischen Gesichtspunkten gebaut, auch wenn hin und wieder Einflüsse aus der Ritterzeit unverkennbar sind. Als Vorbilder dienten Schlösser in ganz Europa, vor allem jedoch die französischen.

The Kelpies – Stahlskulpturen in Falkirk (siehe S. 524)

Glasgow und Südwest-Schottland

Die Ursprünge von Glasgow reichen in prähistorische Zeiten zurück, wie Siedlungsspuren am River Clyde dokumentieren. Die Römer errichteten hier Stützpunkte, um die im Norden lebenden Pikten zu kontrollieren. Später wurde das Gebiet Teil des Königreichs Strathclyde, das sich über die Hügellandschaft des südwestlichen Schottland und bis über die heutige Grenze mit England hinaus erstreckte.

Bis zum 11. Jahrhundert war Glasgow Zentrum eines der größten Bistümer Schottlands, für das im 13. Jahrhundert die mächtige Kathedrale erbaut wurde. Die Stadt profitierte von den Gewinnen, die Unternehmer im 18. Jahrhundert durch den Handel mit Tabak, Baumwolle und Zucker aus Nord- und Südamerika erzielten – Reichtum, der auf Sklavenarbeit aufgebaut war. Die Infrastruktur wurde ausgebaut, Baumwollspinnereien wie New Lanark und der lukrative Schiffsbau entwickelten sich. Zu jener Zeit erlebte die Stadt eine enorme Zuwanderung (u. a. von Iren).

Der Schiffsbau sorgte dafür, dass Glasgow zu Beginn des 20. Jahrhunderts florierte, bis der wirtschaftliche Wandel einen Rückgang der Schwerindustrie verursachte. In den 1980er Jahren kam es zu einer Wende, als sich die Stadt auf Finanz- und Versicherungsdienstleistungen spezialisierte und sich auf Sanierungsprojekte konzentrierte, die Glasgow zu dem blühende Kulturzentrum machten, das es heute ist.

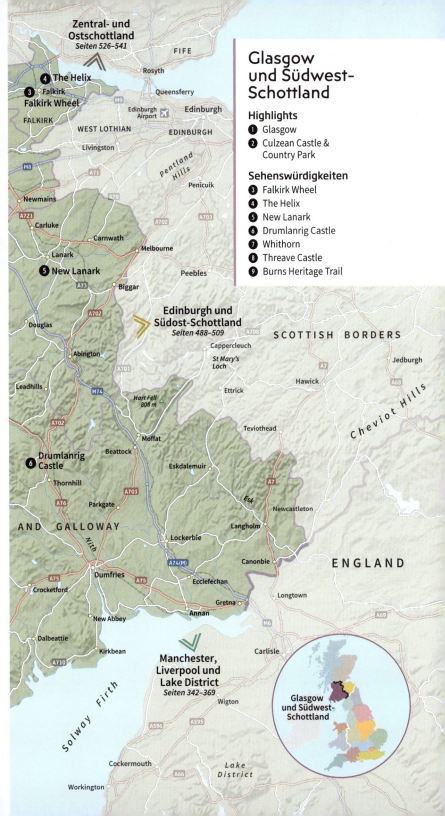

Buchanan Street, eine beliebte Shopping-Meile im Zentrum Glasgows

❶ Glasgow

630 000 ✈ 🚌 Argyle St 🚍 Buchanan St ℹ Buchanan St; +44 141 566 4083 📅 Sa, So 🌐 peoplemakeglasgow.com

In der Architektur Glasgows spiegelt sich die Zeit des frühen Wohlstands wider, der sich vor allem auf Eisenhüttenwerke, Baumwollspinnereien und den Schiffsbau gründete. Heute ist das mit Schottlands Hauptstadt Edinburgh rivalisierende Glasgow eine Kulturmetropole ersten Ranges.

① ♿ Glasgow Cathedral

📍 Cathedral Sq +44 141 552 6891 🕐 Apr–Sep: Mo–Sa 9:30–17:30, So 13–17; Okt–März: Mo–Sa 10–16, So 13–15:30 🌐 glasgowcathedral.org

Die Kathedrale zählt zu den wenigen, die der Zerstörung während der schottischen Reformation entgingen, und ist damit ein seltenes Beispiel einer Kirche des 13. Jahrhunderts. Sie wurde am Standort einer Kapelle errichtet, die St Mungo, der erste Bischof (6. Jh.) und Schutzpatron Glasgows, gründete. Der Legende nach legte Mungo den Leichnam eines Heiligen auf einen von Stieren gezogenen Karren und erbaute dort, wo die Tiere anhielten, die Kapelle. Mungos Grab befindet sich in der Krypta der Glasgow Cathedral. Der Blacader Aisle soll über einem vom heiligen Ninian geweihten Friedhof erbaut worden sein.

In der Necropolis, dem Friedhof hinter der Kathedrale, steht eine Statue von John Knox *(siehe S. 495)*.

🏔 Schöne Aussicht
Glasgow Necropolis

Von den Hügeln der Glasgow Necropolis eröffnet sich ein herrlicher Blick über die Dächer der Stadt. Die Anlage wurde nach dem Vorbild des Friedhofs Père Lachaise in Paris gestaltet.

② St Mungo Museum of Religious Life and Art

🏠 2 Castle St 📞 +44 141 276 1625 🕒 Di–So 10–17 (Fr, So ab 11) 🌐 glasgowlife.org.uk/museums

Das Museum ist das weltweit erste seiner Art. Die Hauptausstellung widmet sich religiösen Themen. Unter den Exponaten sind ein tanzender Shiva (19. Jh.) und das Gemälde *Attributes of Divine Perfection* (1986) von Ahmed Moustafa. Eine Ausstellung ist dem Leben des Missionars David Livingstone gewidmet. Im Freien gibt es einen Zen-Garten.

Schon gewusst?
Der Name Glasgow geht auf das gälische Wort für »grünes Tal« zurück.

③ Provand's Lordship

🏠 3 Castle St 📞 +44 141 276 1625 🕒 Di–So 10–17 (Fr, So ab 11) 🌐 glasgowlife.org.uk/museums

Das einstige Pfarrhaus von 1471 ist das älteste Gebäude Glasgows. In den niedrigen Räumen mit aus Holz gefertigtem Mobiliar erhält man einen Eindruck vom Leben einer wohlhabenden Familie im 15. Jahrhundert. Es heißt, Maria Stuart weilte 1566 in dem Haus, um ihren Cousin und späteren Ehemann, Lord Darnley, zu treffen.

④ Tenement House

🏠 145 Buccleuch St 🕒 März–Sep: tägl. 10–17; Nov–Feb: Sa–Mo 11–16 🌐 nts.org.uk

Die Wohnung in einem für Glasgow einst typischen Haus zeigt den Originalzustand des frühen 20. Jahrhunderts. Hier lebte von 1911 bis 1965 Miss Agnes Toward. Da Miss Toward nie etwas veränderte und nur selten etwas wegwarf, ist die Wohnung heute ein Schatzkästchen der Sozialgeschichte. Im Salon ist der Tisch zum Nachmittagstee gedeckt. Die Küche mit Kohleofen und Etagenbett ist voller alter Utensilien, wie einem gusseisernen Bügeleisen, einem Waschbrett und einem als Wärmflasche dienenden Stein. Im Bad stehen Lavendelwasser und Arzneien.

Highlight

> **Entdeckertipp**
> **Sharmanka Kinetic Theatre**
>
> Zwei Russen – ein Bildhauer und ein Theaterintendant – gründeten in Trongate das bizarre Theater. Geschnitzte Figuren spielen in bemerkenswerten Choreografien und zu tollen Lichtinszenierungen (www.sharmanka.com).

Walter Scott Memorial Column vor den Glasgow City Chambers am George Square

⑤ City Chambers

🏠 82 George St
📞 +44 141 287 4018
🕐 nur Führungen: Mo – Fr 10:30, 14:30
🌐 glasgow.gov.uk

Die City Chambers an der Ostseite sind das imposanteste Gebäude am George Square.

Das von William Young im Stil der italienischen Renaissance erbaute Rathaus wurde im Jahr 1888 von Königin Victoria eröffnet. Die eleganten, prunkvoll ausgestatteten Räume sind mit viel Marmor und kunstvollen Mosaiken verziert. Die Marmortreppe gilt als größte in Westeuropa.

→ *Das eindrucksvolle Riverside Museum am Ufer des Clyde*

⑥ Glasgow Science Centre

🏠 50 Pacific Quay 📞 +44 141 420 5000 🕐 Apr – Okt: tägl. 10 – 17; Nov – März: Mi – Fr 10 – 15, Sa, So 10 – 17
🌐 glasgowsciencecentre.org

Am Südufer des Clyde steht der beeindruckende Bau aus Glas, Stahl und Titan, das Herzstück des eindrucksvollen Millenniumprojekts. Zu erkunden sind drei Stockwerke voller interaktiver Rätsel, optischer Täuschungen und wissenschaftlicher Überraschungen – alles für Kinder ebenso spannend wie für Erwachsene.

Am beliebtesten sind die Experimente, die man selbst durchführen kann, die Mind-Control-Spiele und die Madagaskar-Fauchschaben. Es gibt ein IMAX-Kino, das Filme in 2-D und 3-D zeigt.

Zum Museum gehört ein 127 Meter hoher Drehturm, der höchste frei stehende Schottlands. Die Aussichtskabine ermöglicht einen tollen Blick über Glasgow.

⑦ Riverside Museum

🏠 100 Pointhouse Place
🚇 Partick 🚌 59 📞 +44 141 287 2720 🕐 tägl. 10 – 17 (Fr, So ab 11) 🌐 glasgowlife.org.uk/museums

Das beeindruckende, mit Zink verkleidete Gebäude wurde von der Architektin Zaha Hadid entworfen. Das der Geschichte des Transportwesens in Glasgow gewidmete Museum zeigt Lokomotiven, Trambahnen, Autos und Fahrräder aus verschiedensten Epochen. Der neben dem Museum vertäute Großsegler *Glenlee* ist ebenfalls zu besichtigen.

⑧ 🌿 🚭 ♿
Hunterian Art Gallery
🏠 82 Hillhead St 🚌 4, 4A
📞 +44 141 330 4221
🕐 Di – Sa 10 –17, So 11–16
🌐 gla.ac.uk/hunterian

Die University of Glasgow ließ das Gebäude für die Gemälde errichten, die der frühere Student und Mediziner Dr. William Hunter (1718 – 1783) der Universität hinterließ.

Heute beherbergt das Museum eine der bedeutendsten Gemäldesammlungen Schottlands mit Werken europäischer Künstler ab dem 16. Jahrhundert. Zudem sind Arbeiten von Charles Rennie Mackintosh zu sehen. Der Architekt und Designer gilt als Gründer der als »Glasgow Boys« oder »Glasgow School« bezeichneten Künstlergruppe, die Anfang des 20. Jahrhunderts berühmt wurde.

Die Hunterian besitzt auch eine Sammlung schottischer Kunst des 19. und 20. Jahrhunderts sowie Werke des US-amerikanischen Malers James McNeill Whistler (1834 –1903), der die »Glasgow Boys« beeinflusste.

Schon gewusst?
Das mit Zink verkleidete Dach des Riverside Museum ist rund 2500 Tonnen schwer.

Highlight

Shopping

The Barras
Die Stände auf diesem Markt zeigen eine große Bandbreite an Waren. Am Wochenende findet in The Barras der Glasgow Vintage and Flea Market statt.

🏠 244 Gallowgate
🌐 theglasgowbarras.com

Princes Square
In dem Atrium mit einer Glaskuppel aus viktorianischer Zeit erstrecken sich Designerboutiquen über fünf Etagen – mit Mode von Vivienne Westwood, Kurt Geiger, Belstaff und anderen großen Namen.

🏠 48 Buchanan St
🌐 princessquare.co.uk

Argyll Arcade
Die in der Passage ansässigen Juwelierläden bieten Luxusuhren, Diamantringe und kostbaren Vintage-Schmuck an.

🏠 Argyll St
🌐 argyll-arcade.com

> **Schon gewusst?**
>
> 1996 wurden Exponate aus dem Museum gestohlen und auf dem Schwarzmarkt angeboten.

Kelvingrove Art Gallery and Museum

Argyle St, Kelvingrove 2, 3, 11 +44 141 276 9599 tägl. 10–17 (Fr, So ab 11)
 1., 2. Jan, 25., 26., 31. Dez glasgowlife.org.uk/museums

Das Museum befindet sich in einem imposanten, aus rotem Sandstein errichteten Gebäude, das spanischen Barockstil zeigt. Es ist das größte und meistbesuchte Museum Schottlands. Die umfangreichen Sammlungen beschäftigen sich mit antiken Kulturen aus aller Welt, mit europäischer und schottischer Kunst aus mehreren Jahrhunderten und mit der Geschichte Glasgows vom Mittelalter bis zur Gegenwart.

Das Museum beherbergt 8000 Exponate. Die Kunstsammlung beinhaltet zahlreiche bedeutende Werke, u. a. von britischen Malern des 19. Jahrhunderts wie Turner und Constable, von französischen Impressionisten und von Vertretern der niederländischen Renaissance. Ein eigener Schwerpunkt liegt auf schottischer Kunst und Design – mit Sälen zu den Scottish Colourists und dem Glasgow Style.

Die Geschichte Glasgows wird von den Anfängen im Mittelalter über die wirtschaftliche und kulturelle Neuausrichtung im 19. und 20. Jahrhundert bis heute illustriert.

↑ *Das beeindruckende Gebäude der Kelvingrove Art Gallery and Museum*

↑ Im West Court hängt eine Spitfire von der Decke herab

Das Museum besitzt die bedeutendste Sammlung von Werken der »Glasgow Boys«.

↑ In der Natural History Gallery gibt es vieles zu entdecken

Attraktionen

Highlight

Niederländische und flämische Malerei

Rembrandts *Mann mit Rüstung* ist Highlight der Sammlung niederländischer und flämischer Kunst des 17. Jahrhunderts. Zudem sind Werke von Benjamin Gerritszoon Cuyp, Nicolaes Pieterszoon Berchem, Daniel de Blieck und Abraham van Beyeren zu bewundern. Die Sammlung beinhaltet auch ein Porträt von van Gogh, das den in Glasgow geborenen Kunsthändler Alexander Reid zeigt.

Französische Malerei

Raoul Dufys *Segelboote im Hafen von Trouville-Deauville* hängt neben Werken weiterer namhafter Künstler des 19. und 20. Jahrhunderts wie Gauguin, Monet, Braque, Pissarro und Renoir.

Scottish Colourists

◁ Das Museum verfügt über beeindruckende Werke der Künstlergruppe. Cadells elegantes Porträt *A Lady in Black* und Peploes *Roses* sind hervorragende Beispiele für den jeweiligen Stil der Maler. Mit Hunters *A Summer Day, Largo* und Fergussons *On the Beach at Tangier* sind Seestücke vertreten, die die bevorzugte Werksform der beiden Künstler darstellten.

Glasgow Boys

Das Museum besitzt die bedeutendste Sammlung von Werken dieses Künstlerkollektivs. James Guthries sympathisches Porträt eines alten Mannes *Old Willie: The Village Worthy* steht in starkem Kontrast zu dem mystischen Gemälde *The Druids: Bringing in the Mistletoe* von George Henry und E. A. Hornel. Die beiden Werke verdeutlichen die stilistische Bandbreite der Künstlergruppe.

Charles Rennie Mackintosh

Die Rekonstruktion der Ingram Street Tearooms, deren Interieur Mackintosh zwischen 1900 und 1912 gemeinsam mit seiner Frau Margaret MacDonald gestaltete, zeigt mit elegantem Mobiliar und verspielten Lampen den typischen Stil des Designers. Teestuben boten in edwardianischer Zeit Damen erstmals Gelegenheit zu gesellschaftlichen Zusammenkünften ohne männliche Begleitung.

Großraum Glasgow

⑩ People's Palace
- Glasgow Green
- +44 141 276 0788
- tägl. 10–17 (Fr, So ab 11)
- glasgowlife.org.uk/museums

Die 1898 als Kulturmuseum für die Bewohner des East End gegründete Einrichtung illustriert das Alltagsleben der Bewohner Glasgows vom 12. bis zum 20. Jahrhundert. Die Exponate reichen von Gewerkschaftsflaggen über Plakate der Suffragetten bis hin zu Stiefeln des Komikers Billy Connolly. Zum Museum gehört ein bezaubernder Wintergarten.

⑪ Burrell Collection
- 200 Pollokshaws Rd
- +44 141 287 255
- tägl. 10–17 (Fr, So ab 11)
- glasgowlife.org.uk/museums

Die Sammlung, die der Reeder Sir William Burrell (1861–1958) 1944 der Stadt schenkte, besitzt internationales Renommee. Zu den 9000 Artefakten zählen über 600 aus dem Mittelalter stammende Buntglasarbeiten, 150 Wandteppiche, Artefakte aus dem Nahen Osten, dem antiken Griechenland und dem alten Rom, chinesisches Porzellan, Teppiche und Stickereien aus Persien. Unter den Werken Alter Meister befindet sich ein Selbstporträt (1632) von Rembrandt.

⑫ House for an Art Lover
- Bellahouston Park, 10 Dumbreck Rd
- +44 141 353 4770
- tägl. 10–17 bei Veranstaltungen
- houseforanartlover.co.uk

Die Pläne für das Haus wurden 1900 von Charles Rennie Mackintosh und seiner Partnerin Margaret MacDonald als Wettbewerbsbeitrag bei einer deutschen Zeitschrift eingereicht. Vorgabe war, einen Landsitz für einen Kunstliebhaber zu entwerfen, der Wert auf Eleganz und geschmackvolle Einrichtung legte. Da es sich um eine rein theoretische Aufgabenstellung handelte, konnte das Designerpaar ohne Rücksicht auf Kosten und Logistik planen. Es gewann für seinen Entwurf einen Sonderpreis.

Die Pläne blieben über 80 Jahre ungenutzt, bis der Ingenieur Graham Roxburgh, der schon einige von Charles Mackintosh entworfene Interieurs in Glasgow renoviert hatte, beschloss, das House for an Art Lover zu bauen. 1989 begannen die Arbeiten,

Charles Rennie Mackintosh

Glasgows berühmtester Designer (1868–1928) kam 1884 mit 16 Jahren auf die Glasgow School of Art. Nach dem Erfolg der Willow Tea Rooms entwickelte er sich zum führenden Vertreter des Jugendstils. Seine charakteristische Mischung aus geschwungenen und geraden Linien ist für das frühe 20. Jahrhundert typisch.

Ausstellung mittelalterlicher Buntglasfenster in der Burrell Collection ↓

Highlight

→

Das von einem wunderschönen Park umgebene Pollok House

1996 wurde das Haus fertiggestellt.

Die Räume im Erdgeschoss lassen die Visionen von Mackintosh und das künstlerische Talent seiner Partnerin MacDonald erkennbar werden. Der in einer einzigen hellen Farbe gehaltene Oval Room mit seinen harmonischen Proportionen war als Rückzugsort für die Damen geplant. Im Musikzimmer beeindruckt das in seiner Form einem Himmelbett nachempfundene Piano.

Die Haupthalle führt zum Speisesaal mit einem mit Steinmetzarbeiten versehenen Kamin.

Scotland Street School Museum
🏠 225 Scotland St
📞 +44 141 287 0500
🕐 Di – So 10 – 17 (Fr, So ab 11) 🌐 glasgowlife.org.uk/museums

Das Museum in einer von Charles Rennie Mackintosh entworfenen Schule schildert mit audiovisuellen Vorführungen sowie rekonstruierten Klassenzimmern die Entwicklung des Schulwesens von viktorianischer Zeit bis in die 1960er Jahre. Berichte von Schülern erzählen u. a. von Disziplin im Unterricht, Schuluniformen und Evakuierungen im Zweiten Weltkrieg.

Pollok House
🏠 2060 Pollokshaws Rd
📞 +44 141 616 6410
🕐 tägl. 10 – 17 🌐 nts.org.uk

Das Herrenhaus aus dem 18. Jahrhundert birgt eine wertvolle Sammlung spanischer Malerei. Der im klassizistischen Stil erbaute Hauptteil des Gebäudes wurde im Jahr 1750 fertiggestellt. Die Räume zieren Stuckarbeiten.

Der Clan der Maxwells bewohnte das Haus ab dem 13. Jahrhundert. Mit Sir John Maxwell, der die Eingangshalle hinzufügte, starb die männliche Linie jedoch aus.

Neben Familiensilber, Porzellan, Glaswaren und handbemalten chinesischen Tapeten kann man das Gemälde *Sir Geoffrey Chaucer and the Nine and Twenty Pilgrims* (1745) von William Blake und William Hogarths Porträt von James Thomson, dem Verfasser des Textes von *Rule, Britannia!*, bewundern. In der Bibliothek hängt El Grecos *Frau mit Pelz* (1541), den Salon zieren Werke von Goya und Esteban Murillo.

Die Außenanlagen, die kostenlos zu besichtigen sind, laden zu einem herrlichen Spaziergang ein.

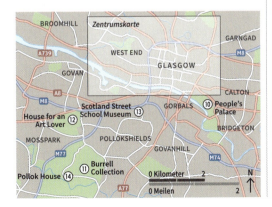

Teestube

Willow Tea Rooms
In der berühmten, von Charles Rennie Mackintosh gestalteten Teestube stehen auch glutenfreie und vegetarische Gerichte auf der Speisekarte.

🏠 217 Sauchiehall St
🌐 willowtearooms.co.uk
££££

Culzean Castle & Country Park

🏠 6 km westl. von Maybole, Ayrshire 🚌 Ayr, dann Bus 🕐 Schloss: Apr–Okt: tägl. 10:30–16:30; Park: tägl. 10–16 (Apr–Okt: bis 17) 🌐 nts.org.uk

Der Bergfried von Culzean aus dem späten 16. Jahrhundert steht am Rand einer Klippe in einer ausgedehnten Parklandschaft und ist ein Meisterwerk in einem Land voller prächtiger Schlösser und Burgen.

Der schottische Architekt Robert Adam schuf mit dem Culzean Castle, ursprünglich ein tristes Tower House, eine elegante Residenz. Die Bauarbeiten dauerten von 1777 fast 20 Jahre an. Bei der kunstvollen Ausstattung der Räume wurden keine Kosten gescheut. 1945 wurde das Schloss dem National Trust for Scotland übergeben. In den 1970er Jahren wurde das Anwesen umfassend restauriert.

Country Park
Die Schlossgärten wurden 1969 zum ersten öffentlichen Park Schottlands. Die Kombination aus landwirtschaftlich genutzten Flächen und Ziergärten verdeutlicht das Nebeneinander von Arbeit und Muße auf einem herrschaftlichen Landsitz. Vom Besucherzentrum in der Home Farm starten kostenlose Führungen. Man kann den Park auch auf eigene Faust erkunden. Der Blick von den Klippen auf die Isle of Arran ist herrlich.

Kamelienhaus
Bei der Restaurierung des eleganten Gewächshauses 2018 wurden Clementinen-, Limetten-, Zitronen- und Orangenbäume angepflanzt. Das Gebäude wurde um 1840 von John Patterson, einem Schüler von Robert Adam, entworfen. Den Adeligen des 19. Jahrhunderts galten Gewächshäuser, wie sie für Monarchen des 17. Jahrhunderts wie Louis XIV von Frankreich geschaffen worden waren, als Statussymbole.

Im **Clock Tower** befanden sich einst Kutschenhaus und Ställe.

Schon gewusst?
Die Höhlen unterhalb des Schlosses wurden einst von Schmugglern genutzt.

Das prächtige Culzean Castle thront hoch auf den Klippen an der Küste ↑

> *Highlight*

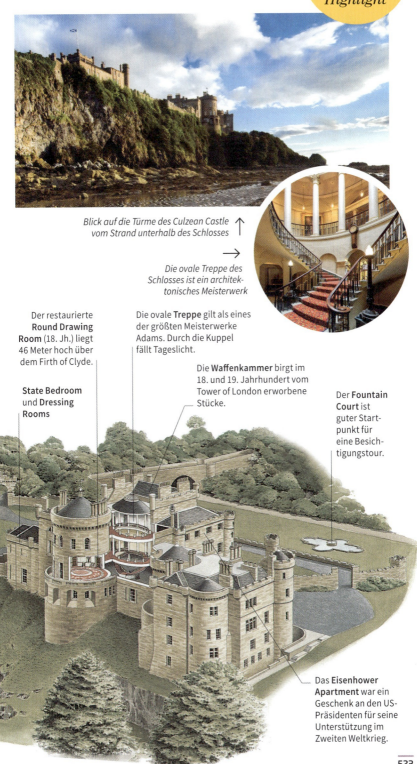

Blick auf die Türme des Culzean Castle vom Strand unterhalb des Schlosses ↑

→ *Die ovale Treppe des Schlosses ist ein architektonisches Meisterwerk*

Der restaurierte **Round Drawing Room** (18. Jh.) liegt 46 Meter hoch über dem Firth of Clyde.

Die ovale **Treppe** gilt als eines der größten Meisterwerke Adams. Durch die Kuppel fällt Tageslicht.

State Bedroom und **Dressing Rooms**

Die **Waffenkammer** birgt im 18. und 19. Jahrhundert vom Tower of London erworbene Stücke.

Der **Fountain Court** ist guter Startpunkt für eine Besichtigungstour.

Das **Eisenhower Apartment** war ein Geschenk an den US-Präsidenten für seine Unterstützung im Zweiten Weltkrieg.

SEHENSWÜRDIGKEITEN

③
Falkirk Wheel

🏠 Lime Rd, Tamfourhill, Falkirk 📞 +44 870 050 0208
🚉 Falkirk 🕐 tägl. 10–17:30
🌐 scottishcanals.co.uk

Das Falkirk Wheel ist weltweit das einzige rotierende Schiffshebewerk. Es hebt Boote vom Union Canal zum Forth and Clyde Canal. Vom Besucherzentrum starten mehrmals täglich Boote, auf denen man den Mechanismus hautnah erleben kann.

④
The Helix

🏠 Falkirk 🕐 Visitor Centre: tägl. 9:30–17 🚫 25. Dez, 26. Dez, 1. Jan
🌐 thehelix.co.uk

Die von dem Bildhauer Andy Scott geschaffene Skulptur *The Kelpies* ist Kernstück des großen Parks an der Verbindung von Forth and Clyde und Union Canal. Die beiden aus Metall gefertigten Pferdeköpfe sind 30 Meter hoch. Der Park bietet Rad- und Spazierwege. Das Besucherzentrum informiert über die Geschichte der Wasserwege.

⑤
New Lanark

🏠 Clyde Valley 🚌 200
ℹ️ Ladyacre Rd; +44 1555 668 249 🚉 Lanark
🕐 tägl. 10–17 (Nov–März: bis 16) 🌐 newlanark.org

Gegründet wurde New Lanark 1785 vom Industriellen David Dale. Um 1800 war der Ort Großbritanniens größtes Zentrum der Baumwollproduktion. Das Museumsdorf New Lanark gewährt einen Einblick in die Lebensumstände der Arbeiter im frühen 19. Jahrhundert.

> **Entdeckertipp**
> **Bücherhauptstadt**
>
> Wigtown in Dumfries and Galloway ist ein Paradies für Leseratten. In der Stadt gibt es mehr als 20 Buchläden und Literaturcafés. Im Herbst findet jedes Jahr ein zehntägiges Literaturfestival statt.

⑥
Drumlanrig Castle

🏠 Thornhill, Dumfries and Galloway 📞 +44 1848 331 555 🚉 🚌 Dumfries, dann Bus 🕐 Ostern–Aug: tägl. 11–17; Park: Apr–Sep: tägl. 10–17 🌐 drumlanrig.com

Drumlanrig Castle *(siehe S. 509)* wurde 1679–91 aus rosafarbenem Sandstein errichtet. Hinter Türmen und

↑ *Das Falkirk Wheel verbindet den Union Canal mit dem Forth and Clyde Canal*

Erkern verbergen sich Kunstschätze, u. a. Bilder von Holbein und Rembrandt, sowie Jakobiten-Memorabilien wie Feldkessel und Schärpe von Bonnie Prince Charlie.

❼ Whithorn

🏠 Dumfries and Galloway
🚍 1000 🚉 Stranraer
ℹ️ Dashwood Sq, Newton Stewart; +44 1671 402 431
🌐 visitdumfriesandgalloway.co.uk

Whithorn gilt als Wiege des schottischen Christentums. Der Name, »Weißes Haus«, erinnert an die weiße Kapelle, die der hl. Ninian hier 397 errichtete. Besichtigt werden können Ausgrabungen alter Siedlungen mit Exponaten vom 5. bis 19. Jahrhundert.

Das Besucherzentrum bietet mit der Ausstellung **The Whithorn Story** Informationen zu den Ausgrabungen und eine Sammlung bearbeiteter Steine.

The Whithorn Story
🏠 The Whithorn Trust, 45–47 George St
🕐 Apr–Okt: tägl. 10:30–17
🌐 whithorn.com

❽ Threave Castle

🏠 Castle Douglas, Dumfries and Galloway 📞 +44 7711 223 101 🚉 Dumfries
🕐 Apr–Sep: tägl. 10–16:30; Okt: tägl. 10–15:30
🌐 historicenvironment.scot

Der Furcht einflößende Inselturmbau von »Black Douglas« aus dem 14. Jahrhundert hat den bestausgerüsteten mittelalterlichen Flusshafen Schottlands. Douglas' Kämpfe gegen die frühen Stewart-Könige endeten 1455. Threave Castle wurde 1640 zerstört, als die presbyterianischen Belagerer die katholischen Verteidiger bezwangen. Zur Burg gelangt man nur in einem Boot.

↑ *Unterwegs zum Threave Castle, das auf einer Insel im River Dee steht*

❾ Burns Heritage Trail

🏠 South Ayrshire, Dumfries and Galloway
🌐 visitscotland.com

Das breit gefächerte Werk, das Robert Burns (1759–1796) hinterließ, reicht von satirischer Poesie bis zu Liebesliedern. Der Burns Heritage Trail führt Besucher zu den Orten Südwest-Schottlands, an denen der Dichter lebte.

In Dumfries beleuchtet das **Robert Burns Centre** die Zeit seines Aufenthalts dort. Im **Burns House**, von 1793 bis 1796 Wohnhaus des Dichters, sind Erinnerungsstücke ausgestellt. Zum **Robert Burns Birthplace Museum** in Alloway gehört das Geburtshaus des Dichters, Burns Cottage, das Manuskripte zeigt.

Robert Burns Centre
🏠 Mill Rd, Dumfries
🕐 siehe Website
🌐 nts.org.uk

Burns House
🏠 Burns St, Dumfries
📞 +44 1387 255 297
🕐 Apr–Sep: tägl. 10–17 (So ab 14); Okt–März: Di–Sa 10–13, 14–17

Robert Burns Birthplace Museum
🏠 Alloway
🕐 siehe Website
🌐 nts.org.uk

Burns Night

Den Geburtstag von Robert Burns, Schottlands Barden, am 25. Januar feiert man mit dem Burns Supper. Erst wird das von Burns verfasste Gebet *Selkirk Grace* gesprochen, dann zu Dudelsackklängen Haggis serviert. Es werden das Gedicht *Address to the Haggis*, das das schottische Nationalgericht feiert, und weitere Texte von Burns vorgetragen. Der bissige Trinkspruch »Toast to the Lassies« wird von den Adressaten, den Frauen, sarkastisch gekontert. Am Ende singt man *Auld Lang Syne*.

Herbststimmung an einem der zahlreichen Seen

Zentral- und Ostschottland

Dieses Gebiet im Übergangsbereich zwischen den Lowlands im Süden und den Highlands im Norden ist voller Kontraste, geprägt von malerischen Landschaften mit reichem historischem Erbe ebenso wie von großen Städten und modernen Industriegebieten.

Aus der Zeit der Pikten und der keltischen Skoten sind noch viele kulturhistorische Zeugnisse – u. a. steinerne Monumente – erhalten. Die Territorien beider Kulturen wurden im 9. Jahrhundert zu einem Königreich vereint, weshalb diese Region als Wiege Schottlands gilt. In Zentral- und Ostschottland gibt es zahlreiche Burgen, bedeutendste dieser Festungen ist Stirling Castle. In der Schlacht von Bannockburn (1314) errangen die Schotten unter Robert the Bruce einen entscheidenden Sieg auf dem Weg zur Unabhängigkeit von England.

Im Zuge zunehmender Industrialisierung erlebten Großstädte wie Dundee und Aberdeen eine Blütezeit. Noch heute zählen beide zu den – nach Edinburgh und Glasgow – herausragenden Wirtschaftsstandorten Schottlands.

Zentral- und Ostschottland

Highlights
1. Loch Lomond and The Trossachs National Park
2. Aberdeen
3. Stirling Castle

Sehenswürdigkeiten
4. Stirling
5. Glamis Castle
6. Doune Castle
7. Perth
8. Scone Palace
9. Dundee
10. East Neuk
11. Dunfermline
12. St Andrews
13. Falkland Palace
14. Culross
15. Balmoral Castle und Royal Deeside
16. Elgin
17. Dunkeld
18. Pitlochry
19. Killiecrankie
20. Blair Castle

Loch Lomond and The Trossachs National Park

🏠 West Dunbartonshire, Argyll and Bute, Trossachs 🚌 Balloch; Arrochar and Tarbet 🚆 Callander; Balloch; Balmaha ℹ️ +44 1389 722 600 lochlomond-trossachs.org

Der Nationalpark vereint typische Landschaftsformen der Lowlands und Highlands: Das Gebiet ist von der zerklüfteten Bergwelt der Grampian Mountains ebenso wie von der Weite der Scottish Borders geprägt. In dem Nationalpark, dem ältesten Schottlands, befinden sich einige wunderschöne Seen.

Loch Lomond

Loch Lomond zählt zu den schönsten Seen Schottlands. Er liegt rund 30 Kilometer nordöstlich von Glasgow und ist für Besucher leicht zugänglich. Etwa fünf Kilometer nordöstlich von Balloch am Südufer des Loch Lomond liegt Duncryne Hill – vom Gipfel des Hügels eröffnet sich eine herrliche Aussicht auf den See. Am Westufer befinden sich mehrere hübsche Dörfer. Luss und Tarbet sind bei Besuchern besonders beliebt. In Luss, Balloch, Tarbet und Balmaha werden Schifffahrten auf dem Loch Lomond angeboten.

Am Loch Lomond führen zwei Fernwanderwege vorbei: Der West Highland Way, der älteste und beliebteste Wanderweg Schottlands, führt von Glasgow nach Fort William. Der rund 50 Kilometer lange Great Trossachs Path verläuft von Callander nach Inversnaid. Die Strecken der beiden Fernwanderwege verlaufen zum Teil direkt an den Ufern des Loch Lomond.

> **Schöne Aussicht**
> **Ben Lomond**
> Für die zwölf Kilometer lange Wanderung auf den 990 Meter hohen Ben Lomond sind festes Schuhwerk und eine gute Konstitution erforderlich. Der Weg führt von Rowardennan durch Eichen- und Birkenwälder an den Berghängen. Die Aussicht vom Gipfel ist atemberaubend.

Ein Wanderer genießt die Aussicht vom Ben A'an auf Loch Katrine

Highlight

Hafen des Inversnaid Hotel (Detail); Blick vom Gipfel des Beinn Dubh auf Loch Lomond

Trossachs

2002 wurden 1865 Quadratkilometer der von Bergen und Seen geprägten Region zum Nationalpark erklärt. Die schöne Landschaft mit ihrer reichen Fauna – Goldadlern, Wanderfalken, Rotwild und Wildkatzen – inspirierte viele Schriftsteller, darunter Sir Walter Scott *(siehe S. 507)*. Der nördlich von Loch Lomond gelegene Loch Katrine ist Schauplatz in Scotts Gedicht *The Lady of the Lake* (1810). Die SS *Sir Walter Scott*, ein Dampfschiff aus viktorianischer Zeit, legt am Trossachs Pier zu Fahrten auf Loch Katrine ab. Die Stadt Callander ist ideale Basis für die Erkundung der Trossachs. Der Elizabeth Forest Park zwischen Loch Lomond und Aberfoyle bietet schöne Wanderwege.

Schon gewusst?

Mit einer Fläche von 45 Quadratkilometern ist der Loch Lomond der größte See Großbritanniens.

Aus Granit errichtete Gebäude an der Hauptstraße von Aberdeen

Aberdeen

Grampian · 230 000 · 13 km nordwestl. von Aberdeen · Union Square · 23 Union Street; +44 1224 269 180 · aberdeencity.gov.uk

Aberdeen ist die drittgrößte Stadt Schottlands. Aus silbergrauem Granit errichtete Gebäude bestimmen das Stadtbild. Nachdem in den 1970er Jahren in der Nordsee Erdölfelder entdeckt worden waren, wurde Aberdeen Zentrum der Erdölindustrie in Europa. Trotz des Rückgangs des Handels in jüngster Zeit besitzt Aberdeens Frachthafen noch immer große Bedeutung. Am östlichen Ende der Union Street grenzen moderne Bauten an das Marischal College mit der reich verzierten Granitfassade. Die nördlich des Zentrums gelegene Altstadt prägen Gebäude aus dem späten Mittelalter und eine der ältesten Universitäten Großbritanniens.

① St Machar's Cathedral

The Chanonry · +44 1224 485 988 · Apr–Sep: tägl. 9:30–16:30; Nov–März: tägl. 10–16 · stmachar.com

Die beiden aus Granit erbauten Türme der dem Schutzpatron der Stadt geweihten Kathedrale (15. Jh.) ragen in der Altstadt empor. Buntglasfenster zeigen den Heiligen aus dem 6. Jahrhundert und die ersten Bischöfe, die in der Kathedrale tätig waren.

② King's College

College Bounds · +44 1224 272 000 · tägl. (Kapelle: Mo–Fr 10–15:30) · abdn.ac.uk

Das 1495 gegründete King's College war die erste Universität der Stadt. Das Visitor Centre informiert über die Historie. Der Tiburio der Kapelle wurde 1633 erneuert. Schnitzarbeiten an der Kanzel (1540) stellen Stuart-Könige dar. Buntglasfenster von Douglas Strachan sorgen für eine moderne Note.

③ Aberdeen Art Gallery

Schoolhill · Mo–Sa 10–17, So 11–16 · aagm.co.uk

Das Wahrzeichen der Stadt beherbergt eine schöne Sammlung von Werken britischer und europäischer Künstler und Designer. Henry Raeburn, Joshua Reynolds, William Hogarth, Paul Nash, Stanley Spencer, Barbara Hepworth und Francis Bacon repräsentieren die heimische Szene. Viele große französische Maler des 19. Jahrhunderts sind vertreten, darunter Monet, Renoir, Degas und Toulouse-Lautrec.

④ Maritime Museum

Shiprow · +44 3000 200 293 · Mo–Sa 10–17, So 12–15 · aagm.co.uk

Das Museum befindet sich am Hafen im Provost Ross's House (1593), einem der ältesten Häuser Aberdeens. Es widmet sich der Schifffahrtsgeschichte der Stadt vom Mittelalter bis zum Ölboom der 1970er Jahre – mit Themen wie Schiffsbau, Schiffbruch, Seenotrettung und Ölbohrungen.

⑤ ♿
Kirk of St Nicholas
🏠 Union St ⏰ Juni–Sep: Mo–Fr 12–16 🌐 scotlandschurchestrust.org.uk

Die größte Pfarrkirche Schottlands wurde im 12. Jahrhundert gegründet und 1752 neu errichtet. Zu den vielen historischen Relikten zählen Eisenringe, an denen im 17. Jahrhundert der Hexerei beschuldigte Frauen festgekettet wurden.

⑥ ♿
Provost Skene's House
🏠 Guestrow ⏰ Mo–Sa 10–17, So 11–16 🌐 aagm.co.uk

Das Haus aus dem 16. Jahrhundert zählt zu den ältesten Gebäuden der Stadt und würdigt die Pioniere von Aberdeen und dem Nordosten Schottlands.

⑦
Marischal College
🏠 Broad St

Das Marischal College ist nach dem Real Sitio de San Lorenzo de El Escorial in Madrid das größte aus Granit errichtete Bauwerk der Welt. Die Universität wurde 1593 vom fünften Earl Marischal of Scotland als protestantisches Gegenstück zum King's College gegründet.

Heute ist das Gebäude Hauptsitz des Aberdeenshire Council.

⑧
Duthie Park and Winter Garden
🏠 Polmuir Rd ⏰ tägl. 9:30–16:30 (Mai–Aug: bis 19:30)

Der Duthie Park liegt am Ufer des Flusses Dee, nur 20 Minuten zu Fuß vom Stadtzentrum entfernt, und ist mit seinen viktorianischen Elementen zu jeder Jahreszeit ein wunderbarer Ort zum Entdecken. Der Höhepunkt eines Besuchs ist für viele jedoch der Wintergarten mit seiner schönen Sammlung von Bromelien und Riesenkakteen.

Highlight

↑ *Der kopfsteingepflasterte Campus des King's College*

Restaurants

Angus & Ale
Genießen Sie hier ein Craftbeer zusammen mit saftigen Burgern aus feinstem Aberdeen-Angus-Rindfleisch aus der Region.

🏠 28 Adelphi
🌐 angusale.com
£££

Moonfish
Das Restaurant nahe der Union Street bietet kreative Vorspeisen und köstliche Hauptgerichte.

🏠 9 Connection Wynd
🌐 moonfishcafe.co.uk
⏰ So, Mo
£££

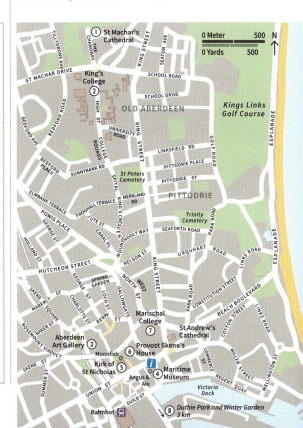

Stirling Castle

🏠 Castle Esplanade, Stirling 🚆 🚌 📞 +44 1786 450 000
🕐 tägl. 9:30–18 (Okt–März: bis 17; letzter Einlass 1 Std. vor Schließung)
🚫 25., 26. Dez 🌐 stirlingcastle.scot

Der hoch auf einem Felsen gelegenen Burg kam jahrhundertelang eine Schlüsselrolle in der Geschichte Schottlands zu. Sie ist prächtiges Beispiel schottischer Renaissance-Architektur.

Stirling Castle zählte zu den bedeutendsten Festungen Schottlands. Die Ebenen um das Schloss waren Schauplatz großer Schlachten. Der Sage nach eroberte König Artus die Burg von den Sachsen, belegt ist ihre Existenz aber erst ab 1100. Die heutige Anlage stammt aus dem 15. und 16. Jahrhundert. Von 1881 bis 1964 wurde das Schloss vom Regiment der Argyll and Sutherland Highlanders genutzt.

Auf dem Schloss finden viele Veranstaltungen wie Workshops mit mittelalterlichem Handwerk statt. Darsteller in historischen Kostümen lassen die Geschichte von Stirling Castle lebendig werden.

↑ *Hochlandrinder auf einer unterhalb von Stirling Castle gelegenen Weide*

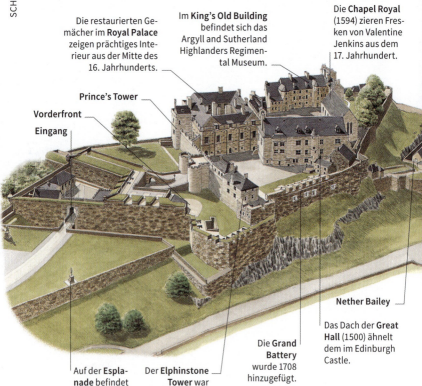

Die restaurierten Gemächer im **Royal Palace** zeigen prächtiges Interieur aus der Mitte des 16. Jahrhunderts.

Im **King's Old Building** befindet sich das Argyll and Sutherland Highlanders Regimental Museum.

Die **Chapel Royal** (1594) zieren Fresken von Valentine Jenkins aus dem 17. Jahrhundert.

Prince's Tower

Vorderfront

Eingang

Nether Bailey

Das Dach der **Great Hall** (1500) ähnelt dem im Edinburgh Castle.

Die **Grand Battery** wurde 1708 hinzugefügt.

Auf der **Esplanade** befindet sich eine Statue von Robert the Bruce.

Der **Elphinstone Tower** war ursprünglich Wohnhaus des Burgvogts.

↑ *Darstellung von Stirling Castle mit seiner Befestigungsmauer*

Highlight

Die Schlachten von Stirling

Stirling besaß wegen seiner Lage über dem Forth und an der Grenze zu den Highlands hohe Bedeutung in den schottischen Unabhängigkeitskriegen. Vom Schloss sind sieben Schlachtfelder zu sehen. Das 67 Meter hohe Wallace Monument bei Abbey Craig erinnert an den Sieg von William Wallace über die Engländer 1297 an der Stirling Bridge, Vorbote des Siegs von Robert the Bruce 1314.

Schon gewusst?

1745 wurde Stirling Castle letztmals angegriffen – von den Jakobiten.

SEHENSWÜRDIGKEITEN

❹ Stirling

🏠 Stirlingshire 📏 36 000
🚆 🚌 ℹ️ Old Town Jail, St John St; +44 1786 475 019
🌐 yourstirling.com

Zwischen den Ochil Hills und den Campsie Fells entstand die Stadt rund um ihre Burg, historisch eine der wichtigsten Festungen Schottlands. Unterhalb der Burg wird die Altstadt noch immer von den ursprünglichen Mauern geschützt, die im 16. Jahrhundert zum Schutz von Mary, Queen of Scots vor Henry VIII errichtet wurden. Die mittelalterliche Church of the Holy Rude an der Castle Wynd, in der 1567 James VI gekrönt wurde, besitzt eines der wenigen erhaltenen Dächer aus Eichenholz in Schottland. Vor der Kirche ist die verzierte Fassade von Mar's Wark alles, was von einem großen Palast übrig geblieben ist.

Nur drei Kilometer südlich liegt die **Battle of Bannockburn Experience** dort, wo Robert the Bruce 1314 die Engländer besiegte und danach die Burg, die an dieser Stelle stand, zerstörte, um zu verhindern, dass sie in englische Hände fiel. Ein Reiterstandbild erinnert an den Mann, der zu einer Ikone der schottischen Unabhängigkeit wurde.

Battle of Bannockburn Experience

🏠 Bannockburn Visitor Centre, Glasgow Rd 🕐 tägl. 10–17
🌐 nts.org.uk

Restaurant

Birds and Bees

Das familienfreundliche Gastro-Pub bietet sehr gute Brasserie-Küche und Steaks.

🏠 Easter Corntonm Rd
🌐 thebirdsandthebees-stirling.com

££££

← *Bruce-Denkmal an der Stätte seines Siegs*

↑ *Glamis Castle – mittelalterliches Schloss mit auffallenden Türmchen*

5
Glamis Castle
🏠 Forfar, Angus 🚉 Dundee, dann Bus 📞 +44 1307 840 393 🕐 Apr – Okt: tägl. 10 – 17:30 🌐 glamis-castle.co.uk

Mit seinen Ecktürmen und Zinnen mutet Glamis Castle wie ein französisches Loire-Schloss an. Begonnen wurde der mittelalterliche Turmbau im 11. Jahrhundert als Jagdhütte. Im 17. Jahrhundert wurde er umgebaut. Die Mutter Elizabeths II verbrachte hier ihre Kindheit. Man kann ihr Schlafgemach mit ihrem Bildnis von Henri de Laszlo (1878 – 1956) sehen.

6
Doune Castle
🏠 Doune, Stirling 🚉 Stirling, dann Bus 📞 +44 1786 841 742 🕐 Apr – Sep: tägl. 9:30 – 17:30; Okt – März: tägl. 10 – 16 🌐 historicenvironment.scot

Im 14. Jahrhundert wurde Doune Castle als Residenz des Duke of Albany erbaut. Es war auch eine Festung der Stuarts, bis die Anlage im 18. Jahrhundert verfiel. Seit der Restaurierung gilt es als Musterbeispiel einer mittelalterlichen Burg.

Durch das Torhaus gelangt man in den inneren Burghof. Die Great Hall mit Holzdecke und Kamin liegt neben der Lord's Hall und dem Privatgemach. Geheimgänge lassen das Ausmaß der Vorkehrungsmaßnahmen zum Schutz der königlichen Familie erkennen.

7
Perth
🏠 Perthshire 👥 47 000 🚉 🚌 ℹ️ 45 High St; +44 1738 450 600 🌐 perthcity.co.uk

Die einstige Hauptstadt von Schottland ist auch heute noch beeindruckend. In der 1126 geweihten Church of Saint John hielt John Knox seine feurigen Predigten gegen die Katholiken.

Das Fair Maid's House (um 1600) gehört zu den ältesten Gebäuden der Stadt. Es war das Heim der Heldin in Walter Scotts Erzählung *Valentinstag oder Das schöne Mädchen von Perth* (1828).

Im **Balhousie Castle** informiert das Museum of the Black Watch über das älteste schottische Regiment. Das **Perth Museum & Art Gallery** zeigt Ausstellungen zur Industrie in der Region und schottische Kunst.

↑ *Das Gebäude des V&A Museum of Design entwarf Kengo Kuma*

Balhousie Castle
🏠 RHQ Black Watch, Hay St 🕐 tägl. 9:30–16:30
🌐 theblackwatch.co.uk

Perth Museum & Art Gallery
♿ 🏠 78 George St
🕐 Di–Sa 10–17
🌐 culturepk.org.uk

Scone Palace
🏠 Scone, Perthshire 🚌 von Perth 📞 +44 1738 552 300
🕐 Apr–Sep: tägl. 10–17
🌐 scone-palace.co.uk

Das im gotischen Stil erbaute Schloss mit prächtigem Interieur war einst Krönungsstätte der schottischen Monarchen. Die letzte Krönung im Scone Palace fand 1651 statt, als Charles II auf dem Moot Hill als Herrscher eingesetzt wurde. Der Palast ist heute prächtiges Beispiel für den in georgianischer Zeit beliebten Stil des Gothic Revival. Die Räume bergen Gemälde, mit Intarsien verziertes Mobiliar, Marmorbüsten, Skulpturen aus der Mythologie und schöne Uhren aus dem 18. und 19. Jahrhundert.

In dem riesigen, baumbestandenen Schlosspark leben Eichhörnchen, Rehe und Pfauen.

❾
Dundee
🏠 Tayside 👥 48 000 ✈ 🚆 🚌 ℹ️ 16 City Sq; +44 1382 527 527 🛒 Bauernmarkt (Mai–Okt: 3. Sa im Monat)
🌐 dundeecity.gov.uk

Die Stadt ist berühmt für Gebäck, Marmelade und den Verlag DC Thomson (Kinderzeitschriften). Den Comicfiguren *Beano* und *Dandy* sind Statuen gewidmet.

Im **V & A Museum of Design** wird auf Schottlands besonderen Stellenwert in der Design-Geschichte eingegangen. Das Gebäude entwarf der japanische Architekt Kengo Kuma.

Im 18./19. Jahrhundert war Dundee für Schiffsbau bekannt. Am Fluss Tay liegt die 1901 gebaute *Discovery* vor Anker. Mit diesem königliche Forschungsschiff, einem Dreimaster, erfolgte Robert Scotts erste Fahrt in die Antarktis.

> ## Restaurant
>
> **The Playwright**
> Das Restaurant in Dundees Theaterviertel eignet sich perfekt für ein Abendessen vor oder nach der Vorstellung. Es bietet gehobene Küche.
>
> 🏠 11 Tay Sq, Dundee
> 🌐 theplaywright.co.uk
> £££

Die **McManus Galleries** in einem viktorianischen Bau im gotischen Stil präsentieren die neuere Stadtgeschichte.

V & A Museum of Design
♿ 🏠 Victoria Docks
🕐 Mi–Mo 10–17
🌐 vandadundee.org

Discovery
♿ 🏠 Discovery Point
🕐 tägl. 10–17
🌐 rrsdiscovery.com

McManus Galleries
♿ 🏠 Albert Sq
🕐 Di–Sa 10–17
🌐 mcmanus.co.uk

> **Schon gewusst?**
> In Dundee wird das Hafenviertel für eine Milliarde Pfund umgestaltet.

❿ East Neuk

🏠 Fife 🚆 Leuchars 🚌 Glenrothes und Leuchars ℹ️ St Andrews; +44 1334 472 021 🌐 eastneukwide.co.uk

In dem East Neuk genannten Küstenstreifen reihen sich von Earlsferry bis Fife Ness malerische Dörfer aneinander. Pittenweem ist der größte Fischereihafen. In der St Fillan's Cave im Ort lebte im 9. Jahrhundert ein Einsiedler. In Anstruther präsentiert das **Scottish Fisheries Museum** Boote. In Lower Largo steht ein Denkmal für den Seefahrer Alexander Selkirk, der Daniel Defoe zu dem Roman *Robinson Crusoe* (1719) inspirierte.

Scottish Fisheries Museum

🏠 St Ayles, Harbour Head, Anstruther 🕐 siehe Website 🌐 scotfishmuseum.org

---

Restaurants

East Pier

Das Lokal in einem ehemaligen Bootsschuppen serviert exzellentes Seafood.

🏠 East Shore, St Monans 🕐 Juni–Aug: tägl.; Mai, Sep: Mi–So; Apr, Okt: Sa, So 🌐 eastpier.co.uk

£££

Cromar's

Das Lokal ist eine gute Adresse für einen köstlichen Imbiss.

🏠 1 Union St, St Andrews 🌐 cromars.co.uk

£££

⓫ Dunfermline

🏠 Fife 👥 50 000 🚆 🚌 ℹ️ 1 High St; +44 1383 720 999 🌐 visitdunfermline.tv

Bis 1603 war Dunfermline die Hauptstadt Schottlands. Die Ruinen der Abbey Church (12. Jh.) mit ihrem normannischen Hauptschiff und dem neogotischen Chor erinnern an diese Zeit. Malcolm III, der Gründer der Abtei, residierte im 11. Jahrhundert in der Stadt. In der Kirche sind die Grabmale von 22 schottischen Königinnen und Königen, darunter auch das von Robert the Bruce *(siehe S. 486f)*.

Der berühmteste Sohn der Stadt, Andrew Carnegie (1835–1919), kaufte den Palast samt Park und schenkte schließlich beides der Stadt. Carnegie, der als Junge den Park nicht hatte betreten dürfen, war als Teenager nach Pennsylvania ausgewandert und machte ein enormes Vermögen in der Stahlindustrie. Das sehenswerte **Carnegie Birthplace Museum** ist mit originalen Möbeln eingerichtet.

Carnegie Birthplace Museum

🏠 Moodie St 🕐 tägl. 11–16 🚫 Mitte Dez–Anfang März 🌐 carnegiebirthplace.com

---

⓬ St Andrews

🏠 Fife 👥 17 000 🚆 Leuchars 🚌 Dundee ℹ️ 70 Market St; +44 1334 472 021 🌐 visitscotland.com

Die Stadt mit der ältesten Universität Schottlands ist heute ein Mekka für Golfer. Die Hauptstraßen und die kopfsteingepflasterten Gässchen mit ihren mittelalterlichen Kirchen laufen an den Ruinen der Kathedrale aus dem 12. Jahrhundert zusammen. **St Andrews Castle** wurde um 1200 für die Bischöfe gebaut.

Golfplätze findet man vor allem im Westen der Stadt. Im **R&A World Golf Museum** erfährt man alles über die Erfolgsgeschichte des Royal and Ancient Golf Club.

St Andrews Castle

🏠 The Scores 🕐 tägl. 9:30–17:30 (Okt–März: 10–16) 🌐 historicenvironment.scot

R&A World Golf Museum

🏠 Bruce Embankment 🕐 tägl. Mo–Sa 9:30–17, So 10–17 (Nov–März: tägl. 10–16) 🌐 worldgolfmuseum.com

← *Ruinen von St Andrews, früher eine der größten Kathedralen Schottlands*

↑ *Hübsche Gasse mit bunten Häuserfassaden im pittoresken Ort Culross*

⓭ Falkland Palace

🏠 Falkland, Fife 📞 +44 1337 857 397 🚌 von Ladybank 🕐 März–Okt: Mo–Sa 11–17, So 13–17 🌐 nts.org.uk

Der herrliche Renaissance-Palast war ursprünglich Jagdsitz der Stuarts. Mit dem Bau begann James IV um 1500. Sein Sohn James V vollendete ihn um 1530, Ost- und Südflügel wurden von französischen Baumeistern fertiggestellt. Zur Zeit des Commonwealth verfiel der Falkland Palace. 1715 wurde er von Rob Roy eingenommen und kurzzeitig bewohnt.

⓮ Culross

🏠 Fife 📏 400 🚌 Dunfermline ℹ The Palace; +44 1383 880 359 🌐 nts.org.uk

Culross war im 6. Jahrhundert ein religiöses Zentrum. Hier soll 514 der hl. Mungo geboren worden sein. Der malerische Ort hat sein Aussehen seit 150 Jahren kaum verändert. 1932 begann der National Trust for Scotland mit der Restaurierung des romantischen Städtchens.

Den 1577 erbaute **Culross Palace** zieren Treppengiebel und ein rotes Ziegeldach. Die Wand- und Deckenmalereien aus dem frühen 17. Jahrhundert gehören zu den schönsten in Schottland. Gegenüber geht es vorbei am Oldest House (1577) zum Town House und über eine kopfsteingepflasterte Straße namens Back Causeway zum Study genannten Bischofssitz (1610). Der Hauptraum hat eine norwegische Decke. Nördlich davon stehen die Abteiruine und das House with the Evil Eyes mit seinen niederländischen Giebeln.

Culross Palace
🕐 tägl. 10–17 (Okt–März: bis 16) 🌐 nts.org.uk

Fife Coastal Path

Der 188 Kilometer lange Fernwanderweg (www.fifecoastandcountrysidetrust.co.uk) führt vorbei an Klippen, Stränden und sich sonnenden Robben durch Fischerdörfer und die historische Stadt St Andrews. Für den gesamten Weg sind sechs Tage einzuplanen. Bei weniger Zeit sollte man sich auf den schönen Abschnitt um das Dorf Elie beschränken, von dem man auch das hübsche Fischerdorf Anstruther erreicht.

Balmoral Castle – Höhepunkt eines Ausflugs in die Landschaft Royal Deeside

⑮
Balmoral Castle und Royal Deeside

🏠 Balmoral Estate, Ballater 🚌 von Aberdeen 📞 +44 1339 742 534 🕐 Apr – Juli: tägl. 10 – 17 🌐 balmoralcastle.com

Königin Victoria erwarb das Schloss in der Royal Deeside genannten Landschaft 1852 für 30 000 Guineen, nachdem der Eigentümer an einer Fischgräte erstickt war. Bei der Umgestaltung war Prinzgemahl Albert federführend. Besucher können den prächtigen Ballsaal besichtigen und durch den wunderschönen Park spazieren.

⑯
Elgin

🏠 Moray 🏛 1300 🚗 🚌 ℹ️ 36 High St, Inverness; +44 252 401 🌐 elgintourist.com

Wie im Mittelalter muten der gepflasterte Marktplatz und die engen Gassen an. Von der Kathedrale aus dem 13. Jahrhundert, deren Rundbogenfenster an die Kathedrale von St Andrews *(siehe S. 538)* erinnern, ist nur eine Ruine übrig. Zum ersten Mal beschädigt wurde die Kathedrale 1390 von Wolf of Badenoch als Rache für seine Exkommunikation durch den Bischof von Moray, zum zweiten Mal 1576, als das Dach abgetragen wurde und das Kircheninnere den Naturgewalten ausgesetzt war.

In den Biblical Gardens wachsen alle 110 in der Bibel erwähnten Pflanzenarten. Das **Elgin Museum** zeigt archäologische und geologische Funde, das **Moray Motor Museum** mehr als 40 Oldtimer.

Elgin Museum
🏠 1 High St 🕐 Apr – Okt: Mo – Fr 10 – 17, Sa 11 – 16 🌐 elginmuseum.org.uk

Moray Motor Museum
🏠 Bridge St, Bishopmill 🕐 Apr – Okt: tägl. 11 – 16 🌐 moraymotormuseum.org

⑰
Dunkeld

🏠 Perth and Kinross 🏛 1300 🚌 Birnam ℹ️ The Cross; +44 1350 727 688 🌐 perthshire.co.uk

Das entzückende Dorf am Ufer des Tay wurde in der Schlacht von Dunkeld im Jahr 1689 fast vollkommen zerstört. Die charakteristischen Little Houses entlang der Cathedral Street wurden als Erste wiederaufgebaut. Die Ruine der Kathedrale (14. Jh.) liegt inmitten schattiger Grünflächen vor der Kulisse bewaldeter Berge. Der ehemalige Chor wird als Pfarrkirche genutzt. An der Nordmauer ist das Lepra-Auge zu sehen, ein Guckloch für Leprakranke, denen der Zugang zur Kirche verwehrt war.

Während einer Urlaubsreise fand Beatrix Potter *(siehe S. 360)* in der Nähe

> Pitlochrys Festival Theatre mit dem abwechslungsreichen Sommerspielplan gehört zu Schottlands bekanntesten Bühnen.

von Dunkeld den Schauplatz für ihre Geschichten von Peter Hase.

⓲ Pitlochry

🏠 Perthshire 🏔 3000 🚌 🚉 ℹ 22 Atholl Rd; +44 1796 472 215 🌐 pitlochry.org

Berühmt wurde der am Fluss Tummel gelegene Ort, als ihn Königin Victoria zu einem ihrer Lieblingsorte erkor. Sie hielt sich 1842 erstmals im nahen Blair Castle auf.

Im Frühsommer kann man hier Lachse beobachten, die über die Fischleiter der Power Station zu ihren Laichgründen schwimmen. Das interessante Pitlochry Dam Visitor Centre informiert darüber ebenso wie über Energiegewinnung in der Region.

Tipp für Whiskyliebhaber: In der **Edradour Distillery** wird die traditionsreiche Produktion von Whisky anschaulich erläutert.

Das **Festival Theatre** mit dem abwechslungsreichen Sommerspielplan gehört zu Schottlands bekanntesten Bühnen.

> ### Schon gewusst?
> Edradour ist berühmt für die kleinste Single-Malt-Destillerie Schottlands.

Edradour Distillery
 🏠 an der A924 🕒 Apr – Okt: Mo – Fr 10 – 17 🌐 edradour.com

Festival Theatre
🏠 Port-na-Craig 🕒 tägl. 10 – 17 🌐 pitlochryfestivaltheatre.com

⓳ (NTS) Killiecrankie

🏠 Perth and Kinross 🚌 Pitlochry 🚉 🌐 nts.org.uk

Das an der Grenze zwischen Low- und Highlands gelegene Dorf war im Jahr 1689 Schauplatz einer Schlacht. Heute ist es ein beschaulicher Vorort von Pitlochry. Ein Wanderweg führt durch die Pass of Killiecrankie genannte Schlucht.

⓴ Blair Castle

🏠 Blair Atholl, Perthshire 📞 +44 1796 481 207 🚌 Blair Atholl 🚉 🕒 Apr – Okt: tägl. 9:30 – 17:30; letzter Einlass 1 Std. vor Schließung 🌐 blair-castle.co.uk

Die verschachtelte Burg ist im Lauf ihrer rund 700 Jahre währenden Geschichte so oft umgebaut worden, dass sie einen Überblick über verschiedene Epochen bietet. Im eleganten Flügel aus dem 18. Jahrhundert, der Durchgänge voller Geweihe besitzt, sind Handschuhe und Pfeife von Bonnie Prince Charlie ausgestellt, der sich hier zwei Tage lang aufhielt und um die Unterstützung der Jakobiten warb. Zu den Porträts aus drei Jahrhunderten zählen Werke von Johann Zoffany und Peter Lely. Edwin Landseer malte in der Nähe *Death of a Stag in Glen Tilt* (1850).

Während eines Besuchs 1844 verlieh Königin Victoria den Schlossherren das Recht, eine Privatarmee zu halten. Dieses wurde nie widerrufen.

↑ *Blair Castles Ballsaal – früher Ort ausschweifender Festivitäten*

Neist Point Lighthouse, Isle of Skye (siehe S. 556f)

Highlands und Inseln

Mit Schottland verbindet man Clans und Kilts, Whisky und Porridge, Dudelsack und Heidekraut – kurz, die Highlands und ihre Bewohner. Die Gälisch sprechenden Viehzüchter hatten jahrhundertelang wenig mit ihren Nachbarn im Süden gemein. Spuren der nichtkeltischen Vorfahren der »Highlander« findet man überall in den Highlands und auf den Inseln: Steinkreise, Steintürme und Hügelgräber. Die Gälisch sprechenden Kelten wanderten Ende des 6. Jahrhunderts aus Irland ein, mit ihnen der Mönch Columban von Iona, der das Christentum verbreitete.

Die Bewohner der Highlands waren über 1000 Jahre lang in Clans organisiert. Ein Clan entsprach einer Großfamilie oder einem Stamm, dessen Mitglieder dem Chief Gehorsam und Loyalität entgegenbrachten. Erst nach 1746, nach dem gescheiterten Aufstand der Jakobiten unter Bonnie Prince Charlie, wurden die Clans von England zerschlagen.

Im frühen 19. Jahrhundert setzte eine Verklärung der Clans ein, wofür auch der Schriftsteller Sir Walter Scott verantwortlich war. Hinter der Romantik verbargen sich allerdings harte wirtschaftliche Verhältnisse. Viele Menschen aus den Highlands wanderten in der Hoffnung auf ein besseres Leben nach Amerika aus.

Highlands und Inseln

Highlights
1. Shetland
2. Orkney
3. Äußere Hebriden
4. Isle of Skye
5. Cairngorms National Park

Sehenswürdigkeiten
6. Five Sisters
7. Strathpeffer
8. Black Isle
9. Wester Ross
10. Dornoch
11. Loch Ness
12. Inverness
13. Culloden
14. Fort George
15. Cawdor Castle
16. Glencoe
17. Oban
18. Isle of Mull
19. Loch Awe
20. Inveraray Castle
21. Auchindrain Museum
22. Crarae Gardens
23. Jura
24. Islay
25. Kintyre

Schon gewusst?

1853 verließen die letzten Bewohner, die Familie Smith, die Insel Mousa.

↑ Eine Landbrücke aus weißem Sand verbindet St Ninian's Isle und Mainland

❶ Shetland

🏠 Shetland 📏 23 000 🚢 ✈ von Aberdeen und Stromness, Orkney ℹ Market Cross, Lerwick; +44 1595 693 434 🌐 shetland.org

Shetland ist nicht weit von Norwegen und den Färöer-Inseln entfernt. Die zerklüfteten Küsten und die atemberaubende Landschaft im Inneren der Inseln begeistern all jene, die die nördlichste Region Schottlands besuchen.

Die nördlichste Region Schottlands besteht aus über 100 Inseln mit hohen Klippen. Im Winter treten oft heftige Stürme auf. Im Sommer scheint die Sonne bis zu 19 Stunden am Tag.

Die Westküste Mainlands ist besonders beeindruckend. Die Halbinsel Esha Ness mit den roten Sandsteinklippen bietet Blick auf die Brandungspfeiler The Drongs und die Insel Dore Holm mit dem gewaltigen Felsbogen. Von Mainland bestehen Fährverbindungen zu den nördlichen Inseln Yell, Fetlar und Unst. Die meisten Fährverbindungen starten in Tingwall auf Mainland.

① Lerwick

Der Hauptort der Shetlands mit Gebäuden aus grauem Stein und schmalen Gassen wurde im 17. Jahrhundert von holländischen Fischern gegründet. Das interessante **Shetland Museum and Archives** zeigt historische Boote, archäologische Funde und auf Shetland hergestellte Textilien.

Shetland Museum and Archives
♿ 🏠 Hay's Dock
📞 +44 1595 695 057
🕐 Di – Sa 10–16, So 12–16:30 🌐 shetlandmuseumandarchives.org.uk

❷ Bressay und Noss
🚢 Von Lerwick

Die östlich von Mainland gelegene Insel Bressay lädt zu Wanderungen mit herrlicher Aussicht ein. Bei gutem Wetter legen in Lerwick stündlich Fähren nach Bressay ab. Von Lerwick bestehen auch regelmäßige Verbindungen zur Isle of Noss im Osten von Bressay. Im **Noss National Nature Reserve** nisten Tausende Seevögel, u. a. Basstölpel und Raubmöwen.

↑ Trottellumme auf einem Felsen von Sumburgh Head auf Mainland

Vögel der Shetland Islands

Millionen einheimische Vögel und Zugvögel kommen auf den Shetlands zusammen. Auf Fair Isle wurden mehr als 340 Arten durchziehender Vögel registriert. Über 20 Arten von Seevögeln brüten auf den Inseln. Die Klippen von Noss und Hermaness auf Unst bieten sichere Brutorte für große Kolonien von Tölpeln, Trottellummen, Papageitauchern, Möwen, Eissturmvögeln und Tordalken. Einige Arten sieht man nur an wenigen anderen Orten in Großbritannien.

Noss National Nature Reserve
📞 +44 1595 693 345 🕒 Mai – Aug: Di, Mi, Fr – So 10 –17 ⚠ bei schlechtem Wetter 🌐 nature.scot

③ Mousa Broch
📍 Mousa 📞 +44 7901 872 339 🕒 Fähre: Apr–Sep: Mo – Fr 11:30, So 13:30 ⚠ bei schlechtem Wetter 🌐 mousa.co.uk

Brochs sind eisenzeitliche Steintürme mit doppelwandigen Trockenmauern und kegelförmiger Spitze. Diese bemerkenswerten Phänomene sind ausschließlich in Schottland zu finden. Der vermutlich um 300 v. Chr. errichtete Broch auf der winzigen Insel Mousa, die im Sommer per Fähre von Sandwick zu erreichen ist, ist das am besten erhaltene Bauwerk dieser Art. Die 13 Meter hoch aufragenden Mauern sind von der Hauptstraße aus deutlich sichtbar.

④ Jarlshof Prehistoric and Norse Settlement
📍 Sumburgh 🚢 Jarlshof
📞 +44 1950 460 112
🕒 Apr –Sep: tägl. 9:30 –17:30
🌐 historicenvironment.scot

Die im äußersten Süden der Insel Mainland gelegene Stätte umfasst Relikte aus rund 3000 Jahren Besiedlung – von der Jungsteinzeit bis zu den Wikingern. Die Jahrtausende unter Sand und Kies begrabenen Relikte wurden in den 1890er Jahren durch einen schweren Sturm freigelegt. Entdecken Sie alte Behausungen aus der Bronzezeit, Radhäuser aus der Eisenzeit, Langhäuser und Nebengebäude aus der Wikingerzeit sowie Beweise für die Besiedlung der Insel durch die Nordmänner – alles vor der schönen Kulisse des West Voe of Sumburgh.

Highlight

⑤ Hermaness National Nature Reserve
📍 Muckle Flugga Shore Station 🚢 Unst 🚌 von Lerwick nach Haroldswick
🕒 tägl. (Visitor Centre: Apr – Sep) 🌐 nature.scot

Von allen Shetland-Inseln hat Unst die abwechslungsreichste Landschaft, die reichste Flora und Fauna sowie ein ausgezeichnetes Besucherzentrum im Hermaness National Nature Reserve, in dem Tausende von Seevögeln, darunter Basstölpel und Dreizehenmöwen, leben. Hinter dem Leuchtturm von Muckle Flugga liegt Out Stack, der nördlichste Punkt Großbritanniens.

Orkney

🏠 Orkney 🗻 20 000 ✈ Kirkwall ⛴ von Scrabster, Gill's Bay (Caithness), Aberdeen, Lerwick (Shetland) oder John o'Groats (nur Mai–Sep) ℹ The Travel Centre, West Castle Street, Kirkwall; +44 1856 872 856 🌐 visitorkney.com

Der aus rund 70 Inseln bestehende Archipel liegt weniger als zehn Kilometer vom schottischen Festland entfernt. Der Pentland Firth trennt Orkney vom Festland. Die Inseln weisen eine außerordentlich große Anzahl an prähistorischen Stätten auf, 16 sind dauerhaft bewohnt. Die Einwohner leben überwiegend von der Landwirtschaft. Es heißt, die Bewohner der Orkneys seien Bauern mit Booten, während die Menschen auf Shetland Fischer mit Höfen seien.

Auf der Hauptinsel Mainland liegen die beiden größten Städte des Archipels: Kirkwall und Stromness. Im Ness of Brodgar befindet sich einer der frühesten in Westeuropa entdeckten Steingebäudekomplexe. Die um 3200 v. Chr. errichtete Stätte zeugt von einem hoch entwickelten technischen Niveau. 1999 wurden Stätten wie das Kammergrab von Maeshowe, die Standing Stones von Stenness und der Ring of Brodgar in die Liste des UNESCO-Weltkulturerbes aufgenommen.

Hoy ist die zweitgrößte Insel des Archipels. Der auf das altnordische Wort für »hohe Insel« zurückgehende Name bezieht sich auf die emporragenden Klippen. Hoy unterscheidet sich landschaftlich deutlich von den anderen Inseln. Das hügelige Terrain im Norden lädt zum Wandern und zur Vogelbeobachtung ein.

Die spärlich besiedelten Inseln am äußeren Rand des Archipels sind Heimat von Robben und Seevögeln. Rousay wird wegen der zahlreichen archäologischen Stätten »Ägypten des Nordens« genannt. Auf Egilsay fand 1115 die grausame Hinrichtung von St Magnus statt. Von der zu Ehren des Heiligen errichteten Kirche (12. Jh.) mit dem auffälligen Rundturm sind Relikte erhalten. Sanday, die größte der Northern Isles, prägen Felder und Sandstrände. Die auf North Ronaldsay, der nördlichsten Insel, beheimateten Schafe ernähren sich von Seetang. Auf der Insel finden sich außerdem zahlreiche Zugvögel ein.

Highlight

↑ Steinkreis in der neolithischen Stätte Ness of Brodgar auf der Insel Mainland

①
Kirkwall

Gegenüber der **St Magnus Cathedral** (12. Jh.) liegt der **Bishop's Palace** (16. Jh.). Das sehenswerte **Orkney Museum** informiert über die Geschichte des Archipels. Die **Highland Park Distillery** bietet Führungen.

St Magnus Cathedral
⊛⊛⊛ 🏠 Broad St ☎ +44 1856 873 312 🕐 Mo–Do, So 🌐 stmagnus.org

Bishop's Palace
⊛ 🏠 Watergate ☎ +44 1856 871 918 🕐 siehe Website 🌐 historic environment.scot

Orkney Museum
🏠 Broad St ☎ +44 1856 873 535 🕐 tägl. 10:30–17 🌐 orkney.gov.uk

Highland Park Distillery
⊛⊛⊛⊛ 🏠 Holme Rd ☎ +44 1856 874 619 🕐 siehe Website 🌐 highlandparkwhisky.com

Blick auf Stromness mit den Hügeln der Insel Hoy im Hintergrund

② Stromness

Viele Gebäude im Hafengebiet datieren aus dem 18. und 19. Jahrhundert. Das **Pier Arts Centre** präsentiert Kunst des 20. Jahrhunderts. Das **Stromness Museum** widmet sich der Geschichte der Handelsschifffahrt.

Pier Arts Centre
🏛 28–36 Victoria St
📞 +44 1856 850 209
🕐 Di–Sa 10:30–17

Stromness Museum
 52 Alfred St 📞 +44 1856 850 025 🕐 Mo–Sa 15:30 🌐 stromnessmuseum.co.uk

> 💬 Expertentipp
> **Tagesausflüge**
>
> Von Kirkwall starten mehrmals pro Woche Flüge und Fähren zu etwa einem Dutzend der äußeren Orkney-Inseln. Allerdings sind die Verbindungen zwischen den Inseln wetterabhängig.

③ Neolithische Stätten

🏛 verschiedene Orte auf Mainland 🌐 historicenvironment.scot

Die rund 5000 Jahre alte Anlage Ness of Brodgar im sogenannten Herzen des neolithischen Orkney, das seit 1999 zum UNESCO-Weltkulturerbe zählt, umfasst Relikte von mehreren Tempeln, die von einer massiven, über 100 Meter langen Mauer umschlossen waren. Die Kammer des Hügelgrabs Maeshowe (um 2750 v. Chr.) ist auf den Sonnenuntergang zur Wintersonnenwende ausgerichtet. Altnordische Invasoren, die die Grabkammer um 1150 plünderten, hinterließen an den Wänden Runeninschriften. In der Nähe befinden sich die Standing Stones of Stenness und der Ring of Brodgar, ein aus 36 Megalithen gebildeter Kreis. Das neolithische Dorf Skara Brae wurde 1850 entdeckt, als ein Sturm die Dünen aufwühlte und Wohnstätten aus der Jungsteinzeit freilegte.

> **Schon gewusst?**
>
> 1780 lagen Captain Cooks Segelschiffe *Discovery* und *Resolution* in Stromness vor Anker.

④ Marwick Head

Marwick Head an der Birsay Bay ist eines von mehreren Naturschutzgebieten in West Mainland. Auf den Klippen nisten im Sommer zahlreiche Seevögel. Ein Denkmal erinnert an Lord Kitchener und die HMS *Hampshire*, die 1916 vor der Landzunge von einer deutschen Mine versenkt wurde.

⑤ Italian Chapel

🏛 Lamb Holm, Hoy
📞 +44 1856 781 580
🕐 tägl. (Messe: Apr–Sep: 1. So im Monat) 🚫 25. Dez, 1. Jan 🌐 orkney.com

Östlich von Kirkwall verläuft die Straße über mehrere Dämme, die die südlichsten Inseln mit dem Festland verbinden. Die sogenannten Churchill Barriers bauten italienische Kriegsgefangene in den 1940er Jahren zum Schutz der britischen Flotte in Scapa Flow. Zudem errichteten sie die mit Fresken verzierte Italian Chapel.

⑥
Betty's Reading Room
🏠 Tingwall ⏰ tägl.

Besuchen Sie das unscheinbare Häuschen, das zum Andenken an eine Dame namens Betty, die gern las, umfunktioniert wurde. Das Haus ist voller Bücher, und es gibt einen Kamin und bequeme Sitzgelegenheiten unter Lichterketten. Sie können jedes Buch ausleihen oder behalten, und Sie können die Sammlung auch erweitern. Das ist Inselgastfreundschaft vom Feinsten – und perfekt für einen regnerischen Tag.

⑦
Old Man of Hoy

Die 137 Meter hohe, markante Felsnadel vor der Westküste der Insel ist das bekannteste Wahrzeichen von Hoy. Sie lockt wagemutige Kletterer an. Nahe Rackwick befindet sich das 5000 Jahre alte Grab Dwarfie Stane, das in einen riesigen Felsblock gehauen wurde.

⑧
Scapa Flow Visitor Centre and Museum
🏠 Lyness, Hoy 📞 +44 1856 791 300 ⏰ siehe Website 🌐 orkney.gov.uk

Die Ausstellung in Lyness an der Ostküste der Insel Hoy informiert über die Ereignisse, die am 16. Juni 1919 in dem Militärhafen Scapa Flow

Highlight

Hotels

Merkister Hotel
Das familiengeführte Hotel liegt 15 Minuten von Stromness entfernt nahe den neolithischen Stätten von Mainland. Es bietet grandiose Aussicht, gemütliche Zimmer und exzellente Hausmannskost.

🏠 Harray
🌐 merkister.com
££ £

The Creel
Das mehrfach ausgezeichnete B & B mit Restaurant am Hafen des bezaubernden Dorfs lockt mit urigen Zimmern und kreativer Küche.

🏠 St Margaret's Hope
🌐 thecreel.co.uk
££ £

stattfanden: In der Bucht waren 74 Schiffe der deutschen Marine interniert. Um eine Übernahme durch die Briten zu verhindern, ordnete der befehlshabende Offizier die Selbstversenkung der Flotte an. Einige der Schiffe wurden später geborgen, andere sind zur Attraktion für Wracktaucher geworden.

Vom Houton Pier starten Ausflüge in U-Booten zu dem Schiffsfriedhof. Geführte Rundgänge über die ehemalige Militärbasis werden dienstags und donnerstags um 11 Uhr angeboten. Startpunkt ist der Wartesaal des Fährterminals.

Die imposante Felsnadel Old Man of Hoy lockt wagemutige Kletterer an

Klippen und Brandungspfeiler bei Mangersta an der Westküste von Lewis

❸
Äußere Hebriden

🏠 Western Isles 👥 28 000 ✈ Stornoway, Benbecula und Barra ⛴ von Uig (Isle of Skye), Oban, Mallaig, Kyle of Lochalsh und Ullapool ℹ 26 Cromwell St, Stornoway, Lewis; +44 1851 703 088 🌐 visitouterhebrides.co.uk

Die Inselkette im Westen Schottlands ist aus dem ältesten Gestein der Erde geformt. Zahllose Wasserläufe durchziehen die kargen Landschaften. Die windumtosten westlichen Küsten säumen weiße Sandstrände.

Im Westen Schottlands liegen Hunderte windumtoste Inseln – winzige, nur von Seevögeln bevölkerte Schären und von Landwirten und Fischern bewohnte Eilande. An den zerklüfteten Küsten liegen Buchten mit weißen Sandstränden. Die mit Wildblumen gesprenkelten Landschaften, die sich in Küstennähe erstrecken, werden Machair genannt.

In den Ebenen im Hinterland wird Torf abgebaut und zum Heizen genutzt. Der Geruch des aus den Kaminen strömenden Rauchs ist typisch für die Inseln. Über 6000 Jahre alte Steinkreise weisen die Äußeren Hebriden als eine der am längsten besiedelten Regionen Schottlands aus. Verlassene Häuser zeugen von den Schwierigkeiten, traditionelles Handwerk als erfolgreichen Wirtschaftszweig aufrechtzuerhalten. Auf den Äußeren Hebriden ist die keltische Sprache noch sehr lebendig – für viele der Inselbewohner ist das Gälische Muttersprache.

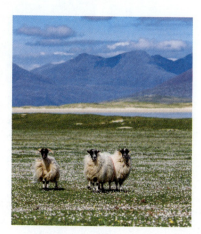

↑ *Schafe auf einer Wildblumenwiese auf der Insel Harris*

Highlight

①
Lewis und Harris

Die Insel ist die größte der Äußeren Hebriden. Der nördliche Teil wird Lewis, der südwestliche Harris genannt. Der Hauptort Stornoway besitzt einen lebhaften Hafen. Das **Museum nan Eilean** bietet faszinierende Einblicke in die Kultur, die Traditionen und die Sprache auf den Äußeren Hebriden.

26 Kilometer westlich von Stornoway befindet sich die megalithische Stätte der Standing Stones of Callanish. An der Straße nach Callanish liegen die Ruinen des Carloway Broch, eines 2000 Jahre alten piktischen Turms. **The Blackhouse** informiert über die Geschichte der »Crofter«, der Landwirte auf den Inseln.

Südlich der Torfmoore von Lewis markiert eine Bergkette die Grenze zu Harris. Man durchquert sie auf einem Weg von der Spitze des Loch Seaforth aus. Die Berge von Harris sind ein herrliches Wandergebiet. An klaren Tagen reicht der Blick bis zu den ca. 80 Kilometer westlich liegenden Inseln St Kilda. An der Landenge, die Nord- und Süd-Harris verbindet, liegt der Fährhafen von Tarbert. Dort erfährt man im Informationsbüro die Adressen von Webern, die den berühmten Harris-Tweed herstellen. Von Leverburgh starten Fähren zur Insel North Uist, die durch einen Damm mit Berneray verbunden ist.

Museum nan Eilean
⊘ ⊘ ⊘ Lews Castle, Stornoway +44 1851 822 746 Apr–Sep: 10–17; Okt–März: 13–16 Do, So
 lews-castle.co.uk

The Blackhouse
⊘ ⊘ ⊘ Arnol
 +44 1851 710 395
 siehe Website
 historicenvironment.scot

> Die mit Wildblumen gesprenkelten Landschaften, die sich in Küstennähe erstrecken, werden Machair genannt.

Restaurants

Crown Inn
In dem Bar-Restaurant mit lebhafter Atmosphäre finden manchmal Livekonzerte einheimischer Musiker statt.

🏠 **Castle St, Stornoway, Lewis**
£££

Langass Lodge
Das kleine Restaurant verwendet für seine Gerichte Fisch aus der Region und Zutaten aus dem hauseigenen Garten. Man kann auch Zimmer mieten.

🏠 **Locheport, North Uist**
🌐 **langasslodge.co.uk**
££££

② Uist und Benbecula

Während Harris von spektakulärer Landschaft geprägt ist, besitzt die sich im Süden anschließende, tiefer liegende Inselkette Uist ein eher sanfteres Flair. Die Atlantikküste säumen weiße Sandstrände, die in Machair genannte Ebenen mit fruchtbarem, kalkhaltigem Boden übergehen. Im Sommer verströmen Wildblumen betörenden Duft.

Von Lochmaddy, dem größten Dorf auf North Uist, führt die A867 über einen fünf Kilometer langen Damm nach Benbecula. Bonnie Prince Charlie flüchtete von Benbecula mithilfe von Flora MacDonald auf die Isle of Skye *(siehe S. 556f)*. Die flache Insel ist von kleinen Seen bedeckt. Wie die Nachbarinseln ist sie exzellentes Angelgebiet für Forellen. Auf Benbecula und im Norden herrscht Protestantismus vor, die südlichen Inseln sind überwiegend katholisch geprägt. Benbeculas Haupteinnahmequelle ist ein Raketenversuchsgelände nahe Bailivanich, dem größten Dorf der Insel. Benbecula ist durch einen weiteren Damm mit South Uist verbunden. Die Insel mit den goldenen Stränden wurde zur National Scenic Area erklärt.

③ Eriskay

Eriskay ist die kleinste und schönste Insel der Äußeren Hebriden. Sie bietet idyllische Ruhe. 1941 sank vor der Insel das mit Whisky beladene Schiff *Politician*. Der Film *Whisky Galore!* greift dieses Ereignis auf. In der einzigen Bar auf Eriskay sind Wrackteile des Schiffs zu sehen.

An dem Strand Coilleag A'Phrionnsa (»Prinzenbucht«) traf 1745 Bonnie Prince Charlie aus seinem Exil in Italien ein und machte

Das Dorf Gearrannan Blackhouse nahe Carloway auf der Insel Lewis and Harris ↑

Verlassene Siedlung an einer Bucht auf der Insel Hirta, St Kilda

sich daran, die britische Krone für die Haus der Stuarts zurückzuerobern.

④ Barra

Allein schon die Anreise mit dem Flugzeug ist spektakulär: Ein Strand dient als Landebahn, der Flugplan richtet sich nach den Gezeiten. Im Inneren der Insel erheben sich von einer Straße umrundete Hügel, die Westküste säumen Strände.

Vom Gipfel des Heaval mit einer Statue der Jungfrau mit Kind eröffnet sich eine atemberaubende Aussicht. **Kisimul Castle** gehörte dem Clan MacNeil. Das **Barra Heritage Centre** und ein Golfplatz sind weitere Attraktionen der Insel.

Kisimul Castle
☏ +44 1871 810 313
🕓 Apr–Sep: tägl. 9:30–17 (letzte Bootsfahrt zurück 16:30) bei schlechtem Wetter 🌐 historic environment.scot

Barra Heritage Centre
☏ +44 1871 810 413
🕓 Mai–Sep: Mo–Fr
🌐 barraheritage.com

⑤ St Kilda
🌐 kilda.org.uk

Die Inseln waren das abgeschiedenste bewohnte Gebiet Schottlands, bis die alternde Bevölkerung 1930 bat, umgesiedelt zu werden. Heute ist die Inselgruppe Heimat der größten Basstölpelkolonie der Welt (rund 40 000 Paare). Die atemberaubend schönen Klippen der Inseln ragen bis zu 425 Meter hoch empor. Die isolierte Lage führte zur Entwicklung von eigenen Unterarten von Mäusen und Zaunkönigen.

Kilda Cruises und **Island Cruising** bieten Fahrten zu den Inseln an. St Kilda ist UNESCO-Welterbe und wird vom National Trust for Scotland verwaltet.

Kilda Cruises
📍 Pier Rd, Tarbert, Harris ☏ +44 1859 502 060
🕓 Mitte Apr–Mitte Sep
🌐 kildacruises.co.uk

Island Cruising
📍 1 Erista, Uig, Lewis
☏ +44 1851 672 381
🕓 Mai–Sep 🌐 island-cruising.com

Crofting

Crofting ist eine nur in den Highlands und auf den Inseln anzutreffende Form der Landwirtschaft. Kleine gepachtete Parzellen *(crofts)* werden im Nebenerwerb bewirtschaftet. Crofting entstand im 19. Jahrhundert, als Landbesitzer karge Areale an der Küste Pächtern zur Verfügung stellten und das fruchtbarere Land für sich behielten. Die Crofter betrieben zusätzlich Fischerei oder sammelten Seetang für die Alkali-Produktion. Als diese Einkommensquellen versiegten, litten die Crofter 50 Jahre lang unter Hunger, hoher Pacht und Vertreibung. 1886 erlaubte ein Gesetz den Croftern, ihre Pachtgrundstücke weiterzuvererben, aber nicht zu besitzen. Heute sind 17 000 Crofts registriert. Die Crofter betreiben meist Schafzucht oder Forstwirtschaft.

Der von bizarren Felsformationen umringte Old Man of Storr

❹ Isle of Skye

🏝 Inner Hebrides 👥 10 000 🚢 Kyle of Lochalsh 🚌 Portree ⛴ von Mallaig oder Glenelg ℹ️ Bayfield House, Bayfield Rd, Portree; +44 1478 612 992 🌐 isleofskye.com

Die spektakuläre Landschaft der größten Insel der Inneren Hebriden umfasst Vulkanplateaus, schroffe Felsen, Seen und grasbewachsene Ebenen. Verfallene Höfe zeugen von der Entvölkerung im 19. Jahrhundert zugunsten der Schafzucht.

① Portree

👥 2300

Den Hafen der kleinen Stadt, Hauptort der Isle of Skye, säumen bunte Häuser. Der Name »Hafen des Königs« geht auf einen Besuch von James V im Jahr 1540 zurück, der zwischen verfeindeten Clans Frieden stiften wollte. Portree bietet schönen Blick auf die umliegenden Berge. Mit Restaurants, B&Bs und gemütlichen Pubs eignet sich der Ort hervorragend als Basis für die Erkundung der Insel.

② Dunvegan Castle

🏰 Dunvegan 📞 +44 1470 521 206 🕐 Mitte Mai – Mitte Okt: tägl. 10–17:30 🌐 dunvegancastle.com

Die Burg ist seit mehr als 800 Jahren Sitz der Mac-Leods. Das vom 13. bis Mitte des 19. Jahrhunderts mehrfach umgestaltete Bauwerk zeigt verschiedenste Architekturstile. Die Burg ist Startpunkt für Angeltouren auf dem Loch Dunvegan. Die ebenfalls angebotenen Ausflüge zur Robbenbeobachtung begeistern Kinder.

③ Old Man of Storr

Auf der Halbinsel Trotternish entstanden durch Erosion eines Basaltplateaus bizarre Felsformationen. Die imposante Felsnadel Old Man of Storr ragt mit 49 Metern beeindruckend hoch in den Himmel. Von der Hauptstraße von Portree nach Staffin führt ein 3,8 Kilometer langer Wanderweg zu der Felsgruppe.

Nördlich des Old Man of Storr befinden sich die markanten Felsformationen

Boote im Hafen von Portree, dem Hauptort der Isle of Skye

Quiraing. Das von der Uig und Staffin verbindenden Straße erreichbare Gebiet lässt sich hervorragend zu Fuß erkunden.

④ Talisker Distillery

🏠 Carbost 📞 +44 1478 614 308 🕐 siehe Website 🌐 malts.com

Die in Carbost am Ufer des Loch Harport gelegene Brennerei ist eine der ältesten auf der Isle of Skye. Der von Talisker produzierte, exzellente Whisky wird oft auch »Lava der Cuillins« genannt.

⑤ Skye Museum of Island Life

🏠 Kilmuir 📞 +44 1470 552 206 🕐 Ostern – Ende Sep: Mo – Sa 9:30 – 17 🌐 skyemuseum.co.uk

Das preisgekrönte Freilichtmuseum präsentiert ein historisches Dorf in den Highlands – mit gut erhaltenen strohgedeckten Cottages und Crofts (kleinen Bauernhäusern). Besucher erhalten einen Einblick in das Leben auf der Isle of Skye vor rund 100 Jahren.

Restaurant

Three Chimneys

Das in recht abgeschiedener Lage in einem Cottage ansässige Restaurant besitzt internationales Renommee. Seine preisgekrönte Küche ist eine der begehrtesten in Schottland.

🏠 Colbost, Dunvegan 🌐 threechimneys.co.uk
££££

⑥ Cuillin Hills

Die geradezu traumhaft schöne Gebirgslandschaft ist zu Fuß von Sligachan aus zu erreichen. Im Sommer fahren Boote zum abgeschiedenen Loch Coruisk. Bonnie Prince Charlie soll während seiner Flucht durch die umliegende Moorlandschaft gesagt haben: »Hierhin wird mir selbst der Teufel nicht folgen!«

Die Fairy Pools am Fluss Brittle in den Black Cuillins genannten Region sind eine besondere Attraktion: In die mit türkisfarbenem Wasser gefüllten Felsbecken ergießen sich mehrere Wasserfälle. Abgehärtete Schwimmer tauchen in das kalte Wasser ein. In rund einer Stunde gelangt man auf dem Pfad entlang des Flusses, der herrlichen Blick auf die Cuillin Hills bietet, zu den schönsten der Pools.

⑦ Armadale Castle, Gardens and Museum of the Isles

🏠 Armadale, Sleat
📞 +44 1471 844 305
🕐 Apr – Okt: tägl. 10 – 17:30 (Gärten: ab 9:30)
🌐 armadalecastle.com

Auf dem Anwesen befinden sich die Ruinen der Burg des MacDonald-Clans, dessen Mitglieder einst als Lords of the Isles Skye regierten. Die in den 1790er Jahren angelegten Gärten bergen seltene Pflanzen, Spazierwege führen durch die nahen Wälder.

Das preisgekrönte Museum informiert über die MacDonalds, den einflussreichsten schottischen Clan. Die sechs Ausstellungsräume illustrieren die 1500-jährige Geschichte des Kingdom of the Isles. In einem separaten Raum sind Wechselausstellungen zu sehen.

❺ Cairngorms National Park

🏠 Highlands 🚆 🚌 Aviemore ℹ️ 7 The Parade, Grampian Rd, Aviemore; +44 1479 810 930 🌐 visitcairngorms.com

Das Naturschutzgebiet rund um das größte Bergmassiv Großbritanniens lockt mit unberührter Landschaft – mit Seen, Mooren, Wäldern und einer beeindruckenden Tierwelt. In der Region sind das ganze Jahr über vielfältige Freizeitaktivitäten möglich.

Das ausgedehnte Gebiet, in dem Rentiere, Rotwild, Steinadler und Schneehasen leben, ist von allen größeren Städten Schottlands leicht zu erreichen. Die Bergkette Cairngorms wird vom Ben Macdhui (1309 m), dem zweithöchsten Berg Großbritanniens, dominiert. Der Ben Macdhui ist angeblich Heimat des *Am Fear Liath Mòr* – der »große graue Mann« soll dem Yeti ähneln. Von Speyside und Deeside führen Wege auf den Gipfel. Der Lochnagar ist bei Wanderern besonders beliebt; an der Nordseite des Bergs erstreckt sich ein malerischer See. Der englische Poet Lord Byron verewigte den Lochnagar in einem Gedicht.

Unternehmungen
Die Stadt Aviemore ist Ausgangspunkt für Ausflüge in die Region. Sie bietet viele Hotels, Pensionen und Restaurants. In den Bars entfaltet sich das ganze Jahr über ein pulsierendes Nachtleben. Im Winter verwandelt sich die Region in ein beliebtes Skigebiet – Schnee liegt oft bis in den April oder Mai hinein. Während der Skisaison fahren Schlepp- und Sessellifte zu den rund 30 Pisten an den Hängen des Cairn Gorm (1245 m). Die Standseilbahn zum Gipfel ist das ganze Jahr über in Betrieb. Im Sommer bietet das **Rothiemurchus Centre** Aktivitäten wie etwa Kajaktouren, Rafting,

> **Schon gewusst?**
> Dalwhinnie und Tomintoul in den Cairngorms sind die höchstgelegenen Dörfer Schottlands.

→ *Mountainbiker in der kargen, aber wunderschönen Moorlandschaft der Cairngorms*

Quad-Fahren und Ponyreiten an. Im Kletterpark fühlen sich Kinder wohl. Im **Highland Folk Museum** auf einem noch bewirtschafteten kleinen Bauernhof lassen Darsteller in historischen Kostümen die Vergangenheit lebendig werden.

Rothiemurchus Centre
Rothiemurchus, nahe Aviemore, Inverness-shire +44 1479 812 345 siehe Website rothiemurchus.net

Highland Folk Museum
Newtonmore +44 1349 781 650 Mai – Aug: tägl. 10 –17; Sep, Okt: tägl. 10:30 –16 highlandfolk.com

> **Highlight**
>
> Der Lochnagar ist bei Wanderern besonders beliebt; an der Nordseite des Bergs erstreckt sich ein malerischer See.

Tierwelt
Im **Highland Wildlife Park** kann man Bisons, Bären, Wölfe und Wildschweine sehen. Das **Cairngorm Reindeer Centre** bietet Ausflüge zur einzigen frei lebenden Rentierherde Großbritanniens, die 1952 angesiedelt wurde.

Highland Wildlife Park
Kincraig, Kingussie +44 1540 651 270 siehe Website Winter bei schlechtem Wetter highlandwildlifepark.org.uk

Cairngorm Reindeer Centre
Glenmore, Aviemore +44 1479 861 228 siehe Website cairngormreindeer.co.uk

←

Rentier im verschneiten Cairngorms National Park

> **TOP 4 Wandern im Park**
>
> **Loch Brandy**
> Von dem Dorf Clova führt eine Halbtagestour zu dem idyllischen, spiegelglatten See.
>
> **Glen Doll**
> Von Glen Doll gelangt man auf einem gut begehbaren Weg in zwei bis drei Stunden zum Bergkessel Corrie Fee.
>
> **Lairig Ghru**
> Von Speyside verläuft ein Bergpass nach Deeside. Die Tagestour führt auf 835 Meter Höhe.
>
> **Jock's Road**
> Der Wanderweg führt über die Gipfel der drei Munros (Berge über 914 Meter) der Cairngorms. Für die Strecke benötigt man einen Tag.

SEHENSWÜRDIGKEITEN

❻ Five Sisters

- 🏠 Skye and Lochalsh
- 🚌 Kyle of Lochalsh
- 🚂 Glenshiel ℹ️ Bayfield Road, Portree, Isle of Skye
- 🌐 visitscotland.com

Am Ende der A87 kommen die großartigen Gipfel der Five Sisters of Kintail in Sicht. Weiter westlich führt die Straße an **Eilean Donan Castle** vorbei, das durch eine Brücke mit dem Festland verbunden ist. Die Feste der Jakobiten *(siehe S. 487)* wurde 1719 zerstört. Die Burg zeigt Memorabilien aus dieser Zeit.

Eilean Donan Castle
- ⓘ 🏠 an der A87 bei Dornie
- 🕐 siehe Website
- 🌐 eileandonancastle.com

> **Schon gewusst?**
> Dunnet Head ist der nördlichste Punkt des britischen Festlands.

❼ Strathpeffer

- 🏠 Ross and Cromarty
- 🚂 1500 🚌 Dingwall, Inverness 🚂 Inverness
- ℹ️ Dingwall Museum, High St; +44 1349 865 366

Der Ort besitzt noch den Charme des viktorianischen Kurorts, der er einst war. Große Hotels und elegante Promenaden erinnern an die Zeit, als Mitglieder des Hochadels aus ganz Europa zu den Heilquellen pilgerten.

Heute ist die größte Attraktion am Samstagabend zu sehen: Von Mai bis September treten um 20:30 Uhr eine Dudelsack-Gruppe und Tänzer auf.

❽ Black Isle

- 🏠 Ross and Cromarty 🚌
- 🚂 Inverness ℹ️ Castle Wynd, Inverness; +44 1463 252 401
- 🌐 black-isle.info

Auf der Halbinsel Black Isle sieht man vor allem Ackerland und Fischerdörfer. Cromarty war im 18. Jahrhundert Zentrum der Seil- und Spitzenherstellung. Im **Cro-**

> **Moray Firth**
> In dieser ausgedehnten Bucht an der Nordküste Schottlands kann man wunderbar Meerestiere beobachten. Die artenreiche Fauna umfasst Seehunde, Schweinswale, Weißschnauzendelfine, Große Tümmler und verschiedene Walarten. Die hier vorbeiziehenden Tümmler sind die weltweit größten ihrer Art. Als bester Spot für Beobachtungen gilt Chanonry Point. Das WDC Scottish Dolphin Centre in Spey Bay bietet Infos und Bootsausflüge.

marty Courthouse werden Führungen angeboten. Das **Hugh Miller Museum** widmet sich dem Geologen Hugh Miller (1802–1856).

In Fortrose steht die Ruine einer Kirche aus dem 14. Jahrhundert. Am Chanonry Point erinnert ein Stein an den Seher, den im 17. Jahrhundert die Countess of Seaforth bei lebendigem Leib verbrennen ließ, weil er die Untreue ihres

↑ Inverewe Garden in Wester Ross – üppig grüne Gartenanlage mit reicher Pflanzenwelt

Gemahls vorausgesagt hatte. Das **Groam House Museum** zeigt archäologische Funde.

Cromarty Courthouse
🌐 🏠 Church St, Cromarty 🕒 Apr – Mitte Okt: Di – So 12–16 🌐 cromarty-courthouse.org.uk

Hugh Miller Museum
🌐🔹🔹🔹 🏠 Church St, Cromarty 🕒 Mitte März – Sep: tägl. 13–17
🌐 nts.org.uk

Groam House Museum
🌐 🏠 High St, Rosemarkie 🕒 siehe Website
🌐 groamhouse.org.uk

← Eilean Donan Castle – über eine alte Steinbrücke erreichbare Burg

9
Wester Ross
🏠 Ross and Cromarty 🚂 Achnasheen, Strathcarron ℹ️ Ullapool
🌐 visitscotland.com

In der Wildnis von Wester Ross umfasst das Torridon-Massiv einige der ältesten Berge der Welt. Hier leben Rothirsche, Wildkatzen und Wildziegen. Wanderfalken und Adler brüten auf den Felsen des Liathach über dem Dorf Torridon, von wo sich ein Blick über Applecross bis zur Isle of Skye bietet. Das **Torridon Countryside Centre** veranstaltet in der Saison Führungen und informiert über die Region.

Entlang der Küste entstanden im milden, vom Golfstrom begünstigten Klima exotische Park- und Gartenanlagen. Zu den schönsten gehört der 1862 von Osgood Mackenzie (1842–1922) angelegte **Inverewe Garden**. Im Mai und Juni blickt man über ein Meer von Rhododendren und Azaleen. Im Juli und August duften die Kräuter.

Torridon Countryside Centre
🌐🔹🔹 🏠 Torridon 🕒 Apr – Sep: So – Fr 10–17
🌐 nts.org.uk

Inverewe Garden
🌐🔹🔹 🏠 an der A832 bei Poolewe 🕒 siehe Website
🌐 nts.org.uk

10
Dornoch
🏠 Sutherland 👥 1200 🚂 Golspie, Tain ℹ️ History Links Museum, The Meadows 🌐 visitscotland.com

Seine Golfplätze und Sandstrände machen Dornoch zum beliebten Ferienort, der dennoch beschaulich geblieben ist. Ein Stein am Ende der River Street markiert die Stelle, an der Janet Horne 1722 als letzte schottische Hexe ermordet wurde.

Umgebung: 19 Kilometer nordöstlich steht in einem herrlichen Park mit formal angelegten Gärten und Blick aufs Meer **Dunrobin Castle** – seit dem 13. Jahrhundert Stammsitz der Earls of Sutherland. Das Schloss wird zwar noch bewohnt, viele Räume sind jedoch zu besichtigen.

Dunrobin Castle
🌐 🏠 bei Golspie 🕒 Apr, Okt: tägl. 10:30–16:30; Mai – Sep: tägl. 10–17; Falkner-Vorführungen: Apr – Okt: tägl. 11:30, 14:30
🌐 dunrobincastle.co.uk

Hotel

Alladale Wilderness Reserve
Zur Auswahl stehen eine luxuriöse viktorianische Lodge, ein rustikales Bunkhouse oder Cottages für Selbstversorger.

🏠 Sutherland IV24 3BS, nahe Dornoch
🌐 alladale.com
££££

Die Ruinen von Urquhart Castle auf einer Anhöhe oberhalb von Loch Ness

⓫ Loch Ness

🅐 Inverness 🚆 🚌 Inverness 🛈 36 High St, Inverness; +44 1463 252 401 🌐 visitscotland.com

Der 37 Kilometer lange und 230 Meter tiefe Loch Ness füllt die nördliche Hälfte des Great Glen, des großen Grabens, der die Highlands von Fort William bis Inverness durchzieht. Durch einen 22 Kilometer langen, von Thomas Telford gebauten Kanal ist der See mit Loch Oich und Loch Lochy verbunden. Am Westufer führt die Straße an der Ruine von **Urquhart Castle** vorbei, das 1692 von Regierungstreuen zerstört wurde. Sie wollten verhindern, dass die Burg in die Hände der Jakobiten fiel. **Loch Ness Centre and Exhibition** informiert über Fakten vom See und Fakes über Nessie.

Das Ungeheuer von Loch Ness

Das bereits im 6. Jahrhundert von der hl. Columba gesichtete Wesen namens »Nessie« hat immer wieder die Gemüter bewegt – vor allem, als ab den 1930er Jahren wiederholt – angeblich authentische – Fotos von ihm veröffentlicht wurden. Das berühmte Bild von 1934 hat sich als Fälschung erwiesen. Leider konnte man auch mit moderner Sonartechnik Nessie nicht orten. Das Ungeheuer scheint noch einen Verwandten im Loch Morar zu haben *(siehe S. 568)*.

Urquhart Castle
🅐 bei Drumnadrochit 🕐 siehe Website 🌐 historicenvironment.scot

Loch Ness Centre and Exhibition
🅐 Drumnadrochit 🕐 Ostern – Okt: tägl. 10 –17 (Okt: bis 16; Winter: bis 15) 🌐 lochness.com

⓬ Inverness

🅐 Highland 🅼 47 000 🚆 🚌 🛈 36 High St; +44 1463 252 401 🌐 visitscotland.com

Als Hauptstadt der Highlands ist Inverness ein idealer Ausgangspunkt zur Erkundung der Gegend. Mittelpunkt der Stadt ist das viktorianische Schloss, das heute als Gerichtsgebäude genutzt wird. Das **Inverness Museum and Art Gallery** bietet eine gute Einführung in die Geschichte der Highlands mit Exponaten wie einer Haarlocke von Bonnie Prince Charlie und einer Sammlung von Silber aus Inverness.

Im **Scottish Kiltmaker Visitor Centre** erfährt man alles über die Tradition des schottischen Kilts. Wer auf der Suche nach Tartans ist, wird bei **Ben Wyvis Kilts** fündig.

Inverness Museum and Art Gallery
🅐 Castle Wynd 🕐 Di – Sa 10 –17 (Nov – März: Di – Do 12 –16) 🌐 inverness.highland.museum

Scottish Kiltmaker Visitor Centre
🅐 Huntly St 🕐 tägl. 9 –17:30 🌐 highlandhouseoffraser.com

Ben Wyvis Kilts
🅐 Highland Rail House, Station Square 🕐 Mo – Sa 9 –17 🌐 benwyviskilts.co.uk

⓭ Culloden

🅐 Inverness 📞 +44 844 493 2100 🚆 🚌 Inverness

Das Moorland sieht noch wie am 16. April 1746 aus, als hier die letzte Schlacht auf britischem Boden stattfand

Im Scottish Kiltmaker Visitor Centre in Inverness erfahren Besucher alles über die lange Tradition des schottischen Kilts.

(siehe S. 487). Soldaten besiegten unter dem Duke of Cumberland die Jakobiten unter Bonnie Prince Charlie endgültig. Das exzellente **NTS Visitor Centre** bietet dazu Informationen.

NTS Visitor Centre
🚭 🚸 ⓝⓣⓢ 🏠 an der B9006 östlich von Inverness
🕐 Mi – So 10 –16 (Juni – Aug: tägl.) 🌐 nts.org.uk

⑭ 🚭 🍽 ♿
Fort George
🏠 Inverness 📞 +44 1667 460 232 🚉 🚌 Inverness, Nairn 🕐 tägl. 10 –16
🌐 historicenvironment.scot

Fort George ist eines der schönsten Beispiele europäischer Militärarchitektur und steht auf einer windpeitschten Landzunge, die in den Moray Firth hineinragt. Das 1769 zur Unterdrückung weiterer Hochland-Aufstände errichtete Fort wird noch heute als Militärgarnison genutzt. Zudem beherbergt es das Regimental Museum of the Highlanders. Einige Kasernen wurden rekonstruiert. Sie bringen den Besuchern das Soldatenleben vor 200 Jahren näher. Das Grand Magazine zeigt eine Sammlung von Waffen und militärischer Ausrüstung.

Vom Fort aus bietet sich auch eine herrliche Aussicht auf den Moray Firth – hier kann man nicht selten Delfine sichten.

⑮ 🚭 🍽 ♿
Cawdor Castle
🏠 an der B9090 nahe A96
📞 +44 1667 404 401 🚉 Nairn, dann Bus 🚌 von Inverness
🕐 Mitte Apr – Sep: tägl. 10 – 17:30 🌐 cawdorcastle.com

Ein mächtiger Wohnturm mit Türmchen, der Burggraben und die Zugbrücke machen Cawdor Castle zu einem sehr romantischen Anblick. William Shakespeare wählte in seinem Drama *Macbeth* (um 1606) diese Burg als Schauplatz für die Ermordung King Duncans durch Macbeth – leider fehlt jeder Beweis, dass die beiden schottischen Könige sich hier jemals aufhielten. Im unteren Gewölbe soll der Sage nach 1372 der mit Gold beladene Esel von Thane William Rast gemacht haben, als sein Besitzer auf der Suche nach einem Platz für seine künftige Burg war.

Im Inneren der Burg gibt es seltene Wandteppiche und Porträts der Maler Joshua Reynolds (1723 –1792) und George Romney (1734 – 1802). Das Mobiliar im Pink Bedroom und im Woodcock Room stammt von Künstlern wie Chippendale und Sheraton.

TOP 5 Brennereien in Speyside

Speyside ist Standort von rund der Hälfte der Whiskybrennereien Schottlands. Ein ausgeschilderter Weg führt zu vielen von ihnen.

Cardhu
🌐 malts.com
Bei der Gründung 1811 war erstmals eine Frau federführend.

Macallan
🌐 themacallan.com
In dem hochmodernen Besucherzentrum kann man den »Rolls-Royce« unter den Single-Malt-Whiskys verkosten.

Glenlivet
🌐 theglenlivet.com
Die Führungen durch die abgeschieden gelegene Brennerei sind hervorragend.

Glenfiddich
🌐 glenfiddich.com
Der Familienbetrieb vereint Handwerk und Innovation.

Speyside Cooperage
🌐 speysidecooperage.co.uk
Besucher können sich über die Herstellung der Holzfässer informieren, in denen Whisky gelagert wird.

↑ *Gemälde, Vasen und Stilmöbel in einem eleganten Salon in Cawdor Castle*

Restaurants

Café Fish

Das Lokal lockt mit frisch zubereitetem Tagesfang und exzellenter Weinkarte. Im Sommer kann man auf der Terrasse am Kai sitzen.

🏠 The Pier, Tobermory, Mull 🌐 thecafefish.com

££££

Argyll Hotel

Crofter und einheimische Fischer beliefern das gemütliche Hotelrestaurant mit Lamm-, Wild- und Rindfleisch sowie frischem Fisch.

🏠 Isle of Iona, Argyll 🌐 argyllhoteliona.co.uk

£££

16
Glencoe

🏠 Highland 🚗 Fort William 🚌 Glencoe 🛈 15 High St, Fort William; +44 139 770 1801

Glencoe ist bekannt für markante Landschaften und seine grausame Geschichte. Die steilen Felsklippen von Buachaille Etive Mor und die zerklüftete Bergkette Aonach Eagach (beide über 900 m) sind auch für erfahrene Bergsteiger eine Herausforderung. Im Sommer bieten sich die Glen Hills für Wanderungen an. Unabdingbar sind gutes Schuhwerk und Regenschutz. Das **NTS Visitor Centre** informiert über Längen und Schwierigkeitsgrade verschiedener Wege – vom halbstündigen Spaziergang zwischen Besucherzentrum und Signal Rock bis hin zum zehn Kilometer langen anspruchsvollen Aufstieg zum Devil's Staircase.

NTS Visitor Centre
 🏠 Glencoe 🕐 siehe Website 🌐 nts.org.uk

17
Oban

🏠 Argyll and Bute 👥 8600 🚗 🚌 🚢 🛈 North Pier; +44 1631 563 122 🌐 oban.org.uk

Der Fährhafen am Firth of Lorne ist Ziel aller Reisenden zur Isle of Mull und zu den Hebriden. Auf einem Hügel über dem Ort liegt McCaig's Tower. Schon wegen des Blicks auf die Küste von Argyll lohnt sich der zehnminütige Aufstieg. In der Stadt gibt es Glasbläsereien, Töpfereien und Whiskybrennereien. In der Oban Distillery wird einer der besten Malt Whiskys gebrannt. Regelmäßige Autofähren fahren nach Barra und South Uist, Mull, Tiree und Colonsay.

Bunt gestrichene Häuser säumen die Straße am Hafen von Tobermory

Dunstaffnage Castle, fünf Kilometer nördlich von Oban, war im 13. Jahrhundert die Festung der MacDougalls. Die Ruinen sind sehr stimmungsvoll.

Dunstaffnage Castle
 🏠 Dunbeg, an der A85 🕐 Apr – Sep: tägl. 9:30 – 17:30; Okt – März: Sa – Mi 10 – 16 🌐 historicenvironment.scot

18
Isle of Mull

🏠 Argyll 👥 2800 🚢 von Oban, Lochaline und Kilchoan 🛈 The Pier, Craignure; +44 1680 812 377 🌐 isle-of-mull.net

Auf der Isle of Mull, der größten Insel der Inneren Hebriden, locken Moorlandschaften, der Ben More und der wunderschöne Strand von Calgary. Die meisten Straßen führen an der Küste entlang und bieten herrliche Blicke aufs Meer.

Das auf einer Landspitze im Osten gelegene **Duart Castle** ist Sitz der MacLeans. Besucher können den Bankettsaal, die Prunkzimmer und die Verliese der Burg besichtigen.

Massaker von Glencoe

Als am 13. Februar 1692 der Chief der MacDonalds von Glencoe seinen Treueeid auf William III fünf Tage zu spät leistete, lieferte er damit einen Vorwand, um ein »Nest« der Jakobiten zu zerschlagen. Zehn Tage lang genossen Robert Campbell und seine 130 Soldaten die Gastfreundschaft der ahnungslosen MacDonalds, bis am Morgen des 13. Februar die Soldaten ihre Gastgeber niedermetzelten. Das Massaker blieb drei Jahre lang ungesühnt.

Den Hafen von Tobermory am Nordende der Isle of Mull säumen farbenfrohe Häuser. Das 1788 gegründete Fischerdorf ist heute ein beliebter Jachthafen. Das **Mull Aquarium** ist sehr beliebt.

Die vor der Westspitze der Isle of Mull gelegene Insel Iona zählt zu den Hauptattraktion in der Region. Der irische Mönch Columban, der 563 auf die Insel kam, gründete die Iona Abbey. Von Iona aus verbreitete sich das Christentum in ganz Europa. Auf dem Friedhof des Klosters sollen 48 schottische Könige begraben sein. Auf dem Gelände stehen vier keltische Steinkreuze – zwei davon an der »Straße der Toten«.

Bei gutem Wetter bietet sich ein Ausflug zur **Fingal's Cave** auf der Insel Staffa an. Die von »Orgelpfeifen« aus Basalt umgebene Höhle inspirierte Mendelssohn zu seiner *Hebriden-Ouvertüre*. Von Fionnphort und Ulva fahren Boote nach Staffa und zu den **Treshnish Isles**. Auf den sieben unbewohnten Inseln leben Seevögel wie Papageitaucher, Dreizehenmöwen und Tordalken. Dutchman's Cap hat die wohl markanteste Form, die meisten Boote steuern Lunga an.

Duart Castle

nahe der A849 bei Craignure Apr: So – Do 11–16; Mai – Okt: tägl. 10:30 – 17 duartcastle.com

Mull Aquarium

Taigh Solais, Tobermory Ostern – Okt: Mo – Do, So 10 –17 mullaquarium.co.uk

Fingal's Cave und Treshnish Isles

Staffa, westlich der Isle of Mull Ostern – Okt siehe Website staffatours.com

Loch Awe

Argyll and Bute Dalmally Wollen Mill, Front St, Inveraray; +44 1499 302 063 loch-awe.com

Mit 40 Kilometern ist Loch Awe einer der längsten Süßwasserseen Schottlands. Vom Ort Lochawe sind es nur wenige Kilometer bis zur Ruine des durch einen Blitzschlag im 18. Jahrhundert zerstörten Kilchurn Castle. Überragt wird die Burgruine vom Ben Cruachan, dessen Gipfel über den Pass of Brander zu erreichen ist. Auf diesem Pass kämpfte Robert the Bruce *(siehe S. 487)* 1308 gegen den MacDougall-Clan.

Von der A85 kommt man durch einen Tunnel zum Cruachan-Elektrizitätswerk. In der Nähe von Taynuilt erinnert ein stillgelegter Hochofen an die Eisenhütten, denen im 18. und 19. Jahrhundert ein Großteil der Wälder zum Opfer fiel.

Mehrere prähistorische Steinhügel gibt es abseits der A816 zwischen Kilmartin und Dunadd zu sehen. Auf einem Hügel liegt Fort Dunadd aus dem 6. Jahrhundert, Herkunftsort des Stone of Scone (Stone of Destiny). Dieses Symbol der schottischen Monarchie ist heute in Edinburgh Castle untergebracht.

 Fotomotiv
Hafen von Tobermory

An dem Ende der Main Street, an dem sich das Mull Aquarium befindet, lassen sich von einem Aussichtspunkt besonders schöne Aufnahmen vom Hafen machen – die bunten Fassaden der Häuser spiegeln sich im Meer.

↑ *Inveraray Castle weist Stilelemente der Gotik und des Barock auf*

⑳
Inveraray Castle

- 🏠 Inveraray, Argyll and Bute
- 🚆 Dalmally 🚌 von Glasgow
- 📞 +44 1499 302 203
- 🕒 Apr – Okt: tägl. 10 –17:45
- 🌐 inveraray-castle.com

Das Schloss ist Stammsitz des Clans der Campbells. Erbaut wurde es 1745 auf den Ruinen einer Burg (15. Jh.), nach einem Brand 1877 wurden die konischen Türme hinzugefügt. Die Kunstsammlung umfasst Porzellan sowie Porträts von Gainsborough, Ramsay und Raeburn.

Restaurant

Loch Fyne Oyster Bar
In diesem Restaurant mit Seeblick dreht sich alles um Austern. Doch auch die anderen Seafood-Gerichte sind zu empfehlen.

- 🏠 Clachan Farm, Cairndow, bei Inveraray
- 🌐 lochfyne.com

ⓔⓔⓔ

㉑
Auchindrain Museum

- 🏠 Inveraray, Argyll and Bute
- 🚌 Inveraray, dann Bus
- 📞 +44 1499 500 235 🕒 tägl. 10 –17 (Nov – März: bis 16)
- 🌐 auchindrain.org.uk

Das erste Freilichtmuseum Schottlands informiert über die früheren, in der Regel harten Lebensbedingungen der in der Landwirtschaft tätigen Bevölkerung der Highlands. Viele Häuser vereinen Wohnraum, Küche und Stall unter einem Dach.

㉒
Crarae Gardens

- 🏠 Crarae, Argyll and Bute
- 🚌 Inveraray, dann Bus
- 📞 +44 1546 886 614 🕒 tägl. 9:30 – Sonnenuntergang
- 🌐 nts.org.uk

Die in den 1920er Jahren von Lady Campbell angelegten Crarae Gardens gelten als reizvollste im westlichen Hochland. Die Lady war die Tante des Entdeckers Reginald Farrer, der mit seinen Mitbringseln aus Tibet den Grundstein für den Garten legte. Dank des warmen Golfstroms und der zahlreichen Regenfälle gedeihen auch Exoten prächtig.

㉓
Jura

- 🏠 Argyll and Bute 🚗 200
- 🚢 von Kennacraig nach Islay, dann nach Jura
- ℹ️ The Square, Bowmore, Islay; +44 1496 305 165
- 🌐 islayjura.com

Die karge, bergige Insel ist nur spärlich bewohnt. Dafür gibt es umso mehr Rotwild. Eine einzige Straße führt vom Dorf Craighouse zur Fähranlegestelle. Trotz der Wandereinschränkung in der Jagdsaison (Aug – Okt) kommen Wanderer und Bergsteiger auf ihre Kosten, vor allem an den Hängen der drei höchsten Gipfel, die als Paps of Jura bekannt sind. Am höchsten ist mit 784 Metern der Beinn an Oir. Vor der Nordspitze der Insel liegt der berüchtigte Strudel Corryvreckan.

Der Sage nach soll hier einst Prinz Breackan, als er um die Hand einer Prinzessin anhielt, sein Boot drei Tage lang mit Tauen aus Hanf, Wolle und Mädchenhaar festgemacht haben. Der Prinz ertrank, als ein Tau aus dem Haar eines untreuen Mädchens riss.

㉔
Islay

- 🏠 Argyll and Bute 🚗 200
- 🚢 von Kennacraig ℹ️ The Square, Bowmore; +44 1496 305 165 🌐 islayjura.com

Von der südlichsten Insel der Hebriden, Islay (gesprochen »Eilah«), stammen so berühmte Whisky-Sorten wie

---

Schon gewusst?

George Orwell schrieb seinen berühmten Roman *1984* auf der Insel Jura.

Hotel

Ballygrant Inn
Der familiengeführte Gasthof mit hübschem Garten bietet komfortable Zimmer und ein gutes Restaurant mit schottischer Küche.

🏠 Ballygrant, Isle of Islay
🌐 ballygrant-inn.com
£ ££

Lagavulin und Laphroaig. Die Whiskys der Brennereien haben einen unverwechselbaren Geschmack nach Torf und Meer. Im Dorf Bowmore befinden sich die älteste Brennerei sowie eine kreisrunde Kirche (um dem Teufel möglichst wenig Angriffsfläche zu bieten). Das **Museum of Islay Life** in Port Charlotte informiert über die Geschichte der Insel.

Elf Kilometer östlich von Port Ellen steht das Kildalton Cross aus grünem Stein mit Szenen aus dem Alten Testament, eines der schönsten keltischen Kreuze (8. Jh.).

Museum of Islay Life
 🏠 Port Charlotte
📞 +44 1496 850 358
🕒 Mai – Sep: Mo – Sa 10:30 – 16:30, So 13 – 16:30; Apr, Okt: Mo – Fr 10:30 – 16:30
🌐 islaymuseum.org

㉕ Kintyre

🏠 Argyll and Bute 🚍 Oban 🚌 Campbeltown Riverside Filling Station, Lochgilphead; +44 1546 603 858
🌐 kintyre.org

Von der lang gestreckten, schmalen Halbinsel hat man einen wunderbaren Blick auf Gigha, Islay und Jura. Auf dem 14 Kilometer langen, im Jahr 1801 eröffneten Crinan Canal mit seinen 15 Schleusen wimmelt es im Sommer nur so von Booten und Jachten.

Das Städtchen Tarbert (gälisch für »Isthmus«) befindet sich an der schmalen Landenge zwischen Loch Fyne und West Loch Tarbert. Die Landzunge wurde zuerst 1198 vom Wikingerkönig Magnus Barfud besiedelt, dem man in einem Vertrag so viel Land zugesagt hatte, wie er mit seinem Schiff umsegeln konnte.

Auf der B842 fährt man Richtung Süden durch Campbeltown bis zum Aussichtspunkt Mull of Kintyre mit dem alten Leuchtturm. Westlich davon liegt die Insel Rathlin.

Die berühmte Laphroaig Distillery (Detail) auf der Insel Islay verwendet Kupferkessel ↓

Tour an den Lochs

Länge 72 km **Rasten** Das Visitor Centre des National Trust for Scotland am Glenfinnan Monument (Tel. +44 1397 722 250) informiert über die Jakobitenaufstände und serviert Erfrischungen. Die Old Library Lodge in Arisaig bietet hervorragende schottische Küche.

Zur Orientierung
Siehe Karte S. 544f

Die malerische Tour führt durch Bergtäler, vorbei an traumhaften Stränden und hübschen Dörfern nach Mallaig, einem der Häfen, von denen Fähren zur Isle of Skye sowie nach Rùm, Eigg, Muck und Canna ablegen. Die Region beeindruckt aber nicht nur mit spektakulärer Landschaft, sondern auch aufgrund ihrer historischen Verbindung mit den Jakobiten.

Die Tour endet in **Mallaig**. Im Hafen des Orts legen Fähren zur Isle of Skye ab.

Die Straße durchquert **Morar**. Der Ort ist bekannt für den weißen Strand und für Loch Morar – in dem See soll das Monster Morag leben.

Die Straße führt über die Halbinsel Ardnish zum **Loch Nan Uamh**, wo ein Steinhügel die Stelle markiert, an der Bonnie Prince Charlie 1746 nach Frankreich aufbrach.

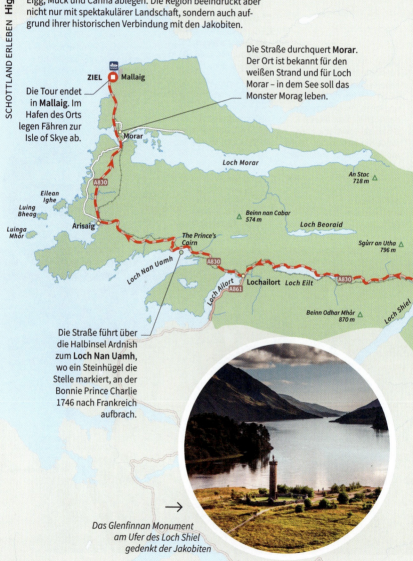

→ *Das Glenfinnan Monument am Ufer des Loch Shiel gedenkt der Jakobiten*

↑ *Die wunderschönen Silver Sands of Morar laden zu Spaziergängen ein*

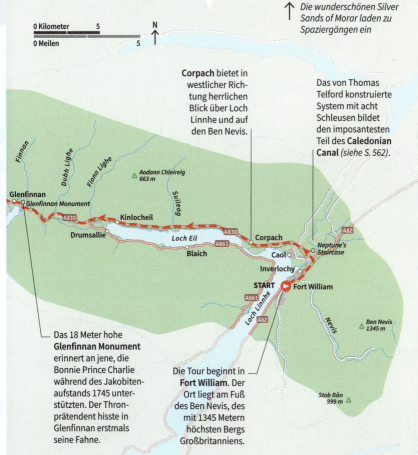

Corpach bietet in westlicher Richtung herrlichen Blick über Loch Linnhe und auf den Ben Nevis.

Das von Thomas Telford konstruierte System mit acht Schleusen bildet den imposantesten Teil des **Caledonian Canal** *(siehe S. 562)*.

Das 18 Meter hohe **Glenfinnan Monument** erinnert an jene, die Bonnie Prince Charlie während des Jakobitenaufstands 1745 unterstützten. Der Thronprätendent hisste in Glenfinnan erstmals seine Fahne.

Die Tour beginnt in **Fort William**. Der Ort liegt am Fuß des Ben Nevis, des mit 1345 Metern höchsten Bergs Großbritanniens.

REISE-INFOS

Dampflok auf dem Glenfinnan Viaduct

Reiseplanung **572**

In Großbritannien unterwegs **574**

Praktische Hinweise **578**

GROSSBRITANNIEN REISEPLANUNG

Mit etwas Planung sind die Vorbereitungen für die Reise schnell zu erledigen. Die folgenden Seiten bieten Ihnen Tipps und Hinweise für Anreise und Aufenthalt in Großbritannien.

Auf einen Blick

Währung
Pound Sterling (GBP, £)

Ausgaben pro Tag

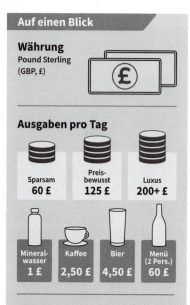

Sparsam	Preisbewusst	Luxus
60 £	125 £	200+ £

Mineralwasser	Kaffee	Bier	Menü (2 Pers.)
1 £	2,50 £	4,50 £	60 £

Klima

Von Mai bis August ist es in Großbritannien am längsten hell. Von Oktober bis Februar ist die Sonnenscheindauer deutlich kürzer.

Im Sommer beträgt die Durchschnittstemperatur landesweit 15 °C. Im Winter sinken die Temperaturen oft unter 0 °C.

Im Oktober und November treten die meisten Regenfälle auf. Mit Regenschauern ist aber ganzjährig zu rechnen.

Strom
Die Netzspannung in Großbritannien beträgt 230 V/50 Hz. Für die dreipoligen Steckdosen sind Adapter erforderlich.

Einreise
Für die Einreise nach Großbritannien benötigen Bürger aus EU-Staaten und der Schweiz einen bis zum Ende der Reise gültigen Reisepass. Reisedokumente müssen mindestens sechs Monate über die Aufenthaltsdauer hinaus gültig sein. Jedes Kind benötigt ein eigenes Ausweisdokument. Ein Visum ist nicht erforderlich. Aktuelle Informationen erhalten Sie bei britischen Botschaften oder auf der Website der britischen Regierung.
UK Government
w gov.uk/check-uk-visa
w gov.uk/guidance/visiting-the-uk-after-brexit

Sicherheitshinweise
Aufgrund unvorhersehbarer Entwicklungen kann es zu Änderungen und Einschränkungen kommen. Aktuelle Hinweise zur Einreise sowie Sicherheitshinweise finden Sie beim deutschen Auswärtigen Amt (www.auswaertiges-amt.de), beim österreichischen Bundesministerium für europäische und internationale Angelegenheiten (www.bmeia.gv.at) oder beim Eidgenössischen Departement für auswärtige Angelegenheiten der Schweiz (www.eda.admin.ch).

Zoll
Auf der Website der britischen Regierung finden Sie Informationen über die Rechtsvorschriften für Waren und Devisen, die in das oder aus dem Vereinigten Königreich gebracht werden.
Zoll Großbritannien
w gov.uk/duty-free-goods

Versicherungen
Vor einer Reise nach Großbritannien sollte man den Abschluss von Versicherungen erwägen, die alle Eventualitäten abdecken – Rechtsschutz, Diebstahl, Reisegepäck, Unfälle, Verspätungen von Flügen etc. Am wichtigsten ist es sicherlich, eine Auslandskrankenversicherung abzuschließen. Auch wenn Sie mit Ihrer EHIC viele Gesundheitseinrichtungen des NHS nutzen können –

mit einer Privatversicherung geht es meist schneller und mit wesentlich weniger Formalitäten. Ihre Versicherung sollte auch eine 24-Stunden-Notfallnummer haben.
NHS (National Health Service)
W nhs.uk

Impfungen
Besondere Impfungen sind für eine Reise nach Großbritannien nicht erforderlich.

Bezahlen
Die gängigen Kredit- und Debitkarten sowie kontaktlose Zahlungen werden weitgehend akzeptiert. In einigen kleineren Läden, auf Märkten und im öffentlichen Nahverkehr wird jedoch nur Bargeld akzeptiert. Geldautomaten befinden sich in Banken, Bahnhöfen und an Hauptstraßen. Obwohl sie technisch gesehen den gleichen Wert haben, werden schottische Banknoten außerhalb Schottlands nicht immer akzeptiert.

Bei Verlust Ihrer Kredit- oder Debitkarte lassen Sie diese sofort sperren. Die Telefonnummer des Sperr-Notrufs: +49 116 116.

Trinkgeld ist in Großbritannien eine Ermessenssache. In Restaurants ist es üblich, zehn bis 12,5 Prozent Trinkgeld für guten Service zu geben. Taxifahrern wird üblicherweise ein Trinkgeld von zehn Prozent gegeben, Hotelportiers, Concierge und Housekeeping erhalten ein bis zwei Pfund pro Tasche oder Tag.

Hotels
Großbritannien bietet eine Vielzahl von Unterkünften, von Luxushotels über familiengeführte B&Bs bis hin zu preiswerten Herbergen. Im Sommer können Unterkünfte schnell ausgebucht sein und die Preise in die Höhe schießen, daher lohnt es sich, rechtzeitig zu buchen. Die von den örtlichen Fremdenverkehrsämtern geführten Listen mit Unterkünften sind nützlich, aber die großen internationalen Buchungsmaschinen haben die beste landesweite Abdeckung.

Eine gute Zusammenstellung von Unterkünften in allen Preisklassen findet man auf der Website von **VisitBritain**, Großbritanniens offiziellem Tourismusverband.
VisitBritain
W visitbritain.com

Reisende mit besonderen Bedürfnissen
Die meisten Hotels und Restaurants sind auf Menschen mit eingeschränkter Mobilität eingestellt, historische Gebäude können jedoch problematisch sein. Auch viele Busse und die meisten Züge sind behindertengerecht ausgestattet. Informationen über die Zugänglichkeit öffentlicher Verkehrsmittel finden Sie auf den Websites der regionalen Verkehrsbetriebe. Der beste Reiseführer für Rollstuhlfahrer ist *Holidays in the British Isles*, herausgegeben von **Disability Rights UK**.

Viele Museen bieten Audioführungen und Induktionsschleifen für Menschen mit Seh- und Hörbehinderungen an. Das **Royal National Institute for Deaf People** und das **Royal National Institute for the Blind** bieten Informationen und Beratung an.
Disability Rights UK
W disabilityrightsuk.org
Royal National Institute for the Blind
W rnib.org.uk
Royal National Institute for Deaf People
W rnid.org.uk

Sprache
Englisch ist die offizielle Sprache, die Akzente sind von Region zu Region jedoch sehr unterschiedlich.

Öffnungszeiten
Montag Einige Museen und Sehenswürdigkeiten bleiben geschlossen.
Sonn- und Feiertag Viele Läden schließen früher oder bleiben den ganzen Tag zu.

Feiertage

1. Jan	New Year's Day (Neujahr)
2. Jan	Bank Holiday (nur in Schottland)
März/Apr	Karfreitag, Ostermontag
Mai (1. Mo)	May Day (Maifeiertag)
Mai (letzter Mo)	Bank Holiday
Aug (letzter Mo)	Bank Holiday
25. Dez	Christmas Day (1. Weihnachtsfeiertag)
26. Dez	Boxing Day (2. Weihnachtsfeiertag)

IN GROSSBRITANNIEN UNTERWEGS

Ob für eine Städtereise, eine Rundfahrt oder einen Sporturlaub – hier erhalten Sie detaillierte Informationen zur Anreise und zu den Transportmöglichkeiten in Großbritannien.

Auf einen Blick

Ticketpreise ÖPNV

London
13,90 £
Tagesticket U-Bahn (Zonen 1–4)

Edinburgh
4,50 £
Tagesticket Bus

Britrail Pass
146 £
Dreitagesticket für unbegrenzte Bahnfahrten

Tempolimits

Autobahn
70 mph (112 km/h)

Schnellstraße
70 mph (112 km/h)

Landstraße
60 mph (96 km/h)

Stadtgebiet
30 mph (48 km/h)

Anreise mit dem Flugzeug

London Heathrow zählt zu den größten Flughäfen der Welt. Über ihn wird rund ein Drittel des Flugverkehrs in Großbritannien abgewickelt, ein weiteres Drittel über andere Londoner Airports (Gatwick, Stanstead, Luton). Die Flughäfen mit dem größten Passagieraufkommen außerhalb Londons sind Manchester und Edinburgh. Für den internationalen Flugverkehr bedeutend sind auch die Airports von Birmingham, Glasgow, Bristol und Newcastle.

Anreise mit dem Zug
Internationale Züge

Der Hochgeschwindigkeitszug **Eurostar** fährt mehrmals täglich von Paris, Brüssel und Amsterdam durch den Eurotunnel nach London, wo er im Bahnhof St Pancras ankommt.

Tickets und Zugpässe für mehrfache internationale Zugfahrten erhält man bei **Eurail** oder **Interrail**. Es können trotzdem noch Kosten für Reservierungen anfallen. Überprüfen Sie immer vorab, ob Ihr Pass auch in dem Zug gültig ist, den Sie nutzen wollen.

Eurail
W eurail.com
Eurostar
W eurostar.com
Interrail
W interrail.eu

Nationale Züge

Das britische Bahnsystem ist kompliziert und unübersichtlich. Die Bahnlinien werden von verschiedenen Gesellschaften betrieben, werden aber von **National Rail** koordiniert.

London besitzt acht große Bahnhöfe, in denen Züge aus allen Teilen Großbritanniens ankommen: Charing Cross, Euston, King's Cross, London Bridge, St Pancras, Paddington, Waterloo und Victoria. Für Bahnfahrten außerhalb der Hauptstadt sollten Sie Ihre Tickets möglichst schon mehrere Wochen im Voraus buchen, um sich einen günstigen Tarif zu sichern und die gewünschten Sitzplätze zu bekommen. Je langfristiger Sie buchen, umso günstiger sind die Fahrkarten.

Von den Flughäfen in die Stadt

Flughafen	Distanz (Zentrum)	Preis (Taxi)	Verkehrsmittel	Fahrzeit
London-Heathrow	28 km (17 Meilen)	50 £	Bus/Zug/U-Bahn	15–50 Min.
London-Gatwick	50 km (31 Meilen)	60 £	Bus/Zug	30–90 Min.
Manchester	15 km (9 Meilen)	33 £	Bus/Zug	25 Min.
London-Stansted	62 km (39 Meilen)	75 £	Bus/Zug	50–90 Min.
London-Luton	56 km (35 Meilen)	70 £	Bus/Zug	40–80 Min.
Edinburgh	13 km (8 Meilen)	30 £	Bus/Zug	30 Min.

Bahnreisen

Die Karte zeigt einige der wichtigsten Bahnstrecken in Großbritannien. Zentrum des britischen Schienennetzes ist London.

London – Birmingham	1:30 Std.
London – Bristol	2 Std.
London – Edinburgh	5 Std.
London – Glasgow	4:30 Std.
London – Inverness	8 Std.
London – Manchester	2 Std.
London – Newcastle	3 Std.
London – Oxford	1 Std.
London – Penzance	5 Std.
London – Thurso	13 Std.
London – York	2 Std.

Beim Online-Kauf sparen Sie im Vergleich zum (kurzfristigen) Ticketkauf am Schalter. Außerdem variieren die Preise im Jahresverlauf: Zugfahrten während der Hauptsaison können mitunter deutlich teurer sein als zu anderen Zeiten des Jahres.

Der Nachtzug **Caledonian Sleeper** fährt vom Londoner Bahnhof Euston nach Edinburgh, Glasgow, Aberdeen, Inverness und Fort William. Vor allem für Besucher der Highlands und der vorgelagerten Inseln ist dieser Zug eine interessante Option.
Caledonian Sleeper
W sleeper.scot
National Rail
W nationalrail.co.uk

Anreise mit dem Bus
Internationale und nationale Busunternehmen fahren in London die Victoria Coach Station an. **National Express** ist das größte britische Busunternehmen. **Flixbus** bietet eine Vielzahl von Verbindungen von europäischen Städten nach London an. Eine Fahrt von Berlin oder München nach London dauert bei sehr günstiger Verkehrslage jeweils gut 20 Stunden. Die Fahrpreise richten sich je nach der Distanz.

In Schottland verkehren Reisebusse zwischen den größeren Städten und fahren auch Ortschaften in ländlichen Gebieten an. **Scottish Citylink** und **Megabus** sind die Hauptanbieter.

Flixbus
W flixbus.de
Megabus
W uk.megabus.com
National Express
W nationalexpress.com
Scottish Citylink
W citylink.co.uk

Öffentliche Verkehrsmittel
In Städten kommt man mit dem ÖPNV am besten vorwärts. Größere Städte besitzen meist gute Busnetze, London, Newcastle und Glasgow auch U-Bahnen, Edinburgh, Manchester und Liverpool Trams.

Wer viel sehen will, ist mit einem Tagesticket am besten bedient. Für einen mehrtägigen Aufenthalt in London bietet sich der Erwerb einer Oyster Card an. Man kann diese Smartcard mit einem beliebigen Betrag aufladen, muss jedoch immer über ein Guthaben von mindestens fünf Pfund verfügen.

Die meisten öffentlichen Verkehrsmittel in London werden von **Transport for London (TfL)** koordiniert. **Traveline Scotland** und **Traveline Wales** bieten Informationen zu Fahrplänen und Fahrpreisen für den öffentlichen Nahverkehr in Schottland bzw. Wales.

TfL
W tfl.gov.uk
Traveline Scotland
W travelinescotland.com
Traveline Wales
W traveline.cymru

Taxis
In Großbritannien gibt es zwei Arten von Taxis: Amtlich lizenzierte, wie etwa Londons berühmte schwarze Taxis, kann man an der Straße anhalten, online oder telefonisch bestellen, oder man steigt an Taxiständen zu. Wenn das gelbe »Taxi«-Schild leuchtet, sind sie frei. Bei den anderen handelt es sich um Minicabs. Diese Privattaxis können nur telefonisch oder online gebucht werden. Der Fahrpreis wird nach lokal festgelegten Tarifen berechnet. Bei Taxis auf dem Land, die keinen Taxameter besitzen, sollte man den Preis vor Beginn der Fahrt festlegen. In den meisten Städten gibt es auch Taxi-Apps wie Uber.

Dial-a-Cab
W dialacab.co.uk
Gett Taxis
W gett.com/uk

Auto fahren
Für Besucher aus dem Ausland ist das Autofahren in Großbritannien schon allein deshalb eine Herausforderung, weil Linksverkehr herrscht. Die Messung von Entfernungen in Meilen kann ebenso zur Verwirrung beitragen wie enge Straßen, die vielen Kreisverkehre, Staus und die knappen Parkplätze in den meisten Städten. Aber in ländlichen Gebieten kann das Autofahren ein Vergnügen sein und die wichtigste Art, sich fortzubewegen.

Anreise mit dem Auto
Der schnellste und bequemste Weg, mit dem Auto nach Großbritannien zu reisen, ist durch den Eurotunnel von Calais (Frankreich) nach Folkestone (England). Von Folkestone erreicht man London in zwei, Edinburgh in rund acht Stunden. Zwischen dem europäischen Festland und einigen britischen Häfen verkehren auch Autofähren *(siehe S. 577)*.

Wenn Sie mit Ihrem eigenen Auto nach Großbritannien einreisen, müssen Sie die Zulassungs- und Versicherungsdokumente des Fahrzeugs, einen Führerschein sowie einen Reisepass mit sich führen. EU-Führerscheine sind gültig. Infos erhalten Sie bei Ihrem Automobilverband oder bei der UK Driver and Vehicle Licensing Agency (DVLA).

DVLA
W dvlaregistrations.direct.gov.uk

Auto fahren in Großbritannien
Die Straßenverhältnisse sind landesweit gut. Alle größeren Städte sind durch Autobahnen oder zweispurige Schnellstraßen verbunden.

In Städten sollte man möglichst auf das Auto verzichten. Das Verkehrsaufkommen ist meist hoch, die Suche nach einem Parkplatz kann sehr zeitaufwendig sein. Zudem sind in einzelnen Städten spezielle Regelungen zu berücksichtigen. Im Stadtzentrum Londons etwa gibt es die kostenpflichtige **Congestion-Charge**-Zone. Montags bis freitags von 7 bis 22 Uhr kostet das Befahren dieses innerstädtischen Bereichs 15 Pfund, die Gebühr ist im Voraus zu bezahlen.

Bei einem Unfall oder einer Panne wenden Sie sich an einen Automobilclub wie den **ADAC** oder den **AA** (Automobile Association; ADAC-Partnerclub in Großbritannien).

AA
🅦 theaa.com
ADAC
🅦 adac.de
📞 +49 89 22 22 22
Congestion Charge
🅦 tfl.gov.uk/modes/driving/congestion-charge

Verkehrsregeln
In Großbritannien herrscht Linksverkehr. Alle Insassen in einem Wagen müssen Sicherheitsgurte anlegen. Kinder bis zu einer Größe von 1,35 Meter oder bis zu einem Alter von zwölf Jahren müssen in entsprechenden Kindersitzen Platz nehmen. Mobiltelefone dürfen während der Fahrt nur mit Freisprechanlage benutzt werden. Überholen Sie rechts. In einem Kreisverkehr haben – außer es ist anders angezeigt – Wagen von rechts Vorfahrt. Einsatzfahrzeuge haben immer Vorfahrt. Während bestimmter Zeiten darf man nicht auf Busfahrbahnen fahren.

Die zulässige Höchstgrenze für Alkohol am Steuer *(siehe S. 579)* wird streng eingehalten, Strafen bei Verstoß können hoch sein.

Mietwagen
Fahrer eines Mietwagens müssen mindestens 21 Jahre alt sein und einen gültigen Führerschein und eine Kreditkarte vorlegen. Filialen von Mietwagenfirmen findet man an Flughäfen und in größeren Städten.

Boote und Fähren
Auto- und Personenfährdienste pendeln regelmäßig auf dem Ärmelkanal und der Nordsee zwischen britischen und west- bzw. nordeuropäischen Häfen. Zu den größten Anbietern gehören **P & O Ferries**, **DFDS** und **Brittany Ferries** mit Verbindungen von französischen Häfen wie Calais, Dunkerque und Cherbourg. Beliebt sich als die Autofähren von Zeebrugge (Belgien) sowie Hoek van Holland, Amsterdam und Rotterdam in den Niederlanden nach Hull oder Newcastle in Großbritannien. Die Website von **Direct Ferries** bietet einen guten Überblick.

Viele schottische Inseln sind nur auf dem Wasserweg zu erreichen. Die Mehrzahl der Routen bedient **Caledonian MacBrayne**.

Brittany Ferries
🅦 brittany-ferries.co.uk
Caledonian MacBrayne
🅦 calmac.co.uk
Direct Ferries
🅦 directferries.co.uk
DFDS
🅦 dfdsseaways.com
P & O Ferries
🅦 poferries.com

Radfahren
Wegen des starken Verkehrs brauchen Radfahrer in englischen Großstädten starke Nerven. Einige Städte wie Cambridge und York sind jedoch sehr attraktiv zum Radfahren. Mehrere Städte haben Bike-Sharing-Systeme, die von **Nextbike** betrieben werden und dem **Santander-Cycles**-System in London nachempfunden sind.

Viel besser ist die Situation in ländlichen Regionen, auch wenn man vielerorts Hügel überwinden muss. **Wilderness Scotland** bietet geführte Radtouren mit Begleitfahrzeugen in Gegenden wie den Cairngorms, den Hebriden und dem Great Glen an. Schottland ist auch ideal zum Mountainbiken. **Forestry and Land Scotland** unterhält mehr als ein Dutzend spezielle und farblich gekennzeichnete Routennetze.

Forestry and Land Scotland
🅦 forestryandland.gov.scot
Nextbike
🅦 nextbike.co.uk
Santander Cycles
🅦 tfl.gov.uk/modes/cycling/santander-cycles
Sustrans
🅦 sustrans.org.uk
Wilderness Scotland
🅦 wildernessscotland.com

Zu Fuß
Großbritannien ist von einem ausgedehnten Netz von Wanderwegen durchzogen. Die wichtigsten Städte lassen sich auch hervorragend zu Fuß erkunden – die beste Art, Sehenswürdigkeiten zu besichtigen. Oft liegen die Highlights nah beieinander.

> ### Kanalfahrten
>
> Viele Wasserwege durchziehen das Landesinnere. Für Kanalfahrten kann man Boote unterschiedlichster Größe und Komfortklassen mieten. Zu den populärsten Gebieten zählen The Broads *(siehe S. 204)* im Südosten und der Caledonian Canal *(siehe S. 562)* zwischen Schottlands West- und Ostküste.
>
> **Canal & River Trust**
> Infos über Kanalrouten im ganzen Land.
> 🅦 canalrivertrust.org.uk
>
> **Waterways Holidays**
> Verleih von Booten (auch Motor- und Segelbooten) an vielen Orten des Landes.
> 🅦 waterwaysholidays.com
>
> **Caley Cruisers**
> Verleih von zehn verschiedenen Bootstypen auf dem Caledonian Canal.
> 🅦 caleycruisers.com

PRAKTISCHE HINWEISE

Großbritannien ist nicht nur ein traumhaftes, sondern auch ein unkompliziertes Reiseland. Trotzdem können ein paar Hinweise zu den Gepflogenheiten vor Ort nicht schaden.

Auf einen Blick

Notrufnummern

Polizei, Feuerwehr und Ambulanz
999/112

Polizei (keine Notfälle)
101

Ärztliche Hilfe (keine Notfälle)
111

Zeit
GMT (Greenwich Mean Time) 1 Std. hinter MEZ; BST (British Summer Time) Ende März – Ende Okt +1 Std.

Leitungswasser
Falls nicht anders angegeben, ist Leitungswasser in Großbritannien trinkbar. Trinken Sie nicht aus Brunnen.

Websites und Apps

Trainline
Mit der App findet man die günstigsten Zugtickets und kann Streckennetz- und Fahrpläne checken.

visitengland.com, visitscotland.com, visitwales.com
Die Websites der Fremdenverkehrsämter bieten viele hilfreiche Tipps.

walkinghighlands.co.uk
Die Website erleichtert das Planen von Wanderungen in den schottischen Highlands und bietet Tourenvorschläge.

Persönliche Sicherheit

Großbritannien ist im Allgemeinen ein sicheres Reiseland. Taschendiebe operieren vor allem in belebten touristischen Gegenden. Achten Sie deshalb also auf Ihre Umgebung. Sollten Sie trotzdem Opfer eines Diebstahls werden, informieren Sie sofort die nächstgelegene Polizeistation. Lassen Sie sich eine Kopie des Polizeiprotokolls geben, das Sie dann bei Ihrer Versicherung vorlegen können.

Beim Verlust von Pass oder Personalausweis oder wenn Sie anderweitig in größere Schwierigkeiten geraten, wenden Sie sich an die Botschaft Ihres Heimatlands.

Seien Sie im Meer vorsichtig – die Strömungen können sich schnell ändern. Gehen Sie nie ins Wasser, wenn eine rote Warnflagge weht. Strände, die von Rettungsschwimmern überwacht werden, finden Sie auf der Website der **Royal National Lifeboat Institution**.

Die Briten akzeptieren im Allgemeinen alle Menschen, unabhängig von ihrer Herkunft, ihrem Geschlecht oder ihrer Sexualität. Homosexualität wurde 1967 in England und Wales und 1980 in Schottland legalisiert. 2004 erkannte das Vereinigte Königreich das Recht auf eine legale Geschlechtsumwandlung an; die Rechte von LGBTQ+ zählen heute zu den fortschrittlichsten in Europa. Viele Städte, insbesondere London und Brighton, haben eine lebendige LGBTQ+ Szene. Trotz aller Freiheiten ist Akzeptanz jedoch keine Selbstverständlichkeit. Wenn Sie sich unsicher fühlen, nennt Ihnen die **Safe Space Alliance** den nächstgelegenen Zufluchtsort.

Deutsche Botschaft
- 23 Belgrave Sq SW1X 8PZ
- +44 20 7824 1300 w uk.diplo.de

Österreichische Botschaft
- 18 Belgrave Mews West SW1X 8HU
- +44 20 7344 3250
- w aussenministerium.at/london

Schweizerische Botschaft
- 16–18 Montagu Pl W1H 2BQ
- +44 20 7616 6000
- w eda.admin.ch/london

Royal National Lifeboat Institution
- w rnli.org

Safe Space Alliance
W safespacealliance.com

Gesundheit

Bei kleineren gesundheitlichen Problemen bekommen Sie in einer Apotheke die benötigten Medikamente. Ketten wie Boots und Superdrug haben fast in jeder Stadt Filialen.

In nicht lebensbedrohlichen Situationen kann man unter der Rufnummer 111 und auf der Website des **National Health Service (NHS)** Informationen über nahe gelegene Arzt- und Zahnarztpraxen einholen. Auch das Hotelpersonal kann Ihnen Adressen nennen. Viele Krankenhäuser in Großbritannien betreiben rund um die Uhr geöffnete Notaufnahmen.

NHS
W nhs.uk

Rauchen, Alkohol und Drogen

Rauchen ist in allen öffentlichen Räumen verboten. Viele Bars und Restaurants haben jedoch Außenbereiche.

Alkohol darf nicht an Personen unter 18 Jahren verkauft oder für sie gekauft werden. Der gesetzliche Grenzwert für Autofahrer im Vereinigten Königreich liegt bei 0,8 Promille, in Schottland bei 0,5.

Der Besitz von Freizeitdrogen aller Art ist eine Straftat und kann zu einer Gefängnisstrafe führen.

Ausweispflicht

Das Mitführen eines Ausweises ist nicht vorgeschrieben, aber bei einer Routinekontrolle können Sie aufgefordert werden, Ihren Reisepass vorzulegen. Alle Personen, die jünger als 18 Jahre (in einigen Fällen 25 Jahre) aussehen, können beim Kauf von Alkohol nach einem Lichtbildausweis gefragt werden.

Mobiltelefone und Internet

Alle in Europa gängigen Handys und Smartphones funktionieren auch in Großbritannien problemlos. Mobilfunknetze decken fast das ganze Land ab, nur in sehr abgelegenen Gebieten (z. B. in Teilen der Highlands) hat man keinen Empfang.

Nahezu alle Hotels sowie viele Restaurants, Cafés und Bars bieten ihren Gästen Internet-Zugang (in der Regel WLAN). Fragen Sie im Hotel nach etwaigen Kosten. In den Städten gibt es viele WLAN-Hotspots. Immer mehr Busse und Züge bieten kostenloses WLAN.

Post

Postämter haben meist werktags von 9 bis 17:30 Uhr und samstags bis 12:30 Uhr geöffnet. Briefkästen – in allen Formen und Größen, aber immer rot – gibt es flächendeckend in Städten und Dörfern.

Briefmarken (stamps) erhält man in Postämtern, in Läden mit dem Schild »Stamps sold here« sowie in Supermärkten und an Tankstellen. Das Porto für eine Postkarte oder einen Standardbrief ins europäische Ausland beträgt 1,85 Pfund.

Mehrwertsteuer

Der Mehrwertsteuersatz beträgt in Großbritannien 20 Prozent und ist immer im Warenpreis enthalten.

Nur Bürger eines Nicht-EU-Lands können sich die Mehrwertsteuer bei der Ausreise (VAT-407-Formular) rückerstatten lassen.

Preisnachlässe und Besucherpässe

Die meisten Sehenswürdigkeiten in Großbritannien bieten Ermäßigungen für Kinder, Senioren und Studenten. Für Studenten ist der Internationale Studentenausweis (ISIC) empfehlenswert. Einige Fremdenverkehrsämter bieten Pässe und Rabattkarten an (z. B. den **London City Pass**). Die Anschaffung lohnt sich in der Regel, wenn Sie länger als ein paar Tage in einer Stadt bleiben. Wenn Sie vorhaben, mehrere Schlösser, historische Häuser und Gärten zu besuchen, kann sich eine Jahresmitgliedschaft beim **National Trust** lohnen. In Schottland sollten Sie den **Historic Environment Scotland Explorer Pass** in Erwägung ziehen, der für einen Zeitraum von drei, sieben oder 14 Tagen Zugang zu über 70 Attraktionen bietet.

Historic Environment Scotland
W historicenvironment.scot
ISIC
W isic.org
London City Pass
W londonpass.com
National Trust
W nationaltrust.org.uk

REGISTER

Seitenzahlen in **fetter Schrift** beziehen sich auf Haupteinträge.

A

Abbotsbury **272**
Abenteuer- und Themenparks **40**
  Babbacombe Model Village 296
Aberaeron **471**
Aberdeen **532f**
Aberdyfi **445**
Abergavenny **475**
Abersoch 451
Aberystwyth **473**
Abteien, Priorieen und Klöster
  Abteien in Nordengland **378f**
  Auflösung der Klöster **391**
  Bath Abbey **256**
  Battle Abbey **179**
  Bolton Abbey **388**
  Buckfast Abbey 299
  Buckland Abbey **300**
  Byland Abbey **395**
  Easby Abbey 379
  Fountains Abbey **390f**
  Furness Abbey 366
  Hartland Abbey (Bideford) 295
  Hexham Abbey 415
  Kirkstall Abbey 379
  Lacock Abbey 271
  Lanercost Priory (Carlisle) 365
  Llanthony Priory **461**
  Melrose Abbey **505**
  Mount Grace Priory 379, **393**
  Rievaulx Abbey **394**
  Säkularisation **391**
  Selby Abbey 378
  St Mary's Abbey (York) **374**, 378
  Tintern Abbey **474**
  Torre Abbey (Torbay) 296
  Westminster Abbey (London) **72f**
ADAC 576f
Albert Dock (Liverpool) **350**
Aldeburgh **208**
Alkohol 579
Ambleside **360**
Anreise 574–576
  mit dem Auto 576
  mit dem Bus 576
  mit dem Flugzeug 574
  mit dem Zug 574
Apotheken 579
Appledore **297**
Apps 578
Architektur **22f**
Armadale Castle, Gardens and Musueum of the Isles **557**
Arthur's Seat (Edinburgh) **498**
Artus, König **294**
Astronomie **29**
Äußere Hebriden **552–555**
Austen, Jane 184, **256**
Ausweispflicht 579

Auto fahren 576f
  Tempolimits 574
  Verkehrsregeln 577
  siehe auch Touren
Avebury **270**
  Woburn Abbey **242f**

B

Back to Backs (Reihenhäuser; Birmingham) 324
Backs, The (Cambridge) **196f**
Bäder
  Roman Baths (Bath) 36, **258f**
  Thermae Bath Spa (Bath) **259**
  Turkish Baths Harrogate 396
Bakewell **333**
Bala **450f**
Bamburgh **418**
Bancroft Gardens (Stratford-upon-Avon) **312**
Bangor **448**
Banksy **254**
Barmouth 451
Barnard Castle **420**
Barnstaple **296f**
Barra **555**
Bath 36, **256–261**
  siehe auch Bristol, Bath und Wessex
Beaulieu **184**
Beaumaris **446f**
Beddgelert **444**
Behinderte Reisende 573
Bempton Cliffs **398**
Benbecula **554**
Berwick-upon-Tweed **416**
Besucherpässe 579
Betty's Reading Room **551**
Betwys-y-Coed **442**
Beverley **399**
Bezahlen 573
  Ausgaben pro Tag 572
  Ticketpreise ÖPNV 574
Bibliotheken **21**
  Bodleian Library (Oxford) 21, **235**
  British Library (London) **110**
  John Rylands Library (Manchester) 21
  Library of Birmingham 324
  Liverpool Central Library 21
Bibury **229**
Bideford **295**
Bier **30**, **386**
Birmingham **324f**
Bishop's Castle **317**
Black Isle **560f**
Black Mountain **462**
Black Mountains **462f**
Black Sheep Brewery **386**
Blackpool **369**
Blaenau Ffestiniog **443**
Blaenavon **473**
Bloomsbury Group **111**
Bloomsbury Square (London) **110f**
Blumenschauen **25**
Bodmin **293**

Boote **577**
  Kanalfahrten **577**
Borrowdale **359**
Botschaften 578
Bournemouth **275**
Bradford-on-Avon **270**
Bradford **402f**
Brecon Beacons **460–463**
Bressay **546f**
Brick Lane (London) **130**
Brighton **164–167**
Bristol **254f**
Bristol, Bath und Wessex 150, **250–275**
  Hotels 268
  Karte 252f
  Restaurants 255, 257, 275
Britten, Benjamin **208**
Brixham **296**
Broads, The **204**
Brontë-Schwestern **405**
Brown, Capability **24**
Brunel's SS *Great Britain* (Bristol) **254**
Buckfastleigh **299**
Buckland-in-the-Moor **285**
Bude **295**
Burford **228**
Burgen und Schlösser **23**
  Alnwick **419**
  Arundel **182f**
  Bamburgh **418**
  Barnard Castle 420
  Baugeschichte **508f**
  Beaumaris **446f**, 475
  Birdoswald Roman Fort 365
  Blair **541**
  Bodiam **179**
  Bolton **386**
  Burgen in Wales **475**
  Caernarfon 448, 475
  Cardiff **466**, 475
  Cardigan 469
  Carisbrooke 185
  Carlisle 365
  Carreg Cennen **460**, 475
  Cawdor **563**
  Chepstow **475**
  Chesters Roman Fort 415
  Clifford's Tower (York) **377**
  Colchester 210
  Conwy **438**, 475
  Corfe **274**
  Criccieth 450
  Culzean 508, **522f**
  Dartmouth 299
  Dolbadarn Castle (Llanberis) 443
  Doune **536**
  Dover 175
  Drumlanrig **509**, **524f**
  Duart 508, 564f
  Dunrobin 561
  Dunstaffnage (Oban) 564
  Dunvegan **556**
  Edinburgh **496f**, 508
  Eilean Donan 508, 560
  Fort Amherst (Rochester) 174, 175

Framlingham **207**
Glamis 508, **536**
Goodrich (Ross-on-Wye) 321
Great Hall (Winchester) **168f**
Harlech **444**
Hever **177**
Inverary **566**
Kisimul (Barra) 555
Lancaster 368
Leeds **174**
Lincoln 341
Lindisfarne 416
Ludlow 317
Newcastle Castle (Newcastle upon Tyne) **412**
Norwich **200f**
Old Castle (Sherborne) 273
Orford 207
Pembroke **457**
Pendennis (Falmouth) 291
Penrith 364
Penthyn (Bangor) 448
Portchester (Portsmouth) 182
Restormel (Fowey) 293
Richborough Roman Fort 175
Richmond 384
Ripley 396
Rochester 174
Royal Citadel (Plymouth) 300
Scarborough 397
Sherborne 273
Shrewsbury 316, 317
Sizergh (Kendal) 367
Skipton **388**
St Andrews 538
Stirling **534f**
Sudeley (Winchcombe) 229
Threave **525**
Tintagel 294
Totnes 298
Tower of London **118f**
Tretower **463**
Urquhart (Loch Ness) 562
Warkworth **418f**
Warwick **314f**
Windsor **224f**
Wolvesey (Winchester) **169**
Burgh Island **298f**
Burns, Robert **525**
Burnsall **387**
Bury St Edmunds **212**
Busse 576
Buttermere **357**
Buxton **332f**

C

Caerleon 36, **474f**
Caernarfon **448**, 475
Cairngorms National Park **558f**
Calton Hill (Edinburgh) **500**
Cam (Fluss) **197**
Cambridge **196–199**
Canary Wharf (London) **142**
Canterbury **172f**
Cardiff **464–467**
Cardigan **469**
Carlisle **365**
Carnegie, Andrew 538
Carnforth 368
Cartmel **366**
Castleton **335**

Channel Coast
  siehe Downs und Kanalküste
Chaucer, Geoffrey **173**
Chawton **184**
Cheddar Gorge **268**
Chelsea (London) **97**
  siehe auch Kensington and Chelsea
Cheltenham **244**
Chester **354f**
Cheviot Hills **420f**
Chichester **183**
Chinatown (London) **78f**
Chipping Campden **227**
Christentum **417**
Christie, Agatha 298, 299
Cirencester **227**
City, Southwark und East End (London) 61, **112–133**
  Karte 114f
  Spaziergang **132f**
Clifton Suspension Bridge (Bristol) **254**
Clovelly **295**
Cockermouth **357**
Coggeshall **212**
Colchester **210**
Coniston Water **361**
Constable Walk **218f**
Conwy **438f**
Cook, James 392
Corbridge **415**
Cornwall
  siehe Devon und Cornwall
Corsham **270**
Cotswolds **226–231**
  Gärten in den Cotswolds **248f**
  Karte 227
  siehe auch Themse-Tal und Cotswolds
Covent Garden (London) **86f**
Coventry **325**
Cowes Week **185**
Coxwold **394**
Crarae Gardens **566**
Craster **420**
cream tea **296**
Crickhowell **463**
Crofting **555**
Cromwell, Oliver **203**, 212, 213
Cuillin Hills **557**
Culloden **562f**
Culross **539**
Cumbria (Events) **364**
Curbar Gap **333**
Cutty Sark (London) **136**

D

Dahl, Roald **240**
Dartmoor National Park **284f**
Dartmouth **299**
Derby **341**
Devon und Cornwall 150, **276–303**
  Erkundungstour 156f
  Hotels 281
  Karte 278f
  Restaurants 283, 292, 301
  Shopping 291, 298
Dickens, Charles **109**, **174**, 182
Dolgellau **445**

Dorchester **272**
Dornoch **561**
Dover **175**
Downing Street (London) **82f**
Downs und Kanalküste 148, **160–191**
  Erkundungstour 154f
  Hotels 182
  Karte 162f
  Pubs 176
  Restaurants 166, 169, 175, 178, 181, 184
  Spaziergang **186f**
  Tour **188f**
  Wanderung **190f**
Drake, Sir Francis **300**
Drogen 579
Du Maurier, Daphne **292**
Duddon Valley **359**
Dundee **537**
Dunfermline **538**
Dunkeld **540f**
Dunwich **209**
Durham **410f**
Duthie Park and Winter Garden (Aberdeen) **533**

E

East Anglia 149, **192–219**
  Bars 200
  Karte 194f
  Restaurants 198, 205, 207, 209, 213, 215
  Tour **216f**
  Wanderung **218f**
East End (London)
  siehe City, Southwark und East End (London)
East Midlands 151, **328–341**
  Hotels 334
  Karte 330f
East Neuk **538**
Eastbourne **180**
Edale **335**
Eden Project **280f**, 293
Edinburgh **492–503**
Edinburgh und Südost-Schottland 482, **488–509**
  Karte 490f
  Restaurants 493, 495, 506
Einreise 572
Eisenbahn *siehe* Züge
eisteddfods **449**
Elan Valley **470f**
Elgar, Edward **321**, 322, 323
Elgin **540**
England **144–423**
  Bristol, Bath und Wessex 150, **250–275**
  Devon und Cornwall 150, **276–303**
  Downs und Kanalküste 148, **160–191**
  East Anglia 149, **192–219**
  East Midlands 151, **328–341**
  Karte 146f
  London **54–143**
  Manchester, Liverpool und Lake District 152, **342–369**
  Nordosten 153, **406–423**
  Themse-Tal und Cotswolds 149, **220–249**

581

England *(Fortsetzung)*
  Yorkshire und Humber-Region 153, **370–405**
  Zentralengland 151, **304–327**
Eriskay **554f**
Ermäßigungen 579
Eskdale **359**
Essen und Trinken 13, **26f**
Everton, FC **353**
Exeter **288**
Exmoor National Park **286f**

F

Fähren 577
Falkirk Wheel **524**
Falmouth **291**
Familien **40f**
Farne Islands **418**
Feiertage 573
Fens, The **204**
Festivals und Events 11, **44f**
  Aldeburgh Music Festival **208**
  Burns Night **525**
  Cumbria **364**
  Edinburgh International Festival **499**
  Glastonbury Festival **269**
  Green Man Festival **463**
  HowTheLightGetsIn **462**
  Musikfestivals **34**
  Notting Hill Carnival (London) **141**
  Royal Welsh Show **470**
  Ungewöhnliche Festivals **42**
Fforest Fawr **463**
Fife Coastal Path **539**
Fishguard **457**
Five Sisters **560**
Flamborough Head **398**
Flughäfen 574
  von den Flughäfen in die Stadt 575
Forbidden Corner **386**
Fort George **563**
Forth Rail Bridge 501
Fowey **292f**
Freud, Sigmund 140, 141
Furness Peninsula **366**

G

Gainsborough, Thomas 215
Gärten *siehe* Parks und Gärten
Geologie **28, 362f**
Geschichte 36f, **46–51**
  Schottland **486f**
  Wales **432f**
Gesundheit 579
Getränke **30f**
Glasgow **514–521**
Glasgow und Südwest-Schottland 482, **510–525**
  Karte 512f
  Restaurants 521
  Shopping 517
Glastonbury **269**
Glencoe **564**
Gloucester **244f**
Gower Peninsula **472**
Granary Square (London) **110**
Grasmere **358f**
Grassington **387**

Great Langdale **361**
Great Malvern **321**
Great Yarmouth **207**
Greenwich (London) **136f**
Großraum Manchester 348
Guildford **184f**

H

Hadrian's Wall 36, **414f**
Halifax **403**
Hampstead (London) **140f**
Hardy, Thomas 272
Harris **553**
Harrogate **396**
Hastings **179**
Haworth **405**
Hay Bluff **460f**
Hay-on-Wye **462**
Hebden Bridge **403**
Hebriden, Äußere **552–555**
Helix, The **524**
Helm Crag 359
Helmsley **394**
Helvellyn 359
Hepworth, Barbara **283, 404**
Hereford **323**
Hermanes National Nature Reserve **547**
Herrschaftliche Landsitze und Herrenhäuser 10, **39**
  Althorp **341**
  Anglesey Abbey **213**
  Arlington Court (Barnstaple) 297
  Aston Hall (Birmingham) 324, 325
  Audley End **214**
  Berrington Hall (Leominster) 320, 321
  Blickling Estate **206**
  Bowood House (Lacock) 271
  Burghley House **338f**
  Burton Agnes **398**
  Burton Constable **399**
  Castell Coch **467**
  Castle Drogo 285
  Castle Howard **382f**
  Charlecote Park 319
  Chatsworth House **333**
  Corsham Court 270
  Cotehele **301**
  Cragside **421**
  Dalemain **364f**
  Dartington Hall (Totnes) 298
  Goodwood House (Chichester) 183
  Haddon Hall (Bakewell) 333
  Ham House (London) 143
  Hardwick Hall 319, **340f**
  Harewood **400**
  Hatfield House **242**
  Holker Hall (Cartmel) 366
  Hopetoun House **504**
  Ickworth House (Bury St Edmunds) 212
  Kingston Lacy (Wimborne Minster) 274
  Knole **176f**
  Leighton Hall (Carnforth) 368
  Levens Hall **367**
  Little Moreton Hall 316, **318**
  Longleat House **271**

  Marble Hill House (London) 143
  Moseley Old Hall 319
  Newby Hall and Gardens (Ripon) 396
  Nunnington Hall **395**
  Osborne House (Isle of Wight) 185
  Packwood House 319
  Penshurst Place 176
  Petworth House **183**
  Powis Castle **468**
  Saltram House (Plymouth) 300, 301
  Syon House (London) 143
  Temple Newsam (Leeds) 400
  Wightwick Manor 319
  Wilton House (Salisbury) 268
  Witley Court and Gardens (Leominster) 320, 321
  Woburn Abbey **242f**
  Wollaton Hall and Deer Park (Nottingham) 340
  siehe auch Historische Gebäude; Paläste
Hexham **415**
Highgate (London) **140f**
Highlands und Inseln 483, **542–569**
  Hotels 551, 561, 567
  Karte 544f
  Restaurants 554, 557, 564, 566
Historische Gebäude
  18 Stafford Terrace (London) 141
  Abbotsford **506f**
  Aberconwy House (Conwy) **439**
  Albert Memorial (London) **95**
  Anne Hathaway's Cottage (Stratford-upon-Avon) **313**
  Apsley House (London) **81**
  Assembly Rooms (Bath) **257**
  Banqueting House (London) **83**
  Barbican Centre (London) **123**
  Blackwell (Bowness-on-Windermere) 360
  Brantwood (Coniston) 361
  Burns House (Dumfries) 525
  Camera Obscura (Edinburgh) **494**
  Carfax Tower (Oxford) **233**
  Charleston (Lewes) 181
  Chartwell 177
  Chawton House 184
  Chiswick House (London) **143**
  Christ Church (Oxford) **234**
  Christchurch Mansion (Ipswich) 211
  City Chambers (Glasgow) **516**
  City Hall & Civic Centre (Cardiff) **465**
  City Hall (London) **126**
  Clergy House (Alfriston) 180
  Coggeshall Grange Barn 212
  Commandery (Worcester) 322, 323
  Corpus Christi College (Cambridge) **199**
  Emmanuel College (Cambridge) **198**
  Fairfax House (York) **375**

Gainsborough's House (Lavenham) 215
Georgian House (Bristol) **255**
Georgian House (Edinburgh) **492f**
Gladstone's Land (Edinburgh) **494**
Gleaston Water Mill 366
Glynde Place (Lewes) 181
Greyfriars (Worcester) 322, 323
Guildhall (London) **127**
Guildhall (Stratford-upon-Avon) **310f**
Guildhall (Totnes) 298
Hall's Croft (Stratford-upon-Avon) **312**
Hardy's Cottage (Dorchester) 272
Harewood (Leeds) **400**
Harvard House (Stratford-upon-Avon) **312f**
Hill Top (Windermere) 360, 361
Hospital of St Cross (Winchester) **169**
House for an Art Lover (Glasgow) **520f**
Houses of Parliament (London) **70f**
Hutton-in-the-Forest (Penrith) 364
Ightham Mote 176, 177
Inner Temple (London) 122
Inns of Court (London) **122**
John Knox House (Edinburgh) **495**
Judge's Lodgings (Lancaster) 368
Keats House (London) 140, 141
Kelmscott Manor 228
Kentwell Hall **211**
Kenwood House (London) 140, 141
King's College (Aberdeen) **532**
King's College (Cambridge) **198**
Leighton House (London) 141
Little Hall (Lavenham) 215
Lord Leycester Hospital (Warwick) 316
Loseley House (Guildford) 185
Magdalen College (Oxford) **235**
Magdalene College (Cambridge) **199**
Manchester Town Hall **347**
Marischal College (Aberdeen) **533**
Mary Arden's Farm (Stratford-upon-Avon) **313**
Max Gate (Dorchester) 272
Merchant Adventurers' Hall (York) **377**
Merton College (Oxford) **234**
Middle Temple (London) 122
Mompesson House (Salisbury) 268
Moyse's Hall (Bury St Edmunds) 212
New College (Oxford) **234**
Old Post Office (Tintagel) 294
Old Royal Naval College (London) **136f**
Paycocke's (Coggeshall) 212
Peterhouse (Cambridge) **199**
Pittville Pump Room (Cheltenham) 244
Plas Mawr (Conwy) **439**
Plas Newydd (Llangollen) 451
Plas-yn-Rhiw 450
Provand's Lordship (Glasgow) **515**
Provost Skene's House (Aberdeen) **533**
Queen's College (Cambridge) **198**
Queen's House (London) **137**
Red House (Aldeburgh) 208
Row Houses (Great Yarmouth) 207
Rows, The (Chester) **354**
Royal Albert Hall (London) **95**
Royal Exchange (London) **123**
Shakespeare's Birthplace (Stratford-upon-Avon) **310**
Shakespeare's New Place (Stratford-upon-Avon) **310**
Shandy Hall (Coxwold) 394
Shard, The (London) **129**
Somerleyton Hall (Lowestoft) 206
Somerset House (London) **79**
St John's College (Cambridge) **199**
St Mary's House (Steyning) 181
Stowe House 243
Strangers' Hall (Norwich) **201**
Talliston House **214**
Tenement House (Glasgow) **515**
Tithe Barn (Bradford-on-Avon) 270
Traquair House **506**
Trinity College (Cambridge) **199**
Tudor-Häuser **318f**
Wilberforce House Museum (Kingston upon Hull) 401
Winchester College **169**
siehe auch Herrschaftliche Landsitze und Herrenhäuser; Paläste
HMS *Belfast* (London) **129**
Höhlen
  Dan-yr-Ogof Caves **462**
  Fingal's Cave 565
  Kents Cavern (Torbay) 296
  Mother Shipton's Cave (Knaresborough) 397
  Stump Cross Caverns **388**
Holderness **402**
Holland Park (London) 141
Holy Island of Lindisfarne **416**
Holyrood Park (Edinburgh) **498**
Hotels 573
Hound Tor 285
Hoxton (London) **130f**
Hull **401**
Humber Region *siehe* Yorkshire und Humber-Region
Huntingdon **212f**
Hutton-le-Hole **395**
Hyde Park (London) **96f**

I

i360 (Brighton) **166f**
Impfungen 573
Internet 579
Inverness **562**
Ipswich **211**
Ironbridge Gorge **308f**
Islay **566f**
Isle of Man **369**
Isle of Mull **564f**
Isle of Purbeck **274**
Isle of Skye **556f**
Isle of Wight **185**

J

Jakobiten **487**
Jarlshof Prehistoric and Norse Settlement **547**
Jura **566**
Jurassic Coast **273**

K

Kanäle (Mittelengland) **326f**
Kanalfahrten 577
Käse 27
Kathedralen *siehe* Kirchen und Kathedralen
Keats, John 140, 141
Kelmscott **228**
Keltisches Christentum **417**
Kendal **367**
Kensington Gardens (London) **96**
Kensington und Chelsea (London) 59, **88–99**
Karte 90f
Kent **177**
Keswick **356**
Kew Gardens (London) **143**
Kielder Water & Forest Park **419**
Killiecrankie **541**
Kinder 20, **40f**
King's Lynn **204f**
Kingston upon Hull **401**
Kintyre **567**
Kirchen und Kathedralen **23**
  Beverley Minster 399
  Brompton Oratory (London) **96**
  Canterbury Cathedral **172f**
  Chester Cathedral **354**
  Chichester Cathedral 183
  Durham Cathedral **410**
  Ely Cathedral **202f**
  Exeter Cathedral 288
  Glasgow Cathedral **514**
  Greyfriars Kirk (Edinburgh) **498**
  Holy Trinity Church (Stratford-upon-Avon) **313**
  Italian Chapel (Orkney) **550f**
  Kirk of St Nicholas (Aberdeen) **533**
  Lincoln Cathedral 341
  Liverpool Cathedral **353**
  Llandaff Cathedral **467**
  Metropolitan Cathedral of Christ the King (Liverpool) **352**
  Norwich Cathedral **200**

583

Kirchen und Kathedralen *(Forts.)*
  Reculver 174
  Rosslyn Chapel **507**
  Salisbury Cathedral **266f**
  Southwark Cathedral (London) **128**
  St Bartholomew-the-Great (London) **122**
  St Davids Cathedral 458f
  St Giles' Cathedral (Edinburgh) **495**
  St Machar's Cathedral (Aberdeen) **532**
  St Magnus Cathedral (Kirkwall) 549
  St Mary and All Saints Church (Conwy) **439**
  St Mary Redcliffe (Bristol) **254**
  St Paul's Cathedral (London) **116f**
  St Stephen Walbrook (London) **125**
  Temple Church (London) 122
  University Church of St Mary the Virgin (Oxford) **233**
  Wells Cathedral 269
  Winchester Cathedral **170f**
  York Minster **376f**
Kirkwall **549**
Klima 572
Knaresborough **397**
Knighton **469**
Knox, John **495**
Kunst
  Kanalkunst **327**
  Künstler in St Ives **282**
  siehe auch Museen und Sammlungen
Küsten **32f**

L

Lacock **271**
Lake District National Park 11, **356–363**
  Karte 357
  Wanderungen **359**
  siehe auch Manchester, Liverpool und Lake District
Lancaster **368f**
Lanes, The (Brighton) **166**
Langdale Pikes 359
Lanhydrock (Bodmin) 293
Larkin, Philip **400**
Lavenham **215**
Ledbury **320**
Leeds **400**
Leicester **341**
Leith **501**
Leitungswasser 578
Leominster **320f**
Lerwick **546**
Lewes **180f**
Lewis **553**
LGBTQ+ 578
  in Brighton **167**
Lincoln **341**
Lindisfarne-Evangeliar **417**
Literatur **20f**
Liverpool, FC **353**
Liverpool **350–353**
  siehe auch Manchester, Liverpool und Lake District

Lizard Peninsula **290**
Llanberis **443**
Llandrindod Wells **468f**
Llandudno **448f**
Llangollen **451**
Llanwrtyd Wells **470**
Llŷn Peninsula **450**
Loch Awe **565**
Loch Lomond **530f**
Loch Ness **562**
London **54–143**
  Abstecher 61, **134–143**
  Bars & Pubs 84, 124, 129, 140
  City, Southwark und East End 61, **112–133**
  Erkundungstour 62f
  Hotels 83
  Karte 56f
  Kensington und Chelsea 59, **88–99**
  Regent's Park und Bloomsbury 60, **100–111**
  Restaurants 79, 95, 108, 127
  Shopping 81, 97, 111, 137
  Spaziergänge **86f**, **98f**, **132f**
  Streetfood 130
  West End, Westminster und South Bank 58, **64–87**
  Wolkenkratzer **125**
London Eye **85**
Lost Gardens of Heligan 292, 293
Lowestoft **206**
Ludlow **317**
Lydford Gorge **285**
Lyme Regis **273**

M

Machynlleth **470**
Mackintosh, Charles Rennie **520**
Magna Carta **267**
Maldon **210f**
Malham **389**
Mall, The (London) **81**
Malvern Hills **321**
Manchester **346–349**
Manchester, Liverpool und Lake District 152, **342–369**
  Erkundungstour 158f
  Karte 344f
  Restaurants 349, 352, 355, 361, 365, 367, 369
  Shopping 351
Mappa Mundi **323**
Margate **174**
Märkte
  Borough Market (London) **128**
  Camden Market **142**
  Covent Garden Central Market (London) **78**
  Leadenhall Market (London) 125
  Old Spitalfields Market (London) **130**
  Portobello Road (London) **141**
Marwick Head **550**
Massaker von Glencoe (1692) **564**
Matlock Bath **334**
MediaCityUK (Manchester) **348**
Mehrwertsteuer 579
Middleton-in-Teesdale **421**

Midlands *siehe* East Midlands
Mietwagen 577
Mobiltelefone 579
Monmouth **473**
Monmouthshire and Brecon Canal **461**
Monument (London) **126f**
Moray Firth **560**
Morecambe Bay **366**
Mousa Broch **547**
Mumbles **472**
Museen und Sammlungen 13, **38f**
  Abbot Hall Art Gallery (Kendal) 367
  Aberdeen Art Gallery **532**
  Abergavenny Museum **475**
  Aldeburgh Museum 208
  Alexander Keiller Museum (Avebury) **270**
  American Museum (Bath) **258**
  Anne of Cleves House (Lewes) 180, 181
  Ashmolean Museum (Oxford) **232**
  Auchindrain Museum **566**
  Balhousie Castle (Perth) 536, 537
  BALTIC Centre for Contemporary Art (Newcastle upon Tyne) **413**
  Barbara Hepworth Museum and Sculpture Garden (St Ives) **283**
  Barber Institute of Fine Arts (Birmingham) 324, 325
  Barra Heritage Centre **555**
  Battle of Bannockburn Experience (Stirling) **535**
  Beamish, the Living Museum of the North **421**
  Beatles Story, The (Liverpool) **350**
  Beatrix Potter Gallery (Windermere) 360, 361
  Berwick Barracks 416
  Big Pit National Coal Museum (Blaenavon) **473**
  Bill Douglas Cinema Museum (Exeter) **288**
  Birmingham Museum and Art Gallery 324
  Black and White House (Hereford) 323
  Blackhouse, The (Arnol) 553
  Blaenavon Ironworks **473**
  Bletchley Park **243**
  Blists Hill Victorian Town (Ironbridge Gorge) **309**
  Bodmin Town Museum 293
  Bowes Museum (Barnard Castle) 420
  Bradford Industrial Museum 402, 403
  Brighton Museum & Art Gallery **164**
  Bristol Museum and Art Gallery 255
  British Museum (London) **104–107**
  Brontë Parsonage Museum 405
  Buckler's Hard (Beaulieu) 184

Burrell Collection (Glasgow) **520**
Butcher Row House (Ledbury) 320
Buxton Museum and Art Gallery 332f
Canterbury Roman Museum 172
Captain Cook Memorial Museum (Whitby) 392, 393
Carnegie Birthplace Museum (Dunfermline) 538
Carnforth Station Heritage Centre 368
Centre for Alternative Technology (Machynlleth) 470
Ceredigion Museum (Aberystwyth) 473
Charles Dickens Birthplace Museum (Portsmouth) 182
Charles Dickens Museum (London) **109**
Churchill War Rooms (London) **82**
Cider Museum (Hereford) 323
Coalbrookdale Museum of Iron (Ironbridge Gorge) **308**
Coalport China Museum (Ironbridge Gorge) **308**
Collective (Edinburgh) 500
Corbridge Roman Town – Hadrian's Wall 415
Corinium Museum (Cirencester) 227
Coventry Transport Museum 325
Craft in the Bay (Cardiff) **464**
Cromarty Courthouse 560, 561
Cromford Mills (Matlock Bath) 334
Cromwell Museum (Huntingdon) 212, 213
D-Day Story, The (Portsmouth) 182
Dales Countryside Museum **385**
Dartmouth Museum 299
De La Warr Pavilion (Bexhill) 180
Dennis Severs' House (London) **131**
Derby Museum and Art Gallery 341
Design Museum (London) 141
Dewa Roman Experience (Chester) **355**
Discovery Museum (Newcastle upon Tyne) **412**
Dock Museum (Barrow-in-Furness) 366
Dorset Museum (Dorchester) 272
Dunwich Museum 209
Dylan Thomas Centre (Swansea) 472
Dynamic Earth (Edinburgh) **499**
Eden Camp Modern History Museum **398f**
Elgin Museum 540
Elizabethan House Museum (Great Yarmouth) 207

Enginuity (Ironbridge Gorge) **309**
Eureka! (Halifax) 403
Falmouth Art Gallery 291
Farleys House **180**
Fashion Museum (Bath) **257**
Ferens Art Gallery (Kingston upon Hull) 401
Firstsite (Colchester) 210
Fishbourne Roman Palace 36
Fitzwilliam Museum (Cambridge) **196**
Fox Talbot Museum (Lacock) 271
Freud Museum (London) 140, 141
Gladstone Pottery Museum (Stoke-on-Trent) 316
Glasgow Science Centre **516**
Glynn Vivian Art Gallery (Swansea) 472
Grassington Folk Museum 387
Great North Museum (Newcastle upon Tyne) **413**
Great Orme Copper Mines (Llandudno) 449
Groam House Museum (Black Isle) 561
Grosvenor Museum (Chester) **355**
Hepworth Wakefield **404**
Herbert Gallery and Museum (Coventry) 325
Hereford Museum and Art Gallery 323
Heritage Centre (Ledbury) 320
Hexham Old Gaol 415
Highland Folk Museum 559
Historic Dockyard (Rochester) 174, 175
Holburne Museum (Bath) **257**
Hollytrees Museum (Colchester) 210
House of the Tailor of Gloucester 245
Housesteads Roman Fort and Museum 415
Hugh Miller Museum (Black Isle) 560, 561
Hull and East Riding Museum 401
Hunterian Art Gallery (Glasgow) **517**
Ikon Gallery (Birmingham) 324, 325
Imperial War Museum North (Manchester) **349**
Imperial War Museum Duxford **215**
Imperial War Museum (London) **84**
International Slavery Museum (Liverpool) **351**
Inverness Museum and Art Gallery 562
Jackfield Tile Museum (Ironbridge Gorge) **309**
Jane Austen's House (Chawton) 184
JORVIK Viking Centre (York) **374f**
Kelham Island Museum (Sheffield) 404

Kelvingrove Art Gallery and Museum (Glasgow) **518f**
Kendal Museum 367
Keswick Museum and Art Gallery 356
Kettle's Yard (Cambridge) **197**
Kinder **40**
King Richard III Visitor Centre (Leicester) 341
Lakeland Museum (Kendal) 367
Laurel and Hardy Museum (Ulverston) 366
Leeds Art Gallery 400
Leeds City Museum 400
Leeds Industrial Museum 400
Leicester Museum and Art Gallery 341
Life Science Centre (Newcastle upon Tyne) **412f**
Llandudno Museum 448f
London Transport Museum (London) **82**
Lowestoft Museum 206
Lowry, The (Manchester) **348f**
Ludlow Museum 317
Lyme Regis Museum 273
M-Shed (Bristol) **255**
MAD Museum (Stratford-upon-Avon) **312**
Madame Tussauds (London) **109**
Maeldune Heritage Centre (Maldon) 211
Magna **404f**
Manchester Art Gallery **347**
Manchester Museum **348**
Marconi Centre (Mullion) 290
Maritime Museum (Aberdeen) **532**
Maritime Museum (Kingston upon Hull) 401
Maritime Museum (Lancaster) 368, 369
Mary Rose Museum (Portsmouth) 182
Mayflower Museum 300
McManus Galleries (Dundee) 537
Merseyside Maritime Museum (Liverpool) **351**
Millennium Gallery (Sheffield) 404
Moray Motor Museum (Elgin) 540
Morwellham Quay **301**
Museum nan Eilean (Stornoway) 553
Museum of Barnstaple and North Devon 297
Museum of Childhood (Edinburgh) **495**
Museum of Cornish Life (Helston) 290
Museum of East Dorset (Wimborne Minster) 274
Museum of the Gorge (Ironbridge Gorge) **308**
Museum of the Home (London) **131**
Museum of Islay Life 567

585

Register

Museen und Sammlungen *(Forts.)*
Museum of the Isles (Armadale) **557**
Museum of Liverpool **352f**
Museum of London **124f**
Museum of London Docklands 142
Museum of Norwich **201**
Museum of Royal Worcester 322
National Coal Mining Museum (Wakefield) **404**
National Cycle Museum (Llandrindod Wells) 468f
National Football Museum (Manchester) **346**
National Gallery (London) **68f**
National Horseracing Museum (Newmarket) 215
National Maritime Museum (London) **136**
National Maritime Museum Cornwall (Falmouth) 291
National Museum Cardiff **464f**
National Museum of Scotland (Edinburgh) **493**
National Portrait Gallery (London) **80**
National Railway Museum (York) **375**
National Roman Legion Museum (Caerleon) 474f
National Science and Media Museum (Bradford) 402, 403
National Slate Museum (Llanberis) 443
National Trust Carriage Museum (Barnstaple) 297
National Waterfront Museum (Swansea) 472
National Waterways Museum Gloucester 245
Natural History Museum (London) **94**
Nelson Museum (Monmouth) 473
No. 1 Royal Crescent (Bath) **256**
North Devon Maritime Museum (Appledore) 297
Northampton Museum and Art Gallery 341
Norwegian Church Arts Centre (Cardiff) **466**
Nottingham Castle 340
Oliver Cromwells Haus (Ely) 203
Orkney Museum (Kirkwall) 549
Owain Glyndŵr Centre (Machynlleth) 470
Peak District Mining Museum (Matlock Bath) 334
Pencil Museum (Keswick) 356
Penlee House Gallery and Museum (Penzance) 289
People's History Museum (Manchester) **346**
People's Palace (Glasgow) **520**
Perth Museum & Art Gallery 536f

Pier Arts Centre (Stromness) 550
Pierhead (Cardiff) **464**
Pitt Rivers Museum (Oxford) **232**
Polar Museum (Cambridge) **197**
Pollok House (Glasgow) **521**
Poole Museum 275
Queen's Gallery (London) **75**
R&A World Golf Museum (St Andrews) 538
Radnorshire Museum (Llandrindod Wells) 468f
Regimental Museum (Monmouth) 473
Riverside Museum (Glasgow) **516**
RNLI Grace Darling Museum (Bamburgh) 418
Robert Burns Birthplace Museum (Alloway) 525
Robert Burns Centre (Dumfries) 525
Roman Army Museum (Vindolanda) 415
Roman Museum (Ribchester) 369
Roman Vindolanda Fort and Museum 415
Rotunda Museum (Scarborough) 397
Royal Academy of Arts (London) **80**
Royal Albert Memorial Museum and Art Gallery (Exeter) 288
Royal Armouries Museum (Leeds) 400
Royal Cambrian Academy (Conwy) **439**
Royal Cornish Museum (Truro) 291
Royal Mews (London) **75**
Royal Observatory (London) **137**
Royal Pump Room Museum (Harrogate) 396
Russell-Cotes Art Gallery and Museum (Bournemouth) 275
Ryedale Folk Museum (Hutton-le-Hole) 395
Saatchi Gallery (London) 97
Sailors' Reading Room (Southwold) 208
Sainsbury Centre for Visual Arts, The (Cambridge) **201**
Salisbury Museum 268
Salts Mill und 1853 Gallery (Bradford) 402f
Scapa Flow Visitor Centre and Museum **551**
Scarborough Art Gallery 397
Science and Industry Museum (Manchester) **347**
Science Museum (London) **94f**
Scotland Street School Museum (Glasgow) **521**
Scottish Fisheries Museum (East Neuk) 538
Scottish National Gallery (Edinburgh) **492**

Scottish National Gallery of Modern Art (Edinburgh) **501**
Scottish National Portrait Gallery (Edinburgh) **493**
Shakespeare's School Room (Stratford-upon-Avon) **310f**
Sherlock Holmes Museum (London) **109**
Shetland Museum and Archives (Lerwick) 546
Shrewsbury Museum and Art Gallery 317
Sir John Soane's Museum (London) **123**
Skulpturengärten **25**
Skye Museum of Island Life **557**
Slate Mountain (Blaenau Ffestiniog) 443
Southwold Museum 208
St Fagans National Museum of History (Cardiff) **466f**
St Ives Museum **283**
St Kilda World Heritage Site 555
St Mungo Museum of Religious Life and Art (Glasgow) **515**
Stories of Lynn Museum (King's Lynn) **205**
Streetlife Museum (Kingston upon Hull) 401
Stromness Museum 550
Surgeon's Hall Museums (Edinburgh) **500**
Sutton Hoo **211**
Swaledale Museum **384**
Swansea Museum 472
Sygun Copper Mine (Beddgelert) 444
Tate Britain (London) **76f**
Tate Liverpool **352**
Tate Modern (London) **120f**
Tate St Ives **282**
Tenby Museum and Art Gallery 456
Thackray Museum of Medicine (Leeds) 400
Thinktank, Birmingham Science Museum 324
Tom Brown's School Museum (Uffington) 241
Torquay Museum (Torbay) 296
Totnes Museum (Totnes) 298
Tower Bridge Exhibition (London) 126
Tremenheere Sculpture Gardens (Newlyn) 289
True's Yard Fisherfolk Museum (King's Lynn) 205
Tullie House Museum and Art Gallery (Carlisle) 365
Turner Contemporary (Margate) 174
V&A Museum of Design (Dundee) 537
Verulamium Museum (St Albans) 240f
Victoria and Albert Museum (London) **92f**
Victoria Art Gallery (Bath) **258**

Walker Art Gallery (Liverpool) 353
Wallace Collection (London) 111
We The Curious (Bristol) 255
Wellcome Collection (London) 108
Westgate Museum (Winchester) 168
Wheal Martyn China Clay Museum (St Austell) 292
Whitby Museum and Pannett Art Gallery 392f
Whitstable Community Museum and Gallery 175
Whitworth Art Gallery (Manchester) 349
Wilson Art Gallery & Museum (Cheltenham), The 244
Wordsworth House and Garden (Cockermouth) 357
World Museum (Liverpool) 353
World of Beatrix Potter (Windermere) 360, 361
World of Wedgwood (Stoke-on-Trent) 316
York Art Gallery 377
York Castle Museum 374
Yorkshire Museum (York) 374
Yorkshire Sculpture Park 405
Musik 11, **34f**, **474**

N

National Trust **22**
Nationalparks **29**
Natur **28f**
Naturschutzgebiete
 Brownsea Island 275
 Dunwich Heath 209
 Hermanes 547
 Noss **546f**
 Wicken Fen 204
Nelson, Lord Horatio 473, 500
Neolithische Stätten (Orkney) **550**
New Forest **185**, **188f**
New Lanark **524**
New Quay **471**
Newcastle upon Tyne **412f**
Newlands Valley 357
Newmarket **215**
Newport **457**
Newquay **294f**
Nordosten 153, **406–423**
 Erkundungstour 158f
 Karte 408f
 Pub 421
 Shopping 419
Nordwales **428**, **434–451**
 Hotels 446, 449, 450
 Karte 436f
 Lokale 445
 Strände **451**
North Norfolk Coastal Tour **216f**
North Pennines **422**
North York Moors National Park **392–395**
Northampton **341**
Norwich **200f**

Notrufnummern 578
Notting Hill (London) **141**
Nottingham **340**

O

Oban **564**
Offa's Dyke **469**
Öffentliche Verkehrsmittel 576
 Ticketpreise ÖPNV 574
Öffnungszeiten 573
Old Man of Hoy **551**
Old Man of Storr **556f**
Old Trafford (Manchester) **349**
Oper **78**, 181
Orkney **548–551**
Outer Hebrides **552–555**
Oxford **232–237**
Oxford Botanic Garden **232f**

P

Padstow **293**
Paignton 296
Painswick **226**
Paläste
 Balmoral Castle **540**
 Bishop's Palace (Kirkwall) 549
 Blenheim Palace **238f**
 Buckingham Palace (London) **74f**
 Culross Palace 539
 Falkland Palace **539**
 Hampton Court **138f**
 Kensington Palace (London) **96**
 Linlithgow Palace **505**
 Palace of Holyroodhouse (Edinburgh) **498f**
 Royal Pavilion (Brighton) **167**
 Sandringham **205**
 Scone Palace **537**
 siehe auch Herrschaftliche Landsitze und Herrenhäuser; Historische Gebäude
Parks und Gärten 12, **24f**
 Armadale Castle Gardens **557**
 Bancroft Gardens (Stratford-upon-Avon) **312**
 Beth Chatto Gardens (Colchester) 210
 Chatsworth Gardens **333**
 Compton Acres (Bournemouth) 275
 Cornwall **293**
 Crarae Gardens **566**
 Culzean Castle & Country Park **522f**
 Duthie Park and Winter Garden (Aberdeen) **533**
 Eden Project **280f**, 293
 Forbidden Corner **386**
 Gärten in den Cotswolds **248f**
 Great Dixter 179
 Hampton Court Castle (Leominster) 320
 Heights of Abraham (Matlock Bath) 334
 Helix, The **524**
 Highgrove Royal Gardens (Tetbury) 229
 Holland Park (London) 141

Holyrood Park (Edinburgh) **498**
Hyde Park (London) **96f**
Inverewe Garden 561
Kensington Gardens (London) **96**
Lanhydrock (Bodmin) 293
Levens Hall **367**
Lost Gardens of Heligan 292, 293
Mount Edgcumbe Park (Plymouth) 300, 301
National Botanic Garden of Wales 472
Oxford Botanic Garden **232f**
Plantation Garden (Norwich) 201
Queen Elizabeth Olympic Park (London) **142f**
Regent's Park (London) **108f**
RHS Garden Harlow Carr (Harrogate) 396
RHS Garden Rosemoor (Bideford) 295
RHS Wisley 185
Royal Botanic Garden (Edinburgh) **501**
Royal Botanic Gardens, Kew (London) **143**
Sissinghurst Castle Garden 176, 177
St James's Park (London) **82**
Stourhead **262f**
Stowe **243**
Trelissick (Feock) 293
Trewidden 293
University Botanic Garden (Cambridge) **197**
Westonbirt, The National Arboretum 229
Winter Garden (Sheffield) 404
Witley Court and Gardens (Leominster) 320, 321
Peak District National Park **332–337**
Pembrokeshire Coast National Park **456f**
Pen y Fan **461**
Pendle (Hexenprozesse) **368**
Penrith **364**
Pentland Hills **507**
Penwith **302f**
Penzance **288f**
Perth **536f**
Peterloo-Massaker (1819) **346**
Piccadilly Circus (London) **81**
Piers (Brighton) **164**
Pitlochry **541**
Plymouth **300**
Poole **275**
Port Sunlight **353**
Porthgain **457**
Portmeirion **440f**
Portree **556**
Portsmouth **182**
Post 579
Postbridge 285
Potter, Beatrix **360**
Principality Stadium (Cardiff) **464**
Punten auf dem Cam **197**

587

Q

Queen Elizabeth Olympic Park (London) **142f**

R

Radfahren 577
Rauchen 579
Real Mary King's Close (Edinburgh) **494**
Regent's Park (London) **108f**
Regent's Park und Bloomsbury (London) 60, **100–111**
 Karte 102f
Reise-Infos **572–579**
 In Großbritannien unterwegs 574–577
 Praktische Hinweise 578f
 Reiseplanung 572f
Reisende mit besonderen Bedürfnissen 573
Rhoscolyn 451
Rhossili Bay 451
Ribble Valley **369**
Richmond (London) **143**
Richmond (Yorkshire) **384**
Ripley **396**
Ripon **396**
Road to the Isles (Tour) **568f**
Roald Dahl Museum 240
Robin Hood **340**
Robin Hood's Bay **393**
Rochester **174f**
Römische Anlagen 36
Romney Marsh **178**
Ross-on-Wye **321**
Royal Botanic Garden (Edinburgh) **501**
Royal Botanic Gardens, Kew (London) **143**
Royal Deeside **540**
Royal Mile (Edinburgh) **494**
Royal Opera House siehe Theater
Royal Tunbridge Wells **176**
Russell Square (London) **111**
Ruthin **449**
Rydal **358f**
Rye **178, 186f**

S

Saffron Walden **214**
Salisbury **266–268**
Sambourne, Linley 141
Saundersfoot **456**
Scafell Pike 359
Scarborough **397**
Schlösser *siehe* Burgen und Schlösser
Schmuggel in Cornwall 290
Schottland **478–569**
 Burgen **508f**
 Edinburgh und Südost-Schottland 482, **488–509**
 Erkundungstour 484f
 Geschichte **486f**
 Glasgow und Südwest-Schottland 482, **510–525**
 Highlands und Inseln 483, **542–569**
 Karte 480f
 Zentral- und Ostschottland 483, **526–541**

Schwimmen 28, **41**
Scott, Sir Walter **506f**
Scottish Parliament (Edinburgh) **500**
Seven Sisters Country Park 180
Shaftesbury **272**
Shakespeare, William **128f, 310f**
Sheffield **404**
Sherborne **273**
Shetland **546f**
Shrewsbury **316f**
Sicherheit
 Notrufnummern 578
 Persönliche Sicherheit 578f
 Sicherheitshinweise 572
Skipton **388**
Sky Garden (London) **125**
Skye, Isle of **556f**
Slaughters, The **226**
Snowdon **442**
Snowdonia National Park **442–445**
Soane, Sir John **123**
Soho (London) **78f**
South Bank (London) *siehe* West End, Westminster und South Bank (London)
South Downs Way **190f**
South Kensington (London) **98f**
South West Coast Path **287**
Southbank Centre (London) **85**
Southwark (London) *siehe* City, Southwark und East End (London)
Southwold **208**
Spaziergänge und Wanderungen 11, **28,** 577
 Bath **260f**
 Cairngorms National Park **559**
 Constable Walk **218f**
 Edinburghs New Town **502f**
 Fife Coastal Path **539**
 Küstenwege **32**
 Lake District **359**
 London: Covent Garden **86f**
 London: South Kensington **98f**
 London: Southwark **132f**
 Malham **389**
 Oxford **236f**
 Peak District **335**
 Pembrokeshire Coast Path **456**
 Rye **186f**
 South Downs Way **190f**
 Southwest Coast Path **287**
 Two Moors Way **285**
 York **380f**
Speyside (Brennereien) **563**
Sprache 573
Spurn Point **402**
St Abb's Head **504**
St Aidan **417**
St Albans **240f**
St Andrews **538**
St Austell **292**
St Bride's Bay **457**
St Cuthbert **417**
St Davids **458f**
St Ives **282f**
St James's Park (London) **82**
St Kilda **555**
St Michael de Rupe 285

St Michael's Mount **289**
Staffordshire **316**
Stamford **338**
Steyning **181**
Stirling **535**
Stoke-on-Trent **316**
Stonehenge **264f**
Stott Park Bobbin Mill (Windermere) 360, 361
Stourhead **262f**
Stow-on-the-Wold **229**
Stowe **243**
Stratford-upon-Avon **310–313**
Strathpeffer **560**
Strom 572
Stromness **550**
Strände **33**
 Nordwales **451**
 St Ives **282**
Süd- und Mittelwales 429, **452–477**
 Hotels 471
 Karte 454f
 Restaurants 457, 459, 469, 472
 Shopping 461, 465
 Tour **476f**
Sutton Bank **394**
Swaledale **384**
Swansea **472**

T

Talisker Distillery **557**
Taxis 576
Tempolimit 574
Tenby **456**
Tetbury **228f**
Tewkesbury **245**
Theakston Brewery **386**
Theater
 Festival Theatre (Pitlochry) **541**
 Grand Theatre (Leeds) **400**
 Royal Opera House (London) **78**
 Royal Shakespeare Company (RSC) **311**
 Scottish Storytelling Centre (Edinburgh) **495**
 Shakespeare's Globe (London) **128f**
 Sharmanka Kinetic Theatre (Glasgow) **515**
 Sheldonian Theatre (Oxford) **235**
Themse-Tal und Cotswolds 149, **220–249**
 Hotels 229, 240, 245
 Karte 222f
 Restaurants 226, 233, 242
Thomas, Dylan 472
Tintagel **294**
Tobermory **565**
Tonwaren (Staffordshire) **316**
Torbay **296**
Torquay 296
Totnes **298**
Touren
 An den Lochs **568f**
 Gärten in den Cotswolds **248f**
 New Forest **188f**
 North Norfolk Coast **216f**
 North Pennines **423**

Peak District **336f**
Penwith **302f**
Themse-Tal **246f**
Wild Wales **476f**
Tower Bridge (London) **126**
Trafalgar Square (London) **83**
Trearrdur Bay 451
Trelissick (Feock) 293
Tremenheere Sculpture Gardens (Penzance) 289
Treshnish Isles 565
Trewidden 293
Trinkgeld 573
Trossachs National Park, The **530f**
Truro **291**
Tudor-Häuser **318f**
Tunbridge Wells **176**
Two Moors Way **285**
Tyne Bridge (Newcastle upon Tyne) **413**

U
Uist **554**
Ullswater **356**
Universitäten
  Cambridge **198f**
  King's College (Aberdeen) **532**
  Oxford **234f**
University Botanic Garden (Cambridge) **197**

V
Vale of the White Horse **241**
Vanbrugh, Sir John **382**
Verkehrsregeln 577
Versicherungen 572f

W
Waddesdon **241**
Währung 572
Wakefield **404**
Wales **424–477**
  Erkundungstour 430f
  Geschichte **432f**
  Karte 426f
  Nordwales 428, **434–451**
  Süd- und Mittelwales 429, **452–477**
Wales Millennium Centre (Cardiff) **464**
Walker, William **170**
Wanderungen *siehe* Spaziergänge und Wanderungen

Warner Bros. Studio Tour – The Making of Harry Potter **242**
Warwick **314f, 316**
Wasserfälle
  Aysgarth Falls **386**
  Hardraw Force **385**
Wassersport 29
  National Whitewater Centre (Bala) 451
Wastwater **358**
Waterloo Bridge (London) **85**
Websites 578
Wein **31, 183**
Wells **269**
Wensleydale **385f**
West End, Westminster und South Bank (London) 58, **64–87**
  Karte 66f
  Spaziergang **86f**
West Pier (Brighton) **164**
Wester Ross **561**
Westminster (London) *siehe* West End, Westminster und South Bank (London)
Wetter 572
Weymouth **273**
Wharfedale **387f**
Wharram Percy **399**
Whisky **31**, 506, 541, 549, **557, 563**
Whitby **392f**
Whithorn **525**
Whitstable **175**
Wigtown 524
Wikinger **374f**
Wimborne Minster **274**
Winchcombe **229**
Winchelsea **179**
Winchester **168–171**
Windermere **360f**
Windsor **224f**
WLAN 579
Wolkenkratzer (London) **125**
Wollhandel in East Anglia **212**
Woodstock **238**
Worcester **322f**
Wordsworth, William 357, **358f**
Wren, Sir Christopher **116**

Y
York **374–377, 380f**
Yorkshire Dales National Park **384–389**
Yorkshire und Humber-Region 153, **370–405**

Hotels 393, 398
Karte 372f
Pubs 388
Restaurants 375, 397, 401, 404

Z
Zeitzone 578
Zentral- und Ostschottland 483, **526–541**
  Karte 528f
  Restaurants 533, 535, 537, 538
Zentralengland 151, **304–327**
  Bars 322
  Hotels 320
  Karte 306f
  Restaurants 317, 325
Zoll 572
Zoos
  Broads Wildlife Visitor Centre 204
  Buckfast Butterfly Farm 299
  Cairngorm Reindeer Centre 559
  Chester Zoo **355**
  Cornish Seal Sanctuary 290
  Cotswold Wildlife Park (Burford) 228
  Dartmoor Otter Sanctuary 299
  Highland Wildlife Park 559
  Paignton Zoo 296
  Welsh Wildlife Centre (Cardigan) 469
  ZSL London Zoo 109
  ZSL Whipsnade Zoo **240**
Zweiter Weltkrieg 37
  Bletchley Park **243**
  Churchill War Rooms (London) **82**
  D-Day Story, The (Portsmouth) 182
  Eden Camp **398f**
  Nothe Fort (Weymouth) 273
Züge 574f
  Bahnreisen 575
  Ffestiniog Railway 441
  National Railway Museum (York) 375
  North Yorkshire Moors Railway **395**
  St Pancras International (London) **110**
  Volk's Electric Railway (Brighton) **165**
  Welsh Highland Railway 441

589

DANKSAGUNG

Dorling Kindersley bedankt sich bei folgenden Personen für ihre Beiträge zur letzten Ausgabe: Edward Aves, Matt Norman, Christian Williams, Mike Gerrard, Philip Lee, Michael Leapman, Josie Barnard, Christopher Caitling, Juliet Clough, Lindsay Hunt, Polly Phillmore, Martin Symington, Roger Thomas, Debra Wolter, Hilary Bird.

BILDNACHWEIS

l = links; r = rechts; o = oben; u = unten; m = Mitte.

Dorling Kindersley dankt folgenden Personen, Institutionen und Bildarchiven für die freundliche Genehmigung zur Reproduktion ihrer Fotografien:

123RF.com: colindamckie 156o; Pavel Dudek 151o, 304 – 305, 339or; flik47 107mlu; Anton Ivanov 377ol; Serhii Kamshylin 46o.

4Corners: Massimo Borchi 430ol; Pietro Canali 282 – 283o; Justin Cliffe 8ml; Justin Foulkes 424 – 425; Susanne Kremer 518 – 519o; Nicolò Miana 4; Peter Packer 19or; Arcangelo Piai 13mr; Maurizio Rellini 12mlu, 13o, 156ur; Alessandro Saffo 58, 64 – 65; Richard Taylor 494 – 495o; Sebastian Wasek 483ul, 542 – 543.

Alamy Stock Photo: AC Images 417ur; age fotostock/Historical Views 316mo; AGF Srl/Lorenzo De Simone 484mro; AJB 540o; Antiqua Print Gallery 486o; Arcaid Images/Richard Bryant 141ol, /Peter Durant 347mro; Archive Room 432ul; Arco Images GmbH/T. Schäffer 450ul, 536o; Art Collection 2 48ol; Art Directors & TRIP/Helene Rogers 323ur; Arterra Picture Library/Clement Philippe 564um; Artokoloro Quint Lox Limited/liszt collection 315mru; Ashley Cooper pics 418 – 419o; Andy Aughey 2 – 3; Sergio Azenha 18 – 19o; Bailey-Cooper Photography 40o, 369or; Adrian Baker 270or; Andrew Barker 390 – 391u; Bob Barnes 229or; Peter Barritt 97mr, 170ul; Guy Bell 136o; Herb Bendicks 431or; Best 308 – 309u; Nigel Blacker 79u; blickwinkel/McPHOTO/O. Protze 22 – 23u; Kristian Bond 476mlu; Louise Bottomley 148, 160 – 161; John Bracegirdle 235ul, 508mlu, 538ur; Rick Buettner 258ul; Janet Burdon 395mro; Richard Burdon 16mru; John Burnikell 381om; Adam Burton 285mru, 286 – 287o, 428, 434 – 435; CBCK-Christine 173or; Denis Chapman 263ol; Philip Chapman 459um; Chronicle 47or, 72m, 73ul, 487ol; classic/Roger Cracknell 01 125or; Classic Image 117mr, 525ur; Clearview 415or; Thornton Cohen 504ul; Donna Collett 440o; Danielle Connor 61mu, 134; Contraband Collection 51ul; Guy Corbishley 11ur; Cotswolds Photo Library 231mr; Derek Croucher 485or; CW Images/Chris Warren 387or, 459or; D.G.Farquhar 508mru; Ian G. Dagnall 33u, 92mo, 94ol, 155ol, 166 – 167o, 174ul, 197ul, 200o, 203o, 225or, 244ol, 275ol, 291ul, 294 – 295u, 312ul, 319mro, 322ul, 325ul, 340 – 341o, 349or, 353or, 366ro, 386ol, 394 – 395u, 400ol, 403ur, 420o, 470 – 471u, 485mlo, 532o, 541u, 563ul; Jon Davison 176 – 177u; dbphots 272u; Design Pics Inc/Axiom/Ian Cumming 213u; DGB 569o; DGDImages 45ol; dianajarvisphotography.co.uk 218; Digital Image Library 561ol; Helen Dixon 303or; Joe Doylem 43ur; dpa picture alliance archive 73ur; Mark Dunn 201mr; Dylan Garcia Photography 155or; Rod Edwards 216ur; Dave Ellison 443ul; escapetheofficejob 108u; EThamPhoto 68 – 69; Greg Balfour Evans 40ul, 187ol, 323ol; Robert Evans 215or; Eye Ubiquitous/Mockford & Bonetti 519ul; eye35 128o, 139mlu, 139um, 464ul; eye35.pix 142 – 143u, 154 – 155mo, 206 – 207u, 207ol, 208 – 209o, 231or, 254o, 315o, 448o; Malcolm Fairman 106 – 107u; Mark Ferguson 550o; David Fernie 412 – 413o; Andrew Findlay 364 – 365u; John Foreman 209ul; Fotomaton 141ur; FotoPulp 469or; Stephen French 175o; funkyfood London – Paul Williams 243u, 446 – 447u; Clare Gainey 149mu, 220 – 221; Tim Gainey 228u; Trish Gant 28 – 29u; Les Gibbon 338ul; Jeff Gilbert 281mro; GL Archive 294or, 300ul, 487ul; 520or; Dimitar Glavinov 274 – 275u; Manfred Gottschalk 285mo; John Graham 139mu; Tim Graham 176ol; Granger Historical Picture Archive/NYC 71mlo, 315ul, 382ml; Dennis Hardley 19mlo; Brian Harris 32ul; Michael Heath 110 – 111u; Paul Heaton 379mr; hemis.fr/Rieger Bertrand 65ur; Heritage Image Partnership Ltd/Ashmolean Museum of Art and Archaeology 46mlu, /Historic England 118mru, /Historica Graphica Collection 174mr, /London Metropolitan Archives (City of London) 73um, /© Museum of London 71om, /Werner Forman Archive/Dorset Nat. Hist. & Arch. Soc. 46um; Stuart Hickling 339ur; Nick Higham 402mro; Sue Holness 185u; David Martyn Hughes 319mru; Rachel Husband 430or; Anthony (Tony) Hyde 247ol; Ian Dagnall Commercial Collection 41mru, 203mro, 239mro, 348u, 464 – 465o; Ianni Dimitrov Pictures 74 – 75u; imageBROKER/Helmut Meyer zur Capellen 92um, /Gisela Rentsch 505mro, /Martin Siepmann 284mlo; incamerastock/ICP 47ur, 130or, 159or, 267ol, 411mro; INTERFOTO/Personalities 71ol; Jason Smalley Photography/Tony Morris 396ul; Jeff Morgan 14 433mru; Jeffrey Isaac Greenberg 3 63ol; John Davidson Photos 450 – 451o; John Peter Photography 182u, 516 – 517u, 535ur, 539o; Shaun Johnson 379mro; Jon Arnold Images Ltd 217ur; David Keith Jones 316ul; Bjanka Kadic 92mlu; Susie Kearley 231mro, 365or, /The Keasbury-Gordon Photograph Archive Ltd 433mlo, /Turner Fine Arts 37ml; Alan King 119um, 269um; Joana Kruse 359or; Elitsa Lambova 105ol; Lebrecht Music & Arts 486ul, /Lebrecht Authors 117mru; Thomas Lee 520u; Lenscap 35ml; Barry Lewis 34 – 35u; Ian Linton 509mlu; Howard Litherland 43or; Aled Llywelyn 21ml; London Picture Library 60; 100 – 101; Look/Franz Marc Frei 267or; Loop Images Ltd/Bill Allsopp 210ur, /Brontë Society 405um, /Mark Bauer 189, /Tony Latham 131u, /John Norman/Roy Shakespeare 131mr; De Luan 72ur, 314ul; David Lyons 324 – 325o, 383mr, 507um; M. Sobreira 171mro; Luke MacGregor 36 – 37u; Mark Sunderland Photography 21u, 377mr; J. Marshall – Tribaleye Images 190ul; Sue Martin 374ul; Iain Masterton 506 – 507o, 535ml, 536 – 537u; mauritius images GmbH/ClickAlps 568ur, /Steve Vidler 39ml, 68mlu; Angus McComiskey 564 – 565o; David McCulloch 38 – 39o; Meibion 29or; Elizabeth Melvin 327or; MH Country 317o; Mikel Bilbao Gorostiaga-Travels 62or; Vanessa Miles 44mr; John Morrison 400 – 401u; Rosaline Napier 502ul; The National Trust Photolibrary/Christopher Gallagher 468ml, /Dennis Gilbert 263mro, /Arnhel de Serra 319mr; Natrow Images 184ol; Steve Nicholls 213ml; Dru Norris 284 – 285u; Alan Novelli 336ul, 449u; Michael Olivers 462or; James Osmond 286ul; parkerphotography 180 – 181u; Derek Payne 191or; Roy Perring 300or; The Photolibrary Wales/Martin Barlow 433mr; Photopat/*One Two Three Swing!* von SUPERFLEX, Tate Modern © DACS 2019 120 – 121u; Pictorial Press Ltd 292ul; David Pimborough 156ml; PjrTravel 117mro; Prisma von Dukas Presseagentur GmbH/TPX 43ml, 105or, 225mro; Radharc Images 358mro; Alex Ramsay 301ur; Lana Rastro 164ur; Simon Reddy 296or; Ed Rhodes 350um; Paul Richardson 399or; Paul Riddle-VIEW 257mlo; Robert Kerr 533or; robertharding/John Alexander 232 – 233o, Rob Cousins 256o, /Miles Ertman 386 – 387u, /Michael Nolan 292ol, 292 – 293u, /Eleanor Scriven 319or, /Billy Stock 467o, 467mr, 470or, /Ann & Steve Toon 559ml, /Adam Woolfitt 71ur; David Robertson 530 – 531u; Marcin Rogozinski 260ul; Maurice Savage 179ol; Michael Sayles 366ul; Scottish Viewpoint

554–555u; Phil Seale 18mlo; 539ur; Alex Segre 20–21o, 62–63mo, 82or; SFL Travel 231mru; SJH Photography 503or; Keith Skingle 313mr; Stephen Smith 368om; Stewart Smith 358u; Jon Sparks 368–369u, 558–559uo; Steve Speller 63or, 298–299o; Steven Amani 391or; Nigel Spooner 28ol; Kumar Sriskandan 23ml, 107or, 168ur, 236ul, 314ml; Robert Stainforth 84u; Slawek Staszczuk 183or; Steven Gillis hd9 imaging 352u; Billy Stock 261ol, 287mru, 472–473o; StockFood GmbH/Inga Wandinger 468u; Petr Svarc 20ul; SWNS 16ul; Homer Sykes 109ur; T.M.O.Buildings 204–205o, 410ul; T.M.O.Travel 411ol; Steve Taylor ARPS 249ur; Marc Tielemans 432o; travelbild 10mlu, 168–169o, 226o, 341ul; travelibUK 72mlu; travellinglight 116mlu, 158mro, 258o, 320ol, 374o, 380ul, 417o, 516ol; travelpix 92–93; Trevor Smithers ARPS 122–123o; Steve Tulley 24–25o; Lucas Vallecillos 352mru; Ivan Vdovin 202mlu, 509mru; Steve Vidler 24–25u, 186ul, 224ul, 234ol, 299ur; Wales UK 37or; Washington Imaging 421ul; Tony Watson 44ml; Westend61 GmbH/fotoVoyager 22–23o; Paul Weston 327u; Wild Places Photography/Chris Howes 26–27o; Jane Williams 319ur; Martin Williams 398–399u; Martyn Williams 404ur; Michael Willis 281o; John Woodworth 230mro; World History Archive 119ur, 314ur; Robert Wyatt 379or.

AWL Images: Robert Birkby 429, 452–453; Adam Burton 419ur, 460–461o; Alan Copson 444–445o; Alex Robinson 158ol, 414mr; Mark Sykes 96ul, 237ol, 523mro; Travel Pix Collection 153ol, 370–371.

Barbara Hepworth Museum © Bowness © Tate: Lucy Dawkins & Joe Humphrys 39mru.

Bridgeman Images: Art Gallery and Museum, Kelvingrove, Glasgow 519m; Christie's Images 139mr; Look and Learn 47ul; Mirrorpix 71mro; Philip Mould Ltd, London 49or; Private Collection/© Look and Learn 487ol.

Dreamstime.com: Absente 105mro; Adambooth 391mro; Victor Lafuente Alonso 242o; Andersastphoto 104–105u; Anyaivanova 83u; Rafael Ben Ari 106mlo; Aivita Arika 133ol; Robert Baumann 463u; Sergey Beljakov 217or; Bobbrooky 548–549o; Richie Chan 492–493o; Claudiodivizia 76ul; Mike Clegg 10–11u; Leighton Collins 430–431m; Cowardlion 34–35o, /Tate Modern/*Marilyn Diptych* (1962) von Andy Warhol © 2019 The Andy Warhol Foundation for the Visual Arts; Inc./Licensed by DACS, London 2019 121or; Matthew Dixon 474–475o; Chris Dorney 76; Duncanandison 422; Sandro Fileni 496ml; Tamas Gabor 431ol; David Head 414–415u; Honourableandbold 32–33o; Helen Hotson 285mro, 560–561u; I-Wei Huang 97o, 154or; Inigocia 478–479; Valerijs Jegorovs 150mu, 276–277; Jeremy Campbell 396–397mo; Konstantin32 340um; Lasse Ansaharju 482mlo, 488–489; Leonid Andronov 382–383o; Thomas Lukassek 438–439o; MaddieRedPhotography 473ur; Marcorubino 99mr; Tomas Marek 432mu; Krisztian Miklosy 85or; Misterviad 25mru, 138–139o; Martin Molcan 567mr; Martin Hatch 41or; Dmitry Naumov 81or; Dilyana Nikolova 59, 88–89; Dariusz Renke 45mro; Richard Semik 10mo; Richs11 51mu; Peter Shaw 398mru; Silvanbachmann 350–351o; Stockcreations 27mru; Helen Storer 204ur; Sueburtonphotography 566ol; S4svisuals 495ul; Tinn Tienchutima 498–499u; TonyTaylorStock 22ol; Travelling-light 2880; Andrew Ward 552ur; Tosca Weijers 441mro; Tupungato 16mlu; Wiktor Wojtas 142ol; Ian Woolcock 302mlu.

Getty Images: 500Px Plus/Jim Wilson 483o, 526; AFP 31ur, /Glyn Kirk 8mlo, 31ol; Anadolu Agency 51mro; Awakening 499mro; Scott Barbour 45mlu; Dave Benett 77ur; Caiaimage/Anna Wiewiora 442o; Matt Cardy 259or; Gareth Cattermole 44mru; Corbis Documentary/Atlantide Phototravel 132ul; Corbis Historical/Fine Art 118um; De Agostini/A/M. Seemuller 48mlu; DigitalVision/Philip Kramer 150ol, 250–251; E+/_ultraforma_ 54–55; EyeEm/Alex Ortega 13ur, /Lorenzo Viola 149ol, 192–193; Tristan Fewings 45mlo; Hulton Archive 49mlu, 50–51o, 487mu, /Culture Club 119mru, /Heritage Images 139mro, /Imagno 486mru, /London Stereoscopic Company 50mr, /Print Collector 50mlu, 72ul; Hulton Fine Art Collection/Heritage Images 50ol, 433ol, /Print Collector 46mru, 48–49o; In Pictures/Richard Baker 45or; Ken Jack 487mro; The LIFE Picture Collection/Time Life Pictures 49um; Matthew Lloyd 117ur; Ian MacNicol 44mlu; Mirrorpix 51or; Moment/Thomas Janisch 556o, /Photos by R A Kearton 151ul, 328–329, /Nuzulu 33ml, /joe daniel price 6–7, 152, 156mr, 178u, 267mro, 337or, 342–343, 456o, 484ol, /John und Tina Reid 346o, /Dmitry Shakin 416u, /Alexander Spatari 8mlu, /Tim Grist Photography 52–53, /shomos uddin 129ur; Moment Open/John Finney Photography 334–335u, /Joe Daniel Price 320–321u, /Peter Ribbeck 523o; Michael Nolan 546ur; Photographer's Choice/James Osmond 268ul, /Travelpix Ltd 18ol, /David Williams 35mru; Photolibrary/Stephen Dorey 12o; Popperfoto 51mu; Radius Images/JW 196–197o; Oli Scarff 12–13u; Stefan Schurr 484–485o; Science & Society Picture Library 48ur, 433ul; Michael Steele 44mro; Universal Images Group/AGF 47mr, /Education Images 199o, /Geography Photos 47mlo, /Jeff Greenberg 420mro, 421or, /Loop Images 433or, /Prisma von Dukas 44mru; Westend61 11mru, 164–165o, 445ul; WireImage/Joseph Okpako 11o.

Polly High: 42–43u.

Historic Environment Scotland: Santiago Arribas 525or.

iStockphoto.com: 22kay22 534mro; ALBAimagery 552–553o, 556ur; AlbertPego 500–501o; Alphographic 121ol; Leonid Andronov 70mro; argalis 497mro; burcintuncer 310–311o; ChrisHepburn 159mlo; coldsnowstorm 128mr; csfotoimages 297or; Daniel_Kay 333o; Danielrao 392o; DigitalVision Vectors/bauhaus1000 47ol; E+/argalis 504–505o, /fotoVoyager 16o, 158–159o, 273o, 296u, /franckreporter 45mru, /kelvinjay 402–403o, /MattStansfield 29ml, /NeonJellyfish 172–173o, /pawel.gaul 497o, /RichVintage 244–245u, /stockcam 62ol, /theasis 531or; espiegle 119or; fotoMonkee 245or; fotoVoyager 23ur, 290–291o; FrankCornfield 521or; georgeclerk 31ml, 514o; GordonBellPhotography 154ol; I_Longworth 356o; kodachrome25 312–313o; LeonU 360–361u; lucentius 546o; mariofederrovici 551ul; MichaelUtech 608mr; Susanne Neumann 562o; Nikada 61ol, 112–113; OlegAlbinsky 239o; onebluelight 140u; Raylipscombe 42ol, 139mru, 171o; sharrocks 95ul; sjhay-tov 84mru; SolStock 27ml; George-Standen 360ol; Starcevic 26–27u; stevegeer 270–271u; stockinasia 78ol, 87ol; Swen_Stroop 570–571; trabantos 354–355u; travellinglight 211o, 212ol; ViewApart 30u; ZambeziShark 75m.

London Guildhall: 127ol.

Museum of London: 124or.

National Portrait Gallery: 80–81u.

Picfair.com: Gary Finnigan 8–9u; Martin Jones 524u; Ray Pritchard 153mu, 406; Caitlyn Stewart 518ur.

Plymouth Gin: 30ol.
Roald Dahl Museum: 2015 Amy Watters 41ml, 240or.

Robert Harding Picture Library: Cubo Images 555or; Hauke Dressler 309or; David Speight 384o; Billy Stock 477ur; H. & D. Zielske 38 – 39u.

Science and Industry Museum: 36mlo.

Shutterstock: aroundworld 264 – 265; duke_gledhill 18mro.

Tate Modern: Iwan Baan 121mlo.

Trustees of Sir John Soane's Museum/Caro Communications: Gareth Gardner 123ur.

Sky Garden: rhubarb 124 – 125u.

SuperStock: 475um; DeAgostini 77mro; Mauritius 119mlu; robertharding 285um, /Adam Burton 531ol; Roy Shakespeare 446ml; Westend61 482ur, 510 – 511.

Surgeons' Hall Museums, The Royal College of Surgeons of Edinburgh: 500ul.

The Sherlock Holmes Museum: 109ol.

Unsplash: Dan Wilding/@danwilding 144 –145.

Waddesdon, A. Rothschild House & Gardens: National Trust/Chris Lacey 240mru, /Mike Fear 241u.

Yorkshire Sculpture Park: David Lindsay/*Zodiac Heads* (2010) von Ai Weiwei 25ml; Jonty Wilde/*Sitting* (2007) von Sophie Ryder 405o.

Umschlag
Vorderseite und Buchrücken: **Dreamstime:** Xantana.
Rückseite: **Alamy Stock Photo:** Ian Dagnall or, David Robertson m, Billy Stock u; **iStockphoto.com:** stockcam ml.

Alle anderen Bilder © Dorling Kindersley
Weitere Informationen: www.dkimages.com

Dieser Reiseführer wird regelmäßig aktualisiert. Angaben wie Telefonnummern, Öffnungszeiten, Adressen, Preise und Fahrpläne können sich jedoch ändern. Der Verlag kann für fehlerhafte oder veraltete Angaben nicht haftbar gemacht werden. Für Hinweise, Verbesserungsvorschläge und Korrekturen ist der Verlag dankbar.
Bitte richten Sie Ihr Schreiben an:

Dorling Kindersley Verlag GmbH
Redaktion Reiseführer
Arnulfstraße 124 • 80636 München
reise@dk.com

www.dk-verlag.de

DK London (aktualisierte Neuauflage)

Mitwirkende Ros Belford, Emma Gibbs, Stuart Kenny, Darren Longley, Matt Norman

Lektorat Georgina Dee, Alison McGill, Parnika Bagla, Mark Silas, Beverly Smart, Shikha Kulkarni, Hollie Teague

Herstellung Jason Little

Gestaltung und Bildredaktion Maxine Pedliham, Tania Da Silva Gomes, Stuti Tiwari, Vagisha Pushp, Tanveer Zaidi, Bess Daly, Priyanka Thakur

Umschlag Bella Talbot, Ben Hinks

Kartografie Casper Morris, Suresh Kumar

Illustrationen Richard Draper, Jared Gilby (Kevin Jones Assocs), Paul Guest, Roger Hutchins, Chriss Orr & Assocs, Maltings Partnership, Ann Winterbotham, John Woodstock, Christian Hook, Gilly Newman, Paul Weston

© 1995, 2023 Dorling Kindersley Ltd., London
A Penguin Random House Company

Zuerst erschienen 1995 in Großbritannien bei Dorling Kindersley Ltd., London

Für die deutsche Ausgabe © 1996, 2023
Dorling Kindersley Verlag GmbH, München
Ein Unternehmen der
Penguin Random House Group

Aktualisierte Neuauflage 2023 / 2024

Alle Rechte vorbehalten. Reproduktion, Speicherung in Datenverarbeitungsanlagen, Wiedergabe auf elektronischen, fotomechanischen oder ähnlichen Wegen, Funk und Vortrag – auch auszugsweise – nur mit schriftlicher Genehmigung des Copyright-Inhabers.

Verlagsleitung Monika Schlitzer, DK Verlag
Programmleitung Heike Faßbender, DK Verlag
Redaktionsleitung Stefanie Franz, DK Verlag
Projektbetreuung Theresa Fleichaus, DK Verlag
Herstellungskoordination Antonia Wiesmeier, DK Verlag

Übersetzung Susanne Traub-Schweiger, Garmisch-Partenkirchen; Gerhard Bruschke, München
Redaktion Gabriele Rupp, Krailling
Schlussredaktion Philip Anton, Köln
Umschlaggestaltung Ute Berretz, München
Satz und Produktion DK Verlag, München
Druck RR Donnelley Asia Printing Solutions Ltd., China

ISBN 978-3-7342-0737-2

17 18 19 20   26 25 24 23

DK Vis-à-Vis

Vis-à-Vis-Reiseführer

Nordamerika
Kanada
USA
Alaska
Chicago
Florida
Hawaii
Kalifornien
Las Vegas
Neuengland
New Orleans
New York
San Francisco
USA Nordwesten & Vancouver
USA Südwesten & Nationalparks
Washington, DC

Mittelamerika und Karibik
Costa Rica
Karibik
Kuba
Mexiko

Südamerika
Argentinien
Brasilien
Chile
Peru

Afrika
Ägypten
Marokko
Südafrika

Südeuropa
Italien
Apulien
Bologna & Emilia-Romagna
Florenz & Toskana
Gardasee
Ligurien
Mailand
Neapel
Rom
Sardinien
Sizilien
Südtirol
Umbrien
Venedig & Veneto

Spanien
Barcelona & Katalonien
Gran Canaria
Madrid
Mallorca
Nordspanien
Sevilla & Andalusien
Teneriffa

Portugal
Lissabon

Westeuropa
Irland
Dublin

Großbritannien
London
Schottland
Südengland

Niederlande
Amsterdam

Belgien & Luxemburg
Brüssel

Frankreich
Bretagne
Korsika
Loire-Tal
Paris
Provence & Côte d'Azur
Straßburg & Elsass
Südwestfrankreich

Nordeuropa
Dänemark
Kopenhagen

Schweden
Stockholm

Norwegen

Mitteleuropa
Deutschland
Berlin
Bodensee
Dresden
Hamburg
München & Südbayern

Österreich
Wien
Schweiz
Slowenien
Kroatien
Tschechien & Slowakei
Prag
Polen
Danzig & Ostpommern
Krakau
Baltikum
Budapest (Ungarn)

Osteuropa
Moskau
Sankt Petersburg

Südosteuropa
Griechenland Athen & Festland
Griechische Inseln
Kreta

Östliches Mittelmeer
Türkei
Istanbul
Zypern
Jerusalem (Israel)

Südasien
Indien
Delhi, Agra & Jaipur
Indiens Süden
Sri Lanka

Südostasien
Bali & Lombok
Kambodscha & Laos
Malaysia & Singapur
Myanmar
Thailand
Thailand – Strände & Inseln
Vietnam & Angkor

Ostasien
China
Beijing & Shanghai
Japan
Tokyo

Australasien
Australien
Neuseeland

#dkvisavis
www.dk-verlag.de

   /dkverlag